精英陷阱

THE
MERITOCRACY
TRAP

Daniel Markovits

[美]丹尼尔·马科维茨 著 白瑞霞 译

中信出版集团 | 北京

图书在版编目（CIP）数据

精英陷阱 /（美）丹尼尔·马科维茨著；白瑞霞译 . --
北京：中信出版社，2024.7. -- ISBN 978-7-5217
-6637-0
Ⅰ . D771.26
中国国家版本馆 CIP 数据核字第 2024JR4706 号

The Meritocracy Trap: How America's Foundational Myth Feeds Inequality, Dismantles the Middle Class, and Devours the Elite by Daniel Markovits
Copyright © 2019 Daniel Markovits
Simplified Chinese translation copyright © 2024 by CITIC Press Corporation
ALL RIGHTS RESERVED
本书仅限中国大陆地区发行销售

精英陷阱

著者：　　[美] 丹尼尔·马科维茨
译者：　　白瑞霞
出版发行：中信出版集团股份有限公司
　　　　（北京市朝阳区东三环北路 27 号嘉铭中心　邮编　100020）
承印者：　北京联兴盛业印刷股份有限公司

开本：787mm×1092mm 1/16　　印张：35.5　　字数：461 千字
版次：2024 年 7 月第 1 版　　　　印次：2024 年 7 月第 1 次印刷
京权图字：01-2020-2667　　　　　书号：ISBN 978-7-5217-6637-0
　　　　　　　　　　　　　　　　定价：98.00 元

版权所有·侵权必究
如有印刷、装订问题，本公司负责调换。
服务热线：400-600-8099
投稿邮箱：author@citicpub.com

献给萨拉和我们的孩子

目录 CONTENTS

引言　　　　　　　　　　　　　　　　　　　001

1 第一部分　优绩主义及其诱发的不满

第一章　优绩主义革命　　　　　　　　　　021
第二章　优绩主义的危害　　　　　　　　　040
第三章　即将到来的阶层战争　　　　　　　070

2 第二部分　优绩主义是如何运作的

第四章　工作的富人　　　　　　　　　　　105
第五章　优势的传承　　　　　　　　　　　142
第六章　工作：光鲜亮丽与暗淡无光　　　　191

第三部分
新的贵族统治

第七章　全线分隔　　　　　　　　　　235

第八章　滚雪球式扩大的不平等　　　　274

第九章　优绩的神话　　　　　　　　　301

结语　我们应该做什么？　　　　　　　315

致谢　　　　　　　　　　　　　　　　333

图和表　　　　　　　　　　　　　　　339

注释　　　　　　　　　　　　　　　　355

引言　　　　　　　　　　　　　　INTRODUCTION

优绩主义不过是一场骗局。

这是一个与当前文明相悖的结论。每一个正派的人都赞同,一个人的优势或成就理应来自其个人的能力和努力,而非世袭的社会阶层。优绩主义社会所崇尚的理念就是:一个人得到的社会与经济回报理应与其成就而非家世和血统挂钩。[1] 这种理念是今天这个时代自我形象建构的基础。贵族社会早已逝去,优绩主义才是当下所有先进社会公民信仰的基本准则。

优绩主义承诺要将此前只面向世袭权贵的精英阶层的大门敞开,任何人都可以凭借自身的才能和抱负跻身精英阶层,以此来促进机会均等和社会公平。它还进一步承诺,要坚持个人必须有所成就才能获得相应的社会地位和财富,以此来协调私人利益与公共利益。这些理念汇聚到一起,旨在打造一个回报与个人努力和才能相匹配的共同愿景,从而将整个社会团结起来。

然而,如今优绩主义的运作早已不再像它先前所承诺的那样。今天,中产家庭的孩子在学校里输给富人家庭的孩子,中产阶层的成年人在工作中输给名校毕业生。优绩主义本身正在成为中产阶层努力向上的阻碍。[2] 然后,它又将责任归咎于在收入和地位竞争中落败的一方；可即使每个人都遵守规则，赢家还是只是富人。

优绩主义同时也在损害精英阶层本身。优绩主义制度下的学校教育要求富裕的家庭投入数千个小时和数百万美元，只为了让孩子接受精英教育。优绩主义制度下的职场则要求身处精英阶层的成年人以高强度工作，毫不留情地利用所受的教育以"榨取"在精英教育上的投资回报。优绩主义"诱捕"了一批充满焦虑的伪精英人士，让他们为了保持经济收入和社会地位而投入残酷无情的终身竞争之中，不断地内卷和内耗。

最终，优绩主义在当下分隔了精英阶层与中产阶层。它一方面导致中产阶层对现有制度感到不满，另一方面又诱使精英阶层紧抓阶层的腐败特权不放。它让必须由两个阶层共同享有的社会陷入了互相指责、彼此蔑视且功能失调的混乱之中。

优绩主义的超凡感召力掩盖了所有这些危害。人们很难接受，甚至很难去认真思考，优绩主义本身正是造成这些危害的根源。就连这个时代最愤怒的批判者也在拥抱优绩主义的理想。他们指责那些虚伪的精英分子只是假装践行"优绩优酬"，实际上却在"追求特权"。他们通过指责个别主体在实践过程中的"徇私舞弊"行为来从根本上肯定优绩主义的价值。

然而，如今日渐充斥着美国社会的各种不满和纷争，其实问题根源来自深层的社会和经济结构，而非个人的不良行为。无论优绩主义最初有着怎样的理想，早期实现了怎样的成就，今天的它都在垄断优势，固化不平等。问题的根源不是优绩主义的缺失，而是它的大行其道。

优绩本身已经成为一种虚伪的美德和虚假的幻象。曾经倡导仁爱、公正的优绩主义，如今变成了一种财富和特权集中并代际传递的机制，一种滋生仇恨与分裂的等级制度，甚至可以说是一种新贵族制度，而这种机制或制度正是优绩主义最初旨在对抗的。

优绩主义的虚假承诺

我是一名优绩主义制度下的既得利益者，正是本书想要揭示的所有这些力量的产物，也是它的推动者。

1987年的夏天，就在优绩主义的理念开始流行之际，我从得克萨斯州奥斯汀的一所公立高中毕业，而后前往美国东北部进入耶鲁大学读本科。在那之后的近15年，我又先后就读于伦敦政治经济学院、牛津大学、哈佛大学和耶鲁大学法学院，一路拿到了一串学位。[3]

目前，我就职于耶鲁大学法学院。我的学生总会让我不安地想起年轻时的自己：他们大都名校毕业，父母也都是专业人士。我将之前我的老师赋予我的优势又传递给了他们。从这些层面来说，我的个人成就和社会地位得益于这些精英机构以及它们所提供的培训和就业机会。

今天，优绩主义盛行，那些集中培育精英的机构纷纷高举优绩主义的大旗。例如，哈佛大学自称是"全世界最雄心勃勃的学者的天堂"[4]。它宣称自己的使命不仅是要追求学术成就的卓越，更是要"为我们的社会培养公民和公民领袖"，以使他们能学会"如何最好地服务于全世界"。[5]那些吸纳了哈佛大学及其他顶尖高校大量毕业生的公司，也在成年人的精英世界中大力推行着相同的理念。高盛公司被称为"可能有史以来全世界精英聚集程度最高的工作社群"[6]。公司网站上大肆宣扬着它在精英世界之外所促成的"进步"，例如通过促成投资，使新泽西州的纽瓦克得以"复兴"，使新奥尔良"再度崛起"。[7]这个熟悉的脚本被一遍又一遍地重复，在鼓吹精英阶层非凡才能的同时，调和着精英世界的等级制度与民主社会的道德要求，具体途径是将精英与社会大众的共同利益联系起来，以促进共同繁荣。

优绩主义的这些承诺标志着一场革命。曾经，贵族依据种族或血统在一出生便享有优势地位,并且滥用自己的不正当特权来积累并不公正的优势。今天,精英阶层声称他们是通过自身的能力和努力赢得了社会地位,而且任何人都可以通过这种方式正大光明地获得成功。曾经,懒惰的贵族不事劳作,通过剥削他人的劳动而过着奢华的生活。今天,努力奋斗的精英们自认为已经尽职尽责,坚称他们在取得巨大成就的同时,也为他们所引领的社会贡献出相当多的价值。

过去的等级制度是邪恶的,而优绩主义声称是彰显公正与仁善的健全制度。优绩主义的英文"meritocracy"源自拉丁语,[8]正如该词源所显示的,优绩主义制度只赞美通过努力而**挣得**的优势。它承诺要让精英适应民主时代的要求,以弥补等级制这一观念的不足。

优绩主义通过各种仪式将所崇尚的理念变得具体且可见,以此来使应得优势的理念深入人心。业已成为美国夏日气息一部分的大学毕业典礼,就完美地诠释了优绩主义的运作方式。耶鲁大学法学院的毕业典礼会持续两天,比尔·克林顿[9]、乔·拜登[10]、露丝·巴德·金斯伯格和索尼娅·索托马约尔[11]等知名人士受邀上台发表演讲,鼓励毕业生们要追随内心的热忱,充分发挥自己的才能为绝大多数人谋利益。教授们戴上色彩鲜艳的学位帽,身穿用羊毛、丝绸甚至毛皮制成的学位服。校领导们佩戴着镶有宝石的衣领,手持典礼权杖。学院的一位前院长还穿上了全欧洲最古老且仍在持续运营的大学——意大利博洛尼亚大学授予他法律荣誉博士学位时他所穿的学位服。[12]

这些庆祝活动既不随意也不轻松。相反,它们犹如婚礼一般有着庄严的目的,并在政治和个人层面承载着深远的意义。典礼上的演讲者会一再强调精英阶层要为公共利益服务。这一自中世纪传承下来的庄严仪式使优绩主义有了它所取代的贵族等级制度的遗韵——回顾过去,展望未来,一切不过是旧瓶装新酒。[13]在这座哥特式的方院建筑里,夏日午后的阴影在不断被拉长,历史让人感觉真实而鲜活。大学就像一条平滑的带子,在一代又一代毕业生之间不断地延伸着。毕业典礼则在永恒的过去与必然的未来之间实现了无缝衔接。它吸纳了所有历史变迁的重负，让站在成年门槛前的毕业生们感到释然。仪式让尚未到来的未来变得熟悉起来，将优绩主义深深地融入了现代生活的主流叙事。

优绩主义的表达方式和展示场景始终如一，由此形成了一套独特的语言。随着在不同情境下反复出现，它也成为这个时代每一位公民都熟悉的一种生活方式。这让优绩主义富有魅力。它璀璨的光芒俘获了大家的想象力，吸引了众人的目光，也同时钳制了批判性的意见，扼杀了改革。通过将自身的理念塑造为最基本的体面，并将这一理念巧妙融入日常生活经验的默认背景，优绩主义对所有遭遇到它的人所造成的伤害统统被掩藏了起来。事实上，它让其他奖励优绩的途径看上去很荒谬：要么就如同基于偏见或裙带关系来分配特权，是不公平的或充斥着腐败的；要么就像通过抽签来分配权位，显得愚蠢至极。

然而，随着优绩主义的不断发展，它产生了一种新的压迫性的等级制度，甚至上一代人都无法识别出这一等级制度。一种前所未有的、明显由优绩主义所带来的不平等，正在让一个新的镀金时代失去光泽。精英阶层不光日渐垄断收入、财富和权力，还逐渐霸占勤劳的品质、外在的荣誉和内在的自尊。优绩主义不仅全面剥夺了中产阶层的社会和经济优势，而且让精英阶层本身为了保持其优越地位而陷入了恶性竞争之中。优绩主义制度下的不平等，即富人和其他人之间日益扩大的差距，让美国转而踏上了一条不祥之路。

随着优绩主义的不平等持续加剧以及负担日益加重，它所宣称的道德主张逐步衰落，隆重的仪式感也正在丧失魅力。渐渐地，优绩主义的准则不再能钳制人们的想象力，同时人们对其教条理念的抗拒与日俱增。优绩主义通过促进公共利益来获取自身优势的老套承诺已不再具有说服力，昔日动人的腔调也不再能抚慰人心。

取而代之的是，对优绩主义不平等的不满为反思与批判提供了肥沃的土壤，其中最重要的一种观点是，造成美国人生活痛苦的根源并不在于优绩主义没有被完美推行，而在于这个制度本身。

优绩主义如何压迫中产阶层和剥削精英阶层

优绩主义制度下的竞争将美国的中产阶层排除在了魅力十足的社会、经济生活的中心之外，让他们无缘向上流动，无法触碰到社会地位、荣誉奖励和财富积累的门槛。尽管优绩主义理念具有的能量、雄心与创新曾经改变了人类历史的发展潮流，但是它将这些充满活力的创意之源日趋集中在少数精英阶层的手中，使其越来越远离广大中产阶层的现实生活，甚至超出其想象范围。

优绩主义让美国常春藤盟校、硅谷和华尔街成为野心勃勃的精英们的竞技场。这里的创新者能够重塑世界——斯坦福大学和谷歌的创新者改变了互联网，哈佛大学和脸书的创新者改变了社交媒体，普林斯顿大学和华尔街的创新者改变了金融业，还有数以千计的其他领域。然而，对于在优绩主义制度下被置于边缘地带的中产家庭的孩子来说，他们不仅不太可能是下一个伟大创新的引领者，反而更有可能是未来创新的受害者。优绩主义已然将这个社会中的大多数公民驱逐至社会的边缘。中产阶层的孩子因此受困于平庸的学校，而中产阶层的成年人则被限制在毫无前途的工作之中。

优绩主义与机会均等时常被混为一谈。[14]尽管优绩主义一度就是为机会均等服务的，也确实在早期使精英阶层对外开放，但是现在的它更像是在阻遏而非促进社会流动。曾经引领着美国普通人家的孩子通往精英阶层的"大道"如今已越来越狭窄。一方面，中产阶层的家庭无力负担富人家庭花重金为子女购买的精英教育；另一方面，普通学校无论在教学资源还是在教学质量上，都已远远落后于精英学校。

尽管美国的顶尖名校一直强调它们的选拔重点是学业成绩而非家庭出身，但事实上，中产阶层的孩子在这些学校的招生选拔中明显没有胜出的机会。从学生比例来看，精英学校显然倾向于录取富人家的孩子。简而言之，如今在美国的优绩主义制度下，教育的服务对象是精英阶层而非普罗大众。

优绩主义同样使工作机会更倾向于在顶尖名校接受过精英教育的毕业生。于是，学校教育产生的不平等进一步延伸到了职场。良好的个人能力和职业素养已不再能确保一个人可以得到一份不错的工作。在一个日益强调精英教育和大量培训的职场中，中产阶层没有顶尖名校学位的加持，处处碰壁、屡遭歧视。

优绩主义阻碍了机会均等和结果均等。在这些实质性伤害之外，它所代表的价值理念还平添了一份道德羞辱。它一方面剥夺了中产阶层接受优质教育和从事有意义工作的机会，另一方面又将一个人在学校和工作中所能取得的成就变成荣耀的化身。优绩主义阻碍了人们为达到它所宣扬的标准而付出的努力，从而确保大多数人无法满足这一标准。精英阶层之外的美国人对此深有体会。精英阶层的活力只是凸显了中产阶层的懒散倦怠、无精打采。即便物质条件的差距尚可忍耐，优绩主义之下的不平等也让中产阶层的精神生活陷入了不可避免的缓慢而具有毁灭性的沉沦之中。[15]

不过，与以往不同的是，优绩主义带给精英阶层的不再只是优势和特权。它将过去平均分布在不同社会阶层的教育和工作机会集中在了少数精英手中。然而，规模有限的精英阶层根本无力承担如此重任。当初耗尽中产阶层的重担，如今也让精英阶层不堪负荷。

如果说贵族是天生的，那么精英一定是培养出来的。旧的世袭贵族依靠与生俱来的继承权，可以毫不费力地将其社会地位与特权传递到子女手中。上一代贵族撒手人寰，下一代贵族自动继承父辈的头衔和豪宅。相比之下，优绩主义则要求：凡是期望下一代能继承并延续优势的家庭，必须不断建立和积累他们的特权。换句话说，每一代人都需要依靠自身的努力和成就来确保其精英地位。精英阶层的成员通过让子女接受精英教育来完成这一目标。因此，旧时贵族对子女的教育既欠缺热忱又缺乏能力，相较之下，当代的精英——尤其是女性，她们宁愿牺牲自己的事业也要履行精英母亲的职责——越来越将财富、技能与精力投入子女的教育之中。

富人家庭的孩子需要花费大量的时间接受教育。在人生 1/3 的时间里，即从出生到成年，他们在受惠于精英教育的同时也在背负沉重的学业压力。这种压力是今天出身于中产家庭的孩子，甚至是富人家孩子那生活在半个世纪前的祖辈都无法想象的。美国宪法规定，年满 35 岁的成年人才有资格竞选美国总统。这个规定是为了确保参选者具备担当一国重任的成熟心智。[16] 然而，如今一名 35 岁的精英很有可能还在求学。

优绩主义制度越成熟，精英阶层的压力就越大。今天，那些曾历经千辛万苦到达社会顶层的人也转过头来开始声讨这种高强度的恶性竞争。千禧一代是完全在优绩主义理念下成长起来的第一代。他们对这种重负的感受尤为深刻。千禧一代的精英阶层可能娇贵又脆弱，但他们绝非嘲讽者口中的"独一无二的雪花"。面对竞争压力，他们既没有伤心难过，也没有萎靡不振。他们既不放荡也不颓废，只是充满了紧张与疲惫。

他们的自我意识也日渐强烈。可以说，我在耶鲁大学的学生就是在优绩主义理念下成长起来的范本。面对自己享有的明显优势地位，他们并没有流露出自满甚至自信，反而更多的是深感压力与困惑。他们想要在业已取得的成绩之外寻求意义，并以一种近乎绝望的胆怯态度来回看这一路的过关斩将。他们绝大多数来自精英家庭，意识到自己的优势已被过度渲染，并在心底里怀疑自己是否配得上拥有各种特权。（特权主导着美国顶尖大学的校园文化。因此，少数出身普通的精英学子为了缓解自己在进入一个陌生世界之后所面临的巨大压力，开始"抱团取暖"，通过建立"第一代大学生"社团来彼此互助。）来自精英家庭的学生在被大力培养的同时，也在接受学校的熏陶、调教、训练、塑造和包装——所有的不懈努力都是为了确保他们学业出色，进而能够继续保持其阶层优势。同时，他们又对这种垄断优势的操作方式嗤之以鼻，并揶揄自己是身处其中的同谋。他们充满了一种在事关收入和地位的"声誉经济"中拔得头筹的"集体狂热"（援引最近一项调查中的话）。[17]

我的学生，与同属精英阶层的同龄人一样，纷纷陷入了一种担心自己掉队的"集体焦虑"[18]之中。他们怀疑自己过去取得的成绩，担心在未来会一再地"重蹈覆辙"——只是从高度竞争的校园走向同样高度竞争的职场。即使是那些已经从竞争中脱颖而出的精英分子，也基于某种说不清、道不明却又很合理的理由相信，优绩主义本身并没有促进繁荣，所以他们虽然会生活富足，却远谈不上生活幸福。

优绩主义如何撕裂社会

优绩主义所带来的压力层层叠叠、环环相扣，[19]犹如一个主题衍生出来的不同变体，又或是一场灾难的两副面孔。这套综合机制聚焦于经济收入和社会地位。它一方面将中产阶层排除在了获得真正优势的可靠机会之外，另一方面又迫使整个精英阶层过度追求有名无实的成果。结果，精英阶层与中产阶层、富人与其他人陷入了一个互为关联却又彼此充满敌意的漩涡之中。优绩主义下的不平等造成了不同阶层之间普遍存在的敌意、误解、摩擦、冲突以及公开的对立。优绩主义正在滋生一种系统性的阶层冲突，而这种冲突正在撕裂美国的政治和社会生活。

中产阶层觉得是精英阶层侵占并剥夺了他们原本（在教育、工作、收入、地位等方面）拥有的机会和优势——强加给他们一种"你不够努力、不够优秀"的屈辱感。因此，他们无法原谅精英阶层将自己排斥在外的行为。这种排斥自然孕育出了对彰显优绩主义理念的理想及制度的怨恨和不信任。渐渐地，在中产阶层眼中，精英学校、大学和专业机构成了"异域之地"：往好了说是纵容怪异价值观念，往坏了说是将这些价值观念强加在每一个人身上——就像社团，成员们聚在一起读无用之书，谈政治正确，充斥着傲慢的以权谋私的暗箱操作。具有讽刺意味的是，这种因为被排斥在外而产生的怨恨齐齐投向了优绩主义高调宣扬的社会包容性，尤其是优绩主义倡导的多元文化精英的理念（常见于对政治正确的抱怨中），尽管这种聚焦是符合深层的内在逻辑的。

而且，这些怨恨导致了直接而强有力的后果，甚至足以改变世界。唐纳德·特朗普正是通过不断地攻击现状，否定他所谓的"当权派"，并将美国的"衰落"归咎于精英统治与外来文化的共同腐蚀而登顶大位，成了这个富有、强大且向来以乐观著称的国家的总统。特朗普在就职演说中以世界末日式的阴暗论调取代了昔日明媚的美国梦。他声称美国正在向下沉沦，深陷于被贫穷、犯罪和经济衰退捆绑的"国之浩劫"[20]。他那凭空想象的世界形象和富有感染力的语言表达（譬如他喊出的"美国优先"口号），激发了美国普通民众对这个国家的失望和愤恨情绪。在内，他们正饱受国内经济大衰退之苦；在外，他们承受着经济危机和战争失利的打击。一个强大繁荣的社会怎么会是这么一副失败屈辱的模样？优绩主义所造成的不平等以及这种不平等所滋生的怨恨恰好解释了美国为什么会如此糟糕。

特朗普主义所传播的怨恨以及它所追求的对"当权派"的否定，恰恰反映出了在优绩主义社会底层苦苦挣扎的民众的精神负担。特朗普在就职演说中表示："我们国家中被遗忘的男男女女再也不会被遗忘了。"[21] 最令这些底层民众兴奋的是,特朗普要用"让美国再次伟大"这一救赎性叙事来取代传统政治中的进步叙事。调查显示,有将近 2/3 没有大学学历的白人表示,特朗普在共和党全国代表大会上同样阴暗且愤怒的演讲完全表达出了他们对这个国家的感受。[22] 同时,在共和党内部,有将近 3/5 的人认为高校对美国有害无益。[23]

优绩主义造成的不平等和阶层冲突,包括被精英阶层鄙视的特朗普政治的操作方式(再次让人感到讽刺),同时也在侵蚀精英阶层本身。中产阶层的孩子被排除在优势之外的事实并不意味着富人家庭的孩子就可以高枕无忧。随着优绩主义下的不平等使社会分层的金字塔越来越尖,即使是享有特权者也会有朝不保夕的危机感。精英们生怕丧失阶层地位,随之而来的焦虑感自然使他们疏远中产阶层并表露出自身的优越。此外,精英们知道优绩主义的砝码实际上更偏向于自己。他们怀疑那些为精英阶层增光添彩的力量同时会给中产阶层蒙上一层阴影,尽管他们并不知道对这种局面要做何解释。无论精英阶层的动机有多纯粹,无论他们如何小心翼翼地保护着胜利果实,他们,连同他们引以为傲的成就,都不可避免地卷入了他们所谴责的不平等之中。

人们对特权及其责任的常见理解仍然将优绩主义下的不平等与公共利益视作是一致的,暗示着只要精英表现良好,必然会造福于全社会。然而,随着精英的负担加重,社会的不平等加剧,这些观念成了毫无意义的陈词滥调。早期优绩主义制度下精英阶层的崇高的必胜信念,如今已让位于夹杂着恐慌和脆弱的傲慢。

脆弱的精英为了避免自我怀疑,对中产阶层的习惯和价值观嗤之以鼻。他们崇尚功成名就,轻视平凡,这其实是为了抵御内心的不安。他们坚守任何能证实自身优势和价值的态度与做法,从荒谬的食物鄙视链到冷酷无情的企业裁员,他们这么做只是为了证明自己,并确保自己在他人特别是在自己心中的优越地位。这种扭曲又混乱的态度进一步引发了中产阶层的反感,同时削弱了精英阶层在政治上的影响力。

时至今日，美国的精英们对美国政治已不再抱有幻想，无法再将一种洋溢着乐观气息的社会愿景重新赋予美国政治，甚至在他们内部也难以维系这一愿景。这种不满情绪使特朗普的悲观民粹主义主宰了政治想象，甚至在那些持鄙视态度的精英中也占有一席之地。

优绩主义的悖论

优绩主义那光鲜亮丽的外表俘获了大众的想象力，就连社会评论与分析人士也为之目眩神迷。它主宰着当代人们的自我形象认知，使任何批评和指责都显得无立足之地。然而，褪去光鲜亮丽的外衣，优绩主义内部存在着深深的不满情绪。优绩主义之下的这种不满具有如此强烈的讽刺意味，以至于从内部来看呈现出了一种悖论。

中产阶层对精英的怨恨似乎受到了误导。原则上，任何人在今天都可以走向成功。教育的经费从未像今天这般充足，教育的覆盖面也从未像今天这样广泛，甚至连过去只从白人男性基督徒中选拔学生的顶尖学校和大学如今都以学业成绩作为录取依据。同样，工作岗位和职业发展也早已摆脱了过去的沙文主义，转而以努力和才干论英雄。曾经依赖某种明确的资格设定而将普罗大众排斥在外的机构，如今也是只要能胜任即可入职。

精英阶层内部感受到的焦虑尤其令人震惊。精英教育所提供的培训远比过去完备，毕业生的表现远比前辈出色，他们经由教育所获得的社会和经济优势也远比过去显著，他们理应为自己过往的成就感到骄傲，对未来的发展充满信心。

然而，他们的抱怨和不满却在不断扩大。随着优绩主义下的不平等加剧，以及优绩主义丧失它夺目的光芒，精英日益增加的焦虑与中产阶层已熟知的更早也更成熟的不满两相结合，形成了一股带有悲情色彩的怨气。这股怨气随着个人的生活经历与一个重要的真相相关联而日益加重。这种关联成了一把万能钥匙,用于解析主导当今经济和社会生活的问题,这种问题不光存在于个人生活中,也存在于政治生活中。优绩主义下的不平等让原本看似怪诞的美国社会图景变得可信且具有政治影响力。

对优绩主义的不满引来了对现任政权结构上的攻击,其背后是对优绩主义本身的抨击。尽管中产阶层被压迫和精英阶层被剥削看上去互不相干,甚至彼此矛盾,但它们根植于同一片土壤。美国的精英阶层和中产阶层正在经由不同的方式和路径跌落进优绩主义的陷阱。

同所有宏大的建构一样,我们很难近距离地一探优绩主义的全貌。在经济不平等加剧50年之后,精英阶层与中产阶层在乍看之下,似乎生活在两个不同的世界。根据人们的普遍看法,如今世界存在两个美国:一个有钱人的美国和一个其他人的美国。[24] 如今这个国家最响亮的声音,无论出自左派还是右派,都坚定地指出美国在政治、经济以及社会生活领域正走向分崩离析。[25]

然而,我们后退一步,从一个更广阔的视角来看,这种看法其实是一种误读。精英阶层和中产阶层根本没有分道扬镳。相反,他们是共同陷入了一个单一的、共同的且对彼此均具有破坏性的经济和社会逻辑之中。他们所背负的看似完全不同的重担,实际上是同一种制度性疾病所表现出来的两种不同的症状。精英阶层通过将大多数普通美国人排除在外的残酷竞争来获取和维持自己的阶层优势。然而,那些真正跨过精英阶层门槛的人也同样在遭受无情的打击。一股能强烈感受到却无法言说的挫败感笼罩在两个阶层的上方——中产阶层前所未有的怨恨与精英阶层令人费解的焦虑,犹如一条河流里的两个漩涡,发源于同一股水流。

《精英陷阱》这本书旨在像一名遇到新疾病的医生一样,首先认识和列举出相关的症状。因此,我在第一部分历数了优绩主义所引发的不满，陈述这样一个将大多数人排除在外，同时又对进入其中的少数人也造成伤害的社会等级制度究竟带来了哪些问题。这部分旨在设身处地地描述优绩主义所造成的不平等的生活现状以及这种现状引发的民众情绪，让大家在感同身受的同时跨越阶层鸿沟，发自内心地感叹道："是的，这就是我的现实生活。"由于优绩主义的魅力掩盖了它的危害性，那些身处其中屡遭挫败的人感到困惑不已。可以说，认清现状有助于带来情绪的释放，即使新的认知会带来痛苦的自我审查和自我责备，但是这种释放必然会带来一定程度的宽慰。

本书的第二部分详细描述了优绩主义的运作方式。它解释了优绩主义体系所设立的有关收入、教育和工作的社会与经济安排，记录了优绩主义的发展如何产生了极不平等的利益分配方式，并揭示了随之而来的不平等如何同时对中产阶层和精英阶层造成伤害。在逐步探讨的过程中，我们可以清晰地看到这些不平等及负担的产生并不是由于对优绩主义理念的偏离或回避；恰恰相反，它们是优绩主义在美国社会大行其道的后果。优绩主义机制的内部运作过程揭示了优绩主义陷阱是如何构建起来的。

最后，本书的第三部分揭示了优绩主义的真相。它暴露了优绩主义的背后其实是一种新式的贵族统治制度。这种制度的建立旨在主宰一个由人力资本而非土地财产作为个人收入与财富最大来源的社会。优绩主义理念一贯宣称的是对所有人的公平与博爱、个人利益与公共利益的统一、普世自由与机会均等。然而事实上，优绩主义造成的社会和经济不平等彻底背叛了它所申明的原则和所宣扬的价值。此外，同曾经的贵族制度一样，优绩主义下的不平等也对生活在其中的人们带来了全面性的影响，它建立了一个持久的、自我维持的等级制度，由优绩主义之下各部分之间的反馈回路支撑。优绩本身不再代表真正的优秀，而是像在旧贵族制度中被吹嘘的虚假美德一样，是一个用来合理化不公平的利益分配的借口。

逃离优绩主义陷阱

《精英陷阱》这本书构思于优绩主义的机制内部，准确来说，它产生于一个力图彰显优绩主义魅力的仪式上。书中处处体现出优绩主义引发的所有复杂性和讽刺性。

2015年5月，也就是唐纳德·特朗普正式宣布参选美国总统的前一个月，耶鲁大学法学院的毕业班邀请我在毕业典礼上发表演讲。同许多人一样，我一直在思考美国经济的不平等问题。因此，我决定在演讲时将这些精英毕业生所承袭的优渥资源与普通美国人所能分配到的有限资源进行对比。我原本设想的是一场传统意义上的道德说教，提醒毕业生们不要只想着谋取个人利益，而是要利用自己的竞争优势为公众利益积极服务。

然而，当我坐下来准备写演讲稿，想象着自己面对一群熟悉的面孔高谈阔论时，我深知他们那毋庸置疑的优势地位让他们在竞争中胜出的同时也倍感痛苦。于是，我放弃了义正词严的说教，转而产生了一个截然不同的想法，那是一种强烈的同理心与不祥预感的奇妙结合。尽管我当时还无法看透优绩主义的悖论并找到解决之道，但是我为自己的演讲稿找到了新的组织框架和情绪姿态。我发现，个人要比大众普遍认为的更善良，而现实环境却要比大众普遍认为的险恶得多。

无论是优绩主义的忠实拥趸，还是因优绩主义带来的不平等而愤怒的批评者，都误判了我们所面临的挑战。我们对优绩主义和经济不平等的担忧是有道理的。然而，仅仅指出元凶或纠正明显的错误并不能真正地解决问题。相反，这些问题恰恰反映出我们对教育与工作的组织安排和奖惩机制存在深层次的、普遍的功能障碍。从一个基本且直观的层面来看，优绩主义涉及的问题实际上是我们究竟要如何度过自己的一生。我们对这个社会症结的诊断没有攻击任何人，但的确会引发每个人的不适。

尽管诊断会引发不适，但它同时也会点燃治愈的希望。我们习惯于将经济不平等视作一场零和博弈，我们假设有利于社会底层的再分配必然会给社会上层带来负担。但是，事实并非如此。优绩主义下的不平等实际上于任何人都无益。换句话说，逃离优绩主义陷阱有益于所有人。逃离优绩主义陷阱，可以让现在被剥夺了尊严与财富的美国中产阶层重新全面地参与到社会经济生活中。逃离优绩主义陷阱，可以让如今陷入紧张的自我剥削的美国精英阶层用一小部分的财富和社会地位来换取休闲与自由，重回真实的自我。逃离优绩主义陷阱，也会让一个因优绩主义的理念而变得充满了压迫和不信任的社会得到治愈。

问题仍然在于，如何才能逃离优绩主义陷阱？如何通过政治协商，设计出能够重建美国民主社会和经济秩序的方针政策？这项任务何其艰难。如果说这本书的诊断是正确的，那么优绩主义下的不平等源于一股社会和经济力量。这股力量的深度之深、能量之大，类似于两个世纪前推动工业资本主义取代封建农业社会的力量。如若有人穿越时空回到1800年，他/她会告诉一位好心的英国国王或首相，等到了1860年，工业革命将会彻底破坏目前的社会秩序，造成严重的社会不平等，让出生在曼彻斯特市区的小孩的预期寿命降至自黑死病以来的最低水平，而且这种下降的趋势根本无从避免。[26]

不过，我们远比先辈更有自我意识和做事效率。如果我们能够看到优绩主义对社会造成的近乎全面的伤害，那么我们就能够凝聚政治意志进行疗愈。如果我们能够凝聚政治意志，那么我们在政策制定上就会拥有更高的自由度和更大的影响力。这本书的出发点是相信，关于结构性力量——而不仅仅是道德指责——的政治认知，是采取理性分析和有效行动的必要条件。本书渴望将这种认知转化为推动变革的强大政治力量，并提出具体的政策来重建公平与民主的社会经济秩序。

这些希望要实现，需要借助于那些通常被视为与优绩主义相关的美德，即清晰的头脑和将认知转化为有效行动的能力。认为优绩主义可以解决自身问题，摆脱自身陷阱，从而重拾其最初的民主承诺，重塑一个精英在其中大力促进公共利益的公平开放的社会，这与诊断它目前的病症并不矛盾。

不过，怀抱希望并不等于有具体的执行计划。想要摆脱优绩主义陷阱，我们需要在政治上克服优绩主义带给公众生活的脆弱性和不良影响。无论是富人还是其他人，都必须能够看透目前导致他们分裂的各种形式的焦虑，无论是民粹主义、仇外思想、狭隘的竞争思维还是傲慢自大的优越感；认识到他们的痛苦乃至对立情绪其实都是优绩主义这一棵树上结出的恶果。由此，各阶层的人们理应携手团结，对于目前优绩主义的重负施加给其他人的痛苦，要报以同情甚至与其共担，从而缓解自身的痛苦。

即使每一个人都能从民主复兴中受益，但要建立这种跨越阶层的联盟也需要自律的想象力。可惜，优绩主义滋生的各种不满让大家缺少这种彼此宽容、救赎自省所需要的政治美德。与此同时，焦虑和痛苦也使得富人和其他人难以看清，一些看似及时出现、颇具诱惑力的替代方案，实际上只会引发一场场肆虐的风暴。如今，具有强大操控力的寡头与心怀愤恨的民粹主义者正在结盟，他们企图完全否定优绩主义，转而建立某种更黑暗的制度来取代它。

对这种风险的视而不见，让茫然无知的美国民众成就了唐纳德·特朗普的迅速崛起。这无疑是对优绩主义政治最大的讽刺。

PART I

—

MERITOCRACY
AND
ITS DISCONTENTS

第一部分

优绩主义及其诱发
的不满

第一章

优绩主义革命

CHAPTER 1

　　翻开人类的历史，辛劳与收入从来都背道而驰。

　　穷人往往需要长时间地辛苦劳作。1800年，英国普通劳工平均每周的工作时间是64小时；1900年，美国普通劳工每周的工作时间是60小时；[1]直至20世纪20年代，蓝领工人的每周工作时长仍超过50小时。[2]可以说，所有这些工作都是无尽的辛劳。后来，中产阶层的兴起缓解了劳动阶层的辛苦，同时也吸纳了大量的普通工人，但是情况并没有完全改观。一度带动中产阶层蒸蒸日上的制造业工作，在吸纳了大量普通劳工的同时，也使他们疲于奔命。

　　相比之下，富人则一直过着奢侈浪费的悠闲生活。在过去的几个世纪里，甚至是上千年里，上流社会崇尚高雅的消遣方式，鄙视辛苦劳作。[3]

　　低廉的工资水平必然意味着劳工阶层收入微薄。19世纪的劳工即使再辛勤劳作也无缘过上小康生活。尽管二战后的经济繁荣让20世纪中叶的工人得以达到中产阶层的小康状态，但是精英阶层的财富对普通人而言始终都难以企及。

　　相比之下，凭借继承而来的土地、工厂或者其他资本，富人一直过着悠闲安逸的生活。而且，无论是富人还是其他人，都将自己的生活际遇归因于出身不同，而非个人选择或成就的差异。尽管正式的贵族头衔早已被大众忽视甚至被废除，但是世袭贵族统治的社会依然存在。只要问问穷人有多辛苦，就能知道他们的日子有多艰难。[4]

今天，前所未有的社会和经济布局颠覆了这些由来已久的社会关系。中产阶层的工作正在消失，几个世纪以来一直担负着经济发展中最繁重工作的劳工阶层越来越轻松。然而，并不是中产阶层变得懒惰不想工作，而是他们正在丧失工作机会，越来越多地被闲置起来。一场全面、深刻的技术转型淘汰了中产阶层的工作，让拥有中等技能的劳动力在今天的经济环境中供大于求。在这种社会趋势下，减少的工时总数接近20世纪中叶男性和女性的工时差距。也就是说，新的社会经济秩序对今天劳工阶层和中产阶层在就业方面的压制程度，与两代人之前女性由于性别原因而遭受的就业压制程度差不多。[5]它剥夺了中产阶层从工业发展中获得财富收入和社会地位的机会。

新兴技术并没有淘汰所有的工作。实际上，它提高了社会对拥有超高技能的精英人士的需求。历史上一度悠闲安逸的富人，如今却与被闲置起来的中产阶层形成了鲜明对比，因为他们比以往任何时候都更加努力地工作。他们的努力程度不仅前所未见，而且超过了社会上的其他人。拥有大学及以上学历且正值壮年的成年人，无论男女，放弃工作的可能性不及仅拥有高中及以下学历的同龄人的一半。[6]另外，在职场上，与中产阶层相比，精英阶层工作时间更长，休闲时间更少。[7]的确，尽管省时省力的家用电器早已走入人们的日常生活，但是精英阶层在今天所享受的闲暇时光与20世纪中叶相比反而减少了。[8]

精英阶层的价值观和生活习惯也顺势发生了改变。上流社会开始转向，如今的精英阶层崇尚努力付出，轻视安逸享乐。对一位有钱人而言，如果有熟人朋友问他／她："最近怎么样？"标准答案是："特别忙。"老一辈的富人羞于承认自己很忙，而新一代的精英人士则通过"忙"来凸显自己的重要性。

工资革命则完善了这种新的工作秩序。今天，中产阶层的工作收入仍然无法使其变得富有，而精英们的高强度工作却能为其带来巨额收入。高级职位的年薪可以达到50万、100万甚至500万美元，还有少数职位的年薪可以达到1 000万、1亿甚至10亿美元。[9]事实上，今天富人的大部分收入来自劳动，他们获取财富的主要渠道是工作。[10]另外，精英阶层之所以能得到这些高薪工作是因为他们拥有超高的技能，而这些技能是经由严格密集的培训获得的。他们通过高强度、有竞争力且富有成效的努力保住自己的工作。如今，我们通过询问一个人接受了多长时间的教育，工作有多辛苦，就能知道他有多富裕，而不再是有多穷。

这种新机制从根本上改变了谁可以获得并保持领先地位。新秩序彻底否定了由贵族等级制度主导的旧秩序。相反，它拥抱的是优绩主义的理念，即一个人的社会和经济优势不应与其出身有关，而应与其能力、努力和成绩挂钩。[11]要在这三个方面脱颖而出，则需要一个人在持续不断的竞争中证明自己，一开始是在学校，而后是在职场。

过去，悠闲安逸的贵族阶层占据主导地位，他们统治并剥削下层劳工。对于奴隶、农奴、契约仆人，甚至产业工人（他们发起的劳工运动将原本被认为有失尊严的"劳动"重塑为骄傲的象征）来说，劳动本身就构成了从属关系。如今，勤劳工作的富人精英占据了主导地位。几千年来一直垄断社会资源与地位的悠闲贵族终于让位于一个新的由勤奋努力造就的精英阶层——他们不是下层劳工，而是上层的劳动者。[12]

在新秩序中诞生的精英阶层的主要成员，包括上文提及的可以从工作中赚取超高收入的核心群体（可能占全美家庭收入的前1%），以及围绕在核心群体周边的、在社会和经济地位上仅次于核心群体的人群（这一人群的规模相对更大，可能占全美家庭收入的前

第一章　优绩主义革命　023

5%~10%）。优绩主义主要通过两步来构建精英阶层。这两步都涉及激烈的竞赛。它们共同打造出了精英阶层，并设置了优绩主义陷阱。

首先，优绩主义将教育变成了一场为加入精英阶层而进行的严酷、激烈的竞争。它集中培养少数能够在顶尖中小学和大学占得一席之地的杰出人才。其次，优绩主义改变了职场，创造了要求极高且报酬丰厚的职位，以此来维持精英阶层的优势地位。优绩主义崇尚技能，将努力与酬劳集中在少数高级职员的手中。

优绩主义的这两个面向——精英教育的高强度、激烈竞争和精英工作的高努力与超高额回报，已经如此根深蒂固，以至于看上去非常合理，甚至可以说是必然的。很难想象，如果不是这样，生活会变成什么样。但事实上，这两方面都是以往从未出现过的，对这些现象的描述为我们了解优绩主义的运作机制打开了一扇窗，仔细研究它们的兴起，能够揭示优绩主义为何会引发不满。

优绩主义下的教育

历史上的精英教育从来都与高强度不沾边。直到20世纪50年代后期，美国顶级大学的入学标准看重的还是出身而非成绩。当时的常春藤盟校既不招收也不旨在培养"最优秀和最聪明的人"，而是将目标放在如何维护并提升美国主要家族的社会光环上。即使是研究生学院和专业院校，选拔学生的方式也极其随意。例如，一个于20世纪中叶毕业于耶鲁大学法学院的人告诉一位口述历史学家，他之所以进入耶鲁大学是因为当时的招生主任杰克·泰特在一次招生会上，仅基于与他的一场交谈便直接表态："你只要申请，就能被录取。"[13]

这种情况在20世纪中叶开始发生了改变。哈佛大学校长詹姆斯·布赖恩特·科南特与（比他晚些年上任的）耶鲁大学校长金曼·布鲁斯特为了吸纳新鲜血液、扩充美国的精英阶层，修改了招生制度，明确提出要拒绝"出身论"，转而以学业成绩作为选拔标准。到了1970年，长期以来负责维系上流社会精英阶层的美国老牌家族与顶尖高校之间的联盟被彻底打破了。激烈的学业竞争成了进入顶级名校的必经之路。这次改变引发了一场革命，它不仅在程度上，更是在性质上彻底地改变了美国精英教育的基本特征。

高校招生人员一改往日对学生社会适应性的草率评估，转而开始以细致、严格的方式筛选人才。申请者也一改往日因为家族传统而偏爱某一两所大学的习惯，转而以纯粹的大学排名来进行评估选择。

前面的例证已经说明了这种转变。在当下的美国，每年有超过5万名候选人申请法学院，其中约有3 000人申请顶尖的耶鲁大学法学院。[14]如今的耶鲁大学法学院可不会随意录取，而是由3名教职员工独立审核评估每位申请者提交的文件材料。在严格把关之下，申请成功的概率大约只有8%（这使得今天耶鲁大学法学院的录取竞争激烈程度是20世纪中叶的4倍）。成功进入耶鲁大学法学院的学生的成绩中位数为A，并且在专门的法学院入学考试（LSAT）中的得分超过99%的人。[15]最终，申请者几乎都是纯粹看排名，在录取他们的学校中选择排名最高的学校就读。约80%的收到耶鲁大学录取通知书的申请者最终都会注册入学。[16]

耶鲁大学法学院的例子也许有些极端，但绝非特例。将视角放宽，这种模式依然完全适用，而不会有任何事实上的改变。全美排名前五的法学院分别来自耶鲁大学、斯坦福大学、哈佛大学、芝加哥大学和哥伦比亚大学。它们总体的录取比例是15%。[17]这五大法学院录取的学生的成绩中位数为A，在法学院入学考试中的成绩排名前3%。[18]尽管没有精准的数字统计，但是根据合理的估计，每年大约有2 000人获得这五大法学院的录取通知书。这些人中，最多有5人[19]——相当于没有人——会选择入读全美排名前十以外的大学。

顶尖法学院的招生竞争并不是这些精英学子人生中的某个异常或个别的时刻。相反，申请法学院只不过是他们习以为常的严格教育的最后一环。研究生阶段在顶尖学院就读的绝大多数精英学生，本科阶段都是在名牌大学成绩拿 A 的佼佼者。如今，哈佛大学、耶鲁大学、普林斯顿大学和斯坦福大学入学竞争的激烈程度是 20 年前的 3 倍。[20] 另外，这些天之骄子大都曾就读于竞争激烈的明星高中、万里挑一的小学，甚至幼儿园。换言之，为了获得真正的精英教育，一名学生必须在一场旷日持久的多阶段精英竞赛中不断拔得头筹。显然，在其中的每一个阶段，究竟哪些学校属于第一梯队，大家也都心知肚明。

在精英培养链条上的每一所学校都会提供与其领先地位相匹配的高强度训练。也就是说，顶尖学校会对学生的教育进行大量投资：美国顶级私立学校每年为每一位学生的花费高达 7.5 万美元（是全美公立学校平均支出水平的 6 倍多）[21]。精英大学和研究生院平均每年对每一位学生的投资金额是 9 万美元。[22] 精英教育的投资总额高达数百万美元，远超过中产阶层的教育所能负担的范围。

精英教育以及学校的巨额投资都获得了相应的回报。竞争性的学习和考试让学生在勤奋用功的同时野心勃勃，各种训练提升了他们的技能。哈佛大学法学院的院长在欢迎新生时承诺："没有哪所法学院能更好地为这个不断变化的世界培育律师、公职人员以及领导人。"[23] 而在耶鲁大学法学院，近期一位院长告诉每一位毕业班的学生："简而言之，你们是这个世界上最优秀的法律毕业生。"[24] 这些断言听上去似乎大言不惭、自吹自擂。令人惊讶的是，他们所言不虚，均有具体、明确的事实予以支持，并在招生名额和学生选择的双向竞争中得到了证明。过去近 30 年里，耶鲁大学法学院的毕业生与其他顶尖大学及研究生院的各个专业的毕业生一样，不断地学习、工作、实践、接受训练。他们经过层层选拔，一路过关斩将取得了胜利。毕竟，这就是他们跻身精英阶层的意义所在。

以精英高等学位为顶点的终身教育，以及为了获得这种训练和学位而进行的竞争，从未像今天这样激烈过。过去用来证明出身不凡、培养礼仪涵养的精修学校，如今已经转变为严格的强调学业成绩和技能培养的培训中心。因此，精英学位代表着要求严苛、抱负远大且富有成效的训练。经过如此高强度培训而产生的优绩主义精英远比过去的精英更勤奋、更能干，历史上曾经出现过的精英阶层完全无法与之媲美。

优绩主义下的工作

优绩主义下的工作是优绩主义教育模式在成年生活中的延续。精英的工作反映的是精英学校的学习强度、竞争力，并过分看重精英学校培养的技能。与此同时，顶级职位赋予上层职员的收入和地位则与这些职位所需要的劳动强度相匹配。今天，精英工作的要求和回报比以往任何时候都高。

过去，精英的工作习惯，也就是富人的生活节奏，就像曾经的精英教育一样轻松。这种现象并非偶然，因为旧时贵族既缺乏特殊才干又懒于勤勉奋斗，他们必然缺乏努力工作的动力和手段。20世纪中叶的经济秩序自然而然地甚至不可避免地使中产阶层的劳动者成了劳动力市场的中心。他们负责制造和销售，主管公司的财务和运营。来自中产阶层的拥有中等技能的劳动力几乎主导了20世纪中叶经济运作的方方面面：中等技能的产业工人主导着制造业，当地中等技能的独立商人主宰着零售业，中等技能的社区银行业者、信贷员和股票经纪人把持着金融业，中等技能的中层和部门经理掌控着美国的企业。旧时代的贵族阶层本能地将劳动力市场拱手让给了中产阶层。一个闲散安逸的旧精英阶层主动邀请勤劳的中产阶层来主导美国的经济。

然而，情况早已不再如此。

过去的贵族曾把工作交到中产阶层手中，但是在优绩主义理念下成长起来的精英劳动者不但技能高超，而且更愿意埋头苦干。他们自然掌控了经济发展的命脉。在过去40年里，计算机、机器人和其他的新科技早已改变了商品的制造方式和服务模式。这些颠覆性技术（由感兴趣的创新者发明，并根据精英教育提供的新技能量身定制），将生产中心从掌握中等技能的劳动者手中转移到了拥有超高技能的专业人才身上。

例如，自动化工业机器人以能够设计和编程的高级技术员工取代了具有中等技能的制造工人。[25] 物流配送、仓储和电子商务的创新则使中产阶层的独立商人被两个群体取代[26]：一是处在底层的员工，比如沃尔玛的接待员和亚马逊的仓库管理员；二是处于顶层的、拥有大型商店的超级富豪，包括全球最富有的家族（比如沃尔玛背后的沃尔顿家族）和全球最富有的人（比如亚马逊的杰夫·贝佐斯）。金融产业的各种衍生品及其他金融新技术让华尔街的精英员工不再需要中产阶层的社区银行业者、信贷员和股票经纪人。[27] 新的管理技术也让高层管理人员和CEO可以直接跳过中间的部门经理，来运用权力组织和控制生产线上的工人。[28] 所有这些与其他无数的创新让中产阶层掌握的技能毫无用武之地，精英们的地位因此得到了大幅提升。精英们所具备的技能对于经济发展变得至关重要。总体而言，原本属于中产阶层的工作被转移到了精英的手上，从而形成了一个上层劳动者群体。

今天的律师行业就反映并见证了这种变化。1962年，精英律师的收入仅为现在的1/3，当年的美国律师协会曾自信地宣称普通律师每年"大约有1 300个计费小时"[29]。然而，今天一家大型律师事务所也可以自豪地表示"如果管理得当"，一年平均有2 400个计费小时也"不过分"，而且它还是"有望成为合伙人的必要条件"。[30] 一年2 400个计费小时意味着每周工作6天，每天从早上8点工作到晚上 8 点，全年没有休假或病假。顶尖法学院的毕业生所进入的律师事务所，通常要求律师甚至律所合伙人一周工作 60、80，甚至 100 个小时。

律师的计费时间以 6 分钟为最小单位，我们可以以此作为参照来观察所有精英的工作强度。金融业的精英之前是根据"银行业者工时"来工作的。所谓"银行业者工时"是指自 19 世纪到 20 世纪中叶，银行业内规定的从上午 10 点到下午 3 点的营业时间，后来用于泛指任何轻松的工作。[31] 以前的精英管理层是作为"管理者"捧着"铁饭碗"，而且企业内部看重的是论资排辈而非个人表现。[32] 如今，借用一位投资银行业者的话来说："我们一天工作 17 个小时……一周工作 7 天。"[33] 另一位则说："我们通常会工作至深夜或凌晨 1 点，周末也不休息，可能每隔一两周还需要通宵达旦。"[34] 无独有偶，曾经的管理工作如今已让位给了《哈佛商业评论》所称的"极限工作"[35]，即"每天到岗时间至少 10 小时"，需要"大量出差"并"随时随地为客户提供服务"，还要"经常在工作之余参加各种与工作相关的活动"并"肩负远超自己岗位的职责"。[36]

以上谈及的法律、金融和管理工作的发展变迁都反映出了一个普遍的大趋势。这个趋势绝非某个行业的特色，而是一种精英工作的新法则。今天，在全美最富有的 1% 的家庭中，超过一半有家庭成员一周工作超过 50 小时。[37] 这个工作时长是全美最贫穷的 20% 家庭的 15 倍。总体而言，美国收入所得最高的 1% 的壮年男性的平均工作时长要比在收入最底层的 1% 的壮年男性高出 50%。[38]

如今，各种类型的精英工作都需要长时间的投入——它已经成了一种新常规。这在过去是无法想象的，因为在以往生活悠闲的美国上流社会看来这是有失体面的。几个世纪以来，旧秩序让那些不是出于个人喜好，不是为了荣誉、趣味或使命，而是为了钱而努力的工作蒙上了一层为人不齿的阴影。这种态度直到 20 世纪中叶依然存在。然而时至今日，它已荡然无存，甚至还出现了反转。现在，各界精英人士都重视长时间的工作，并且会以一种引人注目甚至强迫性的方式将自己的勤奋广而告之——比如通过自己的语言习惯——以此来维护自己的社会地位。优绩主义让勤奋（换个说法就是"忙"）成了一种被看重、被需要的标志，一块荣誉勋章。[39]

精英阶层所接受的培养、获得的技能以及勤奋努力的态度不仅为他们赢得了社会地位，还带来了丰厚的收入。今天，在纽约和其他大城市，顶级律师事务所的一年级律师的年薪约为 20 万美元[40]（对耶鲁大学法学院的毕业生来说，只要他们想就能找到一份类似的工作）。另外，精英律师的收入会随着职业生涯的日益成熟而大幅增加。在美国，有一家律师事务所能够为每一位合伙人每年带来超过 500 万美元的收益，[41] 有 70 多家律师事务所能够为每一位合伙人每年带来超过 100 万美元的收益。这些事务所的合伙人基本上都是顶尖法学院的精英毕业生。在全美获利最丰厚的五大律师事务所中，超过一半的合伙人来自美国老牌的排名"前十"的法学院。在每位合伙人每年收益超过 500 万美元的那家律师事务所中，4/5 的合伙人毕业于排名"前五"的法学院。[42]

专科医生、金融专家、管理顾问和精英经理人都需要拥有顶尖学位，通常这使他们每年能赚取数十万美元的酬劳。令人意想不到的是，在这些专业领域，年收入超过百万美元的情况也非常普遍。其中，真正的高收入者，譬如投资银行的总经理、大企业的高级主管以及收入最高的对冲基金经理，每年收入所得高达数千万，甚至上亿美元。法律界也一样，最顶尖的事务所只会雇用来自最顶尖的法学院的毕业生，譬如哈佛、普林斯顿、斯坦福、耶鲁，也许还有麻省理工学院和威廉姆斯学院。[43] 它们通常不会招收其他学校的毕业生。[44] 正因如此，学校教育所带来的经济回报率[45]在近几十年突飞猛进，尤其是精英学校所带来的经济回报率，是股票或债券投资回报率的 2~3 倍。[46]

由此也产生了因教育不同而收入差距惊人的阶层划分。

从一个行业到另一个行业，劳动力市场越发看重精英教育所培养的技能。拥有超高技能的精英开始主导就业市场，而拥有中等技能的劳动者供大于求，变得冗余。在某些工作领域，中产阶层的就业市场一直未能恢复，例如中等技能的制造业、零售业、中层管理职位都已日渐消失。在其他一些领域，新的工作秩序将底层劳工与上层精英人士完全区分开来。掌握中等技能的社区银行业者被满大街的底层文员和华尔街的高级投资人取代。与此同时，由于富人需要长时间的工作来赚取高额报酬，基本无暇照顾和打理家庭事务，所以出现了一个由底层劳工专门为富有家庭提供个人服务的繁荣市场。[47]

无论如何，创新已使工作越来越呈现出两极分化的特征。我们可以称之为暗淡的工作和光鲜的工作：暗淡是指这类工作不能提供即时的回报，而且看不到晋升机会；光鲜是指这类工作可以带来高收入和社会地位，但并不代表工作本身一定是有意义的。随着优绩主义理念的不断发展，越来越多的中等职位被或暗淡或光鲜的职位取代，其中绝大多数的中间阶层都跌入了暗淡的一方。[48]优绩主义的阴影笼罩在中等技能的工作之上，它使暗淡的工作陷入无尽黑暗，同时为光鲜的工作镀上了一层虚假的光泽。[49]当一个社会将经济生产集中在少数精英的手中，认可勤奋努力的精英文化自然成了支撑高强度工作的基石。

前所未有的不平等

优绩主义的两个面向——精英教育和精英工作经过共同发展与相互作用后合二为一。精心规划的精英教育培育出了具有极强的职业精神和非凡技能的上层员工。他们的出现促成了劳动力市场的转型，在使整个市场向精英的技能倾斜的同时，也让精英成了利润丰厚的新型工作机会的主导者。这样的转变等于将拥有中等技能的劳动者闲置了起来，使忙碌的精英成了生产力极高且报酬丰厚的代表。成功的果实随着优绩主义制度下竞争的日渐激烈而增大。对于站在全美劳动力收入金字塔塔尖上的 1% 的人而言，甚至是对于这 1% 中的前 10%（即全美收入前 0.1%）的人而言，他们总收入的 2/3 甚至 3/4 都来自劳动所得。[50] 这个结果在很大程度上源于他们所接受的精英教育。新一代的精英因此又会将自己的财富大力投资在子女的教育上。如此一来，循环往复，没有终点。

精英教育的花费和精英劳动的收入总和已庞大到难以估算的程度。优绩主义下的经济不平等在整体上比以往任何时候都严重，而美国的情势又比其他的富裕国家更严峻。

今天，全美收入最高的 1% 的家庭占据了全美人口总收入的约 20%；而这 1% 家庭中的前 10%（即全美收入前 0.1%）的家庭占据了全美人口总收入的 10%。[51] 这就意味着，在每 100 户美国家庭中，最富有的那个家庭的收入相当于 20 个普通家庭的收入总和；在每 1 000 户美国家庭中，最富有的那个家庭的收入相当于 100 个普通家庭的收入总和。与 1950—1970 年这一时期相比，美国最富有的 1% 的家庭收入翻了一番，最富有的 0.1% 的家庭收入增长了 2 倍。[52] 尽管人们常常抱怨资本越来越主导经济生活，但这些增幅的 2/3 甚至 3/4 都来自精英阶层不断上涨的劳动报酬——不光因为他们的工作时长大幅增加，还因为他们通常是上层员工。[53] 因此，日益加剧的经济不平等的主要原因并非收入从劳动转向资本，而是收入从中产阶层转向精英阶层。[54]

当这种经济收入差距变得足够大，量变就会引起质变。20 世纪中叶，美国的经济分配情况与加拿大、日本、挪威等其他富裕的民主国家大体相似。[55] 然而，今天美国的收入不平等程度已经超过了印度、摩洛哥、印度尼西亚、伊朗、乌克兰和越南。[56] 这些国家层面的数据是其内部地区差异的综合体现。如果我们缩小比较对象，那么原本笼统的统计数据会变得清晰，我们会沮丧地发现，康涅狄格州费尔菲尔德县的经济不平等程度远高于泰国的曼谷。[57]

美国的经济和社会都已经由优绩主义主导，具体体现为一种前所未有的由激烈竞争、评估、成就与奖赏相结合的机制。这个机制始终围绕着教育培训和劳动就业展开。当前的情势是，在一种贫富状况严重失衡的经济秩序之下，最富有的 0.1% 的人还在为了生活而拼命工作，这是人类历史上在任何时间和任何地点都未曾出现过的现象。

优绩的诱惑

然而，面对这种贫富落差巨大的经济不平等，存在一股强大的本能力量在为之辩护。优绩主义的理念在早期因为反对出身论而占据道德优势，再加上新一代精英阶层的努力勤奋和精湛技艺，人们很难争辩说个人优势与其努力和天赋挂钩是不合理的。当然，用优绩主义的理念取代旧时贵族的出身论无疑是一种社会进步。因此，即使在这一理念之下出现了贫富差距的极度不平衡，人们依然对优绩主义赞誉有加。

优绩主义的拥护者发展出了一种直觉式的认知。他们坚持认为，学业评级和考试成绩衡量了学生的学习成果，薪资高低体现了劳工的劳动成果，这两个过程都将个人优势与公共利益相结合。而优绩主义制度下具体的社会实践又进一步强化了这种关联性。行业中普遍存在的操作——教育行业的考试制度和咨询行业的薪资补偿——都致力于改善并认可这种关联性。通过这种方式，优绩主义将勤奋，即转化为社会和经济产品的努力和技能，变成衡量一个人是否具有优势的标准。

这种关联性让优绩主义革命得以推翻沉闷、迟缓、懒散的贵族制度，让原本被世家子弟把持的精英阶层的大门面向所有有抱负、有才能的人敞开，激发了一大批高级人才，他们的活力和动力带动了整个社会文化，推动了经济发展。从这个角度来看，优绩主义的确促进了社会的普遍繁荣。优绩主义精英的庞大生产力确保了在经济失衡的情况下，尽管富人过得更好，但其他人生活得也不会太差。此外，优绩主义进一步确保了优势来自个人功劳，上层职员认为自己的巨额收入就来自自己的勤奋努力。事实上，这种"必胜主义"的论调认为，优绩主义改造了不平等本身，重构了它在道德上的公正性。也就是说，优绩主义制度下的不平等不是通过剥削他人或滥用职权造成的。相对于旧时贵族制度下的不平等所造成的低效和不公，优绩主义下的不平等宣称自己是高效且公正的。

在2007—2008年的金融危机重创优绩主义者的自尊心之前，这种必胜主义的理念及其变体主导着精英阶层的意识形态，而未遭受任何实质性的批评或质疑。即使是在今天，在优绩主义制度下必胜主义的强势论调面前，批评的声音始终微小，或至少遭到了扭曲和贬低。

优绩主义对其外部效应和内在逻辑都进行了伪装。它的运行机制和仪式（譬如大学的毕业典礼），强化了这种伪装。优绩主义的实践将优绩主义理念投射到人们的日常生活当中，创造了一个围绕着它构建人生节点、展开人生故事的生活场景。优绩主义的大行其道依靠的不仅仅是逻辑体系，更是切实的生活经验。它捕获了人们的想象力，限制了身处其中的人们的批判和反思能力。事实上，优绩主义的理念与其造成的经济不平等互为关联，彼此推动——就如同一套免疫系统的选择可能会造就越来越抵抗人体免疫的寄生虫，而这反过来又会使免疫系统变得更加不可或缺。[58]优绩主义实际上是一种偶然的、新近的、异常的趋势，但经过伪装之后看上去是必要的、自然的且不可避免的。[59]优绩主义通过将不平等塑造成一种看似不可避免的趋势，从而使它的批评者无从立足，进而走向无从选择的暴政。[60]

即使有人对优绩主义造成的不断加剧的经济不平等进行批判，他们也并不会直接朝优绩主义开火。在美国政坛，左右两派普遍存在的一种批评意见是，美国富人的收入远非仅限于个人的劳动所得，而更多是来自与老式贵族制一脉相承的裙带关系和机会主义。[61] 根据这种观点，精英学校的招生规则最后看重的还是学生背后的文化资本、阶层背景、家世渊源，而非学生个人的智商和学业成绩。[62] 相应地，精英雇主在招聘时所依据的是申请者的社会关系和家庭出身，而不是技能和才干，[63] 因此精英职员的高额收入完全是一场追逐利益的寻租和公然欺诈。[64] 第二种批评的声音则将日益加剧的经济不平等归咎于人们的收入所得从劳动转向了资本操作。这种资本操作还在极端条件下促成了寡头垄断。托马斯·皮凯蒂对这一论点进行过详细论述。[65] 这种观点认为，经济和政治力量正在重新集结财富，并在重新分配的过程中将天秤倾向于资本密集型领域，且更集中于顶层社会，以此重建旧时代的食利精英，使其成为主导经济和政治的阶层———一种 21 世纪版本的世袭资本主义。

这两种批评的声音所攻击的都是当前的精英阶层在践行优绩主义时丧失了初心。他们将巨大的经济不平等归咎于优绩主义在发展过程中偏离了它最初的"正道"，间接说明了他们还希冀着有一个发展良好的优绩主义可以解决目前出现的问题。可以说，即便是对优绩主义所造成的经济不平等持最猛烈抨击态度的人，也并没有否定优绩主义本身。他们至少和那些对当前经济秩序持赞扬态度的人一样，深受优绩主义的魅惑。他们只是在传达优绩主义的社会承诺，而并不否定这一承诺。优绩主义已经成了有关经济不平等的传统争论得以展开的共同框架，是这个时代的主导教条。换句话说，优绩主义已经成为现代社会普遍接纳的基本常识。

这种现状直接源于优绩主义的本质。首先，人们对没有通过剥夺或剥削形成的经济不平等很难予以看似理性的谴责。只要中产阶层过得还不错，那么精英阶层即使拥有更多的财富又有什么不妥呢，尤其是如果他们的所得源于他们的努力和技能？在这种情况下，任何的抱怨似乎都带有嫉妒的意味。对在这个过程中出现的欺诈、裙带关系和家族资本进行指责，的确会给那些批判不平等的声音蒙上一层体面的外衣，因为它们指出了优绩主义在实践过程中产生的明显错误，为发出这些声音的批判者赋予了一种道德光环。然而，道德义愤会自行发酵，不受控制。它使得强调经济不平等源于精英教育、个人努力和精湛技能的观点听上去是对富人过度宽容，对世界的认知过于自满，甚至是要大家安于现状。

对不断加剧的经济不平等普遍所持的反对意见，很容易就使对此负有主要责任的群体免于被指责。提出这些反对意见的知识分子和其他的专业精英很可能就属于站在社会金字塔塔尖上的1%，不过，他们心安理得地认为自己既不是欺诈者也不是食利者。这些精英是优绩主义造成的经济不平等的受益者。他们通过批判以权谋私现象和复兴的世袭资本主义来谴责这种经济不平等，但实际上并不真正质疑自己的收入和地位，更不质疑保障了自己收入和地位的优绩主义体系本身。他们辩称问题出现在别人身上，而自己只是无辜的旁观者，对业已产生的经济不平等也只能表示遗憾。他们会公开地大声谴责，但坚决不承认自己就是共谋，更拒绝承担相关责任，同时也不放弃对自身生存至关重要的东西。的确，将矛头指向某些邪恶个体的恶行，并且果断地与这些恶行划清界限，非但不会为广大精英群体带来恶名，反而能擦亮优绩主义的光环。

社会大众的普遍看法在美化优绩主义的同时也在遮掩它的更多问题。传统上站在道德制高点上发出的指责虽然千真万确，但是那些腐败行为只是在优绩主义制度的边缘运作。诈欺、寻租与世袭资本主义的兴起的确使经济不平等的情况加剧，针对它们的抨击也算是找准了靶子。[66]然而，不平等背后真正的成因存在于优绩主义的内部。因此，这些针对经济不平等的"隔靴搔痒"式的批评必然会苍白无力。

精英学校的招生和精英职场的招聘是有裙带关系成分，但总体上的评判标准仍以申请人的学业成绩和工作技能为基础，也就是仍以善意的优绩标准来评价。[67]富人家庭为子女提供的经过精心规划的教育和培训使他们与同龄人相比具有巨大优势。从这个角度来说，精英学校的招生显著地向财富倾斜。优绩制度下的精英其实不需要裙带关系就可以自成圈层。[68]事实上，这种效应是如此强大，以至于尽管一些顶尖学校的招生政策加强了学业成绩的比重，减弱了家世背景的影响，但是它们所招收的学生依然更多的是非富即贵。[69]高校的校友子女优先录取制度常常受到诟病，这是可以理解的，因为这一制度让裙带关系在高校招生中的影响难以量化。不过有一个例子可以说明，当学业成绩而非裙带关系在大学招生门槛中占据主导地位时，招生结果依然倾向于财富群体。耶鲁大学法学院长期以来面临优绩主义带来的压力，其中包括为维持学校排名而要确保录取的新生拥有超高的法学院入学考试成绩。最近，该校废止了为校友子女加分的招生规则。尽管如此，在该校的学生群体中，来自收入最高的1%家庭的学生数量与来自收入垫底的50%家庭的学生数量持平，甚至在某些年份前者还更多。[70]

同样在职场上，尽管确实存在精英以权谋私从而增加财富的现象，但是他们的基本收入主要还是依靠努力所得。银行或许会以某种精明的或带有误导的手法赚取上百万美元的利润，例如高盛推出了一款叫作"珠算"（ABACUS）的金融产品（后来被美国证券交易委员会指控存在诈欺行为），通过营销这款投资组合产品吸金高达1 500万美元，但它对该投资组合的操刀人之一——对冲基金经理人约翰·保尔森做空该产品的行为只字未提。[71]不过，这笔钱与高盛动辄数十亿美元计的营业额相比不过是小巫见大巫。[72]更普遍地讲，虽然有一些精英凭借诈欺手段获得了数十亿美元收入，但那也只是整个精英阶层不断增加的高达数万亿美元收入中的一小部分。[73] 总的来说，精英阶层的收入增加主要还是依赖于与其工作表现相关的薪酬的大幅上涨。[74]

最后，尽管部分收入份额正在从劳动转向资本，但是全美顶尖的 1% 人口的收入增幅中可能有 3/4 来自劳动力内部的收入转移，因为中位数工资的停滞不前与上层职员工资的爆炸性增长是同步发生的。[75] 这种变化模式有具体的实例来佐证。例如，众所周知，在 20 世纪 60 年代中期，大企业 CEO 的薪酬大约是普通生产工人的 20 倍，但在今天已高达 300 倍。[76] 不同行业的收入变化都显示出了相同的规律。例如，在 20 世纪 60 年代，一位心脏科医师的收入可能是护士的 4 倍，[77] 而在 2017 年达到了 7 倍以上；[78] 那时候一位顶尖律师事务所合伙人的收益不到秘书薪资的 5 倍，[79] 而如今已超过了 40 倍。[80]

变化最惊人的可能还是金融业。1969 年，戴维·洛克菲勒出任大通曼哈顿银行董事长的年薪约 160 万美元（按 2015 年的美元价值计算），相当于一名美国普通银行出纳员收入的 50 倍左右。[81] 而 2017 年，摩根大通银行的时任董事长兼 CEO 杰米·戴蒙的酬劳为 2 950 万美元，是当下一名普通银行出纳员收入的 1 000 倍以上。[82]

总体来说，美国现在大约有一百万名[83]精英人士从事上面提及的上层工作，并从中获得巨额报酬。经济不平等不断加剧的主要根源并不在于资本参与，而是上层员工越来越取代中产阶层劳动者占据主导地位。[84]

经济不平等不断加剧的罪魁祸首不是所谓的个别恶人。站在道德制高点上对他们加以指责忽略了道德上更为复杂同时更具有决定性的结构性错误。事实上，对经济不平等的普遍反对削弱了自身的力量。当批评者从根本上就拥抱优绩主义，那么他们的批评自然是无力的，并在事实上支持了他们所谴责的不平等。道德批判其实小看了问题的严重性。只有探讨造成不断加剧的不平等的优绩主义诚意本身，才能挖掘出问题的真正深度和广度。

对于不断加剧的经济不平等，优绩主义不是解药，而是根源。优绩主义的内在逻辑不仅背叛了民主，更是在反对经济平等。即使优绩主义完全按照它所宣扬的方式运作，它也会造成地位和财富的世代传承，并启动会加剧经济不平等的机制。一般的正派人士面对他们无法控制和逃避的社会和经济力量都会做出理性的反应，但这种反应的结果却是只有少数人从中获益，而更少数的人在为之击掌庆贺。

当代美国的核心悲剧恰恰在于优绩主义的胜利。优绩主义，不是通过背叛而是通过实现它最初的理念，形成了一种阶层固化的等级秩序，而一个主张人人平等的社会本应予以谴责。因此，要对抗社会经济的不平等，首先需要抵制优绩主义本身。

第二章　Chapter 2

优绩主义的危害

在二战结束之际和优绩主义兴起之前出生的美国中产阶层家庭的孩子，面对的是一个开放热情、迅速扩张的新世界。全美收入的中位数在 20 世纪 40 年代中期到 60 年代中期几乎翻了一番。[1] 所以，那些即使从未进入精英阶层的孩子也几乎注定会比自己的父辈更富有。[2] 欣欣向荣的发展好运超越了个体的家庭和家族，形成了一种普遍乐观的社会文化。在 20 世纪中叶，蓬勃发展的中产阶层运用他们新获得的财富创造出了一种全新的生活方式。

中产阶层的繁荣甚至改变了世界原有的生活面貌。汽车的普及缩短了交通距离，整个建筑行业因为要满足中产阶层日益扩大的住房需求而日渐红火。城市形态因此得以改变。曾经的村庄和乡村社区变成了城市郊区，而郊区生活呈现出了前所未有的繁荣景象。例如，位于密歇根州的一座原本枯燥乏味的度假小镇——圣克莱尔湖畔小镇（St. Clair Shores）在 20 世纪 50 年代摇身一变，成了底特律大都市圈的繁荣郊区。当地的一位保龄球馆老板在回忆起当年的盛况时表示，球馆里的球童会在 18 岁生日当天辞去从小就做的这份工作，转而求职于当时美国汽车行业三巨头中的一家。一旦求职成功，他们会获得一份周薪 100 美元的工作。这份收入在今天相当于年薪 4 万美元。[3]

而且，在工会的有效保护下，他们可以终身受雇。此外，如果表现良好，他们还有机会接受培训，晋升为工具工、制模工或其他技术类的工人。最终加上享有的其他福利，他们整体上每年可以获得相当于现在约10万美元的报酬。对20世纪50年代的美国工人来说，这一切都唾手可得。尤为重要的是，他们无须为此拿到高中以上的学历。

正是这批至今仍被保龄球馆老板称为"有特权的劳工阶层"的劳动者，让圣克莱尔湖畔小镇有足够的资金在1962年开始兴建能够俯瞰圣克莱尔湖的27层湖畔俱乐部高层公寓和游艇码头。[4] 当时，类似的房地产开发项目遍布全美各地。在新道路的连接下，一个拥有全新的物理面貌和社交面貌的世界应运而生。在20世纪中叶，美国劳动者取得的成功是如此显著，以至于重构了美国的阶层结构。他们为自己赢得了一个新名号，建立了一个能够明显代表和主导美国社会的广泛的中产阶层。约翰·肯尼思·加尔布雷思在其经典著作《丰裕社会》中主要探讨的就是美国中产阶层的兴起。[5]

今天，优绩主义让美国中产阶层的生活再次发生了转变，只不过这一次是向下沉沦。中产阶层并没有变穷。事实上，由于社会经济的整体发展，他们的生活可能比20世纪中叶还要富有。然而，当代美国中产阶层在优绩主义社会中的境遇却今非昔比。曾经生机勃勃、向上发展的中产阶层如今变得死气沉沉、停滞不前，甚至陷入萎缩。如果说中产阶层在20世纪中叶主导着美国的国家想象，那么他们现在已经被优绩主义放逐到了经济、社会生活的中心之外，陷入了经济及文化生活的一潭死水之中。

圣克莱尔湖畔小镇再次生动地展现了这个新世界的纷繁与复杂。这座小镇并没有被严重剥削，也没有遭受明显的不公或压迫。在这里生活的家庭，年收入中位数接近7万美元，基本与全美家庭的年收入中位数持平。[6] 这个数值差不多高出贫困线2倍。[7] 与此同时，该小镇的贫困人口比例为9%，低于全国水平。[8] 小镇的街道两旁绿树成荫，孩子们在被精心打理的后院里玩耍。房屋面积不大，大都是1 100平方英尺①的三居室平层住房，[9]但建造质量不错且维护有方。越靠近圣克莱尔湖畔，房屋的面积越大，并且通常有第二层。这座小镇正因临近此湖而得名。小镇鼓励居民照理好自己的家园，一方面对美化家园环境的行为予以奖励，另一方面则对那些哪怕是轻微的疏忽行为，譬如油漆剥落或者在前院喂鸟，提出警告或开出罚单。[10]当地居民也完全接纳这样的生活理念。一位当地议员就曾骄傲地表示，这座小镇拥有超过30个由志愿者组成的各类市政委员会。[11]圣克莱尔湖畔小镇每一年的夏天从号称密歇根州最大规模的阵亡将士纪念日游行开始。[12]2018年，奥运会花样滑冰运动员南希·克里根和底特律红翼冰球队磨冰机的驾驶员阿尔·索博特卡一起登上了游行报道的头条新闻。而小镇每一年的夏天则在沿着哈珀大道举行的经典的美国大马力改装车队的游行中结束。[13]回想起这幕场景，居民们说，20世纪60年代中产阶层的价值观依然主导着这座小镇。[14]

这样的生活方式，尽管表面看来一切可控、稳定，却让大家对圣克莱尔湖畔小镇少了几分期待，反而多了一份担心。优绩主义正在逐步瓦解20世纪中叶以来经济发展赖以建立的基础。

这座小镇的南边是美国曾经的文化和经济发展的引擎城市——底特律。然而，在历经数十年的衰退之后，底特律最终上演了美国有史以来最大规模的市政破产。[15]它再也无法重现20世纪中叶的繁荣景象。如今，成就20世纪中叶中产阶层的制造业岗位大都业已消失。圣克莱尔湖畔小镇的居民也没有人认为有一天能昨日重现，因为造就20世纪中叶社会繁荣的源泉业已干涸。

此外，圣克莱尔湖畔小镇今天的经济状况既无法吸引外地公司前来设点，也无法刺激建立本地的初创企业。所以，这座小镇几乎没有

---

① 1平方英尺≈0.092平方米。——编者注

新的经济投资。这里鲜少有光鲜亮丽的精英工作岗位，本地劳工也缺乏晋升进管理层或其他专业领域的机会。在圣克莱尔湖畔小镇，只有不到 1/4 的成年人拥有本科学历，不到 1/10 的成年人拥有研究生及以上学历。[16] 因此，至少从全美的水平来看，这里没有真正的富人。一位当地的女企业家和公民领袖说，当地最富有的一小部分人年收入在 30 万~40 万美元。这笔钱不算少，但绝不可能跻身全美前 1%。[17]

20 世纪中叶弥漫于这座小镇的社会和经济活力如今早已消失无踪，商业文化也停滞不前。当地的一些建筑，譬如美术工艺村和建于 20 世纪中叶的现代农场，都已破旧不堪，却没有任何的新式建筑来取而代之。镇上没有时尚新潮的商店、餐厅或俱乐部，也没有真正奢华昂贵、新鲜刺激的活动。当地人晚上偶尔会去像"吉尔伯特的小屋"（Gilbert's Lodge）这样的餐厅用餐，里面的汉堡包（自 1955 年起开始供应）的售价为 12 美元，深盘比萨则要稍贵一些。[18]（一位当地的教师表示，这样的价格意味着"到这里用餐的人大概率是小镇上的富人"。[19]）

圣克莱尔湖畔小镇给人的整体感觉是保存完好而非生机盎然。（当"吉尔伯特的小屋"在几年前被烧毁后，餐厅老板又按照原样进行了重建，甚至包括橡木上的火车模型以及墙面上挂起的动物头颅装饰品，力图恢复昔日模样。[20]）这座小镇之所以能保存完好，依靠的是老一辈的工人（目前大都已退休）在 20 世纪中叶经济繁荣时期积累起来的个人财富。如今，这些力量正在逐步消失。圣克莱尔湖畔小镇的公共图书馆是当地文化的桥头堡，但如今的工作人员较之以往已缩减了 1/3。由于预算紧张，它目前的运行主要依靠的是兼职员工以及签订短期合约（这不可避免）的雇员。图书馆的基本运营越来越依赖于私人慈善机构的捐款。一名工作人员说，阅览室里依旧摆放着 1971 年购买的桌子（尽管桌椅终于在几年前得到了修整）。[21]

即使圣克莱尔湖畔小镇能够勉强维持现状，但它的确已无力焕发生机，也无法经历变革或发展。它不再是一个人们乐意前往定居或旅游的地方。小镇人口在 1970 年到达顶峰，至今已减少了近 1/3。[22] 当年风光一时的湖畔俱乐部公寓大楼仍是当地的最高建筑，[23] 只不过已日趋破败，里面多是未经装修的公寓和凌乱不堪的公共空间。在当地经济最繁荣时期开业的湖畔汽车旅馆，曾为当时涌入的人潮——无论是来圣克莱尔湖度假还是有其他安排的游客——提供过服务。如今，它依然是当地唯一的一家旅馆。[24]

优绩主义让全美所有的中产阶层社区遭遇了同圣克莱尔湖畔小镇一样的命运。底特律汽车产业内部工作岗位的大量流失，是造成圣克莱尔湖畔小镇经济发展停滞的主要原因。这显然是全美制造业的写照。制造业的衰败让美国失去了总计近千万个中产阶层的工作岗位。[25] 总体上，拥有超高技能的职场精英取代了拥有中等技能的中产劳动者在经济生产中的中心地位。在各个经济领域，由于技术创新，原本属于中产阶层的工作机会都正在被少数光鲜的职位和大量暗淡的职位替代。这种变化如此巨大，以至于光鲜职位的收入增长在偏好精英和不利于中产的收入重新分配中占据了主导地位，也解释了为何精英阶层的收入增加而中产阶层的收入陷入停滞。1975 年以来，全美收入前 1% 人群的收入增长了 2 倍，全美实际收入的中位数只增加了 1/10。[26] 实际上，自 2000 年以来，全美的收入中位数就再也没有上涨过。

优绩主义的拥护者坚称，优绩主义下的等级制度所造成的人与人的差距是公平的，也是仁慈的：这种没有剥削和压迫的不平等是无害的，由于个人努力程度不同而造成的不平等是无罪的。但是，中产阶层的亲身经历却在讲述一个完全不同的故事。优绩主义使越来越被闲置的中产阶层价值受损，让他们失去了收入、权力和声望。另外，当优绩主义陷阱将无事可做的中产阶层拒于能够带来收入与社会地位的工作机会之外时，它又将勤奋努力提升为一个人获取社会地位的必要条件。由此，在优绩主义制度下，美国中产阶层还被迫背负巨大的思想压力。通过宣称它所造成的经济不平等是完全公正的优胜劣汰,优绩主义在对困在原地的中产阶层造成经济伤害的同时,还平添了一份道德羞辱,而这份羞辱意味着整个美国社会必将要为之付出巨大的额外代价。

机会的侵蚀

优绩主义造成的不平等不仅在损害结果,也在侵蚀机会。

圣克莱尔湖畔小镇中产阶层家庭的孩子通常只会入读普通的公立高中,毕业时在SAT(学术能力评估测试)中取得一份平淡无奇的成绩,大致与全美的平均水平不相上下。然而,他们所面对的却是一个教育回报越来越集中到少数精英学生手中的世界。[27] 圣克莱尔湖畔小镇的高中毕业生大多会就读当地大学,譬如马科姆社区大学、韦恩州立大学和密歇根州立大学。马科姆社区大学在广播电视上投放的招生广告依然在鼓励本地学生选择进入技工行业。[28] 从在线留言板上的信息来看,有一些学生将进入密歇根州立大学视作自己的梦想。[29] 不过,整个圣克莱尔湖畔小镇都没有追求更高学历或职业抱负的文化氛围。事实上,几乎没有来自圣克莱尔湖畔小镇的学生申请进入美国的常春藤盟校或其他的顶尖学府。当地居民表示,能入读精英大学的孩子少之又少;如果有,那一定会登上当地的报纸。[30]

这种模式同样遍及全美各地。来自中产阶层家庭的孩子的未来,同他们父辈的一样,渐趋暗淡。他们进入精英大学的概率其实与来自贫穷家庭的孩子差不多。[31] 在竞争激烈的大学里,来自收入分配前25%家庭的学生人数与来自收入分配前25%~50%或后25%~50%家庭的学生人数的比例大致是6∶1。[32] 而在顶尖的精英大学中,这种对富有家庭的倾斜已经达到了令人难以置信的程度。以哈佛大学和耶鲁大学为例，来自全美收入前 1% 家庭的学生人数已经超过来自收入分配中靠后的 50% 家庭的学生总和。[33] 由于全美大约只有 1/10 的人拥有本科以上的学历，[34] 所以中产阶层几乎被挡在了研究生院和其他专业院校的大门之外。

优绩主义下的不平等降低了中产阶层的社会地位——限制了他们的发展前景，也剥夺了他们的发展机会——准确来说是因为优绩主义本身。今天的精英阶层远比以往的精英世代更懂得如何进行教育培训。的确，他们对教育培训的了解比对其他几乎任何事情都要多。精英阶层的父母无法不将巨额收入投资在子女的精英教育上，投资规模之大完全超出了中产阶层的父母所能支付的范围。优绩主义的内在逻辑意味着，精英父母在世期间为子女提供的高强度的教育培养成了延续家族优势地位的主要方式。

然而，精英教育的投资规模和范围已经达到了令人咋舌的地步。美国的顶级公立学校大都位于富人区，周围豪宅的房地产税是其主要的资金来源。这些学校平均每年在每位学生身上的花费是普通中产阶层学校（比如圣克莱尔湖畔小镇的公立学校）的 2~3 倍。[35] 这些投资换来的是真正超出常规的教育资源。在圣克莱尔湖畔小镇，可能所有的中学要共用一位音乐老师。[36] 老师需要每周从一所学校奔波到另一所学校，教授 750 名学生，而且连一间音乐教室都没有，只有一辆手推车。然而，精英学校所能提供的教学设施是普通学校做梦都想不到的。例如，马萨诸塞州的牛顿市有一座高科技的气象站；[37] 加利福尼亚州的科罗纳多市有一所配备 3D 打印机的数字媒体学院。[38] 从更广泛的层面来说，经费充足的精英学校可以高薪聘请更好的老师。针对美国一个较大的县的详尽调查研究表明，那些学生来自更富裕家庭的学校与学生来自较贫困家庭的学校相比，其校长在资历上平均多出一年，教师的资历平均多出两年，且拥有硕士学位的教师要多出 25%，而入职不满一年的新手老师（通常教学技能还不熟练）的比例也比普通学校少 50%。[39]

美国私立精英学校的学生通常有 80% 来自全美收入前 4% 的家庭。（圣克莱尔湖畔小镇的一位老师将这类学校比作门卫森严的高档社区。[40]）这些学校在教学上的投资更是到了奢侈的地步，平均在每一位学生身上的花费是普通公立学校的 6 倍。[41] 它们通常拥有令人惊艳的各种设施，校园的整体外观、氛围和功能设置犹如大学一般。另外，私立精英学校平均为每一位学生配备的老师人数是普通公立学校的 2 倍多。[42] 而且，这些老师本身就是接受过良好教育的精英。在《福布斯》杂志上刊登的全美排名前 20 的预科学校中，有 3/4 的老师拥有大学本科以上学历。[43]

精英阶层对教育的巨大投资获得了丰厚的回报。贫富学生之间的学业差距已经超过了 1954 年时白人学生与黑人学生之间的差距。也正是在那一年，美国最高法院对著名的"布朗诉讼皮托卡教育委员会案"做出了宣判。[44] 今天，由于经济不平等造成的教育失衡比种族隔离时期的教育不公还要严重。[45] 教育不平等不仅将富人与穷人分隔开来，而且将富人与中产阶层分隔开来。例如，富人家庭的孩子与中产家庭的孩子在学业成绩上的差距已明显超过了中产家庭的孩子与贫困家庭的孩子之间的差距。[46] 在孩子高中毕业申请大学时，这种落差就更明显了。大学招生更看重学业出色的精英子弟。如今，富裕家庭的孩子与中产家庭的孩子的 SAT 分数差距是中产家庭的孩子与贫困家庭的孩子之间差距的 2 倍。[47] 精英阶层所接受的教育培训已将中产阶层远远地甩在了身后，结果是只有极少数来自非精英家庭的孩子能够突破阶层局限，达到精英家庭孩子的水准，这无疑令人沮丧。出身于全美最贫困的 1/3 家庭的孩子当中，每 200 人中只有 1 人的 SAT 分数可以达到耶鲁大学录取学生的平均分数线。[48]

优绩主义的内在逻辑必然会导致发展的不平等。优绩主义理念对平等的承诺在于任何人都可以通过表现出色而获得成功——大学根据学业成绩来择优录取，雇主根据才能高低来聘请雇员。然而，这种承诺在实践中被证明是虚假的。这种对"卓越"的追求，无论在原则上是出于何种动机，实际上都会导致来自贫困家庭以及中产家庭的孩子无法在入学竞争及劳动力市场上闯关成功。当然，任何事情都有例外。但总体而言，贫困家庭甚至中产家庭的孩子根本无法与富裕家庭的孩子争夺进入名校的机会，因为后者从小，甚至从娘胎里开始，就已经在持续不断地接受精心规划的高强度的精英教育。同样，仅仅接受过普通培训的劳动者又如何能够与精英培训制度下诞生的掌握高级技能且勤奋工作的高级员工展开竞争？

这些模式叠加在一起，极大地限制了社会的流动性。来自美国最贫穷的 1/5 家庭的孩子中，每 100 人当中只有 1 人能有机会变得足够富有，跻身全美收入前 5% 的行列；在收入水平处于中间 1/5 家庭的孩子中，这个比例是每 50 人当中不到 1 人。[49] 因此，与法国、德国、瑞典、加拿大、芬兰、挪威和丹麦相比，美国的贫困家庭或中产阶层家庭的孩子向上攀爬、实现阶层跃升的概率会更加渺茫。[50]（加拿大、芬兰、挪威和丹麦这 4 个国家的阶层流动性是美国的 2 倍，某些情况下甚至达到 3 倍。）与此同时，绝对的经济流动性也在降低。自 20 世纪中叶以来，美国中产阶层家庭的子女在收入上超过父母一代的概率已经下降 50% 以上，[51] 这一下降幅度要大于贫困家庭的子女在收入上超过父母的概率。

社会阶层的限制和固化引发了恶性循环。精英毕业生垄断了最好的工作，同时发展出了各种能够赋予拥有超高技能的精英以特权的新科技，其结果是好的工作变得更好，而不好的工作变得更不好。精英阶层的高收入反过来使得精英阶层的父母能够进一步独占提供给下一代的精英教育资源。优绩主义因而在教育和工作之间形成了互相反馈的闭环，其中任何一方的不平等都会扩大另一方的不平等。精英阶层与中产阶层不断扩大的收入差距就足以体现出优绩主义导致的结果不平等的规模。精英阶层与中产阶层在教育投资上的差距也反映出了财富的代际传递和优绩主义造成的机会不平等的规模。这些不平等的叠加决定了优绩主义陷阱的排他性力度。

中产阶层的停滞、精英阶层的繁荣以及日益加剧的经济和社会分化都互为关联,因为优绩主义实现了财富和特权的代际传递。优绩主义制度齿轮的每一次转动都在无情地推动着社会经济不平等向前发展,而它们所产生的影响叠加起来,决定了总体贫富差距不断扩大。精英阶层早期怀抱的社会理想就此破灭。优绩主义业已成为当今美国推动机会均等的最大障碍。

"稳定小确幸"的终结

所有这些线索共同编织成了一位在圣克莱尔湖畔小镇的一家热门码头餐厅工作的调酒师的生活图景。这位调酒师在圣克莱尔湖畔小镇出生、长大,后来去了美国西海岸闯荡,在西雅图工作、生活多年。最终,出于种种原因,他选择回到或者说撤回自己的故乡。尽管他在西雅图赚得更多,但那里的物价也更昂贵,所以他不觉得自己真正的购买力更高,更何况西雅图有很多东西他根本买不起。[52] 西雅图的住房成本尤其高得吓人,因此不管是现在还是在可以预见的未来,他都无法想象能够在那里拥有一套属于自己的房子。相比之下,在圣克莱尔湖畔小镇,没有什么是一个中产阶层的家庭无力负担的。作为一名调酒师,他买得起当地任何一家商店里的东西,吃得起当地任何一家餐厅里的食物,其中包括"吉尔伯特的小屋"和他工作的那家餐厅。他可以以 5 万美元左右的价格购买一套公寓,从此过上不用交房租的日子。而且,(根据当地一位房地产经纪人的说法)如果一位加入工会的汽车工人和一位老师结婚,或者一名护士和一位医师助理组建家庭，那么只要他们存钱，他们就能在全城地价最昂贵的湖畔购买一栋别墅。总而言之，普通人可以负担得起圣克莱尔湖畔小镇上的一切。

一个社会的结构常常围绕经济状况而形成。因此，与西雅图相比，圣克莱尔湖畔小镇在文化上更加民主、包容，而这种社会结构形成了一种表象，掩盖了小镇背后的失败与被排除在外的境地。西雅图和全美其他沿海大城市一样，是围绕着一群来自全国各地乃至全世界各地的精英——那些在亚马逊、微软和波音公司工作的上层员工而运转。在那里，调酒师发现自己不仅在物质上消费不起，更在社会地位上被排斥在外，无法融入。结果就是，作为一个并不富裕的人，他感到自己就是个穷人——在一个为富人建造的城市里感到格格不入。相比之下，圣克莱尔湖畔小镇的生活重心就是像他一样的中产阶层。当被问到小镇上有谁比较重要以及为什么的时候，当地居民回答说，一个人的社会地位高低主要取决于这个人是否热心参与当地事务，而非其学历、工作、收入或者财富。[53] 因此，当地社区的民众领袖都是那些积极投身社会公益的人，而非有钱人。小镇的领导层也明确表示，他们不认同像西雅图那样的大城市所界定的有关社会地位的标签。"我们不喜欢所谓的精英，"[54] 其中有一位说道，然后补充说，"我招人从来不关心他在哪里上的学，或者他没有在哪里上过学。"[55]

比起外面的世界，生活在圣克莱尔湖畔小镇的居民更易于获得相应的社会地位。镇上的一位领导人在听说了调酒师的故事后表示："在这里，即使钱挣得不多，你还是可以感到自己很成功"，但是在沿海大城市，"就算钱再多，你也感受不到自己成功"。[56] 生活始终被挫败感和被排斥感笼罩，"无论成功与失败，你都会觉得自己过得不够好"[57]，她继续说道。保龄球馆的老板简单概括说，那位调酒师在这里会"感觉自己是中产阶层"[58]。他口中的"这里"是指像圣克莱尔湖畔小镇一样的中产阶层的世界。另一位本地名人表示："稳定的小确幸"总比"转瞬即逝的辉煌"要好。[59] 换句话说，"宁愿生活在自己那相对贫困的社会圈子的中心,也不愿生活在别人那相对富裕的社会圈子的边缘"[60]。

20 世纪中叶,圣克莱尔湖畔小镇的确能够兑现这样的民主承诺。中产阶层的富足意味着"稳定的小确幸"实际上是日子越过越好。当时,中产阶层就是整个美国社会的主心骨。因此,如果一个人在圣克莱尔湖畔小镇处于社会中心,那就意味着他也处于美国社会的中心,这一点无须争论。而在那个历史阶段,(考虑到美国在全球的经济主导地位)我们甚至可以说,他处于全球社会的中心。经济基本盘支撑了美国的中产阶层文化。圣克莱尔湖畔小镇与外部世界是彼此呼应的。

然而,时至今日,优绩主义下的不平等正在稳步侵蚀这种民主逻辑,而掩盖中产阶层被排除在社会中心之外的遮羞板也已经出现了裂痕并开始脱落。这一点无论是在圣克莱尔湖畔小镇还是在美国其他地方都是如此。主导美国社会经济与文化的驱动力已经日益远离了中产阶层。每一年,一种会催生新的经济或文化繁荣的创新都会在圣克莱尔湖畔小镇以外的地方发生,但这种创新永远不会发生在圣克莱尔湖畔小镇。[61] 随着优绩主义社会的不断发展,外面的世界逐渐丧失了对小镇的民主秩序和中产阶层价值观的尊重。在小镇内部,民众生活质量也每况愈下,虽然还不至于沦落到悲惨的境地,但也已是岌岌可危。

在小镇内部建立起来的成功感很容易就被外部世界击个粉碎,而小镇在孜孜以求地维护的文化,其经济基础正在崩溃。在一个成熟的优绩主义制度中,成为中产阶层就意味着落后与守旧——致力于守成而非发展,遵循着一种退缩不前的生活方式,好比在守护一个逐渐缩小且腐朽的堡垒,一个迟早坍塌的堡垒。

圣克莱尔湖畔小镇同美国整个中产阶层一样,有防守之势却毫无进攻之力。当地的领导人一度称这座小镇是中产阶层"极安全且管理极好"的地方;如今,该领导人也只能苦笑着轻描淡写地承认,小镇早已不那么安全,管理也不再那么好。[62]

第二章 优绩主义的危害

雪上加霜

优绩主义制度将中产阶层的劳动者变成了"多余的人"。同时，它构建并营造出了一种推崇勤奋、蔑视懒散的社会认知氛围。中产阶层在20世纪中叶以其自身形象打造了美国社会，如今在优绩主义制度下却被贬低为了下层人。他们不仅丧失了经济价值，而且被剥夺了德性优势和社会地位。因此，优绩主义造成的不平等所打击的不只是中产阶层的荷包，还有他们的心灵和思想。它使已经在经济收入上落后停滞的中产阶层还要背负起自身"一文不值"的道德羞辱。优绩主义理念不仅明确表达并落实了这份羞辱，更过分的是，它还要求中产阶层接受这样的贬低和羞辱。优绩主义陷阱禁锢了人们的想象力，将经济层面的被排挤塑造成个人能力不足的结果，由此阻碍了中产阶层群体意识的觉醒，使他们无法认识到这是优绩主义带来的危害。优绩主义把中产阶层变成了流氓无产阶级。

工资增长停滞让那些身陷困境的人备受煎熬，不断失去的机会会侵蚀他们的精力和希望，而被迫闲置的状态会招致他人的轻蔑，导致一些人变得好逸恶劳，进而使愤怒和沮丧的情绪在整个群体中滋生。事实上，即便中产阶层所处的境况看起来还算令人满意，当他们看到精英阶层一骑绝尘、遥不可及时，内心都会大受打击。

优绩主义同时从经济收入和社会地位两个方面下手，瓦解了中产阶层。举例来说，当社区失去了中产阶层的制造业岗位时，它所面临的不仅仅是收入的下降，更是当地结婚率和出生率的下降，而死亡率（尤其是中年男子的死亡率）反而会上升。[63] 原有的家庭结构也随之破裂。在仅有高中或以下学历的女性当中，非婚生子的比例超过50%。（反观有本科及以上学历的女性，非婚生子的比例仅为3%。[64]）孩子们在学校里苦苦挣扎，成年人则为了生存竭尽全力。

死亡率赤裸裸地揭示了优绩主义陷阱所造成的心理伤害。美国中年人的死亡率连续两年呈上升趋势,而美国人的预期寿命,尤其是白人中产阶层的预期寿命则在不断下降。[65]这是一个令人震惊的、史无前例的事实。正常来说,只有大规模的战争、经济崩溃或瘟疫才会造成人口的大量死亡和死亡率的突然攀升。上一次美国人口预期寿命连续两年下降,还是由于1962—1963年的流感。[66]然而,今天美国人口死亡率的上升却与这些原因毫无关系,而且涉及的人群主要是消费水平前所未有之高且劳动负担空前轻松的中产阶层。美国大量的中产阶层人口正在死去,却不是由于物质的因素。

优绩主义带来的无形压力是破解这一谜团的答案。对死亡原因的分析可以揭露出这种压力的凶险一面。美国中产阶层的成年人正在直接或间接地死于自我伤害。换句话说,优绩主义制度带给他们的这种被理所当然排挤在外的屈辱感,在他们身上呈现为躯体化症状。从底特律到圣克莱尔湖畔小镇的94号州际公路两旁竖立着众多的广告牌,其中就有纳洛酮(Narcan)的广告。[67]这是一种用来"缓解阿片类药物服用过量"的药物。在圣克莱尔湖畔小镇所隶属的马科姆县,2016年与药物滥用相关的死亡人数是1999年的7倍。[68]这种滥用阿片类药物的现象远非仅限于圣克莱尔湖畔小镇。事实上,由于自杀、吸毒过量和酗酒导致的死亡率(在受教育程度较低的成年人中的增长速度是受教育程度较高的成年人的3~5倍)已与艾滋病的死亡率大致相当,造成了总体死亡率的上升。[69]在过去10年间,优绩主义陷阱让中产阶层在社会经济的发展中被闲置了起来,从而以这样或那样的方式造成了超过数百万人的"绝望之死"。[70]

传统观念认为优绩主义促进了有意义的工作,提供了广泛的机会,这种观念是具有误导性的。事实上,这一普遍观点恰好与优绩主义的现实截然相反。优绩主义的支持者们认为它打破了不平等与贫穷之间的古老连接。然而事实上,优绩主义的不平等将大部分人排除在了顶尖学校和顶尖工作职位之外,使后者成为少数精英的专属。它剥夺了中产阶层在社会和经济层面的发展机会。同样，优绩主义的支持者们坚持认为优绩主义按照功劳分配应得，由此产生的经济不平等便在道德上是无罪的，甚至这种通过个人努力得来的优势理应得到全社会的赞赏。事实上，这种优绩主义之下的不平等，还有自以为是地坚称合理的社会和经济等级制度，对于除少数精英之外的普罗大众来说尤为有害且残酷。

优绩主义下的不平等使中产阶层背负的压力和负担究竟有多大，或许可以通过它导致的死亡人数来加以评判。

被剥削的精英阶层

优绩主义对精英阶层带来的危害看上去不甚明显。而且，富人从来都不是人们天生会同情的对象。不过，今天的精英阶层远没有之前的贵族惬意自在。优绩主义下的不平等为精英阶层的生活笼罩的光环，既不深刻也不仁慈，反而有些浅薄，甚至残酷。

对勤奋努力的大力推崇正在侵蚀精英阶层本身。上层工作的影响几乎会贯穿精英的一生，使他们从出生到死亡都在为保持自己的优势地位而努力奋斗。他们从小便开始在精英父母和精英教育的培育下，不断地学习和掌握日后从事高级工作所需要的技能。精英学校，无论是公立的还是私立的，都对学生要求严苛。[71] 初中阶段每晚做 3 个小时的家庭作业、高中阶段每晚做 5 个小时的家庭作业，可以说是稀松平常。美国疾病控制与预防中心就曾警告说，学校的作业已经严重侵占了孩子的睡眠时间，[72] 而一系列由家教、教练和考试补习班提供的额外培训与训练更在进一步地侵蚀孩子们的课外时间。

这种持续不断的高强度训练会一直延续至他们成年，并贯穿他们的职业生涯：成熟的精英会从事要求极限工作。律师事务所不仅会对律师的计费小时数提出要求，还会详尽跟踪每一位合伙人的计费小时数。有一家律师事务所提供实时更新的在线数据，让合伙人全天候地每隔 20 分钟就能通过智能手机查看数据排行榜。[73] 银行业者们在职位不断晋升的同时，也被指望"逐步提升"自己的贡献。[74] 一位在《财富》世界 500 强企业里工作的高管表示，高层管理人员是"公司里工作最努力的人"，因为只有"比其他人更努力……比其他人更出色……比其他人接受更多的训练"，他们才能保住饭碗。[75]

所有这些职场精英在工作辛苦程度、工作时长、努力强度上的付出都超出了自己的意愿。绝大多数上层员工都表示，他们宁愿减少报酬来获得部分闲暇。对那些每周工作超过 60 小时的人来说，他们希望每周的工作时长能减少 25 小时。[76] 根据一项系统性的研究报告，他们之所以会有这种愿望，是因为高强度的工作模式已经影响到他们照顾家庭、与子女及配偶建立稳定良好的关系，甚至是拥有令人满意的性生活。[77] 因此，我们时常听到超时工作的精英们大倒苦水，抱怨自己"时间饥荒"[78]，也就不足为奇了。这种单调乏味、毫无弹性的长时间辛苦工作已经吞噬了精英的生活。

此外，优绩主义下的精英阶层在努力付出的同时还承受着巨大的竞争压力。优绩主义制度下，竞争渗透到精英生活的方方面面。评估考核过去只出现在特定时间节点，例如大学招生季、合伙人或总经理选拔阶段，如今却充斥于精英阶层职业生涯发展的各个阶段。每一年，从幼儿园一直到退休，总有一些考试或评估在筛选、追踪或以其他的方式影响着一个人的机会。

从童年早期开始，精英家庭的孩子就要面对优绩主义制度下的竞争压力。他们被强行拉入与一场等级划分、考试分数、入学名额等有关的竞争当中。在竞争最激烈的幼儿园，录取比例不到 1/10。[79] 在纽约、波士顿和旧金山等大都市，富有的家庭通常会为子女申请 10 所幼儿园，[80] 尽管每一次申请都意味着要写冗长的介绍信，要经历考核和面试的繁杂流程。这一切只为评估4岁的孩子。当申请精英家庭子女扎堆的明星私立小学和高中时,同样的流程会再来一遍。想要进入一流的公立学校,更意味着要面对同样的甚至更激烈的竞争。例如,每年有近3万名学生参加曼哈顿8所精英高中的招生考试,[81] 争夺5 000多个入学名额。这样的竞争模式会一直延续至大学。美国顶尖大学的录取率在几十年前约为30%,现在则不到10%(譬如芝加哥大学在1995年的录取率为71%,而斯坦福大学现在的录取率不到5%)。[82]

接着,上层工作又将这种测试与评估机制延续到了精英的成年期。律师事务所甚至会根据合伙人的利润贡献来划分等级(合伙人内部的收入差距可以高达20∶1[83])。而且,即使是最高级别的权益合伙人,如果无法对事务所的利润有所贡献,也会被无情裁员。[84] 而就在一代人之前,这样的做法根本是闻所未闻。银行业内也有各种等级划分,有挂名的董事总经理和真正参与管理的董事总经理或者合伙人之分,有一般的主管与集团领导人之别。此外,银行界每年都有所谓的"红利日",即根据银行要员的绩效发放奖金,并由此判定每个人在这一年的表现优劣。[85] 大型企业也有普通经理层和高管层的区分,[86] 即使是CEO,其薪酬也主要与绩效挂钩,而且要面对公司控制权的激烈竞争。[87] 他们的工作与收入从来没有像今天这样依赖于打败竞争对手和确保公司股价上涨。

与此同时,竞争本身也在愈演愈烈。在学校里,以往30%的录取率已经意味着激烈的竞争,在这种竞争环境下,得到家庭全方位支持的学生至少可以合理地期待自己最终能够进入其中一所学校。然而,如今低于10%的录取率意味着申请人要面对的是一场几乎一步也不容出错的竞争。而且,即使专心致志、步步为营,也可能还需要一点儿运气。在职场,跻身最高层的竞争的激烈程度已经压倒了成为合伙人或加入管理层的竞争。后者虽然艰难,但依然可以应对。如今,跻身最高层成为董事会成员或高管，意味着要进入高度排他性的金字塔的塔尖。

这些改变再次遵循优绩主义不平等的内在逻辑。高层收入的增长以及富人与中产阶层日益扩大的差距产生了胡萝卜加大棒的激励效果，其结果是优绩主义制度下残酷激烈的竞争变得合理。精英家庭的子女在精英学校努力学习，成年后又不辞辛劳地努力工作，其背后的原因就在于光鲜亮丽的工作回报是如此优渥而暗淡无光的工作回报是如此微薄，再加上前者的机会少之又少。由于赢家几乎通吃，竞争自然就愈演愈烈。[88] 精英想要抓住机会，唯有在竞争中一路前行。

优绩主义从根本上重塑了精英阶层的生活：无论是在家里、学校还是工作场所，从童年开始直到退休。精英教育迫使富人家庭完全遵循它的铁律，坚决要求拿到阶段性的可资衡量的成果。相较于旧时贵族子弟对身份特权的陶醉自得，今天精英家庭的子女则在仔细规划并修整着自己的未来，他们通过阶段性的自我展示，在满怀雄心壮志、希望和忧虑的节奏中不断向前。相较于旧时贵族阶层疏于管教、放任子女的成年生活，今天精英阶层的父母可谓费尽心思为子女提供可以在教育竞赛中获胜的最大机会。精英工作同样迫使成年后的富人臣服于它的铁律，坚决要求其在整个成年阶段高强度地奋斗产出。优绩主义将精英们裹挟进了一场无所不包且永无止境的斗争之中。你遇到的每一位同事都是你的竞争对手，而在你人生的每一个阶段，一旦不能从竞争中胜出就意味着被淘汰。[89]

优绩主义制度下的竞赛模式颠覆了收入与社会地位、收入与安全感的传统联结。优绩主义在等级制度的顶端又引入了更多具体的级别划分，拉长了整个社会和经济阶梯，因此一个人在向上攀登的过程中不得不面对阶梯间距离拉大的现实。精英之间的竞争也因此变得尤为激烈。然而，无论是在学业上还是工作中，拔得头筹的竞争者也因此是最没有安全感的，因为越是处于顶层的人，表现上的微小差异越会造成奖励回报的巨大差别。精英们的不安全感几乎是从他们一出生就开始了,且永无终结之时——处于优绩主义阶梯最高层的人,这种感受尤为明显。

事实上,精英阶层的门槛越来越高,想要加入精英阶层的竞争越来越激烈。如此一来,每一代人都要重新参与竞争,因为在优绩主义的制度下没有人能真正地"站稳脚跟"。这种"不进则退"的阶层焦虑感支配着精英们的生活——从童年、青年到大学,再到成家立业、为人父母,他们无时无刻不生活在害怕自己不够优秀而被淘汰出局的阴影之中。然而,具有讽刺意味的是,这一切恰恰是他们所信奉的优绩主义一手造成的。旧时贵族靠着出生就能够轻易获得财富与地位,今天的精英却需要在通往财富与地位的道路上小心翼翼,步履维艰。两者形成了鲜明对比。优绩主义让代与代之间的优势传递依然存在,但是在这个过程中,精英们不得不缴纳繁重的"人力税"。

当整个社会的经济生活围绕着一小部分精英阶层的高强度教育培训和勤奋努力展开时,每一位精英人士必须承受的压力也就越来越大。优绩主义制度将生产的重任集中归于精英阶层,然而精英阶层的范围是如此狭窄,根本无力承担这种重任。对于那些为了进入并且留在优绩主义圣殿内而献上超负荷工作与异化劳动的人来说,这种生产方式构成了剥削。

人力资本的负担

这一切的发生都绝非偶然。相反,精英们的努力奋斗反映的是为适应一种新型经济需求而做出的调整,而这种调整本身是由优绩主义的内在逻辑决定的。新一代的精英阶层唯有全身心地投入充满竞争的教育和工作中,才能为自己赢得财富收入和社会地位。

老一代精英阶层以土地以及（后来出现的）工厂的形式持有财富。土地和工厂不需要所有者参与特定的劳动，或者根本不需要所有者参与劳动就能获取租金或利润。因此，旧时贵族的食利者可以不劳而获。低收入的佃农或是低薪的劳工提供了所有的劳动力，而有闲的贵族获得了大部分的利润。贵族在身体上和经济上获得了完全的自由。[90]

相比之下，新一代优绩主义精英的财富积累来自他们自身所接受的培训和所获得的技能。从某种意义上来说，新一代的精英根本也是食利者。他们拥有的资产就是接受的培训和练就的技能，或者说是人力资本。[91] 和所有的食利者一样，新一代的精英也是通过他们手中的资本加上劳动来获取收入和利润的。他们并不拥有其他人所没有的秘密武器。只不过，在努力程度不变的情况下，医生、律师、银行和经理人等上层员工每小时工作所创造的价值比其他低技能劳动者要大，因为前者的每单位劳动还伴随着他们通过大量的前期培训投资积累的人力资本。因此，优绩主义下的上层员工能够维持高薪，并不源自他们的超常努力，而是来自他们所积聚的大量人力资本的经济价值。

当前的精英阶层和旧时贵族阶层持有的资本形式对他们的生活，尤其是对他们的自由有着几乎截然相反的影响。与土地或工厂这样的资本形式不同，人力资本只能通过与其所有者的同时期劳动相结合才能产生收入，至少在当前的技术条件下是如此。（即使上层员工通过雇用他人，将对方的劳动力与自己的人力资本相结合来发挥自己掌握的技能和培训优势，也只有在他们亲自密切参与的情况下才能实现这种结合的价值。例如，律师事务所的合伙人可以雇用律师来具体细化他的法律想法，又或经理可以雇用生产工人来执行他的计划。）今天，富人们在如此卖命地工作，因为这是他们利用自身特有的人力资本的唯一途径。人力资本更像是在奴役而不是解放其所有者。

依靠人力资本生活的崭新需求进一步加重了精英们的负担——这种负担比起长时间工作一度没那么可感，但带来了深层次的心理困扰。在一个日益成熟的优绩主义社会中，收入与社会地位越来越植根于人力资本，竞争不可避免地变得更加直接，个人感受到的压力也更加巨大。优绩主义的竞争文化主宰了每一位精英的外部生活环境和内心深处的希望与恐惧。从幼儿园开始一直到退休，他们一直处于与他人比较的压力之下，被努力淹没。作为个人，他们是由其成就来定义的，因而精英身份从一个他们原本享受的东西变成了他们的一切。在一个成熟的优绩主义社会中，学校和工作全面主宰着精英的生活，以至于除了社会地位之外，他们没有任何自我。例如，在大众眼中，一位投资银行业者的履历大概是，两岁时进入圣公会学校，接着一路从道尔顿学校、普林斯顿大学毕业，进入摩根士丹利，然后在哈佛大学商学院深造，最后进入高盛工作（然后他会用自己在高盛的收入将子女送进他曾经就读过的学校）。甚至在银行业者自己看来，也应该是这样的。

每一个将资产纯粹用作达到某一目的之手段的所有者，最终都会背离它的本性和内在价值。即使是一位旧时的贵族食利者，当他纯粹为了获利而管理自己手中的地产时，也背叛了将贵族与其土地捆绑在一起的封建契约。一如契诃夫在其剧作《樱桃园》中所担心的，对利润的追求会"吞噬这条路上的一切，将一种物质转化为另一种物质"[92]。这座古老的樱桃园（剧作正以此命名）的最终命运是被砍掉园内所有的樱桃树，改建成为度假别墅——换句话说，通过彻底毁灭它以及它曾维系的生活方式来获取最大的利润。

土地或工厂的所有者，尤其是反对封建价值观的新任所有者，譬如在契诃夫戏剧中的农奴之子，也许会相当认可甚至忽视这样的代价。事实上，旧时食利者榨取的利润可以让他将个人精力投入自己真正感兴趣的地方，譬如艺术、政治，或者只是做一名上流人士——不用担心经济收入或社会地位。传统的物质或金融财富的所有者不仅不需要去工作，而且还更加有机会去实现自我。

人力资本的运作方式几乎完全相反。"人是资本"的这个想法本身就把人当作一种手段，其后果是对人的异化。这种观念促使利润体系对人力资本所能产生的利润索求无度。而且，在优绩主义制度下，精英是这种观念最主要的接受者。它使得精英们通过掌握的才能、技能和训练成了自己最大的经济资产，成了自己财富和社会地位最主要的来源。为了利用自己的人力资本来获取经济利益和社会地位，精英们必须把"自己"看作工具。为了确保自己的精英地位，他们必须接受严格的教育和勤奋工作，尽可能培育出他人看重的技能，继而拼命完成他人分配的任务。实际上，他所扮演的是资产管理人的角色，只不过在这个投资组合中包含了他自己。

契诃夫曾经面对土地商品化发出喟叹，如今在优绩主义制度之下，商品化已经延伸到了人力资本领域。的确，优绩主义的叙事方式强调了精英教育和工作的商品化。精英学校和大学将它们的整个培养体系打包成了标准化、可评估，甚至可以分级排名的单位（例如《美国新闻与世界报道》发布的全美综合大学排名），也就是学位。精英劳动力市场然后将各项任务打包成独立的工作岗位，这些岗位自身可以分级排名，例如"顶级"银行、咨询公司和律师事务所，或是公司内部以收费时数作为业绩的审核标准以及薪资排名等。（精英荟萃的典型代表高盛公司就将其人事部更名为了"人力资本管理部"[93]。）优绩主义式的生产"吞噬"了精英，将他们从"一种物质"（人）"转化"为了"另一种物质"（人力资本）。优绩主义将契诃夫笔下贵族阶层与土地关系的异化转移到了精英与自己作为人的关系的异化上。而且，与旧时贵族不同的是，今天的精英无法转向另外一种生活方式来缓解或者说治愈自己的异化。

成熟的优绩主义制度要求精英们充分利用自己，将自身作为向上攀升的工具。精英也确实一生都在承受这样的压力。精英父母虽有迟疑但又会自觉地让孩子的教育不以实践和游戏为主，而是要不断积累

第二章　优绩主义的危害　　061

日后可以进入顶尖大学并最终获得精英工作的人力资本。精英学校围绕着人力资本的积累来安排教学，并时时根据最新趋势进行调整。即使有的学校允许学生们玩耍，玩耍本身也不是目的，而是要为了学习服务的。有时候，玩耍本身就是一种工具，譬如用来教导团队合作，或者用来激发精英工作最终需要的创造性思维。其他时候，玩耍则受到了严格管控。例如，在一所精英小学，一位老师每日发布一道"今日难题"，需要学生放学前做出回答，但是又没有给学生预留出专门的答题时间。老师这么做的用意很明显，就是要训练五年级的孩子如何能争分夺秒，在课上一心多用或是牺牲自己的休息时间来完成作业。借由这些以及其他无数种的方式，优绩主义将一个人的童年从消耗阶段转变为了生产阶段，所生产的产品就是未来成为上层员工的人力资本。

同样，优绩主义制度下的成年人将工作看作提取价值的机会，而非自我表达或自我实现的途径。一个人的人力资本决定了他的个人财富和社会地位，因而在选择工作时，精英们根本无暇顾及自己的兴趣爱好。他们将太多的精力放在接受教育和工作上，根本没有机会探索自己的好奇心、追寻内心的呼唤或从事渴望的事业。与此同时，随着工资越来越集中在少数高薪职员的手中，支持高收入的工作类型越来越少。一个人若是想得到精英级别的收入，或者得到足以让他的子女接受与他一样的精英教育的收入，他能选择的工作范围便十分狭窄，主要集中在金融、管理、法律和医学领域，这些类型的工作占比不到1/100。[94]与此同时，中产阶层所从事的职业，譬如老师、记者、公共服务人员或工程师等，几乎没有任何一个的工资能接近精英阶层的收入。如果一个人天生兴趣就在这些领域，或者说如果他的兴趣绝对不在那些能够最大化人力资本回报率的领域，那么如若他想要追随内心的召唤，就只能牺牲自己或孩子的精英未来。

因此，当面对这种两难选择时，为了避免日后感到挫败，最好的方式是一开始就放下自己对某件事情的热情。这也是为什么今天的优绩主义掩盖了自己史无前例的一面，即精英职场充斥着原本想要从事其他工作，但因为其过高的人力资本价值（基本上决定了其财富收入和社会地位）而放弃个人抱负的精英们，譬如在大学学习英文或历史的人最后却变成了银行要员，或者当初受到美国公民自由联盟（American Civil Liberties Union）或个人权利中心（Centers for Individual Rights）的感召进入法学院的学生最终却成了一名企业律师。这也是为什么上层员工即使已经劳动异化，却依然能在人生的大部分时间里忠于职守。优绩主义的不平等或许会让富人在消费时享受自由，但也会让他们在劳动产出时备受奴役。[95]

毫不夸张地说，一个如此生活的人便将自己置于他人的支配之下，自我内耗。一个被这样的价值观衡量的人生，犹如被放置在了珠宝商的格令①秤上一样，随时都处于被度量的阴影之下。在最糟糕的情况下，优绩主义下的精英阶层浪费了一个人设定和追求真实的、有内在价值的目标的能力，人生的荣耀沦为了不假思索地去做所谓的有用之事。[96] 即使在最好的情况下，优绩主义也会引发深刻的异化。精英阶层以自我剥削和扭曲人格为代价来获得优渥的劳动报酬。精英学子极度惧怕失败，并渴望获得传统意义上的成功标志，即使他们早已看穿一切，甚至公开嘲笑那些"金光闪闪"的东西；[97] 而精英员工则发现自己越来越难以在工作中找到自己真正的热情所在，收获人生的意义。优绩主义陷阱让一整代人都被困在自我贬低的恐惧和虚妄的野心之中：他们永远饥渴，却始终寻找不到，甚至不知道自己真正想要的是什么。[98]

优绩主义下的生产机制使得精英通过盘剥自己的人力资本来获取

---

① 格令是历史上使用过的一种重量单位，最初在英格兰定义一颗大麦粒的重量为1格令。在宝石学中，用于计量钻石和珍珠以及贵金属的重量。——编者注

利益，工作因而变成了一种自我压制而非自我表达的途径。这实际上与卡尔·马克思在19世纪提出的被剥削的无产阶级劳动力的劳动异化是一样的。的确，科技的发展使具有中等技能的劳动者供过于求，并将具有超高技能的人置于生产的中心地位。优绩主义使资本主义制度下的典型弊端向上层阶级转移，改变了资本主义的阶层结构，[99]日益过剩的中产阶层占据了流氓无产阶级原有的位置，精英阶层则自食异化劳动的苦果。

马克思的判断发生了意想不到的转折。精英阶层，如今作为自身人力资本的食利者，在自我盘剥。他们不仅是受害者，也是造成自我异化的主体。而且，需要再次强调的是，精英阶层不应该，也没有权利，指望那些被排除在精英特权和利益之外的人同情他们。然而，上层劳动者所遭受的痛苦远超过无法获得他人理解的失落感，由异化带来的负担无论落在谁身上都是真实与沉重的。物质和金融资本使其所有者得以摆脱取悦他人的压力，而人力资本却将这些压力都集中、持续地加诸其所有者身上。

优绩主义的精英通往奢华财富的那条既光明又虚幻的大道，与旧时代的精英靠着出生继承财富获得权利与保障的小道形成了再鲜明不过的对比。[100]如果说传统财富让旧时贵族可以心无旁骛地做自己，那么以人力资本的形式存在的新型财富，则让如今的精英们彻底丧失了真我。优绩主义对精英所施加的精神折磨让他们深陷存在性焦虑和人的异化之中，其中的痛苦即使再多的金钱、再高的社会地位也无法减轻。[101]

"白领苦工"[102]

即使精英有所成就，也不免流露出痛苦和压抑的情绪。这是精英竞争所导致的自我压抑。耶鲁大学最近收到了一份入学申请，申请人为了表明自己对知识的认真和对学习的热爱，在申请文书中提到自己读高中时与一位她颇为敬重的法语老师交谈，为了避免中途打断这次充满智识的谈话，她宁愿尿在裤子上也没有中间去趟厕所。[103] 宣扬自己如何努力已然成了顶尖大学的校园文化。学生们甚至还特意给这种行为命名，例如斯坦福大学的"鸭子综合征"（Duck Syndrome）[104]，意思是说水面上的鸭子看上去姿态迷人、悠闲自在，而在水面之下它的双腿实际上正在拼命扑腾。此外，在哈佛大学商学院最近一项针对高管的调查中，一位受访者骄傲地表示："我每晚在孩子身上花费 10 分钟，这要比将那 10 分钟用在工作上有意义上百万倍。"[105] 问题是，仅仅是 10 分钟而已！

优绩主义对精英自我的扭曲也彰显出了它悲剧性的一面。例如，在加利福尼亚的帕洛阿尔托，当地 4/5 的成年人拥有大学学士学位[106]，超过一半的人拥有硕士或以上学位，当地家庭收入的中位数几乎是全美家庭收入中位数的 3 倍。[107] 这里显然是精英教育的一个样板。这座小镇平均花在每位学生身上的教育经费差不多是圣克莱尔湖畔小镇的 2 倍。[108] 帕洛阿尔托有两所公立高中：帕洛阿尔托高中与亨利·M. 冈恩高中。这两所学校学生的 SAT 平均成绩居于全美前 10%[109]；超过 60% 的高中毕业生会进入美国名校，而且每一年都会有 40 位高中生直接入读斯坦福大学。[110] 不过，悲惨的是，在帕洛阿尔托长大的孩子也不可避免地要承受这种精英式成功背后的巨大压力。近几十年来，帕洛阿尔托高中与亨利·M. 冈恩高中屡次发生自杀事件，10 年间的自杀率是全美平均水平的 4~5 倍。[111] 其中有的学生会选择卧轨自杀。有一名在校学生称在教室里每 20 分钟就会听到一次加州列车的警笛声，就像"在《饥饿游戏》中，每当有小孩死去时传来的隆隆炮声"[112]。

帕洛阿尔托两所高中的高自杀率并非特例。普遍来说，今天美国富人区的高中生吸毒与酗酒的比例要高于来自贫穷家庭的同龄人，[113]而他们患有在临床意义上的抑郁症和焦虑症的比例是全美平均水平的2~3倍。[114]这样的趋势带来了严重困扰。最近，一项针对硅谷另一所高中的研究表明，有54%的学生表现出了中度至重度的抑郁症状，80%的学生表现出中度至重度的焦虑症状。[115]无独有偶，如今的大学生患有抑郁症的比例是千禧年之交的2倍。[116]大学校园也自杀事件频发。宾夕法尼亚大学日前成立了一个心理健康特别工作组来应对学生的自杀潮。根据该工作组的调查，自杀潮与学生所承受的要成为社会精英的压力有直接的关系。在巨大的压力下，学生会出现"情绪低落、疏离感、焦虑和抑郁的症状"[117]。另外，在一份由精英教育机构（包括哈佛大学教育研究生院）组成的联盟出具的范围更广泛的报告中，人们哀叹入学申请已经引发了"竞争狂潮"，并警告说这样的竞争会直接威胁到申请者的心理健康。[118]

　　精英学子在成年后也没有得到喘息的机会。高度紧张的精英工作让他们的情绪极度焦虑，甚至到了要崩溃的程度。无论是在帕洛阿尔托、纽约还是美国的其他地方，精英劳动者都身陷高强度的工作模式之中。事实上，优绩主义职场加剧了优绩主义陷阱的内部压力。这种压力已经反映在了精英的身体层面。一位来自纽约的初级银行业者表示，他曾有一次不顾自己的鼻窦感染，搭飞机去见一位客户，在飞行途中耳膜破裂，结果他在耳朵半聋又流血的情况下完成了与客户的会面。[119]这一切结束后，他才搭机返回，冲进急诊室进行医治。一位曾经的律师也有过类似的经历。[120]他提到自己事务所的一位女同事在开会时突然晕倒，她所在团队的其他成员叫来了救护车，在医护人员将她接走后，这些人直接返回了工作岗位。（他的这位女同事后来也成了这家律师事务所的合伙人。有人表示，她那一次在工作途中晕倒反而助她一臂之力，因为这件事明显体现了她对事务所鞠躬尽瘁。[121]）然而，真有银行业者在某些情况下工作猝死。[122]高盛的一位分析师在连续多天工作之后，因过度劳累而不慎从高处跌落致死。这些描述，包括其中的血腥细节，都透露出了一种对于充分消耗自己甚至是虐待自己的极端执着。这种情况在精英运动员中更为常见：美国职业橄榄球大联盟的球员龙尼·洛特宁愿截断一根骨折的手指，也不愿意因为做手术而错过一场至关重要的比赛。[123]

即使优绩主义的职场文化没有对精英员工的身体造成伤害，它也会对精英们的心理健康发起攻击。在亚马逊的办公室里工作可能不像在它的货仓里工作那样对员工有太多的体力要求。但是，办公室的竞争环境更加冷酷无情。该公司的"管理原则"要求经理们必须"坚持不懈地追求高标准"并"取得成果"。[124]为了实现这一目标，亚马逊要求经理们相互挑战，"即使这样做会让员工内心不安且心力交瘁"。此外，亚马逊所借用的是传统上邪教组织和极权国家会使用的方法，即"大声地自我批评，即使这种批评让人既尴尬又难堪"[125]。正如一位员工在揭露亚马逊的工作文化时所说，在这样一个将努力、批评和竞争结合在一起的公司文化中，"我所共事过的同事几乎没有一个人不曾躲在桌边痛哭过"[126]。另外一位员工表示，在最近的一次绩效评估中，他的上司花了半个小时不断指责他欠缺工作技能，没有达到工作目标，但最后的结束语竟然是："恭喜你，你升职了。"[127]

令人震惊的是，熟悉亚马逊内情的人士表示这些曝光并没有夸大事实，而且这种情况绝非亚马逊一家独有。相反，精英职场的观察者普遍认为，这样的现象在意料之中，不仅不足为奇，甚至无关紧要。[128]在其他精英荟萃的领域，譬如科技公司、银行、律师事务所、咨询公司，甚至包括一些大公司和其他的"白领苦工"聚集地，情况与亚马逊并无二致。[129]职业倦怠充斥着整个精英职场。[130]

为了跻身精英阶层，一个人必须能够优雅地，或者至少是冷酷地承受自我剥削的压力。最成功的人往往是那些能够持续高强度地工作且从来不会崩溃的人。上层劳动者深知这一点。因此，他们将坚韧的

第二章　优绩主义的危害　　067

毅力作为衡量个人社会地位的标准，一如曾经的有闲阶级将个人的精致与优雅作为其社会地位的衡量标准一样。亚马逊告诉自己的各级经理，当他们因为工作的不懈努力和持续的高压而"碰壁"时，唯一的解决之道就是"翻墙而过"。[131] 一位投资银行业者最近表示："要坐上公司中层副总裁的位子，想每周在公司工作少于 90 个小时是很难的。"[132] 用一位《财富》500 强的企业高管的话来说，满怀抱负的经理们在展现才能与热诚之后，还会面临"终极考验"："有些人会因为长时间工作而把自己消耗殆尽，变得古怪……但是，真正到达金字塔顶端的人都很聪明，尽管疯狂工作，却从来不会把自己消耗殆尽。他们始终能够保持良好的精神状态，并维持家庭生活。**他们才是这场比赛最后的赢家。**"[133]

精英阶层在物质层面所享有的全部优势并不能确保他们幸福。即使一个人拥有超乎寻常的坚韧毅力，也无法消除在优绩主义的激烈竞争中胜出所带来的苦涩滋味。一种并不快乐，甚至忧郁的情绪正在逐步主导着精英的工作和生活。[134] 今天，大约有 2/3 的精英劳动者表示，如果他们的新职位需要他们投入更多的精力，那么他们宁愿选择不升职。[135] 在精英职场，要求平衡工作与生活的呼声越来越高。

精英阶层的不满导致美国的优绩主义正在走向所谓的"越南时刻"（Vietnam moment）[136]——越南战争时期，美国政府实行了抽签征兵制，被抽到的适龄男性需要即刻奔赴战场，于是在上大学的学生无法再推迟服役，富裕家庭也难逃越战的负担，这最终导致了精英阶层全面反战。随着优绩主义陷阱逐渐束缚住了精英阶层，富人也开始反对优绩主义的不平等。斯坦福大学法学院的一位院长最近在写给毕业生的一封信中指出，精英律师陷入了一场愈演愈烈的竞争之中：高报酬需要更多的收费时数来支撑，而长时间的工作需要更高的报酬来合理化这种付出，一方的抬高意味着另一方的提升，如此往复，似乎永无休止。他最终感叹道：这到底对谁有利？真的有人想要这样的工作和生活吗？[137]

  然而，呼吁归呼吁，并不等于实际计划。当升职的机会就摆在眼前，精英员工还是会选择接受，并为此付出更多的心血。所谓平衡工作与生活仍然只是一个空洞的口号，而非实质性的计划。精英阶层试图避免优绩主义制度的负面影响，但是他们的努力败给了优绩主义的经济逻辑：人力资本的所有者只有通过自我剥削才能获利，或者说优绩主义在同时挥舞着光鲜工作的"胡萝卜"和暗淡工作的"大棒"。优绩主义下的上层劳动者，无论获得多少财富和多高的地位，都无法提升心中的自由与幸福度。相反，这些名义上的优势实际上将他们牢牢地困在了优绩主义的陷阱中。

第三章　　　　　　　　　　　　　　　　　　　　Chapter 3

即将到来的阶层战争

　　贵族精英通常将自己与其统治的其他社会阶层区分开来。传统贵族拥有财物，遵循繁文缛节，乃至吃穿用度都处处试图彰显自己的与众不同。在某些情况下，就连法律（例如著名的禁奢令[1]）也明文规定，禁止平民拥有或使用专属于贵族的用品。

　　二战后的美国社会秩序削弱了这种等级区分，至少在经济层面的确如此。就同美国建国之初一样，美国社会在 20 世纪中叶的等级差异和阶层划分主要依据的是种族、性别和性取向，而非收入和财富。[2]

　　在 1960 年，加利福尼亚的帕洛阿尔托与密歇根州的圣克莱尔湖畔小镇没有本质区别。它们各有各的地方特色：乐队吉他手杰里·加西亚喜欢住在帕洛阿尔托，[3] 而摇滚歌手鲍勃·西格则在圣克莱尔湖畔小镇的东望台高歌表演。[4] 两地居民的收入和房价中位数也不相上下。[5] 此外，它们都在稳步发展：为了满足当地居民的购物需求，斯坦福购物中心于 1955 年在帕洛阿尔托顺利开业；[6] 几年后，为了满足人们的住房需求，湖畔俱乐部的高层公寓在圣克莱尔湖畔正式落成。[7]

　　帕洛阿尔托和圣克莱尔湖畔小镇也同时见证着时代的发展。1950—1970 年，全美各地的工资水平趋于一致，[8] 大学毕业生在全美各地——无论是在城市与乡村之间、不同地区之间,还是在城市内部,都"分布得非常均匀"[9]。精英阶层和中产阶层在以同样的方式结婚、生子,吃同样的食物,看同样的电影、电视,买同样的东西,用同样的品牌,逛同样的商场。据统计,美国人当时购买的汽车 90% 来自福特、克莱斯勒和通用(通用最昂贵的车型价格可能是普通汽车的 2 倍),[10] 家用电器有一半购自西尔斯百货,[11] 手表有 1/3 是天美时。[12] 美国的战后资本主义不仅在政治层面,而且在经济与民生层面创造了一个民主化的社会。这可能是有史以来第一次,富人和普通人过着同样的生活,拥有同样的东西。

20 世纪中叶的美国人自觉地沉浸在这种全国人民彼此融合的社会氛围中。他们通过各种方式,包括流行文化,来热烈庆祝一个没有阶层划分的社会。经济基本面的改变带动了文化习俗的发展,进而深入且广泛地触及广大民众的生活,对民众的生活方式以及他们对生活方式的理解产生了深刻的影响,打造了一个充满想象的社会。斯科特·菲茨杰拉德曾在一篇短篇小说中写道:"那些最有钱的人……和你我可都不一样。"而欧内斯特·海明威则借用自己短篇小说中的一个人物回应道:"没错,他们只是更有钱而已。"[13] 就 20 世纪中叶美国的经济不平等情况来看,海明威的说法要比菲茨杰拉德的判断更准确。当时,富人可以说是与中产阶层完美融合。尽管收入差距确实形成了美国社会的一道裂痕,但它区分的也是中产阶层与穷人。不考虑那些真正意义上的穷人阶层,20 世纪 50 年代美国的经济不平等在现实社会中一点也不明显。当然,经济差距从未完全消失,但是已经变得微乎其微。因此,二战后的几十年在美国历史上通常被称为"大压缩时代"(the Great Compression)。

然而,时至今日,优绩主义却重新确立了贵族时代的阶层隔离。优绩主义所造成的不平等结束了之前富人与中产之间的模糊分界,取而代之的是在富人与普罗大众之间明确划界,使其归于不同阶层。

如今，全美最富有的 1% 群体的收入与全美收入中位数的比值是 20 世纪中叶的 2 倍，即使中间 1/5 的家庭与底层 1/5 的家庭收入已经趋同。[14] 优绩主义的不平等对所有人生活的影响不仅体现在收入方面。事实上，富人与其他人在婚姻市场上也已截然分化。[15] 今天，婚姻双方都是大学毕业生的占比是 25%（在 1960 年是 3%）。富人与其他人的家庭环境不同，对子女的养育方式也大相径庭。[16] 例如，高中及以下教育程度的女性生育的孩子中有一半以上是非婚生育。这个比例大约是接受过大学及以上教育的女性的 20 倍。在休闲生活方面，富人花在被动休闲上的时间远比其他人要少，而花在主动锻炼上的时间是普通人的 2~5 倍。如果说"发福"在过去象征着家庭富足，那么现在健身塑形才是一个人社会身份和地位的象征。[17] 在宗教信仰方面，富人和其他人也有所区别。[18] 新教高教会派、犹太教和印度教的信徒大都是教育程度较高的富人，而新教低教会派的信徒大都是教育程度较低的穷人，只有天主教会的信徒贫富皆有。富人与其他人在网络世界的表现也不同。最近有一项研究仔细分析了谷歌搜索引擎在全美最富有地区和最贫困地区的搜索数据[19]（贫富地区的划分则参照了收入和教育程度的指数排名）。这项研究表明，富裕地区的搜索数据主要是关于数码相机、婴儿车、Skype（一款即时通信软件）和境外旅游，而贫困地区的搜索数据主要是关于健康问题、减肥、枪支、电子游戏、反基督徒、地狱、世界末日和被提（the Rapture）。

美国的贫富之别甚至体现在地域层面。帕洛阿尔托的发展早已远超圣克莱尔湖畔小镇。如今，帕洛阿尔托居民的收入中位数是圣克莱尔湖畔小镇的近 3 倍，房价中位数更是飙升至后者的 20 倍。[20] 在帕洛阿尔托的居民中，拥有学士学位的人数占比是圣克莱尔湖畔小镇的 3 倍，拥有硕士及以上学位的人数占比更是后者的 5 倍。[21] 此外，两座城市的周边区位环境也进一步拉大了它们之间的距离：帕洛阿尔托位于美国硅谷，而圣克莱尔湖畔小镇则距离底特律不远。

这种地域差异在全美各地随处可见。近 40 年来，各地区之间的工资差距已普遍扩大，城乡之间也出现了巨大的教育鸿沟。截至 2000 年，美国农村地区拥有大学学历的年轻人占比仅是一般城市的一半。[22] 大学毕业生开始扎堆选择在少数特定的区域定居发展。因此，夫妻双方都接受过高等教育的家庭有将近一半选择在繁华的大都市里拼搏奋斗。[23] 阶层越往上，这种趋同性就越发明显。最近一项针对哈佛、普林斯顿和耶鲁大学毕业生的调查显示，有 3/4 的受访者居住在全美收入和教育指数排名前 20% 的地区，1/2 的受访者居住在排名前 5% 的地区，1/4 的受访者居住在排名前 1% 的地区。[24] 这种情况的背后，流动性是一项重要的指标，而精英的流动性最高——年轻的大学毕业生在美国各州之间流动的可能性是只有高中学历的年轻人的 2 倍多。[25]

这种区别是完全说得通的。对于一个自我意识来自工作的天之骄子来说，远离家乡去大城市发展是令人兴奋的，甚至是对生命价值的肯定。然而，对于一位自尊主要来自乡土连接、注定只能从事一眼望到头的工作的中产阶层劳动者来说，背井离乡却是令人恐惧且孤单冷清的。毋庸置疑，一个人为了工作而迁往大城市这一选择本身，成了精英身份的一种标志，一条划分经济差异的基准线。[26]

优绩主义下的分裂

优绩主义造成了社会内部的分裂。它本身以一种分裂的形象重塑着一个人的童年和成年时期，还有家庭和工作。由此，富人与普通人在工作、婚姻、为人父母、社交、阅读、饮食乃至宗教信仰等方面都有了差别。这些差别的积累，让优绩主义社会的分裂变得难以逾越。精英阶层与其他人之间也因此丧失了对彼此的同理心。

所有这些发展都揭示了优绩主义不平等的内在逻辑。富人都是在学校，尤其是精英荟萃的大学里寻找人生伴侣，紧接着围绕对子女的高强度养育和教育来组织自己的成年生活，以确保子女能延续他们已经获得的优势地位。优绩主义甚至会对精英的居住地带来影响。物质资本大都不可移动且必然是分散的，因此食利精英们自然分布在全国各地。相比之下，人力资本是流动的，而且至关重要的是，当精英们彼此合作时所产生的生产力是巨大的。因此，在优绩主义理念的诱导下，接受过高等教育的家庭往往会选择集中涌向特定地方。这种情况再加上其他的各种因素，使得优绩主义的不平等将富人与其他人彻底分隔，双方都过上了不为对方所知的生活。

尽管就20世纪中叶的美国社会现实而言，海明威的观点更胜一筹，但是随着优绩主义之下各种不平等的日益凸显，菲茨杰拉德的观点越来越得到印证。虽然20世纪中叶美国的经济模式让广大的中产阶层在利益与理想之间实现了惊人的统一，但是当下经济不平等正在美国内部造成新的分裂，它与之前种族和性别歧视所造成的分裂一样严重。

种族主义和性别歧视是美国历史上根深蒂固的问题。直至今日，它们也依然存在。它们在社会群体中造成的断层是阶层划分所无法取代的。长期以来，因为种族不同而收入不同的现象，尤其是因此产生的经济鸿沟，说明美国的种族主义是独立于阶层因素而单独存在的。尽管有法律明令禁止，但是种族歧视依然持续存在。[27]然而，阶层——在种族和性别之上而非以取代二者的方式——为目前的社会和经济分层提供了同样强势的组织原则。事实上，今天美国社会阶层分化导致的不平等类似于20世纪中叶美国政府依据法律实施的种族隔离制度所产生的不平等。早先的观察表明，现在美国富人的孩子和穷人的孩子在学校的学业差距已经超过了在吉姆·克劳法实施期间美国白人的孩子和黑人的孩子之间的学业差距，而这只是大趋势之下的一个例子而已。如今，富人和穷人在住房自有率和失业率上的差距也已经与 20 世纪中叶白人和黑人的差距一样大。[28] 经济不平等的现象甚至在同一族群内部发挥着作用。例如，在 20 世纪 60 年代后期出生的黑人男性群体中，高中辍学者后来锒铛入狱的比例高达 59%，而大学毕业生的犯罪比例只有 5%。[29]

这样的比较当然不能掩盖种族不平等的事实，但它的确让我们看到了阶层差异带来的影响。从这个角度来看，阶层似乎已经成了优绩主义制度下全面组织美国政治与经济生活的原则。借用维多利亚时代的政治家和思想家本杰明·迪斯雷利的说法（他当时描述的是另一套阶层体系），可以说今天的美国是由富人和其他人组成的"两个国家：他们之间没有交集，没有共情；他们对彼此的习惯、想法和感受一无所知，就好像是居住在不同区域或是不同星球上的居民。他们接受的是不同的养育方式，吃不同的食物，遵循着不同的行为举止，甚至就连所受的法律约束也不尽相同"[30]。

全面存在的不平等对美国社会构成的威胁远远超过了优绩主义陷阱对个人——无论贫富者——所造成的痛苦。20 世纪中叶，美国社会的融合，也就是利益与理想的广泛统一促使海明威认为，所谓富人，只不过是在财富水平上与其他人有所不同。然而，这种认知如今已经被优绩主义的不平等打破了。日益加剧的不平等使中产阶层变得脆弱，缺乏安全感。[31] 赢家通吃的竞争则让精英们越来越积极主动地捍卫自己的地位。[32] 精英教育让优绩主义本身成了阻碍社会流动和中产阶层获得机会的绊脚石。此外，优绩主义下的不平等也破坏了美国在 20 世纪中叶所追求的融合统一的社会理想。[33]（这是优绩主义对社会团结造成的最大威胁，而这种威胁又深深根植于优绩主义所特有的结构框架之中。）优绩主义将个人收入与受教育程度相挂钩，继而通过教育与工作、家庭、文化、居住地等各个方面相连，从而使经济不平等不仅体现在数量层面，而且体现在质量层面。这种全面性的社会分裂在富人与普罗大众之间树立起了难以跨越的壁垒，甚至使他们根本无法想象一个跨越阶层、共享利益的社会愿景。

安德鲁·卡内基在美国"镀金时代"的鼎盛时期撰写了《财富的福音》(*The Gospel of Wealth*),他在文中表达过自己的忧虑:"我们这个时代的问题是如何妥善处理财富,以维持富人和穷人之间和谐如手足的关系。"[34] 今天,优绩主义造成的社会鸿沟广泛且深入,它正在撕裂美国社会。政治理论家罗伯特·达尔在"大压缩时代"行将结束时,不无先见之明地指出:"如果(一个社会中)的所有裂痕都沿着相同的路径发生……那么冲突将日趋严重。站在对面的那个人不仅是对手,很快就会变成敌人。"[35]

优绩主义正是以这种方式破坏社会团结。当优绩主义下的不平等导致不同的社会阶层彻底彼此孤立时,就必然会引发一场阶层战争。

一个新的统治阶层

政治为阶层战争提供了天然的战场。

首先,优绩主义下的不平等重新点燃了精英阶层主导政治竞争的古老动机。巨额财富会助长政治干预。利己主义使富人为了保护自己的财富而参与政治,而利他主义也会将富人引向政治:一旦一个人已经获得自己想要的一切,他自然会将注意力转向他人。此外,优绩主义还开创了一种新的维护统治的方式,为精英阶层创造了新的权力来源。使精英阶层能够主宰经济生活的技能、实践和制度,也让他们得以主导政治——精英可以控制国家政策,一旦不能直接制定政策,他们就会抵制政府。如果说民主的意涵如达尔所说,指的是"政府持续地对公民的偏好做出反应,而所有公民在政治上是完全平等的"[36],那么优绩主义显然就是在破坏民主政治,使上层劳动者成为这个国家的新的统治阶层。

富人主导着政治竞选的资金来源,且已经达到了令人震惊的程度。美国最富有的 1% 的人对政治竞选的捐款额比底层 75% 的人加起来还要多。[37] 真正的大额捐款主要集中在竞选初期筛选出的较有胜算的候选人身上。这番操作实际上限制了选民最后投票的选择范围。在 2016 年的美国总统大选初期,有近一半的政治捐款仅来自 158 个家族。截至 2015 年 10 月,这些家族共捐款 1.76 亿美元。[38] 科赫兄弟所组建的超级富豪捐助网络为了推动自由市场政策花费了近 10 亿美元。[39]

与此同时,精英阶层雇用政治说客来影响民选官员上台后的政策制定。今天,在华盛顿特区登记注册的政治说客人数是 20 世纪 80 年代初期的 2 倍左右,所增加的说客中有 98% 都是代表企业或者财富集团,而非工会或公共利益。[40] 即使是在狭义的层面上,相比于美国花费在游说上的资金规模,竞选资金也不过是小巫见大巫。常规情况下,以一年为例,花在联邦政府登记注册的游说团体和个人身上的经费超过 30 亿美元,[41] 大型企业投注在政治说客身上的资金可能是竞选捐款的 10 倍,[42] 比 20 世纪 90 年代后期的支出高出近 90%。[43] 此外,精英阶层影响政治决策的方式远不限于正规游说,例如,企业会将慈善事业锁定在与监管委员会中的议员相关的领域,如此一来,从事慈善事业就等于是在变相游说(只不过是以慈善捐赠税收减免的形式来利用公共资金[44])。在极端情况下,对公共当局的游说演变为直接的私人资助形式,以此影响和操控公共职能。例如,背靠沃尔玛财富集团的沃尔顿基金会,已经在美国的 K–12 基础教育(即从幼儿园到高中毕业)上花费了超过 13 亿美元,而且承诺还会再花 10 亿美元重点扶持特许学校①的发展(以及随之而来的教师工会的中断)。[45]

---

① 特许学校是美国州政府在公共教育体系之外特许的中小学水平的教育机构,相比一般的州立中小学,特许学校需要遵守的规定更少,同时获得的资金支持也更少。——编者注

所有这些钱都不落虚空地。捐赠者可以直接地或通过游说团体掌控候选人与在职官员的时间和注意力。竞选活动启动后，一开始是所谓的金钱预选，候选人在聚会上力争赢得超级富豪群体的青睐。[46]聚会的举办地往往都是度假胜地，譬如加利福尼亚州的幻象山庄（Rancho Mirage）、佐治亚州的海岛（Sea Island），或是拉斯维加斯。即使候选人成功当选，也并不意味着筹集资金的压力会减少。根据美国国会议员的"每日行程表"，他们每天的办公时间中有不少于4个小时是在寻求"资金支持"。[47]而他们花在与普通选民进行政策讨论的时间只有上述时间的大约1/3。[48]两者差别如此之大，以至于有些政治界人士戏称自己是电话推销员，[49]而非政府官员。担任特朗普政府的管理和预算办公室主任且兼任白宫办公厅代理主任（截至本书写作期间）的米克·马尔瓦尼最近告诉美国银行业者协会说，他在担任国会议员期间，"如果遇到一位没有给我们捐过钱的游说者，我是不会和对方说话的。只有给我们捐过钱的游说者，我才有可能和他聊"[50]。他的这番言论不过是大声道出了美国政坛尽人皆知的秘密。美国的政治人物把大部分的时间都花在了筹措资金和游说团体上，他们在获取权力后便反过来推动背后金主的主张。[51]

可想而知，法律和政策会遵循由金钱、时间和当权者的注意力所设定的路径，几乎没有任何掩饰。沃尔顿基金会用它的大手笔改变了华盛顿特区的公共教育，它"实际上……为华盛顿首府的整个特许学校系统提供了补贴，帮助其扩大招生，使该市近一半的公立学校的学生转入了特许学校"[52]。在其他一些案例中，金钱的影响力也许没有这么赤裸裸——因为多少会有所掩饰——但实际效果是一样的。当初为应对金融风暴而实施的《多德-弗兰克华尔街改革与消费者保护法》对某些金融衍生品的交易做出了限制，金融界为了寻求放宽这些限制，干脆绕过了相对引人注目的众参两院的金融委员会，转而去游说较为低调的农业委员会（农业委员会之所以对金融衍生品也有管辖权，是源于 19 世纪的美国农民为了稳定商品价格而付出的努力[53]）。有时候，政治游说代表的是范围极其狭窄的特殊利益群体，以至于最后的政策结果让人啼笑皆非。例如，赌场游说团体为了吸引游客上门（尤其是在内华达州），专门提出针对在 21 点、百家乐、双骰子、轮盘赌和大六轮等赌博游戏中所赢的钱，免除所得税预扣。然而，当初确立这项制度是为了防止在美国的外国游客进行税务欺诈。[54]

这些绝非特例，而是典型的常见案例。系统研究表明，美国的法律与政策对精英阶层的关切相当敏感，而对其他普通人的需求则鲜少回应。事实上，富人在主导着整个社会的中上阶层。当收入水平处于第 90 百分位的群体和处于第 70 百分位的群体出现偏好分歧时，美国的政策制定会继续响应前者的需求，而对后者的回应可以说是微乎其微。[55] 即使中产阶层和贫困阶层联合起来反对富人，政策依然会根据富人的偏好进行设定，而忽略团结起来的中下层的偏好。[56] 经济不平等导致了政治不平等，而优绩主义削弱和破坏了美国的民主。

保护收入的产业与法治[57]

优绩主义对民主政治的破坏，不仅体现在法律制定层面，而且体现在将法律适用于特定人群的过程中。优绩主义使美国诞生了一个新的阶层，由掌握超高技能的银行业者、会计师、律师和其他专业人士组成，他们代表自己的个人客户向政府寻求在监管方面的优惠待遇，譬如避税。这些专业服务的规模让竞选捐款、游说和政治慈善事业加起来都相形见绌。仅从事信托和遗产法领域的律师就有 1.5 万多名。[58] 2017 年，全美百大律师事务所的总收入达到 900 亿美元，[59] 四大会计师事务所的收入达到 1340 亿美元，[60] 十大投行的总收入超过 2500 亿美元。[61] 所有这些领域的专业人士都在帮助富人抵制或规避监管，而普罗大众的财产却被置于法律法规的监管之下。这些专业精英都是优绩主义的产物，他们接受的是优绩主义的教育，赚取的是优绩主义的工作提供的巨额收入。正是通过这种方式，优绩主义直接产生了一种破坏民主政治的新手段。

意识观念掩盖了这种精英权力的运作方式。人们普遍认为，每一位财产所有者都享有同等的权利、受到同样的保护，无论其拥有什么样的财产或拥有多少财产。根据这一观点，国家对私有财产应一视同仁，即财产规模无论大小都理应受到国家法律的同等保护。[62] 换句话说，对冲基金亿万富豪拥有自己的投资组合与高中老师拥有自己的房产，这两者在法律上是没有差别的。然而事实上，财产的规模大小，无论是在数量层面还是质量层面，都会对其所有者的相关权利产生巨大的影响。一个中产阶层的普通人只能遵纪守法，乖乖交税。面对房产税提高的情况，一名高中老师只能按规办事。然而，一名富人却可以用手中"膨胀的财富"聘请经验娴熟的专业人士来规避管制和税收，或者与政府讨价还价，争取到更为优惠的政策。[63] 一名亿万富翁在面对一项新增的税种时，可以进行资产重组，采用完全合法的避税手段来减免大部分甚至全部的税款。中产阶层被动地接受法律条文，其个人财产直接受到国家的监管法规和税法的影响，而富人却拥有是否接受法律条文的自由裁量权，这让他们的财产尽可能地免受政府干预。

优绩主义强化了精英阶层抵抗政府的力量。优绩主义下的不平等刺激了专业职员，使其通过致力于保护真正富豪的财产免受政府染指而赚取高额酬金。通过打造一批高级的私人部门工作岗位，优绩主义为会计师、银行业者、律师这一精英劳动者阶层提供了动机和手段，使他们致力于阻止国家攫取精英财富的行为，甚或只是对精英财富进行监管的行为。

这些完全是优绩主义缔造的新型工作岗位。历史上，私人部门并不太重视管理技能与专业技能，而需要这类技能的公共部门在争取专业精英的过程中也不会面临来自私企的竞争压力。20世纪初期，高级公务员的收入是大众收入中位数的10~20倍。[64] 到了20世纪中叶，高级公务员的收入与在私企工作的同行差不多。1969年，一名美国国会议员的收入要比政治游说者高，[65] 一名联邦法官的薪水可能是他在律师事务所的同行的一半，[66] 财政部部长的薪水或许略低于他在金融界的同人，但整体上差别不太大。[67] 因此，在当时，接受过最好的教育、掌握专业技能的人往往被政府公职或其他公共服务机构吸引（一如在旧式的封建社会中，家族中除了长子之外，其他无权继承土地的儿子只好去从军或出任神职人员[68]）。他们的这种选择仅仅是因为在当时的私人部门没有更好的或者说更可靠的选择。这使得监管者要比自己监管的对象更加出色，可以帮助国家有效地管理哪怕最富裕的国民。

然而，优绩主义下的不平等使得私人部门为精英提供的劳动报酬大幅提升，公共部门的工资却由于民主情绪一直停滞不前，甚至有所下降。于是，就业选择的风向开始转变。如今，私人部门的上层职员所赚取的收入要比政府部门员工高出数倍。[69] 如果一名国会议员转身成为一名政治游说者，那么他的年收入可能会增加10倍，从17.5万美元飙升至大约200万美元。[70] 美国最高法院首席大法官的年收入约为27万美元，而最赚钱的律师事务所每年向其合伙人支付的报酬超过500万美元，两者相差近20倍（而且，最高法院前法官助理倘若签约这些律师事务所，**签约奖金**高达40万美元，[71] 尽管他们可能只是刚从法学院毕业2~3年的年轻人）。美国财政部部长的年收入略高于20万美元，而摩根大通、高盛和摩根士丹利的CEO平均年收入可能为2 500万美元，差距高达100多倍。[72]

无论是绝对的薪资数字，还是私人部门与公共部门的精英薪资比例，都是天文数字。此外，很重要的是，政府部门的精英公务员与私人部门的精英人士（例如游说者、律师、会计师和银行业者等会对公共政策施加私人影响的人）之间的工资差距，便决定了富人和普通人生活质量上的差距。（这几乎是不可避免的，因为精英社区的房价是由私人部门精英人士的工资水平决定的。）从某种意义上来说，政府部门的精英公务员已经收入不菲——往往高出收入中位数很多倍。但是，我们不难理解，公共部门的广大精英公务员自然也渴望与私人部门的精英人士过上同样的生活：住同样的小区，送子女去同样的学校，面对在大学、研究生院时期的老同学和日常工作中打交道的监管对象时能够平起平坐。不过，只要私人部门能够提供精英工作机会，公共部门的精英公务员并不需要通过贪污或其他腐败的方式就能获取更高收入或者踏入富人圈。

机会总是不请自来。政府部门的精英公务员所具备的技能和教育资历恰恰是优绩主义制度下的私人部门最为看重的。[优绩主义排斥各种社会偏见，因而它所提供的激励措施是面向所有精英员工的，例如超级精英化且作风保守的顶级律师事务所柯史莫（Cravath, Swaine & Moore），其现任首席合伙人是一位巴基斯坦移民的女儿。[73] 因此，一个掌握专业技能却因为沙文主义而拒绝财富的群体已经不再存在。] 在这些激励措施的诱惑下，政府部门已然成了"几乎不加掩饰的职业介绍所"[74]，直接在政府公职人员与未来的私人部门雇主之间牵线搭桥。即使是美国的民选官员也未能独善其身。1970年，只有3%的美国国会议员在退休后加入游说团体；如今，42%的众议员和50%的参议员在结束公职后加入游说团体。[75]（这种情况太过普遍，人们甚至已经预见，埃里克·坎托从美国众议院多数党领袖的职位上退下来以后，会像《纽约时报》编辑委员会所预计的那样进入金融界。果不其然，坎托后来加入了一家精品投资银行。《华尔街日报》认为，他的这一选择再自然不过，因为他"长期以来一直扮演着共和党与华尔街的中间联络人的角色"[76]。）

总体来说，美国社会精英流向私人部门的数量非常庞大。从人口比例来说，它的规模甚至足以改变整座城市。华盛顿特区的精英就业市场如今已不再由政府部门的招聘主导。面对私营部门提供的高薪厚禄的诱惑，政府公职人员跳槽成了普遍发生，甚至无从逃避的现象，就连华盛顿特区的咖啡店餐垫上未来几年的招聘广告位也早已被预订一空。[77]一名中层官员如果跳槽去私人部门，起薪就可以在25万美元以上。目前，华盛顿特区确实是全美风险投资交易最活跃的城市之一。[78]越来越多的社会精英来到华盛顿区寻求机会，加入企业界或其他专业领域，以图针对美国政府的政策发挥个人影响力。最近，华盛顿都市圈内跻身全美最富有的1%家庭新增了2万多个。这个增加速度远超美国的其他城市。而且，华盛顿都市圈新增的大学毕业生人数也高于其他的都市圈。[79]过去，华盛顿特区是一个"连国防承包商都知道佩戴的手表不要比海军上将更名贵"的地方。可是现在，这里随处可见特斯拉的经销商门店和人均消费200美元的餐厅，这还不包含酒水费。[80]

在政府监管与富人利益的较量中，优绩主义引导着各类精英人才为私人利益服务，促进了精英阶层的经济利益与国家利益的对抗。随之兴起的整个产业都致力于保护精英阶层的收入和财富——正如花旗集团最近发布的针对其高资产净值客户的宣传手册上所说，要抵制"有组织的群体"所青睐的针对"富豪经济"的"掠夺财富的手段"。[81]有时候我们可以说，这个保护收入的产业已经凌驾于美国政府之上。特朗普的前首席经济顾问加里·科恩就曾表示："只有白痴才会缴纳遗产税。"[82]科恩的用词或许有些粗鲁，但是他说出了一个简单的事实：通过精英的系统性操作，包括媒体策略、政治捐款、游说及节税计划，美国的遗产税实际上已经形同虚设。高额度的税收减免，再加上慷慨的节税机会，结果是2016年全美只有不到5 300户家庭缴纳遗产税，[83]而这还是在2017年税制改革进一步下调遗产税之前发生的事情。

遗产税尽管极端但并非个例。专门为富人提供避税建议的律师、会计师和银行业者群体的规模已足够庞大，使得行业内所谓的高净值个体（即拥有3 000万美元以上可投资资产的个体）已将大约18万亿美元的资产转移到了海外。[84]整体上，最近几十年里，全美最富有的1%群体的收入所得占国民收入的比例大致翻了一番，而与此同时，他们缴税的税率却下调了约1/3。[85]当沃伦·巴菲特表示他缴税的税率比他的秘书还少时，[86]他并没有在开玩笑，他只不过说出了一个普遍发展态势中的极端案例。美国的富人利用自己不断增加的经济实力重塑了美国的税收政策，从而使得原本的累进税制变得事实上扁平化。[87]即使有富人在税务问题上被逮个正着，他们也很少受到相应的惩罚。例如，奥巴马政府执政期间，司法部实际上没有对造成2008年金融危机的任何一位金融家提起诉讼，其中部分原因就在于，本应处理这些案件的检察官大都离开了公职单位，进入了私人部门。[88]

精英的权势

优绩主义在打造精英人士的同时，也为他们配备了一项专门的工具，让其能够事实上逃避管理。这种发展趋势令人不免回想起中世纪的欧洲。当时，王室与地方贵族均依靠指挥少数全副武装的骑士发挥战斗力而获得相应地位。因此，整个社会尚武气息浓厚，不论这些习武之人效忠的是当地的领主还是远方的君王。同时，大众在世俗的政治界限之外又共同崇尚基督教的美德。这种机制使得私人财富能够直接与国家展开竞争，以争取权力和地位的决定性要素。这种竞争不仅体现在物质层面，也体现在道德层面。这种地方与中央的直接竞争使得王权衰弱，而地方领主做大做强。

从中世纪直到 20 世纪中叶，一系列紧密相连的发展引导国家与民间精英走上了截然不同的两条道路。国家掌控了武力，而民间精英则主导了经济生活，其中包括高收入所依赖的各项资本，譬如土地、奴隶和工业设备。在道德层面，国家推崇以公民精神或爱国情怀为表现形式的公共美德，而民间精英则倾向于强调基于奢侈休闲伦理的个人美德。劳动分工使国家在公共领域占据了主导地位，相对而言避免了与民间力量的直接竞争。

最终，优绩主义让国家和民间精英再次为了同样的资源（如今是精英劳动者的人力资本）和同样的基本美德（如今是技能、努力和勤奋），展开直接的竞争。正如封建君王曾经奋力抵制来自地方贵族的私人影响力，因为地方贵族与君王为争取能够支撑他们权力和地位的资产而展开直接竞争，今天的美国也在奋力抵制富人的私人影响力，因为富人与国家为争夺精英劳动者而展开直接竞争。

如此一来，优绩主义通过各种方式，无论是在整体层面还是在个体层面，都赋予精英阶层主导政治的权力。现在的政府并没有对"在政治上完全平等的"公民做出同等的回应；相反，它听从精英阶层的意见，向中产阶层发号施令。优绩主义破坏了民主政治，将精英阶层提升为统治阶层。

优绩的腐蚀

优绩主义下的不平等不光扭曲了政治进程，同时也侵蚀了政治理想，贬低遵循民主政治的公民价值。优绩主义下的不平等所隐含的道德羞辱困扰着政治生活，让富人自满，而令其他人愤恨不平。精英阶层逐渐远离了他们不再需要从中寻求政治支持的群体，开始毫无顾忌地我行我素。与此同时，劳工阶层和中产阶层心怀民粹主义的愤怒和本土主义的怨恨，反对专业的技术和制度，进而攻击任何外来的或者是自己不懂的事物。当不平等被承认是不公正的，从中得利的人就会受到警诫，遭受其害的人会变得高尚，就像马丁·路德·金博士在回应种族偏见时教给我们的道理："仇恨不能驱逐仇恨，只有爱才能做到。"[89]但是，在今天，看似合理的不平等却在削弱被优绩主义分隔的双方。

优绩主义腐蚀着精英的价值观，其中最明显的表现在于它鼓励了一种唯我独尊的价值观，正如英国诗人约翰·德莱顿所言："他，最配得上的人，可以独力治理一国。"[90]还有一个不那么明显但同样重要的表现在于，优绩主义使精英在自满的同时又具有强烈的防卫意识：对于并非源自优绩主义的歧视极度敏感，对优绩主义本身造成的伤害麻木不仁。

一方面，信奉优绩主义的精英将所有与优绩主义无关的偏见，譬如基于种族、族裔、性别和性取向的偏见，视作不可宽恕的严重罪行，必须不惜一切代价予以严厉打击。正因如此，精英阶层在日常生活中所广泛接受的主流道德规范要求针对身份政治问题保持一定程度的谨慎和道德主义，但这不同于其他的道德标准。优绩主义下的精英社会会宽恕（甚至忽视）自私、放纵、残忍以及其他长期以来被公认为恶习的行为。但是，一旦个体被发现存在某种与精英身份不符的偏见或歧视，那么他的职业生涯可能会被终结。这样的道德主义具有选择性，既有面对生活的复杂性和混乱生发而出的同情心，也有面对某些问题可能带来的危害的小题大做。精英阶层之外的正派人士也认同偏见是种错误，但是他们往往将偏见视作同贪婪、刻薄一样的普通恶习：尽管应该受到谴责，但也如同其他人性的弱点一样需要被报以适度的宽容。偏见的确会对个人和社会造成巨大伤害，而精英机构，尤其是大学，出于政治正确的考量而发出的指责可能有其政治动机，并且往往是虚伪的。不过，这些指责揭示了一个重要的真相，即精英阶层对偏见的谴责可能过分严厉，在一定程度上也正因如此，这种谴责不太能站得住脚。

精英阶层对多样性和包容性的强烈关注其实也带有某种假公济私的意味。与其他的恶习不同，偏见直接攻击的是优绩主义的道德基础，令人质疑优势是否更多地来自令人反感的个人特权而非个人实力。为了合理化日益扩大且不稳定的不平等现象，优绩主义需要对偏见保持高度警惕。支配精英阶层生活的复杂而脆弱的身份政治，正是由优绩主义的基础决定的。

另一方面，信奉优绩主义的精英对于不涉及身份政治的不平等问题，则倾向于表现出一种居高临下的蔑视甚至残忍的态度。他们的政治正确，并不会对将农村称为"落后"地区、将南方人戏称为"大老粗"、将阿帕拉契亚山脉居民叫作"白垃圾"以及把美国大部分内陆地区称作"飞越之地"的言论加以谴责。与此同时，精英阶层的一些论调甚至还在将这些侮辱性的表达合理化，例如，最近在《国家评论》上发表的一篇广为流传的文章就攻击白人劳工阶层的社区在"经济上……是负资产"，"在道德上……站不住脚"，并且"受制于一种邪恶自私的文化，其主要产物就是无尽的痛苦和用过的海洛因针头"。[91] 在文章的最后，作者总结说"他们活该灭亡"。《纽约时报》的一位专栏作家在发现移民在优绩主义的竞争当中超过了土生土长的美国人之后，称本土公民"犹如一潭死水，让整个国家的前途令人担忧"[92]，并且开玩笑似的提出唯有大量驱逐本土美国人才能拯救美国。甚至有一些政治人物也公开对劳工阶层和中产阶层表达了蔑视，尽管他们也为发表这些冒犯性的言论付出了高昂的代价：保罗·瑞安将世界分为"索取者"和"创造者"；[93] 米特·罗姆尼则抱怨那些"依赖政府"的美国人不愿"承担个人责任和为自己的生命负责"；[94] 巴拉克·奥巴马也指责"苦闷"的中产阶层保守派"抓住"枪支、宗教和偏见问题不放，只为保存在经济竞争（即优绩主义竞争）中败下阵来的自尊心；[95] 希拉里·克林顿更是把特朗普的半数支持者称作一群固执的"可怜虫"。[96]

事实上，精英阶层将这些侮辱性的言论延伸至了少数进入精英机构的中产阶层美国人身上。一批在美国顶尖大学就读的中产阶层家庭背景的学生，以建立在种族、性别、性取向基础上的身份认同政治为模板，自行组建了抱团取暖的"第一代大学生"社团。但是，中产阶层同精英阶层之间的身份关系与其他群体同精英阶层的关系完全不同。一个真正拥抱多元性和包容性的精英机构会告诉黑人、女性或同性恋的学生，尽管自己的文化并不完美，但是它致力于以他们自己的方式欢迎他们，支持他们表达真实的自我。但是，现在的美国顶尖大学不会对来自中产家庭的学生说出类似的话。相反，它们会有另一套完全相反的说辞：它们崇尚的优绩主义理念和商业运作模式要求精英大学改造来自中产家庭的学生的原始身份，使他们成为精英阶层的一分子。如果耶鲁大学法学院对自己的黑人学生说"来我这里学习，我可以把你变成白人"，这简直是一种无法想象的冒犯举动。但是，出于无法避免的结构性原因，耶鲁大学公开提议要抹去"第一代大学生"的中产阶层身份。

从统计上来看，如今优绩主义的排他性对美国社会造成的伤害已接近种族排他性。当优绩主义下的不平等被视为公正的，这就使精英阶层在不断关注身份政治的同时，又接受以各种方式公然侮辱被迫闲置的或停滞不前的劳工阶层和中产阶层的行为。

中产阶层的本土主义与民粹主义

优绩主义的不平等也在侵蚀着精英阶层之外的群体的政治价值观，并引发与精英阶层的自满同样危险的不满情绪。尽管大多数美国民众并没有享受到优绩主义的好处，但是他们依然被优绩主义的魅力吸引。他们着迷于精英主义所宣扬的技能与努力、勤奋与荣誉，只不过如今正是这些价值理念在正面攻击他们的自尊心。优绩主义之下的每一项创新都意味着对中产阶层的又一次抛弃和贬低，而每一次对所谓多元性和包容性的拥抱其实都是对排斥中产阶层的重新确认。

劳工阶层与中产阶层受伤的自尊恰恰反映出了精英阶层在道德上的腐化。随着精英阶层过分地强调身份政治，精英阶层之外的美国人也日益趋向于本土主义。精英阶层越是推崇优绩主义的成功所依赖的制度与机构，精英阶层之外的美国人就越会抨击现有的制度，同时拥抱民粹主义。

当优绩主义将不平等合理化时，它剥夺了底层民众寻求正义的机会。另外，美国精英阶层对身份政治的推崇，加上对中等技能劳动者的公开蔑视，点燃了底层白人民众对少数族裔的仇恨情绪。在这种模式下，恶性的本土主义随之而来，成了优绩主义日益加剧的不平等之下被困在底层的民众的意识形态立场。他们感到自己的国家为了"外人"而抛弃了自己。[97]本土主义，一如仇恨本身，具有麻醉剂或毒品的功效，[98]麻痹了由名义上合理的社会和经济排斥所带来的内心羞耻感。

更糟糕的是，由于优绩主义合理化了经济不平等，掩盖了阶层问题，普通美国人无法再占据道德高地来阐述他们因被排斥在外而遭受的伤害与不公（并且助长了白人的种族焦虑，而这种焦虑的形成最早可以追溯至美国殖民时期的拥奴社会[99]）。他们成了"无法为自己所受的伤害发声的受害者"[100]。那些在优绩主义的竞争中败下阵来的人，只能在优绩主义允许的框架内表达自己的抱怨，具体的途径就是构建自己的身份政治。于是，强调白人、男性、异性恋者与基督徒等身份的本土主义——以及对精英阶层鄙视这些身份的不满——就此兴起。这是基于优绩主义下的不平等的经济结构和意识形态局限所带来的不可避免的结果。

优绩主义使得落败的白人走投无路，唯有坠入本土主义中寻求慰藉。最近，印第安纳州一位中产阶层白人选民在反思特朗普的吸引力时解释说，白人特权这"整个想法"激怒了精英阶层之外的白人群体，因为"他们从未享受到自己认知范围内的任何白人特权。每当提到特权，你会联想到金钱和机会，但是他们一样也没有"。[101] 此外，优绩主义的一个潜在观点是，一名白人没能取得成功，一定是因为他自身有缺陷。这种观点无疑是在火上浇油（尤其是优绩主义的魅力会使那些落败的人真的**感到**自己有缺陷）。优绩主义对多元性与包容性的强调反而将这样的怒火导入了以本土主义、性别歧视为特征的身份认同政治。那位印第安纳州的选民继续说道："还有人骂他们愚蠢且可悲，那你以为他们还能忍耐多久不发狂？"[102] 当人们被压制的需求无法表达为正义的诉求时，它们就会转而表达为非正义的诉求。[103]

此外，优绩主义不仅天然助长本土主义，还会导致民粹主义的兴起。这是一种对于所谓的专业知识和专业机构的普遍且深深的不信任。由于在优绩主义之下，技能和专业知识通常是与精英联系在一起，这就使那些承认知识和培训的价值的中产阶层陷入一种困境，那就是面对自己被排斥或贬损的事实只能默默接受。于是，为了抵抗优绩主义下的不平等，也为了维护在优绩主义之下被排斥和否定的自尊，他们需要反对优绩主义所赖以运作的专业知识和专业机构。

这种逻辑在现实中的一个具体表现就是，美国的阶层仇恨主要针对的是专业阶层，而非企业家或者世袭的超级富豪。人们憎恨的对象不是寡头势力，而是医生、银行业者、律师、科学家等在劳工阶层与中产阶层看来"受教育程度高"且"往往看不起他们"的人。[104]

这种出发点让专业人士感到莫名其妙，但是它实际上准确地反映了优绩主义下的不平等所产生的经济结构和社会结构。专业精英，连同培训和雇用专业精英的机构（即学校和公司），一起掌控着优绩主义的运作，将劳工阶层和中产阶层排除在高收入和社会地位之外。专业精英重构了工作模式和生产方式，让除了超级优秀的精英劳动者之外的其他人都被闲置了起来，尽管新的工作模式一样看重勤奋努力。因此，精英教育不光为其培养出来的精英提供了优势，而且通过使中产阶层的培训和技能不再有用，伤害到了没能接受精英教育的人。与光鲜亮丽的工作那表面的光辉相对应的正是笼罩在暗淡工作上方的阴郁。

普通民众与超级富豪之间则有着截然不同的关系。超级富豪可以不费吹灰之力就变得十分富有（譬如继承财产），甚至通过一些不道德的手段获取财富（譬如剥削弱势群体）。但他们的财富积累所带来的负面影响具有独特性。寡头势力或许会盘剥中产阶层，但它们并不代表富人对其他人进行系统性统治所基于的规范和实践。普通民众大概只有在时尚杂志和电视真人秀这种虚幻的场景中才会一睹超级富豪的奢华生活。可以说，超级富豪之所以没有成为劳工阶层和中产阶层发泄愤怒的靶心，是因为他们和优绩主义的关系没有那么直接：维持普遍不平等的优绩主义秩序并没有将富豪的特权合理化，因此普通民众是出于更客观或者更高尚的立场反对他们的特权，或者干脆就选择放他们一马。优绩主义下的不平等之所以引发愤怒和卑劣的对抗，原因就在于它声称这种不平等是合理的。但是，这一规则并不适用于寡头势力。事实上，创业可以让人在精英机构之外获得经济上的成功，而且无须背离自己所属的社会阶层。难怪中产阶层梦想的成功并不是成为专业人士，而是拥有一家自己的公司。[105]

优绩主义下的不平等不仅导致人们对特定的职业或机构产生了不信任，还导致人们开始怀疑法治的整个理念及与之相关的观念，即私人和公共生活应受到机构及其官员的客观监管，而非由魅力型领导者的个人权威所决定。正当程序和法治理念支持对不同规模的财产一视同仁，精英阶层由此得以成功保护他们的收入和财富，其中一种方式就是通过普遍适用的税收法规来阻挠对财富进行再分配的民主努力。优绩主义下的不平等从而使得精英阶层本身成了具有政治特殊利益的群体，并将正当的法律程序和法治规范转化为精英阶层用于阶层斗争的政治工具。对于其他民众而言，将法治凌驾于民主自治之上，实际上意味着他们只能接受自己的权利被以合法手段加以剥夺的现实。因此，民粹主义不是恶意怨恨情绪的无端爆发，而是面对优绩主义下的极端不平等的一种自然的，甚至是恰当的反应。

因此，优绩主义与美国最近兴起的本土主义和民粹主义绝非毫无关系。相反，本土主义和民粹主义代表着对先进的优绩主义制度所造成的不平等的反击。本土主义与民粹主义的兴起，以及造成白人劳工阶层与中产阶层预期寿命降低的吸毒成瘾、用药过量和自杀等行为[106]背后，是同样的意识形态和心理因素在起作用。这个类比凸显了美国社会当前所面对的政治风险。这些力量的肆虐程度绝对不亚于它们内化的程度。

阶层战争升温

美国当前的政治环境生动地展示了优绩主义下的不平等所带来的民主病态。

过于自信的精英阶层和士气低落的普通民众，试图减轻不断加剧的优绩主义下的不平等却徒劳无果。他们在拥抱了几十年的金融化生产和债务融资消费之后，最终迎来了金融危机以及随之而至的经济大衰退。优绩主义还促使奥巴马总统通过技术官僚的技术专长来应对这场危机，而没有进行政治考量——没有通过刑事起诉来追究责任，更重要的是，也没有趁此机会整顿金融业或是抑制优绩主义带来的不平等。事实上，奥巴马政府的内部构成正是优绩主义理想的生动体现：

奥巴马本人尽管出身贫寒，但也并非白手起家，而是在一系列精英机构——从哥伦比亚大学到哈佛大学法学院——的推动下登上了成功的阶梯；[107]奥巴马第一任期内的"明星内阁"更是清一色的常春藤名校毕业生，他们当中有罗德奖学金和马歇尔奖学金的获得者，甚至还有一位诺贝尔奖得主。[108]这些资历代表着他们的实际能力。奥巴马政府充分发挥了精英的优势力量，稳定了经济并恢复了经济增长（包括就业增长，尽管步伐相对缓慢）。

随着奥巴马总统的成功连任，那些因傲慢与贪婪而被广泛指责是金融危机罪魁祸首的精英阶层得以重拾其核心原则，实现自我救赎。经济衰退结束了，繁荣再现，民众情绪回升，重新彰显出美国人熟悉的乐观主义。就连反对奥巴马的势力，似乎也重新认同了精英治国的现状，该势力曾试图通过推选萨拉·佩林担任2008年总统大选的共和党副总统以及茶党运动的兴起，在美国政治舞台上开辟一条民粹主义新战线，以对奥巴马构成威胁。奥巴马在寻求连任的过程中击败了由罗姆尼和瑞安组成的竞选团队，后者为美国社会提供了更多的选择，但除了熟悉的党派分歧之外，这些选择也几乎不可能比现任统治阶层更加合适。从这些方面来看，奥巴马在2012年大选中的胜利代表着美国优绩主义的声势到达了顶峰。

然而，危机远未过去。优绩主义的救赎后来也被证明只是梦幻泡影。伯尼·桑德斯和唐纳德·特朗普——两位公开的民粹主义候选人开始强烈攻击美国现状，在2016年美国总统大选的初选中夺得了主动权。当时怀有戒心的美国政界内部人士将民粹主义的兴起斥责为"愚蠢之夏"[109]，这恰恰说明了他们对这种现象的出现感到措手不及。即使在特朗普正式成为共和党提名的总统候选人之后，他所猛烈抨击的建制派精英依然在否认他的崛起。精英阶层坚持认为，特朗普不可能吸引到足够多的选民以赢得大选。"普林斯顿选举联盟"网站的负责人甚至在选举前一周还声称，特朗普赢得的选举人票不会超过240

张，他发誓如果超过这个数字，他就"吃下一只虫子"[110]。然而，事实证明，所有的政治专家对即将到来的动荡都毫无预见。一个只关注自身利益、令人不再对其抱有幻想的精英阶层根本无力阻挡促成特朗普当选美国总统的民粹浪潮。

特朗普对现任精英政府的批判成了2016年美国大选的主流叙事。他的选举策略完全迎合了本土主义和民粹主义的意识形态，并在被广泛转播的一则竞选广告中将矛头直指"一个失败、腐化的政治体系"[111]。特朗普通过赢得大选辩论而成功地改变了美国的政治框架，从而开创了一种新的政治格局。

在特朗普获胜前夕，美国军方仍然无人能敌，并没有受到任何实质性的挑战；美国的外交官和企业主导着世界的法律和经济秩序；美国的贫困率接近历史最低点；美国的劳动力市场接近充分就业；美国的犯罪率保持在历史较低水平；全民的生活水平更是接近历史最高点。[112]即使经济没有蓬勃发展，相比于其他国家目前的情况，更重要的是相较于美国过去的情况，美国的经济仍然相当健康。尽管如此，特朗普却在不断攻击这个他试图加以领导的社会。他哀叹美国的军事力量已经式微，指责美国的边界没有得到应有的防卫。他痛斥美国政府挥霍美国的财富，将国家的财政资金浪费在了其他国家。他将美国描绘成了一个饱受贫困、工业衰退、教育不振和犯罪频发的国家。[113]选举过程中一些有关计算机黑客和外国势力干预的次要情节，使得原本胶着的选情开始向特朗普一方倾斜。当然，他首先要创造出能与对手平分秋色的局面。这次选举最令人震惊的不是特朗普最终竟然获胜了，而在于他本来就可以获胜——尽管往往违背传统智慧、常识和客观事实，他却成功地将这一阴郁的景象强加给了世界上最强大、最繁荣国家的政治想象。

最终，特朗普在属于民主党传统票仓的关键州大获全胜，并且吸引了一批曾经支持奥巴马的选民。[114]回看2012年奥巴马的获胜，恍若隔世。精英阶层在 2015 年嘲讽的"愚蠢之夏"就此演变为了一个没有尽头的"不满之冬",且仍看不到春天的迹象。

2012—2016 年的这种动荡让美国的精英阶层大感困惑。那些对特朗普的胜选感到不可思议的社会观察者蓦然发现,他们生活的这个世界与之前他们认为的完全不同。据报道,特朗普那满是谴责性言辞的就职演说让前任共和党总统乔治·布什深感困惑,忍不住骂道:"这是个什么玩意?"[115] 为了自我安慰,精英们开始强调特朗普的个人特质,将之看作日常政治中的异类。

动荡这种表达其实具有蒙蔽性。事实上,特朗普的出现并没有违背政治规律,而恰恰反映了政治规律。奥巴马与特朗普的胜选并不是分别来自两个不同世界的政治力量,而是来自同一个世界中环环相扣、势均力敌的力量的平衡。两位总统上台的背后源于同样的原因——美国的优绩主义,它在奥巴马登上政治舞台前就已经存在,并将在特朗普离任后的很长一段时间持续存在。奥巴马和特朗普都并非优绩主义的成因,而是优绩主义运作的结果。奥巴马是精英教育的杰出产物,体现的是优绩主义的胜利。特朗普则是一位"蓝领亿万富翁"[116],宣称自己"爱那些没有受过良好教育的人"[117],公开反对优绩主义,他所利用的恰恰是大众长期以来对优绩主义的不满。

特朗普并非点燃了社会大众对优绩主义的怒火,而是抓住大众对优绩主义的不满趋势而起。他充满批判和否定的选举策略撕开了优绩主义那代表希望的虚幻面具,为众人提供了抒发不满的渠道。与此同时,那些深受优绩主义下的不平等之苦、处境不稳定的中产阶层也迫切希望能有一位"理解(他们)对这个国家有多么失望"的候选人[118]。J. D. 万斯指出,这些选民"认为现代美国的优绩主义制度并不是为他们建立的"[119]。他们对精英阶层的意见抱有反感,例如米歇尔·奥巴马提出的有关营养育儿的建议。然而,这种不满"并不是因为他们认为她说得不对,而恰恰是因为他们知道她说的是对的"。

当这些选民听到美国的两党精英指责特朗普粗鄙或不适合担任公职时,他们知道这也就是精英们对他们的看法。[120] 在支持特朗普的选民中,有64%的人认为,"过去几年里,美国普通人得到的比他们应得的要少"。与此同时,只有12%的选民认为,"过去几年里,美国黑人得到的比他们应得的要少"。(相较而言,支持希拉里·克林顿的选民中有57%同意这两种说法。[121])一位曾在俄亥俄州采访过无数特朗普支持者的记者指出,他们无一不对"一个功能失调且过度繁荣的华盛顿政府深感轻蔑,认为华盛顿政府已与他们的生活完全脱节"[122]。也就是说,特朗普的支持者都认为自己被政府亏待,而那些不配得到优待的人却得到了优待。于是,他们想要抓住机会恢复昔日的荣光,也就是特朗普喊出的要"让美国再次伟大"。

选举结果是,特朗普在没有接受过大学教育的白人选民中以39个百分点的优势领先。[123] 同时,在大学肄业的选民以及年收入在5万~10万美元的选民中,他赢得了最多的选票。[124] 这些人恰恰是受优绩主义不平等影响最大的中产阶层。特朗普在全美受教育程度最低的50个县中以近31%的优势胜出(比罗姆尼2012年竞选时在这些地区的得票率高出了10%)。同时,特朗普在全美受教育程度最高的50个县中以26%的差距落败(比罗姆尼2012年竞选时在这些地区的得票率低了近9%)。[125] 由此可见,受过高等教育的专业人士将希拉里看作自己人,而讥笑特朗普不过是跳梁小丑。然而,中产阶层却对希拉里那精心包装的光鲜资历感到厌烦,并对特朗普面对专业知识的排斥态度深感共鸣。圣克莱尔湖畔小镇有一位支持特朗普的女商人,面对外界嘲讽特朗普在沃顿商学院成绩不是全班第一,她的回应简单直接:"他当然不是,他只是个普通人。"[126]

和受教育程度一样,工作类型也在很大程度上影响着选民的投票决定。那些从事常规体力劳动的人大都支持特朗普,而那些从事创意性和专业分析类工作的人大都支持希拉里:在常规工作占比超过

50%的县，特朗普以超过30%的优势胜出，而在常规工作占比不到40%的县，他也以将近30%的差距落败。[127]当优绩主义抬高了精英阶层的工作而贬低了中产阶层的工作时，就产生了一种以工作为界的新的党派政治，对立的双方分别是：在工作中寻求自我价值的精英阶层，以及在工作以外（甚至通过反对工作的方式）追求自我的中产阶层。[128]希拉里的专业主义属于前者，而特朗普的非专业主义属于后者。

通过推动特朗普当选的民众外显的愤怒情绪，我们可以发现导致中产阶层死亡率升高的内在愤怒。在阿片类药物泛滥最严重的地方，特朗普的得票率远高于罗姆尼在2012年时的得票率。[129]在1960年的圣克莱尔湖畔小镇，民众的乐观情绪使民主党候选人肯尼迪获得了25个百分点的压倒性优势；[130]而到了2016年，民众的怨恨情绪使特朗普在该镇获得了10个百分点的优势。[131]

特朗普主义以及特朗普本人的崛起暴露了美国当前的精英阶层对普通民众的不屑一顾以及优绩主义魅力不再的弱点。尽管精英阶层坚决反对特朗普主义，但是他们缺乏必要的活力来维持另外一种更加乐观的美国政治愿景。精英阶层成功背后的努力、焦虑和自负往往使他们表现得道貌岸然，对中产阶层的关切和怨恨视而不见。当希拉里·克林顿称特朗普的支持者不过是一群"可怜虫"时，她只是公开说出了广大精英们长期以来私下的想法。事实上，特朗普的崛起再次证实并加重了美国精英阶层对淘汰出局的美国民众的优越感。《国家评论》上的一篇文章称白人劳工阶层的社区在"经济上是……负资产"，并进一步补充说："特朗普的演讲让这些人感觉良好，一如奥施康定所起到的效果。"[132]特朗普赢得了美国总统宝座，尽管他在拥有大学及以上教育程度的选民中的支持率是1980年以来所有获胜候选人中最低的。[133]而在帕洛阿尔托，希拉里·克林顿的得票率领先特朗普近70个百分点。[134]

总而言之，优绩主义下的不平等逆转了美国20世纪中叶经济与政治的关系，或者说资本主义与民主制度的关系。

第三章　即将到来的阶层战争　　097

在 20 世纪中叶，不同领域的平等彼此强化：在政治上完全平等的民主公民坚决要政府制定促进经济平等和公共利益的政策；广泛分散且大致平等的私人所有权，确保私人权力不致滥用，以此维护民主政治的平等性。这恰是托马斯·杰斐逊的社会理想。[135] 在 1776 年起草的《弗吉尼亚宪法》（Virginia Constitution）中，杰斐逊将广泛的投票权与为所有潜在选民提供的宪法保障的土地授予权两相结合，以此实现平等和民主的社会愿景。

然而，今天的情况正好相反，一个领域中的不平等加剧了另一个领域的不平等。推动经济不平等的优绩主义机制产生了一个有权有势的精英阶层。路易斯·布兰代斯在谈论早期经济不平等时曾坚称："我们可以拥有一个民主社会，也可以将财富集中在少数人手中。但我们不能两者同时兼得。"[136] 如今，杰斐逊的理想正在被布兰代斯的噩梦取代。美国长久以来寻求政治和经济平等两相结合的愿景也已遥不可及。

揭开优绩主义的面具

优绩主义陷阱不只有一个面向。一场名副其实但无法获胜的竞争将劳工阶层和中产阶层排除在了优质的经济生活之外，剥夺了他们的收入和尊严，从而使他们无法过上好的生活，并且阻碍他们的子女接受从事精英工作所需要的教育，导致年青一代重蹈父母一辈因教育程度不足而无法进入精英职场的覆辙。与此同时，密集的培训、高级的技能、勤奋的工作伦理和优渥的收入也绑架了精英阶层，使他们从童年到退休都深受优绩主义无情的生产纪律约束，并且产生劳动的异化。于是，他们只能自我盘剥而非自我实现，最终放弃自己真正的抱负。一张由不满和不信任编织的大网将富人与其他人分隔开来，使双方纠缠于一场无情且充满报复的政治斗争之中，身处其中的每一方都试图主宰另一方，善意因此屈服于恶意。最终的结果是，优绩主义下的不平等造成了普遍的不满和根深蒂固的焦虑。

上述观察以一种全新的、具有启发性的视角重新审视优绩主义，它们看穿了优绩主义的伪装，即优绩主义所声称的要促进社会共同利益并根据功劳分配优势，揭露了优绩主义腐化的核心本质。

一个全面孤立的精英阶层不但垄断了社会地位和收入，还垄断了政治权力。精英阶层将其优势地位传承给自己的子女，从而形成了优势的代际传递。此外，优绩主义的反馈机制将精英教育和精英工作联系起来，从而使精英阶层能够保持并且合理化他们的竞争优势。接受过超高等级教育的创新者重建了工作和生产模式，使精英们所掌握的超高技能更具价值。同时，这些职场精英又将自己的巨额收入投入子女的教育之中，他们的子女也因此成长为新一代的创新者和精英劳动力。如此循环往复，永无止境。这套反馈机制既创造了精英的超高技能，又提供了相应的条件确保这些超高技能得以发挥，并让拥有这些技能的精英获得高收入。

由此可见，优绩主义所认定和奖励为优点的品质并非天然的或者必要的美德。在农业经济时代，高盛的银行业者、维亚康姆（Viacom）的高管或者瓦赫特尔-利普顿-罗森-卡茨（Wachtell, Lipton, Rosen & Katz）律师事务所的律师所具备的技能几乎毫无价值。即使是在20世纪中叶，他们的价值也远不及现在重要。今天，他们的技能之所以如此珍贵是一连串的发展所致：金融化的经济环境、扁平化的管理方式以及一个活跃且高度法治化的公司控制权市场。这些发展本身都是经济不平等的产物（在某些情况下是由精英所服务的公司发明的）。这也就意味着精英劳动者所生产的经济价值与其身份只有在优绩主义主宰的高度复杂、极具偶然性的社会与经济结构中才会出现，而经济不平等恰恰是这一结构的核心。

美国的优绩主义已经发展成了它最初旨在对抗的东西：一套将财

富、特权和社会地位集中起来并实现代际传递的机制。具备这些综合的、代际传承的、自我指涉特征的社会和经济等级体系有一个名字，那就是贵族。因此，优绩主义并没有瓦解贵族制度，而是对其进行了改头换面的翻新，建立了一个适应新世界的新的阶层秩序。在这个新世界中，财富的表现形式不再是土地或工厂，而是人力资本，即高技能劳动者的自由劳动力。

勤奋取代了血统成为特权的基础，精英教育也取代了贵族继承成为代际传递的技术核心。在新的阶层秩序中，精英的技能来之不易，精英的勤奋也无人能及，就像血统和教养曾经区分了贵族与普罗大众一样。然而，和贵族制度一样，优绩主义旨在建构的不仅仅是一种不平等的社会秩序，而且是合法化的不平等的社会秩序。如同过去贵族制度的意识形态，优绩主义所宣扬的美德和根据功劳分配优势的观点，不只是要让享有特权的精英接受，同时还要自相矛盾且痛苦地说服那些被优绩主义排除在外的人接受。

然而，优绩主义的吸引力不过是一个幻觉。因为只有在先前经济不平等的背景下，精英阶层的技能才具有价值，所以基于这些技能的价值或优势来为不平等进行辩护就陷入了循环论证的谬误之中。就像它所替代的贵族价值观，优绩不是一个天然的或普适性的美德，而是之前的不平等造成的结果。优绩其实是人为创造的，旨在为人力资本的利用赋予价值，以此来掩饰原本令人反感的优势分配。

PART II

PART II

HOW MERITOCRACY WORKS

第二部分

优绩主义是如何运作的

第四章　　　　　　　　　　　　　　　　CHAPTER 4

工作的富人

在 P. G. 伍德豪斯笔下的贵族世界，当生活在"咆哮的二十年代"的为人友善的绅士伯蒂·伍斯特被人问及是否工作时，他一脸困惑地回答道："你说什么？工作？勤勤恳恳地劳动吗？是做劈柴、打水之类的事情吗？嗯，我倒是认识一些做这些事的人。真的，我发誓，我真认识。"[1] 在伍斯特与伍德豪斯的世界里——故事主要设定在伦敦，但也有一部分在纽约——衣着得体至关重要，成年贵族男子将最主要的精力放在养蝾螈和搜集陶瓷牛摆件上，没有人真正地工作。贵族精英将工作变成了一项爱好，一种略显奇特的休养疗法和生活消遣。对他们来说，辛勤工作是难以想象的。

与他们形成对比的是辛勤劳动却鲜有回报的普罗大众。他们操劳一生，却饱受贫穷困苦的折磨。在 20 世纪 20 年代，美国普遍存在的贫困现象，使"想要锅里有只鸡"的卑微愿望竟然发展成了声势浩大的政治诉求。[2] 在经济大萧条时期，排队领取救济品的队伍随处可见。根据合理估计，在 20 世纪 30 年代初期，有一半以上甚或高达 3/4 的美国人处于赤贫状态。[3] 尽管二战以及战后的经济复苏使许多美国人的生活条件得到了改善，甚至在圣克莱尔湖畔造就了一批富人，但是直到 20 世纪 50 年代美国的贫困问题依然普遍存在。根据一项估计，美国在 1949 年的贫困率为 40.5%。[4]

今天的世界已截然不同，这主要体现在两方面。首先，富人比以往任何时候都更加努力勤奋地工作，他们收入所得的一大部分（当然也是不平等不断加剧的主要原因）来自个人劳动。一个群体的价值观是现实情况的反映。新一代精英阶层自觉认可勤奋工作的价值。他们难以想象有人会像伯蒂·伍斯特一样心安理得地无所事事。此外，经济不平等的重心已向更高的收入阶层移动。20 世纪中叶，一场紧迫的危机促使当时的美国总统林登·约翰逊发起"向贫困开战"（War on Poverty）运动。[5] 时至今日，尽管不平等的程度日渐加剧，贫困现象也一直存在，但是已经没有那么常见，程度也有所缓解。在过去，包括 20 世纪中叶，经济不平等的主要表现是穷人生活悲惨，并被社会排斥。然而现在，经济不平等的主要表现是精英阶层的奢侈铺张和特权待遇。今天，经济不平等不仅仅将富人与穷人分隔开来，更是将富人与包括中产阶层在内的所有人区分开来。因此，经济不平等的显著核心不在于贫穷而在于财富。

曾经的富人阶层是不事劳作的食利者。他们利用继承而来的财富和权力盘剥其他的劳动阶层。因而，捍卫经济平等的正义人士很容易就能找到攻击对象，而普遍存在的极度贫困也很容易激发起民众的共鸣。优绩主义为主张经济平等的人提供了破解旧式贵族体制分配不公的一剂良药。

然而，当面对每周工作 100 小时的律师时，提出反对剥削的论点就会变得苍白无力，因为他们以自身的勤奋努力和严苛的自我剥削让针对财富继承和不劳而获的控诉失去了力量。同时，随着真正的贫困现象减少，当经济平等的主要诉求是由中产阶层提出时，人道主义的关切也就失去了力量。当进步人士用优绩主义的理念取代旧时贵族的世袭制度时，他们实际上启动了加剧经济不平等的引擎。过去用来击败贵族体制下经济不平等的熟悉论点，并不适用于一个基于个人努力和技能进行分配的经济体系。

在过去的半个多世纪,优绩主义理念的兴起为人类经验开辟出了史无前例的新领域。它让那些拥护经济平等的力量失去了依据。过往的经验不再能为理解现在提供可靠指导,一如过往的道德原则与现在的经济发展理论不再适配。如今的经济不平等已经无法再用传统的方式加以诊断。原本用于治疗旧制度下的不平等的优绩主义本身,成了造就新型不平等的病因。

的确,优绩主义下的不平等仿佛就是专门为了击败过去那些批判有闲阶级并向贫困开战的论点和政策而生的。直白地说,社会向优绩主义的转型要求经济平等的捍卫者必须证明,为什么要将精英阶层通过自身努力奋斗得来的成果通过社会再分配的过程分给相对懒散的中产阶层。正是出于这个原因,我们说优绩主义下的不平等很难抗拒。

很难并不意味着不可能。对优绩主义保持清醒的认识,可以让我们看清它所声称的根据功劳分配优势的虚伪表象。通往清醒认识的第一步就是要研究工作的富人:他们是谁以及他们是如何赚钱的。

从闲适到勤奋

伟大的社会学家索尔斯坦·凡勃伦将工作的富人置于历史发展的背景中。[6]凡勃伦生于19世纪中叶,逝于1929年的夏天,也就是经济大萧条的前夕。而这场大萧条最终摧毁了他敏锐观察到的社会秩序。他从20世纪初开始以旧时贵族精英为研究对象,运用社会学对财富进行了深刻观察,出版了著名的论著《有闲阶级论》。

凡勃伦强调,尽管穷人自古以来都一直在工作,中产阶层自其诞生之日起也一直在工作,但是精英阶层的情况却从来都是不同的。事实上,"闲适"从蛮荒时代一直到今天都是某种社会地位的固定标志。

"上层阶级,"凡勃伦写道,"习惯上被免除或被排除在辛苦的劳作之外。"[7] 他这里所指的不仅仅是在工厂做工,而且包括所有被视为"常规体力劳动"[8] 的工作。

而且,富人避免与勤劳挂钩并不是偶然的情况或者说因为疏忽,而是有意为之,这是出于他们的自负与自尊。即使他们之中有人愿意特立独行,不墨守阶层成规或者认可勤奋努力的价值,这些人的工作也是很有节制的,这在今天的精英看来难以理解。例如,本杰明·富兰克林每天起床都会问自己:"今天我要做什么好事呢?"但是,根据他在1766年公布的日程表,我们会发现他每天工作的时间不会超过8个小时,而花在"音乐、消遣或谈话"上的时间足足有4个小时。[9]

富人的闲适,用凡勃伦的话来说,并不能等同于"懒惰或不活动"[10]。他进一步将职业分为了分庭抗礼的两大"门类":一类是辛苦、乏味的普通工作,致力于"生产物质生活资料";[11] 另一类则是"非生产性的时间消耗",[12] 致力于"承载一定荣誉感的工作",[13] 目的在于"彰显社会地位"。凡勃伦将这类活动称为"荣誉行为"(exploit)[14]。他解释说,诸如人类早期的战争、祭祀、狩猎(纯粹社交性的,而非为了食物)、公共礼拜,甚至是公开的狂欢,都属于此列。[15] 凡勃伦指出,历史上的精英阶层将自己的闲暇时光完全用于"荣誉行为",以至"闲适"一词本身已经成为精英荣誉行为的代名词。

在凡勃伦生活的时代,蛮荒时代标志性的精英活动,譬如战争和骑士竞技,在新的社会和经济形态下都已大幅减少或被遗弃。但是,凡勃伦坚持认为,有闲阶级保留了对辛苦劳作的厌恶以及对闲暇趣味的喜好,他们将这二者视为一种社会标志和构成性约束。换句话说,社会的基本形态并没有改变,只是具体的活动内容发生了变化。新一代的有闲阶级通过培养无用的学识(例如古典语言)、爱好(比如养蝾螈或收藏瓷器)、精致典雅的仪态,甚至是引人注目的仿古风英语书写[16] 来取代蛮荒时代的荣誉活动。

凡勃伦认为，所有这些活动与之前蛮荒时代的荣誉活动一样，都需要投入大量的时间和精力，但并不产生任何有用的东西。精英阶层只不过是通过这类活动来向世人明确无疑地证明，唯有他们才能负担得起这样的闲适，大众则是负担不起的。这种经过证明的闲适，加上对辛苦劳作的厌恶，确立了精英阶层的社会地位。（单纯的懒散，因为每个人都可以做到，反而不具备区分阶层的功能。）旧时精英正是通过自己的闲适与无用成了有闲阶级。

凡勃伦怀疑，有闲阶级在他加以界定之时就已经在萎缩，也许已经开始衰落。然而，财富与闲适之间的关系在凡勃伦去世后仍然持续，直至20世纪50年代。

有闲阶级在经历一战后得以幸存（尽管战争依然被视作有闲阶级展示英勇的机会，许多来自有闲阶级的人在一战中丧生）。在20世纪20年代，凡勃伦曾不无嘲讽地表示，就连华尔街精英们那精致到夸张的光鲜穿着——一个个身着制服，搭配闪闪发光的大礼帽、漆皮皮鞋和手杖——都在彰显他们没有为了工作而纡尊降贵。[17]无论1929年华尔街的股市大崩盘给这些精英带来了怎样的教训，他们对有闲的执着都没有被动摇。就在凡勃伦去世后不久，J. P. 摩根因华尔街大崩盘而接受了美国国会的数次调查。他在其中一场调查会后告诫记者说："如果摧毁了有闲阶级，就等于摧毁了文明。"[18]

二战也没有完全消灭有闲阶级。例如，银行业者实际上将"银行业者工时"一直延续到了20世纪。他们典型的一天是"从早上10点开始，下午3点结束，中间还有喝三杯马丁尼的休息时间和两个小时的午餐时间"[19]。直到1962年，马丁·迈耶（Martin Mayer）还在他的经典之作《华尔街：男人与金钱》（*Wall Street: Men and Money*）中写道："银行在下午3点关门（尽管人们还可以在那之后偷偷溜进去直到3点半左右，如果他们知道怎么走的话），交易所在下午3点半关闭……在交易所大厅工作的人员，无论职员还是会员，都会立即回

第四章　工作的富人

家……主管们会再看一眼道琼斯股票行情,继而动身前往自己的乡间住所。"[20]

到了"下午5点",迈耶接着写道,"电话总机换上了夜间线路",其他"在华尔街工作的人纷纷返家,像旅鼠一般钻进了地铁站"。"下午6点半左右,清洁女工会来打扫卫生,高楼里的灯陆续亮起又关闭。到了晚上8点,她们也走了。到了晚上9点,即使是最忙碌的证券经纪商也整理完账户,关门走人了。"[21] 在20世纪中叶,清洁工是整个华尔街工作最辛苦的人。

当然,并非人人如此。例如,在20世纪50年代,一批手段强硬的收购专家将目标对准了由闲适懒散的富人经营的公司。正如他们中的一位所说:"第三代耶鲁人每天下午在俱乐部里喝着马丁尼酒虚度时光。"[22] 不过,这帮威胁有闲阶级的企业掠夺者被看作"没有教养的粗野恶棍"[23],不得不面对政府调查和法律制裁的威胁。[24] 由此可知,尽管有所突破,但是当时的社会规则仍然对有闲阶级的生活方式多有维护。

另外,20世纪中叶的华尔街并非唯一一个偏好悠闲生活的地方。刚才提及的企业掠夺者所瞄准的就是由一批养尊处优的管理者负责经营的公司,正如一位当代的观察家指出的,这些管理者的行为举止犹如有着独立收入来源的绅士一般。[25] 作为20世纪中叶的企业精英,他们"身着剪裁精致的西装,感觉更适合去俱乐部而不是工厂,坐在像客厅一样的办公室里,里面完全看不到像计算机这样俗不可耐的东西",[26] "甚至还有和在家里一样的鸡尾酒柜,以供需要的时候小酌一杯"。[27]

在20世纪中叶,精英专业人士的工作时间也很短暂。美国律师协会在1962年估计,律师每年的计费时数只有1 300小时。它反映了人们长期以来对律师工作的传统印象。[28] 到了1977年,《美国律师协会期刊》发表了一篇题为《律师的财务规划与管控》的文章,其中假设的一家律师事务所的普通律师平均一年的计费时数也不过1 400小时。[29] 不过,这些说法都来自小道消息,因为在20世纪中叶还没有对律师计费时数的系统统计。但是,其他一些报告中的数字也反映出了同样的情况。[30] 即使根据经验来说,律师的工作时间理应比其计费时数多出1/3,但这也就相当于每周在办公室的工作时间略多于30小时。他们虽然没有银行业者那么闲适,但也的确谈不上辛苦。

然而,这种精英阶层钱多事少的工作模式今天已不复存在。无数鲜活的事例和大量的数据都在证明当前的精英阶层普遍勤奋努力。

今天,年轻的投资银行业者每周要工作80~120小时。他们通常早上6点开工,直到午夜才结束工作。[31] 在业内流传甚广的一则故事中,一家投资银行的分析师透露他每周工作155个小时,那么他包括睡觉在内的其他时间仅有13个小时。[32] 年轻的投资银行业者之间还常常流传着一个"有关工作纪律的笑话",说如果除了结婚当天之外还能有一天假期,那可真是天大的好运气。[33] 此外,工作时长并不会因为资历的增加而减少。摩根士丹利的一位"顶尖交易员"曾夸口说,自己"可以固定一天工作12个小时,在交易进行时可以连续工作20个小时,在办公室的沙发上打个盹就行"。[34] 过去的"银行业者工时"已经让位于具有讽刺意味的"银行业者的朝九晚五"——它指的是从第一天早上9点开始一直持续到第二天的凌晨5点。[35]

占据实体经济核心岗位的精英管理者的工作时长也大幅增加。亚马逊的创始人杰夫·贝佐斯曾对其股东解释说,亚马逊企业文化中的"有目的性的达尔文主义"和"不合常理的高期待"[36] 意味着,你"可以长时间工作、勤奋工作或明智地工作,但是在亚马逊,你不能(只)三选二"[37]。为了推行这样的企业文化,亚马逊有"一套针对员工的持续改善绩效的算法"[38]。它类似于一种全景式监控,旨在淘汰生产效率较低的员工。[39] 亚马逊还要求管理者全天候待命,例如公司会在午夜过后发送电子邮件,之后还会发短信质问没有及时回复的人

第四章 工作的富人

员。[40] 亚马逊的这种做法并非特例。例如，苹果公司要求公司管理层必须在休假期间以及周日深夜2点前查看电子邮件。[41]

总体来说，出于对效率的追求以及企业收购（这正是榨取企业效率的方式）的压力，在20世纪中叶负责管理大企业的那些闲散安逸、善于交际的"第三代耶鲁人"早已被取代。[42] 20世纪后半叶，美国企业管理者的工作时长一直在稳定增加。[43] 到了1990年，管理者的工作时长已超过了法定的每周40小时。过去的闲差就此变成了苦差。全球《财富》500强和服务业500强企业的高层管理人员平均每周工作时间超过55个小时，[44] 60%的CEO每周工作时间超过60个小时。[45] 此外，62%的CEO表示，他们直系下属的工作时间自20世纪80年代以来一直在增加。[46]

事实上，高层管理人员大都坚持认为，其所在岗位的选拔标准之一就是要具备处理大量工作的能力。一位《财富》500强企业的高级经理最近表示："公司管理委员会的成员并不是公司里最聪明的那帮人，但一定是公司里最勤奋的那帮人。我们拼命地工作，比其他人都干得多，练得多，也培训得多。"[47] 这位经理甚至对下属提出了类似的要求："我觉得我们不能推行一周工作少于五六十个小时的制度。其他公司都在加班加点，为了保持竞争力，我们也必须跟上。凭我的直觉，我们没有其他的选项。"[48]《哈佛商业评论》发表的一项有关极限工作的调查报告证实了这位管理者的看法。该调查显示："高收入群体中，62%的人每周工作时间超过50小时，35%的人每周工作时间超过60小时，10%的人每周工作甚至超过80小时。"[49] 在受访的最高收入群体中有近1/4的人符合《哈佛商业评论》对极限工作的定义，工作时长也"更加超负荷"："他们中的大多数人（56%）每周工作70小时或以上，9%的人每周工作100小时或以上。"[50]

精英专业人士的工作时间也在增加。住院医师如今的工作时间就很长，以至于美国医学研究生教育认证委员会（Accreditation Council for Graduate Medical Education）提议将住院医师每周的工作时间限制在 80 小时以内（以连续 4 周的平均周工作时间来计算[51]）。然而，这项提议收效甚微。律师的工作时间同样超标。例如，1984—1990 年，每周工作超过 55 小时的律师占比增加了 2 倍多，而每月工作超过 200 小时的律师占比增加了近五成。[52] 到了 20 世纪 90 年代中期，一项针对美国东北部某大城市律师的研究显示，70% 的律师平均每个周末至少工作半天，而超过 99% 的律师表示在业务繁忙期间会周末加班。[53] 如今，"一周工作 60 小时几乎是行业常规，而一周工作 40 小时通常只适用于兼职者"[54]。

律师往往比其他行业的精英工作时间更长。一位不愿透露姓名的律师最近分享了他"忙碌的一天"：从早上 7 点一直忙到第二天凌晨 3 点 45 分，每个小时都排满了面对面会议、预约了两次的客户电话，还要处理 50~100 封电子邮件。[55] 所谓"不忙碌"的一天则从上午 9 点半开始到晚上 8 点 45 分结束，中间除了吃午餐没有休息时间。此外，精英律师事务所一再宣扬要一心扑在工作上的理念。就职于一家大型律师事务的一位律师透露，他的老板曾发邮件督促他们"一大早起来，不要先去刷牙，而要先看手机"[56]。还是那句话，他们的工作时长并不会随着资历的增加而减少。另一家大型律师事务所的领导人同样鼓励其合伙人增加工作时数，他说："对合伙人唯一的量化要求……是每年计费时数加上开展业务和其他提升公司效益的时间达到 2 500~3 000 小时。"[57]

这种对努力拼搏的执着甚至已经蔓延至精英阶层中最具特色的领域，这些领域一度专门面向那些真正的有闲阶级。20 世纪之初，全球最伟大的运动员是一位名叫 C. B. 弗赖伊（C. B. Fry）的绅士，他是一名业余运动员，因为不知情而错过了 1990 年在巴黎举办的奥运会。[58] 直到 20 世纪 80 年代，网球传奇运动员约翰·麦肯罗还因为拒绝练习而闹得尽人皆知。[59] 这在今天是完全无法想象的。今天的职业运动员所接受训练的强度和时长要远超过去。为了能够参加奥运会，他们需要一心一意地备战多年。网球名将拉斐尔·纳达尔每天练球将近 7 小时。[60] 不过，并非只有运动员这么努力。顶级厨师，另一个典型的曾经专属于爱好者的领域，如今需要每周工作 80~100 小时来应对餐厅之间激烈的竞争。[61] 如今的名人也需要长时间、高强度地工作，譬如有人最近指出，超模"都把自己训练得像是要……去参加奥运会"[62]。哪怕是纯粹为了出名而出名的人，也需要不断地努力维护自己的人气。[63]

海量系统性证据已经证实上述说法，表明精英的工作习惯在过去 50 年间已经发生了重大的改变。

在所谓的"时间分隔"中，劳动者的工作时间已经从中位数每周 40 小时朝两侧的极端数值区域移动。[64] 因此，越来越多的人如今每周的工作时间要么少于 30 小时，要么多于 50 小时。根据一项衡量标准，1970—1990 年，男性雇员每周工作超过 48 小时的比例增加了大约五成。[65] 根据另一项衡量标准，1980—2005 年，男性雇员每周工作时间在 48 小时以上的比例又增加了五成。[66] 在工作时长增加这一侧的趋势更加明显。1970—2000 年，双职工家庭（无论是否有子女）双方每周工作的时间加起来超过 100 个小时的比例增加了约一半。[67] 如此一来，与工作时间相对应的休闲时间自然就有所减少。[68] 1965—2003 年，休闲时间处于第 90 百分位和第 10 百分位的群体之间，每周花在休闲上的时间差距增加了 14 个小时。[69]

收入不平等的加剧是与劳动时间不平等和休闲时间不平等的加剧同步发生的。而且事实证明，收入不平等与工作时长之间是密切相关的。[70] 收入越高，工作时间越长，休闲时间越少。基本上，工作时长的增加主要集中在受过良好教育的高收入人群中，而休闲时间的增加则集中在受教育程度较低的低收入人群中。[71] 高收入与长工作时间的对应关系在 2000—2002 年要比在 1983—1985 年更加明显。[72] 也就是说，富人的工作时间正在过度增加，而其他人则的工作时间在过度缩短。

针对工作时间分布在两个极端的群体的研究，揭露了一个令人吃惊的事实。例如，1979—2006 年，收入最高的 1/5 群体平均每周工作超过 50 小时的比例几乎翻了一番（从不到 1/6 增加到了近 1/3）；而收入最低的 1/5 群体长时间工作的比例减少了近 1/3（从略高于 1/5 减少到了 1/7 左右）。[73]1979 年，一位时薪处在前 1/5 的壮年男子每周工作超过 50 小时的可能性，是时薪处在后 1/5 的壮年男子的 2/3。到了 2006 年，工资收入最高者长时间工作的可能性是最低者的 2 倍多。[74]换句话说，在 20 世纪中叶结束后的 30 年间，高收入与长工作时间之间的关系发生了逆转。此外，休闲时间的变化趋势也反映出了劳动时间的变化趋势。1965—2003 年，具有高中及以下学历的男性每周的休闲时间增加了约 10 小时，而具有大学及以上学历的男性每周的休闲时间不但没有增加，反而略有减少。[75]（尤为引人注意的是，尽管市面上已经出现了许多新的家电产品和设备来减轻人们的家务负担，但是精英阶层的休闲时间并没有因此增加。）

相对而言，存在于高收入和高教育水平与工作时间增加和休闲时间减少之间的关系，在女性身上没有那么显著，尽管还是可以明显看出其中存在关系。[76]职业女性在双职工家庭中往往是第二收入来源，家庭收入与家庭成员共同努力工作之间有着明显的对应关系。到 21 世纪初期，在收入最高的 1/5 家庭中，75% 的家庭有两个或以上的家庭成员在外工作，而在收入最低的 1/5 家庭中这个比例只有 5%。[77]此外，拥有大学学历的女性中有 80% 都在外工作，而在高中辍学的女性中这个比例只有 50%。[78]

这样的性别动态趋势使今天的富人与凡勃伦所描述的有闲阶级形成了鲜明对比。凡勃伦注意到，在精英阶层的男性被迫放弃自己有闲阶级的地位，并且"因为经济环境的影响不得不转而从事需要勤奋工作的职业来维持生计"之后很久，经济上属于精英阶层的女性，尤其是妻子，依然不会外出工作，而是会继续安排家庭生活，这种安排方式旨在传达一个信息，那就是至少她们依然保有她们的丈夫已经失去的那种闲暇生活方式。[79] 在 20 世纪中叶，富人的妻子不外出工作可以说是精英趣味的最后姿态，是有闲阶级最后固守的一座堡垒。如今，这种装腔作势的情况已不复存在。

收入与勤奋之间的关系日趋紧密，其关联性一直延伸至最高层（见图 1）。收入处于底层 60% 的劳动者今天的工作时间要比 1940 年减少约 20%。收入处于第 60 百分位至第 90 百分位的劳动力在这一时期的工作时间基本保持稳定（尽管他们的工作时间从千禧年开始有所下降）。至于收入处于前 10% 的群体，其内部越来越多的精英劳动者比收入分配相对靠下的其他劳动者的工作时间增幅要大。在 20 世纪 80 年代和 90 年代，尤其是收入分配处在最顶层 1% 的群体，其增加的工作时间超过了其他任何收入分配相对靠下的群体。而且，在进入 21 世纪后，这个群体的工作时间还在持续增加。这一趋势的积累效应是巨大的。在 1940 年，就一般情况而言，一名收入处于底层 60% 的劳动者每周的工作时间比收入处于最顶层 1% 的劳动者多出近 4 个小时（相当于多出了 10%）。到了 2010 年，低收入劳动者的每周工作时间比高收入劳动者少了约 12 个小时（相当于减少了 30%）。综合来看，这些趋势使普通劳动者与精英劳动者之间的每周工作时间相差近 16 个小时，或者说整整两个工作日。我们需要对这些具体的数字和比例保持适度的怀疑，但是它们所传达的基本情况依然可信，包括工作时间的数据搜集方式的变化。[80]

将这些数据进一步细化，能够得到更多讯息。收入最高的 1% 家庭，即收入超过 47.5 万美元的家庭，在全美大约只有 150 万户。[81] 如果将标普 1500 企业的副总裁及以上的岗位人员（约 25 万人）[82]，包括对冲基金、风险投资、私募股权、投资银行和共同基金在内的金融领域专业人士（约 25 万人）[83]，五大管理咨询公司的专业人才

（约6万人）[84]，平均每位合作人利润超过40万美元的律师事务所的合伙人（约2.5万人）[85]，还有专科医师（约50万人）[86]的数量相加，大概是100万人。

这些人肯定不是全美收入前1%群体的全部，但大概率是其中的组成部分，而且这一群体可能占收入前1%家庭总数的一半，算是相当大的比例了。[87]至少可以肯定的是，这些在知名企业和行业精英岗位上工作的人在收入前1%的群体中占据着重要位置，绝非凑数的边缘群体。当然，他们也就是新闻报道所描述的极限工作者——经常取消休假计划；大部分时间都在外出工作；住着没有家具的豪华公寓，通常都全身心地投入工作；偶尔回归私人生活，自己都感到不适应。

超越资本与劳动的冲突

至少自从马克思提出剥削理论以来，针对经济不平等的批评一直将富人视作食利者。根据这种观点，游手好闲的精英阶层通过自己不劳而获的资本和对他人劳动的剥削而得到了超额回报。当代针对经济不平等的批评无疑缺乏系统性，语气也相对温和，但主要依赖的还是过去的传统观点，可以说是马克思的食利者主论调的一种变体。

这些批评的声音还普遍将经济不平等和人们所熟知的资本与劳动的政治经济斗争联系起来，强调富人占有资本，而经济不平等加剧的主要原因是资本重新占据主导地位。[88]托马斯·皮凯蒂的巨著《21世纪资本论》就为这一观点提供了现代经典表述。对工会组织的式微[89]、大型雇主市场力量的崛起[90]以及外包生产和全球化[91]等发出常见哀叹与抱怨的人，也大都持有这种观点。

这些声音的确反映了一些事实。近几十年来，美国的工会组织已经被系统性解散。自20世纪中叶以来，美国劳动收入在国民收入中的所占比例持续下降，尽管幅度不大，但趋势相当明显。[92] 同时，大致可以反映资本收入的股票价格已经远超普通劳动者的工资。但是，所有这些以及类似的因素还不足以解释高收入以及高收入所占比例大幅增加的原因。另外，如果近距离审视精英阶层的收入，根据优绩主义理念之下对劳动与资本之间区别的描述（其中准确反映了优绩主义理念之下付出与应得回报的思想），我们可以发现富人的巨额收入越来越多地，甚至绝大多数来自出售自己的劳动力，也就是说，来自他们长时间、高强度且报酬丰厚的工作。

我们无须为这些富人哭泣。但是对当前富人在工作上受到的压迫视而不见，同样具有误导性。精英劳动的强度构成了目前社会高收入的生活经验和社会意义。如今的富人是通过自己的努力而非无所事事在统治其他人，他们所依赖的是自己强大的工作技能和勤奋。因此，优绩主义下的不平等主要并不来自我们所熟悉的资本与劳动之间的冲突，而是来自劳动者内部新出现的一种冲突，即精英阶层劳动者与中产阶层劳动者之间的冲突。针对经济不平等的政治分析必然反映出这种巨额财富与高强度的努力之间的复杂关系。于是，那些无视经济不平等背后的优绩主义根源的传统观点，在揭露事实的同时也在掩盖事实。

现在，即使是在财富分配的最顶端，劳动收入也占据着显著地位。今天，美国最富有的 10 个人当中有 8 个人的财富并非来自遗产或继承资本的回报；[93] 相反，他们的收入主要来自创业或经营管理的工作报酬，这些报酬主要以创始人股票或合伙人股份的形式获得。从更广泛一点的角度来看，《福布斯》杂志发布的美国 400 强富豪榜显示出，富人财富的来源已从资本继承转向了自己的劳动所得。20 世纪 80 年代初期，在《福布斯》美国 400 强富豪榜上，每 10 位富豪中只有 4 位是白手起家，如今每 10 位中大约有 7 位。[94] 1984 年，上榜富豪纯粹依靠继承的财富数量是纯粹依靠白手起家的财富数量的 10 倍；

但是，到了 2014 年，后者就反超了前者。[95] 事实上，在收入最高的 400 位富豪中，工资收入占所有收入的比例在 1961—2007 年增长了一半，[96] 而没有接受过大学教育的富豪占比在 1982—2011 年下降了 2/3。[97] 在收入最高的人群中劳动收入占比的变化非常显著，由此改变了超级富豪从中获取财富的行业平衡。当《福布斯》杂志在 1982 年首次发布美国富豪榜时，15.5% 的上榜者财富来自资本密集型的制造业，只有 9% 的上榜者财富来自劳动密集型的金融业。但是，到了 2012 年，只有 3.8% 的上榜者财富来自制造业，而整整 24% 的上榜者财富都来自金融业。[98]

劳动收入也主导了在收入分配中仅次于超级富豪的精英阶层的收入所得。2017 年，尽管只有 3 名对冲基金经理的收入超过 10 亿美元，但是有超过 25 名对冲基金经理的收入达到 1 亿美元或更多，而收入在 1 000 万美元以上的对冲基金经理更是人数多到不再是新闻的程度。[99] 现在，哪怕是金融业的普通精英劳动者，他们的报酬也已经相当高。一项调查显示，一家中等规模的对冲基金的投资组合经理的平均收入为 240 万美元；[100] 华尔街精英的平均奖金从 1985 年的约 1.4 万美元猛增到了 2017 年的 18 万美元以上；同样在 2017 年，纽约市 17.5 万名证券从业者的平均年薪在 42 万美元以上。[101]

这些金额反映出，一家典型的投资银行在支付利息后将大约一半的收入支付给了自己的专业员工。（这意味着在这 30 年间，成为一位银行业精英要比持有银行股票更挣钱。[102]）实体经济中的精英管理层的待遇也不错。企业 CEO 的收入，或者说企业高层管理人员的工资，通常都达到了 7 位数。2017 年，标普 500 企业的 CEO 的平均收入接近 1 400 万美元。[103] 近年来，标普 1500 企业（即员工人数在 7 500 人以上的企业）中，一家企业工资最高的 5 位员工的薪酬之和通常约占该公司利润总额的 10%。[104] 这些员工并不拥有他们所管理的资产——无论是投资组合还是企业本身——他们收入的主要来源是管理工作的酬劳，而非投资资本的回报。这种巨额薪酬的情况也反映了知名商业分析师最近所说的人才与资本之战——在这场战争中，人才正在赢得胜利。[105]

劳动收入的主导地位还体现在我们前文所列举出的上百万个精英岗位：金融部门专业人士、标普 1500 企业的副总裁、高级管理咨询顾问、利润丰厚的律师事务所的合伙人和专科医师。这些精英劳动者构成了美国收入最高的 1% 群体的一半。他们的工作条件，即保障他们收入的经济布局是众所周知的。这些人在他们所服务的企业或机构中并没有资金投入，他们的收入完全来自个人的勤奋工作，换句话说，来自他们的个人劳动。

基于纳税申报的综合数据证实了，新一代精英阶层的收入主要源于出售自己的劳动力，而非资本。这些数据本身具有很高的技术性，甚至晦涩难懂，但是它们传达出了一个明确的信息。这些数据证实，优绩主义下的富人与贵族体制下的富人并不相同：他们是通过工作赚钱的。

即使是依照最严格的税赋规定，将部分劳动收入视作资本利得，我们也依然能够看到劳动报酬在富人收入中的占比大幅增加。按照这种计算方式，在 20 世纪中叶，美国最富有的 1% 群体有多达 3/4 的收入来自资本，而最富有的 0.1% 群体更是有高达 9/10 的收入来自资本。[106] 这一比例自 20 世纪 60 年代开始逐步下降，并在 2000 年触底。[107] 在 2000 年，最富有的 1% 群体和最最富有的 0.1% 群体的收入中，大约只有一半来自资本（占比分别约为 49% 和 53%）。[108] 随后，高收入群体的资本收入占比又开始上升，在千禧年后的第一个 10 年内大约增加了 10%，但是在迈入第二个 10 年之际再次开始下降（之后相应的数据目前还不充足）。[109]

一套完整的优绩主义制度下的收入核算要远比这宽泛，其对收入的分析从表层所得一直追溯到它的深层来源，由此揭示了一些看似来自资本的收入实际上源自劳动。这一部分收入理应被看作通过个人的努力、技能和勤奋而获得的报酬。例如，一位企业家出售了自己公司的原始股份，一位高管在获得股票形式的薪酬后进行套现，又或者一位对冲基金管理者由于自己管理而非拥有的基金获利而得到的"附带权益"，这些类型的收入在纳税申报中都被归类为了资本收益。[110] 但实际上，这些收入最终反映的都是公司创始人、公司高管或基金管理者的劳动所得。优绩主义者坚称这些收入都是他们通过劳动应得的。类似的分析也适用于养老金和自住房。[111] 这些收入所得的获取方式与旧时贵族阶层的资本食利或是有闲阶级的遗产继承完全不同。因此，无论税收类别如何设定，优绩主义制度下精确的核算方式都将这些类型的收入归于劳动，而非资本。

这些并不属于边缘的或特殊的收入类别（虽然将其从税务角度进行划分转化为从道义角度进行划分，会不可避免地给核算过程带来主观判断和不确定性）。创始股份、附带权益和高管的股票薪酬使名义上的资本收益含有大量的劳动收入，尤其是对富人而言。首先，根据《福布斯》的数据，美国前25位大富豪中约有一半的人其财富来自仍然持有的公司创始人股票。[112] 此外，在过去20年中，在向财政部上报的资本利得总收入中，仅（来自对冲基金经理的劳动所得的）附带权益的占比已增长了大约10倍左右，而且如今在收入最高的1%群体所上报的资本利得中占据重要份额。[113] 标普1500企业CEO的薪酬在过去20年里约有一半是以股票或股票期权的形式支付的。[114] 养老金和自住房也成为今天高收入群体的重要收入形式，所占比例与20世纪60年代相比翻了一番。[115] 需要再次强调的是，尽管数据无法提供持续精确的测量，但是这些形式的劳动所得加起来，似乎构成了富人收入的1/3。如此一来，即便按照最保守的方式计算，最高收入群体也有大约一半的收入来自劳动所得。

因此，这些数据自上而下地验证了为什么在对精英工作的调查中处处可见劳动收入的影子。[116] 如今，美国最富有的1%甚至0.1%群体中有 2/3~3/4 的收入来自他们的努力和技能，而非土地、机器或理财。今天，每 100 位美国人中最富有的人，甚至每 1 000 位美国人中最富有的人，基本都是在靠工作谋生。[117]

这种精英劳动收入的爆炸性增长不仅改变了富人家庭的内部账户，也改变了整个经济的资产负债表。在这个过程中，它重新构建了富人与其他人之间的经济优势平衡。

这种转变是出人意料的，因而常被忽略。贵族体制下的经济不平等主要在于资本和劳动之间的冲突，即拥有资产的人与付出劳动的人之间的冲突。那么，在这种不平等下所架构的经济正义就将资本收入与不平等挂钩，将劳动收入与平等挂钩。但在今天的背景下，还将不断攀升的经济不平等归咎于是否参与劳动，无论从道德上还是认知上都不太说得过去。尤其是对进步派来说，更自然的解释是将日益加剧的不平等归因于劳动的衰落（特别是有组织的劳动）和资本的复兴。

这样的观点依然诱人，不过并没有得到相关数据的支持。虽然在过去半个世纪里，美国的国民收入的重心已经开始从劳动收入转向资本收入，但是这一转变的力度实在是太小了，小到根本不足以解释富人收入占比的不断增加。这种自劳动收入向资本收入的转变使收入最高的 1% 群体的收入在国民总收入中的占比至多增加了 2.5%。[118] 但是，收入最高的 1% 群体的实际收入在国民总收入中的占比增加了 10%——从 20 世纪中叶的 10% 左右增长到了今天的约 20%。[119] 因此，面对收入最高的 1% 群体收入占比的增加，只有约 1/4 的增幅可以归因于富人作为资本家参与了收入从劳动到资本的整体转移，至于剩余足足 3/4 的增幅，必然来自劳动所得。

面对错综复杂的数据，上述计算方式无疑是粗糙甚至有些轻率的。它们旨在以直观的方式识别出主要的总体效应，而不是要精确量化收入份额。不过，另外一些相对精细但不那么全面的方法同样强化了这样一个观点：精英的劳动收入是最高收入群体的收入占比上升的主要原因。[120]例如，1960—2000年，收入最高的10%群体的收入占比增幅中的9/10，收入最高的1%群体的收入占比增幅中的4/5，以及收入最高的0.01%群体的收入占比增幅中的2/3，具体来说都归于精英的工资，即支付给顶尖律师、银行业者和经理等精英群体的工资报酬。[121]当然，尤其是对狭义上的精英群体来说，劳动收入所包括的可不只是工资，例如律师事务所合伙人的利润分成、对冲基金经理的附带权益、CEO的股票期权等，都属于这一范围。这些数字固然显示出了劳动收入在高收入群体的收入中的占比变化，但缺点是不完整且保守。另外一个相对全面（但也更具有争议性）的计算方法是将劳动收入定义为工资加上一定比例的营业收入和资本利得，这就将最富有的0.01%群体的收入占比增幅的3/4以上归因于精英的劳动收入。[122]

所有这些复杂的计算指向了同一个简单的结论。将富人和其他人的冲突归于资本与劳动之间斗争的传统思考方式，不再能够真实地反映现状。相反，收入最高的个体的主要收入来源是精英劳动。对美国收入最高的1%群体来说，他们的收入在国民总收入中所占份额的增加，绝大部分并不是源于劳动收入整体转向了资本收入，而是由于劳动收入内部的转移，即从中产阶层转向了精英阶层。

通过从根本上改变阶层冲突，并且在精英阶层与中产阶层之间的这场新斗争中赢得胜利，工作的富人就此崛起。宣称优绩主义不平等反映了通过努力获得的优势的说法，尽管最终可能是一种道德错误，但的确建立在经济事实的基础之上。

勤奋文化

就在第一个孩子出生后不久，因创办脸书而晋升全球第5大富豪（其收入是以创始人股份的形式支付）的马克·扎克伯格给他新出生的女儿写了一封公开信,[123] 其中表达了优绩主义精英的理想,还有对人类创新与创意的推崇、对不平等现象的哀叹以及对捐出个人资产的承诺。扎克伯格承诺会捐出自己在脸书的99%的股份,致力于"提升人类潜能,促进下一代的儿童平等"[124]。此话一出,扎克伯格立即登了上全美慈善家排行榜的榜首。不过,他的这一行为最引人注目的不是他的捐赠规模,而是他的出发点和动机。他的这封公开信将脸书基金会支持教育、创新与机会平等的社会使命同他对女儿的爱结合了起来,毕竟他是以女儿的名义捐出了这份礼物。

这样的结合对旧时贵族精英来说是无法想象的。对他们来说,通过继承而来的财富和由此产生的人生闲暇是构成其社会地位的必要条件。[125] 旧时贵族将土地财产与头衔结合为统一的整体,并以此建立起复杂且明确的模式来保障世袭的延续性。[126] 在贵族体制下,"闲适"是贵族精英生活的必备条件,剥夺继承权就相当于把继承人驱逐出贵族阶层。如果马尔伯勒公爵剥夺了他唯一的女儿继承布莱尼姆宫[127](以及其他可以支撑她作为食利者享受闲适生活的资产)的权利,那就相当于他彻底抛弃了自己的女儿,甚至抛弃了整个贵族秩序。[128]这种剥夺继承权的故事在过去无非存在于虚构作品中,是作者用来推进情节发展或者象征某种理想的手段。倘若真有人这么做,那么他的行为肯定会被视为离奇胡闹,甚或是荒诞不经。

优绩主义下的不平等给了扎克伯格完全不同的选择框架。他显然剥夺了女儿对他巨额财产的继承权,包括原本伴随所继承财产而产生的巨额资本收入。不过,扎克伯格剩余的财富及社会地位足以让他的女儿接受加入精英阶层所需要的教育和培训。进而,精英劳动的经济法则使她能够凭借自己所接受的精英教育在日后获得丰厚的个人收入,而声誉的社会经济效应则使她能够基于自己所接受的教育、工作和劳动所得建立起属于她个人的社会地位。

因此,扎克伯格的捐赠行为并没有剥夺女儿的阶层地位。相反,这一行为帮助她避免了其他的年轻继承人在继承巨额财富之后有可能出现的堕落与颓废，尤其是当整个社会和经济结构已经消除了旧时贵族精英所享受的光荣闲适生活的路径。扎克伯格通过取消女儿的继承权来激发她的上进心和自尊心，使其免于受到浪荡生活的诱惑。

因此，扎克伯格的捐赠行为绝非特立独行的怪异举动。迄今为止，美国排名前 10 位的富豪中已有 5 位，全球亿万富翁中已有近 170 位（占全球亿万富翁总数的近 10%）加入了由沃伦·巴菲特和比尔·盖茨发起的"捐赠誓言"活动，承诺在生前或身后将自己的大部分财产捐赠给慈善事业。[129] 从一个由世袭的有闲阶级主导的社会到一个由工作的富人主导的社会，这整个经济与社会的转型让曾经被认为荒诞不经的行为变成了理性的甚至是令人钦佩的选择。扎克伯格送给女儿的礼物，实际上是在拥护而非排斥如今占据主导地位的社会和经济秩序。

如今支持扎克伯格做出这种选择的、由优绩主义理想所编织的大网，同过去谴责这种选择的、由贵族理想编制成的大网一样厚密。新一代的富人并不是碰巧工作努力或者收入高，他们勤奋工作也不单单是因为碰巧更喜欢拥有昂贵的物品而不愿拥有休闲时间。相反，他们追求高强度和高报酬的工作，是为了工作本身。整个精英阶层又将这样的工作态度加以组织和强化，形成了一种独特的世界观（这种世界观正是推动脸书基金会完成社会使命和扎克伯格对女儿寄予期望的强大力量）。

凡勃伦笔下的有闲阶级不仅在经济层面被取代，而且在社会规范层面也被取代了。旧时精英的休闲文化让位于新式精英的勤奋文化。和过去的贵族体制一样，优绩主义以自成一套的经济模式和道德原则为精英阶层提供着支持。（新的社会规范允许富人将个人的忠孝精神与公民义务相提并论，并像扎克伯格一样，公开、真诚地将自己的阶层优势进行代际传递。）

勤奋已经成了优绩主义精英的必要条件，一如闲适曾经对于贵族阶层不可或缺一样。今天，精英们吹嘘甚至抱怨说自己的工作是社会

第四章　工作的富人

所需，以此来打破他们可能无所事事或不被需要的各种暗示以及他们的劳动已供大于求的说法。《华尔街日报》上刊登的一则广告中就曾写道："再没有时间的人也会找时间阅读《华尔街日报》。"[130]

这些表述及其背后的态度影响着精英阶层的意识形态。最近，当法学院的学生被问及可以接受一周最多工作多久时，一般的回答是70小时，但也有一些学生表示"只要工作需要，多长都行"，或者更具体地说，一周工作120小时也没问题。[131]（说实话，我从未遇到过有耶鲁大学法学院的学生以学习不应过度侵占休闲时间为由为自己的成绩不佳进行辩解。根据对即将入学的耶鲁新生的一份匿名调查，80%的人表示学业比课外活动更重要，没有一个人表示社交生活要比学习更重要。[132]）这些学生毕业后又会带着同样的理念进入职场。在每周工作超过60小时的受访者中，超过一半的人公开承认自己是工作狂。[133]我也从未听到过任何一家大型律师事务所的合伙人，会抱怨自己的办公室氛围懒散。事实上，像伯蒂·伍斯特那样炫耀自己的懒惰，对现在的精英来说是无法想象的。

高强度的工作现在已经成了一个人优秀且充满活力的象征。正如一位投资银行业者所解释的那样，它意味着"要不惜一切代价完成工作"[134]。因此，《哈佛商业评论》将这种极端爱好工作的人描述为"以对工作鞠躬尽瘁为荣"[135]，并会抓住一切机会展示自己的极端勤奋。有时，他们真就是这样做的。过去，金融家们身穿精心剪裁的高级服饰来表示自己属于有闲阶级，但是现在，一位投资银行业者告诉一位人类学家，华尔街的专业人士"不应该穿吊带裤，因为它会让人觉得你花了太多时间在穿衣打扮上。你唯一要做的就是努力工作，所以一大早起来没必要为了穿吊带裤而浪费时间"[136]。

闲适的有趣活动已经被勤奋努力取代。[137]这彻底扭转了像伯蒂·伍斯特那样的旧时贵族将工作视作闲适的倾向。如今的许多高强度、高报酬的工作，譬如管理和体育行业等，过去是专属于绅士的职业或爱好，而且当时严格的社会规范限制了他们的努力和可能的工作强度。哪怕是做名人——为了出名而出名，一种最纯粹的荣誉形式——如今也被定格为一种努力的模式，它需要一个人在社交媒体上公开地、不遗余力地展示自己的努力，以便所有人都能看到。[138]今天，时间也被赋予了直接的经济价值，比如一些精英现在可以按小时计费和领取报酬（这是前所未有的）。律师与咨询顾问，尤其是那些顶级公司的律师和咨询顾问互相竞争，看谁的计费时数最高。他们之间甚至还会流传一些超长工时的传说（其中不乏荒诞不经的故事），作为一种培养纪律性的工具。[139]

勤奋努力的优绩主义精英坦然接受了这样一种理念——既然雇主花了大价钱，那么对方就有权利要求他们竭尽全力。他们也以此来证明自己的努力配得上自己的高收入。精英阶层祈祷他们的努力与高收入能够互相抵消那原本难以承受的劳累和不平等。

在他们看来，雇主"有权期望（上层劳动者）努力工作"[140]。因此，精英劳动者"坚持"要求"朝九晚五，一周只工作5天"，这本身就是"不合理的"。一位著名评论人士指出，长时间工作"换来高额薪酬……这是一项公平交易"[141]。用另外一位金融从业者的话来说，客户"花了大价钱，就是要让我们一天24小时、一周7天，随时待命"[142]。

反过来看，已接近人类极限的超长工时正是精英阶层证明自己物有所值的方式，毕竟精英的薪酬同样接近经济支付能力的极限。《哈佛商业评论》指出，对处于极限工作状态的精英来说，"考虑到他们的非凡努力……反映了他们的性格特征……因此，对他们而言，一周工作70小时就是为了证明自己的价值"[143]。知名的保守派经济学家、前哈佛大学经济系主任格里高利·曼昆指出，上层劳动者理应获得高额回报，这是他们自己挣来的。他称之为他们用勤奋努力换来的"应得回报"[144]。

这些主张也有它们的阴暗面，因为精英阶层在崇尚勤奋努力的同时，也在表达对闲散安逸的不屑甚至蔑视。投资银行从业者会抱怨"外面"的人，也就是精英世界以外的人，"下午五六点就下班，午餐能吃上一个小时"，一点也不像"他们那么有内驱力"。[145] 这里有一个更具体的例子：曾在担任高盛 CEO 时薪酬高达数千万美元的劳埃德·布兰克梵（Lloyd Blankfein）最近表示，过早退休会造成不必要的劳动力闲置，因此建议国家提高法定退休年龄。[146]

如今，勤奋努力和超长工时已经**构成**工作的富人的精英特质，忙碌本身成了一枚"荣誉勋章"。[147] 凡勃伦所观察到的社会秩序曾稳定延续了一千年，但是在过去的一个世纪里发生了翻天覆地的变化。[148] 贵族制度让位于优绩制度，闲适的贵族阶层让位于精英劳动者。扎克伯格对女儿的期望恰恰反映出了她出生时的社会秩序。

过去，闲适是社会地位高的象征，而劳动"是下层阶级的代名词"[149]。在工人运动中，为"劳动"正名就是工人阶级的一个政治理想，这一点就连左派也承认。阿列克谢·格里戈里耶维奇·斯达汉诺夫（Alexey Grigoryevich Stakhanov）是一位苏联的煤矿工人，在生产中屡创佳绩，因而成为苏联社会主义的工人楷模。

时至今日，优绩主义的工作习惯和社会规范已经彻底改变了富人和普通人。勤奋努力的接力棒已从日渐冗余的中产阶层手中传递到拥有高收入的精英阶层手中。勤奋与荣誉两相结合，解释了被迫闲置起来的中产阶层为什么会感到被羞辱和贬低，也解释了为什么富人阶层如此执着于勤奋努力——用单纯为了追求财富来解释这种努力是不合理的。

今天的劳动楷模是全美最富有的 1% 人群。

贫穷与富有

任何经济形式都可以用两种不平等来描述，即高层的不平等和低层的不平等，前者涉及的是富人与中产阶层之间的差距，后者涉及的则是中产阶层与穷人之间的差距。随着高层的不平等程度上升与低层的不平等程度下降同时发生，经济不平等的规模也会相应地扩大和缩小。当出现这种情况时，分配不均的形态就会发生改变。在人类历史的大部分时间里，包括20世纪中叶，不平等和不公正以贫穷为中心。但是今天，不平等和不公正变成了以财富为中心。

二战结束时，"大企业、大劳工和大政府之间的合作"[150]重建了美国社会，真正创造了美国的现代中产阶层。举例来说，美国男性实际收入的中位数从1947年的25 700美元增加到了1967年的41 836美元（以2018年的美元值计算）；[151]美国拥有自住房的家庭比例在1940—1960年增加了40%以上。[152]截至20世纪50年代后期，也就是加尔布雷思出版《丰裕社会》之际，中产阶层的繁荣从圣克莱尔湖畔小镇到美国各地普遍存在，塑造了那个时代美国人的自我形象。

然而，并不是所有的美国人都受惠于这种大企业、大劳工与大政府之间的合作。还要等上数十年，少数族裔和女性寻求公平正义的呼声才会被认真对待，而性少数群体则至少还得等上半个世纪。此外，在20世纪中叶统治美国的"三巨头"中，穷人没有任何的发言权。正如加尔布雷思所说，穷人是"失语的少数"，是"被排除在中产阶层田园式生活之外的……沉默的存在"。[153]美国中产阶层的兴起显著减少了顶层的不平等，但是底层的不平等和贫困依然存在。

1962年，当全美最富有的1%人群的收入占比位于历史最低点时，另一部著作——迈克尔·哈灵顿的《另一个美国》出版了。哈灵顿毕业于耶鲁大学法学院，信奉社会主义，尽管他拥护民主价值并反对共产主义。[154]阿瑟·施莱辛格曾称他是"美国唯一有责任心的激进分子"[155]。在美国中产阶层最繁荣兴旺的年代，哈灵顿却花时间观察、研究美国穷人的生活处境。[156]他在书中以生动的细节描述了他所看到的景象。一位评论家针对书中描写的内容概叹道："事实如此令人震惊……美国竟有如此令人消沉绝望、饥寒交迫的地方。"[157] 哈灵顿指出，贫穷让很多人无法达到"我们当前普遍认知中在美国生活所必需的健康、住房、饮食和教育的最低标准"[158]。另一位评论家指出，这本书"愤怒的论点在于，在美国所谓'丰裕社会'的光鲜亮丽的外表下竟然藏着一个充满孤独和失败的贫民窟"[159]。

哈灵顿声称这个贫民窟的规模十分庞大，有 4 000 万 ~5 000 万人。[160] 他们因物质缺乏而在国内过着流亡的生活，被排除在丰裕社会之外。从这个意义上说，他们是中产阶层经济繁荣的受害者。哈灵顿的估算可能并不是那么准确，因为美国政府直到 1963—1964 年，即在哈灵顿的这本书引起大众的关注之后，才开始搜集相关的统计数据。但是，他对贫困现象的观察——痛苦的、极度的物质匮乏压倒了相当一部分美国人——是准确无疑的。根据美国官方首次公布的统计数据，美国当时有接近 1/4 的人仍然生活在贫困之中。[161]

无论如何，这些统计数据对哈灵顿来说都只是一种手段，而不是目的。他写道："我恳求我的读者忘记这些数字游戏。无论这些数字是否精确，它们所代表的是有一大批美国人正在这片土地上受苦。看到这样的数字，我们理应感到愤怒。"[162] 哈灵顿立志要做"美国的狄更斯"，要以这种方式记录下在丰裕背后普遍存在的贫穷的"气味、肌理和质地"。[163]

其他 20 世纪中叶的美国作家也真切感受到了《另一个美国》所描述的生活。经常被与哈灵顿的书一起阅读的是加布里埃尔·科尔科（Gabriel Kolko）在 1962 年出版的《美国的财富与权力：社会阶层和收入分配分析》（*Wealth and Power in America: An Analysis of Social Class and Income Distribution*）。科尔科在书中以一种完全不带任何感情色彩的方式，仿佛手术刀一般冷静精准地剖析了普通贫困家庭的生活细节："家里没有电话，但……一周会打三次付费电话。他们每年买一本书，每周写一封信。家里的男主人每两年买一套厚羊毛西装，每三年买一套薄羊毛西装；至于家里的女主人，每十年买一套衣服或者每五年买一条裙子……在1950年，全家人在各类家居用品、家用电器和洗衣机上的总支出是80~90美元（相当于2015年的850美元）……整个家庭一周一共消费两个五分钱的冰激凌甜筒、一个五分钱的糖果棒、两瓶苏打水和一瓶啤酒。"[164]

这些美国人数量庞大，绝非边缘少数。于他们而言，中产阶层的富裕生活遥不可及，而度假之地圣克莱尔湖畔小镇更像是另外一个国家。

向贫困开战

《另一个美国》这本书出版后获得了充满敬意的评价，但它的读者寥寥，一开始并没有引起太多关注。[165] 评论界预测销售量会很低，哈灵顿本人也表示，只要能卖出2 500册，他就很开心了。而且，就在这本书出版后不久，哈灵顿便启程前往了欧洲。[166]

然而，1963年1月，德怀特·麦克唐纳（Dwight Macdonald）在《纽约客》上发表了一篇长达50页的书评，题目就是《我们看不见的穷人》（Our Invisible Poor）。[167] 这篇书评是该杂志有史以来刊登的同类文章中最长的一篇。[168] 它的阅读量超过了"它所讨论的这本书本身"[169]，一下子吸引了社会大众的目光。它同时引起了美国政治精英的注意，尤其是时任总统肯尼迪的经济顾问沃尔特·海勒。海勒将哈灵顿的书与麦克唐纳的这篇评论的内容结合起来，上报给了总统本人。[170]

肯尼迪将书中讨论的现象放在了心上。施莱辛格后来写道："我相信是《另一个美国》帮助肯尼迪在1963年下定决心，推出了一项配合减税的扶贫计划。"[171] 虽然无法确定肯尼迪总统是否真读过这本

第四章　工作的富人　　131

书，但是"华盛顿内部人士普遍认为他读过"[172]。的确，肯尼迪在1963年的国情咨文中曾引用了该书的部分内容，指出美国有3 200万人生活在"贫困的边缘"[173]。1963年4月，肯尼迪提议建立国民服务队（National Service Corps），并开宗明义地指出"富裕中的贫困是一个悖论，在这个国家绝对不容许对这样的问题坐视不管"[174]。也许，他还可以再补充一句，这个悖论将政府的道德权威置于风险之中：一个社会中，如果穷人被置于本可以避免的物质匮乏和被社会排斥的苦难境地，那么要如何指望他们会忠于政府并遵纪守法呢？[175]

1963年11月19日，海勒收到了肯尼迪总统发出的承诺，要将一项反贫困措施纳入1964年的政府立法计划中。[176]然而，肯尼迪总统却在三天后遇刺身亡。于是，这项反贫困倡议成了海勒向新宣誓就职的美国总统约翰逊提出的第一个经济理念。[177]这一倡议迎合了约翰逊的"新政"情怀。[178]1963年11月27日，约翰逊在首次致国会的咨文中提出，要"继续向存在于美国及其他国家的贫穷、苦难、疾病和无知开战"[179]。大众媒体对这一号召积极响应。[180]1964年1月8日，约翰逊总统在他的第一份国情咨文中喊出了那如今广为人知的宣言："无条件地向美国的贫困开战。"[181]

关于"向贫困开战"运动，最重要的一点在于它的确减少了贫困。当然，胜利并非全面的、无条件的，甚至不是充分的。贫困现象依旧存在，也依然令人愤慨。"向贫困开战"的脚步在20世纪70年代后期开始停滞，近年来贫困现象还有所加剧——经济衰退之后总是如此。[182]但是，"向贫困开战"的核心成就或多或少地保留了下来，即便面对不断加剧的经济不平等。

即使在大衰退的阴影之下，如今美国的贫困状况无论以何种标准来衡量，在范围和程度上都已经比过去明显改善，极度贫困的范围和程度相较过去也有所缓解，尽管并不明显。经济衰退给穷人以沉重的打击，但是再没有出现民众大排长龙等候领取救济品的情况。事实上，即使与二战后经济快速增长的时期和 20 世纪中叶的"大压缩时代"（进步人士曾充满浪漫色彩地将其誉为美国经济最公平的阶段）相比，今天美国的贫困问题也要缓和得多。今天日益加剧的经济不平等绝大部分并非由贫困造成，而是由财富集中造成的（见图 2）。

美国官方发布的穷困率在 20 世纪 60 年代急剧下降，从 1959 年的 22.4% 降至 1973 年的 11.1%。[183] 自此之后，美国的贫困率就在 11% 与 15% 之间波动（最近的资料显示 2017 年美国的贫困率是 12.3%）[184]。几乎可以肯定的是，贫困问题的实际改善情况要比数字更明显。1992 年提出并于 2011 年正式启用的"贫困衡量补充标准"[185] 显示，美国穷困率的下降幅度远比官方的测量数值大。[186] 其他一些非官方的指标则显示出贫困程度的下降幅度更大。[187] 最近，一位知名的激进主义者提出，经过恰当计算，美国基于收入衡量的贫困率已降至 5% 以下。[188]

与此同时，根据另外一种衡量贫困状况的方法，美国贫困率的下降更加显著。这种方法追随哈灵顿的脚步，以贫困者的生活经验为基础，直接从消费角度衡量人们的贫困程度。尽管对基于消费衡量的贫困率的跟踪时间及其可靠性比不上基于收入衡量的贫困率，但是现有的数据显示，基于消费衡量的贫困率已由 20 世纪 60 年代的约 31% 降至 2010 年的 4.5% 左右。[189] 基于消费衡量的深度贫困率（即生活水平仅达到贫困线水平的一半或更低的人群所占的比例）也明显低于基于收入衡量的深度贫困率。2009 年，尽管美国官方发布的基于收入衡量的深度贫困率依然保持在 6%，[190] 但是基于消费衡量的深度贫困率已降至 1% 以下。[191]

当我们采用哈灵顿的方法，关注具体细节而非抽象的统计数据，我们会看到穷人的生活体验因为这些变化而有了巨大改善。现在穷人的消费能力较 20 世纪中叶平均提升了 1/4，[192] 在一些生活必需品（尤其是食物）上的购买力更是快速增长。（与在 20 世纪中叶一样，一个典型的贫困家庭在食物上的支出要占家庭收入的一半，才能确保全家有足够的营养。[193]）对耐用消费品的消费也大大地改善了穷人的生活质量。在1960年，穷人根本用不上空调、洗碗机和烘干机，而且一半的人买不起汽车。[194] 到了2009年，在美国收入最低的1/5家庭中，80%以上拥有空调，68%有烘干机，40%有洗碗机，而且75%的家庭拥有汽车。[195]

此外，尽管穷人的消费增加了，但是他们付出的劳动却减少了。在2010年，美国拥有高中以下学历的男性每周的"休闲"时间比1965年多出15小时以上，拥有高中以下学历的女性每周的"休闲"时间同期增加了10小时左右。[196] 这里给休闲一词加了引号，说明这是一件喜忧参半的事情，因为所谓的休闲主要反映的是非自愿性的失业以及随之而来的各种危害。[197] 尽管被迫的休闲带来了沉重的负担，但是消费的增加和劳动的减少足以表明，绝对的物质贫困已经大为下降。

这些看似平淡无奇的消费增加，实际上意味着生活质量的极大改善。亲手洗过衣服的人都知道，每周一次的"洗衣日"需要一整天的辛苦劳作。1960—2004年，随着家用空调的普及，因高温导致的死亡情况减少了75%。[198] 有关身体健康的更广泛的指标也指向了同样的趋势。美国5岁以下孩童的死亡率从1960年的30.1‰降至2015年的6.8‰。[199] 联合国的人类发展指数在美国的数值增加了近10%。[200] 美国贫困人口的预期寿命也有所增加，尽管增幅不及富人。[201]

当然，这些进步并不意味着贫困在美国社会已被彻底根除，也不意味着剩下的贫困人口的生活变得相对轻松。与贫困的战斗还远没有打赢，最终的胜利依然遥遥无期。但是，约翰逊政府的早期战果并未被逆转。尽管约翰逊政府提出的"伟大社会"计划从里根革命开始一直到今天持续遭遇强烈的反对，之后又经历了大衰退导致的经济大崩溃，但是美国的贫困水平始终保持在20世纪中叶的1/6~1/2，[202] 具体的数值则有赖于衡量的标准。

就美国当前的经济和政治制度而言，尽管存在各种缺点，甚至还导致了大规模的经济不平等，但它确实满足了有史以来最大比例民众的基本的物质需求。20世纪中叶迫使人们去争取经济正义的那种普遍、持续、绝对的贫困已不再是主导美国社会的力量。[203] 面对依然存在的贫困，人们的愤怒情绪是合理的，但这种情绪不会抹杀也不应该抹杀我们反贫困工作的努力和进步。

当前的美国已不再是哈灵顿笔下的美国。无论如何，这都是一件好事。

一道新的鸿沟

伴随着贫困问题的缓解，还有一个更为人们所熟悉的发展趋势，那就是在贫困减少的同时，财富在增加。[204] 全美最富有的1%群体的收入占国民收入的比例已经比20世纪中叶增加了一倍多。底层的不平等程度有所降低，高层的不平等却在持续加剧。这些发展趋势让美国的经济不平等呈现出了前所未见的新面貌。

收入占比足以说明这个问题（见图3）。1964年，一个典型的中产阶层家庭的收入（即美国家庭收入的中位数）大约是一个典型的贫困家庭收入（即最贫困的1/5家庭的平均收入）的4倍；半个世纪后，这个差距缩减为3倍。1964年，一个典型的富裕家庭的收入（即最富有的1%家庭的平均收入）大约是一个典型的中产阶层家庭收入的13倍；半个世纪后，这个差距扩大到了约23倍。[205] 也就是说，自20世纪中叶以来，美国穷人与中产阶层之间的收入差距缩小了约1/4，而中产阶层与富人之间的收入差距扩大了近1倍。

换句话说，美国的中产阶层在逐渐与穷人趋同的同时，被富人甩得越来越远。这使得中产阶层在两端同时受到挤压，财富规模日渐萎

第四章　工作的富人

缩。无论是在圣克莱尔湖畔小镇还是在全美的其他地方，曾经的社会富足如今回过头来看越来越像是一个中产阶层泡沫。事实上，自加尔布雷思写作《丰裕社会》以来，2015年首次出现了中产阶层不再占美国大多数的现象，[206]而残存的美国中产阶层也不再是全世界中产阶层中最富有的。[207]

衡量经济不平等的一个总体指标——基尼系数，使我们清楚地看到这一变革。基尼系数通过0~1的取值来表示不平等的程度。系数为0表示绝对的平等，即所有家庭的收入相同；系数为1表示最大程度的不平等，即一个家庭获得了全部的经济收入，而其他家庭一无所得。

过去50年来，美国经济的基尼系数急剧上升，从20世纪中叶的0.38上升到了今天的0.49。[208]这种增幅意味着美国经济的不平等程度已明显上升，从原本与挪威水平相当，到今天变成与印度比肩。

另外还有两个趋势虽然不太为人所熟知，但生动地展示了经济不平等的重心转移。第一个趋势是，收入处于底层70%的美国家庭的基尼系数自20世纪中叶以来已经下降了约10%。需要注意的是，这个系数的计算并非基于收入的再分配，而只是剔除了收入最高的30%家庭的所有收入。（事实上，在此期间，收入处于底层90%的美国家庭的基尼系数保持平稳，也就是说，在收入处于底层90%的美国家庭内部，经济不平等程度并没有明显增加。[209]）第二个趋势是，收入处于顶层5%的美国家庭的基尼系数（这个系数是通过剔除了收入较低的95%家庭的所有收入得来）快速攀升，从20世纪中叶的0.33上升到了今天的0.5（见图4）。[210]

在美国，收入处于底层70%的群体内部，经济不平等程度有所下降；而收入处于顶层5%的群体内部，经济不平等程度则显著上升。[211]事实上，近些年来，存在于有限的精英阶层内部的经济不平等已经超过了整体经济的不平等。换句话说，普通富人与超级富豪之间的收入差距已经变得如此之大，以至于倘若将穷人和中产阶层排除在收入分配之外，整体经济的不平等会加剧。（换个角度来说，收入分配底部不平等程度的相对稳定实际上起到了压舱石的作用，能平衡收入分配顶部激增的不平等。）

这个结果在20世纪中叶是难以想象的。过去，主要的经济鸿沟将绝望的穷人与富裕的中产阶层分隔开来，低层的收入不平等主导了分配不均。现在，主要的经济鸿沟将超级富人与其他人分隔开来，高层的不平等主导了分配不均。与收入分配顶部不平等加剧相伴发生的，不仅仅是贫困率的下降，还有底部不平等程度的稳定甚至下降。

最后，高层不平等的增长速度要快于低层不平等的下降速度，这就是反映整体收入分配情况的基尼系数上升的原因。

改变议题

这些发展并不是只有经济学家和统计学家会感兴趣的、仅仅体现于国民账户和分配表上的技术奇观。相反，工作的富人的崛起，改变了经济不平等的生活体验和社会意义。优绩主义从根本上改变了经济正义的议题。

曾经，懒惰安逸的富人与其他人普遍遭遇的贫困为经济不平等的批评者提供了一个易于攻击的目标。游手好闲的贵族阶层很容易遭到谴责，而悲惨的贫民也很容易就能博取同情。然而，随着工作的富人的崛起和贫困的减少强化了优绩主义下的不平等，过去攻击有闲阶级的论点开始变得不再适用。精英人士的表现几乎让人景仰，而中产阶层即使深陷在为生计而挣扎的境地，也不会寻求或是引起他人的同情。优绩主义的转向令经济平等的倡导者感到沮丧，同时也为优绩主义陷阱提供了一层道德加持。

上层劳动者通过充分发挥自己的技能与努力获得了自己的地位和收入。这给了人们一种强烈的印象，即他们的确有资格获得优势，这完全符合曼昆提出的"应得回报"原则。此外，虽然不再有人像过去的贵族食利者那样理所应当地继承一座房产或者一家工厂，但是今天的精英们可以理直气壮地宣称自己的高收入来自自己所掌握的技能和所付出的努力。进步派人士在面对一位来自旧时代精英阶层的地主或工厂老板时，可以借用伊丽莎白·沃伦或巴拉克·奥巴马的说法，义正词严地表示："你并非自己建造了这一切。"[212] 但是，当面对来自优绩主义下的精英劳动者时，进步派人士却很难说出同样的话，因为无论这些精英劳动者最初拥有怎样的优势，他们之所以能够拿到高薪靠的是自身的超高技能和勤勉努力。如果否定了精英阶层的收入是依靠自身努力应得的，无疑是在说任何人所享有的一切都不是他应得的。

这种不平等从低层到高层的转移进一步强化了优绩主义下的不平等，使传统进步派的论点更显无力。当然，贫困依然存在，社会救济依然是一种道义责任。[213] 不过，尽管"向贫困开战"的任务仍未彻底完成，但它已经改变了政治格局。如今，追求平等的政治力量聚焦于社会顶层与中产阶级之间不断扩大的差距，而不再是社会底层的绝对需求。或者说，如今人们的关注点在于中产阶层的沮丧与不满，而非穷人的困苦生活。（进步派对20世纪中叶——那个中产阶层日益繁荣而穷人生活困顿的时代——所产生的怀旧情结就象征着这种转变。）

优绩主义下的不平等使人们的关注点自然而然地发生转移。如今的中产阶层生活艰难。而且，比照精英阶层的过度增长和显赫财富，停滞不前的中产阶层的生活就显得更难了。但是，中产阶层又无法像哈灵顿时代的穷人那样博取社会大众发自内心的同情。当时社会底层的不平等是一场人道主义灾难，而现在社会高层的不平等只是一种政治不公。优绩主义再一次削弱了追求平等的力量。

由此，传统公认的道德原则并不适用于新的经济现实。当初击败贵族体制不平等的论点与今天的政治战线之间存在偏差，而且它们最多也只是间接地揭示了优绩主义下的不平等。优绩主义的理念是一个人的收入应该与其个人努力而非出身挂钩。这个理念曾经为 20 世纪中叶的进步派人士打击贵族体制下的不平等提供了强有力的武器。然而，正是这个理念在今天成了新问题的根源，而且因为有着道德加持而成了社会再分配不可触碰的禁地。

一个胆大的对手

从古希腊民主的起源到美国建国时大众民主的创立，政治思想家们普遍认为，民主政治能够使大众联合起来，掠夺少数精英的财富。[214]

然而，经济不平等最近的发展却推翻了这一假设。尽管经济不平等的加剧使财富越来越集中在规模占比越来越小的精英阶层手中，但是政府对经济再分配的态度却日趋消极。近几十年来，美国最富有的 1%、0.1% 与 0.01% 群体的收入在国民收入中的占比分别是之前的 2 倍、3 倍与 4 倍左右。与此同时，最高边际税率却下降了一半以上：从 20 世纪 50 年代乃至 20 世纪 60 年代初期的 90% 下降到了 1981 年里根当政时期的 70%，再到今天的不到 40%。[215] 由此可以看出，尽管精英阶层越来越富有，但是政府从他们的收入和财富中征收的份额却越来越小。

在这一发展趋势下，最大的输家并非贫穷人口，他们一贯难以采取统一的政治行动（即使在民主社会中也是如此）。事实上，最大的输家是广大的中产阶层，他们遭遇了收入占比下降和税负占比上升的双重打击。这个群体包括记者、教师和教授、中层管理人员、政府职员、工程师，甚至还包括全科医生。他们的受教育程度不低，权利也没有遭到剥夺，他们的力量足以影响甚至控制一个国家的医疗与科学

第四章　工作的富人

机构、新闻媒体、大学以及最重要的国家官僚体系。

中产阶层具备政治技巧，享有政治资源。他们原本可以团结起来通过民主行动来有效维护自身利益。那么，为什么美国的中产阶层没有早早动员起来阻止这种明显加重他们负担的经济和政治转型呢？为什么在民主制度下，一个规模日益收缩的精英阶层却能有效地掠夺规模庞大的中产阶层，甚至包括掠夺一个广泛的准精英群体呢？

最近一位备感沮丧的评论家表示，尽管"近几个世纪以来在其他不公正领域取得的长足进展"，使"奴隶制、种族排斥、性别压制或剥夺公民权利"很容易遭到谴责，但是"巨额的个人财富……在意识形态上仍然是有待纠正的不公正现象"。[216]过去几十年来，几乎所有其他的边缘群体，尽管其人口属于少数，但都在朝着平等的方向发展，而这个规模最大（人口占比达到99%）的弱势群体却容忍自己的财富不断被剥夺，这究竟是为什么呢？这一前所未有的发展趋势挑战了千百年来的社会认知，并让大众民主制度下几乎所有耳熟能详的政治经济观点都陷入尴尬。[217]在某种程度上，这个问题比为什么中产阶层的最终爆发是以本土主义和民粹主义的形式体现更加令人费解。

化解这一难题的关键就在于优绩主义的魅力，它使中产阶层接受甚至认同自身日益处于劣势的现状。在贵族制度下的经济不平等时代，同情和公正的理念支撑了福利国家政策和"向贫困开战"的举措。然而，在今天，优绩主义却在将日益加剧的经济不平等合理化。自认为从事了生产性工作的人声称，他们比自认为没有从事这类工作的人更有权利获得回报。[218]在财富的获得被认为合法的情况下，经济再分配所获得的支持就会有所下降。[219]曼昆根据自己的观察指出："当人们亲眼看到一位才能出众的人通过公平竞争赚取了大笔财富时，他们往往不会心怀怨恨。"[220]富人坚持降低最高税率，而其他人也接受这样的做法，因为大家都认同，优绩主义下的不平等所反映的是"应得回报"，而社会再分配对于那些勤劳工作的人是不公平的。[221]

优绩主义的转向甚至使那些维护经济不平等的人有胆量去攻击再分配，指责此举不过是迎合了怠惰懒散之辈对优绩制度下的精英凭借努力获得回报的怨恨情绪。[222] 有一则冷战时期的笑话，讲的是有一名俄罗斯的共产党员获准可以实现一个愿望，于是他说道："我的邻居有一头奶牛，可是我没有。所以，我希望你宰了那头牛。"[223] 今天，美国企业研究所的所长阿瑟·C. 布鲁克斯强调，进步派推动的许多具体计划（包括社会保障、医疗保险与大学贷款补贴）将很大一部分福利分配给了中产阶层，而不是分配给真正的穷人。布鲁克斯还以一种更为尖锐的方式，将这些计划描述为一个人多势众但声名狼藉的利益集团对资源的赤裸裸的抢夺。他以一种不乏修辞色彩的口气问道：难道这些社会再分配项目不应该不断扩展，直到中产阶层的嫉妒之情完全发泄完为止吗？[224] 不过，即使是平等主义者也担心，一旦他们的看法为大众所知，最终暴露出的是他们的贪婪小气而非宽宏大量。[225] 这些观点暗示的是，面对优绩主义下的不平等，对经济平等和正义的要求只是在洗白中产阶层的渴望。[226]

有时候，当所有这些情绪汇集在一起，工作的富人会公开主张他们的精英权利，表达他们对中产阶层的蔑视。当"占领华尔街运动"达到顶峰之际，奥巴马总统提议开征富豪税之时，美国金融界流传着一封电子邮件，从中我们可以清楚地看到这一点。

"我们就是华尔街，"[227] 邮件中宣称，"我们早上 5 点起床，一直工作到晚上 10 点，甚至更晚。我们习惯了一旦投入工作就没有时间上厕所。我们不会花一个小时或更长时间吃午餐。我们不会要求成立工会。我们不会在 50 岁时退休并领取养老金。我们是在靠自己的努力吃饭。"

优绩主义使工作的富人得以树立起一套道德标杆。这一点是社会平等的倡导者既不能逃避也无法忽视的。

相反，他们必须直面优绩主义的挑战。

第五章　　　　　　　　　　　　　　　　　　Chapter 5

优势的传承

20 世纪 50 年代就读于美国精英预科学校格罗顿的毕业班学生，"无须为申请大学感到紧张不安，这些男学生及其家人只需要考虑想去哪所大学，仅此而已。全班同学，除了一个被认为脑子有问题的孩子之外，都能顺利入读自己的第一志愿"[1]。美国其他预科学校的学生与格罗顿的学生情况并无二致。就耶鲁大学来说，在二战前的几年里录取率高达 90%，即使到了 20 世纪 50 年代中期录取率也有 60%。[2] 在 20 世纪四五十年代，美国的精英大学基本上保留着一项半官方的政策，即校友的孩子只要能完成最低限度的学业要求便可入学。这种继承的特权以及超高的申请成功率是当时美国大学招生的现实。因此，对于出生在上流社会家庭的孩子来说，与其说是去"申请"想读的学校，倒不如说是"表明自己入读的意愿"。此外，校友也觉得"让自己的孩子入读自己的母校是他们的一项权利"[3]。

当时所有大学都认可这种特权世袭的做法，并且认为其他的录取标准并不可取。针对依据美国《退伍军人权利法案》入校读书的那些"缺乏教养"的退伍军人所表现出来的"邋遢"和"粗鲁"，耶鲁大学的教员首次提出了领带搭配西装的硬性着装要求。[4] 20 世纪 50 年代，时任耶鲁大学校长 A. 惠特尼·格里斯沃尔德"强烈抨击大众教育"，拒绝为了迎接即将到来的'婴儿潮'一代而扩大招生规模。他表示，决不允许耶鲁人变成"眉头紧锁的高度专业化的知识分子"[5]。哈佛大学的招生也主要面向预科学校的辅导员和上流社会家庭做广告，试图用运动员、预科学校平庸的毕业生和校友的孩子来填补班级中"快乐的底层 1/4"[6]。令人尴尬的是，这些来自最好的家庭和最好的预科学校的学生却无缘学业成绩荣誉榜。[7]在耶鲁大学，他们能够进入"优等生荣誉协会"的概率大约是 1/3。[8]

20 世纪中叶的教育改革者基于经济与民主的双重考虑，决定采纳优绩主义和相应的选拔标准——尤其是通过成绩考核和优胜劣汰的方式，来打破不思进取、故步自封的精英阶层。哈佛大学校长詹姆斯·布莱恩特·科南特率先在大学招生中启用 SAT 来筛选奖学金的申请者，以此为这所美国最负盛名的大学注入新鲜血液。[9]后来获得诺贝尔经济学奖的革新派经济学家詹姆斯·托宾就是这项改革的首批受益者之一。[10]托宾出身于伊利诺伊州香槟市的一个普通家庭，最后成为哈佛大学 1939 届毕业生。二战后，哈佛大学再次扩大了学术考核的范围。这项政策可以说成果斐然。到 20 世纪 40 年代晚期，哈佛大学教室里来自公立学校的毕业生与来自预科学校的毕业生一样多。[11]1952 年哈佛大学新生的 SAT 平均成绩，如果放在 1960 年只能排在倒数 10%。根据长期担任哈佛大学招生主任的威尔伯·J. 本德的说法，这代表了"有史以来哈佛大学招生工作中最大的变化……"[12]。普林斯顿大学紧随其后，该校招收的来自普通高中和预科学校的毕业生在 1955 年达到了平衡。[13]

耶鲁大学的教育改革起步较晚。1951—1956 年，耶鲁大学只录取了 7 位来自布朗克斯科学高中的学生。这所学校的学业成绩在当时的美国高中里很可能排在首位。与此同时，耶鲁大学却从成绩绝对称不上优秀的私立学校菲利普斯安多弗中学录取了 275 名毕业生。[14]不过，随着变革的来临，耶鲁大学也大刀阔斧，积极拥抱了以人力资本

第五章 优势的传承

为基础、以培养高级劳动力为宗旨的精英教育理念。

1963年,在格里斯沃尔德去世后,耶鲁大学迎来了一位风格截然不同的新校长——金曼·布鲁斯特。布鲁斯特认为当时的贵族精英僵化衰退,称自己"无意在长岛海湾主持一所女子精修学校"[15],于是着手开始推进改革。布鲁斯特自称是一位"投资英才的银行业者"[16],以优绩主义理念作为改革的蓝图。他认定,以学生的个人能力和学业成绩作为选拔标准,耶鲁大学就可以对其教育资源进行明智的投资,从而可以得到最大化的回报。[17]

1965年,布鲁斯特任命小罗素·英斯利·"英基"·克拉克负责招生,希望他根据优绩主义模式重构耶鲁大学的学生队伍。[18]尽管"克拉克"这个名字透露着某种昔日贵族的气息,但实际上他本人接受的是公立学校教育,而且是平等主义的坚定支持者。克拉克解雇了之前几乎所有的招生人员,紧接着组建起了新团队,致力于以学业成绩而非家世血统作为招生标准。1966年,耶鲁大学董事会同意采取"不考虑申请人及其家庭的经济状况"的招生政策,正式成为第一所不因学生的经济条件影响录取结果的大学。[19]

克拉克的招生团队在广纳精英的过程中明确拒绝考虑家世背景。克拉克将招生重点放在他所谓的"搜寻人才"上,他将"人才"定义为有能力接受人力资本投资的人。他提出了一个问题:"谁能从耶鲁大学的学习中获益最多?"[20]他称那些固守传统世袭模式的预科学校是"向内生长",并拒绝向这些学校的毕业生敞开大门。[21]1968年,来自传统预科学校乔特罗斯玛丽中学的毕业生申请哈佛大学的成功率为46%,申请普林斯顿大学的成功率为57%,而申请耶鲁大学的成功率为只有18%。[22]

耶鲁大学的招生改革很快产生了引人注目的效果。就在改革实施的第一年,克拉克主导的招生办公室大幅降低了校友子女的录取比例,而且将耶鲁大学最大捐赠者的儿子挡在了门外。[23]新的招生政策积极寻求用外部的英才来取代内部自以为是的世家子弟。相比于1969届毕业生,耶鲁大学1970届毕业生中来自公立高中的人数增加了50%。

优绩主义的录取方式让大学新生在成绩上明显优于过去的世袭精英。耶鲁大学1970届毕业生成了该校历史上成绩最出色的一届:该届学生的SAT成绩中位数放在1961届排前10%,放在1966届排前25%,[24] 而他们的平均成绩更是创下了该校纪录。[25]

克拉克称耶鲁大学新的招生标准实际上"是一份宣言,事关未来什么样的人会成为我们这个国家的领袖,以及这些领袖将来自哪里"[26]。旧时精英显然不愿意接受这样的改革,并试图反击。耶鲁大学的招生人员在以往备受款待的预科学校遭遇冷落。就连校友也抱怨连连。曾毕业于耶鲁大学的威廉·F. 巴克利就指责新的招生标准宁愿"招收一名来自埃尔帕索高中的墨西哥裔美国人……也不要来自圣保罗高中的乔纳森·爱德华兹家族后代"[27]。耶鲁大学董事会中的守旧派也非常不满。有一次,当克拉克向董事会阐述如何基于成绩而不是出身来重构美国精英群体时,一位董事打断道:"你是说要让犹太人和那些从公立学校毕业的人当领袖吗?你看看在座的各位,他们才是美国的领袖。他们当中既没有犹太人,也没有公立学校的毕业生。"[28]

不过,这些抗争是徒劳的。旧时精英基于出身而获得大学录取资格的时代已一去不复返,取而代之的是优绩主义精英基于自己的学业成绩被录取并对此引以为傲的新时代。如今,站在文化领域魅力中心的是优绩主义精英。正如布鲁斯特所指出的那样,到了1970年,即使那些上得起大学的人也会选择支持"不考虑申请人及其家庭的经济状况"的招生政策,甚至"那些含着金汤匙出生的特权阶层,也将依靠学业成绩(而非模糊的所谓'家世背景')入读名校看作个人的无上光荣"。[29]

在1970年之后的几十年间,教育领域迈向优绩主义的改革步伐始终强劲。美国大学的申请人数不断增加,而录取率则大幅下降。例如,

第五章　优势的传承　　145

就在 1990 年，美国排名前 10 的本科院校的录取率还能达到将近 30%；而如今，它们的录取率平均不到 10%，有的学校甚至低于 5%。[30] 在这个过程中，精英学生的学术资质无疑得到了大幅提升。[31] 哈佛大学、普林斯顿大学、斯坦福大学和耶鲁大学的新生 SAT 成绩中位数如今都已排在前 5%，其中有 1/4 的学生 SAT 成绩更是位列前 1%。[32]

教育领域的优绩主义改革已经实现了其直接的经济目标。高强度、竞争式教育产生了非凡的结果。一项针对发达国家成人技能的系统性调查显示，在美国，拥有超高技能的群体与拥有超低技能的群体之间差距最大。[33] 而且这种差距归根结底——也是罕见地——直接源于美国的正规教育。用经合组织的话来说，美国"（接受过高等教育的成年人和未能完成高中学业的成年人）在读写及算数能力方面差距巨大"[34]。

现在的美国精英与过去的以及其他国家的精英大不相同。他们通过精英教育掌握了非凡的技能，继而凭借这些技能和勤奋努力获得了报酬优渥的上层工作，从而使拥有财富最多的 1% 群体在今天更加富有。从狭义的角度来看，优绩主义的选拔制所带来的结果证实了这种选拔方式的有效性。[35] 布鲁斯特的英才投资银行获得了回报。

然而，优绩主义取得的狭隘的经济成就却削弱了其更为广泛的民主理想。一如布鲁斯特及其他改革派所预料的那样，旧时的精英阶层面对优绩主义的冲击很快便败下阵来。然而，在优绩主义的熔炉中锻造出来的新一代精英最是懂得如何让自己的子女在这种竞争中占据优势。于是，在同一套运作机制下，曾经贵族体制下的等级制与世袭制被摧毁，取而代之的是优绩主义下的等级制与世袭制。

在《马太福音》中，耶稣的教导是基于自身的："凡有的，还要加给他，叫他有余；没有的，连他所有的，也要夺去。"[36] 在成熟的优绩主义制度之下，世俗技能也呈现了类似的"马太效应"。[37] 成就优绩主义精英的人力资本通过教育提供了一种自我繁殖手段，优绩主义正是借由这种手段开启了一场"家族财富的传承革命"[38]。优绩主义在废除了支撑旧时贵族王朝的世袭特权的同时，在教育领域建立起了一套可以世代传承的新型技术特权。优绩主义下的精英可以将这种特权传给新一代精英，并将中产阶层排除在机会之外。这个过程就如同旧时贵族通过与生俱来的特权将其他人排除在机会之外一样。

然而，并非所有的世袭体系都是平等的，有的需要你付出代价来维系自己的特权。旧时贵族一出生便可自动继承父辈的财富与地位，不需要付出任何代价。但是，对于竞争所造就的现代精英来说，他们必须付出巨大的代价来维系自己的财富和地位。排他性的严格教育只有控制那些必须接受这种教育的人的生活，才能构建出人力资本。优绩主义下的世代传承，需要以企业的模式来重构家庭，以职场的方式来经营家庭，以生产产品的方式来培育子女。

优绩主义下的优势继承是有附加条件的。这些条件如今使精英们陷入了困境。对中产阶层来说，资源匮乏的压力确实难以负担，而优绩主义还会责备他们不够上心，付出不够多。但丰裕并不总是一种福气。优绩主义之下成为精英所必须接受的过度而严苛的培训，更多是在碾压而非提升他们生而为人的精神。

受孕之前

优绩主义之下，精英家庭的子女对精英优势的继承早在他们出生前就开始了。年轻富有的成年人会做出两个互为关联的选择：与谁结婚以及是否维系婚姻关系。正是通过这些选择，精英在不断为自己的子女赋予各种优势，而这些优势是非精英家庭出身的孩子不可能得到的。而且，富人群体并不是单独地，而是共同地做出这些选择。与中产阶层的孩子相比，富人家的孩子从孕育、出生到成长的环境明显更为优越。

精英阶层内部通婚的现象越来越普遍。[39] 经济学家还为之起了一个不太雅的名字："选择性婚配"（assortative mating）。在 19 世纪最后的几十年里，选择性婚配在镀金时代的贵族中相当普遍。但是，这种现象在 20 世纪上半叶逐渐式微。1960 年，美国家庭中夫妻双方都拥有大学学历的比例只有 3%。

优绩主义下的不平等使精英阶层重新偏好在阶层内部选择配偶。截至 2010 年，美国家庭中夫妻双方均拥有大学学历的比例足有 25%。[40]（要知道，美国成年人中拥有大学学历的比例只略高于 30%。这就意味着只有极少数的大学毕业生会选择与没有上过大学的人结婚。）此外，夫妻双方均拥有本科及以上学历的比例增至原来的 5 倍，从 1960 年的不到 1% 增长到了 2005 年的 5% 以上。[41]

这种情况出现的原因很简单且合乎常情：美国的大学和研究生院在 1960 年主要以男性为主，但如今男女比例已经持平。[42] 因此，无论从个人还是群体的角度看，大学已经成了所有人遇到未来伴侣的重要场所。在当代的校友杂志上，满是同学结婚或是小孩出生的消息。不过即便很多时候是无心插柳，这些婚姻总体上也极大地将精英阶层集中起来，无论是在同一世代内部，还是跨越世代之间。

选择性婚配加剧了结婚群体内部的经济不平等，相当于在精英劳动者收入持续增加导致的不断加剧的不平等基础之上，又添加了一个乘数效应。如果说 1960 年的婚姻配对在教育程度方面还是随机的，结婚对家庭收入的不平等不会造成明显影响，那么当同处于高薪阶层的精英劳动者内部开始互相配对时，他们的婚姻对家庭收入的不平等就不可能毫无影响。如果我们用随机婚配取代今天的选择性婚配，或者延续 1960 年之后较低水平的选择性婚配，那么家庭收入的不平等程度在整体上会减少 1/5 或更多。[43]

此外，选择性婚配加剧了下一代的教育不平等。精英阶层内部不仅婚配比例在增加，而且婚姻关系越来越持久，进而会在成熟、稳定的婚姻关系中养育子女。这一点使精英阶层与穷人以及中产阶层之间的差距越拉越大。这种差距为出身于富裕家庭的孩子带来了巨大的优势。

首先，相比于受教育程度较低的非精英女性，接受过良好教育的精英女性越来越多地选择在婚后生育。[44]在1970年，对于受教育程度不同的女性来说，非婚生育都仅占生育总数的10%左右。[45]然而今天，受教育程度成了决定婚姻与生育之间关系的压倒性因素。在接受过专科教育的女性中，非婚生育的比例为1/20；在接受过专科以上教育的女性中，这个比例为1/30。[46]相比之下，在受教育程度最低的2/3的女性（包括拥有高中及以下学历的女性），非婚生育的比例高达60%。[47]总体而言，只有高中学历或大学肄业的女性往往在婚前两年生孩子，而拥有专科及以上学历的女性则往往在婚后两年生孩子。[48]

精英阶层的婚姻关系也比同龄的非精英阶层日渐长久。1960—1980年，美国的离婚率上升了大约2倍。但是，从1980年开始，美国的婚姻关系沿着社会经济的轴线呈现出两极分化的态势。在处于经济分配底层3/4的人群中，离婚率大致稳定，甚至还有所上升；而处于经济分配高层1/4的人群中，离婚率有所下降，实际上回到了1960年的水平。[49]今天，没有接受过大学教育的美国女性在结婚10年内离婚的比例（约35%）是接受过大学教育的女性（约15%）的2倍左右。[50]从更广泛的角度来看，1960—2010年，拥有专科以下学历的美国成年人中已婚人士占比的下降幅度，相比于拥有本科学历的成年人中已婚人士占比的下降幅度，要高出一倍。（而那些大学肄业的美国成年人中已婚人士占比的下降幅度，与仅有高中教育程度的成年人中已婚人士占比的下降幅度趋同。[51]）

从这些方面来看，婚姻已经成了富人的事情。[52]出身于富裕家庭、父母均受过良好教育的孩子比其他孩子——不仅是贫困人家的孩子，还有中产阶层的孩子——更有可能在父母双全的家庭中长大。1970—2010年，在收入分配处于中间1/3的家庭中，不是由双亲共同抚养长大的孩子占比的增长速度，是收入分配处于上层1/3家庭的孩子的3倍。[53] 这样的差距在今天看来尤为惊人。[54] 例如，在年收入大约为2.5万美元的家庭当中，约有55%的儿童是由单亲抚养长大；在家庭年收入为6万美元的家庭中，这一比例为25%；而在家庭年收入超过10万美元的家庭中，这一比例仅为10%。此外，生活在美国富裕程度与受教育程度排名前5%的地区的儿童，90%都与自己的亲生父母生活在一起。[55]

这些态势分布完全符合优绩主义内在的经济逻辑，尤其是世代传承的逻辑。当家庭成了经济生产——培养下一代人力资本——的基地，那么通过选择伴侣、构建婚姻来优化生产的压力就会增大。精英利用他们的财富和地位来支持他们严谨保守的生活方式，以维持自己的优势。精英之间的婚配要确保他们的孩子在出生后，不仅不会浪费所能继承的精英优势，并且会带来丰厚的回报。

从胚胎到幼儿园

富裕家庭的孩子从受孕的那一刻起，就在承接来自父母的优绩主义资源。精英母亲所享有的稳定生活对腹中胎儿大有裨益。优绩主义下的不平等让个人层面的安全感和经济层面的稳定性成了精英阶层的显著标志。值得注意的是，优绩主义下的不平等不仅涵盖年收入，还涉及财务安全。（离婚与财务困境向来如影随形：金钱问题会造成婚姻关系的紧张。[56] 对女性来说，离婚成本尤为高昂。[57]）随着精英财富的增加，精英的财务安全也变得更加持久。相比之下，中产阶层家庭的平均收入不仅停滞不前，而且对于个体家庭来说，收入状况也变得更加波动不定[58]：1970—2000年，中产阶层家庭每年遭受重大财务变故（譬如家庭收入下降超过50%）的概率翻了一番。[59]

这种家庭经济状况的突然恶化不仅给大人，也给孩子带来了巨大的打击，由此产生的紧张压力会阻碍孩子的发展。[60]事实上，母体感受到的压力甚至会通过子宫的生物路径对尚未出生的胎儿造成伤害。所以，母亲在孕期的压力会降低孩子以后的学业成绩和智商分数。而且，这些影响都很严重。举例来说，胎儿时期母体应激激素水平较高的孩子长到7岁时，与正常的同龄孩子相比，受教育程度上要少1.1年（超过半个标准差），而语言智商得分少5分（接近半个标准差）。[61]最后，研究显示，受过教育的母亲相较于未受过教育的母亲，更有能力在婴儿出生后抵消产前压力带来的影响。因此，产前压力对非精英家庭的孩子造成的伤害比较大。[62]富裕家庭的孩子在母亲肚子里时条件就要比中产阶层家庭的孩子优越。

精英父母不会因为孩子的出生而有所松懈。相反，他们会从孩子出生那一刻起，就充分利用自身已有的优势条件对孩子进行直接投资。这些投资会持续孩子的整个幼儿期，而且会不断加码，最终从家庭内部慢慢扩展到外部社会。

与其他人相比，富人在开发子女婴幼儿时期的人力资本上投入的时间越来越多。（在与子女相处的时间方面，阶层间的差距在最年幼的孩子身上体现得最为明显。[63]）在20世纪60年代和70年代，受过教育的父母与未受过教育的父母在鼓励子女发展的活动上投入的时间大致相同。[64]然而，一项研究显示，在接下来的40年里，所有的父母都加大了对子女教育的时间投入，但是接受过大学教育的父母投入的时间增长得更快，[65]是其他父母的2倍。[66]如今，整体来说，接受过大学教育的父母每天花在子女教育上的时间比仅上过高中的父母多出一个多小时。[67]

第五章　优势的传承　　151

对于父母（尤其是母亲一方）属于超级精英的家庭，这一趋势就更为明显。例如，大约一半拥有哈佛大学或芝加哥大学工商管理硕士（MBA）文凭的女性，她们在育有两个或多个孩子后，会因为要照顾子女而选择离职或只做兼职。[68] 精英女律师在成为母亲后选择退出职场的比例也非常之高。顶级的律师事务所甚至专门用"潜逃风险"[69]（flight risk）来形容这种状况。从存在于工作任务分配、薪酬待遇和职场晋升中的性别歧视到性骚扰等诸多因素，共同导致了这种状况的发生。这也解释了为什么在大多数情况下，是母亲而非父亲一方选择离开职场。与此同时，由于精英育儿的巨大需求，加上优绩主义制度下培养下一代人力资本的迫切要求，父母双方中的一方离职转而精心养育子女在社会和经济层面是完全合理的。

优绩主义下的社会规范符合这样一种逻辑：一个精英家庭中如果有一位没有接受过精英教育的母亲，可能会让这个家庭被别人看不起，但是一位接受过精英教育的女性为了养育孩子而离开职场则是被社会接纳的。事实上，女性看似"相夫教子"的选择是在推动孩子的精英继承，形成家族优势的代际传递，她实际上是在遵从而非放弃精英生产的内在逻辑。

此外，富人家庭对子女的投资不仅在数量上更在质量上优于其他家庭。优绩主义的精英们会采用一项精心设计的"协同培养"计划来提升子女的日后成就。精英父母会将他们的丰厚收入和生活经验都投注在子女的人力资本开发上，他们所参照的正是自己的成长之路。这种精英式育儿的方法和技能是非精英阶层的父母无从了解的，更遑论比照跟进了。[70]

举例来说，拥有文学士学位的父母每天给孩子读书的可能性是仅拥有高中或以下学历的父母的 2 倍多，是大学肄业的父母的 1.5 倍。[71] 他们带孩子去参观艺术画廊[72]、博物馆、名胜古迹或报名参加艺术课程[73]的可能性也大约是其他父母的 2 倍。

精英阶层的父母要比其他的父母更多地与孩子交谈、互动：父母都是专业人士的 3 岁幼童听到的字词量，要比普通人家的同龄孩子多出 2 000 万个，比领取社会救济的家庭的同龄孩子多出 3 000 万个。[74] 精英阶层的父母在语言表达上也更有效率：身为专业人士的父母在遣词造句、运用语言符号，甚至语气语调方面，都要比劳工阶层的父母更具有教育意义。[75] 有一些表达会在潜移默化之下被孩子吸收接纳。父母是专业人士的 3 岁幼童的识字量，要比父母是非专业人士的同龄孩子高出 49%，比父母领取社会救济的同龄孩子再高出 43%。[76]（一项自然实验生动地证实了一点，其结果令人感慨：同样是天生失聪的孩子，在通过植入人工耳蜗恢复听力后，富裕人家出身的孩子要比穷人家出身的孩子学会说话的速度快很多。[77]）

甚至养育子女时的道德感也会因父母的教育程度而有所不同。拥有研究生学历的父母打孩子的可能性大约是拥有本科学历的父母的 1/2，是只有高中及以下学历的父母的 1/3。[78] 广泛的研究表明，相较于中产阶层，尤其是贫困家庭的父母，富有的、接受过良好教育的父母通常会更多地向子女坦露情感，[79] 更积极地参与互动，并在约束管教方面更具有一致性。

这些独特的投资会逐渐培养出精英家庭孩子的一些情感技能，譬如开放、自信、自律和坚韧。来自贫困和中产阶层家庭的孩子在这些方面难以望其项背。近来针对非认知技能和人生成功的系统性研究表明，在早期成长环境中，精英家庭和普通家庭的孩子在情感技能方面的差异要比认知技能的差异对他们未来的成功（包括长期的学业成绩）更有影响力。[80]

类似的差异也将精英儿童与普通儿童在家庭范围之外的早期童年时光（例如在托儿所和幼儿园的时候）分隔开来。来自年收入超过 10 万美元家庭的 3 岁孩子入读幼儿园的比例，是来自年收入低于 6 万美元家庭的同龄孩子的 2 倍。[81] 尽管目前并没有关于精英家庭子女

第五章 优势的传承　　153

幼儿园入学率的系统数据，但是根据全美收入最高的 1% 人群的亲身经历，所有来自富裕家庭的 3 岁孩子都在上幼儿园。（即便有极少数来自富裕家庭的 3 岁孩子没有上幼儿园，那也是因为他们的父母在经过审慎考虑之后，选择了其他更合适的养育方式。）

另外，精英幼儿园与普通幼儿园存在着显著的差别。一所中产阶层的幼儿园通常会有读书角、做手工的区域，以及在好的幼儿园还会有一支充满爱心但工作压力大的师资队伍。而一所精英幼儿园——以纽约市的菲尔德斯通学校的幼儿园为例——可能会有一个人员配备齐全、藏书丰富的图书馆，以及独立的艺术、音乐、外语、科学和社会研究部门，里面的老师，包括助教，都是拥有精英大学学士或硕士学位的高才生。精英幼儿园的师生配比通常可以达到 1∶7。

在精英学校赋予学生的优势中，功课设计只是一小部分。除了教授认知技能之外，精英幼儿园还专注于学生的情感发展和人格培养。它们给予孩子个性化的关注，它们的目标非常明确，并且为这一目标不懈努力——那就是培养出能够自律、自我激励和自我导向的学习者，使其能够面对和克服各种不可避免的挑战。

当然，所有这些个性化的关注都需要家长来买单。菲尔德斯通学校的幼儿园每年的学费超过 5 万美元。[82] 大约 80% 的家长都是一次性全额付款。[83] 另外，还有一些学费减免方案主要提供给年收入在 10 万~14.9 万美元的家庭。[84] 事实上，精英家庭的父母都在尽力缴纳学费——竞争最激烈的幼儿园的录取率只有 5%，比进哈佛大学和耶鲁大学还难。[85] 如此低的录取率催生了一个名为"教育顾问"的职业市场，专门帮助富裕家庭的 4 岁幼童进行入园申请。这些顾问收费也不便宜，有的要价高达 6 000 美元。[86] 父母如若听从他们的建议，便既要花钱又要花时间。一套典型的申请方案要求参与的家庭同时申请 10 所幼儿园；针对最有意向的前 3 所，除了要填写申请资料之外，还要写一封声情并茂的申请信；研究每一所幼儿园的特色，以便在参观时能够给校方留下深刻的印象。[87]

精英家庭之所以愿意加入这场看似荒谬的激烈竞争，其实是有原因的。孩子的早期教育能够带来巨大红利，所谓"一分钱一分货"。可以说，学龄前教育是对一个人的人力资本最重要的投资。心理学的主要流派一致认为，儿童的早期发展对其人格形成具有决定性的影响。有证据表明，认知能力，例如通过智商衡量的一般智力（当然不是更具体的知识和技能方面的教育）很大程度上在一个人10岁左右就已经定型。[88] 在儿童进入幼儿园时进行的入学考核中，来自不同收入水平家庭的孩子之间的学业成绩差距实则已经显示出来。[89] 同时，精英幼儿园和学前班知道要如何利用它们的社会关系，其中包括与知名初中、高中之间正式的或非正式的联系。（以菲尔德斯通学校的幼儿园为例，它就与菲尔德斯通高中直接关联。）在精英幼儿园的网站上，一大宣传点就是从这里毕业的孩子最终进入了哪些精英大学。[90]

对教育而言，数量与质量同等重要：实践并不能造就完美，只有完美的实践才能造就完美。[91] 每一对精英父母都知道，优绩主义模式下的幼儿教育非常精细，且需要亲力亲为。富人与其他人在幼儿人力资本的投资方面存在极大的不平等，所造成的结果也同样显而易见：精英阶层的孩子在进入学校前已经具备了巨大的情感和学业优势。在国际学生评估项目（PISA）的测试中，来自美国社会经济地位最高的10%家庭的5岁孩子在算术、阅读与科学技能上的受教育程度，相较于来自美国最底层10%家庭的同龄孩子分别领先了37、25和39个月，相较于来自中间阶层家庭的同龄孩子分别领先了21、19和23个月。[92]

这些差距是巨大的。而且，精英阶层与中产阶层之间的差距已经超过了中产阶层与底层之间的差距。这些差距会从幼儿时期一直持续至成年时期，并且会不断拉大。

第五章　优势的传承

学龄期

当精英幼儿园的孩子们开始接受正规学校教育之际，他们已经拥有了穷人和中产阶层的同龄人所不具备的巨大优势。[93]哪怕对这些富家子女的人力资本的特别投资止步于此，他们的教育水平也远超其他人。然而，事实上，富人针对子女教育的结构性优势和高效的育儿实践并不会在孩子5岁时戛然而止或有所减弱。相反，他们会持续乃至加倍投入对孩子进行的特殊、系统的严格教育。学龄期教育只会强化优绩主义之下富家子女所继承的各种优势资源。

有些精英习惯是在潜移默化中养成的。例如，富有的父母要比贫穷的父母每周多花3小时与学龄期的孩子沟通交流，还会花更多的时间陪伴子女参加各种文娱活动。[94]在孩子的整个童年期，富裕家庭父母的这些投入会逐渐积累，最终形成对儿童教育的大规模直接投资。等到了18岁，一个富裕家庭的孩子和一个贫穷家庭的孩子相比，在与人交谈、阅读、参加文艺活动、参观博物馆、接受体育教练等方面花费的时间要多出5 000多个小时。[95]这个时间分配到一名儿童身上，相当于每天要花将近一小时来从事这些活动；分配到一个成年人身上，相当于全职两年半从事这些活动。家庭不富裕的孩子就不会将时间花在这些有益身心的活动上：到18岁时，相较于富裕家庭的孩子，一个中产阶层家庭的孩子看电视或玩电子游戏的时间要多出近5 000小时，而一个贫困家庭的孩子更是会多出8 000小时。[96]

此外，随着孩子日渐长大，精英父母除了自己对孩子直接进行越来越多的特别投资，还会通过补习班以及尤其是补习学校，请专业人士来对孩子进行同样特别的投资。有时候，这些活动可能陷入滑稽的境地，例如曼哈顿的一对有钱夫妇因为13岁的儿子喜欢烹饪而聘请了专业厨师来教他。[97]不过，精英家庭的孩子在整体上所接受的培训既不休闲也不轻松，而是一个个目的性强的、坚决不动摇的、有效的认知类与非认知类训练计划。甚至，一开始看似滑稽的选择后来也很快变成了严肃的训练，并为孩子带来了实打实的回报。例如，前面提到的少年厨师后来在一场电视直播的厨艺大赛中获胜，还开创了自己的餐饮事业。[98] 这两项成就不仅有助于他培养个人技能，还为他未来申请大学、进入社会的个人履历增色不少。

学校可能是美国精英阶层对子女进行特别投资的最重要的地方。近几十年来，一个典型富人家庭和一个典型中产阶层家庭每年在孩子的正规教育上所花费的金额的差距呈爆炸式增长，与高收入和中等收入之间不断扩大的差距完全同步。

收费昂贵的精英私立学校已经在富人家庭子女的教育版图中占据越来越重要的位置，体现着对精英子女的正规教育最明显、最公开的投资。非宗派私立学校的入学人数从 1965 年的 34.13 万[99]增加到了今天的 140 万[100]，增长了约 3 倍。（就连一向不被富人看好的"在家上学"也发展出了一条精英教育之路。如今，已经有专门为富人家庭打造定制家庭学校的企业。根据其中一位创办人的说法，平均每个孩子每年"在家上学"的费用为 5 万美元。[101]）

目前，父母年收入超过 20 万美元的家庭有 1/4 会为孩子选择私立学校，而父母年收入低于 5 万美元的家庭做出这一选择的比例仅为 1/20。[102] 而且，进入私立学校的孩子大都来自非常富有的家庭。总体来说，美国私立学校 76% 的学生来自全美收入最高的 1/4 家庭，只有 7% 的学生来自收入最低的 1/2 家庭。[103] 私立学校的名声越响亮，学生的家境越富裕。根据全美私立学校协会的主席透露，顶级私立学校 70% 的学生来自全美收入最高的 4% 家庭。[104]

这些精英私立学校在学生教育方面投入了大量资本。私立学校强调小班教学——学生与老师的配比例为 7∶1[105]，而普通的公立学校则是 16∶1[106]——这为公立学校闻所未闻的高强度、非常个性化的教学服务提供了保证。一所精英私立学校的学生导游对前来参观的访客解释说，如果学生因为一场田径运动会错过了一堂数学课，那么他的数学老师会专门为他在课余时间补课。[107] 此外，私立学校的老师不仅人手充足、富有爱心，而且大都是受过高等教育的精英人才。在《福布斯》发布的全美排名前 20 的预科学校中，3/4 的老师拥有大学本科以上学历。

受过良好教育的师资队伍在教学实践中拥有丰富的教学资源。专业级别的实验室、剧院、艺术室、体育馆、运动场和图书馆都是顶级私立学校的标准配置。由路易斯·康设计的菲利普斯埃克塞特学院的图书馆是全球最大的一所中学图书馆，共 9 层，目前藏书 16 万册，剩余空间还可容纳 9 万册。[108]

路易斯·康设计的图书馆自然不便宜，而这种模式下的教育更是花费不菲。菲尔德斯通学校的高昂学费绝非个例，而是相当普遍的现象。顶级私立寄宿学校一年的学费平均超过 5 万美元，而顶级私立走读学校一年的学费平均超过 4 万美元。[109] 不过，精英私立学校每年在每位学生身上的平均支出却远高于此。私立学校大都有捐赠基金为学校的各项开支，尤其是基础建设提供支持。捐款金额往往数字巨大。登上《福布斯》寄宿学校榜单的学校的捐赠基金平均超过 5 亿美元，平均分摊到每位学生身上为 70 万美元。[110] 所有这些捐赠，加上每年额外的募捐活动，平均分摊到每位学生每年是 1.5 万~2.5 万美元。[111] 总而言之，在精英私立高中就读的学生平均每人每年可获得 7.5 万美元的教育投资。[112]

此外，私立学校不过是当代美国精英投资子女教育的一个方面。美国公立学校每年平均对每名学生的支出勉强超出 1.1 万美元。[113] 但是，这个平均水平实际上掩盖了美国各州和各学区之间的巨大差异。州政府和地方政府的财政支持约占美国公立学校运营资金的 90%，[114] 因此日益加剧的经济隔离让精英阶层能够将个人资源投资在自己孩子的教育上，哪怕是在名义上的公立学校。

美国对公立学校学生投资不均的情况始于州一级。富裕的康涅狄格州平均每年在每名学生身上投资的经费近1.8万美元，而贫穷的密西西比州仅为8 000美元。[115]州内不同地区的公立学校的经费多有不同，相对富裕的城镇在每位学生身上的投资也相对较多。[116]这些差异积累起来的效果是巨大的，特别是在一些极端情况下。例如，近几年来，在纽约斯卡斯代尔联合自由学区（当地家庭的年收入中位数是23.8万美元），每年平均花费在每位学生身上的经费将近2.7万美元；然而，在肯塔基州的巴伯维尔独立学区（当地家庭的年收入中位数为16 607美元），平均每年花费在每位学生身上的经费大约仅为8 000美元。[117]

另外，位于精英学区的公立学校越来越多地接收大量的额外私人捐款。贫穷或中产阶层学区的家长教师联谊会基本上就是一个社交网络和宣传团体，每位学生的预算可能也就几美元。[118]但是，在最富裕的学区和学校，家长教师联谊会、当地学校基金会和学校后援俱乐部等都是筹集资金的渠道。[119]它们有足够的影响力，在学校整体筹资体系中占据突出地位。例如，在加利福尼亚州的希尔斯伯勒，学校基金会明确要求家长为每个孩子至少捐助2 300美元；[120]芝加哥的一所小学最近在一个晚上就筹集到了40万美元。[121]这些金额对富有的公立学校来说已是司空见惯。[122]在纽约市，这种情况更加普遍，甚至还因此有了一个专门的名号：凡是每年募款达到100万美元以上的公立学校被称为"公立的私立学校"[123]。

这个名号从很多方面来讲都很贴切。全美最富有的公立学校目前在教学中投入资源的丰富程度并不亚于私立学校，甚至拥有更多更好的师资（譬如旧金山格拉滕小学的家长教师联谊会一次性支付了6名学校职员最近一年的全部或部分工资[124]）和昂贵的设施[125]（回想一下马萨诸塞州牛顿市的高科技气象站和加利福尼亚州科罗纳多市的3D打印机）。

第五章　优势的传承　　159

最后，公立学校之间的投资不均实际上反映出了一个更广泛的经济趋势，即经济差距的扩大主要存在于富人阶层与中产阶层之间，而不是中产阶层与穷人之间。富人与中产阶层之间的投资差距几乎是中产阶层与穷人之间投资差距的 4 倍：前者的代表是纽约斯卡斯代尔联合自由学区和中等学区之间的差距，每年在每个学生身上的投资大致相差 1.5 万美元；后者的代表是中等学区与肯塔基州的巴伯维尔独立学区之间的差距，每年在每个学生身上的投资大致相差 4 000 美元。

出现这样的情况绝非偶然。巴伯维尔独立学区的学校 81% 的预算都来自非本地资金[126]（这也是它的支出可以接近中产阶层学校预算的原因），但是在那些顶级学区，来自当地的资金支持占据了学校支出的很大一部分。斯卡斯代尔联合自由学区的公立学校 89% 的预算都来自当地财政税收，后者主要是针对当地的房屋征收的税费。这些房屋的价值中位数在 100 万美元左右，每年的拥有成本（包括贷款利息和房产税）近 10 万美元。[127] 依靠非本地资金支持的学校根本比不过这种依靠本地税收支持的学校。对中产阶层来说，斯卡斯代尔联合自由学区仿佛是遥不可及的另一个世界，位于这个学区的公立学校，就像全美最富裕地区的其他公立学校一样，仅仅在名义上是公立的。

总体而言，就学龄期儿童可获得的教育投资金额来说，美国贫困州的贫困地区的贫困儿童每人每年可获得 8 000 美元，中等收入州的中产阶层的孩子每人每年可获得 1.2 万美元，富裕州的中产阶层的孩子每人每年可获得 1.8 万美元，富裕州的富裕家庭的孩子每人每年可获得 2.7 万美元，而入读私立精英学校、来自超级富有家庭的孩子每人每年可获得 7.5 万美元。

这些差距，尤其是社会顶层的群体由于继承了大量的精英资源而造成的与其他人之间的差距，是不正常的。它与美国过去的运行方式以及国际标准都相去甚远。经合组织最近对全球 34 个发达经济体进行的一项调查显示，有三个国家存在明显的公立教育资源分配不均的情况，具体表现为：相比于主要面向贫穷家庭孩子的公立学校，主要面向富裕家庭孩子的公立学校平均每年在每位学生身上的支出更高，师生配比也更高。美国正是这三个国家之一。[128] 美国的公立学校支出对于家境富有的孩子，尤其是家境极度富有的孩子的偏向性已经到了令人震惊的地步。

然而，美国精英阶层对学龄期儿童的特别投资绝不仅限于正规的学校教育。事实上，富人在为子女安排课外补习班和兴趣班上的投资要比其他人多得多。这方面的差距在最近几十年间极速扩大。

许多课外补习班直接针对学生在学校学习的核心科目，比如科学和数学训练营、编程和机器人俱乐部等。同时，毫无疑问地，富人家庭要为子女的补习班、备考班支付不菲的费用。补习备考主要是为了提升学生在申请大学时需要的各项考试成绩，尤其是 SAT 和 ACT（美国大学入学考试）成绩。仅就它来说，已经从 1970 年的零起步发展到如今已经价值数十亿美元的产业。[129]

雇用家庭教师的家庭也几乎都来自富裕阶层。[130] 今天，贫困甚至中产阶级的家庭根本无力承担密集的私教服务，但是精英家庭出身的孩子很少有不把大量时间用于参加私教培训的，而且他们往往在不同的领域有不同的私教。在全美收入最高的 1% 家庭中，这方面的花费更是惊人。

位于纽约曼哈顿的威力塔斯教培公司（Veritas Tutors Agency）①是一家由普林斯顿大学的毕业生经营的私教服务机构。它的业务遍及全美，基本学科的服务收费为一小时 600 美元。购买该公司私教服务的家庭大多数会花费 5 000~15 000 美元，但也有家庭花费高达 10 万美元。[131] 尽管如此，威力塔斯并不是补习业界的天花板。纽约市一家为学生专门提供备考辅导的公司，一节 90 分钟的线上 Skype 辅导

---

① Veritas，拉丁语意为"真理"，也是哈佛大学的校训。——编者注

第五章　优势的传承

课收费1 500美元,而且要求注册时至少一次性购买14节课。另外一家同类型公司的收费标准是一小时1 250美元。[132] 还有一家公司聘请常春藤盟校的教授对学生进行一对一的辅导。该家公司给教授开出的时薪为1 000美元,那么它针对学生的收费必然更贵。[133](不出所料,一些教授已然同意参与。[134])还有一些富裕家庭会聘请全职的私人教师。这些私人教师除了能拿到6位数的报酬之外,[135] 还享有其他各种福利,譬如交通费、三餐和住宿全包,甚至配备私人助理。

富有的父母竞相为孩子报名参加这些私教培训。威力塔斯目前有50多名家教老师。尽管要价高昂,他们却极为抢手。有些父母甚至提前几年就已为孩子预订。[136] 威力塔斯的创办人指出,"如果你已经花费50万美元送孩子去私立学校,接着还打算花25万美元送孩子去读4年大学……不管是送去某不知名的学校还是耶鲁这样的名校"[137],"在这个过程中倘若你却不愿意再多花点钱确保孩子进入一所更好的大学,让他们与一批优秀的人一起成长、取得更高的成就,那岂不是很傻"。这个逻辑足以解释为什么课外辅导和补习产业会在美国发展得如此蓬勃。事实上,这个产业仍然有足够的空间继续成长。以韩国为例,私人补习费用占家庭总支出的12%,而身价上百万的私人教师更是成为众人皆知的补习名师。[138] 一项研究预测,快速增长的全球私教市场规模将很快超过1 000亿美元。[139] 与之形成鲜明对比的是,哈佛大学一年的预算也只有50亿美元而已。[140]

其他形式的课外活动,譬如艺术和体育活动,则是对学校课程的一种补充而非直接模仿。首先,来自富裕家庭的孩子,尤其是母亲接受过高等教育[141]的孩子,会比来自贫穷家庭的同龄人更有可能参加这些活动。[142] 此外,精英家庭和普通家庭的孩子在课外活动方面的支出差距在过去的几十年里同样稳步上涨,目前已是天壤之别。[143] 1972—2005年,全美收入最高的1/5家庭与收入最低的1/5家庭在孩子课外活动上的支出差距扩大了2倍,目前一年相差7 500美元。[144]

162　精英陷阱

收入所得处于最顶端的家庭在这方面的支出远不止于此。在最顶尖的学校就读的孩子,仅芭蕾舞课一项,每年的费用就高达6 000美元;如果要从小培养一名芭蕾舞演员直至其高中毕业,那么费用可能高达10万美元。[145] 一个富裕家庭的孩子若是对某项乐器"认真起来",那么每年的课时费很容易就能达到1.5万美元。[146] 当然,乐器本身就很昂贵。一位家长说,自己的儿子从6岁到10岁仅仅在学习钢琴上的花费就达50万美元。[147] 这还不算为孩子提供各种支持、稳定的保障和定期练习所需要的安静空间等隐性成本,这些可能才是最大的成本所在。

综上,富裕家庭的父母在子女教育的方方面面都投入了大量的资金。[148] 因此,没有其他任何一种消费差距的扩大速度可以与教育支出相比[149](见图5)。这些投资既不是一时兴起也不是无关紧要。相反,它们直抵核心,即是对富家子女人力资本的积累。设备完善的学校,接受过良好教育、经验丰富、态度认真的师资队伍,加上精心设计过的各种密集的课外辅导,足以培养出更优秀的孩子。[150] 充实的课外活动同样能够让孩子获益匪浅。威力塔斯的创办人就指出,他们提供的是真正的教育服务,而非什么噱头花招。他强调,他们所教授的并不是如何"应付考试",而是要"让学生更好地掌握考试所考核的技能,譬如阅读和思考能力、运算能力,以及更有效地开发自己的大脑"。[151] 另外,每年暑假期间,家境富裕的孩子会接受私教辅导或参加各种学术活动性质的夏令营,也就是说,他们会在整个假期继续学习。而与此同时,贫困家庭的孩子就没有这种提升自己的机会,在阅读和数学学习方面会停步不前甚至出现倒退的情况。[152](这一点在美国尤为明显。美国孩子的正常上学时间比起其他富裕国家的孩子要少。举例来说,美国孩子一年的上学时间只有180天,而日本的孩子则有240天。[153])其他传统的课外活动,譬如体育、音乐和艺术,即使在学习结束后的很长一段时间也能改善生活机遇。因此,这一类的支出不只是纯粹的消费，而是一种积极的投资。经常参加课外活动的孩子上大学的可能性比偶尔参加课外活动的孩子高出70%，比从来不参加课外活动的孩子高出400%。[154]

对人力资本进行的理性、系统、侧重技能的投资会取得丰硕的回报。所有的教育和培训都会显示出它的效用。当一群表现优异的学生相聚在一所资金雄厚的学校，每一位学生都积累了最大的人力资本价值。[155] 精英学校和普通学校之间的差异不断积累，随着时间的推移，在不同的情景下，这会导致不同家庭收入背景的学生在学习成绩上产生巨大差距，尤其是家庭收入处在金字塔尖的学生与其他学生之间差距更大。

因此，教育不平等随着家庭收入不平等的加剧而显著增加。在过去的25年里，高收入家庭和低收入家庭的学生在考试成绩上的差距扩大了40%~50%；到8年级时，来自富裕家庭的学生要比来自贫困家庭的学生在学业成绩上高出4个年级的水平。[156] 美国当今富学生与穷学生的成绩差距已经超过了白人学生与黑人学生之间（3个年级）的成绩差距，[157] 甚至也超过了20世纪中叶种族隔离时期白人学生与黑人学生的成绩差距。国与国之间的比较结果同样令人震惊：美国国内富学生与穷学生之间的成绩差距基本上与美国学生和突尼斯学生之间的差距不相上下（而突尼斯的人均GDP只有美国的1/12）。[158]

另一项发展趋势同样重要，甚至可以说更为重要。自二战结束到1970年前后，经济收入不平等所造成的教育不平等主要存在于中产阶层和穷人之间。[159] 在20世纪中叶，富裕家庭的孩子与中产阶层的孩子在学业表现上的差距并不大。然而，这种情况从20世纪70年代中期开始发生变化。今天，富裕家庭的孩子与中产阶层家庭的孩子之间的学业成绩差距远大于后者同贫穷家庭的孩子之间的差距。根据详细且系统的研究分析，富裕家庭与中产阶层家庭的孩子之间的学业成绩差距从20世纪70年代初期开始扩大，在20世纪90年代中期与中产阶层家庭和贫穷家庭孩子之间的差距水平持平，如今已经高出了后者 25%（见图 6）。

这些学业成绩的差异，包括比较关键的富裕家庭与中产阶层家庭的孩子之间的差距，在 SAT 考试成绩上进一步地显现了出来。由于 SAT 成绩对于申请美国大学至关重要，几乎可以肯定的是，它是美国高中生最在意的一次考试。家庭收入与学业成绩的关联性在 SAT 成绩上表现得尤为明显。[160] 家庭年收入超过 20 万美元（大约是收入最高的 5% 家庭）的学生相比于家庭年收入低于 2 万美元（大约是收入最低的 20% 家庭）的学生，得分要高出 388 分；父母拥有研究生学历（大约是收入最高的 10% 家庭）的学生相比于父母未完成高中学业（大约是收入最低的 15% 家庭）的学生，得分高出 395 分。不论是哪一种情况，这些原始分数上的差距都使得精英学生在所有考生中排在前 1/4 的位置，而其他不具备优势的学生则排在后 1/4 的位置。[161]

同样，最引人注目的差异并不在于两个极端群体之间的直接比较，而是在于中间群体与两个极端群体之间的比较。直到 20 世纪 90 年代后期，中产家庭和穷人家庭的孩子在 SAT 成绩上的差距仍然超过富裕家庭和中产家庭的孩子之间的差距。[162] 然而，精英阶层的优绩主义传承已经彻底改变了这种格局。

今天，家庭收入处于中间水平的学生在 SAT 考试中的得分只比贫穷家庭的学生高出 135 分，然而他们的分数比富裕家庭的学生足足低了 250 分。[163] 父母都是中等受教育程度（拥有副学士学位，也就是高中毕业但没有学士学位）的学生在 SAT 考试中的得分仅比父母高中辍学的学生高出 150 分，但比父母拥有研究生学历的学生足足低了 250 分。[164] 与之相同的是，在大学入学考试中，来自中产家庭和穷人家庭的学生在慢慢趋同，而来自精英家庭的学生再次迅速地将中产家庭学生甩在了身后。

于是，精英阶层的优绩主义继承不可避免地产生了以下模式：随

第五章　优势的传承

着上层职位的收入飙升，富裕家庭对子女教育培训的投资逐渐与中产阶层家庭拉开了距离。教育培训的成果显著，以至于尽管上述数字显示的只是平均水平，但是很少有学生的表现偏离基于其家庭环境的预期。例如，在 2010 年，在 SAT 考试的阅读与数学部分拿到 700 分以上的学生（排名前 5%~7%）当中，87% 的学生其父母有一方拥有大学学历，56% 的学生其父母有一方拥有研究生学历。[165]

所有这些超出常规的投资——包括基本的认知和非认知技能培训、长期充实的课外活动、补习和备考辅导——结合起来使得精英高中的毕业生与来自贫困家庭和中产阶层家庭的同龄人有了质的差距。如前所述，差距主要集中在收入分配的最顶端。我们可以从超级精英学校的教育成果中明显看到不同。一所公立精英学校，以斯卡斯代尔高中为例，可能将 97% 的毕业生送入大学。[166] 私立精英学校的成绩则更为惊人：《福布斯》全美排名前 20 的私立高中[167]的毕业生中，平均有 30% 能够进入常春藤盟校、斯坦福大学或麻省理工学院，有 2/3 能够进入《美国新闻与世界报道》发布的大学排行榜中位列前 25 的学院或大学。[168]

富有家庭从子女出生就开始的教育投资并不会随着孩子高中毕业就结束。相反，优绩主义下的传承机制使富裕家庭的孩子在高中毕业时已经做好准备并有资格进入大学，以接受更多的卓越教育和培训。这也就意味着，他们从小接受的教育投资会一路延续至他们的成年生活。

大学阶段

总体而言，如今要上大学并不比 1960 年时更难。[169] 事实上，过去半个多世纪以来，对于录取难度排名后 90% 的大学，其入学竞争的激烈程度一直比较稳定，甚至还有所缓和。然而，精英大学的入学竞争则日趋激烈。如今一所大学入学竞争的加剧程度与该校在20世纪60年代初期的录取难度有直接关系。常春藤盟校、斯坦福大学、麻省理工学院等顶级名校的入学竞争的加剧程度最甚——如今的入学竞争激烈程度是两代人之前的好几倍。[170] 对于将眼光只瞄准这些超级精英大学的精英阶层的家长和孩子来说，他们的生活完全被激烈的入学竞争主宰。

精英大学的入学竞争同样被精英高中把持。《福布斯》杂志发布的全美排名前20的私立高中的毕业生，有30%可以入读常春藤盟校、斯坦福大学和麻省理工学院。他们就占据了这些精英大学1/10的招生名额。[171] 此外，还有一小部分其他的精英高中也表现亮眼。它们与那些精英私立高中拥有相似的学生群体，提供的是同样高强度的精英式教育，并取得了同样的成果。（比如菲尔德斯通高中，它在《福布斯》当年发布的全美私立高中排行榜中并没有进入前20，还有永远也无缘进榜的公立学校斯卡斯代尔高中。）

统计结果显示，在全美最负盛名的大学中，有1/3的学生来自全国前100所或200所最知名的精英高中。[172] 这些高中的毕业生绝大多数家境富裕，其中有2/3来自收入在全美排名前5%的家庭。因此，我们稍有反思就会发现，来自最好的高中且家境最富有的孩子构成了精英大学学生的主要部分。大学进一步扩展了优绩主义的优势继承，加剧了富裕家庭的子女与中产阶层家庭的子女在教育培训方面的不平等。

系统性的研究结果也证实了这一点。美国在29岁前获得学士学位的人数占比在二战后快速上升，从1947年的6%增至1977年的24%，再到2011年的32%。[173] 但是，几乎所有的增幅都来自全美收入分配中排名前50%的群体。1980—2010年，美国获得学士学位的群体中，富人和穷人的占比差距扩大了一半。[174] 今天，一个家庭中父

第五章　优势的传承　　167

母的收入排名每提升一点，都意味着孩子上大学的机会大大增加。[175]同时，父母收入水平对子女大学毕业的概率比对子女被大学录取的概率的影响更大。[176] 从上大学开始，富裕家庭的孩子拿到学士学位的比例比其他孩子高出 2.5~4 倍，而且这一差距在持续拉大。

所有这些影响的叠加效果是，截至 2016 年，全美家庭收入分配中最高的 1/4 家庭有 58% 的家庭成员在 24 岁之前获得了学士学位，紧接着的 1/4 家庭中这一占比为 41%，再接下来的 1/4 家庭中这一占比为 20%，收入最低的 1/4 家庭中这一占比仅为 11%。[177] 关键点不仅仅在于这些数值之间的绝对差异，更在于它们的相对差异。就如同高中阶段教育投资的分配不均一样，在大学毕业率上，富人家庭和中产阶层家庭学生之间的差距远超过中产阶层家庭同贫穷家庭学生之间的差距。富人家庭同中产阶层家庭学生之间的差距也几乎是 1970 年的 2 倍。[178]

富家子女在入读精英大学和顺利毕业方面依然要比其他人享有更多的优势，尤其是在竞争最激烈的顶尖精英大学。（尽管无论家庭收入分配在什么阶层，能够入读这类学校的学生绝对占比都很低。）就算穷人家的孩子能够进入大学，他们所就读大学的平均教学质量也处在第 35 百分位，中产阶层家庭的孩子所就读大学的平均教学质量处在第 50 百分位，而来自最富有的 1% 家庭的孩子所就读的大学平均教学质量则处在第 80 百分位。[179] 同上文提到的其他情况一样，富裕家庭与中产阶层家庭的学生所入读大学的质量差距比中产阶层家庭与贫困家庭学生之间的差距更大，前者是后者的 2 倍。

对于那些不只是有一定的录取难度，而是录取难度极高的大学来说，情况则更加极端。没有什么可以保证来自富裕家庭的高中毕业生一定能够入读顶尖的精英大学，毕竟"僧多粥少"，但是录取难度实际上已经决定了来自贫困和中产阶层家庭的高中毕业生无缘进入真正的精英大学。以 2004 届高中毕业生为例，高收入家庭的学生有 15% 左右进入顶尖名校就读，而中等收入家庭的学生这一占比只有 5%，低收入家庭的学生这一占比仅为2%。[180] 其中的巨大差异再一次说明，富人家庭与中产阶层家庭学生的差距远超过了中产阶层家庭与贫困家庭学生之间的差距，前者是后者的3倍。

各收入阶层的父母送孩子上大学的比例自然决定了来自各收入阶层的大学生的占比。因此，大学生群体明显向富家子女倾斜也就不足为奇了。如今，美国大学中约37%的学生来自收入最高的1/4家庭，约25%的学生来自收入处于中间水平的1/2家庭，13%的学生来自收入最低的1/4家庭。[181] 随着时间的推移，大学生群体向富家子女倾斜的情况越发明显，尤其是自优绩主义早期的民主时代以来。[182] 此外，由于大学生毕业的概率随着其家庭收入的增加而上升，大学毕业生向富家子女倾斜的情况要比大学生群体向富家子女倾斜的情况更甚。例如，在2014年，所有获得学士学位的学生中，只有10%的学生来自收入最低的1/4家庭[183]（这个比例甚至低于1970年的12%）。

这些不平等现象在精英大学中体现得尤为明显。在顶尖精英大学的学生群体中，富家子女所占的比例已经达到了令人吃惊的程度。一项调查研究显示，在全美约150所竞争最激烈、录取难度最高的精英大学中，来自收入最高的1/4家庭的学生和来自收入最低的1/4家庭的学生之间的比例是14∶1。另一项调查则显示，在91所竞争最激烈的大学中，两个群体之间的比例是24∶1。[184] 这些数字意味在精英大学中，有72%的学生来自收入最高的1/4家庭，只有3%来自收入最低的1/4家庭。

来自底层家庭的学生比例如此之低，确实令人沮丧，但一点也不令人意外，因为穷人从来没有在任何社会的精英机构中占据过突出地位。[185] 不过，最令人感到诧异的是，大学教育向富人倾斜的情况出现在收入分配的顶端。在所有的重点大学中，来自收入最高的1/4家庭的学生占比，是来自收入处于中间两个1/4家庭的学生占比的4~8倍。[186] 换句话说，在精英大学，富裕家庭学生的占比不仅超过了贫

第五章　优势的传承　　169

穷家庭学生，而且也远超出广大的中产阶层家庭的学生。[187] 这种差距随着时间的推移会不断地拉大，尤其是在优绩主义的精英职场中，考虑到从幼儿园一直延续到高中的不断积累的教育不平等，这并不奇怪。根据一项调查结果，精英大学中富家子女所占的比例从20世纪80年代末到21世纪初增加了差不多50%。[188] 抽象的数字统计实际上反映的是各行各业的具体情况。例如，2004年针对重点私立大学的一项研究发现，仅父亲是医生的新生人数就比父亲是钟点工、教师、神职人员、农民和军人的新生人数总和还要多。[189]

在美国教育体系的顶端，向富人倾斜的趋势已然成了最突出也最令人不安的现象。最顶尖精英学校的行政部门并没有公布与其学生群体的阶层背景相关的系统性数据，但是其中有一些学校的学生开始自发搜集并公布。根据哈佛大学和耶鲁大学的学生报告，在最近入学的学生中，来自收入最高的1/5家庭的学生占比超过了来自收入最低的2/5家庭的学生占比，两者之间的比例是3.5∶1。[190] 更令人忧心的是，在整个常春藤盟校、芝加哥大学、斯坦福大学、麻省理工学院和杜克大学中，来自收入最高的1%家庭的学生人数竟然比来自收入最低的50%家庭的学生人数还要多。[191] 这种顶尖精英学校向富人倾斜的程度简直匪夷所思。就连长期以来作为社会阶层和精英教育代表的牛津大学和剑桥大学，如今在所招收学生群体的经济背景方面也比今天的哈佛大学和耶鲁大学更具有多元性。[192]

所有这些事实叠加，描绘出了一幅鲜明的整体图景：富裕家庭出身几乎成了一个人获得学士学位的充分条件，更几乎是一个人获得精英大学学士学位的必要（但不充分）条件。[193] 大学在富裕家庭子女高中毕业后的生活中占据主导地位，而富裕家庭子女又在精英大学的学生群体中占据主导地位。无论优绩主义有着怎样的初衷和目标，它如今都已经将大学变成了有钱人的专属区域。

大学本身加剧了教育资源向精英阶层的集中，使富裕家庭的子女从小在教育上获得的特殊投资一直延伸到了他们的成年期，并由此扩大了富人阶层和中产阶层所获得的人力资本投资的差距。来自贫困家庭或中产阶层家庭的美国年轻人所获得的系统性人力资本投资，基本上在高中毕业时就宣告结束，因此由大学启动的新一轮的人力资本投资基本上仅限于来自富裕家庭的年轻人。可以说，最具有竞争力的大学提供的与教育相关的特殊投资几乎全部流向了富裕家庭出身的年轻人，而且这些投资规模巨大。

近几十年来，美国大学针对来自富裕家庭的学生所进行的教育方面的特殊投资一直在稳步增加。如今，高等教育占据全美公共教育支出的33%；加上私人捐款，美国大学支出占到了全美教育总支出的45%。[194] 无论是从绝对数值还是从与其他经济领域的对比来看，总数都是惊人的：2014年，高等教育机构的花费是5 320亿美元，占美国GDP的3.1%。（1970年的这一花费为1 420亿美元，占美国GDP的2.2%。[195]）美国教育领域的投资总额大约相当于非住宅物质资本的投资总额。[196] 如今仅耶鲁大学一家机构每年的花费，就是1840年整个美国教育总支出的数倍。[197]（引人注意的是，与其他经合组织国家相比，美国在中小学教育上的支出占GDP的比例低于平均水平，但是在高等教育上的支出占GDP的比例是平均水平的2倍。[198]）而且，自1970年以来，教育支出的增长速度远快于入学人数的增长速度。[199] 这也就意味着在每位学生身上的实际支出增加了近60%。[200]

在最顶尖的精英大学，教育支出的增长速度最快，而入学人数的增长速度最慢。例如，仅在2001—2005年，美国常春藤盟校学生的实际人均支出的中位数就增长了80%。[201] 竞争较为激烈的大学培养其相对富裕的学生的支出，通常比竞争没那么激烈的大学培养其相对不富裕的学生的支出要多得多。在竞争最激烈的大学，以学生为导向的课程平均每年在每位学生身上的支出是9.2万美元，而普通大学的类似支出只有1.2万美元。[202] 现在的这种支出差距是20世纪60年代的 5 倍。[203]

支撑这些不断增加的支出的资金来源，一部分是精英大学的学生家长不断上涨的收入[204]，而更大的一部分则是来自学生家庭之外的各种补贴，譬如大学基金会实力雄厚的捐款和公共资金（其中包括与大学作为慈善机构的地位相关的税收补贴）。总体来说，在全美最富有的 10% 的大学里，花在普遍富裕的学生身上的每 1 美元教育费用，学生实际上只需支付 20 美分；而在最贫穷的 10% 的大学里，花在普遍贫困的学生和中产阶层学生身上的每 1 美元教育费用，学生则需要支付 78 美分。[205] 在过去的 50 年间，教育补贴大幅增长，与此同时，普通学生和精英学生所收到的教育补贴的差距也在极速扩大。在 1967 年，普通大学每年对每名学生的平均补贴约为 2 500 美元，而重点大学每年对每名学生的平均补贴约为 7 500 美元。但是到了 2007 年，前者增长至 5 000 美元，而排名前 1% 的顶尖大学的补贴则激增至约 7.5 万美元。[206] 精英学生群体向富家子女的整体倾斜，再次说明最大规模的补贴反而流向了最富有的学生。

简而言之，美国的大学不仅将教育资源越来越集中在培养富家子女身上，而且还在不断提高他们所获得的教育补贴。精英的优势传承在这两方面的规模都是惊人的。

研究生阶段

根据一种普遍的说法，大学毕业标志着一个人青春的终结和成年生活的正式开始（大学毕业典礼的意义正在于此[207]）。从这个意义上说，大学毕业意味着一个人离开了校园生活，无论他将要学到什么或者成为什么，他都必须在残酷的"现实"世界中完成。

然而，今天的生活却与这样的说法背道而驰，尤其是对经济精英而言；想象与现实之间的差距正在持续稳定地扩大。至少对于受教育程度越来越高且接受过大量培训的精英劳动者来说，大学毕业所照亮的前方道路（即使不是现在，也是在可预见的未来）并不是通往现实生活，而是通往继续深造。的确，对美国最顶尖大学的精英学子来说，大学不过是通往研究生教育的通道，一如高中是通往大学的通道一样。这种额外的深造进一步将人力资本投资集中在专业技能水平越来越高但范围越来越狭窄的精英身上，富裕家庭子女和其他家庭子女所获得的人力资本投资差距被进一步拉开了。研究生院将优绩主义的优势继承延伸到了一个人的成年期。

研究生教育是一个相对较新的现象，而它受到精英劳动者的重视也是新近才出现的状况。事实上，精心规划的研究生教育直到最近才成为获得精英工作，包括进入专业领域的必要条件。[208]专业学院，譬如法学院和医学院，直到20世纪初期才发展成了研究生院（拥有学士学位的人才能申请）。[209]最重要的是，当时的银行业精英、咨询顾问与企业高管由于需求众多且待遇丰厚，长期以来并没有接受过任何正规的工商管理方向的研究生教育。哈佛大学商学院的院长尼廷·诺里亚就曾指出，20世纪中叶的美国管理精英之间的联系纽带并非大学情谊，而是家族网络和宗教信仰。1900年，只有不到1/5的商界领袖拥有大学学历。[210]

过去，美国的专业精英之所以在没有接受研究生教育的情况下也能表现不错，是因为他们从雇主那里接受了广泛的在职培训。医生在治疗病人的过程中提升了个人技能，新入职的律师会担任资深律师和法官的学徒。最重要的是，20世纪中叶的美国企业管理者，包括精英高管在内，要想在企业内部复杂的管理等级体制中晋升就要接受系统性、高强度的在职培训。[211]

以IBM为例，对新主管的培训始于公司位于阿蒙克市的培训中心。而且，从某种意义上来说，这种培训从未停止过。基本上，管理层员工在工作的头两年主要是在阿蒙克市进行轮岗实习。同时，在整个职业生涯期间，他们每年都会在阿蒙克接受为期 3 周的额外培训以及其他的实地训练。纵观一位在 IBM 工作满 40 年的退休员工的职业生涯，会发现有超过 4 年的时间，即 10% 的工作时间，是在接受雇主提供的各种培训。[212] 柯达公司是 20 世纪中叶另外一家重要的美国企业。这家公司的新员工也必须接受大量的密集培训，因此它从不雇用年龄超过 25 岁的人。[213] 这些企业并非个例。20 世纪中叶一项针对企业主管的调查显示，新员工希望得到在职培训，在求职时会将企业能提供多少在职培训列入考虑范围，而企业也积极地响应这种需求：就该项调查所涉及的公司而言，基本的管理培训项目会持续整整 18 个月。[214]

然而，今天的美国企业已不再提供类似的培训。IBM 在 20 世纪 90 年代初期舍弃了以在职培训为基础的终身雇佣制。当时公司总部受到的冲击如此之大，以至于公司高层不得不请求当地贩卖枪支的商店暂时关门歇业。[215] 至于柯达，现在已明确表示，只针对内部不到 1/3 的核心管理职位提供在职培训。[216] 这实际上属于现代企业管理理念的改变。一群保险业中年高管最近回忆说，他们早年往往需要接受为期一年的公司培训，但是如今他们的公司已不再提供任何培训。[217] 这一企业管理理念的改变所反映的现实，用数据来衡量就是美国企业如今在培训上的投入还不到整体薪资预算的 2%。[218]

20 世纪中叶典型的职业发展路径专注于在一家企业内部流动，也就是常言所说的"从收发室到主管办公室"[219]。（根据《财富》杂志在 1952 年所做的一份调查，有 2/3 的企业资深主管在他们就职的公司工作了超过 20 年。[220]）在职培训正是为这样的流动机制提供了动力。

如今，这种动力已经耗尽。精英工作的特质已经发生了改变，针对特定企业的专门知识的价值在下降，通用技能的价值在上升。在同一时期，精英劳动力市场的结构也发生了变化，企业与员工之间的彼此忠诚度有所降低。如今的职场等级是按照职业而非公司或产业划分的。[221] 雇主已经放弃了过去管理者的常规做法,即给予雇员某些隐性承诺,譬如只要工作称职就有望终身受雇或稳定升迁。相反,现在企业所提供的,套用苹果公司对员工的声明,是"把握好这一有限的、对我们双方都有利的绝佳时机,共度一段美好旅程"[222]。

至关重要的是,这些变化全都使大学教育而非在职培训成了让个人进入职场并获得晋升的一方。事实上,一位有上进心的年轻医生现在所追求的不仅仅是传统意义上为了获得执业医师执照所需的一年实习期,还有时间更长、强度更大的住院医师规培期,其中一些住院医师(譬如神经外科)的规培期会长达 7 年。今天的许多专科科室除了要求年轻医生参加住院医师规培之外,还要求他们进一步接受正规的全日制培训。[223] 同样,年轻的律师在进入业界之前,需要先获得学士学位,然后在法学院接受 3 年的培训。在过去的 20 年里,全美法学院平均每年培养大约 4 万名法学博士(JD)。[224] 今天,进入金融、咨询和管理等领域的精英劳动者几乎普遍在获得学士学位后继续在商学院接受为期 2 年的培训。全美的商学院平均每年培养超过 10 万名 MBA。[225] 1932 年的一项开创性研究发现,55% 的公司高层管理人员并没有接受过大学教育。[226] 然而,今天 90% 的公司高层管理人员拥有大学学历,[227] 且绝大多数的精英管理人员拥有 MBA 或 JD 学位。[228] 如今这些模式在精英劳动者的职业生涯中已经如此根深蒂固,大家理所当然地视之为精英生活背景的一部分。然而,这些模式实际上代表的是一种深层的社会创新,它的出现也不过是这一两代人的事。

这一转变对整个美国社会的教育和培训资源分配,即对人力资本投资的分配,产生了重大影响。长期以来,本科毕业之后的教育和培训被看作是对人力资本,尤其是对精英劳动者的人力资本的额外投资。20 世纪中叶的美国雇主会花费多年的时间和大量资金来培养精英员工。如今,以大学为基础的研究生院对学生进行了更大规模的投资:

哈佛大学商学院平均每年对每位学生的投资超过 35 万美元。[229]

对精英工作的培训从工作场所转移到大学的过程，彻底改变了接受培训者的社会经济构成以及人力资本的投资形态。原本，企业雇主所提供的培训会在一定程度上向富人倾斜，因为提供最多培训的更好的入门级工作岗位更多地流向了精英大学的毕业生，而这些毕业生基本上来自富裕的家庭。[230] 然而，今天以大学为基础的专业培训明显地向富人倾斜，因为就读于顶尖研究生院的学生群体中富家子女的占比之高，相比于本科阶段学生群体的社会经济失衡情况，有过之而无不及。（甚至连今天幸存的且备受欢迎的一种在职培训方式——无薪实习，也出现了向富家子女倾斜的状况，因为只有他们才能负担得起没有报酬的工作。）

这种状况的出现绝非意外。近来，研究生院的学业竞争压力极大，其中一些顶尖研究生院的竞争激烈程度甚至比顶尖精英大学还要高。例如，耶鲁大学法学院学生的学习成绩中位数是本科成绩全 A（即平均绩点为 3.9），法学院入学考试成绩的中位数高于第 99 百分位。哈佛大学商学院学生的学习成绩中位数是平均绩点 3.7，经企管理研究生入学考试（GMAT）成绩位居第 96 百分位。斯坦福大学医学院学生的学习成绩中位数是平均绩点 3.85，医学院入学考试（MCAT）的成绩处于第 97 百分位。[231] 能进入精英研究生院就读的学生几乎都是名牌大学的本科毕业生。在耶鲁大学法学院的学生当中，有 40% 来自常春藤盟校，25% 毕业于哈佛大学、普林斯顿大学或耶鲁大学。[232] 在这些顶尖大学就读的本科学生群体本身就主要来自富裕阶层。由此，研究生院也不可避免地向富人倾斜。

另外，研究生院的费用也相当昂贵。进入精英研究生院必要的直接成本（即学杂费），与精英大学一样高昂，甚至在很多情况下更甚：耶鲁大学法学院每年的学费约为 6 万美元，哈佛大学商学院每年的学费则超过 7 万美元。[233] 这些还仅仅是学费，没有包括食宿费用。如果将所有费用加起来，耶鲁大学法学院估计每位学生在一学年（9个月）的学习中要花费超过8万美元，而哈佛大学商学院估计每位学生9个月的费用超过10.5万美元。[234]（根据学生自己的统计报告，全面参与社交活动会使攻读MBA的成本增加2万美元；如若不想增加这一额外的经济负担，那就意味着你可能会被排除在学生时期才能享有的知识福利和人脉网络之外。[235]）而获得研究生学历的间接机会成本（以因为多上几年学而放弃的收入来衡量），等于甚至还超过了直接成本。[236]

毫无疑问，这些影响加上其他的一些未知因素，使精英研究生院的学生群体同样呈现出近乎不可思议的社会经济失衡。对此，我们仍然缺乏系统和广泛的数据。由于这种向富人倾斜的现象太过极端，所以很难在公共数据中有所体现。通常情况下，公共数据将广泛的精英阶层归为同一收入类别，因此想要在收入分配在前百分之几的群体内再进行细分就很难。与此同时，顶尖名校也不愿公布这种令其感到尴尬的学生群体的失衡。[237]尽管如此，有越来越多的非官方资料透露出精英研究生院学生群体的家庭财富情况。哈佛大学商学院的学生在讨论我们上文提及的社交费用时，用词是"区区2万美元"[238]。其家庭背景的财富雄厚程度可见一斑。耶鲁大学法学院的学生最近做的一项系统性的家庭背景调查显示：来自收入最高的1%家庭的学生人数要比来自收入最低的50%家庭的学生人数还要多（前者的占比大约是12%，后者的占比大约是9%）。耶鲁大学法学院的学生家庭年收入中位数大约是15万美元（属于全美收入最高的1/5群体）；耶鲁大学法学院只有3%的学生是来自贫穷或近乎贫穷的家庭。[239]

很难想象还有在社会经济层面比他们更精英的学生群体。尽管目前还没有其他精英研究生院的公开具体数据，但是我们有理由相信，哈佛大学商学院和耶鲁大学法学院绝非个例。[240]相反，一项针对全美法学院学生的广泛调查显示，顶级法学院中有近2/3的学生，父母至少有一方为专业人士（拥有本科以上的学历），有近 1/3 的学生，父母双方均为专业人士。[241]

职场培训曾经承载着将早期优绩主义教育下的民主动力带入成年时期的功能，使得具有不同成长背景的员工都有机会在公司内部晋升成长。然而，随着时间的推进，优绩主义随后的发展历史背离了这样的初衷。今天，优绩主义使得以大学为基础的教育取代了职场培训。顶尖的研究生院不光将针对富家子女人力资本的大量投资直接延伸至他们的成年阶段，还将这些投资集中在社会经济精英的身上，而这一群体有着几乎不可想象的排他性——推动优绩主义继承深化的同时又窄化它。它们使美国今天的教育和培训聚焦于金字塔的塔尖。

优势传承的价值

优绩主义下的精英是后天培养而非天生的，但他们也并非完全自我塑造而成。

精英教育与普通教育几乎在可以想象到的所有层面都有差别：不论是人员、设备、方式，还是目的、学习计划。所有这些差异积累起来，引领着来自富裕家庭、接受精英教育的孩子过上一种与众不同的生活方式，一种与美国成年精英劳动者的生活完全契合的生活方式。然而，这种生活方式的独特之处很难简单定性，精英教育与普通教育之间的区别也很难从单一的角度予以衡量。就此观之，主导着富家子女早年生活的精英教育，与主宰着他们成年后生活的上层工作也无分别。

精英教育与精英工作的关联性表明，对富人与其他人所接受的教育水平差距的综合衡量，可以明显地反映出教育不平等的本质，就像收入最高的 1% 群体的收入占比可以说明成年人之间的经济不平等一样。此外，精英教育与最高劳动所得之间的关联性为创建统计数据提供了一个方向。劳动所得代表的是一位劳动者的人力资本所获得的回报，而教育连带其所有相关面向都是在打造和增加一名学生所拥有的人力资本。

因此，要对富家子女所接受的精英教育进行综合衡量，首先必须剥离围绕在精英教育四周的文化背景和制度细节，忽略精英父母在子女抚养和教育上做出的直接的、个人化的、实物的投资。相反，要将教育简单视作对人力资本的一种投资，可以用金额来衡量。接下来，我们考察与一个典型的中产阶层家庭孩子相比，一个典型的富裕家庭孩子在教育上所获得的投资金额能多出多少。例如，一个孩子出身于加利福尼亚州帕洛阿尔托的典型富裕家庭（收入属于全美最高的1%家庭之列），另一个孩子出身于密歇根州圣克莱尔湖畔小镇的典型中产阶层家庭，两人在教育上获得的投资金额有着多大的差距呢？根据前文进行的详细分析，我们可以对几个关键数额做出粗略（但保守）的估计：幼儿园阶段每年的投资差额在1万~1.5万美元；小学阶段每年的投资差额在2万~2.5万美元；中学阶段每年的投资差额在5万~6万美元；大学和研究生阶段每年的投资差额在9万美元。

最后，为了将精英在童年时期逐年获得的投资总结为一笔单一的数额，我们要将当今精英在人力资本上的投资置于历史的维度进行观察。昔日有闲阶级的收入和地位主要来自他们积累的物质和金融资产所产生的回报。无论是从绝对数值来看，还是与中产阶层相比较而言，根植于旧时代社会和经济秩序的贵族精英父母对子女的教育投资明显少得多。相反，他们通过赠予实物资本和金融资本，诸如土地、工厂、股票和债券，来提高子女的收入所得和社会地位，确保财富和特权的代际传递。通常来说，这些赠予大都以遗产继承的方式获得，由父母在临终的时候交给作为继承人的子女。传统的财富传承模式也反映了当时财富的主要表现形式。

相较而言，优绩主义制度之下，精英阶层的财富并非表现为闲暇和资本收入，而是来自超高技能的劳动所得。根植于新秩序的精英父母，自然会为子女日后能加入上层劳动者的队伍提供社会和经济基础。父母在世时对子女的人力资本投资已经取代了旧时的实物资本和金融资本遗赠，成了精英地位世代传递的主要手段。因此，可以借由计算传统的遗赠规模来衡量当代精英的人力资本投资。

为此，我们可以假设，一名来自全美收入最高的 1% 家庭的孩子与一名来自中产阶层家庭的孩子每年在教育上获得的投资差额都可以被取出来，投入一个信托基金，作为富人家庭的父母去世后留给孩子的遗产。接着，计算这笔遗产的大小。要计算出确切的结果需要依赖各种假设，所以结果不应太过精准。尽管如此，我们仍然可以给出合理的估计（即便在背景假设发生改变的情况下依然稳健），最后得到的结果可以说令人瞠目结舌：一个典型的富裕家庭对子女人力资本的投资远超一个贫困家庭甚至中产阶层家庭的投资，差额就相当于旧时的贵族父母留给孩子的遗产。放在今天，这笔遗产的规模大约为每个孩子 1 000 万美元（见表 1 和表 2）。

每个孩子 1 000 万美元！

这就是精英阶层家庭的子女所继承的父母资源的总值。之所以说它也是一种继承，是因为它的确是由父母传给了孩子，以实现精英地位世代传承的愿望。它是优绩主义下的优势继承，这主要体现在两个方面。第一，通过优势继承所获得的教育无情地追求并奖励成就：精英父母、家庭教师和学校老师都有意识地培养孩子的技能和成就；孩子要想上精英学校就需要面临激烈的席位竞争，一旦被录取后，又继续面临激烈的成绩竞争。第二，精英子女继承的优势资源使其有资格进入竞争残酷、以绩效为基础的精英职场。

精英阶层对子女教育的投资，无论是从绝对值来看，还是相比于中产阶层家庭的投资而言，都是巨大的。它代表了一种全新而独特的优绩主义代际传承机制，可以说是一场"家庭财富的传承革命"[242]。富裕家庭的父母及其子女自然地倾向于将人力资本投资作为实现收入和社会地位世代相传的首选途径。这就是为什么随着收入的增加，教育支出比其他主要的消费支出增速都快；也是为什么近几十年来，教育支出的不平等程度相比于收入的不平等程度上升得更快。[243]事实上，对优绩主义的想象已完全掌控了精英阶层，即使是超级富豪——拥有足够的实物资本和金融资本，完全可以通过传统的遗赠方式确保财富和地位的代际传承——也都通常以优绩主义的优势继承作为留给子女的主要遗产或者唯一遗产（就如同马克·扎克伯格所做的）。

整个经济和社会的转型——从世袭的有闲阶级引领的社会到由工作的富人引领的社会——使得上述富豪的操作变得合理化。优绩主义的优势继承，即富裕家庭对子女的人力资本投资与中产阶层家庭的投资之间的巨大差额，成了优绩主义之下代际传承的主导力量。精英教育成了优势继承的媒介。精英劳动所获得的收入便是通过精英教育建立起的优绩主义继承的价值体现。

机会的终结

尽管优绩主义理念一度使精英阶层对外开放，但如今优绩主义的优势继承成了阻碍普通人实现阶层跃迁的一道鸿沟。

随着家庭成为生产场所而非消费场所，孩子成为人力资本的积累者，精英家庭和中产阶层家庭在子女培养方面的差异不光体现在文化和审美层面，还体现在经济层面，而且这种差异会深深融入这些孩子的成年生活。这种变化使得优绩主义成为推动特权代际传承的引擎，出身于贫困家庭和中产阶层家庭的孩子由此丧失了在未来获得收入和地位的机会。无论人们倡导优绩主义的初衷是什么，无论人们曾经对

第五章　优势的传承

它有着怎样的期望，如今的它都已不再能够推动社会和经济机会的平等。恰恰相反，它成了今天困扰整个美国的社会和经济不平等的根源。

布鲁斯特等一批 20 世纪中叶的教育改革者对优绩主义寄予厚望，优绩主义的早期发展也确实没有让他们失望。优绩主义旨在取代旧时的闲适贵族，因为后者既缺乏动机也没有能力教导和培育子女在高度竞争的世界中生存下去。然而，随着优绩主义的日趋成熟，它却不可避免地扼杀和破坏了布鲁斯特等人所寄予的希望。（只是优绩主义的持久魅力让这样的结果显得令人惊讶。）组成新精英阶层的精英们，在竞争激烈的学校和职场一路过关斩将，在成功的号角声中拥有了自己的地位，同时也在培育子女方面获得了前所未有的偏好和能力。

由于培训和教育的作用，富裕家庭的孩子在人生的每一个阶段都超越其他的孩子——再次强调，他们超越的不只是家境贫寒的孩子，还有中产阶层家庭的孩子。富裕家庭的孩子在童年的每一个阶段都获得了超常的人力资本投资，这使得他们表现优异，并进入下一个阶段的选拔，进而深化并扩大了下一步所获得的投资规模和所能取得的非凡成就。这一过程会一直持续到他们成年。这种机制的最终结果是，这一代精英阶层的孩子构成了新一代的精英阶层。在精英养成的每一个阶段，精英父母都会依据优绩主义的标准和方式来确保自己的子女具备竞争优势。今天的精英世家便建立在优绩主义继承的基础之上。

可以肯定的是，来自贫困家庭甚至中产阶层家庭的学生要想顺利从大学（尤其是精英大学）毕业，即便学业成绩合格，也会面临富裕家庭的孩子不会面临的社会和经济障碍。因此，来自贫困家庭或中产阶层家庭的高中毕业生有时会选择不去争取或者中途放弃他们原本有资格获得的大学教育。[244] 这种不匹配虽然真实存在，但还不足以解释大学生群体向富人倾斜的原因，尤其是在最顶尖的精英大学——这些大学对下一代精英劳动者的人力资本贡献最大。

SAT 成绩分布所体现的不平等教育意味着，来自精英阶层之外的、以优异成绩进入顶尖名牌大学的高中毕业生数量根本微不足道;[245]而来自精英阶层内部的学生数量如此之多,以至于这些学校的学生群体不可避免地向富人倾斜。[246] 来自劳工阶层或中产阶层家庭的学生,即便天资聪颖且抱负远大,并且在少数充满热忱的老师给予的特别关注下接受了教育,再辅以他们自身的勤奋和聪明才智(譬如一位来自洛杉矶南部的学生表示他是通过观看智力竞赛电视节目《危险边缘》来了解世界的[247]),也无法与额外接受过数千小时的培训和数百万美元投资的富家孩子进行竞争。事实上,尽管来自低收入家庭的高中毕业生的学业成绩近几十年来有所提高,上述提到的不匹配情况有所减少,但是即便消除所有不匹配的情况,来自低收入家庭的孩子在精英大学所占的比例也不会有实质性的增加。[248]

新一代精英阶层的构成证实了这一结论,并且表明优绩主义下的不平等已将财富与成就挂钩,导致在绝大多数情况下,最富有的学生同时也是学业表现最好的学生。因此,精英大学的学生群体不仅向富人倾斜,同时也向学业成绩优秀的人倾斜。的确如此,绝大多数成绩优异的学生都被最顶尖的大学招收。通常情况下,每年的 SAT 考试中批判性阅读部分得分在 700 分以上的大约有 8 万名学生[249],而在《美国新闻与世界报道》发布的大学排行榜中排名前 20 的大学就招收了其中 1/4 左右的学生。[250] 此外,法学院入学考试成绩排在第 99 百分位的学生中有 2/3 都被全美前五大法学院录取了。[251]

旧时代的贵族精英根本无法与新一代的精英阶层竞争,因为前者生来就不需要取得什么成就,然而新一代的精英阶层从小就被培养要争取更高成就,也因此主宰了优绩主义的竞争。[252] 推动大学——尤其是竞争最为激烈的顶尖精英大学——的学生群体向富人倾斜的主力,是学业成绩而不只是狭隘的经济或文化背景。大学生群体向富人的倾斜与其说代表了优绩主义的崩溃,倒不如说反映了优绩主义的胜利。[253] 显著的教育不平等揭示了优绩主义不平等背后不为人知的内在

第五章　优势的传承

逻辑。

最后,优绩主义的代际传承方式为精英阶层提供了另一个优势,将优绩主义的继承与旧时代的贵族继承完全区分开来。众所周知,旧时贵族继承来的物质财富与金融财富很容易诱使其奢靡怠惰,从而造成其贵族地位的瓦解。这也是为什么在20世纪初出现了"富不过三代"[254]的说法。反观新一代的精英阶层,他们继承的是人力资本,根本不会被挥霍浪费。

一个人要从很小的时候积累人力资本就必须养成勤奋自律的习惯,这使得他们在进入成年期后会尽量避免人力资本的浪费。同时,法律也支持这样的做法:人力资本的所有人不能在未付出时间性劳动的情况下撷取人力资本的利益;关于工作的法律制度允许有偿劳动但禁止奴役,其不允许人力资本的所有人在没有付出劳动或尚未劳动的情况下出售自己的人力资本。在优绩主义继承的机制下,子女不会继承父母的债务,因此人力资本也不至于像上一代那样变得奢靡懒散。最后,由于教育投资早在子女还未成年时就已支付,因此人力资本的转移实际上免于被征赠与税和遗产税。

与实物资本、金融资本完全不同,人力资本的构建方式使其无论是从心理层面、经济层面还是法律层面,都可以避免所有人的挥霍浪费。最后,围绕精英劳动阶层发展起来的结构——前文所述的精英教育的社会实践和制度——不仅确保了接受父母人力资本传承的子女能够善用这一资源,而且还能支持他们将人力资本继续转移给自己的下一代,从而实现优势的世代传承。

从各方面来看,通过人力资本转移实现优势的世代传承的优绩主义体制,模仿了过去几个世纪以来主宰精英生活的真正世袭的贵族体制。优绩主义体制下的教育扮演的就是贵族体制下血统的角色,优绩主义体制下的精英工作则相当于贵族体制下可遗赠给后代的土地。[255](在20世纪中叶的体制下,形式上平等的人们并不因血统而有所区分,而是根据对实物资本与金融资产的继承来区分。依照上述观点,这种体制不过是存在于贵族体制与优绩主义体制之间的过渡期,并非迈向进步的垫脚石。[256])

精英家庭日渐垄断了获得收入与社会地位的途径,并且逐渐将贫穷家庭与中产阶层家庭的孩子排除在精英培训与精英工作之外,这并非背离了优绩主义的价值观,而恰恰体现了优绩主义的价值观:精英特权世代传承的特性,与其说反映了优绩主义体制的腐败,不如说是该体制趋于完美的表征。(即使是在这种垄断形势下出现的罕有特例——来自一般家庭但天赋异禀或是鸿运当头的孩子跃上龙门,成为精英——也只是通过展示优绩主义体制不同于以血统为基础的贵族体制,或者通过为该体制注入外界新鲜血液,进一步证明了优绩主义体制的合理性。[257])事实上,优绩主义体制似乎有望打造一种代际特权制度,这种制度比20世纪中叶被优绩主义击败并取代的实物资本与金融资本的继承机制更加持久。这是一种世代传承结构,在形式上与更早期的世袭贵族体制非常相似,在寿命上或许也可以与之比肩。

因此,布鲁斯特在今天被誉为耶鲁大学最伟大的校长,这毫不奇怪,尽管他曾被20世纪中叶富裕的有闲阶级视作叛徒。[258]他是新兴优绩主义精英眼中的英雄,正是他的改革创造了这样一个可以长远存续的群体。[259]

同样不奇怪但颇为讽刺的是,布鲁斯特帮助开创的这一体制在为新一代精英提供强大支持的同时,如今也给他们带来了压迫。

特有的考验

位于曼哈顿的亨特学院附属高中是全美最顶尖、竞争最激烈的公立学校之一。一名纽约市公立学校的学生,倘若能就读于这所高中,就意味着他被大学录取且日后获得经济成功的机会大大增加。该校毕业生中有25%会被常春藤盟校录取。[260]正因如此,这所高中广受欢迎,申请人数是招生名额的10倍。[261]此外,亨特学院附属高中几十年来一直完全依据严格的入学考试来选拔学生,堪称优绩主义的典范。

它的这套考试制度,同优绩主义下的所有考试制度一样,偏向于有准备的学生,因此大部分学生都会选择参加考前补习班,以提高最后的考试成绩。[262]补习本身并不便宜,因此对富人更有利。确实,近几十年来,亨特学院附属高中通过这种方式招收的学生群体越来越倾向于富裕家庭的孩子:只有10%的学生会穷到需要校方提供午餐补助(这意味着他们来自年收入低于4.5万美元的家庭);而纽约市普通公立学校需要校方提供午餐补助的学生比例一般在75%左右。[263]此外,这所学校学生的种族构成也发生了改变:1995—2010年,入读该校7年级的学生中,黑人与西班牙语裔的人数占比分别降至原来的1/4和1/6。[264]

当纽约人开始意识到优绩主义妨碍了机会平等时,亨特学院附属高中便陷入了政治漩涡的中心。该校的许多师生以及现任校长都认为学校需要调低入学门槛,综合考虑除考试成绩以外的其他条件。然而,这所高中的上级——亨特学院的校长却不同意这样的做法。结果,就在亨特学院附属高中的毕业生埃琳娜·卡根被确认成为美国最高法院大法官的几周前,该校校长在一片争议声中宣布辞职,导致这所学校不得不寻找5年内的第4任新校长。[265]

亨特学院附属高中所引发的争议还有另外一个可能更棘手但同样重要的面向。随着学校的课业、压力和分级制度变得高压,这所学校所服务的精英学子也开始抱怨起来。于是,学校决定在第二年尝试"作业假期",以减轻学生的压力。[266]然而,即便如此,对学校的不满已使一些学生追求精英教育的热情有所减退,而有关入学考试的争议也使他们的自信心受到打击。与此同时,亨特学院附属高中采取的旨在减轻学生压力的宽松政策也有损它优绩主义的立场。学校在严格拒绝不符合入学考试标准的申请者的同时，又准备在校内放宽对学生的要求，因为后者需要在严苛的要求下喘口气，这种不一致应当做何解释呢？

亨特学院附属高中引发的争议实际上揭露了优绩主义教育中普遍存在的一种可怕的动态机制。一位知名的经济学家曾经表示："我所接受的教育对我的价值不仅取决于我拥有多少，还取决于在职场竞争中排在我前面的那个人拥有多少。"[267] 而且，无论我和排在我前面的人拥有什么样的（绝对）教育程度，情况始终如此。因此，无论是在亨特学院附属高中还是在全美范围内，优绩主义教育将这种奇特逻辑所产生的后果发挥得淋漓尽致，产生了毁灭性的结果。

一方面，与其他的普通商品不同的是，在精英阶层花钱购买精英教育时，他们直接减少了其他人获得良好教育的机会。当有钱人购买昂贵的巧克力时，并不会让中产阶层的普通巧克力口味变差。但是，当有钱人在教育上大笔投资时，的确会降低普通中产阶层所获得的教育和学位的价值。花钱送孩子参加考试补习的家长其实降低了其他人进入亨特学院附属高中的机会，而这所高中为学生提供的高质量教育降低了其他人进入哈佛大学的机会。优绩主义的每一次胜利必然导致其失败的一面。

另一方面，精英阶层内部的教育竞争消除了一个重要的消费抑制效应，即当收入上涨时对普通商品的需求量会减少。有钱人或许安于巧克力的口味，却无法满足于现有的学校教育。[268] 相反，他们对子女的教育会不断投资，越来越多，力求互相超越。若不是因为孩子对教育培训的吸收能力有其体力和心理上的限度，再加上学校和家长一次只能聘请一位老师进行辅导，孩子一天上课的时间也就那么多，他们的投资将根本没有上限。优绩主义教育不可避免地会引发一场浪费资源且具有破坏性的教育军备竞赛，最终结果是无人从中受益，包括

第五章　优势的传承

那些竞赛中的胜利者。

美国的优绩主义教育从两个方面来看都在接近极限。最顶尖的精英学校与大学几乎只服务于那些能够支付得起极限教育费用的富家子女。然而,从人的角度来看,优绩主义教育对这些富家子女的服务越来越差。

亨特学院附属高中的学生(和菲利普斯埃克塞特学院以及哈佛大学和耶鲁大学的学生一样)在接受学校教育时,对学校竞争和追求奖项表现出了一种强迫性的执着。不论是懒洋洋的玩耍和放纵享乐,还是对学习的深刻反思和内在热爱,都正在成为历史奇物——只存在于优绩主义陷阱之外的生活回忆中。今天,富有的年轻人之所以孜孜以求、刻苦训练,是为了通过各种测试和入学考试的竞争,以此获得并展示成年之后进入精英职场所需的人力资本。他们的父母更是将大部分的成年生活围绕着竞争展开,以维护自己的阶层地位:他们陪伴子女阅读、学习、培训,为子女发愁,甚至为了子女的前途而选择结婚并维持婚姻稳定。所谓"直升机式育儿",不过是将上层劳动运用于优绩主义体制下的阶层地位再生产中。

所有这些竞争的压力在经年累月之后就会产生明显的伤害。首尔富人区的学生,其努力程度超过了世界上其他地方的学生,他们在过去 10 年间脊柱侧弯的发病率增加了一倍以上,此外医生还在他们之中发现了一种现象——"孩子的头向前紧张地弓着",并将这种现象命名为"乌龟颈综合征"[269]。在耶鲁大学法学院,70% 的受访学生承认自己在该校就读期间"遭遇了心理健康问题"[270],尽管他们的前途看上去一片光明。他们遭遇的主要问题就是焦虑、抑郁、恐慌和经常性的失眠,全都是神经处于极度疲惫状态的表现。[271] 如果说曾经的常春藤盟校只不过是悠闲的世家子弟给自己镀金的地方,那么如今它已经变成了争夺和保持精英地位的公开战场,每个人都势在必得,但也有人可能就此失去。

优绩主义教育同时也会造成一些没那么明显但同样严重的伤害。时刻充斥着竞争的生活让学生们只追求表面的成功，并对失败怀有深深的恐惧。这种情况十分严重，以至于出现了专门描述这种情况的类型文字。批评者们用各种方式来称呼这些精英学子，说他们"非常聪明"但又"极度困惑"，"不知道接下来要做什么"[272]，犹如"行尸走肉"[273]。在众多的说法中，或许最令人难忘的是将他们形容为"优秀的绵羊"[274]。最近，一批来自顶尖研究生院的精英学子被问道，有谁愿意一周花15个小时完成一项本质上毫无意义的任务，以获取职业上的竞争优势。所有人都表示愿意，并对这样的问题感到惊讶。[275]

　　针对精英教育的批评往往将其弊病归咎为精英阶层自身的弱点或恶习。一些批评者从明显的道德角度出发，指责是一批自私自利、矫揉造作又过分溺爱的父母培育出了毫无胆识又唯利是图的孩子。[276]另一些批评者则从认知的角度出发，指责这些有钱人缺乏远见与自我意识，并对自身的人性发展缺乏关注——因为正如大卫·福斯特·华莱士所说，这些人从小就被教导并自以为是地相信"自我是你本来就拥有的东西"[277]。这些批评的声音，与之前提到的将精英阶层的超高收入归咎于寻租甚至欺诈的说法并无二致。这些攻击屈服于优绩主义的魅惑，本能地将观察到的优绩主义发展过程中的任何恶行都视为优绩主义秩序的腐败或反常行径。

　　然而事实上，这一切又是优绩主义之下一个更深层、更黑暗的逻辑在发挥作用。精英教育的缺陷并非源自富裕家庭的父母和孩子异乎寻常的贪婪、愚蠢或缺乏经验。相反，它们的出现源于优绩主义下的不平等的内部动态机制，是不可避免的。在学校竞争如此激烈、在校成绩决定一切的情况下，只有"局外人"才能无视教育的工具作用，专注于教育的内在价值。唯有对收入与地位毫不在意的"世外高人"与不费吹灰之力就能脱颖而出的"天才"，才有可能追求优绩主义教育本身。至于品德和能力都一般的学生，他们必须把目光持续锁定在优绩主义带来的奖赏。

成年人为儿童设定了日程,工作则以自身的形象重塑了家庭。模仿职场环境的学校教育曾经引发激烈的批评——其指责旨在训练劳工阶层的孩子在进入劳动力市场时接受资本支配的资本主义美国教育,如今依然存在并且发展良好。[278] 只不过,现在这种教育模式在精英阶层内部得到了最为显著的应用。今天的精英学校教育经过精心调整,旨在训练学生抵御眼前环境的干扰,抵制追求自身独特的真实兴趣的冲动,坚定地塑造自己从而迈向优绩主义体制从外部为其设定的目标。优绩主义教育并不认为自我是一个人本来就拥有的东西,而是明确将精英的童年定格为一种有意识的努力,旨在打造一个能够凭借实力获得成功的自我。经过精心调整的精英学校教育将自我作为人力资本来培养和衡量,以自我利用和自我剥削的优绩主义技术来训练精英劳动者。

还是那句话,富人通过自我剥削获得了巨额回报,因此没有立场发出任何道德层面的抱怨。然而,优绩主义教育作为一种特权与优势的代际传递机制,代价极其高昂(它的高效也无法抵消这一代价)。原本在教育孩子的过程中存在的父母善意的忽视和孩子们自由玩耍的空间,如今已被时时刻刻的监督与密集的培训取代;父母过去的家庭生活围绕着成年人的世界展开,如今变成以培育子女为主导;原本无忧无虑的孩子,如今却充满焦虑地为未来做准备。富裕家庭曾经是消费的主力军,但如今已经成了一个投资和生产的场所,目的就是积累下一代的人力资本。

价值 1 000 万美元的优绩主义优势继承,代表了这一新机制运作的金钱成本,而精英学子疲于奔命、焦虑不安的不真实感则体现了该机制运作的人力成本。

从这两方面来看,父母一辈的不公正行为降临到了子女身上,并将世代传承。[279]

第六章

工作：光鲜亮丽与暗淡无光

《哈佛深红报》(*Harvard Crimson*)曾经刊登过一篇题为《失业的72届毕业班》的文章，其中漫不经心地指出："无论是机缘巧合还是个人选择，1972届超过一半的学生发现自己毕业后无处可去，无事可做。"[1] 出现这种状况一点也不令人意外。1959年，哈佛、耶鲁和普林斯顿的毕业生中只有1/10的人会在毕业后立即找工作；直到1984年，这些精英毕业生的大多数才会一毕业就开始找工作。[2]

一旦正式上班，20世纪中叶的天之骄子基本上都能加入保证有永久职位的公司，领取的薪资高低主要取决于"工作年限而非个人业绩"[3]。即使是"（20世纪中叶公司的）CEO也并不一定特别聪明。他们不需要冷酷无情或雷厉风行才能成功"[4]，威廉·怀特在他的20世纪中叶畅销书《组织人》中写道，当时的职场精英文化仍然以集体主义、回避风险、自满地隔绝于对手为主。[5] 其中的原因也很简单，一个由悠闲的贵族精英阶层主导的社会和经济，并不具备强烈的竞争意识，或者说"竞争对手尚无冲击之力"[6]。

优绩主义颠覆了这种旧时贵族的工作文化。由于勤奋努力成了一个人的荣誉胸章，劳动付出决定了收入上限，职场伦理也因此崇拜极高的技能和付出。超高技能（以及提供和标记这些技能的教育背景和学位）变得越来越重要——不仅对于确保一个人获得高收入、高职位，而且对于让一个人避免低收入、低职位，都是如此。如今，上层职位的竞争十分激烈。曾经占据广大劳动力市场的一系列工作类型，其重心是由大量中等技能和广大的中产阶层构成的，如今它已丧失了中心地位。中产阶层的工作不是被底层低技能的工作就是被顶层高技能的工作取代。与此同时，上层职位的生产力和报酬与其他职位之间的差距迅速扩大，想要争取并保持在高层的竞争越来越激烈。

新的工作秩序反映的是深刻的社会经济逻辑，而不仅仅是商业习惯和办公习惯的暂时调整，也不仅仅是政治误判和精英的贪婪所带来的麻烦。上层职位有高额回报的原因在于，大量的新技术从根本上改变了人们的工作方式，使得特殊技能的生产力远高于20世纪中叶的水平，普通技能的生产力则变得相对较低。这些创新明显有利于上层劳动者，而对只拥有中等技能的劳动者来说非常不利。尽管转型之路在不同的部门和产业中表现不同，但技术之路尽头的工作和薪酬模式却一再地重复上演。

经济学家通常将这样的发展称为"劳动力市场的两极分化"[7]和"偏向技能的技术变革"[8]。比较感性的描述是，劳动力市场日益区分为"烂"工作和"好"工作：前者需要少量培训，操作简单且报酬低廉；后者则需要精心培育，工作内容复杂有趣且报酬高昂。[9]

然而，这种感性的描述方式忽略了劳动力市场转型所造成的最重要的伤害。它掩盖了这样一个事实，即烂工作不仅乏味低薪，而且——事实上，特别是在工作分类两极化的情况下——地位低下、前景暗淡。它同时也遮掩了优绩主义在精英阶层内部引发的不满，即好工作要求大量的工作时间和普遍的自我工具化。

因此，更恰当的说法是，劳动力市场已分为了暗淡无光的工作和光鲜亮丽的工作：工作暗淡是因为它们既没有直接的回报也没有晋升的希望，工作光鲜是因为劳动者光鲜的外表掩盖了内心的痛苦。

技术的阴影笼罩着中等技能的工作，使其逐渐暗淡无光，淹没在黑暗中；而技术的光芒则为光鲜亮丽的工作蒙上了一层浅浅的光泽。最终，随着技术进步，越来越多的工作陷入薪资低迷的漩涡，而越来越少的工作享受到它的扩张效应。数十年来，随着好工作分为暗淡无光的和光鲜亮丽的，大部分工作都变得前景暗淡。

工作中的技术革命

长期以来，咖啡馆、餐馆和其他非正式餐厅在食品生产和社会生活中扮演着重要的角色。在历史上的大部分时间里，这样的店家大都是私人经营，雇用经理、快餐厨师以及其他具备中等技能的中产阶层员工。20世纪中叶兴起的快餐连锁店将食品生产标准化，但是它们并没有从根本上拒绝中产阶层模式。

20世纪90年代负责经营麦当劳的埃德·伦西记得，在20世纪60年代，"我们的食物全是手工制作"[10]，因此一家典型的特许经营店需要雇用70~80名员工来烹制食物。此外，对今天的人们来说不可思议的是，麦当劳在20世纪中叶还为员工提供系统的乃至于详尽的培训，甚至开设了自己的学校来更好地帮助员工在公司内部的管理阶层中晋升。这所学校被麦当劳公司称为"汉堡大学"，于1961年在伊利诺伊州埃尔克格罗夫村的一家麦当劳连锁店的地下室里创立，并在20世纪六七十年代不断扩张，招收并培训许多员工来开设自己的加盟连锁店。[11] 伦西本人就是这一时期运营模式的产物，他在1966年以烧烤员的身份加入麦当劳，后来一路发展，在1991年成了CEO。[12] 很少有人能像伦西这样发展得这么快或升到这么高，但他的故事并不是特例。[13] 对生活在20世纪中叶的美国年轻人来说，麦当劳的入门级工作是一份好工作，也是在公司内部更上一层楼的可

第六章　工作：光鲜亮丽与暗淡无光　　193

靠垫脚石。

今天，快餐业的制作和销售方式和之前的完全不同。对麦当劳及其他类似的快餐连锁店来说，送达餐厅的食物几乎完全是预制完毕并混合好的，只需要在交给顾客前加热即可。因此，今天的加盟店雇用的人手比以前少得多。麦当劳的工作人员已减少了一半以上。[14]此外，复杂的预制操作方式意味着，尽管员工的数量少，但剩下的员工在准备待售食物时所需的技能也降低了。今天在快餐店的工作不过是打开包装，按下按钮。

快餐店的工资待遇也降低了，往往发放的是最低工资。伦西如今警告说，最近主张将最低工资提高到每小时15美元的运动只会迫使麦当劳完全放弃人工，转而使用机器人。[15]此外，今天的麦当劳已不再为员工提供任何培训。尽管汉堡大学仍存在，但它的培训课程主要面向在职的经理和高管，而不是像过去那样为了培养和招募新的连锁加盟商。[16]事实上，汉堡大学的教学重心已越来越转向海外。[17]1982年，它在伦敦和慕尼黑开设了校区，随后在悉尼（1989年）、圣保罗（1996年）和上海（2010年）分别办校。即使在美国本土——它的校园搬迁至了麦当劳公司总部所在的伊利诺伊州橡树溪[18]——它也使用28种语言进行教学，更多迎合海外加盟商而非美国本土的员工。

总而言之，这些变化深刻地改变了快餐业的运营方式。先进的新型食品加工技术和越来越精巧的烹饪机器将生产从街头普通劳工的手中转移出来，行业内的人工需求日益偏向于能够进行设计、管理集中生产和分销的新型员工。用伦西的话来说，"越来越多的劳动力集中在了供应链的上游"[19]。

这一发展改变了麦当劳的员工形象。伦西昔日凭借中等技能逐步发展的工作如今已被两极分化的工作岗位取代，这些工作由底层劳动者和上层劳动者从事，二者已毫无交集。

一方面，街头快餐业的工作已经萎缩，只剩下没有什么技术含量的粗活。许多麦当劳的员工拿到的不过是美国联邦政府规定的最低时薪，每小时 7.25 美元，而拥有 5~8 年工作经验的员工也只能拿到每小时 9.15 美元。令人难以置信的是，它的待遇竟然比汉堡王和温蒂汉堡还要高。[20] 在快餐店做汉堡已经成为毫无发展前景的工作。

另一方面，如今随着具备超高技能的上层劳动者设计和实现生产流程，从而消除了对街头中级技能工人的需求，这些公司里的上层职位得到提升。[21] 麦当劳的现任 CEO 不仅大学毕业，还拥有会计硕士学位，且从来没有在麦当劳的餐厅做过非管理类的全职工作。[22] 公司精英阶层的薪资也呈现出爆炸式的增长趋势。20 世纪 60 年代晚期，麦当劳 CEO 的年薪约为 17.5 万美元（以 2018 年的美元价值计算，相当于 120 万美元[23]），仅是底层全职员工最低薪资的 70 倍[24]；到了 20 世纪 90 年代中期，CEO 的收入增长至约 250 万美元（以 2018 年的美元价值计算，约为 400 万美元[25]），是底层全职员工最低薪资的 250 多倍；[26] 在最近 10 年里，CEO 的年薪已高达约 800 万美元，[27] 是公司最低薪资的 500 多倍。[28]

如今用来烹饪和提供快餐的技术解释了这种两极分化的发展趋势。技术直接压低了下层劳工的薪资——正如伦西警告的那样，底层劳工的薪资上涨会导致机器进一步取代人工。尽管没有那么明显，但是技术发展也带动了高层职位的薪资增长，新的管理技术为 CEO 带来了巨额薪酬。[29]

麦当劳工作形态最近的历史转变，表明了一个更广泛的产业转变。在过去的半个世纪里，新技术共同改变了产品和服务的生产方式，由此在根本上改变了工作和劳动力市场的性质。[30] 大大小小的创新共同决定了哪些工作留存：生产需要什么样的工作，而工作如何经由打包组合，交给一个人来负责执行。技术发展同样影响到每一类工作需要的职员数量，从而影响到完成不同任务的员工的薪资。

在这些例证中，我们看到了一种模式：不断上涨的技术浪潮并没有平等提升（甚至完全没有提升）所有船的水位。事实上，从一个部门到另一个部门，技术创新将经济生产的中心从技能分布的中间区域转移，分散到了高低两端。

一方面，新技术取代了中等技能的人工，消除了 20 世纪中叶主导经济发展的中产阶层的工作；另一方面，它增加了具有低技能，尤其是超高技能的劳动者，由此创造了主导如今生产的众多暗淡无光或少数光鲜亮丽的工作。与此同时，技术创新将精英劳动者与其他人的技能差距转移到了技能分布越来越高的位置上（老一辈人以为拥有普通的大学文凭就足以跻身精英阶层的想法已经落伍了）。这急剧地增加了高强度培训所产生的超高技能的经济回报；与此同时，它也导致了中等技能的中产阶层工作的薪酬越来越低。上层劳动阶级的崛起以及中产阶层的下滑，都归因于技术的分化影响。[31]

大家最为熟悉的新技术，包括麦当劳使用的烹饪设备，都来自自然科学与工程学的进步，其中涉及工具、硬件和软件的开发。然而，还有一些创新虽然鲜为人知但同样重要，那就是新的制度设置和文化发展，而非科学与工程学。新的行政管理方式可以让处于高层职位的经理直接协调和管控大量的生产工人。如此一来，从文书到中级经理等传统中产阶层白领工作便被淘汰出局。新的法律技术让精英金融家能够更精确地投资和管理更多的资金，前提是拥有中等技能的金融工作者得丢掉饭碗。文化和社会创新——尤其是优绩主义管理本身——也在产生重要的影响。对今天的精英阶层而言，优绩主义的理念所灌输的超高技能和强烈的职业道德感让他们能够取代中产阶层工人，成为在生产的中心位置发挥作用并承担经济劳动责任的人。这是旧时的贵族精英无法做到的。

总而言之，这些创新削弱了具备中等技能的中产阶层工人的重要性并使其居于劣势地位，同时强化了精英工作阶层的地位与优势并使其处于不利地位。如若没有这些发展，那么优绩主义的不平等不仅在经济上不可行，而且在社会上也不可持续。然而，麦当劳的经理们需要这样的发展，以便以新的方式运营公司。

新的发展变化无处不在，几乎遍及劳动力市场的各个部门。进一步的案例分析将涉及整个行业的变迁，而不只是讲述个别企业的故事，以此证明麦当劳的发展并非特例，并表明这一例子所引入的模式。此外，我们的案例分析涉及金融、管理、零售和制造等不同行业。众所周知，这些行业都处于经济不平等加剧的中心位置。金融和管理行业的精英是上层劳动者的代表，零售业的工人是新一代下层劳动力的代表，制造业的工人则是正在消失的中产阶层的缩影。因此，我们的案例研究涵盖了一个完整的经济体系内的工作，它们或暗淡无光或光鲜亮丽。

在不同的情景下反复出现的经验教训，往往描述了一个普遍的真理。劳动力市场的两极分化遍及整个经济体系。拥有中等技能的中产阶层普遍成为技术革新的受害者，而精英阶层却获益良多。技术创新通常让前者从事暗淡无光的工作，而把后者提升为光鲜亮丽的工作的主宰者。通过这些方式，学校按照自身的形象重塑了工作，而新的工作秩序再一次展开优绩主义的内在逻辑。

金融业

1963年，《经济学人》杂志提出了一个问题："银行业还有未来吗？"通过观察分析英国银行业的状况，它回答道：银行业"是全世界最受人尊敬的衰退行业"。[32] 这样的观察同样适用于美国。尽管这个论调在今天听起来有点令人难以置信，但是在20世纪中叶，精英们都排斥进入银行业：1941年，只有1.3%的哈佛大学商学院毕业生选择去了华尔街。[33] 中产阶层填补了精英阶层所放弃的工作机会。因此，从二战结束到20世纪70年代，金融从业者与其他私营部门的劳动力相比，并未在受教育程度、生产力和薪资方面有明显优势。到了20世纪中叶，金融业已经变得枯燥乏味、平庸普通，简直就是一条死胡同。[34]

事实证明《经济学人》的预测大错特错。就在做出这种悲观预测后不久，银行及投资业开始了长达半个世纪的几乎不间断的繁荣发展。新的金融工具、新的信息和计算技术、新的法律和监管制度以及新机构的一系列创新，极大地提高了金融在经济生活中的分量。今天，没有哪个行业拥有比金融业更多的光鲜亮丽的工作，而金融从业者，从接受的精英教育、超长的工作时数和超高收入等方面展现了优绩主义下的不平等。[35]

自20世纪70年代以来，金融从业者在全美最富有人群中的比例增加了10倍左右。[36] 如今，全美最富有的50人当中有1/4，[37] 亿万富豪中有1/5，[38] 以及可投资资产在3 000万美元以上的4万名美国人中有2/5的人[39] 都来自金融业。

还有一大批金融从业人员的报酬尽管不是天文数字，但也非常高。近几年来，投资银行董事的平均奖金达到了95万美元，副总裁的平均奖金达到了71.5万美元，工作3年的助理的平均奖金达到了42.5万美元。[40] 2005年，高盛设立了约100亿美元的奖金池，相当于每位专业员工可以拿到50万美元。[41] 就连高盛的分析师——通常是刚刚大学毕业的22岁的年轻人——也能在好年头赚到15万美元。[42] 基于这样的收入规模，难怪金融工作者的平均收入要比其他人高出70%。[43] 总体而言，精英金融工作者的崛起在整个经济持续加剧的收入不平等中占据了相当大的份额（高达15~25%）。[44]（与此同时，收入最低的金融从业人员的工资在近期其实有所下降。[45] 他们的工作是暗淡无光的。）

金融业运用的一系列为各种熟练员工所使用的技术来提供各种服务。大约在过去的半个世纪里，主要的金融技术和金融部门的员工所掌握的技能均已发生了重大改变：原本由具备中等技能的中产阶层主导的产业，如今被拥有超高技能的精英人士主导。一大批需要中等技能的工作被相继淘汰，取而代之的是拥有超高技能的少数精英专业人员。他们的工作光鲜亮丽，成了金融业的主导力量。而那些缺乏专业能力、只有低技能的助理人员只能从事暗淡无光的工作，在行业中扮演次要的角色。金融业的劳动力市场已然两极分化。

住房抵押贷款业务反映出了这种转变。抵押贷款允许人们借钱来拥有和居住住房，从而将资本引入房地产市场，而人们最终将用未来的收入来支付房子的费用。从事抵押贷款的工作人员必须决定要对哪位申贷人提供多少贷款，而用来做出贷款决策的方法决定了放贷方会雇用什么样的人以及多少人。

20世纪中叶的房屋抵押贷款业务全部围绕着银行展开。银行既发放抵押贷款，又持有并提供所发放的贷款。这些抵押贷款通过传统的信贷员进行发放，他可能是一名具有中等技能的中产阶层员工，负责对特定申贷人的经济能力、收入稳定性和特定房屋的价值进行独立判断，以确保每笔贷款都是经过斟酌考虑的。帮助传统信贷员做出判断的不仅有客观事实（譬如借款人的应税收入、房屋的贷款价值比例等），还有更广泛的考察，如借款人的个人性格和在社区中的地位等。[46]

传统的信贷员具有真正的自由裁量权，同时要承担重大责任。例如，北卡罗来纳州住房金融局在1977年的《贷款发起者指南》(*Loan Originator's Guide*) 中指出，"信用担保指南"旨在"说明确定申请人信誉度时的适当考虑因素"，同时补充说"这些指导原则不是适用于所有贷款申请的要求或规则"。[47] 甚至连债务-支付-收入比例都可以做出"正常的"或者"合适的"的评判，包括在"特别的考虑"[48] 之后。信贷员只能在了解申贷人的过程中可以运用这些指导原则。例如，在宾夕法尼亚州伊利市的马凯特储蓄银行（直到千禧年期间还保留着传统的贷款操作模式，尽管目前已放弃），一名信贷员在银行的一位受托人的陪同下，亲自拜访每一位申贷人，并在提交抵押贷款申请后的星期六，评估出个人获得贷款的可行性。

银行之所以雇用信贷员，是因为他们具有审慎的分析判断能力和熟练的自由裁量能力，能够确保每一笔个人贷款发放的准确性。信贷员职业生涯的成败就取决于他们批准的贷款是否被及时偿还。最后，传统的信贷员拥有与其稳固的中产阶层地位相称的教育和社会背景。[49]

然而，今天的房屋抵押贷款业务的操作方式与以往已大不相同，这种转变从以下两方面改变了银行业的工作。

首先，银行已大幅减少了处理一定数量的贷款所需的住房抵押贷款员的数量，[50]而留下来的贷款员显然——实际上这是一个巨大的转型——不再需要太多的技能。今天的信贷员所做的只是帮助潜在申贷人收集信息、填写表格；他们不再是专业的银行业者，而是机器评分数据的收集者。他们几乎没有用到任何的专业知识或想象力；他们的工作强调的是重复性的机械操作，而不需要独立判断。[51]

当代银行"完全根据贷款员的业务量来发放绩效奖金"，与放贷决定是否正确已毫无关系，[52]甚至往往都不再假装这些基层人员会行使专业技能和判断力，或遵照标准流水线之外的操作模式。[53]事实上，旨在将申请贷款的处理时间缩短3/4的所谓"高速"贷款计划，使得大家实际上不可能使用其他的方法。[54]正如一位高级管理人员在接受《福布斯》采访时所说："银行或信用合作社的信贷员其实只是机构笑脸迎人的接待员。他们的工作是接收申贷人填写好的申请表，然后交给承保部门。"[55]银行从水平相当低的求职者中招收信贷员。例如，在近期金融危机引起的纠纷中有一份提交给法庭的文件，其显示，美国银行雇用的信贷员"是过去认为连回答申贷问题都不够格的人"[56]。

其次，当今的住房抵押贷款业务涉及的是一个全新的、具有超高技能的精英队伍。现在绝大多数承办房贷抵押业务的银行并不持有这些债权，而是将个人贷款转移到了将其证券化的机构手中。在这个过程中创造出来的抵押担保证券（Mortgage-Backed Securites）将从借款人那里收取的大量按揭付款权利捆绑在了一起，然后再将这些权利捆绑分成不同的层级，这些层级会获得不同的偿还优先级，具有不同的风险和回报平衡。这使得信用机构针对不同的证券进行评级，然后再出售给投资者。

证券化的过程十分复杂，因此构建、定价与交易此类抵押担保证券的工作人员不是拥有中等技能，而是拥有超高技能者。如今，基层的信贷员根本无法明白，他们帮助结清的贷款所组成的金融工具究竟是怎么一回事。

这种转变的根源就在于银行用来为房主提供房屋抵押贷款资金的金融技术发生了深刻的变革。合约与监管制度的发展使得抵押贷款担保证券的建构过程和交易合法化，[57] 运用资产定价模型的经济新产品使得对此类证券进行估值成为可能，[58] 新的信息技术让大规模交易复杂的、多样化的证券变得可行，[59] 而精英劳动力的新社会技术使金融公司为管理证券化的机构配备专业人员变得可能且切实可行。[60] 如果没有这些创新，要通过证券化来管理借贷风险是不可能的。

这些技术创新改变了与住房抵押贷款业务相关的工作。由于证券化需要具备超高技能的人员来设计和交易新的证券，所以对拥有这些技能的精英员工的需求大幅增加。与此同时，新技术一旦部署到位，对具备中等技能的传统信贷员的需求自然会降低。贷款发放中的错误实际上都可以通过证券化得到纠正，这样证券化就降低了评估和确保个人房贷计划准确性的价值。因此，金融业的技术创新提升了高级投资银行业者的技能，也直接削弱了基层信贷员的技能。

拥有中等技能的专业贷款员大军遭到淘汰，取而代之的是两极分化的从业者。一端是一大群从事暗淡工作的普通员工，其工作主要是收集数据、填写现成的申贷表格；而另一端是一小部分光鲜亮丽的华尔街精英，他们将房贷包装成复杂的金融衍生品，并将起初由短视带来的风险量化、对冲和重新分配，从而"修正"初始房贷决策的不准确性。虽然他们同属于金融从业人员，但是他们的工作截然不同，这使得住房抵押贷款的金融业务成了在技术驱动下劳动力市场两极分化的典型代表。

类似的技术创新驱动的行业转型在金融业界屡见不鲜。（有些工作，例如保险理赔员，将这种模式重复到了细枝末节的地步。）[61] 根据使用《职业职称词典》（Dictionary of Occupational Titles）的任务强度分析，20 世纪中叶金融业的复杂工作与简单工作的权重大致相同，而且这些工作只比其他非农业的民间企业的工作略繁重。今天的金融业却重点偏向于复杂的工作，简单的工作被排除在外。[62] 特别是，现在的金融业较其他行业显然重视更加复杂的联系、分析和决策技能。[63]

20 世纪中叶，金融业具有中等技能的中产阶层的员工越来越无法应对日益复杂的金融业务，而新的金融方法吸引了具备超高技能的精英加入金融业的生产之中。在整个金融业，文员和行政人员的工时占总工时的比例从 1970 年的近 60% 下降到了 2005 年的近 30%，而管理人员和专业人员的工时比例从 1970 年的约 25% 上升到了 2005 年的 45%。[64] 自 1980 年以来，金融从业者和其他劳动者之间的教育差距扩大了 7 倍。[65]

在整个转型的过程中，金融业就业份额增长最快的是业内最精英的子群体：计算机、数学方面专业人才的劳动力份额从 1970 年到 2005 年增长了 6 倍，而证券和资产交易服务的从业者则增长了近 30 倍。[66] 金融上层职员技能培训的密集程度令人咋舌。最顶尖的金融公司支付了迄今为止最高的薪水，它们的雇员压倒性地来自最具有竞争力和排他性的大学。[67]

事实上，银行如今在招收新人时都会宣称自己"只招聘超级明星"或者"只雇用五所大学的毕业生"，并告诉自己的新员工他们是"天之骄子"。[68] 面对银行的器重，精英毕业生的回报是：哈佛、普林斯顿和耶鲁现在约有 1/2 的毕业生会参加华尔街或其附属机构的面试，并有 1/3 左右的人会最终投身金融业。[69] 以哈佛大学商学院为例，1941 年仅有 1.3% 的毕业生选择从事金融工作，而目前这一比例已升至约 30%，超过了对其他任何行业的选择。[70]

这种转型推动了金融业的成长，并最终体现在金融从业者的收入上。在 20 世纪中叶，金融业有效地反映出当时广泛的经济状况，即拥有普通技能、具备普通生产力的劳动者赚取普通的收入，并且整个行业借由增加人手来从事已有的工作，整体成长缓慢。然而，从 20 世纪 70 年代开始，金融业在美国 GDP 中的比重开始急剧增长，但新的金融技术加上从业人员不断提高的技能水平，充分提升了生产力，使得金融业的雇佣人数维持稳定，甚至还有所减少。[71] 当更少的从业者生产出更多的产品时，薪资自然上涨。今天，与其他私营产业的工作人员相比，金融业从业者的受教育程度和薪酬都要更高（参见图 7）。事实上，他们的待遇要高于其他行业的精英人士。[72] 如今，哈佛大学商学院毕业生在金融业的第一年薪水要比在其他行业高出约 1/3，而潜在的收入增长更是天文数字，譬如顶级的对冲基金经理每年可以赚取数十亿美元。[73]

整个金融业显然重演了住房抵押贷款业务的演变路径。金融生产已经从《经济学人》当初所描述的具备广泛的民主特质和中等技能的行业，转变为了一个比其他领域更鲜明地代表上层劳动者的行业。

管理

继金融业之后，企业管理也踏上了转型之路。20 世纪中叶的管理模式具有显著的民主气质，但是今天的管理已经变得精英化。过去曾经被广泛分享的管理工作及其回报，现在正日益集中在范围狭窄的精英阶层手中。新技术改变了美国公司的运作方式：20世纪中叶广泛从事管理工作的中产阶层职员被分流为暗淡无光的下层生产劳动者，或光鲜亮丽的上层管理人员。

令人惊讶的是，美国劳动力市场中的管理者出现得很晚。在美国建国之初，劳动者与企业之间的关系十分临时，甚至没有时间建立起相应的管理机制。直到20世纪初期，美国产业工人的流动率仍保持在每年100%左右。[74]

19世纪的钢铁工人，是以承包商或者外包员工的身份工作的，其报酬以他们生产的钢铁吨数来计算，而煤矿工人则是与矿场主人就每块岩石分别签署开采合约。[75]甚至一些大型的制造公司也没有太多的管理工作。杜兰特-多特马车公司（Durant-Dort Carriage Company，可能是19世纪后期最主要的马车和汽车制造商，也是别克、雪佛兰和通用汽车的前身）本身不制造任何东西，也几乎没有员工。相反，在它早期历史的大部分时间里，这家公司出售的产品都是委托其他公司生产制造的[76]。

在19世纪的大部分时间里，美国的经济运作模式中几乎没有管理者。[77]尽管机械技术的发展和生产规模的扩大已经让生产工业化，但是生产工作的组织架构仍然是传统的手工作坊模式。自雇型劳动个体通过特定的生产合约与大型的工业企业保持一定的距离，而非作为雇员出售自己的劳动力。[78]至于19世纪的高管，也不是真正意义上的管理者，而是企业的所有者，类似于今天的风险资本家，他们的工作重点是融资而非业务管理、劳动监督或质量管控。[79]因为没有要协调和指挥的员工，所以既没有管理也没有管理者。

19世纪的技术形态可以解释为什么当时的公司几乎没有管理者。首先，当时主导经济生产的商品和服务仍然相对简单，很容易能在合同中予以说明和定价。其次，进行管理协调的一些核心技术——办公设备，例如电话、立式文件柜和现代（通常高层的）办公大楼，当然还有计算机——在当时尚未出现。[80]

这些情况在 1850 年到 1950 年之间发生了巨变。一系列环环相扣的技术创新彻底改变了人们的经济生活，让管理走进了美国的企业。待变革完成时，管理的工作遍及公司的上上下下，因此任何一位员工从功能上来说实际都可以成为管理层的一部分。20 世纪中叶经济的民主特征在很大程度上就得益于这些发展。事实上，管理职能在整个劳动力队伍中的广泛传播（包括通常被认为不属于"管理"而属于"劳动"的工作），基本上造就了 20 世纪中叶的中产阶层。

一方面，制成品的日趋复杂和生产规模的日益扩大，使得原来借由合约进行协调的生产成本大大增加，由此产生了对管理替代方案的需求。例如，随着缝纫机变得越来越复杂，胜家缝纫机公司（Singer Sewing Machines）[81] 发现自己无法确保在市场上购买的零配件具有稳定的质量保证和统一的规格尺寸。[82] 这家公司因此开始自行生产。如此一来，公司就需要设立日益复杂的管理层级结构来监督和协调内部生产，以确保零配件质量的稳定性和规格的统一性。在整个工业革命期间，这种模式在不同的企业中一再出现，正如弗雷德里克·温斯洛·泰勒所指出的，复杂商品的大规模生产给工业企业的管理"带来了沉重的新负担"[83]。

另一方面，管理技术的创新明显地增加了管理协调的供应，使得管理层能够比以往任何时候都更细致地跟踪和指挥更多的员工。公司组织架构的创新让这些新技术得到了运用。在细致的分层管理中，处于中层的管理大军开始协调长期员工的生产作业。这些员工接受公司的内部培训，以学习应对公司特定生产流程的专门技能。同时，由于终身雇佣制和广泛的内部晋升机会，员工对公司有着相当高的忠诚度，也愿意接受为某个单一雇主进行量身定制的培训所伴有的某种脆弱性。

即使是为了保护劳动者终身雇佣权益的工会——在 20 世纪中叶的顶峰时期，美国私营部门的劳动者足足有 1/3 都是工会会员[84]——

在深层结构上也是一种组织协调的管理模式，或者一如 1960 年美国最高法院所称的"产业自治"[85]。工会领袖本身就是中层的管理人员。加入工会的生产工人通过终身雇佣和内部培训也转型成了最基层的管理者。从结构层面来讲，终身受雇的生产工人，例如在圣克莱尔湖畔小镇兼做制模工的保龄球球童，也被赋予开发与管理自身人力资本的责任，从而最大化他对于公司的长期价值。

所有这些发展最终催生了以员工为基础、等级森严且管理架构复杂的美国公司，并在 20 世纪中叶中产阶层大爆发的时期达到了顶峰。实际上，公司的每一位员工，从生产人员到 CEO，都是一个完整、连续的管理体系中的一分子，而且公司里的每一份工作与其最邻近的工作非常类似。能够独立协调生产作业的中层管理者，不仅分担责任和重负，同时也在分享经营公司的劳动所得。（强势的工会将公司等级制度中的基层组织成另外一个控制中心，从而将影响延伸至工人。[86]）公司的高层管理人员会放弃部分收入，来换取他们所在的有闲阶级拥护的那种舒适安逸的生活方式。

杜兰特-多特马车公司真正成了通用汽车公司，其庞大的生产规模以及众多的中产阶层员工使其 CEO 查尔斯·欧文·威尔逊（他本人就是一路从底层做起）在 1953 年宣称："凡是对国家有利的，对通用汽车也有利，反之亦然。"[87]美国集装箱公司（The Container Corporation）甚至以艺术的方式来表达这一理念。它委托了一批当代重要的艺术家以"西方人的伟大思想"[88]为主题制作了一个 20 年的系列原创海报。汤姆·沃尔夫（Tom Wolfe）为此专门写了一篇文章表示："这个系列的广告创意所传达的信息是：'我们真正制造的并非我们实际生产的东西（譬如制造锡罐）。我们真正制造的是尊严。'"[89]当时的管理模式变得非常民主化，压缩了公司内部在收入和地位上的分配。也许，比起其他部门，采用这种管理模式的管理层更容易建立一个广泛的中产阶层。

在 20 世纪中叶的尾声，技术创新的巨轮又有了新的转向。20 世纪 70 年代末，尤其是 20 世纪 80 年代，美国的企业管理模式进入了第三个时期，即运用 21 世纪的新技术再回到 19 世纪的管理模式。随着测量、监控、通信及数据分析方面的技术进步，今天的高层管理人员具备了前所未有的监督和指挥能力。

即使是大公司总部的高层管理精英，也几乎可以实时同步掌握公司每一个部门（无论规模大小）的详细运作情况，甚至落实到具体员工。例如，优步的算法可以让公司只雇用一小部分的高层管理者（尽管优步市值已达 500 亿美元，但它雇用的员工只有 1.6 万名[90]）来直接协调数以万计的、从未与中层管理人员有过接触的驾驶员。[91]沃尔玛的主管可以知道，远在阿尔布开克郊区分店的网球有多少罐库存以及前一周的销售量如何。同样，亚马逊的管理层可以知道其位于宾夕法尼亚州布雷尼格斯维尔的运营中心在过去的 6 个月每周运送了多少个玩具音乐盒。通用电气公司的老板现在也可以随时调阅每条装配线的生产力报告。[92]

此外，精英管理层不仅可以监督，还可以指导生产工人，常常深入他们工作的最细微之处。一个特别生动的例子是亚马逊的仓库管理系统，其自上而下的政策可以将生产工人的动作细化到每一个步骤。

这些创新剥夺了中等技能的工作职位的管理职能，也剥夺了中产阶层员工过去因承担管理职责而带来的地位和收入。公司不再需要中间管理层将高层制定的业务战略落实、协调到底层员工的生产实践之中。曾经要求所有员工行使一定管理自由裁量权的生产过程，如今可能被分解为了多个组成部分。这些部分可能由高层直接进行统一协调，而丧失了权力的底层员工只是进行机械式地响应。

随着中间管理层变得多余，企业管理的分层架构就会失去中间层。自 20 世纪 80 年代开始，一股前所未有的重组浪潮精简了美国企业。在 20 世纪 80 年代中期之前[93]，你几乎找不到美国公司裁员的

第六章　工作：光鲜亮丽与暗淡无光

案例，甚至一些大公司采取的是"绝不裁员"的政策[94]。但是，如今的公司重组明确要消除"企业掠夺者"卡尔·伊坎所说的"无能"和"近亲繁殖"的中层管理人员，也就是"层层上报的官僚体系"[95]。

这波精简淘汰的浪潮声势浩大。例如，美国电话电报公司重组了旗下的一个单位，明确希望将经理与非经理员工的比例从 1∶5 下调至 1∶30。[96] 在 20 世纪 80 年代和 90 年代的公司重组浪潮中，中层管理人员的裁撤速度几乎是非管理人员的 2 倍。[97] 年龄在 45~64 岁、工龄在 15 年以上的中间层经理比例迅速下降（从 1987 年到 2006 年的短短 20 年里下降了 1/4 以上）。[98] 而且，这个缩减的过程时至今日依然存在。现如今，算法管理咨询公司明确提出，重组的目标"不是将（基层生产工人的）工作本身自动化，而是将（中间层）管理人员的工作自动化"[99]。

推动这波精简裁员浪潮的力量来自公司的结构调整，而非特定的经济压力：无论公司是否盈利它都有影响，[100] 无论经济形势是否向好它都会持续，[101] 并在 20 世纪 90 年代划时代的经济繁荣期间达到了顶峰。[102] 这种大规模、有意识、有计划地针对管理中层的企业"大扫除"之所以发生，是因为新的管理技术使得这些被剔除的员工供大于求，或者实际上说，变得冗余。

与此同时，美国企业还剥夺了生产员工仅剩的名义上的管理功能。随着工会瓦解——私营企业的员工加入工会的比例从 1960 年的大约 1/3 下降到了今天的不到 1/16[103]——终身工作甚至全职工作已被短期工作和兼职工作取代。例如，美国著名的物流公司联合包裹服务公司（United Parcel Service）素来以不雇用兼职员工而闻名。它强调员工在精心设计的公司层级中可以逐步晋级。然而，这家公司在 1993 年开始调转方向，有系统地招收兼职员工。这一政策性的调整在 1997 年引发了全面大罢工。这场由全美卡车司机工会（Teamsters Union）发动的罢工提出的口号就是"兼职在美国行不通"。然而，自 1993

年以来，联合包裹服务公司已经相继雇用了超过50万的兼职劳动者，其中只有1.3万人在公司内部得到了晋升机会。[104] 20世纪中叶，加入工会的劳动者大都在公司内寻求向上发展；今天，根据更受严格把控的合同[105]而被雇用的短期或兼职劳工，根本不可能具备管理职责。相反，他们不过是在出售自己拥有的技能，甚至特定的劳动产出。[106]

被企业精减的员工通常会以外包员工的身份再次回来，直接取代以合同作为协调方法的管理。例如，IBM在20世纪90年代大裁员之后，竟有多达1/5的下岗员工以外包顾问的身份又回到了公司。[107]

还有一些公司从创建之初就采用了外包的经营模式。优步付给司机的报酬并不是依据他们的劳动时间和努力程度计算的，而是根据他们完成的出车量。[108]服装零售商班尼顿仅有1 500名在职员工，但是与其合作的外包商则雇用了2.5万名员工。[109]有不少酒庄并没有雇员，[110]而是从葡萄订购、酿酒、装瓶到最后的分销都在与不同的公司签订合约，因此实际上根本没有员工。大众汽车最近新建了一家汽车工厂，但是和其中的工人几乎没有雇佣关系，因为他们都是承包商的雇佣工。[111]

在极端情况下，新技术消除了雇员与外包员工之间的区别。因此，名义上受雇提供自己劳动力的人，实际上是在出售他们的劳动产品。亚马逊的订单履约技术目前就接近于这种情况。一种经过算法优化的模式（被称为"混沌式仓储"，因为在人眼看来是随机的）被用于安排整理仓库中货物。一套精准映像（利用追踪设备与传感器映射到脚下）的行动系统，指挥取货的员工如何从货架上取下货品并装箱。[112]通过这种方式，亚马逊用高度集中的管理制度取代了传统上负责管理仓库的中产阶层员工。这种管理制度将生产过程分割为了多个组成部分，而后对每一个部分进行单独购买。[113]亚马逊渴望运用新技术完全消除人为的仓库管理。为了达到这个目的，亚马逊斥资近10亿美元收购了机器人公司"基瓦系统"。[114]与此同时，中国的京东（与谷歌建立了战略合作伙伴关系）在上海的郊外建立了一个大型仓库，每天有数百个机器人打包发送约 20 万个包裹，而全程只有 4 名员工。[115]

当然，管理的功能并没有消失。只是管理的模式发生了改变，生产工人和中层管理人员的控制权被夺走，被集中在了少数精英高管的手中。管理层与普通生产工人之间的区别不再是程度上的，而是种类上的。[116] 支撑这种集中式管理的技术不仅是监控组织以及收集和操作数据的信息系统，还有更为复杂的用来理解数据的思想和分析框架。只有那些经过密集培训的管理者才能掌握这些复杂的技能，从而进行有效指挥，在不依赖中间管理层的情况下协调生产。这与 20 世纪中叶自上而下的分层管理模式大为不同。

因此，新的管理层接受过良好的教育。20 世纪中叶的公司高管，可能和埃德·伦西一样，并没有上过大学，而是在公司内部凭借自身努力不断晋升。但是，今天公司的高层管理人员，譬如麦当劳的现任 CEO[117]，都具有精英背景，拥有 MBA 或类似的研究生学历。[118] 当今天的管理高层需要协助时，他们不再寻求内部的中层管理人员，而是转向外部的管理顾问。[119] 外部顾问让企业将曾经在内部执行的管理职能外包了出去。顾问或咨询师大都是接受过高强度训练的超级精英。全球领先的咨询公司麦肯锡就自豪地宣称，自己具备"大学一样的能力"，因为据它说它的专项研究能够让公司"只需按下按钮，就能确定未来 10 年内全球尿布销售排名前 50 的城市"。[120]

最后，将管理集中在少数精英手中的技术进步也抬高了精英们的经济价值。高层的管理人员垄断了管理职权，公司依赖他们进行内部协调，他们也因此获得了管理工作的所有经济回报。20 世纪中叶由中间管理层广泛分享的收入，如今被完全集中在精英主管的手中。公司 CEO 以及其他的高层管理人员（包括麦当劳的管理者在内）的地位和收入，使他们同金融业的从业者一样并排站在了优绩主义不平等的神殿之内。

在近来的典型年份，美国企业最高薪的 CEO 一年的收入可高达近 1 亿美元，而前 200 位年收入最高的 CEO 拿到的薪酬中位数为 2 000 万美元。[121] 今天，大型企业 CEO 的工作收入是普通员工收入中位数的 300 倍，[122] 是 1965 年 CEO 与普通员工收入比例的约 15 倍。同时，范围稍大一点的精英管理阶层，包括仅次于最高管理层的人，也享有优渥的待遇：标普 1500 指数的公司中，收入所得前 5 位的主管（总共加起来有 7 500 人）的收入总和相当于这些公司利润的 10%。[123]

因此，这一波严重削弱了中产阶层的企业重组，不仅改善了美国的企业经营，推动了管理层的改进，让组织精简和健康，而且重构了企业的组织架构，引入了新形式的等级制度，使得美国的管理层——用一个令人难以忘怀的短语来形容——"利润丰厚却刻薄无情"[124]。

美国管理的第三个时代在重要的方面就此回归到了第一个时代所拥抱的工匠作坊模式。在这一模式下，生产工人和管理者都意识到，将他们连接在一起的并非某个特定的雇主，而是他们具备的一系列技能和任务。[125] 一个通过主导精英教育和培训的大专院校建立起来的、经过改良的同业公会，为其中的劳动力提供了与工作任务相匹配的技能，并决定了他们的地位和收入。[126]

在建立 20 世纪中叶中产阶层的过程中，管理发挥了核心作用，如今它却削弱了中产阶层的力量。一方面，许多劳动者，甚至都不是雇员，从事着暗淡无光的底层工作；另一方面，一小部分的超级精英则在顶层通过精简的组织架构进行管理，在新技术打磨下显得光鲜亮丽的工作岗位上行使巨大的指挥权。[127]

被掏空的中间阶层

在工作的这些新分化趋势下，并非只有金融业和管理受到了影响。

在其他的经济产业中,需要中等技能的中层工作岗位也在减少,劳动力呈现出了两极化的分布态势。

例如,20世纪中叶的零售业仍以独立的小型商店为主。1967年,拥有单一店面的零售商占到了全美零售总额的60.2%,[128]而大型的连锁商店仅占18.6%。[129]这些商店所雇用的员工大都是具备中等技能的从业者。正如《纽约时报》在1962年所指出的:"在小型独立的店铺中,店主既是销售员又是采购员,通常具有很高的销售效率。"[130]《纽约时报》还指出,其他的销售模式很难与之匹敌:"大型的零售商因为业务人员的素质普遍过低而陷入了困境。"[131]

今天,美国的零售业大都由购物者耳熟能详的大型连锁店掌控,诸如达乐、家庭一元店、沃尔格林、CVS、7-11、克罗格,当然还有沃尔玛和亚马逊。[132]这些大型的连锁店运用新的技术进行销售,将具备中等技能的员工淘汰出局,留下的是大量从事暗淡工作的底层员工和一小部分从事光鲜工作的上层精英。现在,零售业的基层员工主要从事种类有限且十分枯燥的工作,例如货架员、收银员、门卫,甚至迎宾员(在沃尔玛)或者机械化仓库里的工人(在亚马逊)。他们的工资相对较低。沃尔玛作为全美目前最大的企业雇主,所支付的工资的中位数仅为17 500美元,另一项估算称是19 177美元。[133]毫不奇怪,该公司的一些全职雇员生活到贫困线以下,要依赖社会救济——包括颇具讽刺性地参与由沃尔玛门店举办的节日食品捐赠活动。[134]例如,在沃尔玛位于俄克拉荷马州的一家店铺,在手机食品罐头的箱子上写的是"让我们成功/通过捐赠给有需要的同事"。[135]与此同时,沃尔玛的CEO在2017年的收入是全公司员工收入中位数的1 118倍。[136]

成功销售所需的各项任务,包括从硅谷的贝深科技等公司提供的大数据驱动的购物者行为分析[137],到根据消费者的注意程度提供折扣或加价的价格优化程序[138],以及帮助顾客在没有店内工作人员的帮助下识别商品的品牌推广技巧[139]。毫不奇怪,开发及运用这些新技术的工作人员受过严格的教育，拥有超高技能。杰夫·贝佐斯既是亚马逊的创始人兼 CEO，也是现代历史上最富有的人。[140] 他不仅以优等生的成绩从普林斯顿大学毕业，更是该校"优等生荣誉协会"的成员。在亚马逊的发展初期，贝佐斯就从获得美国罗德奖学金的牛津大学学子中招募员工了。[141]

一些中等技能的文职工作，诸如电话接线生、打字员、文字处理员、旅行代办人和簿记员也正在消失，因为他们的工作一部分由精英使用电脑自行完成，剩下的则被外包给了如今下层的数据输入员。[142] 在过去的 15 年里，律师事务所裁撤了 10 万个面向受过两年以下大学教育的员工的辅助性岗位，同时为具备法学博士和学士学位的员工增加了同等数量的工作岗位。[143] 计算机的辅助设计程序取代了掌握中级技能的绘图员的工作，使具备超高技能的精英建筑师和工程师可以制作出更加复杂且更有创意的设计图。[144]

没有哪个行业能够幸免。甚至是在艺术和娱乐产业，新技术也能让一小部分"超级明星"吸引全球观众的目光。他们取代了水平稍差的表演者，而后者本是当地能为观众提供最好娱乐的人。[145] 2017 年，碧昂丝、勒布朗·詹姆斯与 J. K. 罗琳各赚了近 1 亿美元。[146] 这个数目或许比 20 世纪中叶同行的收入高 100 倍，[147] 比今天的后备歌手[148]、美国国家篮球协会（NBA）的球员[149] 和电视编剧[150]——这些人技术虽然娴熟，但远没有达到职业生涯的顶峰——的酬劳大约高 1 000 倍。[151]

最后，技术当然也改变了制造业。以往的观点强调，技术的发展摧毁了传统的中等技能的制造业工作，而这些工作不仅在度假之地圣克莱尔湖畔小镇，而且在全美范围内帮助建立了 20 世纪中叶的中产阶层。通用汽车公司是当时美国最大的企业雇主，它每年向加入工会的工人支付 6 万美元，外加丰厚的福利。[152] 如今，在美国汽车业中，每 1 万名员工就会配备 1 200 多台的机器人，依赖机器生产的趋势正在加速。[153]（在欧洲和亚洲的制造业当中，机器人发挥着日益突出的作用。[154]）总体来说，美国自20世纪70年代后期以来已经丧失了近800万个制造业的工作岗位。[155]如果要让今天的美国制造业雇主雇用与20世纪60年代中期同等比例的劳动者，那么美国经济可能需要比目前所提供的制造业岗位再多出2 500万个。[156]

与此同时，虽然鲜为人知，但新技术造就了一批新的光鲜亮丽的工作，由具备超高技能的产业工人担任。他们负责设计、编程和管理自动化的生产流程。尽管美国国内制造业的整体就业人口在1992年到2012年期间减少了大约1/3，但是拥有大学学历的从业者的岗位数量却增加了2.4%，拥有研究生学历的从业者的岗位数量增加了44%。[157]

这些具备超高技能的员工比他们取代的具备中等技能的员工拥有更高的生产力。他们的生产力使得制造业在美国实际GDP中的份额，即使在就业人口下降的情况下依然能够保持稳定。[158]他们的待遇也更好：2007—2012年，制造业劳动者的平均劳动所得增长了15%以上。[159]在一些极端案例中，从中等技能的工作转向光鲜亮丽工作的过程所产生的影响堪比金融业。柯达在鼎盛时期雇用了14万名具备中等技能的工人来制造相机和胶卷。它的创始人乔治·伊士曼更是以拥护20世纪中叶的中产阶层工作模式而闻名于世。他提倡为员工提供终身雇佣、广泛的职场培训和晋升的机会。然而，柯达在今天已然被像Instagram这样的数码公司取代。当Instagram以10亿美元的价格出售给脸书时，[160]它总共雇用的具备超高技能的员工不过13名。可想而知，这13个人变得非常富有。[161]

所有这些例子（以及其他未能在此提及的案例）都在讲述并重复一个基本的故事，就像同一个主题生发出来的不同版本。20世纪中叶在美国职场占据主导地位的民主化制度已经让位于今天的优绩主义不平等。大量的技术创新消除了一大批原本主导生产的中等技能的中产阶层的工作，取而代之的是或光鲜或暗淡的工作的各种组合。

20世纪中叶与中产阶层关系最为密切的行业是制造业,其就业人口无论从绝对数量上还是就业比例上都已急速下降。今天与制造业关联性最高的上下游产业,即零售业与金融业,却经历了大规模的扩张。此外,在每一个产业内部都呈现出了工作两极分化的现象:中等技能的信贷员被下层文员和上层分析师取代,中层管理人员被下层的合同工和上层的管理者取代,中等技能的独立零售商被大型连锁店雇用的下层结账员和上层电子商务软件的开发人员取代,中等技能的工具和模具制造者被机器人和高级工程师取代。

汇集的数据证实并量化了劳动力市场中间阶层的整体空心化(参见图8)。自20世纪80年代初期以来的35年里,主要与中级技能相关的所有工作比例急剧下降,而且这一过程还在加速:20世纪80年代下降约5%,20世纪90年代约7%,2000年以后接近15%。就在同一时期,与超高技能相关的工作比例则以每10年10%的比例急剧增长,而与低技能相关的工作比例也有所增长,主要是在2000年以后。[162]

总体而言,自1980年以来,美国经济中中等技能的工作足足减少了1/4,专门分配给高等技能的工人的岗位增加了1/3以上。[163] 技术与专业人员在总体劳动力中的比例自1950年以来翻了不止一番,如今已接近20%。[164] 另外,美国各州之间的比较表明,富人的崛起与中产阶层的停滞同步发生,上层劳动者收入的增加(以最富有的1%人群的收入占总收入的份额计算)导致了中产阶层的收入下降。[165] 此外,这种变化趋势并非美国所独有。优绩主义实际上对全球富裕社会中的工作的民主平等造成了破坏。[166]

随着时间推移,这些趋势只会愈演愈烈。在进入千禧年的第一个10年里,低薪与高薪的就业人口都再次增加,唯独中等薪资的就业人口有所减少。在经济大衰退和随后的复苏期间也出现了类似的情况:在衰退期损失的中产阶层工作是复苏期增加的中产阶层工作的3

倍，[167] 而下层和上层的工作增量都要比损失的多。[168] 另外，根据美国劳工统计局的预测，未来10年萎缩最快的工作类别将全部是中等技能的工作，而增速最快的10种工作将全部是低技能的工作或者高技能的工作。[169] 咨询公司的研究机构——麦肯锡全球研究院预测劳动力市场将会迎来更为剧烈的转变，预计到2030年，有近1/3的美国劳动力（主要是从事中等技能的工作）将会被自动化完全取代。[170]

所有这些发展综合起来绝不是清波涟漪，而是潮汐的波浪，甚至会带来翻天覆地的变化。[171] 可以说，劳动力市场实际上已经彻底抛弃了20世纪中叶劳动力的民主中心。这在根本上改变了工作的性质。

工作曾经保证了20世纪中叶适合美国的形象是一个由广大中产阶层主导的经济体和社会。然而，今天的工作同样恰当地证明了富人和其他人之间不断扩大的贫富差距。20世纪中叶，工作将美国人民团结在共享的民主体验周围，通用汽车中产阶层的工会员工就是美国劳动力市场的极好写照。然而今天，在以沃尔玛的接待员和高盛的银行业者为代表的劳动力市场上，美国人的工作出现了分裂。

精英教育的回报

主导20世纪中叶经济的民主化职场符合美国中产阶层的习惯。众多中等技能的工作和与之相关的培训机会，曾是工作场所的典型特征，它们将各个阶层的劳动者同其掌握的技能结合了起来。当圣克莱尔湖畔小镇保龄球馆的球童拿到了终身的雇佣合同，拥有了中等收入，获得了内部培训和升迁的机会时，那么接受精心规划的具有高度竞争性的精英教育就没有什么必要了。

相比之下，主导美国当今经济的精英职场符合的是美国精英阶层的特性。当中产阶层在劳动力市场上被掏空，工作种类因此彼此隔离，尤其是将拥有超高技能的精英与其他人分隔了开来。[172] 富有家庭受到精英教育（大学所提供的互不相干的文凭已经取代了职场中的持续培训）的严酷考验，[173] 好为子女提供日后从事上层职位所需要的特殊培训和技能，这样他们能够在优绩主义的政治分野中成为保守的一方。[174]

精英教育取得了丰硕的成果。富裕家庭对子女的人力资本投资得到了回报。全美最富裕的 1/5 家庭的孩子在成年后进入收入分配前 1/5 的可能性，比最贫穷的 1/5 家庭的孩子大约高出 6 倍，最终进入财富分配前 1/5 的可能性大约高出 8 倍，最终进入教育资源分配前 1/5 的可能性大约高出 11 倍。[175]

教育成了劳动力市场的首选分类依据。学校教育的经济回报，尤其是在顶尖学校，已成天文数字。也就是说，在劳动力市场两极分化的情况下，一个人所接受的教育几乎完美地描画了分隔下层劳动者与上层劳动者的断层线。高强度的教育与光鲜亮丽的工作通常是成对出现的。优绩主义的不平等使得精英学生与上层劳动者合而为一。[176]

这种分隔的完整性令人惊讶（参见图 9）。大学毕业生一生收入的中位数比没有高中学历者高出 93%，比只有高中学历者高出 86%。专业学院的毕业生一生收入的中位数比高中辍学者高出近 99%，比只有大学学历者高出 83%。[177] 这意味着在教育资源分布的下半部分，每 50 人中仅有 1 人的收入所得超过来自顶层 1/10 的收入的中位数。[178]

从绝对数字来看，这种差距是惊人的。以男性劳动者一生收入所得的中位数为例，仅有高中学历者约为 150 万美元，大学毕业者约为 260 万美元，而拥有专业学位者则超过 400 万美元。[179] 与之相应的女性劳动者一生收入所得的中位数分别是 110 万美元、190 万美元和略高于 300 万美元。无论是与过去的美国还是与现在的其他富裕国家相比，这些绝对数字的差距也都更大。今天的大学收入溢价大概是 1980 年的 2 倍，[180] 大学学历的折后现值（扣除学费后）几乎是 1965 年的 3 倍。[181]（一项著名的估计表明，大学教育纯粹的经济回报率是一年13%~14%，大约是股票市场长期回报率的2倍。[182]）美国的大学溢价是英国、法国的1.5倍，是瑞典的3倍。[183]

与学分评级和考试成绩一样，上层与中层一生收入的差距远大于中层与底层之间的差距。若再审视更加细分的精英教育，这种差距会更大。[184] 即使是排名稍高的大学的毕业生，其一生收入也比排名稍后的大学的毕业生高出10%~40%，[185] 并且前者的学费回报率几乎是后者的2倍。[186] 顶尖精英大学毕业的本科生报酬增幅更大，是普通大学毕业生的2倍多，[187] 而超级精英学校中收入最高的本科生是一般本科生的3倍。[188]（职场收入最高的前10%的哈佛大学毕业生在工作6年后的平均收入为25万美元。[189]）最近一项更广泛的调查报告令人震惊地显示，近50%的美国企业领导人、60%的财务主管和50%的政府高官全部来自美国的12所顶尖大学。[190]

研究生学历，尤其是专业学历的收入溢价更高。1963年，研究生学历与大学学历在收入溢价方面的差距实际上为零。[191] 相比之下，今天即使是普通研究生的学历溢价也接近30%。毕业于顶尖大学的研究生或专业学校学生的收入溢价要高得多。[192] 收入仅排在第75百分位的专业院校的毕业生，一生收入约为650万美元，几乎是高中毕业生一生收入中位数的5倍。[193] 最顶尖的专业院校的毕业生的收入还要更高。

我们之前提到了律师行业的巨额收入——顶级合伙人达数百万美元，顶级律师达数十万美元——主要集中在顶尖的律师事务所，它们主要以精英名校的毕业生为主。全美十大法学院的毕业生第一年薪资的中位数接近20万美元。[194] 最近一项针对哈佛法学院校友的调查显示，毕业10年后（即30多岁），男毕业生的年收入中位数约为40万美元。[195] 在获利最高（年收益超过500万美元）的律师事务所中，有96%的合伙人毕业于全美十大法学院之一。[196] 总体而言，全美排名前10的法学院毕业生的平均收入比排名11~20的法学院毕业生高出1/4，比排名21~100的法学院毕业生高出1/2。[197]这些结果甚至在法律行业内也产生了巨大的分层。它们还让就读法学院的内部回报率提高了15%~30%，具体数值取决于法学院的学生能够获得多少学费资助。[198]

就商学院来说，全美五大商学院的毕业生在进入职场4年后的平均工资为21.5万美元，而收入最高的应届毕业生则超过100万美元[199]，顶尖项目的收益是排名第5的项目的2~3倍[200]。顶尖毕业生选择从事的工作再次解释了他们的收入来源。以哈佛大学商学院为例，1941年的毕业生从事金融的比例为1.3%，而2016年的毕业生选择去华尔街工作的人数占到了28%，还有25%的学生进入了咨询公司[201]。同法律界一样，毕业于顶尖商学院的MBA几乎一毕业就能得到经济回报：五大商学院的MBA在工作5年内的工资增长——扣除上学期间的各种学杂费及停薪的损失——超过了7.5万美元[202]。

这些数字还突出了优绩主义不平等所塑造的精英阶层的范围何其狭窄——真正光鲜亮丽的工作何其稀缺。普通大学学历——让一个人跻身于美国教育程度最高的1/3人群——可以防止劳动者跌落进两极分化的劳动力市场的底部，但再也不能让他们接近顶层（尤其是当收入增长主要集中在前5%、1%，甚或前1%的前1/10时，他们是不可能抵达顶层的）。凯业必达招聘网（CareerBuilder.com）的CEO表示："大学学历只是一块敲门砖，或者说拥有大学学历的人很少失业，但是它绝对不会带来你所期望的薪资增长。"[203]也许可以说，普通本科学历的价值正在被技术进步取代，一如之前的技术进步取代了程度相对较低的教育一样，包括那些曾经让大学学历吃香的技术进步。

认为拥有普通本科学历就拿到了一张跻身精英阶层的入场券的想法，与其说是劳动力市场两极分化的象征，不如说是劳动力市场两极分化前的更民主的工作观的延续——这实际上是20世纪中叶的观念。

是闲置，而非闲适

1883 年，保罗·拉法格（卡尔·马克思的女婿）出版了一个小册子——《懒惰的权利》(*The Right to Be Lazy*)。[204] 在 20 世纪的头几十年里，随着劳工争取一周工作 40 小时的斗争获得初步胜利，一些工会开始提出进一步缩短工时的要求。每周工作 30 小时的呼声越来越高，一些更激进的工会提出了更短的工作时间 [205] [世界产业工人联盟（Industrial Workers of the World）甚至将"一周工作 4 天，一天 4 小时"[206] 的口号印制在了短袖衫上]。一些不带偏见的观察家认为，这些呼吁是在表达一个严肃的主张。正如约翰·梅纳德·凯恩斯在 1930 年左右的文章中所预测的那样，技术创新将有效减轻大众的长时（甚至中等的）工作时间和劳动强度，并设想在一个世纪之内实现一天工作 3 小时。[207]

凯恩斯与其他人希望这些发展能够开启一个类似乌托邦的新世界，在那里人人都可享受原本只有精英才能负担的生活方式。这些愿望在他们生活的时代是自然的。当时工作仍然意味着辛苦沉闷，而闲适仍然是一种荣光。人们希冀着通过工业化，机械的力量能够解除工人阶级背负的劳动枷锁，这一想法自然吸引了充满希望的梦想家。[208]

如今，回头来看，当初的大部分预言已成了现实，尽管并不是按照预想的方式，而其结果与其说是乌托邦式的，不如说是毁灭性的。

技术创新的确减轻了劳工阶层和中产阶层大部分旧有的劳动负担。童年以及退休后的生活开始占据比以往更多的时光，而处于最佳工作年龄阶段的成年人的劳动参与率也有所下降。[209] 与以往相比，工作时间也缩短了，至少对精英阶层之外的人来说是这样。因此，1900 年的劳工阶层一周工作 60 多个小时，这放在今天几乎是闻所未闻，甚至中产阶层一周工作 40 小时的情况比起 20 世纪 50 年代也更加少见。此外，同过去相比，低技能甚或中等技能的劳动远不及过去辛苦和危险。[210]与此同时，美国的中产阶层及劳工阶层比以往任何时候都更加富有。[211]总体而言，对今天处于经济分配底层2/3的人来说，劳动剥削在降低，工作条件在改善，同时他们享受着过去无法想象的物质条件。或许现在尚未取得像凯恩斯及其他人想象的那么长足的进步，但这些发展朝着乌托邦的方向迈出了相当大的一步。

如果说乌托邦仍然遥不可及，那是因为凯恩斯及其他人对价值观的预测，也即对未来人们会如何衡量荣誉的预测，几乎是完全错误的。

乌托邦主义者都相信（一如凯恩斯明确指出的那样），缩短工时不仅会带来繁荣，还会带来可以更多被广泛分享的闲适。而闲适，无疑都被视为贵族的特权，与带来荣誉及地位的行为有关。换句话说，乌托邦主义者相信技术进步会让民众过上过去唯有精英阶层才能享受的闲适生活。根据这种观点，创新不仅可以减轻民众劳作的身体负担，还可以减轻与之相关的社会障碍和地位下降。技术革命带来的世界不仅是有益的，更是雨露均沾的。即使做不到完全的经济平等，新的社会秩序也会取消等级或阶级的粗暴划分，从而维护所有成员的尊严和社会参与。闲适的扩大化——再次提醒，不仅仅指没有苦差事，更是指有尊严的娱乐放松——将是即将到来的社会平等的保障和衡量标准。这是使他们的愿景成为乌托邦的原因。

全民享有闲适生活的乌托邦愿景在第一道关卡就落空了。技术创新不仅改变了人们如何使用时间的基本事实，也重塑了人们使用时间的社会意义。随着新型技术彻底改变了工作方式，将生产集中在精英阶层的手中，它们也使得劳动与休闲充分结合，将勤奋和"趣味行为"融成一体。

尽管大量的劳动者从辛劳沉闷的工作中解脱了出来，但他们也（通过同样的机制）被排除在了"勤奋"工作的大门之外。劳动力市场的两极分化让中间阶层没有足够的事情可做。这种被迫的"闲置"，不仅包括失业，还包括非自愿的半失业和退出劳动力市场，都是优绩主义下的不平等强加在具备中等技能的劳动者身上的现实，其范围和程度大致等同于 20 世纪中叶女性劳动力因性别歧视而被迫闲置的情况。[212]

当勤奋努力成了荣誉的象征，闲适便不再是社会地位的彰显，反而成了萎靡懒散以及随之而来的堕落的代名词。即使中产阶层的劳动者确实找到了工作，他们暗淡的工作——受到了有损尊严、极端让人头疼和颇具侵犯性的监视和监控——也无法让他们感受到上层劳动者所获得的个人尊严与社会地位。亚马逊货仓工作人员的一举一动都被实时跟踪和监控。亚马逊甚至获得了一款腕带的专利，可以借由员工动作的触觉反应来了解他们是在进行装箱作业、在上厕所还是只是在抓挠自己或者坐立不安。[213] 优步的司机必须在收到乘车请求 20 秒内接单，[214] 哪怕对订单的目的地一无所知。

优绩主义的闲散几乎产生了与贵族社会中的辛劳完全相同的社会效应（与闲散以往产生的效果完全相反）：就像在崇尚闲散的贵族社会中，辛苦劳作与个人尊严背道而驰一样，如今在崇尚勤奋的优绩主义社会中，闲散慵懒已经成了尊严的对立面。暗淡的工作让一个人过上了悲惨的生活，优绩主义陷阱让中产阶层被迫承受着痛苦和怨恨，而这一切的根源都在于优绩主义下不平等的社会和经济逻辑。

这就是为什么中产阶层劳动力的衰落产生了与凯恩斯及其他人热切期盼的繁荣发展相反的结果——为什么今天的美国人已深切地认识到"中产阶层的闲置"是一种严重的社会病症，而非原本属于有闲阶级的特权的幸福普及，因为这更多预示着地狱的来临而非天堂的开启。如今，甚至连人们对技术发展的想象也不再倾向于乌托邦式的美好，而是直接走向了它的反面。

优绩主义的不平等对中产阶层的打击是普遍的、双管齐下的：一方面是新的经济现实剥夺了他们勤奋努力的机会，一方面是新的社会规范剥夺了他们的荣誉。优绩主义的基本逻辑是强调优势，而将劣势视作个人技能或努力程度不够的缺陷，是未能达到标准。这就解释了为什么在社会上会有越来越多的、难以理解的怒火和蔑视：即使是在经济扩张发展的阶段，也会出现泛滥的民粹主义。个人的自我毁灭，譬如由成瘾、服药过量和自杀引发的死亡事件，让整个社会面对的是在没有瘟疫和战争的情况下总体死亡率却在攀升的现实。这些动荡主要出现在具有中产阶层的收入却没有大学学历的人群身上，[215] 而他们在优绩主义的不平等之下被谴责为"多余"的人。

暗淡的工作给那些必须忍受它们的人蒙上了一层阴影。优绩主义让技能变成了一种迷信——一种被赋予了近乎神奇力量的渴慕对象，使那些无法获得它的人感到沮丧。

勤奋导致的重负

过去建立美国中产阶层的工作安排——诸如终身受雇、从事受人尊敬的中等技能的工作以及按部就班的小规模晋升通道——如今都已不存在了。像信贷员、股票经纪人、中层经理、独立商人和具有专业技能的工匠这样的职业均已不复存在。被掏空的中间层创造了一种"收入所得与工作时间之间的非线性关系"[216] 以及更普遍的"勤奋努力与精英工作"之间的非线性关系，由此使得"弹性的时间表往往意味着需要付出高昂的代价"[217]。与上层职位的剥削强度相比，唯一真正的替代方案是底层的工作。那些反抗光鲜亮丽工作的精英们则将自己托付给暗淡的工作。一个"赢者通吃"的社会[218] 因此出现，其中收入和地位的分配产生出断崖式的而非缓坡式的差距。

在 20 世纪中叶，底层的收入增长将收入阶梯上的每一个梯级推向了它的更高一层。到 1970 年，从收入分配的第 50 百分位上升到第 75 百分位，或者从第 75 百分位上升到第 99 百分位，特别是从第 99 百分位上升到第 99.9 百分位带来的收益都很微小，美国的中产阶层和精英阶层因此都具有足够的安全感。社会的普遍氛围是跌落一层并不会损失多少，而跃升一层也不会增加多少。[219]

在此之后，优绩主义不平等的不平衡的收入增长将收入阶梯之间的距离越拉越大，而顶层之间的差距尤为巨大。[220] 这使得要攀上阶梯最高位的竞争最为激烈，从收入的第 90 百分位上升到第 99 百分位，或者从第 99 百分位上升到第 99.9 百分位（或者从第 99.9 百分位上升到第 99.99 百分位），都意味着经济停滞与财富暴涨之间的区别，挣扎中的中产阶层同现代贵族之间的区别。对一位精英来说，击败 100 个竞争者当中的 99 个都不能算是成功，要战胜已经从 100 个人中脱颖而出的人才算成功。因此，最成功的精英人士也变得最没有安全感。在优绩主义的紧箍咒下，他们压力爆棚。

在如此分配的劳动力市场中，保持工作和生活的平衡显然不太可能。想要过上闲散的生活，那么一个人就必须放弃精英工作和随之而来的收入所得、社会地位，退出精英阶层。此外，精英教育的巨大成本意味着这样的选择会代代相传。一个拒绝自我剥削的精英会因此让自己的整个世界在孩子身上全线崩溃。[221] 因此，悬崖边的突然截断会给那些原本选择住在半山腰的人带来巨大压力，他们宁愿艰难地攀爬、抓住悬崖，也不愿被推下去。

优绩主义的生产机制使得精英阶层必须加倍地勤奋，以图向上攀升。这种额外的压力驱使精英们不得不违反本意，付出更多的努力和超长的工时。这就是经济学家所说的"老鼠赛跑的均衡"（a rat-race equilibrium）[222]。竞技赛艇手的例子可以形象地解释这一现象的实际效果。当单人选手胜利越过终点时，他 / 她一定会热烈庆祝；但是当 8 人赛艇队胜利越过终点时，每个人都在比赛结束后立即倒下，显得疲惫不堪。单人选手展示的是所谓的凡勃伦精神，即并没有耗费全部气力，而是在游刃有余的情况下赢得了比赛。那么反观 8 人小组，他们的赛艇是一个平均化的装备，掩盖了每一位选手对艇速的个体贡献。

由于个人的生产力无法被直接衡量，所以他们需要用显而易见的疲惫姿态来展示自己的努力。

从事复杂的、流动性任务的上层劳动者也会面临同样的问题。当个人努力对团体的具体贡献无法在生产力上直接予以衡量[223]时，他们往往会以工作时间的长短[224]，甚至通过完全取消短时任务来筛选出不够努力或生产力较为低下的员工[225]。这种老鼠赛跑的实际效应是巨大的。当一个精英荟萃的公司因为担心员工过于劳累而允许其无限休假时，结果反而是大家缩短了实际的休假时间。[226]

这些机制共同推动了精英阶层工作时间的延长。有关工作时间的跨国比较表明，在经济不平等程度更高的国家[227]，工作时间，尤其是精英的工作时间就越长。跨国比较的结果十分明显，例如根据一项估计，美国和瑞典在经济不平等上的差别导致美国的工作时间比瑞典高出了近60%。[228] 类似的效应也出现在美国不同的行业中：工作时长的增加与行业内收入不平等的加重有关。[229] 美国的顶尖律师事务所要求律师必须增加收费时间才能成为合伙人的例子，就很好地说明了老鼠赛跑的效应。一项重要的研究估计，由于这些不正当的激励措施[230]，近一半律师的工作时间都过长。

富人作为一个阶层并没有从这一切中受益，因为每个人的财富增长尽管有助于自己的地位提升，但会造成其他人地位的损失。竞相努力的结果其实形成了一种囚徒困境：其中精英们的集体收入和消费都高人一等，那也就意味着他们需要集体加倍努力才能为过剩的需求提供资金。之前提及的那些明显自我毁灭式的工作故事很可能在精英群体中层出不穷，以至于成为精英们的固定叙事。董事总经理、CEO和专业的事务所合伙人都在讲述这样的故事：自己的偌大豪华住宅里只有一张床垫或一个睡袋，因为他们根本没有时间取家具。[231] 室内空空荡荡，引人遐想，因为它们象征着除了工作之外一无所有的生活。

事实上，今天对精英员工的期望是几乎不要有个人的生活。高盛投资银行业务的联席主管戴维·所罗门就指出，尽管银行业者在 20 世纪 80 年代的工作时间已经很长，但是他们至少可以晚上离开办公室，早上接听语音电话。可是现在，"如果有人给你发了条消息，你在一个小时之内没有回复，那么他们就会猜测你是不是被车撞了"[232]。事实上，精英的工作全面地侵蚀了他们的个人生活。美国律师协会的一份重要报告指出，"律师在医院完成交易、草拟文件的故事司空见惯到令人不安"[233]，类似的还有因为工作错过了子女的节目表演、兄弟姐妹的婚礼，以及因为要参加会议而更改了丧礼日期。[234]

这些以及类似的负担正在逐渐积累。一份有关华尔街的调查报告讲述了一个具有代表性的故事。一位"快乐的大学毕业生"加入了摩根士丹利，结果体重暴增 30 磅①，整个人也变得"恶声恶气……很难与之相处……不苟言笑"。[235] 一项有关精英银行业者的研究指出，"热情洋溢、精力充沛"的大学毕业生往往在工作的第 4 年变得"一团糟"，深受"过敏与药物成瘾之苦"，甚至出现"长期的健康问题，例如克罗恩病、牛皮癣、类风湿性关节炎和甲状腺疾病"。[236]

与压力相关的劳动者索赔，尤其是精英员工的索赔，呈现出了爆炸式的增长趋势，仅在 20 世纪 80 年代上半叶就增加了 2 倍。[237] 帕洛阿尔托医学基金会在硅谷多家大型雇主的园区内设置了流动诊所。该基金会发现精英员工普遍有与压力和焦虑相关的问题，而且大都由于日照不足而缺乏维生素 D。然而，他们工作和生活的地方却是一年有 260 天日照的加州。[238]

一些防范精英过度工作的措施反而凸显了问题的严重性。金融服务公司瑞银集团要求初级银行职员每周休息 2 小时来处理"个人事务"。[239] 高盛如今通知暑期实习生不要通宵工作，并要求分析师周六休息。[240] 摩根士丹利则将为期 4 周的带薪假期重新命名为"公休假"，

---

① 1 磅约为 0.45 千克。——编者注

希望借此鼓励副总裁们享受假期，并致力于监督该计划，以防有人将休假看作"自己太弱"的表现。[241]

这些故事讲述的都是，精英员工除了工作和为了能继续工作而必须满足的基本需求之外，没有其他的生活方式。然而，考虑到生活的方方面面，即使再多的收入和财富也无法弥补长时间的工作对人的发展所造成的伤害。额外的收入和消费所能带来的个人幸福感越来越小[242]，而超时加班的压力却越来越大，因为它们迫使员工不断减少生活中其他的必要活动。

上层劳动者越来越认识到这一点。调查报告显示现在平均每周工作60小时以上的人希望能够将工作时间平均减少25小时。他们的愿望反映出了职场精英过度工作的普遍而深刻的体验。[243]调查还显示，每周工作超过50小时的人群中，有80%的男性和近90%的女性都希望能减少工作时间。[244]同样，拥有硕士以上学位的男性表示，他们每周的工作时长要比理想中的多出11.6小时，而男性管理人员、专业人士和技术人员则表示他们每周的加班时长近12小时。[245]对精英阶层的女性来说，过度工作的情况则更加严重：接受过研究生教育的女性每周的工作时长要比理想中的多出近15小时，女性的管理人员、专业人员与技术人员则多出了13小时。[246]（值得注意的是，非精英员工过度工作的情况则要少得多：高中学历以下的男性和女性劳动者每周超时工作大约5小时。[247]）

在私下的场合，精英人士则会坦言所谓高收入会补偿他们失去的时间不过是一派胡言。一位年轻的专业人士最近将自己工作与薪资的组合比作是有人付钱300万美元让他与迈克·泰森一决高低。[248]其他过度工作的精英则称自己的工作是"病态、疯狂的"，[249]表示自己过的"不是生活"[250]，或者"没法要孩子"。[251]最生动的抱怨更是引人注意。摩根大通和DLJ等银行的分析师们将自己的工作比作巴丹死亡行军，比作苦奴，甚至是比作集中营。[252]所有这些比喻令人不悦，

第六章　工作：光鲜亮丽与暗淡无光　　227

但这并不能否认产生这种比较的惨痛经验。过去，劳工界运动人士谴责加诸穷人身上的劳作之苦是极为残酷且不人道的；然而，今日，从事上层工作的精英人士却常常和他们别无二致。

最后，精英阶层不仅工作时间太长、太辛苦，而且工作方式也是错误的——错误的动机、错误的任务。

人们真正追求的工作，即反映出一个人的真实兴趣和抱负的职业，可以是一种自我表达和自我实现的地方。而且，无论什么样的工作，在某个临界点之后，长时间地从事它都会造成生活的全面混乱。一个人在每周持续工作100小时以上的状态中，是无法做好他人的伴侣、父母和朋友，以及兼顾其他爱好的，不管如何想象这种工作。不过，职业理念仍然保留着使工作人性化的力量，使工作能够表达而不是异化一个人的个性。职业可以将一个人的工作与其他的生活面向融合成一个统一的整体。

优绩主义下的不平等越来越阻碍精英阶层将自己的工作视作职业的追求。通过这种方式，优绩主义也让技能成了精英们的一种迷信，一种强烈想要拥有的对象，即使技能的获得只能带来浅薄的满足感。深陷在人力资本困境中的精英阶层已经在自己的技能上进行了大量的投资——他们所持有的人力资本在其总财富中的比例过大——以至于无法承担按照心意来寻求工作的代价。当工作决定收入、勤奋努力决定地位高低时，如果一位精英人士允许自己追求抱负或兴趣而不顾及市场——忽略收入所得，并为其他的目标工作——那么他就将自己以及自己的子女放逐在了精英阶层之外。优绩主义的成功让精英们付出了巨大的努力，而且让这些努力异化了自身。

这种效应变得如此强大，以至于精英阶层为自己的异化披上了真正雄心的外衣，让追求社会地位本身成了自己的目标。这使得精英雇主能够利用最近一家投资银行招收新人时宣称的精英员工"凡事都要做到'哈佛'级别"的渴望，以及另外一位所称的"以普林斯顿的高标准工作"的渴望，以此宣扬一种社会文化。在这种文化中，那些舍弃高薪的工作，追求个人闲适、自由或其他有意义的工作的人被认为不是毫无抱负，就是"不够聪明"。[253]与此同时，那些富有意义但是薪资不高的职业，譬如老师、公务员，甚至军人和神职人员都在优绩主义之下遭受了社会地位的急剧下降。

然而，无论多么诚心地接受，劳动的异化依然是异化。精英生活的语言风格也最终承认了这一点：当今的精英阶层中，保持工作/生活平衡的理念非常突出，这一理念意味着工作对他们来说不是职业追求，而是异化的劳动。

优绩主义陷阱将精英们困在扭曲的命运之中。从前，闲暇与社会地位、勤劳与下层之间的关联性，也就是凡勃仑所说的休闲阶层背后的规范，为贵族精英建立起了一种集体协议和行为准则，以保护其免受过度工作、自我盘剥和劳动异化的侵害。通过将个人闲适放置在物质消费之上，这些规范确保了精英们有足够的个人时间和精力。通过将致力于获取物质消费的勤劳工作视为自我堕落，它们鼓励精英挖掘自己的真正志趣，追求真正的志业。

休闲的理念起到了一种高级行会的作用，它不仅保护精英免受外部人的侵害，还保护他们免受内部的伤害——通过帮助休闲阶层避免或至少减轻一种相互破坏、单向上升的过程，即不断增加的和越来越具有剥削性的勤奋。

要产生优绩主义的不平等，必须打破休闲的思想。在新的劳动力两极分化的市场中，光鲜亮丽的工作根本无法发挥其经济功能，除非从事这些工作的人经过超高技能的培训，心理上愿意并且社会也鼓励他们非常努力地工作。重塑精英文化，用自律勤勉取代闲散悠然成为荣誉的象征，这是至关重要的创新，使得其他的创新得以实现和维持。

在这种创新之下，精英阶层特有的疲惫与异化的痛苦如影随形。就在自命不凡的努力付出带来公正回报的那一刻，工作，尤其是精英的工作开始异化。就在职业前景对精英们来说具有前所未有的吸引力和价值时，工作本质的变化却让这样的观念本身几乎不合时宜。优绩主义的竞争和奖励的内在逻辑，以及精英阶层的社会经济地位，使得他们不可避免地踏上了自我剥削的异化之路。

因此，精英阶层既遭受经济不平等加剧所带来的痛苦，又从中受益。他们永远不能完全恢复旧时精英阶层所享有的闲适。那些从事上层工作的精英们，与其说是宇宙的主人，不如说是高级的佣兵。他们自己的优势反而使他们陷入不幸——密集的劳动以及劳动异化。他们成了自己成功的附带牺牲品。

PART III

A
NEW
ARISTOCRACY

第三部分

新的贵族统治

第七章　　　　　　　　　　　　　　CHAPTER 7

全线分隔

　　威廉·杰斐逊·克林顿与乔治·沃克·布什均出生在1946年的夏天。两人的生日前后相差不到50天，后来相继成了第42任和第43任美国总统。[1]

　　虽然都曾坐上总统宝座，但是两人出身于20世纪中叶完全不同的社会阶层。克林顿来自中产阶层家庭：父亲是一名旅行推销员，在克林顿出生前不久因车祸离世；母亲回到家乡学习护理，后来又嫁给了一位汽车经销商。年幼的克林顿由经营着一家小杂货店的祖父母抚养长大。[2]

　　相比之下，小布什则出身豪门世家。在他出生时，他的父亲是耶鲁大学的一名学生（当然日后也出任了美国总统）；他的祖父普雷斯科特·布什是耶鲁大学的董事会成员以及久负盛名且盈利丰厚的私人银行布朗兄弟哈里曼公司的合伙人，后来成了美国参议员。[3]

　　然而，两人看似悬殊的家庭条件并没有让他们的成长经历有多大的不同。

　　一方面，虽然克林顿的父母并不富有，但这并没有给克林顿年少时的生活带来任何实质性的影响。童年时的克林顿居住在阿肯色州霍普市赫维南街117号。他的祖父母自1938年租下这栋房子，而后在他出生那一年将它买了下来。这栋房子位于一个安稳舒适的中产阶层社区，离充满活力的小镇中心不远。就在克林顿一家的朴素木屋的街对面是文斯·福斯特家砖石结构的大房子。文斯·福斯特的父亲是一位富有的房地产开发商。尽管两家的经济状况不同，但是两位男孩后来成了终身好友。小时候的克林顿充分利用家乡提供的各种机会，在当地一所公立高中接受了良好的正规教育。上大学前，他还加入了多个活跃的民间团体，其中就包括美国退伍军人协会旗下的"少年国家"（Boys Nation）论坛。克林顿是其中的学生参议员，前往华盛顿特区受到时任美国总统肯尼迪的接见。这也点燃了他持续一生的想在政府供职的雄心壮志。最后在奖学金的资助下，克林顿进入了美国一所顶尖的私立大学，后来又凭借奖学金进入了牛津大学和耶鲁大学法学院。在耶鲁大学，他遇到了家境富裕的希拉里·罗德姆，最后与之喜结连理。[4]

另一方面，布什家族虽然富有，但对年轻的小布什影响有限。以今天的标准来看，他们不算特别有钱，生活也谈不上有多奢侈。小布什儿时的家位于得克萨斯州的米德兰市西俄亥俄大道1412号，是一栋占地1 400平方英尺[①]的大房子。同克林顿家一样，小布什的家也位于一个安稳舒适的中产阶层社区。[5]小布什童年去的教堂里信众贫富不拘。在一次教堂后院的烧烤聚会上，他认识了来自中产阶层的妻子劳拉。劳拉那时是一名图书管理员。待到结婚时，劳拉同希拉里·克林顿一样穿的都是成衣礼服。小布什与劳拉的蜜月之旅也相对普通，去的是墨西哥的科苏梅尔岛。[6]

克林顿和小布什出生的年代是美国经济比以往任何时候都高度整合的时代。而且，由于二战后经济的蓬勃发展和民权革命，美国社会自此将变得更加广泛融合。不断上涨的工资和强大的工会使得蓝领工

[①] 1平方英尺约为0.09平方米。——编者注

人成了20世纪中叶美国生活的中坚力量。此外，美国的《退伍军人权利法案》让原本无法上大学的一代年轻人得以进入大学学习，为他们开辟了由蓝领阶层升迁至白领阶层的道路。[7]

至于经济精英，他们的收入只维持在中等水平。不论是企业的CEO与生产工人之间，还是医生与护士、律师与秘书、银行行长与柜台出纳员之间的收入比例都是目前水平的1/20~1/2。[8]而且，即便是这些中等收入的人还要面对高额税收：在整个20世纪50年代，最高边际税率超过了90%，而今天的最高边际税率大概只有40%。[9]最后，由于1950—1970年美国各地的工资水平趋同，所以经济精英不仅人数少，而且在地理上也分布得相当分散。[10]

这些经济现实所形成的社会习惯和社会规范，让美国社会中的精英阶层与中产阶层彼此联结，营造出了20世纪中叶经济高度整合的美国文化。

20世纪中叶的美国精英并没有太多的途径来显示自己在生活水准上高人一等。今天精英阶层所熟知的奢侈生活在当时并不存在，或者至少没有达到现有的规模。20世纪60年代初期，在美国大城市最昂贵的餐厅里吃顿饭，花费也只是普通餐厅的2倍左右；当时可以买到的最昂贵的酒，用今天的价值计算也不过一瓶50美元；最贵的汽车价格不到普通汽车价格的2倍。[11]房价亦是如此。20世纪中叶，美国最"豪华"地段的平均房价是普通新房平均价格的2倍。[12]就连20世纪中叶的设计也拥抱的是现代简约风和大规模生产的理念，由此提升了整个中产阶层以及精英阶层的美学品位。[13]

同样，精英没有为了回避中产阶层而撤退至将富人与其他阶层完全分隔的物理、社会及文化空间里，因为他们无法做到这一点。20世纪50年代的美国充斥着弥合中产阶层和富有阶层之间存在的哪怕只是细微差距的机构。"少年国家"带着来自中产阶层的克林顿前往华盛顿特区拜见总统肯尼迪，这并非特例。任何一个全美的大型民间组织，

第七章　全线分隔

诸如美国退伍军人协会、共济会、农委会、联合妇女会等，吸引着来自不同阶层的民众参加，甚至出任领导职务。[14]总体来说，当时的美国精英阶层同中产阶层共享着一个单一的完整社会。在20世纪中叶的美国，处处都和圣克莱尔湖畔小镇一样，彰显着一派中产阶层的繁荣气息。

此外，20世纪中叶的美国人自觉地意识到他们的经济秩序在将富人与其他人融合在一起。他们接受这种融合背后的社会理想，赞美这个没有明显阶层划分的社会，并在流行文化中予以了表达。《财富》杂志曾经报道过美国1955年企业"高层管理人员"的日常生活，大力宣告"典型的精英生活在经济方面与收入较低的人相差无几"。[15]而且，该杂志还用现成的经验细节支持这一论点。例如，一家纸业公司的实际老板杰克·华纳在1954年共生产了50亿个纸袋，占全美市场总额的1/5，但是他"住在塔斯卡卢萨一栋朴实无华的砖造结构的房子里，占地14 400平方英尺，在亚拉巴马大学附近"[16]。当比尔·史蒂芬森成为美国西北地区最大的连锁银行的总裁时，"他买了一辆福特新车，一直开到现在，而他的太太则开着一辆已经使用了3年的别克汽车。史蒂芬森夫妇偶尔需要举行派对，但他们一直都住在自己七居室的房子里，仍然只雇用一名兼职清洁女工，并且对这种生活感到相当满意"。[17]

《财富》杂志总结认为，所有这些事例构成了一种社会趋势。"公司高管的住所往往非常朴实，也相对较小，也许是7间卧室外加2个半卫浴。"同样，"由于住房小，举办的派对规模也小"，所以"大型游艇就没有必要了"。[18]这种在物质上的低调朴素使得精英阶层融入中产阶层，这种现象在20世纪中叶普遍存在，以至于形成了一种规范：如若有人违背，将会遭到耻笑。《财富》杂志明确指出，20世纪中叶美国精英阶层的低调生活，与他们在大萧条之前生活浪费铺张并与其他社会阶层分隔的前辈形成了巨大反差。事实上，该杂志对奢靡浪费的反对态度也明显是针对个人的："像美国铁路业巨擘罗伯特·R.扬一样，在避暑胜地纽波特拥有一栋40间房的'小屋'，或是在棕榈滩拥有一栋31间房的海边别墅。觉得唯有如此，才能完全快乐。如今，这种人很难遇到了。"[19]《财富》杂志又接着补充道："其实，扬只花了3.8万美元就购得了自己在纽波特费尔霍姆的房子，而这栋房子最初可是费城银行业者约翰·R.德雷克塞尔在1905年花费了大约25万美元建造的。由此可见，此类豪宅的市场行情有多低。"史蒂芬森本人的说法则比较委婉，虽然表达的意思一样强烈："'高层管理者……不应该偏离轨道'，他说，言外之意是他们不应该成为'显眼包'。"[20]

经济基础决定了文化实践，而文化实践又广泛深入地影响着大众生活，其中不仅是对生活方式，还有对生活方式的理解和看法的影响，最后建构的是一种对全社会的想象。正如社会学家威廉·朱利叶斯·威尔逊所指出的，在20世纪中叶，"没有证据显示（美国社会结构）阶层效应可以与当时的种族效应相提并论"[21]。在整个"大压缩时代"，富人或多或少地在与中产阶层无缝融合；至于收入所得在美国社会中产生的裂痕，也主要存在于中产阶层和穷人之间。

除了穷人之外，20世纪中叶的经济不平等呈现出了一种社会层面的模糊性。菲茨杰拉德有关那些最有钱的人与普通人不同的评论，可能会吸引浪漫主义者或怀旧主义者，但海明威一针见血的反驳才凸显出了美国社会当时真实的一面。正如克林顿和小布什的成长经历所表明，以及他们背后更广阔的社会背景所显示的那样，20世纪中叶美国富裕阶层与其他人的唯一区别只是富人比其他人（稍微）更有钱。

裂痕出现

一切都已今非昔比。

经济不平等如今正在造成美国的内部分裂。换句话说，不平等已经严重威胁到了美国资本主义过去维持的社会融合机制，转而将美国变成了一个阶层差距巨大的社会。

但目前美国社会存在的等级体系并非仅仅围绕经济不平等展开。美国的原罪——种族偏见依然存在。种族歧视一直是造成美国社会割裂的问题之一，有着阶层问题无法取代的独特性。[22]但如今，阶层差距联合而非取代了种族问题，成为美国社会与经济分层的组织原则（如威尔逊本人所承认的那样）。[23]早期的观察表明，阶层差距对学生学业的影响已经超过了种族差异造成的影响，其效应已足以媲美吉姆·克劳法实施所产生的效果。然而，这一切不过是冰山一角。[24]这样的比较不能掩盖种族问题，但它确实凸显了阶层问题的严重性。

优绩主义造成的不平等在精英阶层和中产阶层之间插入了一道明确的分界线，由此取代了20世纪中叶两者之间的模糊界限。这么说不只是一种比喻，而是有着显著而具体的事实。美国的中产阶层确实正在萎缩，如今有资格被称作"中产阶层"的家庭比例较顶峰时期已减少了1/5，中产阶层家庭的总收入占国民总收入的比例也已经下降了1/3左右。[25]所有这些趋势解释了为什么今天大多数的美国人已不再属于中产阶层，[26]以及为什么剩下的中产阶层已不再因自身的财富受到瞩目。[27]中产阶层的式微所产生的影响遍及美国社会：美国经济分配的中心——20世纪中叶将广大的社会分配整合统一的力量——已不复存在。

中产阶层的文化正在丧失主导美国社会整体想象的力量。圣克莱尔湖畔小镇不再是代表美国理想的地方，取而代之的是帕洛阿尔托。因此，20世纪中叶出现的社会融合正在消失也就不可避免。今天，优绩主义下的不平等几乎决定了受其影响者的生活的方方面面。富裕阶层同其他人在工作、生活、结婚生子以及购物、用餐、娱乐，乃至信仰选择上都已大不相同。在很大程度上，大家生活在完全割裂的世界。优绩主义不平等产生了一个对内聚集、对外隔绝的精英阶层，他们的生活经验是追求优绩的精英特质建构的。

今天，富人和其他人过着彼此互不相识也无法理解的生活。经济不平等通过模式、实践和世界观全面地组织起了两种阶级。他们罕有交集，彼此的互动少之又少，且变得日益疏离、不理解与冷漠。

工作

强制性的过劳与强制性的闲散所形成的裂痕，使得富人与其他人之间的隔阂日益扩大。同时，每一个社会群体为了适应其周遭环境而在不断调整自己的态度，形成了与现实相背离的价值观。富人将长时间的工作视作是一种担当，甚至是彰显男子气概的行为，对无所事事者则嗤之以鼻。相比之下，其他人则对工作过度报以蔑视的态度，认为那是一种自恋行为。[28]优绩主义不平等所造成的经济失衡也因此直接导致了道德冲突。

精英阶层和中产阶层在工作场所上的差异也在加剧这种冲突。富人和其他人可能都在为了生计工作，从形式上来说都与劳动和资本的区别相关，但他们是在不同的领域，甚至在不同的大洲，辛苦工作。

20世纪中叶的雇主在聘用员工时并没有层层筛选的环节。圣克莱尔湖畔小镇保龄球馆的服务生就是典型的例子。在20世纪60年代，当时的高薪雇主福特汽车公司公开表示欢迎求职者随时上岗，至少对蓝领岗位如此。该公司的一位经理就曾表示："如果缺人，我们就去工厂的接待室看看。如果里面正好有人，看上去四肢健全，不像是酒鬼的样子，那么可以当场录用。"[29]当时，即使是对白领岗位的求职者，审核也是少得惊人。对20世纪中叶的劳动者来说，根本不必经过申请和审核的流程就能找到一份工作。

同时，20世纪中叶的企业将具有不同技能水平的员工汇聚在了一起。当时采用的分散的管理模式保证了这一点，它让各种技能层级的员工能够在无缝融合的工作中并肩合作。在职培训为员工提供了内部升迁所需的不太多的技能。无论是单个公司还是整个行业，员工都不会因为自己所具备的技能而被区别对待。当时，即使是金融业从业人员的平均水平也并没有明显高于其他人。[30]事实上，20世纪中叶的经济模式让各技能层级的人不仅遍布在各个工作场所，而且遍布于不同的家庭。1970年，拥有大学学历的人在全美的城乡之间、地区之间，甚至城市之间"平均分布"[31]。

相比之下，今天的职场则完全围绕着员工的技能高低分门别类。公司在招聘时对求职者进行严格的筛选，之后将精英和非精英员工分配在不同的工作空间。[32]

只有寻找最低薪的工人（即非技术工人）的雇主才会随意雇用。[33]中等阶层的雇主会通过一般的认知测试和长时间的面试来挑选员工。[34]精英雇主则会进行精细地筛选：只在指定人才库中物色其中的佼佼者，并花费数百万美元对候选人进行持续数天的多轮面试。[35]

这种筛选正在发挥它的作用，尤其是在优绩主义的顶层。随着时间的推移，根据技能和受教育水平将员工与职位互相匹配的精确度也越来越高。[36]精英程度最高的雇主，譬如利润丰厚的律师事务所，压倒性地，有时是清一色地只招来自顶尖高校的毕业生。

招聘时的筛选使得公司能够将技能型与非技能型员工在职场内部加以区分。而且，这种区分对企业来说是有利可图的，因为它使得企业能够采用专门需要技能型员工操作的生产技术。筛选手段和背后的动机两相结合，全面加强了依靠技能来区分工作的趋势。

中间管理层以及过去通过公司的内部升迁通道向上发展的职业阶梯消失了。这使得在单个公司内部，技能型的管理者与非技能型的生产员工被彻底分开。此外，更极端的是，美国的一些企业甚至让技能型员工与非技能型员工分属于完全独立的不同公司。[37]于是，拥有大学学历的员工越来越不可能在同时招聘无大学学历雇员的公司里工作。[38]

事实上，不仅是单个公司，整个行业都呈现出了技能高低不同的员工被区隔分化的现象。20世纪中叶，零售业与金融业共用劳动者并且都看重中级技能，然而时至今日，零售业成了汇集低技能员工的典型代表，而金融业成了超高技能从业者的聚集地。如果说现在有人从沃尔玛的员工做起，一路成长为高盛的执行董事，那听上去就是一则笑谈。现实是，哪怕在公司内部，从生产部门晋升到管理层，譬如像麦当劳的埃德·伦西那样，在今天也已令人难以想象。

现在，非技能型员工与技能型员工就像分属于不同的部落，就连军队也不再像过去那样是社会各阶层的大熔炉。长期以来，军队人员的组成来自社会各个阶层。二战期间的入伍动员和之后颁布的《退伍军人权利法案》使得服兵役成了推动社会阶层流动的一大引擎。然而，今天的美国军队已不再能够吸引接受过教育的精英阶层。[39]

这种转变在对阵亡将士的纪念行动中一览无余。在美国，几乎所有重要的大学都会有一面阵亡将士纪念墙，上面刻着一长串从南北战争到两次世界大战再到朝鲜战争为国捐躯的该校毕业生的名单。然而，这份名单正在变得越来越短。精英阶层在20世纪60年代反对越南战争的意识形态，加上入读大学可以延缓入伍的政策，使得大多数的美国富人并没有参战。在最近的伊拉克和阿富汗战场上，富家子弟大都置身事外，尽管他们基本支持美国出兵。这种趋势在1990—1991年海湾战争期间表现得尤为明显。结果，在纽黑文遇害的耶鲁学生的人数比在伊拉克战场上阵亡的耶鲁学生人数还要多。[40]

具备中等技能和超高技能的员工，即中产阶层与精英阶层的员工，从各自所在的人才库中被雇用，经由不同的渠道被选拔，继而分布到不同的公司和行业中。这两个阶层不可避免地会拥抱截然不同甚至完全对立的职场文化。精英对工作的崇敬与中产阶层对雄心抱负的怀疑，只是说明或者总结了这两个阶层间广泛存在的职场经验差异。

精英工作使上层员工响应异化和剥削的需求。然而，某种程度上由于这种需求普遍存在，对它们的表达是以一种伙伴与合作的语言，而非命令与对立的语言。精英职场越来越信奉不拘礼节，而非举止得体，譬如用直呼其名取代头衔称呼，穿着趋向于休闲或至少忠于自我表达，而工作制服消失不见，就连曾经流行一时的灰色法兰绒套装也不例外。此外，精英雇主将工作与生活的界限变得日益模糊，创造了一种以职场为中心的"私人社交网络"[41]。最重要的是，精英雇主重视责任感，并鼓励所有的精英员工——无论资历深浅——都采取积极进取的态度，而精英员工认为他们是在为自己而非为名义上的老板工作。今天，精英的工作模式是彼此互惠，而非互相轻蔑。

所有这些模式都直接遵循优绩主义的经济和意识形态结构。在技能创造价值、勤奋产生荣誉的地方，工作自然而然地获得了与"趣味行为"一样的光辉。投射在精英工作之上的光芒尽管浅薄，却无比真实，而精英职场被精心规划以保持它的光彩。

非精英的工作环境，几乎方方面面都与之相反。不仅是薪资待遇，还是工作文化，都日益反映出中等技能工人在职场中的从属地位。工人制服很普遍，目的是阻碍他们的自我表达并将其置于等级秩序中，而非促进安全生产或高效生产（如工匠的技术工服曾经起到的作用）。一位曾经在工厂工作的工人形容说，他目前能申请到的岗位基本上就是去"做一些蠢事"[42]。在雇主苛刻限制工作日的休息时间和私人时间的情况下，非精英的工作环境会让一个人将工作与生活截然分开。有的雇主甚至还会进一步加强控制，在某些情况下，例如在亚马逊的仓库活动中，管理者会近乎全方位地指挥和控制员工的劳动。

剥夺生产工人的管理职能进一步加速了他们与独掌管理特权的上层员工的分隔。事实上，雇主越来越多地对中等技能员工进行微观管理，这种管理是如此彻底，以至于这样他们实际上购买的不是这些员工的劳动产出，而是他们的技能和付出。因此，尽管精英职场推崇独立性和主动性，但是在非精英的工作场所，劳动者几乎沦为管理层使用的工具。

总体而言，非精英的工作文化否定了员工所具备的才干，并通过低廉的劳动报酬凸显了这类工作的暗淡无光。

这些区别共同造成了上层劳动者和下层劳动者之间的差别。这一差别在一些极端情况下尤为凸显，尽管极端情况并不多，但是也将一般情况下所面临的问题更清楚地彰显了出来。

一方面，如之前所描述的极限精英职场那样，工作已全面侵蚀了个人生活。极限工作者一心只考虑自己的工作产出以及可以从中获得的个人荣耀。他们全身心地投入工作之中。极限工作者看上去光鲜亮丽，然而其光彩同样浮于表面，他们的繁荣仅限于优绩主义所描述的肤浅的工具价值上。

另一方面，优绩主义直接将一大批不断壮大的下层劳动者驱逐出了体面工作的领域。最明显的例子是，美国今天有将近 2 000 万人因为曾经坐牢或犯有重罪而只能从事一些最为边缘的工作，深陷于暗淡工作的阴影之下。[43] 反观 1960 年，这一人数是 250 万。这个群体的形成也与种族偏见密切相关。这种偏见体现在警察的执法过程、违法的操作和实体刑法的规定。这导致对非白人，尤其是非洲裔美国人超高比例的大量监禁，形成了"新的吉姆·克劳"[44] 现象。

优绩主义之下形成的勤劳给人以荣誉的理念，为监狱之外的社会等级秩序的活动注入了新的元素。在将有犯罪前科的人排除在就业大门之外的同时，美国的精英不平等以惊人的方式颠覆了美国的种族秩序。在有闲贵族的时代，种族的从属关系是通过合法强迫他人劳动的奴隶制来完成的。而在今天，当勤奋成了代表社会地位的象征，种族的从属关系则是由合法强迫他人闲散来完成的。

家庭

昔日的贵族们曾经认为自己凌驾于传统道德之上,并对中产阶层性习惯的布尔乔亚式①性习惯嗤之以鼻。[45] 而且,当贵族精英结婚时,父母给予子女的除了财富和家世之外就没有别的了。因为以往的养育大都是由随从或仆人来完成,父母与子女之间始终保持着一定的距离。最后,即使贵族阶层开始逐步没落,但是一如凡勃伦所观察到的那样,拥有一个可以装扮门面的妻子依然是旧式有闲阶层的身份象征,因为这意味着她的丈夫财大气粗,可以任由她无所事事。[46]

今天,情况几乎反过来了。优绩主义下的精英阶层,无论男女,都过着相对保守的个人生活和特别稳定的婚姻生活。他们在婚姻中十分注重对孩子的个人投入。一位受过高等教育且事业成功的妻子,无疑有助于提升从事高级工作的丈夫的社会地位,而一位教育程度较低或没有接受过教育的妻子,则会引发丈夫的身份焦虑。

优绩主义下的不平等能够解释这些转变。优绩主义重塑了精英家庭,使其成为生产下一代精英人力资本的场所。受此影响,今天的精英家庭,无论是从家庭构成、法律结构还是从家庭习惯等方面都与中产阶层家庭有了本质的区别。

精英阶层在婚配、婚姻关系的持续、婚内养育子女方面的独特倾向都是为了完成代际传递的使命。受过教育的父母,尤其是受过教育的母亲,能够更好地养育子女。离婚的高昂代价不仅体现在金钱上,也表现在时间和精力上。离婚会扰乱精英的工作,并使养育高成就子女的任务变得复杂。因此,相比于其他人,富人更少离婚。[47] 婚外生育往往也会使情况复杂化,因而在富人阶层鲜少出现。[48]

同时,精英阶层的家庭理想相应调整,为这些优绩主义的要求注

---

① "布尔乔亚式"指的是中产阶层或资产阶层的生活方式和社会地位。——编者注

入了情感甚至伦理表达。随着精英阶层孩子的成就成了实现父母期望与野心的工具,他们也就肩负起世代传承的重任。甚至精英家庭中兄弟姐妹之间的竞争,都远较中产阶层的家庭激烈。[49]

精英阶层的父母对婚姻本身的态度普遍受到优绩主义的影响。1970 年,专业的精英阶层的夫妇与劳工阶层的夫妇表示婚姻生活"非常美满"的占比大致相当,但是到了今天,对婚姻生活感到"满意"的劳工阶层的夫妇占比下降了 1/3,而专业的精英夫妇表示"婚姻幸福"的比例在经历了 20 世纪 80 年代的低潮之后,又回到了当初的水平。[50] 同样,拥有大学学历且认为"离婚通常是解决婚姻问题的最好方法"的女性占比在 2002—2012 年下降了 1/4。[51] 精英阶层甚至尤其将性与婚姻联系在一起:富裕阶层的女性大都婚后怀孕和生育,堕胎率在过去 20 年间下降了近 30%;反观穷困阶层的女性,堕胎率则上升了近 20%。[52]

也就是说,在精英阶层那里,婚姻保留着一股独特的意识形态力量。他们也许会拒绝传统的道德绑架,将性自由作为一种抽象的政治原则予以肯定。但与此同时,他们在现实生活中又明显地自我节制,是一点也不放纵的自由派。

另外,精英家庭以越来越独特的方式参与社区活动。例如,在 19 世纪末开设的课外活动,"就是……要为美国的工人阶层传授一些软性技能"。[53] 尽管在 20 世纪中叶课外活动依然具有这样的功能,但它再度被精英阶层主导。以 1954—1986 年出生的孩子为例,来自社会经济地位最高的 1/4 家庭和最低的 1/4 家庭的高三学生,参加非体育类课外活动、体育类课外活动以及加入运动队的比例差距分别增长了 240%、40% 和 130%。[54]

同样,富人和穷人的孩子参加宗教仪式和参与社区服务的时间差异也扩大了近 2 倍。[55] 在是否"可以信任大多数的人"这个问题上[56],双方的差距也扩大了 2 倍。在一项社会关系的广义评量指标上(主要基于对诸如孤单、友谊与人际交往等一系列话题的调查问卷的回答），社会经济地位最高的1/4人群中指标数增长最快，而在社会底层中则毫无增加。[57]

与非精英家庭相比，精英家庭（包括父母和孩子）越来越多地在学业、职业和情感上投入并参与优绩主义的社会秩序之中。

精英家庭的性别机制也有不同，虽然呈现出惊人的复杂性，甚至有悖常理。美国的精英阶层相比于其他群体表现得更自由，因此更能拒绝传统的性别规范，譬如坚持女性在家庭中的角色（即妻子和母亲），甚至蔑视美国中层阶层表现出来的性别歧视。[58] 然而，精英家庭的经济结构却与他们所持的家庭理念明显不一致，就像他们抽象的、开放的性观念并没有反映在他们日常的性生活当中一样。

一方面，经济层面最精英、收入最高的工作大多由男性主导：在上榜《财富》世界500强的企业中，只有约14%的高层主管和大约8%的最高收入者是女性，而且超过1/4的企业高层主管中根本没有女性；[59] 华尔街依然是男人的天下；[60] 女性合伙人在美国律师事务所中的占比仅为18%；[61] 男女医生的收入待遇在近几年的差距也日益扩大。[62]

精英教育如今需要高强度的个人参与，而社会的性别规范又明显将母亲和育儿捆绑起来，这一点合理化了职场中的性别模式。精英工作对时间投入的高要求完全无法与生育更不用说抚养子女的时间投入相兼容。[63] 因此，当精英女性选择回归家庭，她们的生活早已不是凡勃伦所说的为了彰显闲暇，而是要辛苦养育子女。脸书和苹果等公司甚至愿意花费数万美元支持精英女性职员冷冻卵子，以此来延迟生育，继续工作。[64] 尽管如此，精英阶层世代传递的紧迫性仍然凌驾于这一切努力之上。

另一方面，传统上由中产阶层的男性主导的职业（典型代表是制造业），却在近几十年来消失了，或者薪资报酬停滞不前，而许多取代它们的服务性工作是由中产阶层女性完成的。[65] 事实上，性别薪资差距缩小的主要原因之一是没有大学学历的男性薪资水平的降低。[66]

此外，在优绩主义的劳动力市场中，就获得不错的工作机会所需的必要教育而言，贫穷男性接受的不如贫穷女性多。来自年收入低于3万美元家庭的学生中，男性仅占42%。[67] 凡勃伦的逻辑依然适用于中产阶层，只不过包含了一种灰暗的带有讽刺意味的反转，即对中产阶层家庭来说，女性之所以工作是因为男性的工作报酬已不足以支撑起整个家庭的开支。[68]

总而言之，所有这些模式意味着两性之间的薪资差异在精英阶层中不断扩大，而在中产阶层和穷人之间却在缩小。[69] 的确，在收入最高1/5的双职工家庭中，只有29%的妻子收入高于丈夫；而在收入最低1/5的双职工家庭中，69%的妻子收入超过丈夫。[70] 这个模式实际上有助于解释为什么在精英阶层之外的其他社会群体的结婚率均在下降，因为当女性的收入高于男性时，结婚的可能性就在降低，其影响之大，可以使结婚率下降23%，而且这种现象集中出现在经济收入分配的底层。[71] 因此，优绩主义社会的不平等也渗透到了两性关系和家庭内部经济权力的平衡之中。

这种分隔既深且广，不但影响了家庭习惯，而且影响了习惯形成所基于的家庭理想。事实上，优绩主义社会的不平等使得富人和其他人对婚姻及家庭日后生活及挑战的想象完全没有了交集。

对精英阶层来说，这个时代婚姻的主要课题是同性婚姻。社会大众对同性婚姻的快速接纳是一项巨大的成就，预示着一个光明的未来。（然而或许要考虑到，美国的非精英阶层愿意接受各种婚姻形式的平等性，尽管他们依然固守着传统的性道德观念，尤其是对堕胎的态度，这是令人惊讶的。）

相比之下，美国的非精英阶层主要关注的，当然也是无从逃避的，还是异性婚姻的破裂问题。对他们来说，支撑家庭生活的制度性基础正在崩溃。一个自身都在崩溃的婚姻制度是否应该扩大规模，以便将同性伴侣纳入考虑范围，这无疑是一个遥远的问题，甚至还只是一个学术探讨的问题。[72]

文化

曾经有人问西格蒙德·弗洛伊德，一个人如何才能蓬勃发展，他回答说："爱与工作……工作与爱，仅此而已……爱与工作是人性的基石。"[73]当优绩主义重新组织工作和家庭时，它回到了生活的源头，将富人与其他人引入了不同的溪流。不过尽管弗洛伊德这样认为，但是在现实世界中，人们所追求的却不只是爱与工作。他们同时也在信仰宗教，追逐政治、社交，以及吃饭、购物和自娱等享乐。所有这些行为加起来，连同工作和家庭，构建出了一种文化。同前两节提及的工作和家庭一样，优绩主义的不平等也使得富人和其他人拥抱了截然不同的文化。

今天，美国的宗教信仰因信众的教育及收入差别而明显不同。在美国圣公会教徒、犹太教徒及印度教徒中，拥有大学学历、家庭年收入超过10万美元的人口占比是全国平均水平的2倍，而高中辍学人口的占比是全国平均水平的1/4，家庭年收入低于3万美元的人口占比是全国平均水平的1/2。[74]长老会教徒的受教育程度及富裕程度略低。相比之下，耶和华见证人、国家浸信会和基督神能教会的会众中，[75]拥有大学学历或家庭收入高于10万美元的人口占比不及全国平均水平的1/2，而高中辍学以及家庭年收入在3万美元以下的人口占比却是全国平均水平的1.5倍。（有意思的是，天主教徒在收入和教育方面与全国平均水平持平。[76]这或许是因为天主教会历史悠久、影响广泛、机构遍布全国，次级教派众多，使得内部分隔成为可能。）

政治也越来越显示出阶层的高低。特朗普那充满敌意的民粹主义所凸显的就是在美国社会中早已存在的分歧。

菲利普斯埃克塞特学院是前文提及的美国精英预科学校之一，它的一名学生最近在回答一项有关精英价值观的调查时表示："从道德层面上讲，我是一名民主党人，但是我的钱包又在说我是一名共和党人。"[77]这位学生显然十分清楚自己的阶层定位。从最广泛的层面来讲，美国的精英阶层，无论属于什么党派，都要比中产阶层和劳工阶层在社会议题上表现得更自由，在经济议题上表现得更保守。[78]

富人在社会议题上往往持比较进步的观点，这一常识有着广泛的证据支持。一项针对美国人价值观的数百项调查的综合分析指出，收入最高的1/5的美国人在有关同性恋、堕胎和政教分离等众多议题上的态度，要比他们不那么富裕的同胞更加自由和宽容。[79]

对于范围更狭窄的经济精英的观点很难进行跟踪记录（因为真正的有钱人首先就不愿意暴露身份，即使能找得到，他们也会因为工作忙碌或注重隐私等理由拒绝接受意见调查）。不过，随着日益增长的不平等，学术界对小范围精英阶层的研究兴趣增加，美国社会中真正富人的文化态度也渐渐呈现出了一个更清晰的画面。从这个画面中，我们可以确认，小范围的超级精英不仅在分享，更是在扩散广大精英阶层的进步主义社会观念。最近的一项调查研究发现，具有研究生或以上学历的美国人持有"一贯的自由主义"观点的概率是只有高中及以下学历的美国人的6倍。[80]菲利普斯埃克塞特学院的调查也表明，10名学生中就有9人表示他们在社会议题上属于自由派。[81]最后，一项针对芝加哥真正的富有家庭（即年收入在100万美元以上、总财富在1 400万美元以上的家庭）的试点研究也再次显示，他们对宗教、文化与道德价值等广泛的社会议题持有鲜明的进步主义思想。[82]

相比之下，精英阶层在经济议题上的保守态度却鲜少人知，因为它被隐藏在少数富人在经济议题上过于激进的言论后面。（这些言论的媒体曝光率很高却有些古怪。）大家误以为这些少数派的言论可以

第七章　全线分隔

代表更广泛的经济精英。事实上，两者在普遍的思维方式上大不相同。更广泛的精英阶层的经济保守主义同样是真实且鲜明的。

针对美国收入最高的 1/5 的富人群体所做的广泛调查显示，他们在深信社会自由主义的同时也流露出了更明显的经济保守主义：全美最富有的 1/5 人口远比其他 4/5 的人口更加敌视累进税制、经济法规和社会福利支出。[83] 全美收入最高的 1/10 人口持有同样的经济保守态度：与普通的美国民众相比，富人对高边际税率的敌意要大得多，他们更倾向于降低资本利得税和遗产税，更不愿意提高最低工资或增加失业救济金，也更质疑政府对公司和行业的监管。[84] 菲利普斯埃克塞特学院的调查也显示，在经济议题上持保守态度的学生人数是在社会议题上持保守态度者的 3~5 倍。[85]

情况更可能是，美国真正的富人在经济议题上更加保守。在参与芝加哥调查的美国富人（收入最高的 1% 群体）中，只有不到 1/3 的人和普通大众一样支持美国政府保障劳工阶层的就业、提升其工资的诸多具体政策；只有 1/2 的人支持政府有关保障全民医疗健康与高质量教育（包括公立学校、大学与劳工再培训）等相关的法规；只有约 1/3 的人愿意支持政府为缩减收入不平等而进行直接的再分配。这些富人极力反对加强对大公司的监管，尽管这样的举措有着广泛的民意基础。在他们当中，认为"赤字才是美国当务之急"的人数比例是全国平均水平的 4 倍左右，而认为就业是最紧迫任务的人数比例仅仅是全国平均水平的 1/4。[86] 此外，富人中的富人，即收入最高的 1% 富人群体中前 1/10 的顶级富豪，往往是最为保守的。与其他受访的一般富人相比，他们更倾向于减少经济监管，明显支持削减美国国内的社会福利措施，尤其包括社会保障。[87]

最后，虽然针对超级富豪的民意调查依然很少，但是相关研究证实了超级富豪在经济议题上也是极端保守的：最近一项实验研究表明，耶鲁大学法学院的学生（父母年收入的中位数约 15 万美元；初次获得永久律师职位的合同年薪约为18万美元[88]），远较美国的普通民众更重视效率，而更不重视平等。[89]学生们声称他们支持民主党的人数与支持共和党的人数比例约为10∶1，但是耶鲁大学法学院的这些民主党的支持者实际上却表现得更像是共和党人，他们不愿意为了重新分配而牺牲效率。耶鲁大学法学院的调查并非个案。另一项更广泛的调查发现，与学生的种族、性别、宗教、学业成绩，或者读书动机是为了赚钱还是求知相比，就读于一个以富有学生群体为主的大学更能有力地预测出学生的经济保守主义倾向。[90]事实上，该项研究的结论是，富裕的大学会使自己的学生在经济上更加保守；而且，家境最富裕的学生表现得最明显，尽管有一大堆的证据表明精英大学会鼓励学生就社会议题形成进步主义的观点。[91]

这些分歧积累起来形成了一个独特的精英世界观，将美国富人对社会的感知和想象性理解与其他人的区分了开来。这种世界观将传统上有关隐私、多样性和多元主义的进步理念，以及有关工作、生产力和个人责任的保守理念结合了起来。相比于其他阶层，富人更愿意支持同性婚姻、女性权利和平权运动；但与此同时，他们又积极反对学校举行的信仰祈祷和执法监管，更有可能支持低赋税和自由贸易，反对社会开支和工会。这样的世界观反映了一位评论家所说的"自由市场对富人的更大吸引力"[92]，包括自由市场对宗教和道德的漠视以及对政府监管和再分配的敌意。

也就是说，美国的精英阶层更倾向于支持（而中产阶层和劳工阶层更倾向于反对）知识分子所谓的古典自由主义（包括意涵相对狭隘、更当代的新自由主义）。这种意识形态其实是在迂回地表示对精英阶层来说可以接受、对其他阶层来说不可接受的东西。它深深地吸引了各界精英。正因如此，史蒂夫·乔布斯才会说出"硅谷是一个崇尚优绩主义的地方"[93]这句世人皆知的话；高盛公司才会不加掩饰地宣扬对财富的积极追求；[94]耶鲁大学才会在欢迎各种肤色的学生的同时反对员工工会

第七章　全线分隔　253

和研究生的工会。[95] 最后，这种意识形态让各界精英不分党派地联合了起来。难怪当唐纳德·特朗普将本土民粹主义、社会保守主义以及对贸易和自由市场的敌意结合在一起时，美国的精英阶层会对其深恶痛绝。

此外，美国的富人与其他人不仅在宗教信仰、政治理念上有差异，在日常娱乐上也差异巨大。首先，家庭年收入超过10万美元的美国人在被动的休闲活动上花费的时间比家庭年收入低于2万美元的美国人少40%。[96]（失业、受教育程度较低的男性每周看电视和睡觉的时间，比受教育程度高的男性多出约11个小时。[97]）相比之下，富人会花更多的时间进行体育锻炼。收入最高的20%群体平均每周锻炼的时间是收入居于中间20%群体的2倍，是收入最低的20%群体的5倍。锻炼已经成了一种身份象征。[98]

即使适应了更长的工作时间，富人独处的时间也比其他人多，社交时间则相对较少。当他们确实要社交时，他们的高收入使得他们能够自主选择社交伙伴。他们更倾向于和朋友互动（收入最高的1/4人群与朋友相处的时间，平均每年要比收入最低的1/4人群多出5.2个夜晚），而其他人则更喜欢与家人、邻里互动（收入最低的1/4人群每年与家人在一起的时间要比收入最高的1/4人群多出4.6个夜晚，与邻里的互动要多出8.3个夜晚[99]）。

事实上，富人与其他人的社交网络非常不同：富人的社交范围广泛，涵盖国内与国际，但是是表面的，面向"流动的，甚至是迁徙的"或者"国际化的"自我；中产或劳工阶层则社交范围狭窄，但关系深入，面向"扎根的自我"。[100] 如今，即使是像烹饪和谈话这样的基本活动，富人与其他人的表现也并不相同。精英阶层喜欢用新奇的食材来打动那些他们往往为了业务需求而想要"进一步交往"的人，而中产阶层则更倾向于烹饪熟悉的食物，与家人和老朋友分享。[101] 富人的说话方式通常礼貌客气，而其他人则表现出令人愉快的坦率直接。[102]

富人和其他人的爱好也截然不同。之前提及的有关上网行为的报告就显示出了他们的关注点有多不一样：富人主要搜寻有关科技、健身和旅游的资讯，而穷人则搜索有关慢性病、枪支和宗教的信息。[103] 在虚拟世界的追求也真实地反映在了现实世界之中。就加州大学伯克利分校这样的精英大学与路易斯安那州立大学这样的中产阶层的大学来说，两所学校的学生社团就能反映出这种区别。在加州大学伯克利分校，有包括反人口贩运联盟、建设可持续发展组织、环境科学学生协会和全球学生大使馆这样的学生团体，这些在路易斯安那州立大学都没有；反过来，路易斯安那州立大学有油田基督教联谊会、农业综合企业俱乐部和战争游戏与角色扮演的协会，[104] 而这些在加州大学伯克利分校却没有。

消费

富人与其他人的差别也体现在日常生活用品的消费上，从衣服、家用电器、汽车、电子产品等物品，到各自使用的服务、所吃的食物和消费的商家。[105] 这些消费虽然日常，却是重要的。据统计，美国的家庭消费占 GDP 的近 70%。[106] 因此，消费产品为整个社会定下了基调。

在 20 世纪中叶，这种基调是平均主义的：中产阶层可以负担得起物质丰盛的生活方式，而且社会推崇的生活品位（甚至美德）要求富人向中产阶层看齐。相比之下，如今的消费却将富人与其他人彻底地分开了，无论是品位还是道德观念，都越发证实富人的奢华。这种分离是如此彻底，以至于一个人消费的品牌更多地反映出了他的收入水平而非种族特征。[107]

在人类历史的大部分时间里，精英阶层所拥有的和所消费的东西都与普罗大众的不同，不仅是消费程度，还包括消费种类。在封建时代，地主仅限于一小撮人，他们所拥有的土地就代表着他们的精英地位。的确，在君主统治的政权下，绝对的土地所有权是处于精英顶端的君主才享有的特权。[108] 另外，禁奢令也在限制其他社会阶层的消费行为，譬如禁止精英阶层以外的民众身穿代表奢华的面料或颜色的衣物，以及享受奢侈的食物。[109]

然而，随着资产阶层革命的兴起，这样的消费等级也逐渐受到了侵蚀（事实上，一些禁奢令曾经试图阻止这样的时代潮流，明确致力于展示商业财富而非贵族财富）。[110] 但是，20 世纪初的资本主义发展加速了这一进程，因此到 20 世纪中叶时，社会顶层与中层之间的消费界限已经被有效清除。

在土地和住房消费方面，美国联邦政府支持民众购房的政策使得住房自有率从 1940 年的 44% 提高到了 1970 年的 63%。[111]（但是，自此之后，这一数据就再未大幅增长过。[112]）到了 20 世纪 80 年代，汽车、冰箱、音响、洗衣机、烘干机和空调等家用电器普遍走进了美国中产阶层的家庭。[113] 在 20 世纪中叶，美国民众购买同样朴实的汽车和手表，到同样朴实的餐厅就餐，甚至从同样的商店购买同样品牌的产品。在 20 世纪 70 年代，美国 3/4 的成年人至少一年去一次西尔斯百货，而且半数的美国家庭拥有一张西尔斯的信用卡。[114]

消费品位，乃至道德观念，也开始反映出社会的经济形态。20 世纪中叶，遍布圣克莱尔湖畔小镇以及无数类似郊区小镇的住宅内满是现代主义的家居装饰。人们有意识地选择与广泛的中产阶层的生活形态，而非奢华的富人或者贫困的穷人相匹配的装饰材料、设计风格和技术。就连让城郊生活便捷化的交通工具——汽车的设计也都在刻意符合中产阶层的预算。亨利·福特最著名的政策是付给员工足够的工资，以便他们能成为公司的客户。这同样要求福特汽车公司生产大众车型而非豪华车款，在确保汽车质量的同时也让它们在价格上非常亲民。[115] 截至 20 世纪中叶，这种消费形态的审美观深深地根植于社会文化和道德观念之中。它们所形成的力量也深深影响着精英阶层。

《财富》杂志曾发表文章嘲笑少数20世纪中叶的商业领袖,批评他们不论是在纽波特的"度假小屋"还是棕榈滩的别墅,都只不过是试图维持美国镀金时代的生活方式。

然而,今天优绩主义下的不平等已经扭转了这一趋势。消费的不平等——从原始的美元金额来看——与收入所得的不平等显著地保持一致,即使是在收入分配的最顶层也是如此。[116] 另外,富人与其他人的消费差异不仅表现在消费金额上,也展现在不同的消费阶层在不同的商店购买越来越不同的商品。就连支付方式也大不相同。

一方面,平价商品越来越在中产阶层的日常消费中占据主导地位,吸引着那些在经济不平等的阴影下苦苦挣扎的人们。被迫需要节省开支的家庭如今大都在平价商店购买常规消费品,而储贷金融业务使工资停滞不前的中产阶层通过借贷来满足消费需求。

平价或低价商品的零售业,诸如低价超市、一元店和大卖场在过去几十年间大幅增长。以沃尔玛为例,它已经从1962年的一间店发展成了2016年在美营业额近3 000亿美元的零售业巨擘。达乐公司和"家庭一元店"近年来每年的营收增长平均接近9%和7%。[117] 在这三家商店购物的顾客收入明显较低。以廉价大型零售商店"家庭一元店"的顾客为例,他们的收入比塔吉特百货这一类相对没那么低档的仓储式商场的顾客低了近40%,[118] 与其他高档商场的购物者的收入差距就更大了。(当大型连锁商店启用不熟练的零工取代了具备中等技能的员工时,它们实际上直接拉升了店内商品的消费需求。一如亨利·福特决定支付工人足够的工资以满足他们购买汽车的愿望所体现的是"大压缩时代"的平均主义经济形态,那么沃尔玛支付给员工较低的工资只够他们在廉价零售店里购物,就是当今经济不平等的缩影。[119])

储贷金融业务也在快速成长,成了中产阶层生活无法摆脱的一部分。"发薪日贷款"就是这种臭名昭彰的短期高利贷的代表。发薪日贷款显然针对的是那些已无法应对自己的生活开支,甚至连一周都撑不

第七章 全线分隔

住的人。[120] 这种贷款机构名声不佳,但并不妨碍它的快速成长。发薪日贷款机构的业务规模在不断扩大:从20世纪90年代初期的不到500家增长到了2002年的1.2万家,再到2006年的2.2万家。[121] 今天,美国从事发薪日贷款业务的机构数量已经超过了麦当劳和星巴克门店的总和。[122] 2012年,美国人在发薪日贷款上的支出达到了74亿美元。[123]

而且,储贷金融业务不过是冰山一角。20世纪中叶,中产阶层的家庭都有数目可观的存款。在20世纪70年代晚期,收入处于底层90%的家庭的储蓄率还在5%~10%。[124] 但自那之后,美国普通家庭的储蓄开始消失,从银行借钱几乎成了越发兴盛的消费的资金来源。[125] 中产阶层家庭的债务也因此水涨船高,借款额在20世纪90年代晚期超过了收入所得,而收入分配在第50~75百分位的家庭的债务最为沉重。[126] 这些借贷并非用于购买非必要的或是相对奢侈的商品;相反,它们主要用于覆盖包括生活必需品在内的合理乃至必要支出——就连这样的支出也已经超出了中等技能的劳动者所能负担的范围。[127] 的确,据调查显示,每10个低收入或者中等收入家庭中就有7个将信用卡看作全家人的"安全网",用来支付一些不可避免的支出,譬如医疗费用和房屋、汽车的修理费用。[128] 如今,中产阶层家庭普遍使用发薪日贷款来填补入不敷出的差距。

尤其是在收入日益不稳定[129]的背景下,借钱生活给人一种陷入无法逃脱的灾难阴影的感觉。就好比正如查尔斯·狄更斯笔下的米考伯先生在小说《大卫·科波菲尔》中所抱怨的那样:"一年收入20英镑,开支19英镑19先令6便士,便是皆大欢喜。如果一年收入20英镑,开支却是20镑6便士,那简直是痛苦不堪。"[130] 书中的米考伯后来同狄更斯的父亲一样,因为债务而面临牢狱之灾。[131] 最近,美国中产阶层正经历着一波前所未有的丧失抵押品赎回权和破产的浪潮。[132]

强制收债的规模可谓大得惊人。在最近典型的一年里,光是纽约市就有32万件有关消费者债务的民事诉讼案。这个数字大致相当于联邦法院全年所有诉讼案件的总和。[133] 即使没有坐牢的风险，债务依然是美国中产阶层最沉重也最痛苦的负担。实际上，就和坐牢一样，丧失了抵押品赎回权和宣告破产会严重影响一个人的生活，并祸及子孙，造成婚姻破裂或重创一个人的童年生活。它的冲击之大足以让整个中产阶层被重新命名为"不稳定无产阶级"。[134]

然而，另一方面，奢侈品——那些让社会顶级阶层趋之若鹜，在经济不平等的阴影中闪闪发光的商品正在日益主导着富人们的消费，塑造着他们的自我形象。塑造 20 世纪中叶《财富》杂志倡导的消费形态的社会规范和生活习惯，如今在优绩主义不平等的内在逻辑中被消磨殆尽。如今的精英阶层所看重的奢侈品恰恰是当年这本杂志讽刺挖苦的对象。消费品位，甚至道德观念，也在随着新秩序的出现而有所改变。整个社会风气让富人们开始"瞧不上"平凡普通、毫不出众、唾手可得的商品，而对特色明显的奢华之物趋之若鹜。

优绩主义让这一转变成了必然。当勤奋成为一种荣耀，精英阶层全然没有了凡勃伦所描述的培养闲情逸致的时间。于是，在高强度工作的同时，奢侈品而非荣誉行为成了精英阶层建立自己社会与经济地位的主要表达方式。[135] 如今，富人们通过显眼的消费来凸显不断扩大的经济不平等照耀在他们财富上的光辉。精美且昂贵的物品成了个人荣耀的具体象征：是精英阶层勤奋努力与异化个性的化身，优绩主义下的美德有了真实的体现。

这一点在那些明确宣扬自身所独有的奢华品质的品牌上表现得最为明显。如今，价格是普通车辆 10 倍的豪车在美国各大城市四处可见。[136] 宾利公司单价超过 15 万美元的汽车在 2014 年的销售量，超过了整个汽车行业在 2000 年的总销量；[137] 近年来，日内瓦汽车大展所展出的百万美元以上的豪车数量也是前所未有，其中包括兰博基尼公司推出的一款售价 400 万美元的跑车。英国金融品牌公司的一项调查显示，法拉利已经成了全球"最具影响力"的品牌。[138] 同

第七章　全线分隔

样，有一些专卖店只出售价值在数万美元以上的手表。[139] 由维京（Viking）、零度以下（Sub-Zero）、贝塔佐尼（Bertazzoni）与莱科诺（La Cornue）等奢华厨具品牌生产的豪华烤箱和冰箱，售价是普通厨房家电的10倍，甚至100倍。在纽约、华盛顿特区或旧金山的高级餐厅，一顿饭的价格是普通餐厅的50倍以上。20世纪90年代开业的法式餐厅"法式洗衣坊"（the French Laundry）①，其宗旨是实现主厨"长期以来的烹饪梦想：在纳帕谷打造一个能够提供精致法式餐点的地方"。它的个人最低消费是310美元，还不包括在地窖内供客人随时购买的价值5 000美元的美酒。[140]

总体而言，自1990年以来，传统奢侈品的零售额增长速度约为整体经济增长速度的4倍，平均每年超过10%；[141] 而高盛预测未来奢侈品销售将继续超过经济增长，并在未来10年内翻一番。[142] 个别商品的价格将整体销售数据更具体地反映在个人生活中。在20世纪中叶，奢侈品的定价对中产阶层来说也并非无法负担。他们会在人生的某个特殊时刻，或者因为对某一品牌的痴迷（譬如车迷）而购买它们。然而，奢侈品现在的定价对中产阶层来说已遥不可及。20世纪中叶，在比利·乔尔的歌曲中，欧莱瑞警官还打算用自己的雪弗莱换一辆凯迪拉克。[143] 然而，如今的中产阶层做梦也无法拥有一辆宾利，佩戴一块宝珀手表，使用莱科诺的厨具，或是走进"法式洗衣坊"用餐。

与此同时，奢侈品也明显扩大了它的涵盖范围。许多原本瞄准普罗大众和中产阶层的商品如今却改头换面加入了奢侈品的行列。例如，美国歌手碧昂丝最近的巡回演唱会，平均票价在350美元以上；[144] 洛杉矶湖人队、达拉斯牛仔队和纽约洋基队的主场门票轻轻松松就会超过200美元。[145] 此外，一批新形态的奢侈品开始涌现：

---

① 餐厅所在的建筑在20世纪20年代曾是一家法式蒸汽洗衣房，故餐厅名沿用了此称呼。——编者注

游轮开设了私人奢华包间,带有私人服务、专属泳池并严禁其他旅客进入(就算使用消费积分也不行[146]);度假胜地开辟了专属入口和人少的景点,其价格是普通门票的 10 倍;[147] 航空公司则提高了头等舱的奢华程度,用保时捷来接送付费最高的乘客往返于航站楼,机场甚至还会为这些乘客提供免排队的专属通道;[148] 一些全新的商业模式抓住所有有利可图的机会,包括提供一些原本不需要花钱的服务,譬如公共停车位[以停车软件猴子泊车(Monkey Parking)为例]和餐厅预订[以快速订位(Reservation Hop)为例]给那些足够有钱的人。[149](这些新业务不出所料地引发了民众的强烈不满,例如航空公司的头等舱:头等舱的奢华导致了低价位客舱乘客的不满,空中愤怒增多,其引发的怒气不亚于乘客因遭遇 9 小时 29 分钟的航班延误后的怒气。而且,低价位客舱的乘客必须经过头等舱才能走到自己的座位,这一点也会引发他们的不满,其生气程度和遭遇了 15~60 分钟的航班延误差不多。[150])

还有一些商品,尤其是服务,人们通常不会将其与奢华联系起来,因为它们本身并不涉及奢侈享乐,如今却明显被当作奢侈品卖给了富人。

精英的私立学校和大学只是众多例子中的一个。礼宾医生为富人提供昂贵的医疗服务,他们不但向病人或客户收取看诊费用,还会让他们缴纳年费,同时他们的收费不受保险公司赔付比例的限制。[151] 昂贵的收费使得这些医生的看诊量可能只是普通医生的 1/4 左右。他们得以从容不迫地进行看诊(而美国普通医生接诊病人的平均时间只有 15.7 分钟),[152] 并提供包括周末在内的当天就诊服务。[153] 提供特约服务的私家医院的住宿条件也堪比豪华大酒店:配有高端家居品牌弗雷特(Frette)的床单,精心设计的餐厅菜单上有帕尔马火腿或是嫩煎小牛肉片等菜品,还有贴身管家服务。那些财力雄厚、用现金支付的客户在支付医疗费用的同时还要为每晚的住宿支付数千美元。[154][如今，奢华的牙医服务还存在。例如，法国有一位名叫伯纳德·图阿蒂（Bernard Touati）的牙医，专为超级富豪和歌坛明星（如麦当娜）看牙。他的办公室就坐落在香奈儿、迪奥和普拉达的精品店之间。他补一颗牙的收费近2 000美元，不过有一次在他拒绝收费时，黛安·冯·芙丝汀宝将她精品店里的两件礼服当作欠条给了他。[155] 律师、会计师和投资顾问也都在以同样的特约服务模式[156]，以不走保险的收费方式，为富人提供昂贵的法律或财务服务（包括收入保护）。[157] 精英家庭甚至连日常购买的食品杂货也都与众不同。社会经济地位很高的美国人，他们所吃的食物，譬如水果、蔬菜、鱼类、坚果、全谷与豆类都要比中产阶层的更健康，而中产阶层又比社会经济地位偏低的人吃得更健康。两两之间的差距都在扩大，不过同其他的情况一样，富人与中产阶层之间的差距超过了中产阶层与底层民众之间的差距。[158]

所有这些商品和服务几乎是富人的专属消费。富人也借由这样的消费层次来彰显自己的社会经济地位。如果说精英将自己的消费看作是为自己负责的（健康的水果蔬菜）、是生活必需的（医疗保健），甚至是有价值的（教育投资），那么他们的消费行为则印证了优绩主义的理想已经主宰了奢侈的意涵。

最后，在所有这些趋势的相互强化之下，富人与其他人的区别不仅在于日益购买不同的商品，还在于消费不同的品牌，光顾不同的商店以及使用不同的支付方式。

随着商业朝着节俭和奢华两个极端发展，消费者市场中的中间阶层，如同劳动力市场上的中间阶层一样，确实面临着被掏空的局面。相较于低端的快餐连锁餐厅（如塔可钟）和高端餐厅（如法式洗衣坊）的生意兴隆，[159] 中等价位的餐厅，譬如橄榄园与红龙虾却在经营上苦苦挣扎。中等价位的酒店品牌（如贝斯特韦斯特）的增长率仅是高级酒店品牌（如四季酒店和瑞吉酒店）的一半。就在中等阶层的超市和百货商店（如西尔斯和杰西潘尼）面临倒闭之际，特价商店

（如砍价超市、美元树和家庭一元店）与主打奢侈的高级商店（如全食超市、诺德斯特龙、巴尼斯和尼曼百货）都在大力扩张。它们往往进驻的都是过去中产品牌不得不放弃的地方（例如巴尼斯就搬进了勒曼百货曾经标志性的切尔西门面店[160]）。

甚至在消费付款方面，精英阶层通常使用的都是收入或储蓄，而非贷款（收入所得最高的1%群体仍会把收入的大约1/3存起来[161]）。而且，富人即使有贷款，他们大都利用这笔贷款（例如30年期的固定利率优质抵押贷款）来进行经济杠杆的操作，从而增加投资回报率，而非补贴家用。

随着各种差异以这种方式逐渐积累，产生的就不仅是区别，更是区隔。精英学校将富家子女与中产阶层的孩子分隔开来。礼宾医生取代了公共候诊室，甚至取消了所有的共同候诊。即使是在看似普通的购物方面，细分的商家也越来越使得顾客不是同一群顾客，商品更不是同一类商品。

在美国的低端连锁折扣店必乐透的食品区，既没有奶酪窖，也没有切肉师傅、手工冰激凌；而在高端的全食超市，你看不到可口可乐、奥斯卡·迈耶热狗和亨氏番茄酱。家庭一元店与尼曼百货公司没有一件商品使用相同的设计师品牌。[162] 塔克钟和法式洗衣坊的食材，包括食用盐，都截然不同。[163] 这两家餐厅就连对待食材的态度也可谓是天壤之别。塔克钟在官网上表示尽管自己的食材"名称怪异"，但绝对"符合美国食品药品监督管理局的标准"。[164] 但是，法式洗衣坊却在有顾客询问食物原料后，做了一本50页的册子来介绍自己使用的食材，内有彩色图片和主厨的亲笔签名，讲述了每一位供货商的个人故事。以黄油为例，册子中介绍说黄油来自佛蒙特州的一座农场，该农场宣称："要制造黄油，人就必须放弃一定的自由意志，转而按照动物的需求来生活。"[165]

优绩主义下的不平等已经彻底改变了消费，精英阶层与中产阶层的消费者在消费场所和消费体验上已越来越没有了交集。他们各自的生活形态犹如按等级划分的飞机客舱一样被重新塑造。[166]

地方

20世纪中叶，圣克莱尔湖畔小镇与帕洛阿尔托有着大致相同的中产阶层式繁荣景象，体现了当时美国经济在地理上的平均分布。其他城镇的样貌也类似。例如，一份自20世纪中叶就持续进行的地方通信显示：20世纪70年代，在位于华盛顿郊区的西格莫纳园区内，一位土地测量员、一位海军陆战队少校、一位室内设计师、一位美发师、一位警官、一位维修师傅与一位秘书在欧弗布鲁克大街上比邻而居。[167]

当时，大多数的美国人都居住在类似的中产阶层社区内，他们之间的差别主要是基于文化，而非收入和社会等级。大家的地域感也主要来自当地的气候、历史以及居住在那里的名人，而非经济差距。

二战结束到20世纪70年代末，美国各地区的收入水平稳步趋同（这种趋同也许贡献了美国当时国民收入差距整体缩小的幅度中的30%[168]）。1945年，美国最富裕地区的人均收入几乎是最贫穷地区的2倍。但是，1945—1979年，美国的贫富差距缩小了2/3。[169] 就连财富分布也在地理上表现平均：在20世纪60年代中期，全美最富有的25个都市圈包括伊利诺伊州的罗克福德、威斯康星州的密尔沃基、密歇根州的安阿伯和俄亥俄州的克利夫兰。[170]

这些发展从地理层面展现了美国在20世纪中叶生产的经济逻辑。那些食利精英阶层需要居住在他们的实物资产附近以方便收租。农田、工业设备和工厂通常都出于某种必要性而在地理上分散分布。拥有这些资本的精英阶层也随之在物理空间上分布到了全美各地。随着20

世纪中叶美国精英稀释自身——例如大学毕业生大致平均地分布在各个城市[171]——中产阶层也因此在几乎所有地方成了主导力量。经济的地理分布使得 20 世纪中叶的精英阶层不可避免地融入中产阶层，因为精英阶层的稀释和薄弱的阶层划分要求跨越阶级界限的社会融合。随着克林顿和小布什的童年生活在美国各地的社区重演，一个"单一的美国生活标准"[172]出现了。

今天，优绩主义下的不平等已经扭转了这些力量。拥有超高技能的精英们无论去哪里都带着自己的人力资本。而且，他们找到的高薪工作需要精英之间在空间上的聚集，如此一来，他们的劳动密集型生产可以从聚集经济，尤其从知识溢出中获益。[173] 此外，新的精英阶层需要一个集体培训的基础设施，其中包括学校教育和丰富的课外活动，以便能有效地将他们的人力资本传承给自己的子女。最后，深受精英阶层喜爱的奢侈品，也只会在富裕的消费者集中的地区（譬如繁华大都市）才能实现经济售卖。所有这些力量使得新一代的精英阶层形成了地域聚集的效应，美国的区隔正在根据收入水平来重新设定。[174]

首先，精英正从乡村迁往城市（而中产阶层越来越多地留在原地，所以现在人口流动本身就具有了精英特质）。[175]1970 年，美国乡村和城市人口的教育水平大致相当；到了 2000 年，住在乡村的年轻人拥有大学学历的可能性不到城市年轻人的一半，[176] 而且此后的几年里，这种差距还在进一步扩大。[177] 这表明，美国农村的人才流失和明显阻碍众多贫困国家经济发展的人才外流一样效果相当。[178]

同时，随着大学毕业生和高收入者集中居住在某些城市，精英的流动造成了美国各城镇之间教育水平和收入所得的差距拉大。[179] 到了 21 世纪初，美国 62 个都市区中只有不到 17% 的成年人拥有大学学历，而 32 个都市区中有超过 34% 的成年人拥有大学学历。[180]一些大家耳熟能详的地方，迄今为止依然对受过教育的劳动力具有很强的吸引力或者排斥性。例如底特律，拥有大学学历的居民比例不到

10%;[181] 相比之下，奥斯汀、波士顿、旧金山、圣何塞和华盛顿特区的这一比例平均接近50%。[182] 同样，1980—2010年，纽约市接受过大学教育的劳动者比例增长了73%，没有大学学历的人口则减少了15%。[183] 在双方都接受过高等教育的美国夫妇中，有近一半居住在少数几个大城市。[184]

在优绩主义之下，收入与教育程度紧密相关。事实上，仅专利生产形成的差异（足以代表人口的受教育情况）就解释了美国各地区1/3的收入差距。[185] 因此，1980—2012年，就城市平均收入与全国平均收入的比例而言，纽约增长了约50%，华盛顿特区增长了40%，旧金山增长了近30%，也就不足为奇了。[186] 从更广泛的层面来看，自1990年以来，美国平均教育程度最高的10个都市区的人均工资增幅是最低的10个都市区的2倍多。[187] 而目前，受教育水平最高的城市的劳动者平均薪资是受教育水平最低的城市劳动者的2倍。[188]

房价和房租也随之变动。[189] 今天，如果还认为波士顿、纽约、旧金山或华盛顿特区的精英地区或者帕洛阿尔托的核心地段的一套住房的价格，仅是在美国乡间或者圣克莱尔湖畔小镇的一套新房的平均价格的2倍，那就有些可笑了。即使是租房，这些城市的租金也已超出了中产阶层的负担能力：洛杉矶、旧金山、迈阿密和纽约目前的租金已经分别占据这些城市高通胀收入的49%、47%、44.5%和41%（2000年的这一比例分别是34.1%、24.7%、26.5%和23.7%）。[190] 根据统计，一座城市的大学毕业生与非大学毕业的比例每增加1%，房屋租金就会上涨0.6%。[191] 今天，中产阶层根本负担不起在这些精英汇聚的大城市的居住成本。

事实上，社会阶层之间的地理区隔日渐细分，即使在城市内部，富人与其他人也越来越分离。1970年，近2/3的美国人生活在中产阶层社区；如今，这一比例只有2/5。[192] 与此同时，生活在富人区与穷人区的美国人比例都翻了一番。[193] 更普遍的是，在过去40年里[194]，美国的富人和穷人都居住得越来越集中：自1970年以来，根据收入和教育程度划分的居住区隔离的人口统计指标至少分别增加了25%和100%。[195] 甚至混合居住的区域也已经变得不那么融合了：在1970—1990年，一般贫困家庭的邻居也是贫困家庭的比例翻了一番，而一般富裕家庭的邻居也是富裕家庭的比例增加了1/5。[196]

社会经济的隔离在金字塔塔尖表现得尤为极端。在纽约的上东区，拥有大学学历的成年人比例在1960—2006年增长了2倍以上，达到了74%。[197] 同样，居住在收入和教育程度排名全美前5%区域的910万美国人当中，有63%拥有学士学位，家庭年收入中位数为14.1万美元。[198] 周围的邻居进一步加剧了这种精英阶层的区域隔离。居住在收入和教育程度排名全美前5%区域内的居民，近80%生活在相邻的同类区域内，而与这些精英汇集的区域接壤的普通社区，本身在收入和教育方面也处于全美第86百分位。此外，精英阶层与特定社区之间的关联性是双向的：我们之前曾提到哈佛大学、普林斯顿大学和耶鲁大学的校友有半数都居住在最富有和教育水平最高的5%区域内。[199] 专业精英院校的毕业生仍然住在相对繁华的区域。[200] 哈佛大学商学院的毕业生有3/5住在全美收入和教育水平前5%的区域内。

物理空间的隔离催化出其他形式的隔离。教育和收入程度共同反映在居住环境的便利设施和生活质量上——形成了上面描述的基于地理位置的文化差异。最富有、受教育程度最高的城市拥有更长的预期寿命、较低的犯罪率、较少的环境污染，以及较大的政治影响力。[201] 也许，最重要的是，精英阶层的父母利用经济隔离来确保自己的子女免受失序与混乱的影响，而这种失序与混乱已经成为作为社会另一组成部分的没那么稳定的家庭的生活现实。在精英集中居住的区域内，90%的孩子在稳定的家庭中长大，有亲生父母的陪伴，他们的朋友或邻居也莫不如此。或许，对于大部分感叹社会不平等的人来说，富人小区为了防范犯罪而设立的门禁与警卫引人关注；但实际上，让精英

第七章　全线分隔　　267

阶层与社会其他阶层分离的真正机制并非保安警卫，而是房租与房价。

很难将所有这些影响汇总成某个单一的综合指标。不过，根据一项估算，富有且受过良好教育的城市的社区生活质量以及其他便利设施所推动的幸福感的不平等，比起收入不平等高出了30%。[202] 经济不平等为美国的富人和其他人创造了完全不同的生态系统。难怪不仅是地域的流动性发生了改变，就连其背后的原因也已经有所不同：在过去，美国人搬到城市是为了更宜居的气候，但现在他们明显是为了"人以群分"[203]。

最后，这些影响不仅涉及生活的方方面面，更会代际传递。就一个孩子在成年后进入精英阶层所需要的教育机会来说，生在穷人区会起到阻碍作用，生在富人区则会起到促进作用。这些影响是巨大的，并适用于各个收入阶层。对于收入分配在底层的人来说，当他们生活在贫困家庭仍然分散于中产阶层和富人中间的城市时，向上的流动性最高，然而这样的混合社区正普遍消失。[204] 对于在收入分配中处于稍高水平的阶层来说，富人社区支持了前述的中学人均支出的巨大差距。这保证了顶尖院校的学生群体在向富人做巨大的倾斜。

这种趋势在美国的每一座城市、每一个社区以一种独特的方式重新上演，并由此折射出其自身的地方感所产生的模式。不过，与20世纪中叶不同的是，如今有关收入和社会阶层的数据体现并决定了一个地方的很多东西。哪怕是像圣克莱尔湖畔小镇这样依然由中产阶层主导的城镇，也变得独特而不再具有普遍性：因为没有太多真正的富人和真正的穷人而引人瞩目。美国大多数城镇的阶层位置不是在向上攀升从而被认定为富裕的，就是在向下沉沦从而被认定为贫穷的。一个地方的整体形象不再由当地人的个性特点来表现，而是由它的经济形势来决定。

欧弗布鲁克街恰好走上了与帕洛阿尔托相同的路。今天，住在西格莫纳公园邮政编码区域内的家庭，其年收入的中位数超过了10万美元，而且居住于此的成年人60%拥有大学学历。住在欧弗布鲁克街上的大都是律师、医生和政府精英。[205]

菲茨杰拉德与海明威回归

20世纪中叶的美国文化不允许家庭之间的经济差异对克林顿和小布什的童年生活造成太大影响。事实上，他们彼此以及与同时代的其他人，共享一个中产阶层的美国社会。

相比之下，克林顿的女儿切尔西和小布什的女儿芭芭拉和詹娜的生活，则已经被其家庭目前所共处的精英阶层决定，这使得她们与同时代的中产阶层孩子，以及父母那一辈的美国精英已迥然不同。

切尔西上学时就读的是一所私立精英高中（在她之前最后一位在白宫长大的孩子是吉米·卡特的女儿艾米，当时艾米入读的是一所公立学校）。高中毕业后，她一路从斯坦福大学到哥伦比亚大学再到牛津大学。[206] 完成学业后，她先后进入了管理咨询公司麦肯锡和专注于不良证券及私募基金的投资公司艾薇资本集团工作。[207] 切尔西的丈夫同样毕业于斯坦福大学和牛津大学，在高盛工作，后来成立了自己的对冲基金公司。[208] 他的父母都担任了美国众议员，是克林顿夫妇在华盛顿的好友。切尔西同丈夫在希尔顿黑德岛举办的一场有关文艺复兴的周末活动上相识，后来在阿斯托庄园举办了婚礼。那是一座美国镀金时代的学院派庄园，占地50英亩①，建在峭壁上，可以俯瞰哈得逊河。切尔西成婚时所穿的礼服出自著名华裔设计师王薇薇；他们购买的公寓价值1千万美元（在曼哈顿，这个价格可以说毫不令人吃惊）。[209]

---

① 1英亩=4 046.85平方米。——编者注

小布什的女儿芭芭拉·布什毕业于耶鲁大学，曾在设计博物馆和国际发展组织工作；另一位女儿詹娜曾在国际慈善机构任职，并就其工作经历出版过一本书，还担任过美国国家广播公司的新闻记者。詹娜的丈夫在一家专门从事杠杆收购的一流私募基金公司KKR集团工作，其父担任过美国教育部副部长、弗吉尼亚州副州长和弗吉尼亚州共和党主席。詹娜同丈夫在一座为他们的婚礼特别定制的十字架石坛前举行了婚礼。[210]

无论是克林顿的女儿还是小布什的女儿，她们都没有在中产阶层的环境中生活过。一如克林顿和小布什的成长轨迹彰显的是20世纪中叶的美国一样，他们的女儿则反映的是她们这一代新的时代状况：她们是美国当今精英阶层的典型代表，也许是整个大趋势之下的极端例子，但是绝非特例。[211]

优绩主义下的不平等对富人与其他人生活的影响，不再仅局限于由抽象的美元计算的收入和财富上。相反，优绩主义构成了一种阶层体系。它将富人与其他人分隔在了独立而陌生的生活世界。当富人与其他人在工作、结婚、养育子女乃至个人信仰和聚集方式等方面都不一样时，两个群体之间自然会产生鸿沟——无论是从外在的生活习惯，还是内在的精神生活，他们各自怀有不同的希望与恐惧。受教育程度较低的美国人相较于受教育程度较高的美国人，往往表现出较低的信任感、较低的公民生活参与度以及对未来较强的悲观情绪。相比于世界上其他的发达经济体，这些区别（连同几乎所有其他方面）在美国表现得尤为突出。[212]

今天，只有极少数美国人可以跨越阶层的鸿沟完成阶层跃迁，这说明了美国的阶层差距之大，而这种异质性影响了他们生活的大大小小各个方面。即使是在精英大学内部，来自相对贫穷家庭的学生的结婚率也低于富裕家庭子女。[213] 还有勤工俭学的工作，往往需要获得资助的学生做一些传统意义上属于劳工阶层的活。这种经历也使得他们有些抬不起头来。(让这种羞辱更甚的是,精英学生群体向财富倾斜的程度非常高,结果许多接受资助的学生家庭背景也还算不错,而他们自己从未想过而且其所在的阶级也从未经历过勤工俭学。[214])最近,一位接受经济援助的耶鲁大学学生抱怨道:"耶鲁大学有一种让你做不喜欢的事还要心怀感激的能力,像是处理办公室杂务、在图书馆帮忙等。这些工作我都不想做,但又不能不做,谁让我没那么有钱呢,连自己的时间都没有。"[215] 这种透着一股自怨自艾甚至粗鲁无礼的抱怨,只会让这个学生无法企及的阶级地位更加凸显:身为一个圈外人,她无力负担起同龄人或老师期望她过上的生活。

同类群体,譬如耶鲁大学法学院的"第一代大学生"社团,试图缓解这种困境带来的压力。[216] 然而,由于优绩主义的意识形态力量如此强大,这些群体并不能决定他们的目标:是想推翻阶级结构,还是想帮助其成员更容易地加入精英阶层?大学本身面临着同样的问题:既希望能够接受和肯定来自工薪或中产阶层学生的背景,同时又无法以令人信服的方式努力拆除优绩主义等级制度,因为这种制度恰恰是它们的核心使命所在。[217]

精英阶层的优绩主义封闭性无所不在,以至于想要实现阶层跃升的人现在必须根据与精英阶层之间的关系来定义自己(在克林顿和小布什的年代,他们不需要这样做)。正如一位大学毕业生在回到没有大学的社区时所说的:"我感觉自己在一场非常重要的游戏中改变了立场。"[218]

这种"改变了立场"的隐喻,捕捉到了全方位不平等的生活体验的本质。由于优绩主义不允许富人的生活与其他人的生活有任何重叠之处,阶层与阶层之间便不可能有共享的中间地带,甚至没有彼此相遇的可能。

最后,对全面不平等的一个更实际的衡量标准,是富人与其他人在健康和寿命方面的差距,因为他们分处这一指标的两端。当然,这方面的数据无法持续提供精确的指标,但是确实产生了"显示积累优势的有效全面指标"。[219] 医疗数据说明了精英特权的底线。

受过高等教育的富人在与健康相关的身体活动受限、视力不佳、心脏疾病、心理疾病、肥胖与全身不适等问题上的发生比例,要远远低于穷人和中产阶层。而且,富人与中产阶层的差距与中产阶层同贫困人口之间的差距大致相同。[220] 美国精英阶层的吸烟率也远低于其他人口:在上过大学的美国人中,吸烟者的占比约是只上过高中和高中辍学的人的一半(后两个群体的这一占比大致相同)。[221] 此外,一旦生病,美国的精英阶层越来越多地得到不同的,甚至独立的医疗服务,不仅区别于穷人,而且与中产阶层也完全不同。[222] 就连牙齿,现在也象征着一个人的收入和地位,就像旧制度下人的身高一样。美国的富人每年在牙齿保健上的花费在 10 亿美元以上,而美国的穷人乃至中产阶层则越发依赖慈善牙科诊所,甚至是医院的急诊室。因此在 65 岁以上的美国老年人当中,1/5 的人没有了真牙。一位在慈善牙科诊所看牙的中产阶层患者表示,一口好牙就是"财富显而易见的标志"。[223]

这些以及其他健康方面的差异已经导致预期寿命产生了巨大的分化,且这种分化在不断加深。1999—2003 年,在美国的非西班牙语裔中年白人群体中,高中及以下教育程度者的死亡率呈上升趋势,上过大学但没有拿到学位者的死亡率趋于稳定,而大学及以上教育程度者的死亡率持续下降。[224] 事实上,受教育程度偏低的美国人的死亡率上升速度太快,甚至超过了受过高等教育的美国人死亡率下降的速度,导致美国的总体死亡率每年约增长半个百分点,扭转了过去 20 年来死亡率每年下降 2% 的趋势。[225]

从更广泛的层面来看,在 1980—2010 年,收入最低的 2/5 人口中,男性预期寿命(50 岁)维持平稳或略有下降,女性则显著下降,其中收入最低的 1/5 人口中,女性的预期寿命减少了近 4 年;收入处于中间的 2/5 人口中,男性预期寿命有所上升,而女性则持平甚至略有下降;

收入最高的 1/5 人口中，男性和女性预期寿命均大幅上升。[226] 收入最高的 1/5 人口和最低的 2/5 人口之间，男性预期寿命的差距扩大了 7 年（从 5 年增至 12 年），女性则扩大了约 9 年（从 4 年增至 13 年）。[227]

此外，即使在精英阶层内部，非常富有的人也比一般富有的人寿命更长，两者之间的差距甚至还在不断扩大。拥有大学学士或以上学位的人与上过大学但没有学士学位的人，无论男女，其在 25 岁时的预期寿命的差距，超过了拥有大学学历与仅有高中学历的人之间的差距。[228] 事实上，无论男女，收入排名前 1% 的群体的死亡率要明显低于收入前 5% 的群体，而收入前 5% 的群体的死亡率又要明显低于收入前 10% 的群体。[229] 目前，这些差距一直在不断扩大，从 20 世纪 80 年代中期到 21 世纪第一个 10 年的中期，收入排名前 1% 的人与前 10% 的人的寿命差距大约扩大了 1 倍。[230]

最后以及由于不可避免地要考虑到富人与其他人的居住地不同，这些趋势也表现出了地域差异：康涅狄格这样富裕的州，相比于密西西比等贫穷的州，人均预期寿命（从出生时算起）的差距目前在 6 年左右；[231] 富裕地区的人口寿命在稳步增长，而贫困地区的人口寿命却在下降，例如肯塔基州东部女性的寿命在 2007—2011 年缩短了一年多。[232]

要了解美国精英阶层的综合优势有多大，不妨想想美国人与尼加拉瓜人在预期寿命上大约 4 年的差距。[233] 而且，即便治愈所有的癌症，也只会使两国的预期寿命增加相同的年数。[234]

20 世纪中叶，海明威有关美国富人的论断可能一时占了上风，但是优绩主义下的不平等却日益证明了菲茨杰拉德的观点是正确的。一个人的身体会从上到下反映出他/她所拥有的生活方式，一如肉身自行决定如何包裹我们。[235] 今天，富人的身体与其他人的身体有了差别。

美国的富人与其他人之间的差异如此巨大，就好像他们完全生活在不同的国家。

第八章　　　　　　　　　　　　　　　　　　　Chapter 8

滚雪球式扩大的不平等

自 20 世纪 70 年代开始，美国的中产阶层由于工资停涨而陷入困境，收入耗尽，开始以借贷为生。

即使工资中位数停滞不前，社会和经济的头等要事仍然是要求中产阶层的消费必须持续增加。根深蒂固的国家进步理念使每一代美国人都感到需要比上一代强。而且，中产阶层的消费增长对于维持消费型经济中的就业和经济增长所依赖的总需求仍然是有必要的。[1] 与此同时，美国总统里根在执政期间发动的"里根革命"坚决反对从富人到中产阶层的彻底的财富再分配，美国的税收实际上变得没有那么累进了。

一方面，美国社会全面要求中产阶层进行消费，不惜超过他们停滞不前的工资所能负担的范围；另一方面，美国政府又拒绝将财富在社会中进行彻底的再分配。两相结合之下，留给中产阶层的选择已然不多。当一个人想要在收入不增加的情况下维持高消费，他／她只能通过偷窃、乞讨或者借贷的方式。然而，大规模的偷窃显然不可能，私人慈善机构的外部扶持也已经到达极限。在此情况下，面对税收必须减少而不得累进增加的刚性约束，以及收入中位数停滞不前而消费中位数必须增长的硬性要求，实际上就只能扩大私人借贷。[2] 与此同时，顶层收入增加在新型经济精英中产生了过剩的储蓄，这导致了现成的贷款供应，这种供应甚至来自意识形态上坚决反对彻底的财富再分配的富人。[3] 当停滞不前的收入在没有财富再分配的情况下遇到了需要不断满足的消费欲望，债务必然如期而至。这是一个近似精算学的逻辑。[4] 正是通过这种方式，经济不平等的加剧极大增加了金融工程的需求。这种新需求，连同其他一些因素[5]，使得美国的金融业快速增长。

无论是在整体上还是在细节上，政府对这一等式的两端都给予了积极支持。宽松的货币政策，对资产泡沫的容忍，以及在泡沫破裂时保护投资者的承诺，所有这些举措无一不是在促进依靠借贷的中产阶层消费。[6] 其他一些政策尽管出台背景不同，但也是在追求同样的目标，例如克林顿政府改变了联邦抵押贷款政策，以推动"由民间私营部门和公共部门的创新及资源推动的融资策略"[7] 来"解决……购房者面对的财务障碍"。[8] 克林顿政府尤其鼓励那些"缺乏……用于积累首付的现金"和"月收入不足以负担月供"的美国人进行借贷。[9]

这些政策的效果往往立竿见影。举例来说，当低利率推高了房价，房价每上涨1美元，借贷家庭就会借入25~30美分。[10] 总体来说，这些政策改变了美国中产阶层的消费基础。在20世纪50年代，中产阶层主要通过收入所得来提高生活水平，但是自70年代开始，中产阶层的消费就转由借贷来支撑了。

这个模式的转变十分清晰。在大约1940—1975年，美国底层90%的人口的平均收入在稳步增长（多少与消费水平同步）；到1975年之后，收入基本上停止了增长，而消费却在持续平稳上升。相比之下，1940—1975年，家庭债务平均值的增速要慢于收入的增长幅度，接着就在收入停止增长的几年后，债务平均值开始快速攀升（同样，其幅度多少与仍在上升的消费水平同步）。换句话说，就在美国中产阶层的收入停滞不前时，中产阶层的借贷开始加速上升，而且借贷规模的扩大足以填补中产阶层家庭因工资停滞而造成的收入差距（见图 10）。而且，借贷的规模已接近于工资从中产阶层向富人转移的规模。[11]

根据诺贝尔经济学奖获得者约瑟夫·斯蒂格利茨的观察："实际收入停滞和收入不平等所加剧的负面影响……大都被金融创新……和宽松的货币政策抵消，后者增加了家庭通过借贷来支撑消费的能力……美国扩张性的货币政策，加上金融部门的创新，导致资产价格不断上涨，使得美国的家庭几乎可以无限制地进行借贷，由此产生了经济泡沫。"[12] 如果说 20 世纪中叶美国人的生活水平是由收入支持的，那么当欧洲中产阶层的生活水平越来越依赖于政府对财富的再分配时，美国中产阶层则越来越依赖于资金借贷。家庭信贷已经在功能上等同于发薪日贷款，这一之前的观察确有其事。

金融业正是在这一波由不平等引发的借贷浪潮中蓬勃兴起的。其规模与美国的宏观经济相匹配，后者推动新的资金流经金融业——不像涓涓细流，也不像潺潺溪流，而像间歇性喷发的喷泉。自 1970 年以来，金融服务业对美国 GDP 的贡献份额大约翻了一番；[13] 如今，它贡献了美国经济总产出的近乎 1/10，开始接近制造业对美国 GDP 的贡献份额。[14]

这些发展让美国的经济重心从商业街（Main Street）转向了华尔街（Wall Street）：农业、批发零售贸易以及制造业这种直接生产有用商品及服务的经济活动的重要性相对减小，而像银行、证券交易、投资管理与保险这种创造和转移债权的金融活动变得相对更加重要。[15] 甚至连传统上实力雄厚的工业企业也开始被其自身的金融分支机构主导。在爆发金融危机前的几年里，通用汽车最赚钱的部门是其从事金融活动的子公司——通用汽车金融服务公司（GMAC）。[16] 对通用汽车来说，以华尔街借贷为后盾的中产阶层的消费淹没了商业街的工业生产。[17]

总体来说，美国金融业有约 1/4 的异常增长直接来自不平等所推动的家庭信贷业务增长，特别是住房抵押贷款的爆炸式增长——虽然包括信用卡债务在内的消费者信贷对金融业的增长也做出了重大的贡献。[18] 金融业增长的另一半则来自经济不平等的另一面，即证券行业产出的不断增加。[19] 证券行业的繁荣主要是由资产管理服务的增长推动的，尤其是私募股权公司、风险投资公司和对冲基金的快速增长。这些公司本质上服务于它们为其管理财富的富人。事实上，在资产管理中增长速度最快的是固定收益资产，它们通常是通过证券化贷款产生的。在2000—2008年，仅证券化的房屋抵押贷款就占了所有发行的资产担保证券的一半左右。[20] 这显示出了家庭借贷持续增长的另一面。[21]（相比之下，在经济相对平等的20世纪中叶，传统上为证券业带来利润的业务，譬如交易费和佣金、交易所得以及证券承销费用，在这一时期实际上对美国GDP的贡献都在减少。[22]）

一位知名的评论员曾经表示，在2007—2008年金融危机时期，美国金融市场的"整栋建筑"都"建立在房地产之上"，这种说法并没有太过夸张。[23] 就房地产市场而言，它建立在债务之上。而债务，则源于经济的不平等。[24]

几乎就在人们对金融业的需求呈现爆炸式增长的历史时刻，一批初出茅庐、具有超高技能的劳动者走进了华尔街。高级雇员的此种全新补充方式改变了金融业的业务模式，引发了有利于发挥其精英技能的行业创新。

当第一拨具备超高技能的金融业从业人员在20世纪70年代末踏进华尔街时，老一代从业者（20世纪中叶具备中等技能的金融工作者）称他们是"火箭科学家"。因为他们确实如此。与二战和冷战相关的军事需求，譬如雷达的发明、制造原子弹的"曼哈顿计划"、军备及太空竞赛，使得20世纪中叶的美国相信，受过高等教育的精英物理学家和工程师对美国的繁荣与安全至关重要。美国国防部和能源部因此开始慷慨资助基础研究，在整个20世纪50年代和60年代，

第八章　滚雪球式扩大的不平等

美国的学术队伍无论是在规模上还是质量上，都得到了快速发展。[25]

然而，随后美国赢得了太空竞赛，与苏联关系缓和使美国放慢了军备竞赛的步伐，不受大众支持的越南战争引发了公众对"科学服务于战争"的反对浪潮。[26]这波反对以军事用途主导科学研究的浪潮迫使美国政府削减了经费，研究工作随之断供。[27]一代新近培养的物理学和工程学系的博士发现自己丧失了在学术界发展的机会。[28]这批新补充的、拥有超高技能的劳动者开始寻找用人需求。

起初，美国的能源公司和通信公司（包括最著名的埃克森公司和贝尔实验室）吸纳了一批拥有超高技能的生力军。[29]但是，到了1980年，华尔街意识到物理学家和工程师可以为其开发和部署新的金融技术来获利，而且他们可以说是主动找上门来的。一位早期进入金融界，后来一路做到高盛董事总经理的物理学家表示，他依然记得当年的猎头公司给他的研究团队开出的条件是"薪资15万美元……这对当时连5万美元都赚不到的前物理学家来说，实在不是一笔小数目"[30]。

当这批"火箭科学家"走进华尔街，他们从根本上改变了金融业的运营方式。这批拥有超高技能的生力军，使得以往在理论上可行但具备中等技能的金融职员难以实现的复杂金融技术瞬间变成了现实。金融业重建自身所迫切需要的劳动力同物理学家以及工程师可以提供的劳动力两者异常匹配：金融业与物理学中的数学应用很相近；而物理学家和工程师身上务实的工作态度使他们特别愿意涉足新的工作领域，并在遇到实际问题时提出临时解决方案，而后继续前进。[31]美国的金融业由此获得了一批全新形态的人力资本，几乎完全符合其日益增长的需求："技术纯熟的数学家、建模工程师和计算机程序员，他们以自己适应新领域并将自己的知识付诸实践的能力为荣。"[32]

这激发了长期以来沉寂的创新。为现代复杂金融技术奠定基础的基本理论进展（譬如资本资产定价模型和运用于投资组合配置、期权及其他金融衍生品定价的布莱克-斯科尔斯模型）就是在20世纪50年代、60年代和70年代初期取得的，比金融通过实施它们而将自己转变为超级技术部门早了1/4个世纪。[33]（的确，在这些涉及评估、隔离和整合风险的模型背后，是一些基本观念，这些基本观念自从帕斯卡与其他法国数学家发展出现代概率论之后就一直存在。而对概率论的研究兴趣是由贵族赌徒们为了计算和操纵他们赌注的胜率引发的。[34]）如今，在经过1/4个世纪（或者说3个世纪）仅停留在理论可能性的阶段后，前述进展遇到了能够有效利用它们的金融业生力军，以及需要它们提供服务的更广大的社会。[35]

实用的创新几乎随即而来，仅在1970—1982年，就有40种全新的金融产品及业务问世。[36]创新者变得富有起来。例如，在20世纪80年代早期，德崇证券具备超高技能的员工开创了高收益债券市场。"当时，世界上还没有其他公司知道要如何对垃圾债券进行定价。"该公司的一名内部人士回忆道。这使得这家公司的垃圾债券业务利润丰厚。[37]丰厚的获利自然引发了其他新出现的拥有超高技能的劳动者之间的竞争，而竞争又带动了新的创新，其中包括21世纪初期被证明利润丰厚的抵押担保证券和今天利润颇高的高频交易平台。[38]

而且，这些创新将具备中等技能的中产阶层职员赶出了金融行业，同时吸引具备超高技能的精英员工取而代之。通过聚合和对冲与贷款相关的风险，银行得以做出准确的初始借贷决策，而这正是传统信贷员被认为作用不大的地方，于是证券化再度促使银行抛弃了传统的信贷员。[39]（实际上，过去30年来房屋抵押贷款的所有增长都没有经过中等技能的信贷员之手，反而是通过金融技术将房屋抵押贷款证券化，之后卖给了影子银行和其他的投资者。[40]尽管家庭信贷的规模已大幅增加，但使用20世纪中叶模型发行并由银行持有的家庭信贷总额在2007年占美国GDP的比例与1980年的比例相当。）

精英教育与金融业完美匹配。金融业内昏昏沉沉、具备中等技能的中产阶层工作模式让位给一个快速成长、持续创新、由超级精英（拥有超高技能和超高收入）组成的金融队伍。这次转型覆盖范围广泛，甚至改变了金融业界的文化传统和语言习惯。老一代自学成才的从业者，譬如图表分析师和股票情报员，已经被新一代的接受过正规训练、具有大学学历和超高技能的"量化分析师"取代。华尔街开始成了常春藤名校毕业生的最大雇主，而大型银行的整个团队开始由拥有博士学位的物理学家、应用数学家和工程师主导。[41]金融业早已今非昔比。

金融业放弃了在20世纪中叶通过雇用更多中等技能的员工来实现业务增长的发展模式。因此，尽管金融业占美国GDP的比重在迅速增加，但是它的就业人口占比却开始减少。由于金融业开始用数量相对较少但技能水平更高的员工来完成更多的产出，随着金融业的效益开始增长，主导金融业的精英劳动者们也变得富有。今天，"人才是华尔街最珍贵的商品，也是银行最大的卖点，他们因此也就需要被高薪奉养"[42]。如今，对一家典型的华尔街公司来说，员工的薪水占净收入的近一半。[43]金融从业者的平均薪资比其他行业的平均薪资高出70%。（金融业的大学毕业生工资溢价是其他专业的2倍左右。[44]）金融从业者已经成了真正的富有阶层的主力军。如今，金融业精英员工的高额收入加剧了经济不平等，扩大了对金融服务的需求。

以上的程式化论述省略了诸多复杂的细节，但是它捕捉了一个重要的核心事实。这一事实不仅适用于金融业，也适用于整个经济。为精英员工带来巨额收入的、以技能主导的金融技术，并非从优绩主义机制外部凭空出现。相反，具备超高技能的金融从业者的出现诱发了行业创新，而这些创新又偏好他们的精英技能。精英从业者的增加刺激了对其自身的需求。

通过一连串的反馈循环，优绩主义下的不平等增加了，优绩主义构造并强化了自身的陷阱。最重要的是，它将优绩主义不平等的两大关键构成要素联系起来：富有家庭的孩子在学校接受的卓越教育和依靠精英技能在工作中获取的巨额收入。

超高技能所带来的超高回报，使精英对教育培训的狂热合理化。精英阶层的父母和孩子无不接受高压式教育，以便获得一份光鲜亮丽的工作，从而避免从事暗淡无光的工作，由此使得阶层优势能够实现代际传递。[45] 正是以这种方式，工作以其自身的形象重塑了家庭。

精英的卓越培训也使劳动力市场对技能的痴迷合理化了。最明显的表现是，优绩主义带动了技术创新。创新者需要接受培训，而且往往是大量的培训。随着研究和发展的范围及规模不断扩大，精英教育建立了一个创新者阶层（即来到华尔街的物理学家）和一个"研究与开发部门"[46]。另外，同样重要但表现得不那么明显的是，优绩主义在主导创新，不仅在新技术的发明数量上，还在新技术的发明种类上。优绩主义使技术创新偏向于技能类，因为身怀超高技能且积极主动的高级职员能够以极具生产力且有利可图的方式来运用偏向技能的创新。这一点与贵族精英形成了鲜明的对比。（试想 P. G. 伍德豪斯笔下那为人友善的绅士伯蒂·伍斯特怎么会从事交易债务抵押证券的工作呢？）优绩主义下的教育既培养了创新者，也为他们设立了目标。通过这种方式，家庭也以其自身形象重塑了工作。

当然，精英培训和精英职场之间的反馈循环，并不能解释所有的经济不平等，甚至不能解释所有优绩主义下的不平等。然而，优绩主义仍然是构成今天美国社会经济生活的主导机制。优绩主义下的不平等既没有自我修正，也没有自我设限。相反，一旦优绩主义站稳了脚跟，新的不平等就必然从原有的不平等基础上滋生出来。职场对技能的崇拜促使精英家庭的父母为子女提供卓越的教育，高级职员则扭转了行业创新的弧线，以提升人们对技能的膜拜。

这个循环还在继续，优绩主义之下的不平等犹如滚雪球一般代代相传。随着它从历史的山坡上滚下，雪球变得越来越大、越来越重，其势能也逐渐增加。

对管理的重塑

西夫韦（Safeway）连锁超市的创始人 M. B. 斯卡格斯是一位浸信会牧师的儿子。他提倡现购自运（cash and carry）的运营理念，因为他相信基于信用消费的超市会提高商品价格，并造成家庭负债和对信用卡的过分依赖。[47] 斯卡格斯后来说道："1919 年，我没有见过一家现购自运的杂货店，但是我的计划是合理的。在我看来，经营是否有进步要看我们能否提供更优质的服务，能否减少浪费，能否坚持现金支付，能否满足客户需求，以及我们的节省能否给客户带来好处。"[48] 几十年来，尽管经历了扩张、收缩和重组，西夫韦连锁超市一直秉承着"安稳开店，安心购物"[49]（Drive the Safeway; Buy the Safeway）和"西夫韦提供安全保障"[50]（Safeway Offers Security）的理念在持续经营。

在斯卡格斯掌舵期间，西夫韦一直采用的是 20 世纪中叶的经营模式。一如《财富》杂志在 1940 年发表的一篇文章（由安塞尔·亚当斯提供图片）中所指出的那样："这家公司有一个简单的成功之道，即它的运作仿佛都是为了维护生产商、员工和消费者的利益。"[51] 这个方法绝非空洞的口号。例如，该公司在 1939 年、1940 年和 1941 年发布的年报中均骄傲地表示，尽管西夫韦的门店数量每年都在下降，但是公司从未因此解雇任何一名员工。[52] 1968 年，西夫韦伸出援手，帮助自己曾经的竞争对手——位于旧金山湾景-猎人角社区的一家食品合作社渡过难关。[53] 1972 年，西夫韦被评为食品零售业内"对公共利益回应积极且负责"的最佳公司。[54] 在 20 世纪 70 年代初期，这家公司临时调派一位董事和高级副总裁到全国工商业主联盟，参与一项为社会弱势群体提供 50 万份工作岗位的计划。公司给予他们带薪休假的待遇。[55]

在这一时期，西夫韦的管理高层与公司其他员工的关系也十分紧密。1965 年，公司年报在热烈庆祝公司成立 40 周年时骄傲地表示，公司的总裁已陪伴公司整整 40 年，从最初在 1926 年成立时作为一名兼职食品店员，一路发展成了公司的领导。[56] 西夫韦的政策让这种从底层一步一个脚印发展起来的职业路径成为可能，它甚至鼓励这一晋升路径。该公司宣称："我们倡导和鼓励员工的个人发展。我们会系统预测对于受过培训且经验丰富的管理人才的需求，识别出他们，并为他们提供培训和经验，以应对今天复杂严苛的环境。"[57] 这家公司的确信守承诺：1939 年，西夫韦在所有的部门经理职位中保留了两个名额给从底层做起的员工。在最后晋升成功的两位员工当中，有一位是记账员，而另一位是面包烘焙助手。[58]

西夫韦公司过去的薪资分配很广泛：一位部门经理的工资加上奖金，可能是公司 CEO 的一半。[59] 该公司 CEO 的待遇不错，但绝不过分：1956—1964 年，西夫韦每年支付给时任 CEO 罗伯特·马高恩的报酬是 13.5 万美元，相当于 2018 年的 120 万美元[60]——尽管不少，但是远低于今天的 CEO 的报酬。《财富》杂志在总结这家公司的文化时表示："西夫韦秉承的经营理念使自身的技术合理化，这种理念如此合理，以至于它在表现出个性时，它就是在表现一种公共关系。"[61]

最后，西夫韦所采取的经营方式符合当时的社会环境。美国 19 世纪的劳动力识字率低，高中毕业生不多，几乎就没有大学毕业生。他们缺乏出任经理职位或从事管理工作所需要的技能。因此，19 世纪的美国公司（譬如格兰特-多特马车公司）自然在很大程度上是在没有管理者的情况下运营的。然而，到了 20 世纪，高中教育的全面普及、二战后的大学潮以及精心设计的在职培训造就了一批具有基本管理技能的劳动力。[62] 与此同时，20 世纪中叶的美国精英阶层推崇养尊处优，当时的大学丝毫不具有竞争性，因此培养出来的高层管理人员既没有意愿也没有能力担负起特别的管理职责。西夫韦公司（以及包括通用汽车公司在内的美国公司）在 20 世纪中叶所采取的分散的管理技术和复杂的企业等级制度，再次符合当时劳动力的技能状况。

在这样的背景下，金融、法律和管理领域中出现了一系列互相关联的创新。这些创新发端于 20 世纪 70 年代晚期，加速发展于 80 年代，重塑了美国的公司，并开创了一种新型的管理模式，即精英管理而非民主管理，收入也越来越集中到了高层手中。

首先，公司改变了商业融资方式。在 20 世纪中叶，大部分公司将大部分的获利重新投资于自身业务，而不是将利润返给股东或债权人。[63] 这种做法使公司能够依靠内部资源为自身的几乎所有业务投资提供资金，而不需要在资本市场上筹集新的资金。[64] 然而，随着经济体系广泛金融化，公司开始通过借贷来筹集运营资本。[65] 总体来说，今天的上市公司只保留了一小部分的收益，而且只有不到 1/4 的重大新增支出来自之前的利润。[66]

这种变化要求公司将利润定期偿还给债权人。事实上，债务融资（尤其是再加上股票回购）的目的就在于约束管理者，以便有利润产出来支付给债权人，并将获利优先给公司的所有者而非其他的利益相关方。[67] 高层管理者失去了由大量股份和稳定的留存收益所支持的自由裁量权，必须面对提高公司利润的新压力，他们的做法就包括尤其要压缩他们之下的所有员工的工资。在 20 世纪中叶，美国公司与资本市场的隔离十分有效，以至于"所有权和控制权的分离"[68] 成了这一时期管理组织的理想。而今天美国公司的资本结构却使得管理层必须对激进的投资人负责。

其次，新的法律技术创造出了一个公司控制权的市场。那些收购专家可以常态化地，而非仅仅在特殊情况下使用这种控制权，对未能实现股东价值最大化的公司管理层起到约束作用。[69] 这种约束通过很多机制来完成，其中包括可能最重要的杠杆收购，即收购者利用目标公司的自有资产作为担保进行贷款来购买目标公司的股份。从20世纪80年代开始，杠杆收购急剧增加了潜在收购者对现任管理者造成的压力。[70]

美国的律师事务所，譬如瓦赫特尔-利普顿-罗森-卡茨，还有世达，开发出了可以进行大规模激进投资的法律框架。[71]并且，像德崇证券这样的投资银行以及像KKR集团这样的私募股权公司接受并发展了早期"企业掠夺者"的策略手段，将公司收购从金融业的异常边缘区域带到华尔街的魅力中心。美国并购交易的美元金额（作为衡量股东激进性的一个粗略的总体衡量标准）在1982—1987年（大约一个商业周期）增长了200%以上，[72]然后在1989—1999年间又增长了近500%。[73]到了1990年，全球《财富》500强公司当中有1/3的大公司曾经是恶意收购的目标，还有2/3由于担心遭到这种收购而采取了反收购的防御措施。[74]

最后，这些金融及法律创新带动了管理创新，使公司摒弃了20世纪中叶所采用的民主管理技术，转向了如今占主导地位的精英管理技术。由谁来决定公司底线的这种改变，在企业工作环境中引发了具体而切实的巨大变化。[75]

公司控制权的市场无法直接激励公司高管之外的员工。投资人离公司的内部运营太远，无法直接监督或控制公司员工。事实上，这种"鞭长莫及"也是他们只做投资人而非管理者的原因。[76]与此同时，公司控制权市场极大地激励了公司高管：投资者可以监督高层管理者的表现，并利用基于股票和期权的薪酬套餐这一"胡萝卜"[77]加上可以威胁解雇对方的"大棒"[78]来促使公司的领导层最大化股东的权益。这种操作逻辑实际上将普通员工看作股东的负担，而将公司精英的管理能力（如果受到适当的激励）视为股东的一种收益。[79]因此，公司控制权市场恰恰引发了这样的一场管理创新，即让管理大权集中在扁平化的公司制度内层级最高的公司高管手中，以此取代20世纪中叶广泛分散的管理职能。

这些彼此关联的创新共同改变了美国的公司：民主实践被取代，代之以优绩主义的等级制度。[80] 金融业以自身形象重塑了公司管理，将其对技能的迷恋带入了非金融领域。甚至可以说，管理本身已经被金融化了。[81]

就像技术创新改变了金融业一样，推动管理革命的级联创新也并非自发产生的。相反，它们无一不是从优绩主义内部产生：由来自美国新一代精英院校的具备超高技能的斯达汉诺夫式劳动力推动，并且是为了这些人而产生。

企业掠夺者用来完成并购的金融工具，同前文描述的其他金融创新一样，需要具备超高技能的金融工作者来建构、定价和交易。（公司收购热潮出现之时，正是德崇证券等公司的交易员风生水起的时候，这绝非巧合。）

此外，创建出公司控制权市场的新的法律技术也需要具备超高技能的律师来进行开发和运用。在创造和发展这些创新方面最重要的律师事务所，诸如瓦赫特尔-利普顿-罗森-卡茨律师事务所以及世达律师事务所，无一不是精英荟萃之地。在20世纪中叶，它们拒绝接受当时在法律界存在的有关出身和宗教的歧视，从而有意识地将自己与贵族法律精英拉开距离。[82] 如今，瓦赫特尔-利普顿-罗森-卡茨律师事务所已经成了现行由优绩主义主导的精英律师界的典范，以只录用顶尖名校的天之骄子而闻名于世。[83] 而且，它们最亲密的竞争对手也一样因崇尚优绩主义而出名，并积极争夺同样崇尚优绩主义的法律人才。[84]

最重要的是，企业掠夺者不可能改善目标公司的经济效益或抬高其股票价格，除非它可以用专业、勤奋的人才取代目标公司现有的管理者。股东激进主义的全部构想取决于如何部署日益增强的、为公司收购提供经济基础的精英管理能力。它需要现成的具有超高技能的斯达汉诺夫式高管：他们不仅愿意而且能够有效地行使直接管理一家公司（不需要依赖中间管理层）所需的巨大指挥权。

因此，与20世纪80年代公司收购热潮同时兴起的，是培养管理能力的机构快速发展和重新定位，这也绝非偶然。正是在这个时候，首席财务官崭露头角，将金融市场的视角带入了自己所在的公司。[85] 此外，授予MBA学位的商学院和管理咨询公司——最著名的如麦肯锡公司、贝恩公司和波士顿咨询集团——是为扁平化的公司层级结构中的高管提供技术支持的，它们也经历了变革性的增长。

尤其是管理咨询行业，发生了几乎翻天覆地的变化。在二战期间，咨询行业处于"充其量只是刚刚起步"[86]的阶段，整个行业完全接受了贵族精英养尊处优的休闲风范。[87] 即便是当时的麦肯锡，也只是一个贵族机构。直到1953年，麦肯锡才首次雇用了一位哈佛大学毕业的MBA。而且，麦肯锡一直要求公司的顾问佩戴软呢帽，直到肯尼迪总统不再戴为止。[88]

然而，随着20世纪中叶美国经济走下坡路，咨询行业开始大举开展业务来维护其精英地位。1965—1966年，麦肯锡在《纽约时报》和《时代》杂志上刊登"招聘广告"，明确目的是吸引数以千计的应聘者，尽管他们有可能会被拒绝。[89] 在整个20世纪70年代，该公司坚决将以生产力为导向的分析方法应用到自己的业务中。[90] 也正是在这10年间，波士顿咨询集团的布鲁斯·亨德森，一位"知名精英"，在哈佛大学商学院的学生报纸上刊登广告称，波士顿咨询集团希望聘用的不是"泛泛之辈，而是各种奖学金的获得者，无论是罗德奖学金学者、马歇尔奖学金学者还是贝克学者（成绩要名列班级的前5%）"。[91] 如今，美国顶级商学院的毕业生中有25%的人会选择加入精英咨询公司，[92] 就连商学院职业规划研讨会的主题也是"投资银行与咨询"。[93]

涌入管理咨询业的人才毫不留情地瞄准公司的中层管理者，公开寻求"煽动公司和社会内部的分层"[94],而分层的完成不是通过礼貌地运用"银发前辈的行业经验,而是由新人是否具备提出创见以及清晰表达创见的能力决定的,哪怕这些人只有 28 岁"[95]。咨询顾问经常利用一系列令人眼花缭乱的、往往有专业名称甚至是拥有专利权的分析方法来攻击公司的中间管理层。

麻省理工学院斯隆管理学院与计算机科学公司的咨询部门合作,开发出了一个名为企业"重组"的流程,其目标是"将组织机构分解为各个组成部分,然后将其中的一些部分重新组合以创造出新的机制"[96]。被新机制剔除在外的大都是中层管理人员。还有许多公司,如通用电话电子公司、苹果公司和太平洋电话公司等,明确地将公司重组作为裁员的理由。[97]麦肯锡公司则提出了"管理费用价值分析"[98],明确表示这是为了回应20世纪中叶公司对中间管理层的过度依赖。[99]麦肯锡承认:"转型的过程虽然迅速,但并非毫无痛苦。由于管理费用的 70%~85% 往往与人力有关,而节省费用的最大部分来自非生产人员的减少,因此削减管理费用确实需要做出一些痛苦的决定。"[100]

这家管理咨询公司信奉的一直是严格的优绩主义,这合理化了公司的裁员举动。引用一位历史学家的话来说,咨询顾问强调:"尽管我们都在一个猪圈里,但有一些猪就是比另外一些更聪明,应该赚到更多的钱。"[101]通过这种方式,优绩主义的管理使"今天的资本主义具有了一股更残酷的气息"。[102]具备超高技能的银行业者、律师和咨询师带动了管理创新,而管理创新本身也有利于他们的技能。

最后,所有这些管理创新又源于美国高管的技能状况。[103]精英教育培养了一批具备超高技能的人才,他们无须依赖复杂的中间管理层就能运营复杂的大型公司,并且愿意以旧时精英认为有失身份的强度工作。这些劳动者催生了金融业、法律界和管理机制上的创新,剥夺了普通职员的管理权力和收入,并将其集中在了高管的手中。[104]

西夫韦连锁超市恰好也印证了管理领域的最新发展。1986 年,尽管股票价格飙升，股息上涨，盈利创下新高，但是西夫韦依旧不敌杠杆收购的攻势。[105]西夫韦的特性也因此发生了巨大的转变。西夫韦在公司总部大厅宣传的新宗旨，取代了昔日座右铭，新宗旨承诺西夫韦将追求"现有投资的目标回报"[106]。

西夫韦的各个部门被关闭了，店铺（通常都位于经济困难的社区）关门，人员裁撤。[107]当该公司关闭其在达拉斯的整个部门时，近9 000名员工（平均任职时间为17年）被解雇。公司的中层管理人员大幅减少。许多公认"非常优秀"的员工被总部开除。[108]西夫韦公司最终因为不当解雇的诉讼而支付了数百万美元。[109]

越来越多的精英管理人员来自西夫韦外部。公司的现任CEO是一名有资质的公共会计师，并因为之前担任并购西夫韦的那家公司的高级主管而得到了这一职位。[110]他的前任是在运输和能源行业工作20年后加入西夫韦的。[111]与此同时，公司高层变得非常富有。在收购后的一年里，西夫韦CEO的年薪增长了约40%，奖金增加了2倍，从底薪的40%增加到了110%。[112]事实证明，涨薪是永久性的，而且实际上只会随着时间的推移而增加。[113] 2014年，西夫韦CEO的总收入是8 982 429美元，几乎是其20世纪60年代的前任收入的10倍。[114]

今天的创新为何更偏向于技能

新技术并非总是有利于熟练劳动力。当精英收入仍依赖于资本时，创新并不有利于熟练劳动力。引发工业革命的技术用工厂方法取代了手工生产，将原本复杂的工作分解为简单的步骤，这些步骤可以常规化，让不那么精英的工人也能胜任。技术娴熟的工人对此心知肚明，并发起了抵抗。在18世纪末的英格兰城市利兹，待遇优厚的手工纺织工人意识到，随着自动织布机被越来越广泛地使用，他们可能会被技术差、工资低的少量劳工取代。于是，手工纺织工们组织了起来。这些被后世称为"卢德分子"的人在当地报纸请愿，反对这些"乱七八糟的机器"。在他们的发声无法保住自己的工作后，他们开始破坏自动织布机，甚至掀起了暴动。[115]

对技术的偏见一直持续到工业化的中晚期，"19世纪许多重大的技术进步……用物质资本、原材料和非熟练的劳动力取代了技术娴熟的工匠"[116]。例如，美国森林中的廉价木材加上车床，使得枪械制造商能够用预制部件进行非熟练的规模生产，以此取代之前手工安装枪托的熟练工匠。[117]

枪械制造并非特例："屠夫、面包师、玻璃吹制工、鞋匠和铁匠等也是熟练的工匠，他们的职业因为工厂系统、机器和机械化而发生了深刻的改变。"[118]的确，这种不利于技能工人的技术创新一直持续到了20世纪初。例如，20世纪10年代，装配线的发展使福特汽车公司能够在没有工匠（过去主导生产作业的机械师）的情况下制造汽车。[119]

到了20世纪中叶，当有工会保护的工厂工人开始抵抗资本，维护他们的中产富裕生活时，平等理念的拥护者开始对创新持欢迎态度。20世纪中叶的思想家们普遍认为，技术创新会有利于中产阶层的工人，能够将收入所得从资本转向劳动本身。正如约瑟夫·斯宾格勒在1953年为《美国社会学期刊》撰写的一篇文章中提到的那样，他们相信"在国民收入中，资本收入的比例降低和工资薪金的比例增加，有助于减少收入的不平等"[120]。当经济斗争的战线是在资本与具备中等技能的劳动者之间划定时，经济平等的拥护者将创新视作自己的盟友。

近来金融业与管理的发展史，表明了为什么创新已经改变方向，站在了经济平等的对立面。[121]无论是哪一种情况，由新兴的精英教育产生的具备超高技能的劳动力增加，都使创新的曲线朝着精英阶层所具备的技能倾斜。当经济冲突的战线被重新划定在拥有中等技能和超高技能的劳动力之间时，创新会转而支持高技能，并加剧经济不平等。

这样的转变遵循一套可理解的内在逻辑。创新者并非与世隔绝，他们在一个有人和有经济利益的社会环境之中。他们的背景驱动着他们从无数想象的可能性中真正发现想法并将其从蓝图落到实处。[122] 事关生产的创新尤为如此。这些创新在本质上并不是为了寻求智识的发展（如果这种追寻本身还有可能的话），而是为了回应现实的考量和获利的机会。[123]

利益相关的创新者会根据自身的经济背景条件来调整自己的技术发明，尤其会利用他们所处的社会所拥有的资源，因为新技术可能会大量用到这些资源。这一逻辑自创新伊始，事实上是自农业时代的创新以来，便一直存在。例如，在最初的农业经济中，干旱的国家可能会发展出滴灌技术，而拥有众多河流的国家可能会发展出稻田农业。后来人们常说，古代世界拥有大量奴隶劳动，可以解释为什么当时的先进文明从未实现工业化。（亚历山大港的希罗甚至设计了一个可以用蒸汽转动球体的系统，但是没有人利用这一创新开发生产用发动机。[124]）到了近代，地广人稀的社会（譬如美国）发展出了与地狭人稠的社会（譬如日本）完全不同的农业技术。[125]

每一个社会都拥有一项重要的资源：劳动者的技能和勤奋，即人力资本。事实上，在由土地主导社会财富和经济生产的千年之后，也许还有一个由工业机器主宰的世纪之后，[126] 人力资本已经成为全球富有国家最主要的财富来源。曾经为配合社会的自然与物质财富进行调整的创新之路，如今也为配合社会的人力资源，尤其是社会劳动力的技能状况进行调整。

工业革命对技能的排斥——早期的工业技术倾向于以工厂生产取代手工技能——其效应在实际行动中展现出来。在 19 世纪上半叶，

第八章　滚雪球式扩大的不平等　　291

英国见证了史无前例的移居潮：大量非技术型工人从乡村（以及遭受饥荒的爱尔兰）迁移到城市。在1811—1911年，大伦敦的居住人口从约100万增长到700万以上，大曼彻斯特的人口从约40万增长到250万，大伯明翰的人口从约25万增长到175万，大利物浦的人口从约15万增长到140万。[127]

当时工业生产的核心创新都在瞄准、利用（同时激发）这种新的劳动力资源。新型生产使用的是标准化的产出方式，由能够进行互换的零部件组成，将原本整体的制作过程分解为了各自独立的步骤。如此一来，非熟练工人可以在工业工程师的协调下执行简单的重复操作，从而生产出之前需要熟练工匠集体努力才能制造出的商品。在这个过程中，技术创新淘汰了能工巧匠以及他们掌握的旧式工艺。[128]

因此，早期工业技术对技能的排斥直接反映了它所使用的人力资源的形态，即英国工业化过程中熟练劳动力和非熟练劳动力的平衡，就像早期农业技术反映了它们可能会涉及的自然水资源的平衡一样。

今天的创新一面倒地偏向于技能型的劳动力，这也反映了同样的机制。只不过，如今创新的动机与之前的发展方向刚好相反。从20世纪60年代开始，大学教育的蓬勃发展促进了技能型劳动力的供给，而紧接着（且仍在持续进行中）的由顶尖院校提供的异常密集的培训兴起，导致超级精英技能和能够从事前所未有复杂工作的精英员工激增。[129] 与此同时，随着整个社会贬低闲适，转而赞美辛勤工作，新兴的具备超高技能的员工也以高度勤奋的态度接受培训。[130] 此外，新的精英劳动者数量众多，工作时不屈不挠，这使高技能劳动力与技术相互结合，互相成就。[131]

这些趋势为可以与积极努力、技能娴熟的劳动力有效结合的新技术提供了经济层面的肥沃土壤。利益相关的创新者对这个新领域——让技能导向的创新有利可图的新的劳动力供应——做出了反应。他们的创新聚焦于，甚至是迷恋于新近能获得的精英技能。与此同时，他们忽视了以前生产模式中所依赖的更普通的技能。[132]资本自然会被它能剥削的高级劳动力吸引，于是为这些创新提供资金。[133]（风投公司集中在硅谷就是这一现象的最佳写照。）

如今众所周知的创新对高技能的偏好，并非突然产生，也不仅仅是技术的必然逻辑，而是追踪甚至追逐着精英教育释放的新技能供应。这种偏向高技能的创新在金融和管理领域以及零售、制造和整个经济领域中，将重点置于超高技能劳动力。这抑制了中产阶层的工资，提高了精英的收入，从而导致了优绩主义下标志性的高层不平等。

在工业革命的尾声，斯特林·邦内尔曾不无讽刺地写道："能工巧匠除了自己的工具箱，不需要其他的东西"就能提高生产力；而"廉价工人需要昂贵的装备"。[134]近来的创新发展完全将这种说法颠倒了过来。现在，不只是在金融和管理领域，而且是在整个经济体系中，高身价的员工在引导创新者发明使其他劳动者更廉价的新技术。[135]

随着二战后的"婴儿潮"和20世纪中叶对大学教育的投资，美国社会出现了规模空前的大学毕业生，[136]技能型人才的供应大约从1970年开始加速增长。随着劳动力的供大于求，大学毕业生的工资优势毫无意外地在接下来的10年间急剧下降。但是，进入20世纪80年代以后，大学毕业生的工资溢价又开始出人意料地迅速攀升。从此之后，一直到今天，这种增长几乎没有中断过。同时，尽管大学毕业生的供应量持续增加（增速仅略有放缓），但是在接下来的几十年间，大学生的工资溢价依然急剧上升。这表明在受过大学教育的劳动者数量突然增加约10年后，市场对大学技能的需求突然快速增长。（一项独立的估算发现，20世纪80年代对大学毕业生的需求的增长速度是此前40年的1.5倍以上。[137]）那么，要如何理解这种对大学技能的需求增长滞后的现象呢？最好的解释是随着大学毕业生的供应增加，他们引导的创新在朝着增进他们自身技能价值的方向发展，这有助于提升他们的工资溢价。[138]

第八章　滚雪球式扩大的不平等

这些模式和关系也在收入分配的最顶层反复出现,即拥有精英学士或硕士学位的超高技能劳动者获得的工资溢价。[139]高等学府的优绩主义改革,以及精英阶层开始热衷于勤奋而非休闲,使得具备高等技能的劳动力的供应从20世纪70年代初期开始激增。再次说明,新生劳动力的供给增加最初降低了超高技能的回报,收入最高的1%人群的报酬触底不是在20世纪中叶的中间时段,而是在该时代的尾声:从20世纪60年代末的约12%下降到1976年的10.4%。[140]但是随后,自20世纪70年代末开始,社会的顶层收入快速增长,在20世纪80年代初期和中期都大幅增长(到1988年,收入最高的1%人群的收入份额增长了50%,达到了近15%的水平),且持续增长到进入新的千禧年。[141]之前已经提及的金融业和管理业界的微观历史,在更广泛的超级精英的经济体系中得到了延伸。对这些模式的最佳解释是,优绩主义革命带来的精英教育造就了大批具备超高技能的劳动力,而在他们的引导下,技术创新使工作和工资朝着有利于超高技能的方向走去。[142]

最后,国与国之间的比较可以证实将技能导向的创新和具备超高技能的劳动力联系起来的历史经验。[143]相比其他的富裕国家,光鲜亮丽的工作与暗淡无光的工作之间的对照在美国尤为明显。精英教育也在美国表现得更加地密集和明显。优绩主义在教育和职场上形成的不平等彼此滋养。

在全球范围内,德国是仅次于美国的第二富有的大国,人口约8 000万,人均GDP约5万美元。[144]事实上,根据一种计算方法,德国和美国是全球范围内仅有的两个人口超过5000万且人均GDP超过5万美元的国家。[145]但尽管它们是这个专属俱乐部仅有的两个成员,德国和美国近来在教育和职场的发展方向上几乎是完全相反的。这种相互联系的差异性让我们看到,培训与劳动,尤其是精英教育与超高技能的经济回报之间的关系。

一方面，美国和德国的教育针对的目标人群不同。美国将教育投资主要集中在范围越来越狭窄的精英群体身上，并越发集中在大学提供教育，实际上消除了职业培训。反观德国，教育的普及范围越来越广，覆盖的人口越来越多。[146] 而且，德国广大的精英群体也能获得实质上等同的精英教育：德国基本上没有私立学校或大学。而且，虽然德国的公立大学体系中也有精英学院，但是基本上没有竞争特别激烈或格外突出的精英学生群体。在提供大学精英教育的同时，德国为不读大学的学生提供了高强度的职业教育。[147] 最后，德国政府从孩子幼年开始就推行平等教育，并且以专门的立法作为保证。在柏林，市政府甚至通过了一项法令，保证为所有的市民提供免费的日托服务，并禁止日托中心向儿童的父母（无论对方多么富有）每月收取超过90欧元的费用，从而使得精英日托服务实际上成为非法的。[148]

另一方面，近几十年来美国和德国的雇主在对待投资和创新时所关注的劳动力市场也大不相同。美国公司对工厂及机械设备的投资大幅偏向于高技能的劳动力，[149] 而德国公司则将新的资金引流到非技术性或中等技能的劳动力所主导的行业中。[150]

当一家公司购买新设备时，使用该设备的工人将会更具生产力，他们的收入也会有所增加。因此，决定将资金投放在由中等技能劳动力还是高等技能劳动力使用的设备上，会直接影响到这两种类型的劳动力的收入所得，也影响到与培训和技能相关的工资溢价。例如，在1975—1991年，美国在制造业和零售业中的新投资，即资本深化，使得技能的工资溢价增加了约8%。相比之下，德国在这些部门的资本深化反而缩小了工资差距。整体而言，美国的资本深化与工资差距拉大和技能回报提升有关，而德国的资本深化则与工资差距缩小和技能回报降低有关。这种效应甚至影响到了银行业。美国的银行以高薪聘请精英人才，使银行业成了全球范围内经济最不平等的工作领域。但是，在德国，银行业的新投资追求的是中等技能的劳动力，将业内的收入不平等缩小了整整 1/3。[151]

如若再加上与其他国家的比较,结果就更能显示出教育不平等与职场不平等的关联性,同时也更能凸显美国精英卓越的教育与高收入之间相辅相成的关系。在全球的发达经济体中,大学工资溢价向来与精英和中产阶层在教育投资上的差距同步上升或下降(见图 11)。[152] 在教育培训集中的地方,公司投资聚焦在超高技能劳动者身上,抬高技能的溢价;相反,在教育资源分散的地方,公司看重中等技能的劳动力,技能溢价就会降低。精英教育与精英职场携手并进、相辅相成。

信奉优绩主义的工作精英,由于其存在属性,会强化对自身技能的需求。今天劳动力市场上盛行的对技能的膜拜,对精英教育中的优绩主义发展构成了一种有计划的回应。[153] 精英将他们的巨额收入投资在子女的精英教育上,子女因此获得的超高技能又反过来促进了以技能为导向的创新,由此形成了一个持续进行的循环。一位知名的评论家甚至大胆推测,或者说暗示道:"越南战争的征兵法和'婴儿潮'一代的大学入学潮……促成了计算机的发展。"[154] 简而言之,光鲜亮丽的工作岗位是为了迎合具备超级教育背景的精英的兴起而出现的。

优绩主义下的不平等通过自我滋养而持续发展。

人力资源的诅咒

如果说社会是阶梯,那么可能有两方面的不公平会影响一个人登上阶梯顶端的机会。

首先,一个人能否攀登到更高的阶梯取决于他/她的起始位置。当精英教育集中培养富裕家庭的子女,并让精英学生向富人倾斜时,普罗大众通过教育向上攀登的公平机会就被损害。富裕家庭的子女将出身中产阶层的孩子排除在了精英学校之外,而具备高级技能的职场精英也让中等技能的员工变得多余。精英教育机会对中产阶层构成阻碍，精英阶层阻止着中产阶层的发展，因为社会实现而非违背了优绩主义的理想。

其次，任何一级阶梯的价值在于它与其他阶梯之间的距离有多大，即在社会经济的阶梯上，社会阶层之间收入和地位的绝对差距实际有多大。在一个经济分配非常紧凑的社会中，各个社会阶层在物质层面和社会层面过着相似的生活，一个人被限制在其出生的等级，这是一回事。然而，在一个经济分配松散的社会中，即使是相邻阶层也在物质层面和社会层面过着彼此难以理解的生活，一个人被限制在其出生的等级，又是另一回事。当优绩主义将工作两极化，以或暗淡无光或光鲜亮丽的工作取代了中产阶层原有的工作，这种发展无疑是在拉大社会经济阶梯之间的距离。不仅是在个人之间，而是在整个阶层之间在拉开距离。第二种模式显然让在第一种模式中已经存在的经济不平等更加严重。

推动优绩主义不平等向前发展的反馈闭环，将这两种失败连接到一起。优绩主义拉长了社会经济的阶梯，扩大了阶梯之间的距离，其机制也使得一个人向上攀登的机会要依赖于他/她的起始位置。（工作要么光鲜亮丽，要么暗淡无光，这种两极分化使得精英家庭必然加大对子女教育的投资，以确保他们日后能获得光鲜亮丽的工作。）一个人向上攀登的机会取决于起始位置，通过这种机制，优绩主义也让阶梯之间的间距不断扩大。（接受过良好教育的社会精英兴起，引发了在工作和收入方面都偏好精英技能的创新。）

这两股力量加在一起，对绝对的社会流动，即一个人获得比其父母更好收入的概率，造成了毁灭性的冲击。与优绩主义的诸多负担一样，流动性的最大幅度下降再一次集中在广大的中产阶层的身上。

20世纪40年代出生的一代人是在二战之后中产阶层全面繁荣的时期长大的。他们享有的财富事实上超过了他们的父辈。也是从这个方面来看，当时整个美国都像是圣克莱尔湖畔小镇。对"婴儿潮"一代来说，他们必须出生在全美最富有的 10% 家庭，他们比父母辈更有钱的概率才会低于 90%；必须出生在全美最富有的 1% 家庭，他们比父母辈更有钱的概率才会低于 50%。

然而，在 20 世纪 80 年代出生的这代人面临着更为严峻的未来。只有穷人家的孩子在成年后有可能比自己的父母有钱。此外，更为关键的是，绝对流动性代际下降最严重的是那些父母收入大致位于第 20 到 95 百分位之间的孩子，也就是（非常）广大的中产阶层家庭的孩子。这个群体因为 20 世纪中叶的开放式民主教育而拥有了诸多机会，同时也是社会经济增长过程中收益最大的群体（见图 12）。当然，今天，他们也是在抱怨自己被排斥方面声音最大、最刺耳的群体。

这一视角将注意力集中在了优绩主义不平等所产生的等级秩序上。精英阶层的特权与中产阶层被排除在外的状况不仅是个人层面的，本质上来说更是集体层面的。我们以静态的语言所描述的社会的全线分隔，也有着动态的表达。当优绩主义引导创新以利好精英体制时，精英封闭了阶层。排他性的教育和对技能的迷恋，利好个体精英，而精英教育与精英职场的相互配合所形成的反馈循环，有利于整个精英阶层的优势发展。

社会与经济的深层力量在推动着这个过程朝前发展。批评社会不公的人通常会指责精英阶层在自己富裕起来之后，抽掉了背后通往成功的阶梯。[155] 然而，这种指责其实是不准确的，至少根本没有表达出对优绩主义不平等的核心反对意见。

批评人士指责精英阶层并不比其他人高贵多少，会从事各种熟悉的以权谋私活动，这固然没错。但是，优绩主义所引发的犹如滚雪球般不断壮大的不平等，其背后的主要机制牵涉的个人选择是无恶意的，从子女教育、勤奋工作到技术创新等。这些选择积累起来，发展壮大，结果却引发了一种集体性的伤害。强调个人选择实际上是在忽略这一选择背后的社会深层结构，而过分强调个人也是在忽视其背后的政治力量。

因此，如今更具有深度的结构性观察认为，优绩主义下的不平等只是在一个新的背景下重演了一个为人所熟知的经济悖论。

经济学家们长期以来一直在思考一个问题：自然资源丰富的国家，譬如拥有石油、黄金或钻石的国家，为什么在整体上不如自然资源相对较少的国家那么富有。其中的部分原因就在于，自然资源扭曲了有幸拥有这一禀赋的国家的经济。这些国家将生产集中在采掘行业上，譬如对自然资源的勘探、挖掘和开采。这些产业往往将财富与权力集结在一小部分拥有土地和矿产的狭窄阶层中，而这些人又经常使用大批被压迫的劳工从事艰苦和危险的基础工作，即从自然中获取财富。

在这种情况下，自然资源丰富的国家反而没有注重投资大众教育，甚至会挤压商业和其他专业领域的发展，它们也因此永远不可能发展出一个富有生产力、充满活力的中产阶层，而往往会发展出非民主的，甚至是贪污腐败的社会和政治机构，其目的只是以牺牲公共利益为代价保护精英权贵的私人利益。因此，自然资源丰富的国家在发展速度上还不如自然资源稀少的国家——虽不能说一直如此，但的确是常常如此，以至于经济学家们将这种现象称为"资源的诅咒"。[156]

驱动优绩主义不平等向前发展的反馈闭环，表现为资源诅咒的一个前所未有的翻版。在今天的美国，被诅咒的资源不是石油、黄金、钻石或其他任何有形的物质财富，而是人力资本。具备杰出技能的上层劳动者扭曲了依仗他们的经济。聚集起来的人力资本催生的创新，将生产重新聚焦于使用高级劳动力的行业与工作，譬如金融业和管理。这些行业将财富与权力集中在日益狭窄的精英阶层手中。他们从事着光鲜亮丽的工作，主导着大量从事暗淡无光工作的下层劳动者。这实际上也是一种开采业，只不过开采的不是自然资源，而是上层劳动者的人力资本。

因此，信奉优绩主义的国家也看重范围狭窄的精英阶层的教育和商业发展。同以往的所有权等级制一样，优绩主义也会封闭阶层。排他性的教育和偏向技能的创新形成了反馈闭环，牢固确立和扩展了精英阶层的特权，挤压中产阶层的生存空间，使其日益边缘化。那些常常困扰自然资源丰富的国家的通病，如社会与经济的分层、政治不民主、腐败滋长、经济低迷等，都会势不可当地涌来。

优绩主义下的不平等带来了人力资本的诅咒。

第九章

优绩的神话

CHAPTER 9

"优绩主义"[1]这个词，几乎与它所描述的实践同时诞生。它最早出自英国社会学家迈克尔·扬 1985 年的反讽作品《优绩主义的兴起》(*The Rise of the Meritocracy*)。[2]

迈克尔·扬对优绩主义提出了严厉的批评。《优绩主义的兴起》是大声疾呼的警告，而非歌功颂德的赞美诗。其整个叙述涌动着对未来的预言甚至愤怒。扬本身将这本书视作反乌托邦的奇幻小说，与乔治·奥威尔的《1984》和奥尔德斯·赫胥黎的《美丽新世界》属于同一类型。

在扬的设想中，优绩主义将会对个人的天赋智力进行越来越精确、越来越早的测试，继而无情地根据测试结果对众人分门别类，将其分流至不同的学校、大学和最终的工作岗位。这样的分类会根据能力打造出一个广泛、稳定、完整的社会分层。

扬提出，这个最完美的形式平等的处理，即让那些拥有类似天赋的人接受同等的教育、获得同样的收入和地位，实际上会在社会和经济优势分配中造成巨大的实质性不平等。他提出警告，当这些不平等日益加剧，连优绩主义的意识形态都难以承受时，最终，革命性的以及往往毫无意义的暴行便会随之发生。

事实证明，扬的担忧不无道理，尽管他担忧错了对象。由于相信个人优势是天生的而非后天培养的，他认为甚至精英也是天生的而非后天造就的。这使得他对未来社会的想象误解了优绩主义不平等将会采用的社会技术。事实上，现代优绩主义的运作并非通过对天赋越来越精确的测试和越来越早的部署完成，而是通过强度越来越大、耗时越来越长的人才培养完成的。

此外，扬低估了优绩主义对社会转变的广泛影响。在他的想象中，优绩主义可能会改变社会分配经济和社会优势的现实情况，而不会改变评判优势分配的价值观，即道德和政治理念。他没有看到优绩主义会改变创新的弧线，以此偏向于优绩主义下的精英技能，从而使得精英教育与精英工作合理化，甚至彼此需要。他低估了优绩主义的魅力，也低估了它造成的不平等给社会、经济和道德生活投下的长长阴影。

扬的讽刺完全没有达到预期的效果。他发明的这个术语被广泛接受，而不是受到唾弃。扬一生都在为这种情况感到遗憾，哪怕进入千禧年后也是如此。[3]

适应新事实的新准则

我们不能用旧时代的准则去评判时代的转变。[4] 优绩主义对社会的改造有如此深远的影响——引发了家庭和工作之间、实际生活和想象之间相互交织的巨大变革——以至于扬所继承的有关平等的理念无法衡量他所构想的世界。

今天，关于正义、权利甚至优秀的理念，无一不是优绩主义的产物，并带有它的基因。优绩主义已经建立了一个新世界，其所有面向，包括它产生的不平等，看上去是现实生活乃至道德层面不可或缺的一部分。这种没有第二条出路的暴政使人们难以摆脱优绩主义的陷阱。

要理解优绩主义所创造的新事实，包括优绩主义独特的不平等模式，我们需要新的规范，这个规范在设计和构想之时就要充分考虑优绩主义世界。我们需要一个全新的能够体认优绩主义魅力的想象框架，去阐述和论证对优绩主义的不满，并最终跳脱出优绩主义陷阱。

扬的努力有助于构建这个新框架，尽管他反对优绩主义的论点并不能令人信服地充实它。他被迫发明了优绩主义这个词，因为最自然且最为人们所熟知的表示"由'最有德行者'统治"的词汇——"贵族制"（aristocracy）——已经被使用，并且（经过几个世纪的政治活动和意识形态的运作）带有了贬义色彩。于是，扬将表示"最有德行者"的古希腊语词根替换为表示"通过努力获得"的拉丁语词根，创造出了meritocracy（优绩主义）一词。[5]

扬提出的这个概念以及造词的方式都遵循了历史先例。萧伯纳是扬非常敬仰的一位作家，他曾经写过有关"贵族民主"或"民主贵族"的文章。[6] 他认为好的政府治理需要阶层化，只不过这种分层的基础是个人能力，而非血统出身。在他之前稍早一点，法国人埃米尔·布特米创立了巴黎政治学院（法国过去7位总统当中有6位曾在此就读），[7] 目的就是拥护精英阶层，对抗贵族特权的式微。这样，他表示："上层（能够）保持其政治霸权……通过诉诸最有能力者的权利。"[8] 甚至在更早的时候，托马斯·杰斐逊（比萧伯纳更远离扬的费边式英国思维，[9] 也不像布特米那么冷酷地愤世嫉俗）就接受了"天生贵族"这样的概念，一个人是不是贵族不在于出生和财富，而是依据"美德与才能"。[10] 扬的文字游戏并不那么具有革命性，它更多的是在为一种现有的情绪命名，这种情绪寻求用现代民主资本主义可能接受的另一种新型等级制度取代已经被它贬低甚至嘲笑的旧时代贵族等级制度。

尽管在大众的想象中，优绩主义与贵族制是对立的，然而，优绩主义的词源说明（正如扬本人认同的），这两套社会秩序其实关系甚

第九章　优绩的神话　　303

密。了解这一背景,我们将得到比扬的明确论证更有力地反对优绩主义的武器。优绩主义与贵族制的类比将所有反对优绩主义不平等的论点拧成了一股绳,形成了对优绩主义世界观强有力的统一批判。

优绩主义同贵族制一样,全方位地将精英阶层与社会的其他阶层分隔了开来,并使精英阶层能够实现优势特权的代际传递。精英教育让富家子女享受特权,而光鲜亮丽的工作则优待接受过精英教育的人,教育与工作形成的反馈闭环确保了这两种特权相辅相成,共同壮大。这种世袭的特质既在个体家庭层面又在整体精英阶层层面上运作,是理解优绩主义究竟哪里出了错的关键。

当土地是最有价值的经济资产并且财富因此自然地代代相传时,根植于土地世袭所有权的贵族体系就是可行的。[11]然而,一如罗斯科·庞德(出生于内布拉斯加州的哈佛大学法学院前院长)在1922年提出的,"在商业时代,财富很大程度上由承诺构成",尤其是劳动合同所包含的承诺。[12]而支撑劳动价值的人力资本必须在每一代新人中费力地重建。

旧时维护贵族世袭的法律制度,包括长子继承制(确保土地集中在一人手中)和限嗣继承地产制(确保土地在某一个家族手中),已不适用于新的社会和经济秩序。同时,还有其他一些因素——譬如遗产税和战争(会造成财富的没收和损毁)——与这种结构性的转变叠加在一起,加速了贵族制的没落。土地丧失了价值,贵族家庭缺乏应对新环境的技能和灵活性,贵族遗产的所有残余被资产阶级国家侵蚀殆尽。

如今,优绩主义修复了这个新世界的世袭冲动。精英教育将人力资本代际传递,精英培训还培养每一代人反对松懈或颓废,而代之以为维护代际优势地位而勤勉努力。[13]精英学府和企业严格实行等级制度,实际上建立起了一套优绩主义版本的《德布雷特英国贵族年鉴》(*Debrett's Peerage and Baronetage*)。这一次,法律也在为这种新的传承背书。如今的法律规定,孩子可以免受父母债务的影响,以防止这代人将下一代人的人力资本进行抵押,这类似于贵族制下的限嗣继承地产,即确保土地资产维持在家族手中。[14] 父母投资子女的教育,帮助子女建立起自己的人力资本,而现行的遗产税和赠与税却忽略了他们所做的这种有利于未成年子女的大量财产转移。优绩主义的继承是旧时贵族血统继承的当代翻版。

优绩主义对特权传承的重建可能不如旧时的贵族体制稳定(尽管由于历史对长时段的偏好,贵族制有了一种在现实经验中并不具备的表面上的稳定感)。对今天的精英阶层来说,想获得特权的稳定性无疑要付出更高的代价。每一代人都必须通过勤奋工作来重新夺回自己的优势地位。精英的收入不是依靠剥削他人,而是靠盘剥自己。

不过,尽管这解释了为什么精英们会加入对优绩主义感到不满的队列,但这并不会减少优绩主义不平等的等级化程度,也不会减少精英阶层的代际传递。从旧时的贵族世袭到今天优绩主义下的优势继承,这种转变与其说是对社会等级制度的否定,还不如说是一种适应或友好的修正,是为了当贵族体制在社会和经济的变革中难以为继时,保持等级制度的稳定性。[15]

揭穿优绩的真相

如果有人问旧制度下的贵族,为什么他有权享有那么多的财富、地位和权力,对方可能会依照亚里士多德的说法回答道:因为我具备最多的美德。[16] 而且,他对此是深信不疑的——甚至鉴于他所处的那个时代的大环境,这样的回答也许是更可信的。

贵族与财富,尤其是与土地有着合宜的关系。在农业经济体制下,固定资本无法维持真正的增长,从而削弱了商业的地位(近乎是零和关系[17])。同时,这样的经济体制需要对土地进行长期管理,而不是只看重眼前利益而开发。土地的世袭特征（包括通过与限嗣继承地产权相关的法律结构）确保每一代贵族都会以"他们家族的后世子孙的利益"为重，对土地进行精心的管理。[18]

根据这一表述，贵族阶层也恰当地平衡了对家族的忠诚与对国家的忠诚（至少理论上是这样）。一个正在不断扩大的社会——从一个几乎以家族为基础的地方社会组织扩展到民族国家，甚至发展为多民族的帝国——需要一座桥梁，将先前局部的社会团结形式扩展至更广泛的社会和地理范围。家族与国家的贵族融合，正好提供了这种扩展所需要的桥梁（时至今日，这座桥梁依然有它一定的影响力，譬如我们用"domestic"来同时指称家庭的和国家内部的事务。[19]）

最后，贵族风度和礼仪规范以可靠的方式引导个人治理向非个人治理转变。随着社会规模的扩大，行政管理必然会从个别领导者的个人魅力中解脱出来，逐渐获得官僚理性的非个人权威。宫廷礼仪提供了一种过渡的管理风格来促成这个转变，即让管理不依赖于个人，同时又不需要培训和专业认证的复杂机构，后者最终会授予官僚权力，但当时还不存在。[20]

当然，贵族自身认可的"以德服人"的观念在今天看来似乎不可思议。在一定程度上，对机会均等观念的日益认可谴责了在由遗传决定等级时所必然出现的出身彩票的不公平现象。更重要的是，资产阶级革命和商业经济的兴起将贵族阶层追求的美德重新定义为荒谬乃至令人蒙羞的概念。对土地的保守想法阻碍了基于交换、创新和熟练劳动力的经济增长。在一个用国家甚至社会共同想象来界定成员资格的社会中，对于血统的迷恋成了自私自利的。在一个严格的培训和超高的技能支撑着努力而专业的管理的社会，贵族礼仪就显得外行甚至无能了。

过去支撑贵族体制的特质，如今却使贵族成为嘲笑和贬低的对象。17世纪初，塞万提斯可能会讽刺中世纪的骑士精神荒谬可笑；[21]然而到了17世纪末，拉罗什富科开始抨击贵族阶层爱慕虚荣、贪婪成性。[22]当然，18世纪和19世纪的革命对贵族的打击就更严重了。到了20世纪，整个社会和经济生活越发弥漫着对贵族阶层的蔑视，而他们的美德被重新定义为虚伪和腐化的。美国商界的企业掠夺者嘲笑着瞄准那些由"第三代耶鲁人"管理的公司。[23]常春藤盟校的招生官也不再满足于招收来自贵族预科学校的世家子弟，即那些"快乐的底层1/4"[24]。布鲁斯特指出，即使是美国的特权阶层也越来越倾向于靠自己的成绩而非家世背景升学。这说明这场已完成的改革获得了常春藤盟校的肯定。[25]

优绩主义者取代了旧时贵族，优绩主义的魅力解释了为什么贵族的美德观念在今天看来会如此荒谬。严格的培训和官僚理性取代了出身和礼仪规范，民主问责取代了贵族关切，最为重要的是，人力资本取代了土地财产。优绩主义的美德已经如此盛行，以至于它们似乎（尤其是对精英来说）表达了一种自然的甚至是必要的人类卓越观——同曾经主导贵族生活的观念一样根深蒂固。

然而，美德几乎总是要靠环境来确认。在某些情况下，我们稍加思考就可以清楚地看到这一点。例如，棒球投手的运动技能显然只适用于棒球竞技而不适用于其他的游戏。[26]如果棒球运动的框架发生剧烈变化或完全消失，那么棒球投手的技能也就一文不值了。[27]贵族对环境的依赖没那么明显，但最终也并非完全不那么依赖。在社会和经济架构发生改变之后，它的价值便荡然无存（甚至更糟）。

三十年河东，三十年河西。优绩主义的美德如今面临着同样的命运。事实上，今天的优绩主义精英与棒球投手惊人地相似。当然，那些让具备超高技能的精英在现代社会中发挥其巨大生产力的培训和能力，如果放在狩猎采集的社会，或是致力于自给自足的农业社会，或是致力于手工艺生产的近代早期社会，甚至是在瓦特改良蒸汽机到20世纪中叶期间主导富有国家的模式的工业生产中，都不会具有太大的价值。[28]

第九章　优绩的神话

而且，人们无须将目光投向遥远的过去就能发现，优绩主义美德的价值不仅取决于一般的背景，而且实际上取决于一个非常特殊的背景。无论是如今培养超高精英技能的教育，还是使得这样的技能在当代劳动力市场上具有如此高价值的生产形态，都只能够存在于一个漫长的反馈循环周期的末尾——在这样的反馈循环中，精英培训与技能崇拜相辅相成。只有建立在先前存在的巨大的经济不平等之上，精英技能才能存在并获得精英收入。换句话说，优绩主义宣扬的美德是经济不平等的产物，就像投球技术是棒球的产物一样。[29]

通过改变"优绩"的字面意思，上述洞察从根本上重新界定了优绩主义下的不平等。最直接的影响是它颠覆了平等之敌的主要论点：优绩主义下的不平等尽管不幸甚至令人遗憾，但由于精英劳动者有权获得与他们所生产的东西相称的收入，因此我们需要容忍这种不平等。事实证明，即使我们接受顶级收入来自个人才能而非收取租金或招摇撞骗，但是获得顶级收入的精英之所以具备超高的生产力，仅仅是因为严重的不平等已经使教育扭曲为密集的培训和工作，让社会迷恋精英技能。而且，即使是巨大的生产力也不能合理化它的不平等。因此，当初那些意图证明优绩主义不平等是合理的论证绕了一个圈，什么也没能证明。

即使上层劳动者理应从自身辛苦获得的技能中获得高收入，他们也配不上使这些技能具有如此独特的经济价值的不平等的发明。认识到这一点后，支持优绩主义不平等的最具政治影响力的论点，即曼昆的"应得回报"原则所体现的论点，就直接瓦解冰消了。

此外，更深入地说，让上层劳动者获得巨额收入的强大生产力本身就是经济不平等的产物。这一认知让人们对于技能或优绩的概念产生了怀疑。这种怀疑可以通过抽象的论证和寓言来表达。

对于特定劳动者的产品，即他对于产出的贡献，普遍的理解是观察在有他参与和没有他参与劳动的情况下总产出的差别。不过，无论他是否参与，其他人都在以他们原有的方式在工作。这种量化指标代表了对他才能的传统衡量标准。市场根据这样的生产力模式来决定薪资，从而使上层劳动者获得了巨额收入。这种模式也解释了为什么收入的不平等往往被认为是和优绩主义相关的。

然而，更好的——更公平也更准确的——衡量方式会对劳动者产品的核算提出一个不同的问题。这种衡量方式着眼于在有他参与和没有他参与劳动的情况下，总产出会有什么样的差异。但是，现在它允许其他人在他缺席的情况下，以最优方式重组生产。[30] 以这种替代方式计算得到的特定劳动者的收益会减少（因为在他缺席时，其他人通过重新组织获得的收益会抵消他部分劳动）。当这个劳动者的存在从总体上改变了生产模式（包括其他人的工作方式）时，这两种衡量方式的差别会变得非常明显。当特定的劳动者阻止其他人在其缺席的情况下以最佳方式重组生产时，替代性的衡量方式就会变得尤其令人信服。

在这种情况下，根据常规的衡量方式，该劳动者可能具有强大的生产力。但是依据替代性的衡量方式，这位劳动者可能根本不具备生产力——事实上，他的生产力甚至还可能是负值。例如，当他参与工作所带来的直接收益，即与他一起工作的其他人的工作固定不变时所产生的收益，不及通过阻止其他人在他缺席时更有效地工作（当他们可以在没有他参与的情况下做到）而产生的间接损失时，生产力为负值的情况就会发生。[31]

今天，优绩主义的精英们不是作为个人，而是作为一个阶层处于这样一个位置。在当前的技术环境下，拥有超高技能的精英对生产贡献良多。这也导致了整个劳动力市场对精英技能的迷恋。这意味着精英阶层参与劳动的总产出要远高于其他低技能的劳动者在他们缺席的情况下运用当前技术所得到的总产出。例如，普通的信贷员如若没有身怀超高技能的员工为其建构交易抵押贷款证券，那么他们就无法管理现代住房抵押贷款的融资业务。这些管理证券化业务、拥有超高技能的劳动者，

第九章 优绩的神话　　309

会期待自己的收入所得与其证券化工作的收益相匹配,他们将证券化看作自己的劳动成果。同样,由于公司精简,生产线上的工人参与管理的权限被剥夺,如今只能经过高层的管理来协调生产。这些垄断了管理机制的精英主管对自己拥有庞大且富有成效的指挥权自豪不已,同样期待着得到相应的报酬。因此,各行各业拥有超高技能的精英都会坚持认为,他们的超高收入反映的是他们自身的才能或优势。

然而,今天迷恋日益极端的技能的技术,并非自然的、不可避免的。相反,这种情况的出现是由于教育和培训越来越集中在范围越来越狭窄的精英阶层中,一如精英教育以及以技能主导的创新形成的反馈循环所揭示的那样。在这种情况下,上层劳动者作为一个阶级会防止其他人以其他的技术在他们缺席的情况下优化重组进行生产。住房抵押贷款融资的证券化削弱了具有中等技能的信贷员,并迫使他们离开职场。高级管理者也削弱并最终淘汰了中间管理层。

在一个优绩主义的世界中,不平等引发的创新使生产偏向于精英所掌握的独特技能,精英劳动者的生产收益理应因为这些创新所造成的非精英劳动者的生产力降低而打折扣。当然,收益与损失之间的精确平衡依然是个未知数。但是,最佳证据显示,精英的实质产出可能接近于零。例如,现代金融业内尽管有诸多创新,但是似乎并没有降低金融中介的总交易成本,也没有降低普通家庭所承担的基本经济风险。[32] 现代管理技能似乎也没有提高美国公司的整体表现(尽管它可能增加了投资人的回报)。更普遍地来说,优绩主义下不断加剧的不平等并没有带来经济增速或生产效率的提高。[33]

还有一个寓言,尽管不太严谨,但可以更生动地阐明同一个论点。设想有一个社会由彼此互助、团结合作的农民和狡猾多端、孔武有力的战士组成。几十年来,整个社会都与邻国和谐相处,农民种植农作物,战士维护和平,两个群体都过得很好。然而有一天,一些战士在边界滋事,并通过一系列挑衅,让双方敌对行动不断升级,直到全面而持续的战争代替了和平的局面。

一旦这个社会进入了战争状态，那么农民的生产力就会越来越低，而战士在维护安全和福祉方面的地位越来越重要。此时，战士声称自己的地位、财富和权力应该不成比例地扩大，因为他们的付出对大众的利益贡献巨大，所以应该享有与该比例相称的私人利益的优待。对此，农民可能会说，如果不是因为战士们发动战争，他们就不会有如此高的生产力。战士的真实生产力的计算必须扣除战争的总体成本，尤其是扣除它对农业造成的损失。

优绩主义不平等背后的滚雪球机制，使得中产阶层成为寓言故事中的农民，而拥有超高技能的精英则犹如战士。只有当富人对子女的教育培训集中在超高技能上时，生产技术才会调整自身，变得推崇超高技能。精英阶层试图以他们的生产力优势来合理化他们的巨额收入。他们就像寓言故事中的战士一样，如若不是严格地培训他们的后代并且发动战争，那么他们就不可能具有如此强大的生产力。与战士一样，精英的真实生产力应该扣除优绩主义不平等所造成的损失，尤其是他们（借由引导偏向超高技能的创新）对中等技能和中产阶层造成的压制所引发的损失。

这引发了当代优绩主义与古代贵族制度之间最后的决定性类比。我们很容易忘记，贵族制度在它盛行的社会和道德框架内是名副其实的，即贵族在当时的确才能出众，优势明显。可以说，贵族精英不成比例地，甚至是几乎完全地拥有各种美德。然而，旧体制最终受到世人的质疑，并非因为贵族的世袭观念所带来的出身彩票违反了机会平等的原则，而是因为资产阶级革命揭露了贵族的卓越与美德是荒谬的和不道德的，事实上是一个骗局。

同样，我们很容易接受现代优绩主义核心的优绩概念，即通过个人努力获得的优势反映的是对社会的真正贡献和实际成就。但是，前述的对于精英培训以及对超高技能的崇尚，以及它们之间所形成的反馈循环如何使得优绩主义下的不平等犹如滚雪球般越来越大，揭开了优绩主义的自负面纱。今天备受推崇的优绩主义成就，犹如旧时体制所宣扬的贵族美德一样，都是一场骗局。

优绩主义下的不平等问题，并非像进步派普遍认为的那样，是精英阶层使用了自己的权势或弄虚作假，或以其他的恶意行为使其收入超过他们的功绩所致。同样，问题也不像进步派所说的那样，精英们没有通过（来自父母、学校和大学的）培训获得超级工作所需的技能和素养。事实上，任何一种关于经济生活偏离真正的优绩主义的看法，都无法捕捉到经济不平等持续扩大的罪恶之源。

优绩主义下的不平等是罪恶的，其原因在于优绩主义本身（即使在优绩主义充分实现的情况下）。"优绩"的概念是这一罪恶的根源。优绩的传统观念实际上就是一种虚荣的意识形态，其目的在于掩盖根本上的利益分配不公。优绩主义只是寡头统治铁律的最新实例。它就是贵族体制的商业版和共和版。在经过更新之后，它塑造了一个声望、财富和权势不是来自土地，而是来自技能（即自由劳动者的人力资本）的世界。

巨大的残骸

这些反思使有关经济不平等的论辩发生了转变。它们避免了有关个人应得的难题，也避免了有关个人私德的问题，而对私德的讨论会让批评优绩主义不平等的传统进步派感到困惑。今天的这些反思针对的不是优绩主义者们，而是优绩概念本身。新的开始将论辩带上了新的路径，据此得出与之前迥然不同的新结论。

优绩主义，包含上层劳动者所具备的超高技能和勤勉努力，越来越明显地无益于任何人。它使曾经占据经济生活中心的劳工阶层和中产阶层成了无法满足经济需求的人，使广大民众变得无所事事，落得要加入一个庞大且不断扩大的"流氓无产阶级"群体。与此同时，优绩主义让精英阶层成为混合了异化劳动的自身人力资本的食利者，精英阶层的子女也被置于残酷无情的、工具性的精英教育所带来的痛苦之中。优绩主义下的不平等让整个社会分化为了无用的人和被耗尽的人。

这些模式共同为等级制度的代际传递建立起了一种有效的但代价高昂的机制。有效是因为它们阻断了普通公民加入精英阶层的重要机会，代价高昂是因为它们把精英阶层卷入了一场疲惫不堪、缺乏安全感、需要持续付出的行动之中。在此过程中，优绩主义下的不平等破坏了社会团结，败坏了民主自治。久而久之，优绩主义甚至无法推动经济增长。此外，所有这些代价，并非因为个人的恶习，甚至不是无法实现优绩主义理想的集体性失败导致的，而是直接且明确地由优绩主义的结构性承诺产生的。

优绩主义者坚称，所有这些巨大代价——事实上他们并不否认这些代价的真实性以及它们源于优绩主义——必须基于优绩的道德优势而被社会承担，也就是说，上层劳动者应该得到与他们的超高技能和生产力相符合的收入；正义需要根据产出和功绩来确定报酬；社会偏向于不那么具有生产力、不努力工作的中产阶层，而非更具有生产力、工作更努力的富人是错误的。虽然优绩主义带来了各种困扰，但是人们应该接受，甚至赞美优绩主义下的不平等。

然而，优绩主义所带来的巨大负担，使这种对不平等原则的辩解——以及处于这些辩解核心的优绩概念——承受着巨大的压力。优绩概念的虚伪一旦被揭穿，它将无法承受这种压力。

优绩主义不平等的整个结构，犹如建在沙土之上的奥兹曼迪亚斯石像一样，必将轰然倒塌。①

---

① 出自英国诗人雪莱的诗作《奥兹曼迪亚斯》，诗中描绘了古埃及法老奥兹曼迪亚斯的巨大石像横亘在沙漠中，残破不堪。——编者注

结语　　　　　　　　　　CONCLUSION

我们应该做什么？

当优绩主义改变了经济的不平等时，它也改变了政治。

支持平等的人迟迟没有意识到这种改变，甚至时至今日仍没有完全理解它。这为政治留出了一个空间。如今，在这个空间里充满了机会主义者，他们几乎本能地感知到了这种改变，并开始利用民众对优绩主义的不满情绪大做文章。

一群擅于煽动民心的政治人物抨击政府机构的腐败，攻击脆弱的外来者，从而点燃中产阶层的怒火。他们借由这种攻击向民众承诺，要恢复一个犹如神话般的黄金时代。美国前总统特朗普宣称要放弃法治，将数以百万计的非法劳工和家庭驱逐出境，由此让"美国再次伟大"。英国独立党前领袖奈杰尔·法拉奇表示，只要关闭面向欧盟的边境，英国就能重拾独立与尊严。而德国的民粹主义者试图恢复"德国辉煌的千年历史"[1]，指责安格拉·默克尔接收难民是在背叛国家。

与此同时，江湖术士排着队给疲惫不堪的精英阶层兜售廉价药方，妄图一解他们的沉疴宿疾。投资银行业者和其他的精英雇主承诺要恢复工作与生活的平衡，包括在办公室内设立健身房和午休室[2]，支付出差的母亲邮寄母乳回家的费用，甚至出钱让员工冷冻卵子来延长她们的生育能力[3]。大学宣布要一改只看重学习成绩的招生风气，将申请人的道德素养以及与他人合作的成果（譬如关怀他人、参与社区活动）也计算在内。[4]人生导师们则教导学员要活在当下，或是倡议新年计划要写减少工时，而不是减少饮酒[5]。

这样的承诺，即使有人暂时接受，终究还是不会被所有人真正地相信。无论是富人还是其他人，大家都在心底里质疑自称是其拥护者的人并没有提供真正的良方，甚至这些承诺只不过是一场骗局。

一位来自圣克莱尔湖畔小镇、支持特朗普的商人表示，他并不相信总统给出的承诺，也对他强硬的"推销"不屑一顾。[6]同时调查显示，有近半数投票给特朗普的选民预计，特朗普上任后，他们社区的生活将会不变甚至更糟。[7]同样，贝恩咨询公司最近一次针对上千名精英人士的调查显示，当被问及如何才能赢得晋升机会时，他们大都对"保持工作与生活的平衡"这一说法流露出了鄙夷之态，表示"要毫不动摇地投身于长时间的持续工作"[8]。

尽管如此，江湖术士依然有自己的立足之地，因为深感不满的人们最迫切需要的是被听见而不仅仅是获得帮助。他们将紧紧抓住唯一承认这场暴风雨的船。

民粹主义者或许无力恢复中产阶层的昔日荣光，但是他们知道人们已经失去了过去的生活形态。他们将这种失去视作一种道德代价，并将之置于他们政治诉求的中心。工作与生活的平衡或许永远也无法达到，但是他们知道上层劳动者会产生劳动异化。他们承认，无论多么高的收入回报也无从补偿一个人的自我消耗，以及对最终将枯竭的资源的耗尽。

美国政坛的进步派面对这些问题束手无策，因为他们自身仍囿于优绩主义之中。他们是被俘者，却在拥抱俘虏他们的东西，犹如患上了意识形态层面的斯德哥尔摩综合征。于是，最终的结果是，进步派甚至在不自知的情况下让问题更加严重。

当进步派专注于身份政治和削减贫困时，他们将中产阶层的不满看作一种特殊的诉求。对进步派来说，中产阶层之所以渴望回到20世纪中叶圣克莱尔湖畔小镇给予的那种富足与安全之中，只不过是在怀念一种不再可行的生活方式，甚至是在怀念业已丧失的（白人男性）特权。实际上，这无异于告诉中产阶层，他们在痴人说梦。

通过专注于净化（在社会多元性和包容性方面）充满优绩主义偏见的精英体制，进步派将精英阶层内的这种不满看作有人身在福中不知福的扫兴之叹。对进步派来说，高度竞争的入学机制或者斯达汉诺夫式的工作投入，只有在歧视少数族裔或职场母亲，又或是掩饰内部操作和文化资本运作的情况下，才算是真的出错了。不能简单、直接地将其总体归于优绩主义是不人道的。这样的思维实际上是在告诉精英们：你们就要一直埋头苦干，以此来维持自己的特权。

进步派的这两种回应都进一步强化了优绩主义中最具有冒犯性和异化性的元素。进步派由此将中产阶层推向了煽动者的怀抱，同时促使精英阶层采取了一些无关痛痒的花招。当仁慈的力量无法看到公然直视着它们的绝望，政治就会变得黑暗。

关于如何解决经济不平等问题的传统观点，只会使政治问题复杂化。

传统的政策坚持认为，社会财富的再分配本质上是竞争性的：只有从富人那里榨取相应的成本才能为其他人带来利益，而且富人的成本总是会超出其他人能获得的利益。曾经出任林登·约翰逊总统的经济顾问委员会主席一职的阿瑟·奥肯，在反思"向贫困开战"的政策时写道：再分配的机制都是在用"一只漏桶"将钱"从富人手中输送到穷人手中"[9]。再分配的一部分资金"在运输中会消失不见，穷人因此不可能从富人手中得到所有被再分配的钱"[10]。

这样的思维方式认定，今天对中产阶层的帮助要以伤害精英阶层为代价。而且，对后者的伤害必然超过对前者的帮助。同时，由于富人少，那么这种伤害注定是集中的。通过让一大群富人被迫共同分担——由此降低每个富人的负担——那么即使用漏桶，也可以消除贫困。曾经的"向贫困开战"政策并没有针对任何人，也没有要求住在圣克莱尔湖畔小镇的居民做出重大牺牲。然而，顶层不平等本质上只能通过对富人单独进行大规模的征税估价来减少。常见的理论框架坚持认为，一场新的不平等战争只有通过打击精英阶层才能重建中产阶层。消除优绩主义下的不平等似乎需要"摧毁"帕洛阿尔托。

传统的观点既不能凝聚政治意愿，也无法制定出消除优绩主义不平等的政策。进步派激发了中产阶层的怒火，引发了精英阶层的反抗，而擅于煽动人心的政客和江湖术士垄断和利用了民众对优绩主义的不满情绪。因此，优绩主义不平等不仅会引发深深的不满，而且会引发民众普遍悲观甚至濒临绝望的情绪。

最近，有一本书邀请10位知名的经济学家（其中有4位是诺贝尔经济学奖得主）来预测一个世纪后的生活。他们当中没有人认为经济不平等会消退，甚至有人怀疑我们的社会是否还有能力进行"大规模的收入再分配"[11]，因为"既得利益者会组织起来保护他们所拥有的东西，包括不惜为了一己之利而牺牲大众利益"[12]。一位政治学家在检视人类历史上各种不平等的情况之后，发现只有一个例子，在不引发战争或陷入革命的情况下解决了像当前美国社会这样面临的收入和财富集中的问题。[13]类似的历史回顾也让一位知名的历史学家推测："恐怕只有一场全面的热核战争才能从根本上重置现有的资源分配。"[14]

尽管如此，希望之光并未完全熄灭。事实上，唯一一个从集中的顶层不平等的情势中有序复苏的案例就是20世纪二三十年代的美国。当时，美国通过采取"新政"计划来应对经济大萧条的冲击，并最终建立了20世纪中叶的中产阶层。[15]人类的过往经验无论如何都太有限，不足以维持某种无从抗拒的铁律，毕竟可兹考证的人类历史只不过五千年。大变革仍有可能首次出现。如果现在的情形是一个例外，那么我们不一定能在历史中找到答案。[16]

最为重要的是，传统的框架在政治上和政策上都是错误的。进步派可以直接而有力地回应精英阶层的不满。优绩主义陷阱所描绘的中产阶层的挫败与精英阶层的异化图景，比煽动者和人生导师描述的更加令人信服。

这一图景表明，优绩主义不仅改变了不平等，还改变了再分配，使其不再是一种竞争关系。振兴中产阶层并不需要榨干精英阶层，更不需要使用漏桶。相反，优绩主义的不满使得富人和其他人在消除不平等方面有着共同的利益。中产阶层渴望恢复丧失的收入和地位，而精英阶层渴望恢复真正的自由。这两种渴望不再彼此竞争，而是和谐共处。尽管中产阶层和精英阶层所遭受的苦难程度不同，但是他们的苦难都来自同一个压迫者。

富人与其他人不可能独自跳出优绩主义陷阱，只能一起携手逃脱。要做到这一点，他们必须打破优绩主义的等级制度，重建民主与平等。也就是说，要建立一个服务于所有人的社会和经济秩序，正因为它是所有人共享的，所以身处其中的每一个人都是有价值的。

改革的两条路径

进步派曾经为这样的理想奋斗过。在旧制度中，国王和王亲贵族俯视自己的臣民。从奴隶社会到吉姆·克劳法，再到今天的诸多方面，白人依然瞧不起有色人种。进步派知道，在一个民主社会，公民互相平等对待彼此；他们同样知道，一如废奴主义者和民权运动者所一再强调的[17]，这种人与人的平等将提升每一个人的人性。如今，进步派必须将这样的智慧运用到经济社会中，以拆除将富人和其他人都困于各自痛苦中的优绩主义陷阱，进而建立一个大家能够携手繁荣的经济体系。

消除优绩主义下的不平等是"文明的工作"[18]。它需要对政府、私人协会、文化习惯和个人意识进行全面调整，其规模相当于当初形成优绩主义不平等的各种变化。优绩主义陷阱是经过好几代人的积累共同建立的，因此也需要好几代人的努力才能拆除。然而，对优绩主义陷阱的研究为改革者指明了方向。进步的改革派必须瞄准造成优绩主义不平等的两个机制。这个基本的洞察点亮了改革的两条路径。

首先，教育——如今主要集中在富裕家庭的孩子所接受的过多的教育——必须变得开放和包容。哪怕是在最顶尖的学校和大学，入学申请的竞争激烈程度也必须降低，培训的投入必须减少。

其次，工作——现在分为光鲜亮丽的工作和暗淡无光的工作——必须让中等技能的劳动力重新回到经济生产的中心。现今集中反映在精英工作阶层身上的努力必须广泛地散布于广大的中产阶层。

当然，这两点原则并不能为全面消除优绩主义下的不平等提供指南。就像每一个跨世代的计划一样，建设民主平等的运动不可能提前规划。相反，处于持续发展又根据其发展不断调整的运动中，它需要同时在许多方面兼顾长期的决心和灵活的处理。想要在某一处（政策专家的清单，甚至是政治家的计划中）阐明一项完整的改革，而不是先将其中的内容付诸实践，都是愚蠢的。这两点之所以重要，并非因为它们提供了一个从头到尾的明确的改革议程，而是因为它们点明了活动家应该从何处着手，同时也因为它们从根源上解决优绩主义下的不平等问题，显示出了有意义的进步是可能的。

教育改革者应该利用目前明显的不公，将其作为他们的政治和实践优势，直面痛击优绩主义下的不平等。[19]

目前，优绩主义的优势继承完全豁免于通常对传统遗产所征收的遗产税：富有家庭对子女教育的大手笔投资并没有被纳入他们的遗产。[20]此外，美国的私立学校和大学都是作为服务公共利益的慈善机构在交税[21]：校友捐款可以减税，私立学校和大学也不必为其来自捐赠基金会的捐款而缴税。

这样的做法使精英教育实际上变成了一个只有精英阶层才可以利用的避税天堂。父母的收入和教育背景决定了子女的学业成绩，即使招生是基于纯粹的择优录取，精英学校和大学也都充满了父母本身就是精英的学生，尽管父母曾经就读的学校可能与子女的并不相同。

虽然精英学校和大学是作为公共慈善机构在纳税，但是优绩主义下的不平等早已使其在功能上成为某种专属俱乐部。他们所享有的税收优惠有如旧时贵族体制下发给王亲贵族的津贴。中产阶层家庭在为其子女永远无法获得的精英教育买单。

此外，这个避税天堂的规模是巨大的。一方面，优绩主义的优势继承相当于给每一位富家子女转移了约 1 000 万美元的免税资金。在最近的一年，普林斯顿大学的免税额度相当于给每个学生补贴了 10.5 万美元。相较而言，新泽西州立大学罗格斯分校的公共教育支出是每位学生 1.23 万美元，而纽瓦克的埃塞克斯县学院[22] 对每位学生的支出是 2 400 美元。（差距是如此之大，怪不得一些愤世嫉俗的人指责哈佛大学、耶鲁大学和普林斯顿大学是"附设大学的对冲基金"[23]。）

最后，这个避税天堂的规模还在持续扩大。如今，全美规模最大的十个大学捐赠基金的总额已超过 1 800 亿美元，近几十年来的增长率约为每年 7%。这个增长速度是美国家庭财富净值增长速度的 2 倍多。[24] 大学展开了长远规划：耶鲁大学去年新建了两所住宿学院，明确设计为永久性建筑。[25] 如果这样的增长率在未来继续保持，那么在优绩主义统治的第二个世纪里，全美最富有的 10 所大学——尽管其学生主体是来自家境富有且父母均受过良好教育的孩子——将拥有整个国家。

事实上，部分人必须为此付出代价。

这些事实使政府能够对精英学校和大学施加巨大的影响力，尤其是最富有的私立大学。(普林斯顿大学近年来有多达 4/5 的收益来自免税的捐赠收入和减税的校友捐款。全美排名前 20 的大学平均有 1/3 的收入来自类似的捐款。[26])改革应该利用税收的力量来打破这样的专属俱乐部,坚决要求如果学校和大学想要享有作为慈善公益机构的税收减免政策,那么它们就应该像慈善公益机构那样运作,也就是说,以一种开放包容的态度教育大众。

解决这个问题的方法有很多。但是,最直接的就是最好的。

首先,除非美国的私立学校和大学至少有 1/2 的学生来自收入分配底层的 2/3 家庭[27],否则就应该撤销其赋税减免的待遇。其次,应该鼓励学校(包括通过公共补贴)来扩大招生规模以满足这一要求。[28]

总之,这些改革可以改变在优绩主义之下排他的、狭隘的和挥霍性的精英教育,转而以一种包容的、广泛的且不失教育质量的方式进行教学。这些改革可以分散目前集中在精英阶层手中用于优势继承的财富,让更多人享受到精英教育的成果,同时减少精英阶层以外的教育资源的压力,从而提高整体的教育水平。如此一来,富人阶层与普通大众之间的教育差距将大幅缩小。

这一改革的两个方面自然地结合在一起,第二个方面为第一个方面提供了路线图。精英教育已经如此过度,以至于学校有能力扩大招生[29]:最需要扩大规模的也是那些最富有的学校,因为它们的学生来自富有家庭的比例最高。常春藤盟校可以将招生规模扩大一倍(主要从精英阶层以外的家庭招生),来满足保留自己作为非营利慈善机构的条件。并且,它们对每一位学生的支出仍可以维持在 2000 年的水平。[30] 普通的大学可以将招生规模扩大一半,保证对每个学生的支出与 1970 年的水平相同[31]。私立学校的招生规模可以翻倍,并且即使在翻倍后,其老师与学生的配比例依然要优于公立学校[32]。用于补贴更多学生的公共资金也为可管理的增长提供进一步支持。当然,今天使精英教育更具有包容性的改革,其规模比不上在 20 世纪 60 年代精英大学和学校为拥抱优绩主义所进行的革命，这场革命随后加剧了优绩主义不平等。曾经转型的机制可能会经历再次转型。[33]

民粹主义者早已瞄准了私立教育，尤其是私立的精英大学，他们攻击对方是自由主义和"政治正确"的温床。这样的攻击已经开始有所收获。多年来，类似的提议在委员会上被否决，但在最近一项税收改革中，针对美国非常富有的私立大学征收适度消费税的方案被写进了法律。[34]尽管指责大学危害美国的民粹主义者有其狭隘的政治动机[35]，但是他们对优绩主义下不平等的清醒理解表明他们并没有错。

精英阶层也理应支持这样的教育改革。尽管当前的政权提供了所有的财政补贴，但是它也让精英阶层背负着沉重的压力，伤痕累累，脆弱不堪。极端激烈的精英竞争加重了富家子弟的人力资本投资，这种投资与折磨人的艰难考试联系在一起，越来越令人难以承受。而且，激烈无比的竞争意味着没有一个孩子能避免被淘汰的命运，无论其父母有多出色。

通过扩大招生规模来提升教育包容性的改革，不必替换目前的精英中的任何人，甚至会适度增加进入竞争激烈的学校的富裕学生数量——这一点既是发展的必然，也是设计使然。（在这个意义上，这样的改革模仿了过去通过扩大班级规模而将女性纳入教育系统的做法，在这种做法下，增加女生并不意味着要减少男生。[36]）即使富家子女的名额只是稍有上升，也可以大大缓解富有的申请人之间的竞争压力。[37]对精英来说，新的喘息空间会带来更多真正的自由，比学位所带来的收入或地位的任何减损有价值得多。具有包容性的教育将改变帕洛阿尔托小镇，但总体来说，这种改变是良性的——对居住在那里的人们来说，这将是一种放松和幸事。20世纪中叶圣克莱尔湖畔小镇的教训对今天的帕洛阿尔托来说同样适用：稳定真实的美好胜过短暂虚假的繁荣。

最后，尽管精英学校竭力捍卫其免税政策，甚至对最小规模的干

结语 我们应该做什么？ 323

预都持反对态度，但这是一个错误。[38] 包容性教育将重新开放学校和大学提供社会流动性的管道，重新使人们想象中最具有排他性的学校焕发光彩。因此，改革实际上会推动学校和大学的核心使命。而在某些必须做出取舍的情况下——前十所大学永远不可能拥有整个美国——这些改革肯定会比最有可能的民粹主义替代方案更适合教育工作者。

在实施教育改革的同时，针对工作的改革也可以相应展开：重新平衡生产，将生产力从上层劳动者转向中产阶层劳动力。提升中产阶层劳动力最直接的方法是推行有利于中等技能劳动力的产品和服务的生产方式。目前的经济政策完全忽视这样的可能性。事实上，它是当务之急。

政府普遍寻求对那些确保基本需求得到满足或确保产品是安全的生产施加影响。举例来说，国家的医疗保健政策就是为了让公众更容易获得医疗服务；法律法规是为了促进正义的获得；公司的治理规则是为了保护投资人；金融法规则是保护消费者免受剥削，或者防止金融体系受到危机的影响。

但是，所有这些规范同时也会影响到各个行业的工作以及其中从业者的薪资待遇。以往对这一点的忽视造成了重大影响。例如，医疗保健约占美国 GDP 的 1/6，金融业占了近 1/10[39]；而全美收入最高的 1% 的劳动者中有一半[40]都在从事与管理、金融、医疗和法律相关的工作。因此，在这些领域中推动中等技能的生产改革将对确保总体平等产生实质性的帮助。

推动中等技能生产的模式已经存在。在医疗方面，旧金山提出了一项全民医疗保健计划，强调专科护理师比医生更重要；[41] 俄勒冈州和威斯康星州的诊所甚至正在尝试启用牙医来筛查通常由医生诊断的一般性健康问题。[42] 在法律方面，华盛顿州正在尝试雇用中等技能的法律技术人员而不是拥有超高技能的法律博士，来提供常规的法律服务。⁴³在金融方面，限制外来金融工程并且有利于实体经济而非华尔街银行的法规，也有助于将金融工作转向具备中等技能的从业者。而在管理方面，对公司控制权市场进行监管，或者促进长期就业而非外包，有助于将管理职能和回报分散到广泛的中层管理人员的手中。

有关这些改革的常规讨论常常聚焦于它们会对商品和服务的数量、质量和价格产生怎样的影响。这些考虑固然合理，但是改革实际上也会影响到劳动生产是被划分为光鲜亮丽的工作和暗淡无光的工作，还是围绕着中等技能展开的工作。医疗保健可以由少数使用高科技设备的医生搭配若干掌握低技能的技术人员来做，也可以由大量的具备中等技能的全科医生和专科的护理师来负责。哪种方式对患者来说最好当然很重要。但即使在健康受到威胁的地方，占GDP 1/6 份额的医疗产业究竟是屈服于优绩主义下的不平等，还是以中等技能的工作推动整体的民主平等，这一点同样重要。事实上，它事关重大。

因此，政策制定者应该始终留意，他们的选择将会如何影响精英阶层的工作和中产阶层的工作之间的平衡关系。对这种影响的强制审查——例如要求所有联邦新法规必须进行成本/效益分析的现行规定⁴⁴——有助于推广和协调这些零散的改革。甚至，简化监管流程本身就能促进平等，因为越来越多的证据表明，复杂的行政流程会增加富人对程序产生的监管结果的影响力。⁴⁵

另外，改革应该通过税收来鼓励雇主创造中等技能的工作。美国现在的税收结构，尽管令人难以置信，但是却在积极地鼓励雇主用超高技能的员工取代中等技能的员工，实际上是在促进优绩主义下的不平等。其实，只需要对工资税进行简单的改革就可以扭转这种状况，让整个劳动力市场转为有利于掌握中等技能的中产阶层劳动者。改革后的工资税还能增加新的收入，其中一部分可以用来鼓励创造中产阶层的工作机会。

联邦工资税——特别是对个人的前 132 900 美元的工资征收 12.4% 的税，目的是资助社会保障——由于对缴税的个人收入有上限设置，因而分明是累退性的。[46] 在过去半个世纪的大部分时间里，工资税的累退性超过了收入所得税的累进性，[47] 其结果是中低收入阶层的劳动力实际上承担着与百万富翁相同的边际税率，中高收入阶层的劳动力则负担着高得多的税率。这种影响不仅持久，而且巨大。在优绩主义不平等形成的几十年里，一对工资所得约在 10 万美元（以 2018 年的美元价值计算）的夫妻很容易面临最高的总联邦边际税率。[48] 但是，上层劳动者的资本收入和薪资所得面临的边际税率却往往只有前者的一半。[49] 总体结果是，美国现行的税收政策使中产阶层成了整个经济生产中赋税负担最重的一个群体。

用一个简单的例子就可以说明联邦工资税给中产阶层劳动力带来的压力。如果一家银行使用 20 世纪中叶的金融技术来发行房贷，雇用了 20 名具备中等技能的信贷员（每人年薪 10 万美元），那么银行和这些员工要缴纳的联邦工资税为 30.6 万美元。相比之下，如果一家银行改用的是现在的金融技术，雇用一名年薪 200 万美元的华尔街交易员来取代所有的中等技能信贷员，那么银行和这名交易员所承担的联邦工资税仅为 9 万美元左右。[50] 尽管两种金融技术所产生的经济效益是一样的，但是一种需要 20 名具备中等技能的员工，而另一种只需要 1 名具备超高技能的交易员，那么前者就要比后者面临的平均工资税率高出 10% 以上，由此造成前者的工资税负担是后者的 3 倍以上。

换言之，联邦工资税大大压制了中等技能劳动力的就业和工资，促进了超高技能劳动力的就业和工资。（事实上，如果具备超高技能的劳动者能够将其收入设计为创始人股份或附带利益，享受资本利得税的待遇，那么工资税率将增加额外的偏倚，差距进一步扩大至 20%。）中产阶层的劳动力又一次补贴了他们根本不可能得到的精英工作。

消除对社会保障工资税的收入上限，将有助于促进中产阶层的就业。新的税收政策可以取消现行的对使用超高技能而非中等技能劳动力的生产的大量补贴。这样一来，它将立即降低围绕着超高技能的精英组织生产的吸引力，增加围绕着中等技能劳动力组织生产的吸引力。

消除上限还将带来税收收入。但是，目前尚不清楚取消上限究竟会带来多少税收收入，因为这一改革必然对劳动力市场和整体经济产生影响。尽管我们不可能建立一个将所有影响都考虑在内的全动态模型，但是美国的国会预算办公室已经建立了好几个半动态的模型。这些模型预测，消除上限会立即带来1 500亿~2 000亿美元的新税收，而且从长远来看，联邦工资税收的增量相当于GDP的1.1%。[51]

这是一笔巨大的款项。具体来说，它大约相当于近年来美国劳工部就业和培训署总预算的60倍（大约是2018年预算的90倍）[52]，而且也相当于美国所有的大学（包括公立和私立）总预算的1/3。[53]

美国政府可以利用这些新增的税收来进一步促进中产阶层的就业。如何找到税收的最佳使用途径仍然需要细致的研究和实验。但是，我们可以设想一下，比如将一半的资金用来创造中等技能劳动者的就业机会，对雇用掌握中等技能的中产阶层工人的雇主提供补贴[54]，而另一半的资金用于资助扩大私立学校和大学的招生规模，进而实现教育的开放与包容。将工资补贴与提高最低工资标准相结合，可以防止雇主获得工资补贴。[55]

工资补贴已经获得了一些政治上的支持。美国一些重要的政治人物和企业家，其中包括数位传统上被视为政治保守派的人士，都表示支持对中产阶层的工资进行补贴。就美国政坛的左派来说，参议员马克·华纳发起了支持中产阶层工作和工资的立法行动[56]，美国进步中心最近也发布了一个美国的"马歇尔计划"，其中包括建立440万个公共服务工作岗位，每年的成本约为1 500亿美元。[57]而美国政坛的右派中，商业大亨和领导力大师彼得·杰奥尔杰斯库和家得宝的创始人、亿万富翁肯·朗格恩正在积极倡导企业投资员工，扩大有利于中产阶层劳动力就业的生产模式。杰奥尔杰斯库甚至明确表态支持联邦政府的工资补贴。[58]

最后，改革的两条路径或两大支柱直接源自对优绩主义不平等的诊断。它们彼此互为关联，直击优绩主义不平等的核心。而且，两相结合所产生的力量远大于双方独自能发挥的作用。其共同目标是把握目前推动优绩主义不平等不断发展的内在机制，并扭转方向，解决问题。

开放包容的教育将创造一个更广泛而且不那么奢华铺张的精英群体。扩大开放必然会增加向上的社会流动性，恢复美国传统上将中产阶层和精英阶层连接起来的机会渠道。当受过良好教育的劳动者人数不断增加，充足的劳动力供应会降低目前精英阶层的收入所得和工作时间，从而使收入规模一路提升。

与此同时，工资的税收改革和工资补贴可以逆转现行的税收政策对超高技能劳动力的支持，转而对中产阶层劳动力更加有利。[59] 新的需求将回应接受过教育的劳动力供应的增加，尤其是在技能分布更广阔的中间区域（现行税制下负担最为沉重的部分）。

两项改革的间接效果将会更显著。它们都能够激励相关的创新者，使其将创新曲线不再投放在拥有超高技能的精英阶层的身上，而是转向有利于中产阶层劳动者的技术。如此一来，创新将进一步减少对过度技能的回报，增加对实用技能的回报，并由此降低复杂技能培训的吸引力，提升教育的开放性和包容性。一个自身强化平等的良性循环会取代优绩主义产生的犹如滚雪球一般不断扩大的不平等。

教育改革和职场改革的双管齐下，久而久之可以重建中产阶层在社会和经济生活中的核心地位。20世纪中叶圣克莱尔湖畔小镇曾享有的独特的稳定幸福如今已消失在了历史的长河中。但是，我们基于对优绩主义不平等的诊断而提出的一系列政策，有望使21世纪版本的稳定幸福面向所有人——让每一个人都能触手可及。

民主平等的新政治

世界最近一次经历广泛寻求推翻现状的暴动与骚乱，是在1968年。这一年，伦敦政经学院的激进派学生印制了一张海报，画面内容是一名学生同一位叼着雪茄的资本家正在争夺一辆车的控制权。车头灯上印有美元和英镑的标识，车牌上则印着"罢工法、租金上涨和学生压迫"。海报上的口号是："同样的老板，同样的斗争"[60]。

这个口号显然是一则谎言，或者最多就是一则童话，一则就连它的创作者也不全信的童话。在反抗发生的1968年，贵族制度依然盛行，这也就意味着富裕学生和穷苦劳工的老板并不相同，他们所加入的也绝不可能是同一场抗争。富裕的学生仍然期望成为有闲阶层的一分子，成为食利者或者至少加入某个机构享受优渥的待遇，而穷苦的劳工仍然在资本的压迫下遭受着广泛的剥削。

中产阶层已经学会了如何与资本抗争，并随着二战后的经济繁荣而日趋兴旺。他们并不像精英学生那样焦虑，而是时而困惑，时而反感。或许可以怀疑，这些富家子女的反抗表达了一种本能的认知，这种认知正在增强但尚未被有意识地表达出来——那就是社会正在兴起的针对优绩主义的革命会给他们带来压力，优绩主义很可能并不会给精英带来好的结果。

这张海报最大的讽刺就在于，它的口号尽管在被喊出来的那一刻是虚假的，但最终会通过那些隐性的力量成为现实。在这个过程中，优绩主义会从根本上改变经济不平等的政治。这种转变为这张海报所捍卫的伟大联盟的更新版本（适合现状的版本）开启了新的可能性。[61]

今天，优绩主义下的不平等没有给任何人带来好处：无论是被优绩主义闲置从而被排除在收入和地位之外的大多数人，还是被优绩主义诱惑而陷入毁灭性竞争的少数人（他们为竞争产生的高度紧张、普遍异化的劳动所剥削）。

因此，新的政治存在着一个机会，可以聆听和回应如今被民粹主义者、煽动情绪的江湖术士和虚假先知们所利用的民众的真实需求。通过揭露优绩主义不过是一场骗局，对优绩主义不平等的诊断就戳穿了它所代表的意识形态。在这种意识形态下，精英阶层牢牢抓住自己获得的特权，而中产阶层将怨恨指向了无辜的外来者。一个人为了保护真实的利益而抑制自己的人性是一回事，但是一个人为了一种幻觉或虚幻的目标而放弃自己的人性又是另一回事。

对优绩主义的检视表明，它引发的不满尽管表面看上去没有关联，实际上却来自同一根源，即人力资本和勤奋努力过度集中在一个范围越来越狭窄的精英阶层手中，这使得富人陷入斯达汉诺夫式的过度劳累，同时其他人却被闲置了起来。因此，一个更加平等的社会和经济秩序将会使所有人，无论是富人还是其他人，都过得更好。

此外，民主平等是解决优绩主义不满的唯一方式。在优绩主义的理念下，精英阶层一方面想要找回失去的闲暇与真正的自由，另一方面又想要维持他们的高收入和高社会地位。这些希望"鱼与熊掌兼得"的精英根本就是受骗了。精英阶层忽视了无休无止的优绩主义生产逻辑，这使他们陷入了可怕的危难之中。在人力资本担保收入和勤奋努力被视作荣誉的地方，一个人不可能像现在的超级精英那样，在俯视、遮蔽他人的过程中仍然保持真实的自我。想要利用人力资本致富，唯一的方法就是盘剥自己，让自己的内在生活贫穷匮乏。正如每一位公民必须互相直视才能实现自身的公民自尊一样，每一位劳动者也必须与他人分享自己的所得和努力来自由地成为自己。除了破坏一个人真实的自我之外，优绩主义不允许任何其他的途径实现它的统治。

一个更加平等的社会才会让身处其中的每一个人都获益。精英阶层可以通过降低收入和地位来换取自由和闲暇,而这种降低是他们完全可以承受的。生活在帕洛阿尔托的人们不会像以前那么富有,但是他们会从沉重的压力下抽身而出,在仍然富裕的同时重获自由。与此同时,中产阶层可以摆脱被迫闲置的命运,重新恢复其收入和地位,从而放下心中永远无法获得满足的怨恨。圣克莱尔湖畔小镇也可以因此恢复昔日的繁荣与尊严,重新在美国生活的叙事中占据中心地位。

对今天再分配的正确比喻显然不能再用奥昆所谓的"一只漏桶"(即一种双输的局面)来思考,而应该是互惠互利。在成熟的优绩主义产生普遍不满的地方,民主平等会成为一项双赢的交易,而且它需要富人与其他人彼此合作,共同努力,如此才能摆脱优绩主义陷阱。[62]

如果双方携手合作,他们将互惠共荣。这使得政治立场对进步派来说变得更加友好。

任何胜利都来之不易,需要长期的艰苦奋斗。胜利从来都不能闭门造车、纸上谈兵,而是必须依靠鼓动和组织在实践中获得。不过,书本有它启发和教育的力量,可以让公民看到什么是他们的切身利益,从而了解到他们应该加入哪些政治运动。[63] 优绩主义耀眼的光芒让人们难以看清它设下的意识形态陷阱:在富人中间制造虚假的骄傲,在其他人中制造虚假的怨恨,这样大家都无法看清优绩主义不平等对双方造成的伤害。反思会揭示这些伤害,并通过这种方式将平等推广给让大众,由此跨越优绩主义的鸿沟。同时,反思会让大众意识到除了携手合作,富人和其他人根本不可能逃离优绩主义陷阱——尽管一些表面的优势会带来矛盾,但是唯有通力合作才有可能获得有益于双方的真正利益。

最后,请允许我更新一个古老的口号:全世界的劳动者——如今它意味着中产阶层和精英阶层——应该团结一致。除了身上的枷锁,他们没有什么可失去的,他们将赢得全世界。[64]

致谢 ACKNOWLEDGMENTS

《精英陷阱》这本书写了 20 年，我的心中也积攒了无数的感激之情。我无法将所有人名一一列举，也很难回报他们。但这不是不去尝试致谢的理由。

在我师从伯纳德·威廉姆斯、德里克·帕菲特、罗纳德·德沃金以及 G. A. 科恩于研究生院学习哲学的阶段，我对经济不平等，尤其是建立在人力资本之上的不平等所引发的特殊问题产生了兴趣。他们中的每一位对于分配正义都有着强有力的独特见解。或许更为重要的是，他们教会了我要如何清晰地思考深层的问题，如何让想法与现实经验直接对话。后来，在我发表了一些有关不平等的初步论点之后，与伊丽莎白·安德森的交流让我意识到，原来我以往的努力并没有真正地融入现实生活。为了探寻一种更好的研究方法，我踏上了一条新路，而正是这条路让我最终完成了这本书。

这条路本身并不好走。无论是在耶鲁大学还是其他地方，我与朋友、同事之间的无数次对话让我获益良多。很多人都对我的早期初稿发表了意见。他们包括 Muneer Ahmad、Anne Alstott、Ian Ayres、Monica Bell、Yochai Benkler、Phillip Bobbitt、Dani Botsman、Khiara Bridges、Steve Brill、Rick Brooks、John Buretta、Guido

Calabresi、Jessica Cattelino、Bob Ellickson、Dan Esty、Crystal Feimster、Owen Fiss、James Forman、Robert Frank、Bryan Garsten、David Grewal、Oona Hathaway、Geneviève Helleringer、Robert Hockett、Michael Kades、Paul Kahn、Amy Kapczynski、Al Klevorick、Issa Kohler-Hausmann、Roy Kreitner、Doug Kysar、John Langbein、Marc Lipsitch、Zach Liscow、Yair Listokin、Ian Malcolm、Benjamin Markovits、Inga Markovits、Julia Markovits、Rebecca Markovits、Richard Markovits、Stefanie Markovits、Noah Messing、Sam Moyn、David Owens、Przemek Palka、Ben Polak、Robert Post、Asher Price、Claire Priest、Jed Purdy、Aziz Rana、Rob Reich、Judith Resnik、Susan Rose-Ackerman、Scott Shapiro、Dan Sharfstein、Peter Schuck、Vicki Schultz、Reva Siegel、Tim Snyder、Kevin Stack、Tom Tyler、Rory Van Loo、Sharon Volckhausen、Philippe Wells、Leif Wenar、Patrick Wolff、Noah Zatz、Taisu Zhang。此外，Amy Chua 与 Jed Rubenfeld 为这本书的写作提供了特别详尽且广泛的帮助。如果没有他们，毫不夸张地说，这本书将根本不可能存在。

此外，我曾在很多更为正式的场合提出过这本书中的想法，在这些场合遇到的问题不仅改进了我对论点的表述，而且往往改进了论点本身。提供如此帮助的场合包括：美国宪法协会的进步法律奖学金研讨会，布兰福德金钱、权力和政治系列，日本银行，梨花女子大学，新加坡国立大学法学院，荷兹利亚跨学科中心，特拉维夫大学布赫曼法学院，海德堡美国研究中心，庞培法布拉大学，博洛尼亚大学，阿姆斯特丹大学欧洲合同法研究中心，柏林洪堡大学，北极星沙龙，柏林大学跨学科市场研讨会，语境中的法律研讨会，智利耶鲁俱乐部，智利大学法学院，耶鲁大学金钱万能研讨会，哈佛资本主义研究计划，亚利桑那大学詹姆斯·E. 罗杰斯法学院，亚利桑那大学法律与哲学中心，耶鲁大学所得税援助项目，都灵国际大学学院，耶鲁大学社会与政策研究所和华盛顿公平增长中心关于不平等、政治和繁荣的会议，耶鲁大学法学院教师研讨会，耶鲁大学法学院毕业典礼，多伦多大学法学院，得克萨斯大学法学院，美国宪法学会法律与不平等会议，耶鲁大学法学院校友周末，乔治城大学法律中心，塞格拉中心，加州大学洛杉矶分校法学院，哥伦比亚大学法学院，得克萨斯大学不平等与人权会议，达特茅斯学院，康奈尔大学法学院，耶鲁大学同学聚会，拉丁美洲宪法与政治神学院，夸美纽斯计划，卡里普洛基金会，纽约人文学院，纽约大学法学院，范德比尔特大学法学院，国家行政法院，布宜诺斯艾利斯大学法学院，联邦党协会，北卡罗来纳大学法学院，法律和政治经济学项目，苏黎世联邦理工学院和图卢兹IAST，洪堡社会科学学院，布法罗大学巴尔迪中心，西北大学普利兹克法学院，布鲁克林法学院，耶鲁大学法学院"第一代大学生"团体和意大利法律与经济学会。

当我完成本书的主体时，参加了几个专门讨论该书倒数第二稿的研讨会，参会者提出了非常宝贵的意见和建议。在他们当中有来自柏林自由大学的 Giacomo Corneo、Felix Koch、Bertram Lomfeld、Christoph Mollers、Frauke Peter、Friedbert Rueb、Jurgen Schupp；伦敦学院大学的 Oriana Bandiera、Lucy Barnes、Thorsten Bell、Richard Blundell（本书的书名就是他建议的）、Jeff King、Julian LeGrand、George Letsas、Philippa Malmgren、Claire Maxell、Avia Pasternak、Prince Saprai、Paul Segal；来自耶鲁大学法学院的 Bruce Ackerman、David Brooks、Michael Graetz、Anthony Kronman、Rick Levin、Meira Levinson、Alec MacGillis、Jennifer Nedelsky、Alan Schwartz、John Witt、Portia Wu、Gideon Yaffee；以及纽黑文读书俱乐部的 Emily Bazelon、Nicholas Dawidoff、Jacob Hacker 和 Annie Murphy Paul。

耶鲁大学法律图书馆以及馆内非常优秀的工作人员，尤其是 Julian Aiken 和 Michelle Hudson 为我的研究提供了难以置信的支持。同时，一批绝对杰出的研究助理帮我搜集、评估和整理了海量的数据和其他事实，他们分别是 Yusef Al-Jarani、Matthew Ampleman、Molly Anderson、Kossi Anyinefa、Jessica Baker、Aaron Bartels-Swindells、Sarah Jane Bever-Chritton、Taly Bialostocki、Samuel M. Brill、John C. Calhoun、Michael Coenen、Ignacio Cofone、Jane Cooper、Lindsey Counts、Marcu DeWitt、Alexandra Eynon、Rhea Fernandes、Eric Fish、Edward Fox、Miguel Francisco de Figueiredo、Rueven Garrett、William Gaybrick、Adrian Gonzalez、Nathan Goralnik、Rohit Goyal、Casey Graetz、April Hu、Leora Kelman、Jeremy Kessler、David Kim、Daniel Knudsen、Dylan Kolhoff、Craig Konnoth、Chelsea Lane-Miller、Arthur Lau、Jeff Lingwall、Daniel Listwa、Catherine Logue、Lucas Mac-Clure、Marianna Mao、Virginia McCalmont、Catherine McCarthy、Alex Mechanick、Marian Messing、Stratos Pahis、Jeremy Pilaar、Valida Prentice、Devin Race、Ravi Ramanathan、Conor Dwyer Reynolds、Eva Rigamonti、Rachel Rolnick、Claire Saint-Amour、Jackson Salovaara、Jonathan Sarnoff、George Shen、Erik Stegemiller、Emily Stolzenberg、Lilian Timmermann、Hong Tran、Jessica Vosburgh、Ting Wang、Megan Wright、Jeffery Zhang、Katherine Zhang、Carleen Zubrzycki。在这个杰出的群体中，有两位对本书的贡献（无论是时间还是参与程度）尤其巨大，他们是在我写作的初期和中期遇到的 Jeff Zhang 以及后期遇到的 Gatherine McCarthy。

感谢耶鲁大学法学院的多位历任院长：Anthony Kronman、Harold Koh、Robert Post、Heather Gerken。他们使得本书持续多年的高强度写作成为可能。感谢柏林科学学院为期一年的支持。感谢大英图书馆为我提供了一个开放而宜人的场所，让我在许多短暂的时间段里写作和思考。此外，感谢 Patty Milardo 全程巧妙地打理我的职业生涯。

感谢 Tina Bennett、Tracy Fisher、Elizabeth Sheinkman、Fiona Baird

和 Svetlana Katz 以优雅与聪慧诠释了这本书。尤其是 Tina，她听了我的演讲，将其转化成一个可信的策划案，并一路陪伴着我将杂乱的文章整理成书。我无法想象还有谁是比她更出色的经纪人。

感谢纽约企鹅出版社的 Ann Godoff 和 Will Heyward 以及伦敦企鹅出版社的 Stuart Profitt 和 Ben Sinyor 那细致聪慧、充满技巧又极具判断力的编辑工作。他们花了很多时间与我讨论手稿，并花了更多时间阅读和思考其中提出的论点。他们的付出让我的早期努力焕然一新。感谢 Yuki Hirose 以富有同理心的态度来审阅这本书的文稿。还要感谢 Casey Denis、Gail Brussel、Bruce Giffords 与整个企鹅制作团队，是他们让实体书看上去美观大方，其设计布局和视觉语言强化了这本书的观点。

最后，我要感谢我的妻子 Sarah Bilston。她阅读并帮助我修改了无数版的草稿。她将真诚甚至严厉的批评与无限善意结合起来。她的意见体现在书的每一页。而且，在很多关键的时刻，我的三个孩子放下了自己的需求来帮助我写作（这逆转了事物发展的自然顺序）。

我由衷地感谢你们每一个人！

图和表 FIGURES AND TABLES

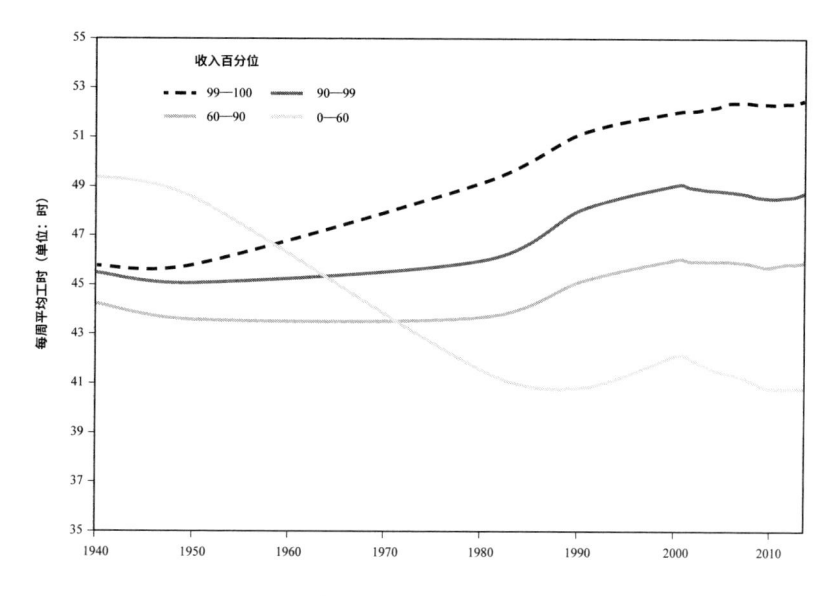

图 1　各收入阶层的每周平均工时[1]
（10 年的移动平均线）

图 1 追踪了在过去 3/4 个世纪里收入与勤奋之间的联系。今天，在收入分配底层 60% 的劳动者，每周工时比 1940 年减少了近 10 小时，下降幅度约为 20%。收入分配在他们之上的 30% 的劳动者（即收入分配在第 60 至 90 百分位的劳动者）的工时在这一时期基本保持不变。收入分配顶层的 10% 的劳动者的工时增加，而且收入越高，工时增加越明显。尤其是收入分配顶层的 1% 的劳动者，每周平均工时增加近 7 小时，超过了其他的所有阶层。特别的一点是，这 1% 人群的工时即使在进入 21 世纪之后依然在不断增加。这一趋势的积累效应是巨大的。在 20 世纪中叶，最富有的 1% 人群每周工作时数要比底部 60% 的人少 3~4 小时；然而，今天，他们的工作时数要比后者多出约 12 小时。两个时期相差（最富有的 1% 人群每周多工作 12 小时，而不是少工作 3~4 小时）的数值约为 16 小时，相当于两个标准的工作日。不过，现有数据仅涵盖了全职的、非个体经营的、正值壮年的男性劳动者。因此，数据本身可能还低估了这一趋势变化的强度。最重要的是，这项统计并未包含失业，尤其是劳动参与率的相关趋势。这些趋势都使得工作强度从中产阶层转向精英阶层。

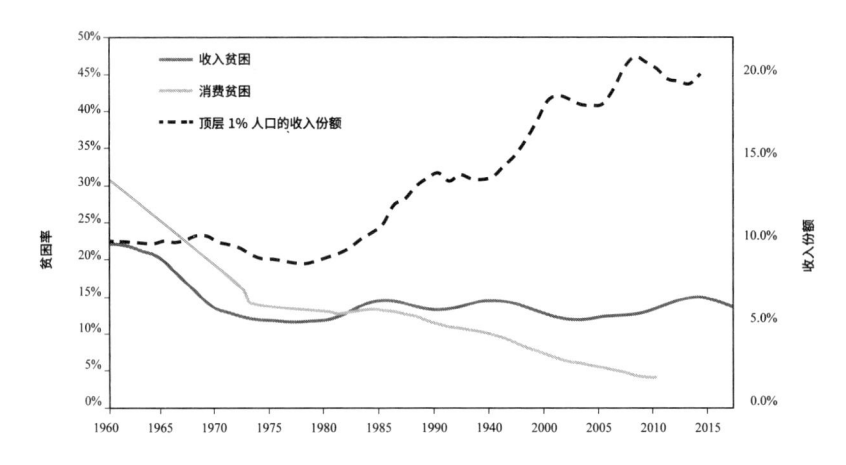

图 2 收入贫困、消费贫困和顶层 1% 人口的收入份额[2]
（5 年的移动平均线）

图 2 显示了从 1960 年"大压缩时代"的中心一直到千禧年，美国收入贫困、消费贫困（左轴）以及顶层 1% 人口的收入份额（右轴）的变化趋势。两条代表贫困的灰色实线均呈下降趋势。虽然趋势的精确度取决于如何计算，但是贫困程度已经下降到 1960 年水平的约 1/6~1/2。收入贫困率已从约 22.5% 下降至约 12%。消费贫困率已从约 31% 下降至不到 5%。相比之下，代表财富的黑色虚线则呈现出陡峭上升的趋势：自 1960 年以来，最富裕的 1% 人口在经济优势中所占的份额已扩大一倍左右。这反映出最富有的 1% 人口的收入份额从约 10% 增加到了约 20%。

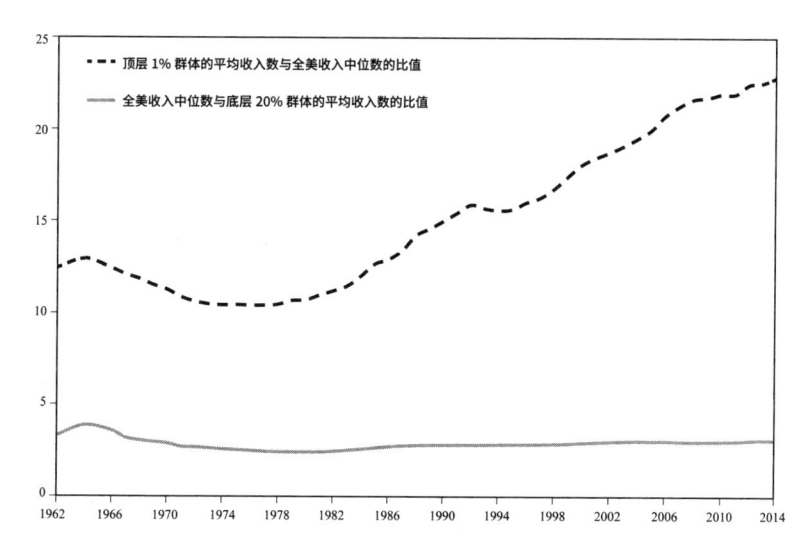

图 3　代表性高、中、低收入的比例随时间变化情况[3]
（5 年的移动平均线）

图 3 显示了在总体收入分配关键点处的税后收入比例变化趋势。[4] 向上倾斜的黑色虚线代表顶层 1% 群体的平均收入数与中产阶层的收入数（定义为收入分配在第 50 百分位）的比值上升。也就是说，相对于中产阶层，富人正在变得更加富有——中产阶层已望尘莫及。今天，顶层 1% 群体的平均收入数是全美收入中位数的 20 多倍，几乎是 20 世纪 60 年代和 70 年代这一比值的 2 倍。浅色实线表示全美收入中位数与最贫困的 20% 群体的平均收入数的比值。浅色实线走低说明，与 20 世纪中叶相比，如今收入处于中位数的群体相对于贫困人口的收入略有减少，即贫困人口和中产阶层正在趋同。

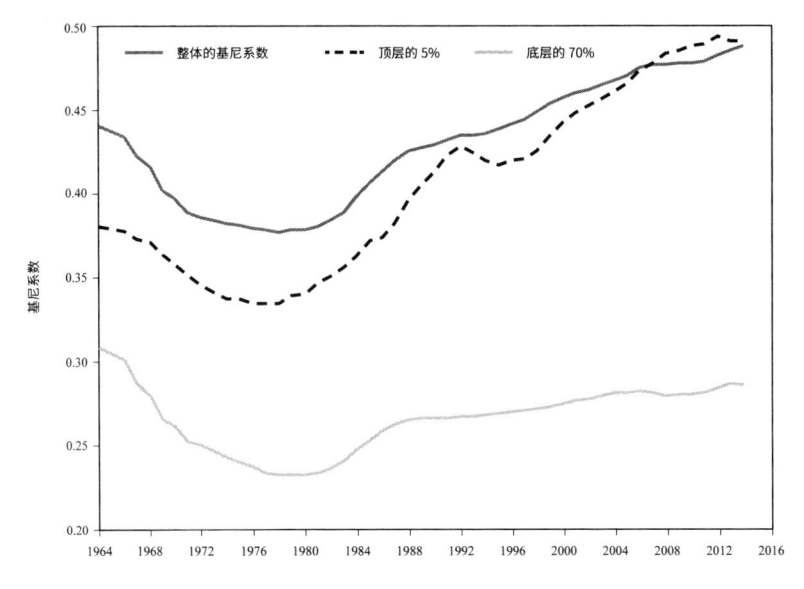

图 4 美国顶层收入群体、底层收入群体和整体的基尼系数随时间变化的趋势[5]（5 年的移动平均线）

图 4 显示了以 3 种计算方式[6]得到的美国基尼系数。向上倾斜的深灰色曲线显示的是美国整体经济的基尼系数。它的急剧上升反映了美国经济收入的不平等在大幅增加，从 1964 年类似于挪威的水平增加到如今类似印度的水平。浅灰色曲线较不常见，它显示了美国收入分配底层的 70% 群体的基尼系数。[7]这个数值不是来自收入的重新分配，而是单纯扣除了顶层的 30% 群体的全部收入所得。该数字显示，自 20 世纪中叶以来，底层收入群体的基尼系数下降了约 10%。这也就意味着在美国收入最低的 70% 群体内部，收入的不平等程度有所减缓。最后，陡峭上升的黑色虚线代表美国收入分配在顶层 5% 群体的基尼系数，信息来自扣除了收入分配在它之下的 95% 群体的收入所得。这一曲线变化意味着美国富人内部的不平等程度激增。此外，黑色虚线和浅灰色实线之间的差距代表了美国广大的收入底层群体与顶层群体之间的不平等差距。这一差距在 1964—1984 年基本保持稳定，但是从 1984 年开始急剧增加。经济不平等的重心正在朝收入分配的上方移动。实际上，黑色虚线与深灰色实线最近交汇。这就意味着富人内部的不平等如今已超过了整体经济的不平等。这一点在 20 世纪中叶是难以想象的。在当时，经济不平等主要表现在穷人和中产阶层之间。

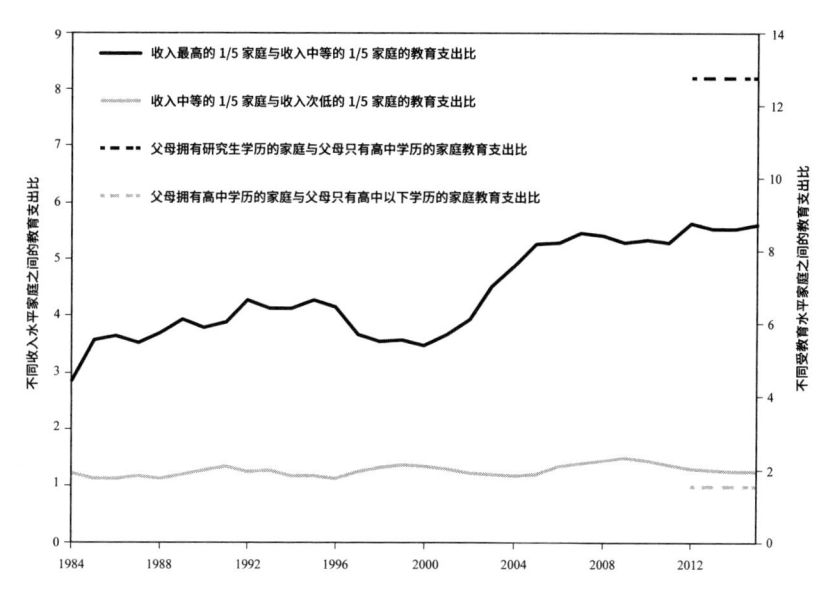

图 5　不同收入水平和不同受教育水平的家庭之间教育支出的比[8]
（5 年的移动平均线）

图 5 显示的是富人与中产阶层家庭之间，以及中产阶层与贫穷家庭之间用于教育的消费支出比的变化趋势。该图显示，相较于中产阶层对子女的教育投资，富裕家庭对子女的教育投资大幅增加。与此同时，相较于贫困家庭，中产阶层家庭对子女的教育投资并没有增加。其次，右侧两条明显较短的曲线，分别代表了父母拥有超高教育水平的家庭与父母拥有普通教育水平的家庭之间，以及父母拥有普通教育水平的家庭与父母没受过多少教育的家庭之间在教育支出上的比值，其结果再次证明了第一个趋势的结论。在学历方面，对精英阶层的取样范围明显较收入方面狭窄，但依然显示出，相较于中产阶层，精英阶层在教育投资上大幅增加的情况更明显。

请注意，显示教育支出比的本图与显示收入比的图 3 关系密切。它们都显示出无论是教育支出还是收入分配，在 20 世纪中叶都相对稳定。而且，当时的不平等主要表现在中产阶层与穷人之间。但是自 20 世纪 80 年代的某个阶段开始，不平等让位于新秩序，表现为上层与中产阶层分离，而中产阶层与底层缓慢趋于接近。

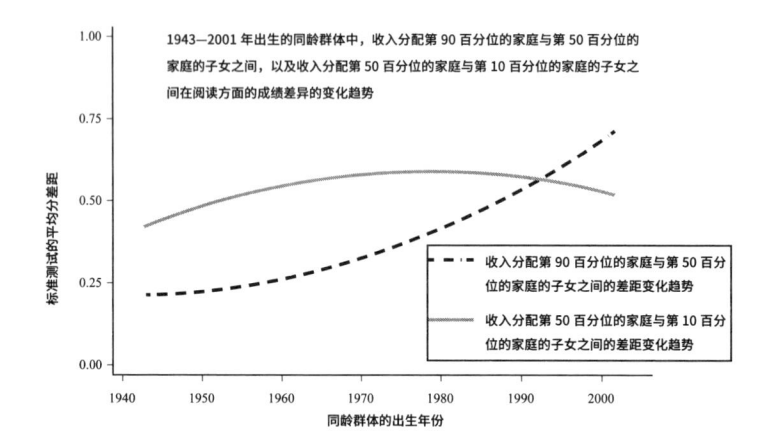

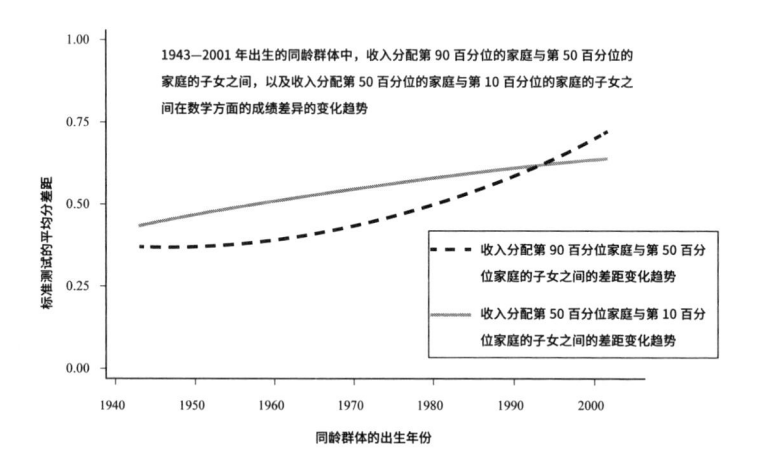

图 6　收入分配第 90 百分位的家庭与第 50 百分位的家庭的子女之间，以及收入分配第 50 百分位的家庭与第 10 百分位的家庭的子女之间在阅读和数学方面的成绩差异[9]

图 6（含上图和下图）是由社会学家肖恩·里尔登制作的[10]，显示了收入分配第 90 百分位的家庭与第 50 百分位的家庭的子女之间，以及收入分配第 50 百分位的家庭与第 10 百分位的家庭的子女之间在阅读（上图）和数学（下图）两方面的成绩差异。由此可以发现，收入分配第 90 百分位的家庭与第 50 百分位的家庭的子女之间的成绩差距自 20 世纪中叶以来一直在扩大，而且自 20 世纪 70 年代初期开始加速扩大。相比

之下，收入分配第 50 百分位的家庭与第 10 百分位的家庭的子女之间的学业成绩差距扩大速度要缓慢得多，在阅读方面差距甚至还有所下降。综合来看，这两项趋势表明，在 20 世纪中叶，收入分配第 50 百分位的家庭与第 10 百分位的家庭的子女之间的阅读成绩差距，约是收入分配第 90 百分位的家庭与第 50 百分位的家庭的子女之间的 2 倍，数学成绩差距前者高出后者 1/3；然而，到了 20 世纪 90 年代中期，收入分配第 90 百分位的家庭与第 50 百分位的家庭的子女之间的成绩差距开始赶上了收入分配第 50 百分位的家庭与第 10 百分位的家庭的子女之间的差距。自此之后，收入分配第 90 百分位的家庭与第 50 百分位的家庭的子女之间的成绩差距开始持续扩大，然而收入分配第 50 百分位的家庭与第 10 百分位的家庭的子女之间的差距却趋于稳定，甚至缩小。今天，富人与中产阶层的子女在阅读、数学两方面的成绩差距，分别要比中产阶层与穷人之间的差距高出 1/4 和 1/3。

请再次留意，本图所示的成绩上的差异与图 3 显示的收入比之间存在着密切的对应关系。图 3 和图 6 分别显示了在 20 世纪中叶相对稳定的社会经济秩序中，最主要的不平等发生在中产阶层和穷人之间。然而，自 20 世纪 80 年代的某一个时间点开始，旧秩序被一个新秩序取代。在新秩序中，上层与中间阶层分离，而中间阶层与底层缓慢地趋于接近。

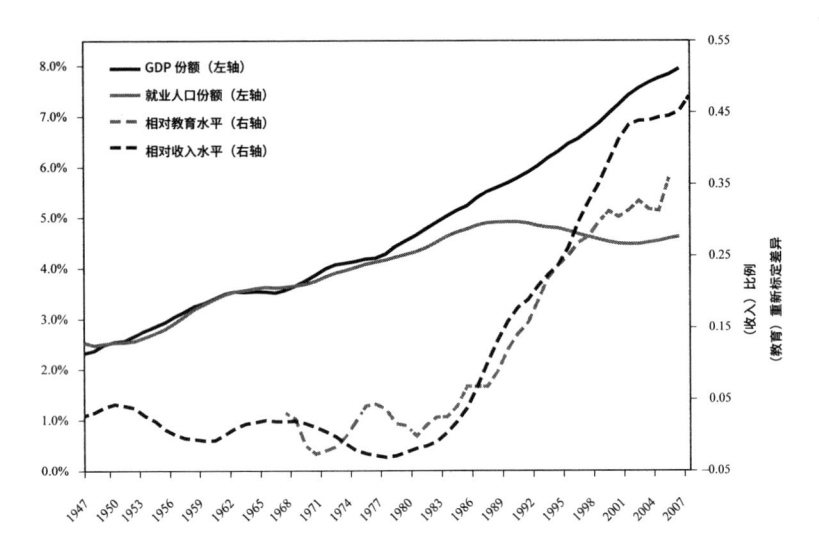

图7　金融业的 GDP 份额、就业人口份额，以及相对收入和教育水平，1947—2005 年[11]（5 年的移动平均线）

图 7 展示了过去 70 年来金融行业的两组趋势：左轴表示产出和就业，右轴表示相对收入和教育水平。[12] 自二战结束到 20 世纪 70 年代末，金融业一直是一个以中等技能为主的产业，通过增加雇用人数实现行业增长。在此期间，金融业占美国 GDP 的份额和占总就业人口的份额在同时增长。此外，与民营部门的同行相比，这一时期的金融业从业者在平均生产力、教育水平和薪资上并没有明显的优势。[13] 然后，从 20 世纪 80 年代开始，金融业占 GDP 的份额开始加速增长，而就业人口所占份额却趋于平稳甚至轻微下降。[14] 同时，随着相对较少的人工创造了相对更多的 GDP，金融从业者的相对生产力在提高，其教育水平和收入水平在相应提高。[15] 需要注意的是，虽然图中没有包含具体数据，但是金融业占总收入的份额在两个时期内与其 GDP 的份额一起稳步增长。换句话说，金融从业者收入的增加并非因为从产出中抽取更大份额。相反，他们不断增加的高薪主要是源于金融业将日益扩大的蛋糕稳定地分给了人数相对较少的精英员工。[16]

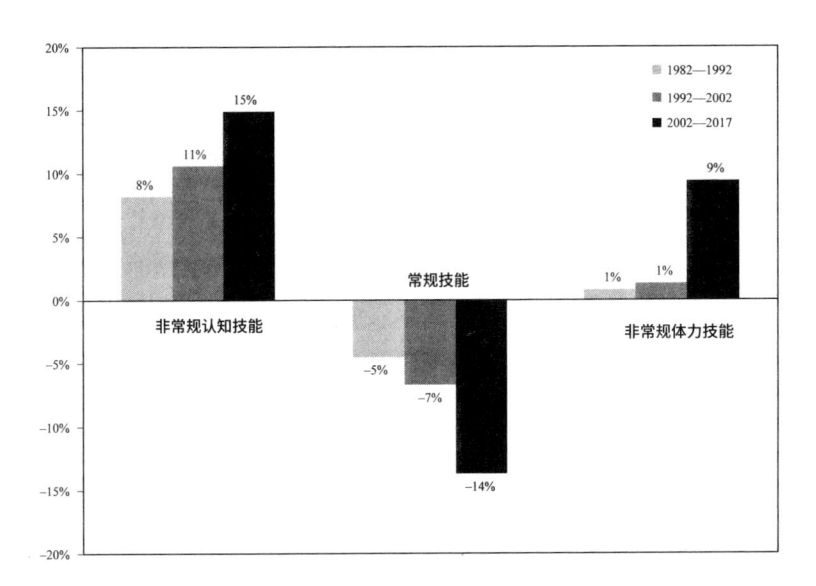

图 8　常规技能与非常规技能工作岗位所占份额的百分比变化[17]

图 8 是由经济学家尼尔·贾伊莫维奇和亨利·萧制作的。它显示了过去 30 年里中等技能的常规性工作岗位在不断流失,手工性的低技能工作岗位在适度增加,而认知性的高技能工作则在大幅增加。总体来说,自 1980 年以来,美国经济中有近 1/4 的中等技能工作岗位消失了,而专门分配给高技能劳动者的工作岗位所占份额则增加了近 1/3。

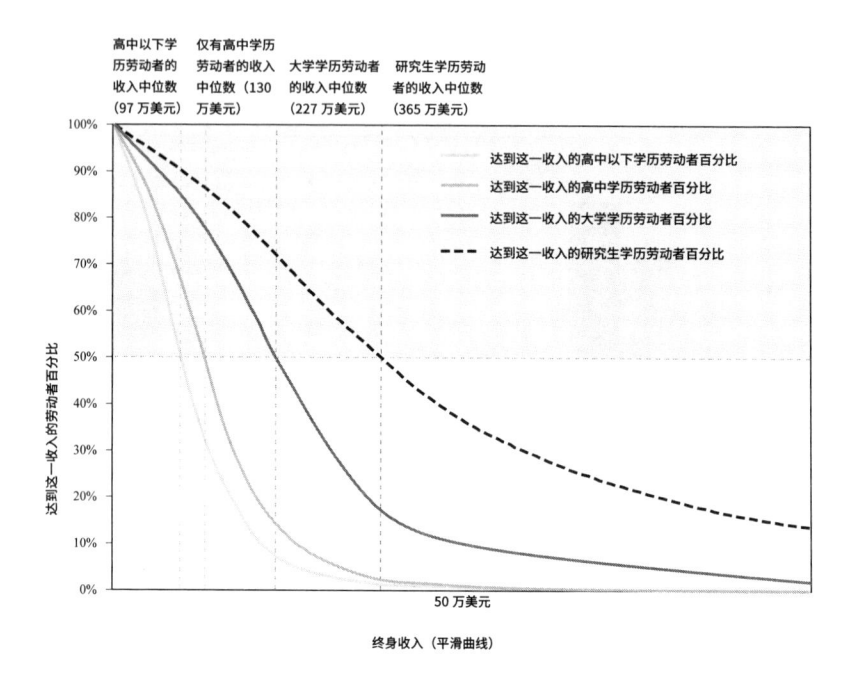

图9 根据受教育水平划分的收入分段（平滑曲线）[18]

图9显示了根据受教育水平划分的收入分段。分段的完整性令人惊讶。仅7.3%高中以下学历的劳动者和仅14.3%只拥有高中学历的劳动者能够赚得与大学毕业生的收入中位数相当的酬劳。仅1.3%高中以下学历的劳动者、2.4%只拥有高中学历的劳动者以及17.2%拥有学士学位的劳动者，能够赚得与研究生的收入中位数相当的酬劳。这些数字显示出受教育水平低与受教育水平高的劳动者几乎生活在两个完全不会重叠的世界。受教育水平最低者在求职时需要不断面临令人沮丧的挑战，而受教育水平最高者（与时常听到的有关大学生毕业后依然要住在父母家地下室的故事相反）拥有充分就业的优势。此外，在找到工作后，受教育水平最低的50%的劳动者，每50人中只有1人能够赚得与受教育水平最高的20%的劳动者收入中位数相当的收入。[19]

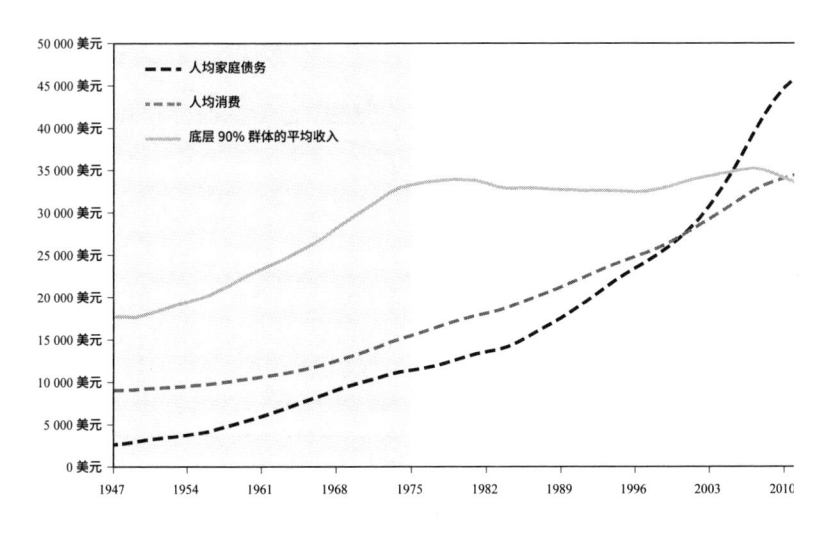

图10 底层90%群体的收入、人均消费和债务的逐年变化情况[20]
（10年的移动平均线）

图10显示了1947—2010年，美国处于收入底层的90%群体的人均消费、家庭债务和平均收入情况。从图中可以看出，在这70年间，消费在相当稳定地增长。相比之下，收入和负债的趋势则呈现出明显的拐点，且方向刚好相对。从1947年至大约1975年，底层90%群体的平均收入在稳步增长（大致与消费同步）。自此之后，这一群体的收入几乎完全停止增长，而消费却仍然在持续平稳地增长。相比之下，债务的增长速度在1947—1975年较收入缓慢，但是在收入停止增长的几年后开始急剧上升（大致与仍在持续增长的消费同步）。这一模式明确说明，中产阶层生活水平的提升在过去一段时间内是通过收入增长完成的，但大约从1975年开始到现在，收入停止增长而债务激增。面对不断加剧的市场不平等，美国并没有通过重新分配来为维持中产阶层的生活方式，而是通过借贷的方式来支持消费。[21]当收入不足时，借贷支撑了消费。[22]向中产阶层家庭提供的信贷以发薪日贷款为基本模式，越来越像是一种廉价的商品，笼罩在经济不平等的阴影之下。[23]

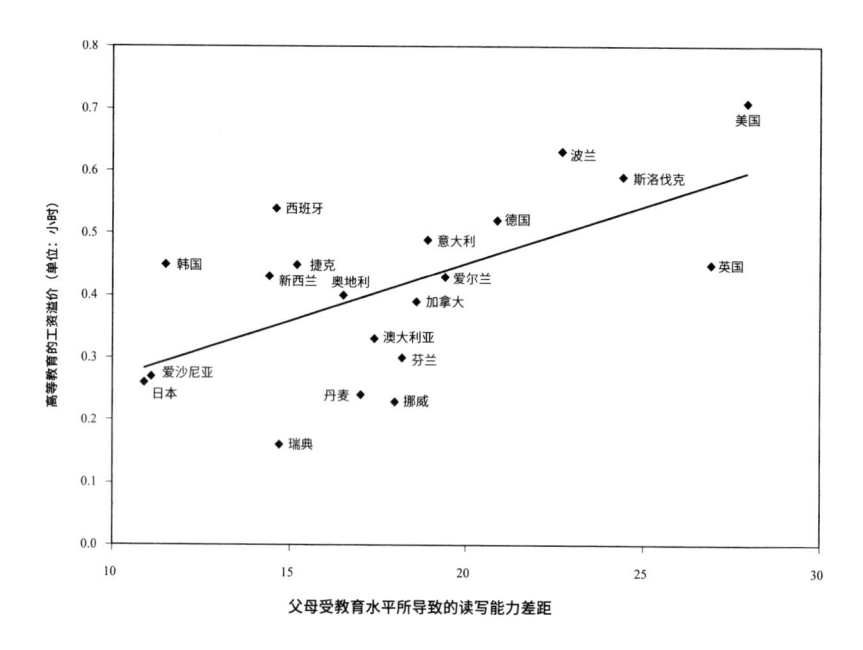

图 11　技能的回报与不平等的教育投资[24]

图 11 显示了在经合组织国家中,教育投资的不平等与技能回报之间的关系。竖轴显示的是大学学历的工资溢价。这是一种直接衡量劳动者技能的经济回报的指标,它通过比较拥有大学学历和没有大学学历的劳动者每小时工资的中位数来衡量。横轴显示的是父母的受教育水平对子女技能的影响(主要根据的是一项国际测试的结果,该测试包括"理解、运用、思考和书面文本交流,以实现个人目标、发展知识与潜能、参与社会活动"[25])。由于父母的受教育水平与其对子女教育的投资密切相关,所以这是一个衡量社会产生的培训集中程度的好指标。高等教育的工资溢价与父母受教育水平对子女技能的影响之间的关联性,显示出各国对技能的崇拜以及培训的集中程度并非个别的而是整体的现象。

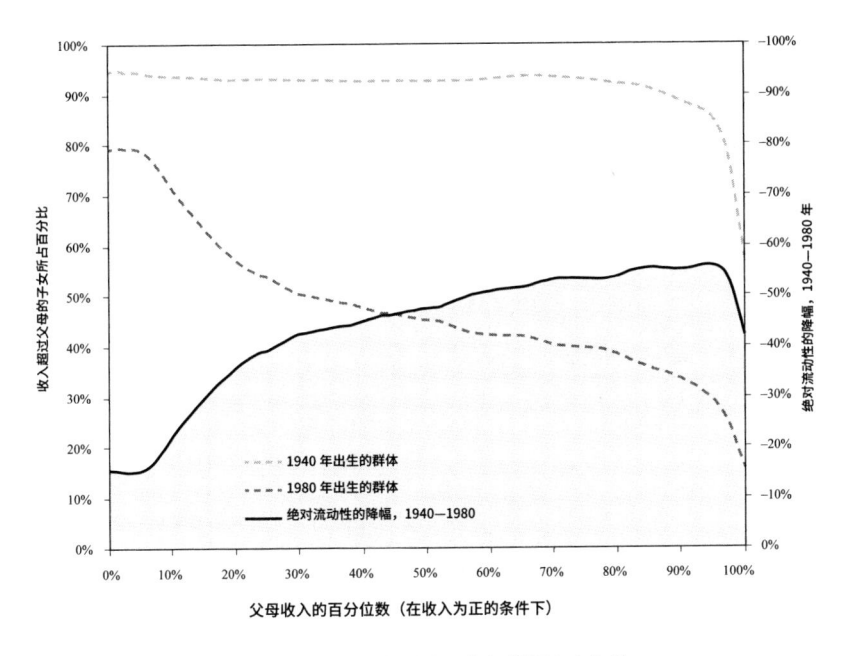

图 12　子女收入超过父母收入的概率变化[26]

图 12 显示了根据父母收入的百分位数，在 20 世纪中叶和今天收入超过父母的子女所占的百分比。浅灰色虚线追踪的是 1940 年出生的孩子在 20 世纪中叶的社会流动性。引人注目的是，几乎所有的子女，无论处于收入分配的哪个位置，其收入所得都比父母要多。唯一例外的是当时最高收入者的子女，因为对他们来说，父母的收入无疑是一个高门槛。深灰色虚线显示的是 1980 年出生的孩子在相同指标上的情况。在不同的收入分配位置，这些孩子中收入超过父母者的人数占比都在下降，这单纯是由于近几十年来经济增长缓慢。但是，这一群体的曲线呈现出不同的趋势。对于 1980 年出生的子女来说，随着父母收入在逃离贫困的过程中逐渐增加，他们的收入超过父母收入的概率迅速下降，然后基本上趋于稳定，直到对于最高收入者的子女来说这一概率再次迅速下降（情况依然如此，因为他们的父母设定了高标准）。最后，黑色实线展示了优绩主义不平等对绝对流动性的影响。该曲线显示出，无论父母收入处于哪个等级，上述两个群体的绝对流动性都在下降。父母收入大致处于收入分配第 20 至 95 百分位的子女，绝对流动性的下降幅度最大。这个阶层恰恰是被工资停滞打击最严重的（非常）广泛的中产阶层。

表1 精英阶层和中产阶层对子女在不同年龄段的教育投资比较

人生阶段	精英投资	中产投资	投资差距
学前教育	两年学前教育 一年1.5万美元	一年学前教育 一年0.5万美元	3岁时1.5万美元 4岁时1万美元
中小学教育	7年小学教育（K-6） 每年2.5万美元	7年小学教育（K-6） 每年1万美元	5~11岁 每年1.5万美元
	6年初高中教育 每年6万美元	6年初高中教育 每年1万美元	12~17岁 每年5万美元
	13年的补习及其他教育支出 每年0.9万美元	13年的补习及其他教育支出 每年0.15万美元	5~17岁 每年0.75万美元
大学教育	4年 每年9万美元	0美元 美国中产阶层的孩子不上大学	18~21岁 每年9万美元
研究生教育	2~7年 每年9万美元	0美元 美国中产阶层的孩子不上研究生院	22~28岁 每年9万美元

表1以粗略的数字和保守的计算详述了最富有的1%家庭与典型中产阶层家庭每年对子女人力资本投资的差异。表格中的数额肯定低估了精英教育和普通教育之间的真实差异。它们只涵盖了现金而非实物的投资，只衡量了数量上的而非质量上的差异。这个表格没有估算富裕家庭为子女提供的较低的新生儿压力、更安全的社区、额外的育儿时间和教育，或是同其他经过精心培育的孩子在一起所产生的同伴效应，又或富有且受过高等教育的父母在教导子女的特殊技能等方面的金钱价值。但是，只要这些金额被视为粗略的估算而非精确的计算，那么这个表格就生动地概括出美国现代精英阶层在自身的再生产方面的过度投资情况。

表 2 优绩主义继承的价值计算

子女接受投资的年龄	距离父母去世的时间	复合因素 8%	复合因素 6%	支出差距（美元）	父母去世时的收益（美元）8%	父母去世时的收益（美元）6%
3	47	37.2	15.5	15 000	558 000	232 500
4	46	34.5	14.6	10 000	345 000	146 000
5	45	31.9	13.8	22 500	717 750	310 500
6	44	29.6	13.0	22 500	666 000	292 500
7	43	27.4	12.3	22 500	616 500	276 750
8	42	25.3	11.6	22 500	569 250	261 000
9	41	23.5	10.9	22 500	528 750	245 250
10	40	21.7	10.3	22 500	488 250	231 750
11	39	20.1	9.7	22 500	452 250	218 250
12	38	18.6	9.2	57 500	1 069 500	529 000
13	37	17.2	8.6	57 500	989 000	494 500
14	36	16.0	8.1	57 500	920 000	465 750
15	35	14.8	7.7	57 500	851 000	442 750
16	34	13.7	7.3	57 500	787 750	419 750
17	33	12.7	6.8	57 500	730 250	391 000
18	32	11.7	6.5	90 000	1 053 000	585 000
19	31	10.9	6.1	90 000	981 000	549 000
20	30	10.1	5.7	90 000	909 000	513 000
21	29	9.3	5.4	90 000	837 000	486 000
22	28	8.6	5.1	90 000	774 000	459 000
23	27	8.0	4.8	90 000	720 000	432 000
24	26	7.4	4.5	90 000	666 000	405 000
25	25	6.8	4.3	90 000	612 000	387 000
等价的继承总价值					16 841 250	8 773 250

表2利用表1搜集的数据计算了优绩主义继承的价值，即假设如果这些用于精英教育的特别支出被用于储蓄或投资，并在父母去世时传给子女，那么积累的数值总额可以是多少。

图和表　353

这样的计算需要做出一些假设，包括精英学生在研究生院就读的年限，以及更重要的富有的父母何时生孩子、去世的时间和他们的投资回报率。在表1中，关于研究生院的就读年限范围为2~7年，表2使用了一个粗略的中位数，即4年。此外，表2中的基准情景假设精英在30岁生孩子，80岁去世，并获得8%的年投资回报率。稳健性检查假设平均的投资回报率为6%。

这些都是保守的假设。拥有学士学位的母亲的初次生育年龄平均约为30岁[27]；而至于美国收入最高的1%群体的平均预期寿命，男性约为87岁，女性约为89岁。[28] 股息再投资的情况下，1980—2018年，标普500指数的年均名义回报率约为11.5%，年均实际回报率约为8%。[29] 同样，使用CRSP 1-10指数和CPI-U指数计算，1926—2015年整个美国股市的年均实际回报率为8.6%。

注释   NOTES

[引言]

1. 这一说法接近于《牛津社会学词典》给出的定义，参见 John Scott and Gordon Marshall, eds., *A Dictionary of Sociology*, 3rd ed., rev. (Oxford: Oxford Paperback Reference, 2009), 464 ("meritocracy")。本书所采用和引用的定义均来自这本书。以下简称 Scott and Marshall, *A Dictionary of Sociology*。
2. 本书所指的中产阶层既非穷人，也非优绩主义精英，因此包含了很多在其他背景下被称为劳工阶层的人。与其说这是对中产阶层的定义，不如说这体现出本书的整体论点，即一个人所处的阶层取决于他/她在优绩主义不平等问题上所处的立场。
3. 作者于 1991 年获得耶鲁大学数学学士学位，1992 年获得伦敦政经学院计量经济学与数理经济学理学硕士学位，1994 年和 1999 年在牛津大学分别获得哲学学士学位和博士学位，2000 年获得耶鲁大学法学院法律博士学位。作者还在哈佛大学做过两年的研究生访问学者，不过并未正式攻读学位。
4. "Mission, Vision, and History," Harvard College, accessed July 29, 2018, https://college.harvard.edu/about/mission-and-vision. 以下简称 "Mission, Vision, and History," Harvard College。
5. "Mission, Vision, and History," Harvard College.
6. Karen Ho, *Liquidated: An Ethnography of Wall Street* (Durham, NC: Duke University Press, 2009), 39. 以下简称 Ho, *Liquidated*。
7. "People and Culture," Goldman Sachs, accessed July 29, 2018, www.goldmansachs.com/who-we-are/people-and-culture/index.html; "Goldman Sachs Is Committed to Progress," Goldman Sachs, accessed July 29, 2018, www.goldmansachs.com/who-we-are/progress/.
8. 参见 *Oxford English Dictionary,* s.v., "meritocracy, n.," Oxford University Press, March 2018, accessed July 29, 2018, www.oed.com/view/Entry/116806; and *Oxford English Dictionary,* s.v., "merit, n.," Oxford University Press, March 2018, accessed July 29, 2018, www.oed.com/view/Entry/11679。英语单词 meritocracy 由 merit 构成，源自拉丁语 meritum，字面意思为"应得的"。

9. "Yale's 309th Commencement," *YaleNews*, May 19, 2010, accessed July 29, 2018, https://news.yale.edu/2010/05 /19/yales-309th-commencement.
10. "Vice President Joe Biden to Be Yale's Class Day Speaker," *YaleNews*, May 4, 2008, accessed July 29, 2018, https://news.yale.edu/2015/04/08/vice-president-joe-biden-be-yale-s-class-day-speaker-0.
11. 金斯伯格和索托马约尔大法官在获得耶鲁大学荣誉学位后, 在法学院发表了并未事先通知的演讲。
12. Renaut Alain, "The Role of Universities in Developing a Democratic European Culture," in *The Heritage of European Universities,* ed. Nuria Sanz and Sjur Bergan (Strasbourg: Council of Europe Publishing, 2002), 119.
13. *The New Revised Standard Version Bible* (Oxford: Oxford University Press, 1989). 以下简称 *The New Revised Standard Bible*。根据新修订的标准版《圣经》福音书, 新酒如果装在旧皮袋里, 就会胀破皮袋, 不但酒会漏掉, 皮袋也会坏掉（参见 Matthew 9:14–17, Mark 2: 21–22, and Luke 5:33–39）。同样, 优绩主义也会胀破其所填充的社会结构, 本身也将因此流失。优绩主义在破坏既有的社会秩序的同时也会对自己造成损害。
14. 尽管历史上存在这种情况, 并且有众多政治观察人士将优绩主义与机会均等混为一谈, 但是这两个抽象概念之间可能存在的区别在道德哲学家中已早为人知。Bernard Williams, "The Idea of Equality," in *Philosophy, Politics and Society* (Oxford: Basil Blackwell, 1969), 126（其中讨论了"武士社会"的例子）; Pierre Rosanvallon, *The Society of Equals,* trans. Arthur Goldhammer (Cambridge, MA: Harvard University Press, 2013), 254。
15. 这句话让人想起菲利普·拉金的那句"无与伦比的慢速机器, 带来你将得到的东西"。Philip Larkin, "The Life with a Hole in It," in *The Complete Poems* (New York: Farrar, Straus & Giroux, 2012), 114.
16. 参见美国宪法第二条第一款。关于开国元勋对总统人选年龄和经验的看法, 可以参考 Max Farrand, *The Records of the Federal Convention of 1787*, vol. 1, ed. Max Farrand（New Haven, CT: Yale University Press, 1911）, 396.［乔治·梅森认为众议院议员之所以有年满25岁的年龄要求, 主要是考虑到个人经验。"一旦受到讯问,（他将）不得不声明自己21岁时的政治观点过于粗糙, 充满错误, 不应该对公共措施施加影响。"］詹姆斯·麦迪逊在《联邦党人文集》第62篇中讨论了为什么参议员的年龄应该比众议员的年龄大。麦迪逊指出, 参议员需要"更广泛的信息和更稳定的性格……参议员应该达到最有可能提供这些优秀品质的生命阶段"。另外, 麦迪逊也论及了对一些势力强大的家族试图以世袭方式让他们的子女进入政坛的担忧。James Monroe, "Observations upon the Proposed Plan of Federal Government. With an Attempt to Answer Some of the Principal Objections That Have Been Made to It," *Virginia Gazette*, April 2, 1788.（门罗也提及了设置年龄要求有助于防止家族王朝的出现。他表示: "宪法规定, 未满35岁的人没有资格担任此职务; 而根据自然规律, 很少有父亲会留下一个已经到这个年龄的儿子。"）
17. 参见 Susan Sturm and Kinga Makovi, "Full Participation in the *Yale Law Journal*," report released in partnership with the *Yale Law Journal* (2015), 5, accessed July 29, 2018, www.yalelawjournal.org/files/FullParticipationintheYaleLawJournal_e929dpx1.pdf. 以下简称 Sturm and Makovi, "Full Participation"。

18. Sturm and Makovi, "Full Participation," 9.
19. William Shakespeare, *Hamlet, Prince of Denmark,* ed. Philip Edwards (Cambridge: Cambridge University Press, 1985), act 4, scene 5, lines 77–78 (p. 196).
20. Donald Trump, "The Inaugural Address," WhiteHouse.gov, January 20, 2017, accessed July 29, 2018, www.whitehouse.gov/briefings-statements/the-inaugural-address/. 以下简称 Trump, "The Inaugural Address"。在这篇就职演说中，特朗普还提道："我们资助了其他国家的军队建设，却允许自己的军力可悲地耗损。""我们致力于保卫其他国家的国界，却忽略了保护我们自己的疆土。""我们向海外投资数万亿美元，而自己的基础设施年久失修、破旧不堪。""我们帮助其他国家繁荣起来，而我们自己的财富、实力和信心却逐渐消失在地平线上。""美国中产阶层的财富已经从他们的家门口被夺走，然后重新分配给全世界。"
21. Trump, "The Inaugural Address."
22. 当被问到"不论你打算选谁，你认为特朗普的演说是否反映出了你个人对如今美国的感受？"这样的问题时，在没有学士学位的白人受访者中，60%的人表示该演说表达出了他们的感受，34%的人表示没有。在拥有学士学位的白人受访者中，这两个比例分别是39%与53%。参见 Greg Sargent, "This Is the Single Most Depressing Finding in Today's Polls Showing Trump Ahead," *Washington Post,* July 25, 2016, accessed July 29, 2018, www.washingtonpost.com/blogs/plum-line/wp/2016/07/25/this-is-the-single-most-depressing-finding-in-todays-polls-showing-trump-ahead/。
23. 参见 "Sharp Partisan Divisions in Views of National Institutions," Pew Research Center, July 10, 2017, accessed July 29, 2018, www.people-press.org/2017/07/10/sharp-partisan-divisions-in-views-of-national-institutions/。
24. 以"两个美国"来形容和强调经济不平等的说法来自进步派的政治人物约翰·爱德兹。他在两次竞选民主党总统候选人时一直坚持这一观点，并在接受该党2004年副总统提名的一次重要演讲中正式提出这个说法。参见 John Edwards, "Vice Presidential Nomination Speech," Democratic National Convention, Wells Fargo Center, Philadelphia, Pennsylvania, July 28, 2004, and John Edwards, "Two Americas" (speech), Reno Town Hall, June 23, 2007。
25. 《分崩离析》是保守派政治学家查尔斯·默里最近出版的一本书的标题。参见 Charles Murray, *Coming Apart: The State of White America, 1960–2010* (New York: Random House, 2013)。
26. 参见 Simon Szreter and Anne Hardy, "Urban Fertility and Mortality Patterns," in *The Cambridge Urban History of Britain, 1840–1950*, ed. Martin Daunton (Cambridge: Cambridge University Press, 2000), 671。书中称"19世纪30年代和40年代很可能是那些正在经历工业化的教区自黑死病以来预期寿命最差的十年"。

[第一章]

1. Hans-Joachim Voth, "The Longest Years: New Estimates of Labor Input in England, 1760–1830," *Journal of Economic History* 61, no. 4 (2001): 1074. 以下简称 Voth,

"The Longest Years"。

2. U.S. Census Bureau, *Historical Statistics of the United States, 1789–1945* (Washington, DC, 1949), 67, accessed May 24, 2018, www2.census.gov/prod2/statcomp/doc uments/HistoricalStatisticsoftheUnitedStates1789-1945.pdf.

3. Thorstein Veblen, *The Theory of the Leisure Class: An Economic Study of Institutions* (New York: Macmillan, 1899), 19. 以下简称 Veblen, *The Theory of the Leisure Class*。

4. 这个表述借用自 Voth, "The Longest Years," 1066, 1075。

5. 参见本书第六章。

6. 参见 Steven F. Hipple, "Labor Force Participation: What Has Happened Since the Peak?," *Monthly Labor Review,* September 2016, accessed November 17, 2018, table 3 (pp. 10–11), www.bls.gov/opub/mlr/2016/article/pdf/labor-force-participation-what-has-happened-since-the-peak.pdf。

7. 参见本书第四章。

8. 参见本书第四章。

9. 在 2010 年，史蒂文·卡普兰和乔舒亚·劳指出，华尔街的执行董事一般年薪至少是 50 万美元，美国十大律师事务所的合伙人平均年薪是 100 万美元。参见 Steven N. Kaplan and Joshua Rauh, "Wall Street and Main Street: What Contributes to the Rise in the Highest Incomes?," *Review of Financial Studies* 23, no. 3 (2010): 1004–50, accessed November 17, 2018, www.jstor.org/stable/40604776。以下简称 Kaplan and Rauh, "Wall Street and Main Street"。此外，在 2013—2018 年，罗伯特·S. 库扎米在专精企业法的凯易国际律师事务所（Kirkland & Ellis）担任合伙人时年薪是 500 万美元。参见 Ben Protess and Peter Lattman, "A Legal Bane of Wall Street Switches Sides," *New York Times*, July 23, 2013, accessed June 2, 2018, https://dealbook.nytimes.com/2013/07/22/alegal-baneofwall-street-switches-sides/。美国 200 位薪酬最高的 CEO 的年薪从约 1 000 万美元到约 1 亿美元不等。参见 "The Highest-Paid C.E.O.s in 2017," *New York Times*, May 25, 2018, accessed June 2, 2018, www.nytimes.com/interactive/2018/05/25/business/ceo-pay-2017.html。2015—2017 年，亚马逊 CEO 杰夫·贝佐斯的年薪超过了 16 亿美元。参见 Amazon.com, Inc., Proxy Statement, Annual Meeting of Shareholders, May 30, 2018, accessed June 2, 2018, www.sec.gov/Archives/edgar/data/1018724/000119312518121077/d514607ddef14a.htm。

10. 参见本书第四章。

11. 这个表述再次采用了斯科特和马歇尔在《社会学词典》中给出的定义。John Scott and Gordon Marshall, eds., *A Dictionary of Sociology*.

12. 这个术语来自乔纳森·格舒尼。Jonathan Gershuny, "Busyness as the Badge of Honor for the New Superordinate Working Class," *Social Research* 72, no. 2 (2005): 287–314），accessed June 2, 2018, www.jstor.org/stable/40971766. 以下简称 Gershuny, "Busyness as the Badge of Honor"。

13. 参见 Yale Law School Digital Repository Special Collections series, "Lives of Lawyers," https://digitalcommons.law.yale.edu/ylslol。

14. "The Best Law Schools in America, Ranked," *U.S. News & World Report*, 2018, accessed June 5, 2018, www.usnews.com/best-graduate-schools/top-law-schools/law-rankings?int=

9c0f08.

15. 耶鲁大学法学院2020届毕业生的绩点中位数是3.91，法学院入学考试成绩的中位数是173。在2016年6月到2017年2月参加法学院入学考试的学生中99.2%的分数都在173以下。参见Lisa Anthony, "Score Distribution—Law School Admission Test," Law School Admissions Council, June 20, 2017, accessed June 5, 2018, www.lsac.org/docs/default-source/data-(lsac-resources)-docs/lsat-score-distribution.pdf; "Entering Class Profile," Yale Law School, 2018, accessed June 5, 2018, https://law.yale.edu/admissions/profiles-statistics/entering-class-profile。

16. 准确地说，耶鲁大学法学院去年新发出的录取通知中有85%被接受，耶鲁的全部录取通知中被接受的比例为83%。参见"Entering Class Profile," Yale Law School, 2018, accessed June 5, 2018, https://law.yale.edu/admissions/profiles-statistics/entering-class-profile。

17. 根据美国律师协会（ABA）公布的法学院509报告，2017年美国排名前五的法学院录取情况如下：耶鲁大学法学院，录取率8.4%，录取人数240，班级规模205人；斯坦福大学法学院，录取率9.9%，录取人数392，班级规模180人；哈佛大学法学院，录取率15.8%，录取人数900，班级规模560人；芝加哥大学法学院，录取率21.5%，录取人数958，班级规模188人；哥伦比亚大学法学院，录取率20.4%，录取人数1 188，班级规模389人。这五所学校2017年的平均录取率为15.2%。参见"ABA Required Disclosures: Standard 509 Disclosure," American Bar Association Section of Legal Education and Admissions to the Bar, 2018,8, accessed June 6, 2018, www.abarequireddisclosures.org/Disclosure509.aspx。

18. 2017年，美国排名前五的法学院学生绩点中位数为3.7~3.91，法学院入学考试成绩中位数为170~173，介于第97.5百分位和第99.2百分位之间。参见Lisa Anthony, "Score Distribution—Law School Admission Test," Law School Admissions Council, June 20, 2017, accessed June 5, 2018, www.lsac.org/docs/default-source/data-(lsac-resources)-docs/lsat-score-distribution.pdf,; "ABA Required Disclosures: Standard 509 Disclosure," American Bar Association Section of Legal Education and Admissions to the Bar, 2018, accessed June 6, 2018,http://www.abarequireddisclosures.org/Disclosure509.aspx。

19. 这是作者根据知情信息做出的预估。

20. 参见本书第五章。尽管一开始的竞争并不算激烈，但是精英大学的录取难度在普遍加剧，例如芝加哥大学如今的录取难度是20年前的5倍以上。

21. 参见本书第五章。

22. 参见本书第五章。

23. John F. Manning, "Dean's Welcome," Harvard Law School, 2018, accessed June 6, 2018, https://hls.harvard.edu/about/deans-welcome/.

24. Robert Post, "Yale Law School Graduation Speech," May 18, 2015, accessed June 6, 2018, https://law.yale.edu/system/files/area/department/studentaffairs/document/postspeech.pdf.

25. 参见本书第六章。

26. 参见本书第六章。

27. 参见本书第六章。

28. 参见本书第六章。

29. American Bar Association Committee on Economics of Law Practice, *The Lawyer's Handbook* (St. Paul, MN: West Publishing Company, 1962), 287.
30. Deborah L. Rhode, *Balanced Lives: Changing the Culture of Legal Practice* (American Bar Association Commission on Women in the Profession, 2001), 14, http://womenlaw.stanford.edu/pdf/balanced.lives.pdf. 以下简称Rhode, *Balanced Lives*。引自Edward Fennell, "The Lure of the Yankee Dollar," *Times* (London), July 18, 2000（原话出自美国凯威莱德律师事务所伦敦办事处的管理合伙人安德鲁·威尔金森）。
31. 参见"bankers' hours, n.," OED Online, accessed June 7, 2018, www.oed.com/view/Entry/15246?rskey=aod4XK &result=2&isAdvanced=false#eid。这个短语早期被用来对比精英的休闲安逸与工人的紧张劳动。正如一份报纸所评论的那样："百万富翁不像穷人那样每天稳定工作8小时，但为了便于讨论，我们将采用银行业者的工作时间——上午10点到下午3点，中间午餐休息一小时，所以总计工作4小时。" John T. McCutcheon, "The Pipe Dreamer's Club—Session No. 3: Where the Millionaire Has the Better of the Poor Man," *Indianapolis News*, July 12, 1902, 15. 就在1963年，《华盛顿邮报》还认为"众所周知，国防部长罗伯特·麦克纳马拉在五角大楼工作时可不遵循银行业者的时间"这一信息具有报道价值。Winzola McLendon, "This Early Bird Beats Boss's Record at Pentagon," Washington Post, June 30, 1963, F11.这些例子来自耶鲁大学法律图书馆的弗雷德·夏皮罗（Fred Shapiro）的专业研究。
32. William H. Whyte Jr., *The Organization Man* (New York: Simon & Schuster, 1956), 3.
33. Ho, *Liquidated*, 89.
34. Ho, *Liquidated*, 97.
35. Sylvia Ann Hewlett and Carolyn Buck Luce, "Extreme Jobs: The Dangerous Allure of the 70-Hour Workweek," *Harvard Business Review*, December 2006, 49–59. 以下简称Hewlett and Luce, "Extreme Jobs"。
36. Hewlett and Luce, "Extreme Jobs," 51.
37. 2010年，在收入最高的1%家庭中，62%的家庭有成员每周工作50小时以上（1983年这一占比为46%）。相比之下，在收入最低的1/5家庭中，只有4%的家庭有成员每周工作50小时以上。参见Board of Governors of the Federal Reserve System, Survey of Consumer Finances, www.federalre serve.gov/econres/scfindex.htm。这些数据来自结构化的深入采访，因此有很高的可靠性。此外，这次调查对最富有的家庭进行了超额采样。基于这两个原因，这次调查为精英工作提供了一个非常权威的衡量标准。
38. 参见本书第四章。
39. 参见本书第四章及Gershuny, "Busyness as the Badge of Honor"。
40. Martha Neil, "First-Year Associate Pay Will Be \$180K at Multiple BigLaw Firms Following Cravath's Lead," *ABA Journal*, accessed June 8, 2018, www.abajournal.com/news/article/cravath_raises_first_year_associate_pay_to_180k_effective_july_1.
41. Gina Passarella Cipriani, "The 2018 Am Law 100 Ranked by Profitd Per Equity Partner," *American Lawyer*, April 24, 2018, accessed June 8, 2018, https://www.law.com/americanlawyer/2018/04/24/the-2018-am-law-100-ranked-by-profits-per-equity-partner/.
42. 因为有并列排名的情况和年度波动的差异，通常有6所大学被认为是《美国新闻与世界报道》发布的全美大学排行榜的"前五"名，有 14 所大学被视为全美大学排行榜的"前十"名。这些大学分别是耶鲁大学、哈佛大学、斯坦福大学、芝加哥大学、哥伦比亚大学、纽约大学（"前五"），还有宾夕法尼亚大学、密歇根大学、弗吉尼亚大学、杜克大学、西北大学、伯克利大学、康奈尔大学和乔治敦大学（"前十"）。

律师事务所的利润通常有三种计算方式：总利润、每位律师的利润以及每位合伙人的利润。第三种方式最常见，因为合伙人往往是律师事务所最高薪的职员。2015 年，美国获利最丰的五大律师事务所是：瓦赫特尔–利普顿–罗森–卡茨律师事务所、昆鹰律师事务所、宝维斯律师事务所、苏利文–克伦威尔律师事务所和凯易律师事务所。参见 Gina Passarella Cipriani, "The 2018 Am Law 100 Ranked by Profits Per Equity Partner," American Lawyer, April 24, 2018, accessed June 8, 2018, www.law.com/americanlawyer/2018/04/24/the-2018-am-law-100-ranked-by-profits-per-equity-partner/。

截至 2018 年，瓦赫特尔–利普顿–罗森–卡茨的合伙人有 80% 来自美国前五大法学院，96% 来自前十大法学院。同年，昆鹰的合伙人有 36% 来自前五大法学院，53% 来自前十大法学院；宝维斯的合伙人有 63% 来自前五大法学院，79% 来自前十大法学院；苏利文–克伦威尔的合伙人有 57% 来自前五大法学院，72% 来自前十大法学院；凯易的合伙人有 30% 来自前五大法学院，57% 来自前十大法学院。参见 "Best Law Schools," U.S. News & World Report, accessed July 25, 2018, www.usnews.com/best-graduate-schools/top-law-schools/law-rankings? int=9c0f08; "Attorney Search," Wachtell, Lipton, Rosen & Katz, accessed July 25, 2018, www.wlrk.com/Attorneys/List.aspx?LastName=; "Attorneys," Quinn Emanuel Trial Lawyers, accessed July 25, 2018, www.quinnemanuel.com/attorneys; "Professionals," Paul Weiss, accessed July 25, 2018, www.paulweiss.com/professionals; "Lawyers," Sullivan & Cromwell LLP, accessed July 25, 2018, www.sullcrom.com/lawyers; "Lawyers," Kirkland & Ellis LLP, accessed July 25, 2018, www.kirkland.com/sitecontent.cfm?contentID=184。

此外，利润最高的律师事务所每年的排名变化并不大。上述五家公司在 2012—2016 年每年都排在前八。其他经常出现在前五名榜单上的律师事务所，例如柯史莫律师事务所和卡希尔–戈登–赖因德尔律师事务所（Cahill, Gordon & Reindel），也有类似的合伙人结构。

43. Ho, *Liquidated*, 11–12.
44. 参见本书第六章。
45. 参见本书第六章。
46. 参见本书第六章。
47. Hewlett and Luce, "Extreme Jobs."
48. 参见本书第六章。
49. 越来越多的人，特别是进步派，坚持认为日益增长的不平等与教育或技术发展的关系不大，而主要与右翼（也就是新自由主义）占主导的政治形势有关。右翼政治势力打压工会，放宽经济管制，目的是将劳动所得从劳工和中产阶层的手中转入了精英手中。参见 Jared Bernstein, "It's Not a Skills Gap That's Holding Wages Down: It's the Weak Economy, Among Other Things," *American Prospect,* October 7, 2014, accessed June 13, 2018, http://prospect.org/article/it's-not-skills-gap-that's-holding-wages-down-its-

weak-economy-among-other-things。

这与先前的观点有相似之处，即认为日益加剧的收入不平等是因为收入从劳动者转移到了资本家手中。和以前的观点一样，这种观点并非完全错误，但是对技能的讨论不够精确，对技术的关注过于狭窄，对真正的原因理解过于肤浅。它对技能的讨论不够精确，仅仅关注了普通大学学历带来的回报。尽管近些年来这种回报可能已经停止增长，但是精英大学和精英研究生院的教育回报仍在持续增长，而且这些回报正逐渐成为推动收入不平等化的主要因素。这个观点对技术的关注过于狭隘，是因为它未能意识到，它所抱怨的许多政策，甚至一些相关的社会规范，实际上是新一批拥有超高技能的劳动者提供的技术创新的产物。此外，这一观点对真正的原因理解得过于肤浅，是因为它没有探究如今精英阶层对政策所产生的不成比例的影响力。这种影响力本身是培训、工作和薪酬模式转变的结果。

综上所述，这种进步派的观点重复了先前观点的错误，认为经济不平等源于收入从劳动到资本的转移。这种观点倾向于将不平等道德化为个人选择和私人恶习的产物，而不是在更深层次的经济和社会结构中寻找答案，但正是后者主导了经济分隔中的行为。

50. 2015 年的美国税务数据显示：收入最高的 1% 群体平均有 56.4% 的收入来自他们的劳动所得。参见 Facundo Alvaredo et al., World Inequality Database, distributed by WID.world, accessed July 3, 2018, https://wid.world/data/（参见 "Average Fiscal Labour Income," wid.world code afilin992t, and "Average Fiscal Income," wid.world code afiinc992t, by tax unit for adults）。然而，这个数字低估了总收入中的劳动所得。正如本书第四章将会解释的，很多税务表格上标注为"资本收入"的部分实际上来自劳动。

51. 根据一项统计，2015 年，收入最高的 1% 群体的收入占据了美国总收入的 22.03%，这个群体中最富有的 10% 的人的收入占据了全美总收入的 10.9%。参见 Thomas Piketty and Emmanuel Saez, "Income Inequality in the United States, 1913–1998," Updated Series (2015), accessed July 3, 2018, Table A3, https://eml.berkeley.edu//~saez/index.html. 以下简称 Piketty and Saez, "Income Inequality in the United States"。另外一种计算方式得出的结论是，收入最高的 1% 群体的收入占据了全美总收入的 20.2%。World Inequality Database, United States / Pre-tax national income / P99-P100 / Share, accessed October 29,2018, https://wid.world/country/usa/.

52. 在 1950—1970 年，美国收入最高的 1% 群体的收入约占全美总收入的 10.6%，不及现在的一半。这个群体中最富有的 10% 的人同期收入约占全美总收入的 3.5%，不及现在的 1/3。参见 Piketty and Saez, "Income Inequality in the United States," Table A3, https://eml.berkeley.edu//~saez/index.html。

53. 参见本书第四章。

54. 参见本书第四章。

55. 参见 Table 5 of Carola Grün and Stephan Klasen, "Growth, Inequality, and Well-Being: Intertemporal and Global Comparisons," Discussion Paper no. 95, Ibero-America Institute for Economic Research, Ibero-Amerika Inst. Für Wirtschaftsforschung, Göttingen (2003), 21–23（其中列举了 1960—1998 年 150 多个国家的基尼系数）。

56. 根据世界银行的基尼系数资料，美国是 41.5%（2016 年），印度为 35.1%（2011 年），摩洛哥是 39.2%（2006 年），印度尼西亚是 39.5%（2013 年），伊朗是 38.8%（2014 年），乌克兰是 25.0%（2016 年），越南是 34.8%（2014 年）。参见 World Bank, Development Research Group, "GINI index (World Bank estimate)," World Bank Group, 2018, accessed June 13, 2018, http://databank.worldbank.org/data/reports.aspx?source=2&series=SI.POV.GINI& country= , and http://data.worldbank.org/indicator/SI.POV.GINI。

57. 美国人口普查局的社区调查估计，美国费尔菲尔德县 2011 年的基尼系数是 53.52%。联合国的报告则显示，该年曼谷的基尼系数是 40.00%。参见 U.S. Census Bureau, "2007– 2011 American Community Survey," accessed June 13, 2018, https://factfinder.census.gov/faces/nav/jsf/pages/index.xhtml, and United Nations Human Settlements Programme, Urbanization and Development: Emerging Futures, World Cities Report 2016 (2016), accessed June 13, 2018, 206–7, Table C.1, http://wcr.unhabitat.org/wp-content/uploads/2017/02/WCR-2016-Full-Report.pdf。

58. 参见 Stephen M. Hedrick, "The Acquired Immune System: A Vantage from Beneath," *Immunity* 21, no. 5 (2004): 607–15, accessed June 13, 2018, www.sciencedirect.com/science/article/pii/S1074761304003073 ?via%3Dihub。约翰·法比安·维特提出了这样一个类比："通过选择越来越狡猾的寄生虫（上层劳动者），免疫系统（滚雪球式的不平等）成了其必然存在的原因。"

59. 参见本书第八章。

60. Roberto Mangabeira Unger, *The Left Alternative* (London: Verso, 2009), 1.

61. 这种观点在左翼中表现为"占领华尔街运动"向外界展示的论点。（从内部看，占领运动采纳了一种极度平等的、参与式的集体生活方式，这比该运动向外界展示的更为接近于拒绝优绩主义。）在右翼中，这种观点出现在某些特朗普主义的思潮中。（而其他的思潮更倾向于精英主义，甚至是寡头政治的立场。）

62. 例如参见 Lani Guinier, *The Tyranny of the Meritocracy* (Boston: Beacon, 2015), 21, and Richard D. Kahlenberg, "Affirmative Action for the Rich," *New York Times*, May 10, 2013, accessed June 14, 2018, www.nytimes.com/roomfordebate/2011/11/13/why-do-top-schools-still-take-legacy-applicants/affirmative-action-for-the-rich。

63. 例如参见 Lauren Rivera, *Pedigree: How Elite Students Get Elite Jobs* (Princeton, NJ: Princeton University Press, 2015), 15–25。以下简称 Rivera, *Pedigree*。Bourree Lam, "Recruitment, Resumes, Interviews: How the Hiring Process Favors Elites," *Atlantic*, May 27, 2015, accessed June 14, www.theatlantic.com/business/archive/2015/05/recruitment-resumes-interviews-how-the-hiring-process-favors-elites /394166/.

64. 例如参见 Russell Sobel, "Crony Capitalism Pays Well for Rent-Seeking CEOs," *Investor's Business Daily*, July 9, 2014, accessed June 14, 2018, www.investors.com/politics/commentary/ political-activity-and-connections-dont-make-business-profitable/。

65. 参见 Thomas Piketty, *Capital in the Twenty-First Century*, trans. Arthur Goldhammer (Cambridge, MA: Belknap Press of Harvard University Press, 2014). 以下简称 Piketty, *Capital*。

66. 除了皮凯蒂的著作之外，这些方面的经典论述还包括 Joseph E. Stiglitz, *The Price of Inequality* (New York: W. W. Norton, 2012) 以及 Anthony B. Atkinson, *Inequality: What Can Be Done?* (Cambridge, MA: Harvard University Press, 2015)。

67. 参见本书第五章。
68. 参见本书第五章。
69. 参见 Thomas J. Espenshade, Chang Y. Chung, and Joan L. Walling, "Admission Preferences for Minority Students, Athletes, and Legacies at Elite Universities," *Social Science Quarterly* 85, no. 5 (December 2004): 1422–46, 1443, Figure 1; Douglas S. Massey and Margarita Mooney, "The Effects of America's Three Affirmative Action Programs on Academic Performance," *Social Problems* 54, no. 1 (2007): 99–117, 100（"埃斯彭沙德及其同事于 2004 年的研究是唯一一项针对所有试图控制资格变量的优先录取进行的全面研究。"）
70. 参见本书第五章。
71. 有关高盛的"珠算"产品的电子文档可以在纽约大学库朗数学科学研究所金融数学主任的网页上找到。参见 ACA Management, LLC, ABACUS 2007-AC1, February 26, 2007, accessed June 19, 2018, www.math.nyu.edu/faculty /avellane/ABACUS.pdf。更多有关"珠算"的资料，参见 Louise Story and Gretchen Morgenson, "S.E.C. Accuses Goldman of Fraud in Housing Deal," *New York Times,* April 16, 2010, accessed June 19, 2018, www.nytimes.com /2010/04/17 /business/17goldman.html; Dan Wilchins, Karen Brettell, and Richard Change, "Factbox: How Goldman's ABACUS Deal Worked," Reuters, April 16, 2010, accessed January 27, 2019, www.reuters.com/article/us-goldmansachs-abacus-factbox/factbox-how-goldmans-abacus-deal-worked-idUSTRE 63F5CZ20100416; Securities and Exchange Commission, "Goldman Sachs to Pay Record $550 Million to Settle SEC Charges Related to Subprime Mortgage CDO," July 15, 2010, accessed January 27, 2019, www.sec.gov/news/press/2010 /2010-123.htm; Michael A. Santoro and Ronald J. Strauss, *Wall Street Values: Business Ethics and the Global Financial Crisis* (Cambridge: Cambridge University Press, 2012), 116–17, 134–36。
72. 2015 年，高盛公布净利润为 60.8 亿美元，净营收为 338.2 亿美元，全球平均核心流动资产为 1 990 亿美元。2016 年，该公司净利润为 74 亿美元，净收入为 306.1 亿美元，全球平均核心流动资产为 2 260 亿美元。2017 年，该公司净利润为 42.9 亿美元，净收入为 320.7 亿美元，全球核心流动资产平均为 2 110 亿美元。The Goldman Sachs Group, Inc., Annual Earnings Press Releases, January 20, 2016; January 18, 2017; January 17, 2018, accessed June 19, 2018, www.goldmansachs.com/media-relations/press-releases-and-comments/archive/index.html。
73. 参见本书第四章。
74. 参见本书第四章。
75. 参见本书第四章。
76. 1965 年，一位典型的美国大公司的 CEO 的收入约为普通生产工人的 20 倍；2014 年，一家类似规模公司的 CEO 的工资大约是普通生产工人的 300 倍。Lawrence Mishel and Alyssa Davis, *Top CEOs Make 300 Times More Than Typical Workers: Pay Growth Surpasses Stock Gains and Wage Growth of Top 0.1 Percent* (Washington, DC: Economic Policy Institute, 2015), accessed June 21, 2018, www.epi.org/publication/top-ceos-make-300-times-more-than-workers-pay-growth-surpasses-market-gains-and-the-rest-of-the-0-1-percent/。
77. 美国劳工部劳工统计局的数据显示：私人护理护士 1965 年日薪是 14~27.5 美元；诊所

或医院护士 1964 年的月薪是 350~397 美元。由地方政府雇用的公共保健护士在 1964 年的年薪是 5 313 美元。

目前缺少有关专科医师在 20 世纪 60 年代中期的收入资料。不过，1965 年，受联邦政府雇用的医学院毕业生年薪为 10 420~12 075 美元，是护士收入的 4 倍。1963 年，私人执业医师的平均净收入是 19 000 美元。参见 U.S. Department of Labor, Bureau of Labor Statistics, *Occupational Outlook Handbook 1966–67*, 117–25, accessed June 21, 2018, https://fraser.stlouisfed.org/files/docs/publications/bls/bls_1450_1965_1.pdf。

78. 2017 年，美国注册护士的年薪中位数为 7 万美元。参见 U.S. Department of Labor, Bureau of Labor Statistics, "Registered Nurses," *Occupational Outlook Handbook*, last updated April 13, 2018, accessed June 21, 2018, www.bls.gov/ooh/healthcare/registered-nurses.htm。男性心脏病专家的年平均工资超过 50 万美元。参见 Reshma Jagsi et al., "Work Activities and Compensation of Male and Female Cardiologists," *Journal of the American College of Cardiology* 67, no. 5 (2016): 535。

79. 根据美国劳工统计局发布的《职业展望手册》，1963—1964 年，秘书岗位（包括不同类型公司的秘书岗位）在美国平均每周赚取 99.50 美元，即每年约 5 000 美元。参见 U.S. Department of Labor, Bureau of Labor Statistics, Occupational Outlook Handbook 1966–67, 283, accessed June 21, 2018, https://fraser.stlouisfed.org/files/docs/publications/ bls/bls_1450_1965_2.pdf。根据劳工统计局 1965 年针对全国专业、行政、技术和文员薪酬的调查，收入最高的律师平均年薪为 24 804 美元。参见 U.S. Department of Labor, Bureau of Labor Statistics, *National Survey of Professional, Administrative, Technical, and Clerical Pay 1965*, 16, accessed June 21, 2018, https://fraser.stlouisfed.org/ content/?item_id=498147&filepath=/files/docs/publications/bls/bls_1469_1965.pdf。

80. 根据美国劳工统计局发布的 2018 年《职业展望手册》，秘书或行政助理的年薪中位数为 37 870 美元。参见 U.S. Department of Labor, Bureau of Labor Statistics, "Secretaries and Administrative Assistants," *Occupational Outlook Handbook*, last updated April 13, 2018, accessed June 21, 2018, www.bls.gov/ooh/office-and-administrative-support/secretaries-and-administrative-assistants.htm。在《美国律师》发布的百强律师事务所（按总收入排名）中，每位合伙人的平均利润为 155 万美元。参见 "The Am Law 100: A Special Section," *American Lawyer* (May 2015), 92–93, www.siia.net/archive/neals/2016/filez/ 442072/688_1732 _442072_e9f58ffe-510d-40fb-9133-5863e7854558_82357_3_1.pdf。

81. 洛克菲勒的薪酬在当时很常见。1963 年，鲁道夫·彼得森担任美国银行 CEO，基本工资约为 137 500 美元，外加 37 500 美元的递延薪酬；1968 年，托马斯·盖茨担任摩根担保信托公司董事长，收入约为 267 255 美元；1967 年，沃尔特·里斯顿担任花旗银行董事长兼 CEO 的薪酬为 128 139 美元。参见 Nomi Prins, *All the Presidents' Bankers: The Hidden Alliances That Drive American Power* (New York: Nation Books, 2014), 271–72。1964 年，美国的银行出纳员每周的收入从 45 美元到 150 美元不等，具体取决于他们工作的大都市区。参见 U.S. Department of Labor, Bureau of Labor Statistics, *Occupational Outlook Handbook 1966–67*, 618, accessed June 21, 2018, https://fraser.stlouisfed.org/files/docs/publications/bls/bls _1450_1965_4.pdf。

82. 2017年，戴蒙的工作总薪酬为2 950万美元。参见Anders Melin, Hugh Son, and Jenn Zhao, "JP Morgan Boosts Dimon's Pay 5.4% to $29.5 Million for 2017," Bloomberg, January 18, 2018, accessed June 21, 2018, www.bloomberg.com/news/articles/2018-01-18 / jpmorgan-boosts-dimon-s-pay-5-4-to-29-5-million-for-last-year。同年，美国的银行出纳员的年收入中位数为28 110美元。参见U.S. Department of Labor, Bureau of Labor Statistics, "Tellers," *Occupational Outlook Handbook*, last updated April 13, 2018, accessed June 21, 2018, www.bls.gov/ooh /office-and-administrative-support/tellers.htm。
83. 参见本书第四章。
84. 参见本书第四章。

[第 二 章]

1. 参见本书第四章。
2. 1940年出身于中等收入家庭的孩子有93%的概率以后比父母挣得多。1980年出身于中等收入家庭的孩子有45%的概率以后比父母挣得多。参见Raj Chetty et al., "The Fading American Dream: Trends in Absolute Mobility Since 1940," *Science* 356, no. 6336 (April 2017): 398–406。
3. 信息来自一位不愿意透露姓名的居民于2018年5月与作者在密歇根州圣克莱尔湖畔小镇的对话。
4. "Groundbreaking Today: 750 Apartments in Shores Project," *Detroit Free Press*, July 31, 1962, A3, and Proctor Homer Warren, Inc., "With Every Great Apartment and Sky House, We'll Throw in a Great Lake Free," advertisement, *Detroit Free Press*, November 19, 1970. 这栋建筑非常显眼，从底特律都可以看得到，当地居民称之为"9英里塔"（1英里=1.6093千米——编者注）。
5. 参见John Kenneth Galbraith, *The Affluent Society* (Boston: Houghton Mifflin, 1958)。以下简称Galbraith, *The Affluent Society*。
6. 美国人口普查局的资料显示，在2012—2016年，圣克莱尔湖畔小镇家庭年收入的中位数为69 878美元，而全美的这一水平是67 871美元。圣克莱尔湖畔小镇家庭年收入的中位数估计为54 590美元，全美的这一水平为55 322美元。参见U.S. Census Bureau, 2012–2016 American Community Survey 5-Year Estimates, *Selected Economic Characteristics*, United States and St. Clair Shores city, Michigan, accessed June 21, 2018, www .census.gov/programs-surveys/acs/。
7. 圣克莱尔湖畔小镇的平均家庭规模为2~3人。美国2016年三口之家的贫困线是19 105美元，不及该镇家庭收入中位数的1/3。参见U.S. Census Bureau, 2012–2016 American Community Survey 5-Year Estimates, *Selected Social Characteristics in the United States*, St. Clair Shores city, Michigan, accessed June 21, 2018, www.census .gov/programs-surveys /acs/, and U.S. Census Bureau, *Poverty Thresholds for 2016 by Size of Family and Number of Children*, accessed June 21, 2018, www.census.gov/data/tables/time-series /demo/income-poverty/historical-poverty-thresholds.html。
8. 美国全国人口的贫困率为15.1%，家庭贫困率为11.0%。圣克莱尔湖畔小镇同期全部人口的贫困率是9.1%，家庭贫困率为6.4%。参见U.S. Census Bureau, 2012–2016 American Community Survey 5-Year Estimates, *Selected Economic Characteristics,* United States and St. Clair Shores city, Michigan, accessed June 21, 2018, www.census.gov/programs-surveys/acs/。

9. 在美国房地产市场网站Zillow上，圣克莱尔湖畔小镇2018年6月中旬待售的144套单户住宅中，有一半以上面积为1 000~1 500平方英尺，2/3以上是三居室。Zillow, accessed June 21, 2018, www.zillow.com/homes/for_sale/Saint-Clair-Shores-MI/. 2017年，全美单户住宅新房面积中位数是2 457平方英尺。参见U.S. Census Bureau, *Highlights of Annual 2017 Characteristics of New Housing,* accessed June 23, 2018, www.census.gov/construction/chars/highlights.html。

10. 信息来自不愿意透露姓名的小镇居民于2018年5月与作者的交流。一位居民表示，她因为油漆剥落收到了罚单。她说，如果出现屋顶下垂、人行道不平整或没有清雪等问题，也会收到罚单。一对夫妇则表示他们年迈的邻居因为喂鸟而被警告。

11. 目前在《圣克莱尔湖畔小镇委员会手册》中列出的志愿者组织有32个，其中包括活动委员会、道德委员会和狗公园委员会。*Boards, Commissions & Committees Handbook,* 2000, rev. 2012, accessed June 23, 2018, www.scsmi.net/DocumentCenter/View/11/ Boards-and-Commissions-Committees?bidId=.

12. 信息来自不愿意透露姓名的小镇居民于2018年5月3日与作者的聊天。另参见Mitch Hotts, "Olympic Figure Skater Nancy Kerrigan to Appear at St. Clair Shores Memorial Day Parade," *Macomb Daily,* May 2, 2018, accessed June 23, 2018, www.macombdaily.com/general-news/20180502/ olympic-figure-skater-nancy-kerrigan-to-appear-at-st-clair-shores-memorial-day-parade。

13. 参见Mitch Hotts, "Harper Charity Cruise Ready to Roll Down the Avenue," *Macomb Daily,* August 29, 2016, accessed June 23, 2018, www.macombdaily.com/article/MD/20160829 / NEWS/160829618。

14. 信息来自不愿意透露姓名的小镇居民于2018年5月3日与作者的交流。

15. 参见Monica Davey and Mary Williams Walsh, "Billions in Debt, Detroit Tumbles into Insolvency," *New York Times,* July 18, 2013, accessed June 23, 2018, www.nytimes.com/ 2013/07/19/us/detroit-files-for-bankruptcy.html。

16. 根据美国人口普查局2016年的估计，圣克莱尔湖畔小镇25岁以上的居民中拥有学士学位的人口比例为24.4%，低于全美30%的水平。该镇拥有硕士学位的人口比例是8.3%，也低于全美11.5%的水平。U.S. Census Bureau, 2012–2016 American Community Survey 5-Year Estimates, *Educational Attainment,* United States and St. Clair Shores city, Michigan, accessed June 28, 2018, https://fact finder.census.gov/faces/tableservices/jsf/pages/productview.xhtml?pid=ACS_16_5YR_S1501&src=pt.

17. 信息来自不愿意透露姓名的小镇居民于2018年5月3日与作者的交流。根据美国税务局2018年冬季收入的统计公报，在2015税务年度，经调整后的总收入能够进入收入前1%的最低门槛是480 930美元。参见Adrian Dungan, "Individual Income Tax Shares, 2015," *IRS Statistics of Income Bulletin,* Winter 2018, accessed June 28, 2018, www.irs.gov/pub /irs-soi/soi-a-ints-id1801.pdf。

18. "Menu," Gilbert's Lodge, accessed June 28, 2018, www.gilbertslodge.com/menu/0/ menus. aspx.
19. 信息来自不愿意透露姓名的小镇居民于2018年5月2日在"吉尔伯特的小屋"与作者的谈话。
20. 信息来自不愿意透露姓名的小镇居民于2018年5月2日在"吉尔伯特的小屋"与作者的谈话。另参见Mitch Hotts, "Gilbert's Lodge Re-opens After Two Fires," *Macomb Daily*, July 9, 2014, accessed June 28, 2018, www.macombdaily.com/article/MD /20140709/ NEWS/140709659。
21. 2002年，圣克莱尔湖畔小镇图书馆共有24名全职和兼职员工。参见City of St. Clair Shores, Michigan, *Comprehensive Annual Financial Report with Supplemental Information Prepared by the Department of Finance for the Fiscal Year Ended June 30, 2006* (St. Clair Shores, MI: 2006), 108。到2018年，小镇图书馆的全职和兼职员工人数已减少至16.5名。参见City of St. Clair Shores, Michigan, *Comprehensive Annual Financial Report for the Fiscal Year Ended June 30, 2018* (St. Clair Shores, MI: 2018), 6–20。有关图书馆的兼职职位和较高的人员流动性，参见Kristyne E. Demske, "Shores Council Debates Additional Money, Staffing for Library," *St. Clair Shores Sentinel*, May 3, 2017, accessed March 17, 2019, https://www.candgnews.com/news/council-debates-additional-money-staffing-library-101124。有关图书馆对私人资助的依赖，参见Kristyne E. Demske, "Friends Promoting Buy a Chair Campaign for Library," *St. Clair Shores Sentinel*, March 3, 2015, accessed March 17, 2019, https://www.candgnews.com/news/friends-promoting-buy-chair-campaign-library-81642。有关旧桌椅的修整信息来自不愿意透露姓名的小镇居民于2018年5月3日与作者的谈话。
22. 圣克莱尔湖畔小镇于1930年首次出现在美国人口普查中，当时人口为6 745人。小镇人口在20世纪中叶迅速增长，于1970年达到峰值88 093人。自此之后，小镇人口一直在缓慢下降，2010年的人口普查记录为59 715人。参见U.S. Census Bureau, "Decennial Census of Population and Housing," accessed June 28, 2018, www.census.gov/ programs-surveys/decennial-census/decade/decennial-publications.2010.html。
23. 参见"History of City," City of St. Clair Shores Michigan, accessed June 28, 2018, www.scsmi. net/98 /History-of-City。
24. 湖畔汽车旅馆于1967年在密歇根州创立，最初名为湖畔汽车小屋，1980年左右改名为湖畔汽车旅馆。参见Michigan Department of Licensing and Regulatory Affairs, "Summary for Shorian Motor Inn, Incorporated," *LARA Corporations Online Filing System,* accessed June 28, 2018, https://cofs.lara.state.mi.us /CorpWeb/CorpSearch/CorpSummary. aspx? ID=80002 2201。
25. 参见本书第六章。
26. 美国人口普查局的数据显示，1975年美国家庭收入中位数是47 879美元（以2016年美元价值计算），而到2016年为59 039美元，增加了23.3%。2000年，美国家庭收入中位数是58 544美元（以2016年美元价值计算）。由此显示，在2000—2016年，美国家庭收入的中位数增加不到1%。U.S. Census Bureau, "Historical Income Tables: Households," Current Population Survey, last modified August 28, 2018, accessed

June 28, 2018, Table H-5, www.census.gov /data/tables/time-series/demo/income-poverty/historical-income-households.html.

1975 年，收入最高的 1% 家庭的平均收入（包括资本利得）是 345 565 美元（以 2014 年美元价值计算），而 2014 年该阶层的平均收入是 1 283 775 美元，增长幅度为 271.5%。参见 Facundo Alvaredo et al., World Inequality Database, distributed by WID.world, accessed July 3, 2018, https://wid.world/data/, Average Fiscal Income (wid.world code afiinc992t, by tax unit for all adults)。

27. 例如参见 Dominic J. Brewer, Eric R. Eide, and Ronald G. Ehrenberg, "Does It Pay to Attend an Elite Private College? Cross-Cohort Evidence on the Effects of College Type on Earnings," *Journal of Human Resources* 34, no. 1 (Winter 1999): 104–23, 114。

28. 例如，有一则电视广告的画外音是，"马科姆培训的是那些维护我们社区健康、安全的工作人员"，此时广告画面展示的是一群穿着医疗制服和消防员制服的学生。Macomb College, "Macomb: Comcast Advertisement," YouTube video, 0:30, January 17, 2012, accessed June 28, 2018, www.youtube.com/watch?v =v99EWhqhvP0; Pat Vitale and Joe Petroskey, "The Community College Corner," Macomb Community College radio advertisement.

29. 在 Niche.com 网站上，全美的高中生可以填写自己有兴趣报考的大学。截至 2018 年 7 月，收到超过 100 名来自圣克莱尔湖畔小镇的公立高中生的报考意愿的大学有：萨吉诺谷州立大学、大谷州立大学、东密歇根大学、西密歇根大学、中密歇根大学、奥克兰大学、密歇根州立大学、韦恩州立大学、马科姆社区大学和密歇根大学安阿伯分校，其中只有最后一个是重点大学。参见 "Lake Shore High School," Niche.com, accessed July 25, 2018, www.niche.com/k12/lake-shore-high-school-saint-clair-shores-mi/; "Lakeview High School," Niche.com, accessed July 25, 2018, www.niche.com/k12/lakeview-high-school-saint-clair-shores-mi/academics/; and "South Lake High School," Niche.com, accessed July 25, 2018, www.niche.com/k12/south-lake-high-school-saint-clair-shores-mi/。

30. 信息来自不愿意透露姓名的小镇居民在 2018 年 5 月 2 日到 3 日与作者的谈话。

31. 参见本书第五章。

32. 参见本书第五章。

33. 参见本书第五章。

34. 2015 年，有 12% 的美国成年人表示拥有本科以上学历。参见 Camille L. Ryan and Kurt Bauman, "Educational Attainment in the United States: 2015," U.S. Census Bureau, Current Population Reports no. P20-578 (March 2016), accessed June 30, 2018, 2, Table 1, www.census.gov/content/dam/Census/library /publications/2016/demo/p20-578.pdf。

35. 在 2013—2014 财政年度，在为圣克莱尔湖畔小镇提供服务的三个学区之中，湖景公立学区平均在每位学生身上的花费总计为 10 309 美元，而密歇根州最富有的学区在每位学生身上的花费是其两倍（例如，布卢姆菲尔德山学区在每位学生身上的花费是 24 166 美元）。美国最富裕的学区在每位学生身上的花费则是这个数字的 3 倍（例如，冷泉港中心学区在每位学生身上的花费是 32 540 美元）。参见 National Center for Education Statistics, *Common Core of Data* (CCD), distributed by the Institute of Educational Sciences, accessed June 30, 2018, https://nces.ed.gov/ccd/districtsearch/index.asp。

36. 信息来自不愿透露姓名的小镇居民在 2018 年 5 月 2 日与作者的交谈。

37. Robert Reich, "Back to School, and to Widening Inequality," *Robert Reich,* August 25, 2014, accessed June 30, 2018, http://robertreich.org/post/95749 31970.
38. Motoko Rich, "Nation's Wealthy Places Pour Private Money into Public Schools, Study Finds," *New York Times,* October 21, 2014, accessed November 17, 2018，www.nytimes.com/2014/10/22/us/nations-wealthy-places-pour-private-money-into-public-schools-study-finds.html.
39. Sharon Jank and Lindsay Owens, Stanford Center on Poverty and Inequality, "Inequality in the United States: Understanding Inequality with Data," slide 16 (referencing Demetra Kalogrides and Susanna Loeb for the Center for Education Policy Analysis, Stanford University 2012, Data from Miami-Dade County School District Administrative Staff Data, 2003–2011), accessed June 30, 2018, https:// nces.ed.gov/pubs2017/2017094.pdf, and https://inequality.stanford.edu/sites/default/files/Inequality_SlideDeck.pdf. 以下简称 Jank and Owens, "Inequality in the United States"。
40. 信息来自不愿透露姓名的小镇居民在2018年5月2日与作者的交谈。
41. 参见本书第五章。
42. 美国精英私立学校的师生配比约为7∶1，而全美公立学校的平均师生配比为16∶1。参见 Thomas D. Snyder, Cristobal de Brey, and Sally A. Dillow, Digest of Education Statistics: 2016 (February 2018): 149, Table 208.10, accessed July 3, 2018, https://nces.ed.gov/pubs2017/2017094. pdf, and U.S. Department of Education, National Center for Education Statistics, "Pupil/Teacher Ratio of Private Schools, by School Level and Selected School Characteristics: United States, 2013–14," *Private School Universe Survey (PSS),* accessed July 3, 2018, https://nces.ed.gov/surveys/pss/tables/table_2013_12.asp。
43. 在《福布斯》全美排名前20的预科学校中，拥有本科以上学历的教师平均占比为76.3%。参见 Raquel Laneri, "America's Best Prep Schools," *Forbes,* April 29, 2010, accessed July 3, 2018, www.forbes.com/pictures/fl45mj/americas-best-prep-sc/#7ce 0256e4ea0。
44. 出生于20世纪40—60年代的孩子中，黑人孩子与白人孩子学业成绩的差距要大于富裕孩子与贫穷孩子之间的差距。不过在最近20年出生的孩子中，最富有的与最贫穷的孩子在进入幼儿园后的成绩差距是"黑人孩子与白人孩子之间差距的2~3倍"。参见 Sean F. Reardon, "The Widening Academic Achievement Gap Between the Rich and the Poor: New Evidence and Possible Explanations," in *Whither Opportunity? Rising Inequality and the Uncertain Life Chances of Low-Income Children,* ed. Richard Murnane and Greg Duncan (New York: Russell Sage Foundation, 2011), 99. Sean Reardon, "No Rich Child Left Behind," *New York Times,* April 27, 2013, accessed July 3, 2018, https://opinionator.blogs.nytimes.com/2013/04/27/no-rich-child-left-behind/. 以下简称 Reardon ,"No Rich Child Left Behind"。
45. 参见本书第五章。
46. 参见本书第五章。
47. 参见本书第五章。
48. 参见本书第五章。
49. 概况参见 Gary Solon, "Intergenerational Mobility in the Labor Market," in *Handbook of Labor Economics,* vol. 3, ed. Orly Aschenfelter and David Card (Amsterdam: Elsevier, 1999)。

50. 参见 Isabel Sawhill and John E. Morton, "Economic Mobility: Is the American Dream Alive and Well?" Economic Mobility Project, 2007, www.economicmobility.org/reports_and_research/ mobility_in_america; Miles Corak, "Do Poor Children Become Poor Adults? Lessons from a Cross Country Comparison of Generational Earnings Mobility," *Research on Economic Inequality* 13 (2006): 143–88; Anders Bjorklund and Markus Jaüntti, "Intergenerational Income Mobility in Sweden Compared to the United States," *American Economic Review* 87, no. 5 (1997): 1009–18; Markus Jäntti et al., "American Exceptionalism in a New Light: A Comparison of Intergenerational Earnings Mobility in the Nordic Countries, the United Kingdom and the United States," IZA Discussion Paper 1938, Institute for the Study of Labor (IZA) (2006); Miles Corak, "Income Inequality, Equality of Opportunity, and Intergenerational Mobility," *Journal of Economic Perspectives* 27, no. 3 (2013): 79–102; Simon Boserup, Wojciech Kopczuk, and Claus Kreiner, "Intergenerational Wealth Mobility: Evidence from Danish Wealth Records of Three Generations," University of Copenhagen mimeograph (2013), http://web.econ.ku.dk/eprn _epru/Seminar/WealthAcrossGen.pdf; and Emily Beller and Michael Hout, "Intergenerational Social Mobility: The United States in Comparative Perspective," *Future Child* 16, no. 2 (2006): 19–36。
51. 参见本书第八章。
52. 举个例子，西雅图的坎利斯餐厅只提供一种晚餐选择：共有4道菜，售价125美元。一瓶啤酒售价高达136美元，一瓶葡萄酒的价格高达22 500美元（尽管这是一大瓶酒的价格）。Canlis, "Menu," accessed August 1, 2018, https://canlis.com /menu; Canlis, "Wine List," accessed August 1, 2018, https://canlis.com/uploads/Canlis%20Wine%20List% 206.19.18.pdf.
53. 信息来自不愿透露姓名的小镇居民在2018年5月2日到3日与作者的交谈。
54. 信息来自不愿透露姓名的小镇居民在2018年5月3日与作者的交谈。
55. 信息来自不愿透露姓名的小镇居民在2018年5月3日与作者的交谈。
56. 信息来自不愿透露姓名的小镇居民在2018年5月3日与作者的交谈。
57. 信息来自不愿透露姓名的小镇居民在2018年5月3日与作者的交谈。
58. 信息来自不愿透露姓名的小镇居民在2018年5月2日与作者的交谈。
59. 信息来自不愿透露姓名的小镇居民在2018年5月3日与作者的交谈。
60. 概况参见 Robert H. Frank, *Choosing the Right Pond: Human Behavior and the Quest for Status* (New York: Oxford University Press, 1987), and Richard Wilkinson and Kate Pickett, *The Inner Level: How More Equal Societies Reduce Stress, Restore Sanity, and Improve Everyone's Well-Being* (London: Penguin Press, 2019)。"宁愿生活在自己那相对贫困的社会圈子的中心，也不愿生活在别人那相对富裕的社会圈子的边缘"，这一观点出自梅西·比尔斯顿（Maisie Bilston）。
61. 丹尼斯·奎德在1979年的电影《告别昨日》（*Breaking Away*）中演讲道："在高中时，我一直认为自己是个很棒的四分卫，直到现在我也这么觉得。我甚至不敢点支烟，因为我总想着要保持好身材。但真正让我感到沮丧的是，我得生活在这样一个不怎么样的小镇上，每次只能在报纸上看到一些进入大学校队的明星。每年都有新面孔，但从来都不是我。"这部电影的编剧是史蒂夫·特西奇（Steve Tesich），导演是彼得·耶茨

（Peter Yates），在1979年由二十世纪福克斯公司在洛杉矶发行。
62. 信息来自不愿透露姓名的小镇居民在2018年5月3日与作者的交谈。
63. 1999年，尽管老年人及其他种族和族裔群体的死亡率继续下降，但是非西班牙语裔白人的中年死亡率不降反升。安妮·凯斯和安格斯·迪顿指出，"绝望之死"，即与药物过量、自杀和酒精中毒有关的死亡是这一增长的主要原因。他们研究了在每10万名非西班牙语裔、年龄在50~54岁之间的白人当中不同受教育程度的男性与女性群体，由于自杀、用药过量与酗酒而死亡的人数。1998—2015年，仅有高中或以下学历的男性中，这一数字增长了130%；拥有本科及以上学历的男性中，这一数字增加了44%。仅有高中或以下学历的女性中，这一数字增长了381%；拥有本科及以上学历的女性中，这一数字增长了70%。凯斯和迪顿认为，就业前景下滑和经济形势不稳定是造成这一趋势的最重要因素。参见Anne Case and Angus Deaton, "Mortality and Morbidity in the 21st Century," *Brookings Papers on Economic Activity* (Spring 2017), accessed July 5, 2018, www.brookings.edu/bpea-articles/mortality-and-morbidity-in-the-21st-century/。以下简称Case and Deaton, "Mortality and Morbidity"。戴维·奥特尔、戴维·多恩和戈登·汉森的研究证明，制造业的贸易冲击与结婚率和生育率下降之间也存在类似的相关性。参见David Autor, David Dorn, and Gordon Hanson, "When Work Disappears: Manufacturing Decline and the Falling Marriage Market Value of Young Men," NBER Working Paper No. 23173 (January 2018), www.nber.org/papers/w23173。
64. 参见本书第五章。
65. 有关美国中年白人死亡率的升高，请参阅Anne Case and Angus Deaton, "Rising Morbidity and Mortality in Midlife Among White non-Hispanic Americans in the 21st Century," *Proceedings of the National Academy of Sciences of the United States of America* 112, no. 49 (December 2015): 15078–83, accessed July 5, 2018, www.pnas.org/content/pnas/112/49/15078.full.pdf。以下简称Case and Deaton, "Rising Mortality"。有关美国人预期寿命的下降，请参阅Kenneth D. Kochanek et al., "Mortality in the United States," NCHS Data Brief No. 293 (December 2017), 1–2, accessed July 5, 2018, www.cdc.gov/nchs/data/databriefs/db293.pdf。
66. 近来，艾滋病的流行导致了美国1993年人均预期寿命减少了一年。参见Elizabeth Arias, Melonie Heron, and Jiaquan Xu, "United States Life Tables, 2014," *National Vital Statistics Reports* 66, no. 4 (August 2017): 45–46, accessed July 5, 2018, www.cdc.gov/nchs/data/nvsr/nvsr66/sr66_04.pdf。
67. 此为作者在2018年5月2日驾车经过那里时亲眼所见。
68. 参见Jameson Cook, "Deaths from Heroin and Opioid Overdoses Rise in Macomb County, State," *Macomb Daily,* April 24, 2017, www.macombdaily.com/article/MD/20170424/NEWS/170429741。
69. 参见Case and Deaton, "Rising Mortality"。凯斯和迪顿指出：如果美国中年白人的死亡率继续按照1979—1998年的速度下降，那么在1999—2013年可以避免约50万人的死亡。这个数字与截至2015年美国因艾滋病死亡的人数大致相当。
70. "绝望之死"这个说法源自凯斯和迪顿，后因媒体对其2017年的研究报道而流行开来。参见Drake Baer, "Economic Forces Making US Men Less Appealing Partners, Researchers

Say," CNN, September 28, 2017, accessed July 6, 2018, www.cnn.com/2017/09/28/health/american-men-less-marriageable-partner/index.html; Joel Achenbach and Dan Keating, "New Research Identifies a 'Sea of Despair' Among White, Working-Class Americans," *Washington Post,* March 23, 2017, accessed July 6, 2018, www.washingtonpost.com /national/health-science/new-research-identifies-a-sea-of-despair-among-white-working-class-americans/2017/03/22 /c777ab6e-0da6-11e7-9b0d-d27c98455440_story.html?hpid=hp_hp-top-table-main_whitedeaths-1am-1%3Ahomepage% 2Fstory&utm_term=.04bad358697c。

71. 一项针对位于中上层社区的10所顶尖公立学校与私立学校的4 317名学生所做的调查显示，他们平均每晚要花3.11小时做家庭作业，其中一所学校的学生每晚平均要花3.59个小时写作业。参见Mollie Galloway, Jerusha Conner, and Denise Pope, "Nonacademic Effects of Homework in Privileged, High-Per forming Schools," *Journal of Experimental Education* 81, no. 4 (2013): 498, accessed July 10, 2018, www.tandfonline.com/doi/pdf/10.1080/00220973.2012.745469#.Ux3fF_ldXTo. Pope's anecdotal evidence in Denise Pope, "*Doing School": How We Are Creating a Generation of Stressed Out, Materialistic, and Miseducated Students* (New Haven, CT: Yale University Press, 2001), 83。一名来自加利福尼亚州一所精英学校的学生在接受波普采访时表示，自己每天至少花"5小时"写作业。

72. 例如参见Anne G. Wheaton, Daniel P. Chapman, and Janet B. Croft, "School Start Times, Sleep, Behavioral, Health, and Academic Outcomes: A Review of the Literature," *Journal of School Health* 86, no. 5 (May 2016): 363–81, accessed July 10, 2018, https://stacks.cdc.gov /view/cdc/38887/cdc_38887_DS1.pdf. 惠顿等人将作业负担列为导致青少年睡眠不足的几个重要因素之一，其引用来源是Mary A. Carskadon, "Factors Influencing Sleep Patterns of Adolescents," in *Adolescent Sleep Patterns: Biological, Social, and Psychological Influences,* ed. M. A. Carskadon (Cambridge: Cambridge University Press, 2002), 8–9。

73. 信息来自一位不愿意透露姓名的律师与作者的谈话和电子邮件记录。

74. Ho, *Liquidated,* 87.

75. Arlie Russell Hochschild, *The Time Bind: When Work Becomes Home and Home Becomes Work* (New York: Metropolitan Books, 1997), 56. 以下简称Hochschild, *The Time Bind*。这位高管补充说："在这样一个竞争激烈的环境下，一个人要想一边声称'我工作生活非常平衡'，一边还能够晋升成为公司的CEO，恐怕还要很久。因为有太多人并不这么认为。"（第56—57页）

76. Jerry Jacobs and Kathleen Gerson, *The Time Divide: Work, Family, and Gender Inequality* (Cambridge, MA: Harvard University Press, 2004), 65–66. 以下简称Jacobs and Gerson, *The Time Divide*。近2/3的员工希望将每周工作时间平均减少10小时。Steven Ginsberg, "Raising Corporate Profits by Reaching Out to Families," *Washington Post,* April 19, 1998, H7; Sue Shellenbarger, "Study of U.S. Workers Finds Sharp Rise Since 1992 in Desire to Reduce Hours," *Wall Street Journal,* April 15, 1998, A10. 随着年轻男性与女性都表示更希望有时间与家人在一起，律师事务所和会计师事务所的工作重心出现了代际变迁，关于这点参见Douglas McCracken, "Winning the Talent War for Women: Sometimes It Takes a Revolution," *Harvard Business Review,* November–December 2000, 159, 161; Bruce

Balestier, "'Mommy Track' No Career Derailment," *New York Law Journal,* June 9, 2000, 24; Terry Carter, "Your Time or Your Money," *ABA Journal,* February 2001, 26。哈里斯民意调查和拉德克利夫公共政策中心进行的一项调查发现，35 岁左右的男性中有近 3/4 的人愿意接受较低的薪水，以换取更多的时间陪伴家人，而 65 岁以上的男性中这一占比只有 1/4。Kirstin Downey Grimsley, "Family a Priority for Young Workers: Survey Finds Changes in Men's Thinking," *Washington Post,* May 3, 2000, E1; Bruce Tulgan, *The Manager's Pocket Guide to Generation X* (Pelham, MA: HRD Press, 1997).

77. 有近 3/4 的人认为工作妨碍了他们维护和谐的家庭关系，58%的人认为工作阻碍了他们建立良好的亲子关系，46%的人觉得工作妨碍了他们与配偶维持良好的关系（45%的人工作一天之后因为太累而和配偶几乎没有交流），50%的人表示他们的工作使他们不可能拥有令人满意的性生活。

78. American Bar Association, *The Report of "At the Breaking Point," a National Conference on the Emerging Crisis in the Quality of Lawyers' Health and Lives, Its Impact on Law Firms and Client Services* (American Bar Association, 1991), 3.

79. 根据每小时收费动辄数百美元的幼儿园申请顾问的说法，今天曼哈顿顶尖幼儿园的录取率在 4%~5%。参见 Elyse Moody, "Confessions of a Preschool Admissions Coach," Learn Vest, June 18, 2013, accessed July 10, 2018, www.learnvest.com/2013/06/confessions-of-a-preschool-admissions-coach, and Emily Jane Fox, "How New York's 1% Get Kids into Preschool," CNN Money, June 19, 2014, accessed July 10, 2018, http://money.cnn.com/ 2014/06/10/luxury/preschool-new-york-city/。相比之下，2021 年哈佛大学、耶鲁大学和西点军校的录取率分别是 5.2%、6.9%和 9.5%。"Admissions Statistics," Harvard University, accessed July 10, 2018, https://college.harvard.edu /admissions/admissions-statistics; "Class of 2021 Is One for the Record Books," *YaleNews,* May 16, 2017, accessed July 10, 2018, https://news.yale.edu/2017/05/16/class-2021-one-record-books; and "Class of 2021—By the Numbers," U.S. Military Academy, accessed July 10, 2018, www.usma.edu/parents/SiteAs sets/RDayWelcomeBrief2017.pdf.

80. 参见 "An Hereditary Meritocracy," *The Economist,* January 24, 2015, accessed July 10, 2018, www.economist.com/briefing/2015/01/22/an-hereditary-meritocracy，该文章描述了豌豆教育咨询的珍妮弗·布罗佐斯特的工作，另参见 David Kirp, *The Sandbox Investment: The Preschool Movement and Kids-First Politics* (Cambridge, MA: Harvard University Press, 2009)（以下简称 Kirp, *The Sandbox Investmen*t）and Liz Moyer, "The Most Expensive Preschools," *Forbes,* September 19, 2007, accessed July 10, 2018, www.forbes.com/2007/ 09/18/education-preschool-kindergarden-biz-cx_lm_0919preschool.html。

81. 参见 Leslie Brody, "Who Got into Stuyvesant and New York's Other Elite Public High Schools," *Wall Street Journal,* March 7, 2018, www.wsj.com/articles/who-got-into-stuyvesant-and-new-yorks-other-elite-public-high-schools-1520465259。

82. 例如，1991 年，哥伦比亚大学、麻省理工学院和加州理工学院的录取率分别是 32%、31%和 30%。到了 2016 年，这三所大学的录取率分别是 6%、8%和 8%。1991 年，美国排名前 10 的大学的平均录取率为 27%，但是到了 2016 年就只有 8%了。这里所指的美国排名前 10 的大学实际上包括 11 所：加州理工学院、哥伦比亚大学、达特茅斯学院、杜克大学、哈佛大学、麻省理工学院、普林斯顿大学、斯坦福大学、芝加哥大学、宾夕法尼亚大学和耶鲁大学。这 11 所大学经常出现在《美国新闻与世界报道》发布的大学排行榜前 10 名中（波动很小）。有关 1991 年的大学录取率，参见 *Peterson's Guide to Four-Year Colleges,* 13th ed. (Princeton, NJ: Peterson's Guides, 1993)。有关 1995 年的大学录取率，参见 *America's Best Colleges 1997* (Washington, DC: *U.S. News & World Report,* 1996–97)。有关 2016 年的大学录取率，参见 "National University Rankings," *U.S. News & World Report,* accessed July 26, 2018, www.usnews.com/best-colleges/rankings/national-universities?_sort=acceptance-rate&_sort-direction=asc。

83. 参见 Debra Cassens Weiss, "These BigLaw Firms Had the Highest Spreads in Partner Compensation," *ABA Journal Daily News,* June 19, 2013, accessed July 13, 2018, www.abajournal.com/news/article/these_biglaw_firms_had_the_highest_spreads_in_partner_compensation/, and Aric Press, "Revealed: Compensation Spreads of the American Law 200," *American Lawyer,* June 17, 2013, accessed July 13, 2018, www.law.com/american-lawyer/almID /1202600641230/。

84. 参见 Joe Patrice, "Biglaw Partners on the Hot Seat: Firms Are Demoting Partners Hand over Fist," *Above the Law,* October 11, 2016, accessed July 13, 2018, https://abovethelaw.com/2016/10 /biglaw-partners-on-the-hot-seat-firms-are-demoting-partners-hand-over-fist/, and Sara Randazzo, "Law Firms Demote Partners as Pressure Mounts over Profits," *Wall Street Journal,* October 10, 2016, accessed July 13, 2013, www.wsj.com/articles/law-firms-demote-partners-as-pressure-mounts-over-profits-1476137818/。

85. 参见 Kevin Roose and Susanne Craig, "It's Goldman Bonus Day," *New York Times,* January 19, 2012, accessed July 16, 2018, https://dealbook.nytimes.com/2012/01/19/its-goldman-sachs-bonus-day/, and Susanne Craig, "It's Bonus Week on Wall Street," *New York Times,* January 15, 2013, accessed July 16, 2018, https://dealbook.nytimes.com/2013/01/15/its-bonus-week-on-wall-street/。

86. 例如参见 "Ascending to the C-Suite," McKinsey & Company, April 2015, accessed July 16, 2018, www.mckinsey.com/featured-insights/leadership/ascending-to-the-c-suite。

87. 参见本书第四章。

88. 参见 Robert Frank and Philip Cook, *The Winner-Take-All Society: Why the Few at the Top Get So Much More Than the Rest of Us* (New York: Penguin, 1995)。以下简称 Frank and Cook, *The Winner-Take-All Society*。

89. 例如参见 Marc Galanter and Thomas Palay, *Tournament of Lawyers: The Transformation of the Big Law Firm* (Chicago: University of Chicago Press, 1991)。

90. 随着时间的流逝，传统财富的解放能力实际上在增强。这是因为随着社会和经济结构的演变，实物资本和金融资本的所有权与控制权越来越分离。在过去的体制中，贵族地主往往受到各种法律和社会制度的束缚，必须按照特定的方式管理自己的土地，例如，指定特定的佃农销售到特定的市场。然而，随着商业经济的兴起，像土地以及传统贸易中所用的工具、材料等实物资本都被商品化了。这使得财富不再受固定社会背景的制约，从而使实物资本或金融资本的所有者摆脱了之前的种种限制。

  再比如，20 世纪中叶的美国大型上市公司往往由分散的股东拥有，由领固定工资的职业经理人运营，他们的薪酬与公司利润无关，这种模式凸显了所有权与控制权的明显分离。概述参见 Adolf Berle and Gardiner Means, *The Modern Corporation and Private Property* (Piscataway, NJ: Transaction Publishers, 1991), and Walther Rathenau, *In Days to Come*, trans. Eden and Cedar Paul (London: G. Allen & Unwin Ltd., 1921)。以这种方式构成的财富让其所有者与其资产之间的深度联系得以解除，使他们不再受制于资产对其时间和精力的束缚。对于这样的财富，其所有者只需静待收取租金，然后全心投入真正能激发其兴趣和激情的项目中。商品化的实物与金融财富解放了富人。

91. "人力资本"这个术语本身与优绩主义的发展息息相关。这个词长期以来被视为是粗俗的，但是在20世纪60年代开始引起关注，就像如今已发展成熟的优绩主义在最初被构想出来的时候也不受待见一样。这个术语其实是由经济学家加里·贝克尔引入主流思想的。无论好坏，他都是论述优绩主义最有力的思想家。1964年，他以人力资本为题出版了著作《人力资本：与教育相关的理论和实证分析》。参见 Gary Becker, *Human Capital: A Theoretical and Empirical Analysis with Special Reference to Education* (New York: Columbia University Press, 1964)。借自 Philip Larkin, "Long Lion Days," in Larkin, *The Complete Poems*, 323。

92. 参见 Anton Chekhov, *The Cherry Orchard*, in *Anton Chekhov, Plays*, trans. Elisaveta Fen (New York: Viking Penguin, 1959), 363。

93. Kevin Roose, *Young Money: Inside the Hidden World of Wall Street's Post-Crash Recruits* (New York: Grand Central Publishing, 2014), 35, and "Human Capital Management," Goldman Sachs, accessed July 16, 2018, www.goldmansachs.com/careers/divisions/human-capital-management/。

94. 此处参见作者的计算：Daniel Markovits, "How Much Redistribution Should There Be?," *Yale Law Journal* 112 (2003): 2311–13。

95. 这个比喻有它的深层含义。有人指出，奴隶制一个最深层的病态表现是，奴隶作为人的每一个优秀品质，譬如智力、力量或美貌，都变成他的附加弱点，成了奴隶主对其进行无情剥削的机会和途径。基于上层劳动的优绩主义下的不平等为这种剥削的体制增加了自我所有权，这就使其在道义层面产生了巨大差异：它使上层劳动者能够获得来自自我剥削的好处。但是，获得好处并不意味着能消除负担。事实上，自我所有权将剥削嵌入了精英阶层的生活当中。自我所有权不仅仅是一个比喻，而且是一种社会经济现实，带来直接且具体的后果。拥有人力资本的人不仅是拥有者，更是被拥有者。

96. 这一说法借自 Arthur Koestler, *Darkness at Noon*, trans. Daphne Hardy (New York: Macmillan, 1941), 174。哈代的翻译是："荣耀就是有用而不虚荣。"乔治·奥威尔在关于库斯勒的文章中使用了"大惊小怪"一词。

97. 参见 Sturm and Makovi, "Full Participation," 37。

98. 参见 John Updike, *Rabbit, Run* (New York: Alfred A. Knopf, 1960), 48。在原文中，主角曾经的篮球教练抱怨道："哦，哈利，你无法理解一个老人的饥饿感，你总在吃东西，总在吃，但就是永远也吃不对。对这一点，你根本无法理解。"

99. 这些观点得益于作者与胡列塔·勒迈特雷（Julieta Lemaitre）的讨论。

100. 这个说法借用自 Philip Larkin, "Nothing Significant Was Really Said," in Larkin, *The Complete Poems*, 178。

101. Robert Skidelsky and Edward Skidelsky, *How Much Is Enough? Money and the Good Life* (New York: Other Press, 2013). 以下简称 Skidelsky andSkidelsky, *How Much Is Enough?*。在这本书中两位作者敏锐且及时地反思了为什么会出现这种现状。
102. 这个说法借用自 Tony Schwartz and Christine Porath, "Why You Hate Work," *New York Times,* May 30, 2014, accessed July 17, 2018, www.nytimes.com/2014/06/01/opinion/ sunday/why-you-hate-work.html。
103. 参见 Frank Bruni, "Naked Confessions of the College-Bound," *New York Times,* June 14, 2014, accessed July 17, 2018, www.nytimes.com/2014/06/15/opinion/sunday/frank-bruni-oversharing-in-admissions-essays.html。
104. 参见 Julie Scelfo, "Suicide on Campus and the Pressure of Perfection," *New York Times,* July 27, 2015, accessed July 17, 2018, www.nytimes.com/2015/08/02/education/edlife/stress-social-media-and-suicide-on-campus.html? mcubz=0。
105. 参见 Boris Groysberg and Robin Abrahams, "Manage Your Work, Manage Your Life," *Harvard Business Review,* March 2014, accessed July 17, 2018, https://hbr.org/2014/03/manage-your-work-manage-your-life. Anne Weisberg, "The Workplace Culture That Flying Nannies Won't Fix," *New York Times,* August 24, 2015, accessed July 17, 2018, www.nytimes.com/2015/08/24/opinion/the-workplace-culture-that-flying-nannies-wont-fix.html?mcubz=0。
106. 参见 U.S. Census Bureau, American Community Survey 5-Year Estimates 2012–2016, *Educational Attainment,* Palo Alto city, California, accessed July 17, 2018, https://factfinder.census.gov/faces/tableservices/jsf/pages/productview.xhtml?src=CF。根据这些估计，帕洛阿尔托 80.0% 的成年人拥有学士学位，51.5% 的人拥有硕士或专业学位。
107. 帕洛阿尔托的家庭收入中位数大约是全国家庭收入中位数的 3 倍，房价中位数约是全国房价中位数的 10 倍。

    美国人口普查局 2012—2016 年的调查报告显示，帕洛阿尔托的家庭所得中位数是 17.6 万美元，而全国的家庭收入中位数是 6.8 万美元。参见 U.S. Census Bureau, American Community Survey 5-Year Estimates 2012–2016, *Selected Economic Characteristics,* Palo Alto city, California, accessed July 17, 2018, https://factfinder.census.gov/faces/tableservices/jsf/pages/productview.xhtml?src =CF; U.S. Census Bureau, American Community Survey 5-Year Estimates 2012– 2016, *Selected Economic Characteristics,* United States, accessed July 17, 2018, https://factfinder.census.gov/faces/tableservices /jsf/pages/productview.xhtml?src=CF。

    同一时期，帕洛阿尔托的房价中位数是 1 702 100 美元，圣克莱尔湖畔小镇是 102 400 美元。参见 U.S. Census Bureau, American Community Survey 5-Year Estimates 2012–2016, *Selected Housing Characteristics,* Palo Alto city, California, and St. Clair Shores city, Michigan, accessed July 17, 2018, https://factfinder.census.gov/faces/nav/jsf/pages/index.xhtml。根据美国房地产市场网站 Zillow 的数据，2018 年 7 月帕洛阿尔托的平均房价为 2 572 300 美元，参见 "Palo Alto CA Real Estate," Zillow, accessed July 18, 2018, www.zillow.com/homes/for_sale /Palo-Alto-CA/26374_rid/globalrelevanceex_sort/71.483085,-113.07129,24.407137,-173.188477_rect/3_zm/。根据 Realtor 的数据，2018 年 7 月 18 日帕洛阿尔托待售房屋价格的中位数为 239 万美元，是全美房价中位数的 7~10 倍，参见

"Palo Alto, CA Real Estate & Homes for Sale," Realtor.com, accessed July 18, 2018, www.realtor.com/realestateandhomes-search/ Palo-Alto_CA; "United States Home Prices & Values," Zillow, accessed July 18, 2018, www.zillow.com/home-values/; and U.S. Census Bureau, "Median Sales Price of Houses Sold for the United States," Federal Reserve Bank of St. Louis, updated April 24, 2018, accessed July 18, 2018, https://fred.stlouisfed.org/series/MSPUS。

此外，一路从旧金山延伸到圣何塞的硅谷，使帕洛阿尔托成为财富和教育的汇聚之地。主导当地经济的技术和风险投资公司，诸如苹果、谷歌、新企业协会和红杉资本等公司向世界各地受过最好教育、最精英的劳动力支付着巨额工资。

108. 根据2013—2014学年的数据估算，圣克莱尔湖畔小镇的湖景公立学校每年在每个学生身上的花费是10 309美元，而帕洛阿尔托联合学区每年在每个学生身上的花费是18 795美元。参见National Center for Education Statistics, *Common Core of Data (CCD)*, distributed by the Institute of Educational Sciences, accessed June 30, 2018, https://nces.ed.gov/ccd/districtsearch/index.asp。

109. 2017年，亨利·M.冈恩高中的学生在新SAT的循证阅读和写作部分的平均成绩为663分（位于全美的第90百分位），数学的平均成绩为706分（位于全美的第95百分位）。帕洛阿尔托高中的学生在新SAT的循证阅读和写作部分的平均成绩为664分，数学的平均成绩为680分（两者都位于全美的第90百分位）。另参见Palo Alto High School, *Palo Alto High School 2017–2018 School Profile,* accessed July 18, 2018, https://paly.net/sites/default/files/Paly1718_profile_and_grading_key.pdf; Henry M. Gunn High School, *Henry M. Gunn High School 2017–18 School Profile,* accessed July 18, 2018, https://gunn.pausd.org/sites /default/ files/2017-2018%20Gunn%20School%20Profile.pdf; and College Board, *SAT: Understanding Scores 2017,* accessed July 18, 2018, https://collegereadiness.collegeboard. org/pdf/understanding-sat-scores.pdf。

110. 参见Kai Oda and Edan Sneh, "College Acceptance Rates for PALY Students," *The Campanile,* January 25, 2017, https://thecampanile.org/2017/01/25/collegeinfo/。这些数字已与学生论坛和其他搜集大学招生新闻和流言的地方所发布的在线报告进行了对比，准确性有保障。

111. 参见Hanna Rosin, "The Silicon Valley Suicides: Why Are So Many Kids with Bright Prospects Killing Themselves in Palo Alto?," *Atlantic,* December 2015, accessed July 18, 2018, www.theatlantic.com/magazine /archive/2015/12/the-silicon-valley-suicides/413140/。以下简称Rosin, "The Silicon Valley Suicides"。

112. 参见Rosin, "The Silicon Valley Suicides"。

113. 参见Suniya Luthar and Karen D'Avanzo, "Contextual Factors in Substance Use: A Study of Suburban and Inner-City Adolescents," *Development and Psychopathology* 11, no. 4 (December 1999): 845–67。

114. 参见Suniya Luthar, "The Culture of Affluence: Psychological Costs of Material Wealth," *Child Development* 74, no. 6 (November–December 2003): 1582。

115. 参见Vicki Abeles, "Is the Drive for Success Making Our Children Sick?," *New York Times,* January 2, 2016, accessed November 18, 2018, www.nytimes.com/2016/01/03 /opinion/

sunday/is-the-drive-for-success-making-our-children-sick.html。这项研究由圣路易斯大学医学院的斯图尔特·斯莱文（Stuart Slavin）主持。

116. 而且，大学生患有抑郁症的绝对比例很大：如今约为20%，相比之下，2000年约为10%。参见American College Health Association, *National College Health Assessment Institutional Data Report—Spring 2000* (Baltimore: American College Health Association, 2000), accessed July 18, 2018, www.acha-ncha.org/docs/ACHA-NCHA_Reference_Group_Report_Spring2000.pdf, and American College Health Association, *National College Health Assessment Undergraduate Student Reference Group Data Report—Fall 2017* (Hanover, MD: American College Health Association, 2018), accessed July 18, 2018, www.acha-ncha.org/docs/NCHA-II_FALL_2017_REFERENCE_GROUP_DATA_REPORT _UNDERGRADS_ONLY.pdf。

　　有关大学生心理健康方面的系统性数据直到最近才受到重视，因此无法和千禧年之前的情况进行比较。不过，个别大学从20世纪90年代中期开始就一直关注学生的心理健康。例如，哥伦比亚大学在2002年指出，该校学生使用心理健康服务的比例较1994—1995学年增加了40%。麻省理工学院在2001年11月指出，该校学生使用心理健康服务的比例在1995—2000学年增加了50%。纽约州立大学帕切斯分校在2002年指出，该校学生过去3年使用心理健康服务的比例增加了48%。参见Leslie Berger, "The Therapy Generation," *New York Times,* January 13, 2002, accessed July 18, 2018, www.nytimes.com/2002/01/13/education/the-therapy-generation.html。同样，在2002年，辛辛那提大学报告称，与前6年相比，寻求心理咨询的学生人数增加了55%；泽维尔大学报告称，与前一年相比，心理咨询的数量增加了40%，其中抑郁症最为常见，参见Kristina Goetz, "Counseling Demand Overwhelms Colleges," *Cincinnati Enquirer,* March 18, 2002, accessed July 18, 2018, http://enquirer.com/editions/2002/03/18/ loc_counseling _demand.html. Martha Anne Kitzrow, "The Mental Health Needs of Today's College Students: Challenges and Recommendations," *NASPA Journal* 41, no. 1 (Fall 2003): 167– 81, accessed July 18, 2018, www.tandfonline.com/doi/abs/10.2202/1949-6605.1310? journalCode=uarp19。

117. 参见University of Pennsylvania, *Report of the Task Force on Student Psychological Health and Welfare* (Philadelphia: University of Pennsylvania, 2015), accessed July 18, 2018, https://almanac.upenn.edu/archive/volumes/v61/n23/pdf/task-force-psychological-health.pdf. Julie Scelfo, "Suicide on Campus and the Pressure of Perfection," *New York Times,* July 27, 2015, accessed July 18, 2018, www.nytimes.com/ 2015/08/02/education/edlife/stress-social-media-and-suicide-on-campus.html。

118. 参见Frank Bruni, "Rethinking College Admissions," *New York Times,* January 19, 2016, accessed July 18, 2018, www.nytimes.com/2016/01/20/opinion/rethinking-college-admissions.html?mcubz=0。

119. 参见Dawn Kopecki, "Young Bankers Fed Up with 90-Hour Weeks Move to Startups," Bloomberg, May 9, 2014, accessed July 18, 2018, www.bloomberg.com/news/articles/2014-05-09/young-bankers-fed-up-with-90-hour-weeks-move-to-startups。

120. Elie Mystal, "In Re the Passing of a Skadden Associate," *Above the Law,* June 30, 2011,

accessed July 18, 2018, https://abovethelaw.com/2011/06/in-re-the-passing-of-a-skadden-associate/?rf=1. 以下简称Mystal, "In Re the Passing of a Skadden Associate"。

121. Mystal, "In Re the Passing of a Skadden Associate."
122. 参见Andrew Ross Sorkin, "Reflections on Stress and Long Hours on Wall Street," *New York Times,* June 17, 2015, accessed November 18, 2018, www.nytimes.com/2015/06/02/business/dealbook/reflections-on-stress-and-long-hours-on-wall-street.html。
123. Tom Pedulla, "Giants' Jason Pierre-Paul Should Be Able to Overcome Loss of Finger, Former Players Say," *New York Times,* July 9, 2015, accessed July 18, 2018, www.nytimes.com/2015/07/10/sports/football/giants-jason-pierre-paul-should-be-able-to-overcome-loss-of-finger-former-players-say.html
124. 参见Amazon, "Leadership Principles," accessed July 18, 2018, www.amazon.jobs/principles。以下简称Amazon, "Leadership Principles"。
125. 参见Amazon, "Leadership Principles"。
126. Jodi Kantor and David Streitfeld, "Inside Amazon: Wrestling Big Ideas in a Bruising Workplace," *New York Times,* August 15, 2015, accessed July 18, 2018, www.nytimes.com/ 2015/08/16/technology/inside-amazon-wrestling-big-ideas-in-a-bruising-workplace.html. 以下简称Kan tor and Streitfeld, "Inside Amazon"。
127. Kan tor and Streitfeld, "Inside Amazon."
128. 例如参见David Auerbach, "I've Worked Insanely Demanding Tech Jobs—and I Really Doubt Amazon Is Much Worse Than Google—or Even Microsoft," *Slate,* August 17, 2015, accessed July 18, 2018, www.slate.com/articles/technology/bitwise/2015/08/amazon_abuse_of_white_collar_workers_i_worked_at_microsoft_and_google_and.html; Anne Weisberg, "The Workplace Culture That Flying Nannies Won't Fix," *New York Times,* August 24, 2015, accessed July 18, 2018, www.nytimes.com/2015/08/24/opinion/the-workplace-culture-that-flying-nannies-wont-fix.html?mcubz=0; "Depiction of Amazon Stirs a Debate About Work Culture," *New York Times,* August 18, 2015, accessed July 18, 2018, www.nytimes.com/ 2015/08/19/technology/amazon-workplace-reactions-comments.html。
129. 关于员工竞争的表达方式在不同公司及不同时期都会有所变化。刚刚提及的是关于亚马逊的特定说法。然而，美国企业经常在其层次结构的每个层级中将经理们相互比较，以此提拔最优秀的，同时淘汰表现最差的。在20世纪90年代，通用电气实行了"排名并淘汰"的管理方式，参见Herman Aguinis and Charles A. Pierce, "Enhancing the Relevance of Organizational Behavior by Embracing Performance Management Research," *Journal of Organizational Behavior* 29, no. 1 (January 2008): 142。在21世纪初，微软使用了"分层排名"策略，参见Margaret Heffernan, "Lose the Competition," *RSA Journal* 160, no. 5558 (2014): 42。奈飞采用了"保留测试"，参见Netflix, "Netflix Culture," accessed July 18, 2018, https://jobs.netflix.com/culture。某些具体措施在实施过程中因缺乏效率或产生了不良的激励行为而声名狼藉，譬如导致员工在工作中避免冒险、不求上进或是对同事的工作进行破坏而非支持等。但是，通过衡量的业绩表现对精英员工进行筛选的基本做法必然还会持续存在。
130. 最近一项针对企业高管的调查显示，几乎每一位都曾被诊断有身心俱疲症候群，其中有 1/3 的人表示他们"心力交瘁"。Leslie Kwoh, "When the CEO Burns Out: Job Fatigue Catches Up to Some Executives Amid Mounting Expectations," *Wall Street Journal,* May 7, 2013, www.wsj.com/articles/SB10001424127887323687604578469124008524696. Tony Schwartz and Christine Porath, "Why You Hate Work," *New York Times,* May 30, 2014, accessed July 18, 2018, www.nytimes.com/2014/06/01/opinion/sunday/why-you-hate-work.html?mcubz=0&_r=0.

131. Kantor and Streitfeld, "Inside Amazon."
132. Reed Abelson, "A Survey of Wall St. Finds Women Disheartened," *New York Times,* July 26, 2001, accessed July 18, 2018, www.nytimes.com/2001/07/26/business/a-survey-of-wall-st-finds-women-disheartened.html.
133. Hochschild, *The Time Bind,* 56.
134. 例如参见 Brigid Schulte, *Overwhelmed: Work, Love, and Play When No One Has the Time* (New York: Farrar, Straus & Giroux, 2014)。
135. Hewlett and Luce, "Extreme Jobs."
136. 参见 John Thornhill, "A Universal Basic Income Is an Old Idea with Modern Appeal," *Financial Times,* March 14, 2016, accessed July 18, 2018, www.ft.com/content/a9758f1a-e9c0-11e5-888e-2eadd5fbc4a4。
137. Larry Kramer, "From the Dean," *Stanford Lawyer* 77 (Fall 2007), accessed July 18, 2018, https://law.stanford.edu/stanford-lawyer/articles/from-the-dean-15/.

[第三章]

1. 例如参见 Alan Hunt, *Governance of the Consuming Passions: A History of Sumptuary Law* (Basingstoke: Macmillan, 1996)。
2. 在 20 世纪中叶，穷人是这一规则的例外。事实上，相较于今天，美国穷人在 20 世纪中叶的例外性更为明显。有关美国近代的贫困史，详见本书第四章。
3. 参见 "The Grateful Dead: Making the Scene in Palo Alto," Palo Alto History, accessed July 18, 2018, www.paloaltohistory.org/the-grateful-dead.php。
4. 例如参见 "Crow's Nest East," The Concert Database, accessed July 18, 2018, http://theconcertdatabase.com/venues/crows-nest-east。
5. 1960 年，圣克莱尔湖畔小镇的家庭收入中位数仅比帕洛阿尔托低 1/7，房价的中位数也仅低了 1/3~1/2。参见 U.S. Census Bureau, "General Social and Economic Characteristics: Michigan," in 1960 Census of Population, 182, Table 33, www2.census.gov/library/publications/decennial/1960/population-volume-1/37722966v1p24ch4.pdf, and U.S. Census Bureau, "General Social and Economic Characteristics: California," in 1960 Census of Population, 224, Table 33, www2.census.gov/library/publications/decennial/1960/population-volume-1/vol-01-06-f.pdf。有关两地房价中位数相差 1/3 的数据来自美国人口普查局，参见 U.S. Census Bureau, "Michigan," in 1960 Census of Housing, 6, Table 1, https://www2.census.gov/library/publications/decennial/1960/housing-volume-1/41962442v1p5ch2.pdf, and U.S. Census Bureau, "California," in 1960 Census of Housing, 5, Table 1, https://www2.

census.gov/library/publications/decennial/1960/housing-volume-1/41962442v1p2ch4.pdf。有关两地房价中位数相差 1/2 的数据，是通过比较 1960 年《旧金山纪事报》上列出的 62 套帕洛阿尔托待售房屋的中位数价格和 1960 年《底特律自由报》上列出的 62 套圣克莱尔湖畔小镇待售房屋的中位数价格得来的。

6. Brian Edwards, *University Architecture* (Milton Park: Taylor & Francis, 2014), 19.
7. "Groundbreaking Today: 750 Apartments in Shores Project," *Detroit Free Press,* July 31, 1962, A3, and Proctor Homer Warren, Inc., "With Every Great Apartment and Sky House, We'll Throw in a Great Lake Free," advertisement, *Detroit Free Press,* November 19, 1970.
8. Bill Bishop, *The Big Sort: Why the Clustering of Like-Minded America Is Tearing Us Apart* (Boston: Houghton Mifflin Harcourt, 2008), 130. 以下简称 Bishop, *The Big Sort*。另参见 Christopher Berry and Edward Glaeser, "The Divergence of Human Capital Levels Across Cities," *Papers in Regional Science* 84, no. 3 (2005): 407–44, accessed July 26, 2018, www.nber.org/papers/w11617。以下简称 Berry and Glaeser, "The Divergence of Human Capital"。
9. 另参见 Berry and Glaeser, "The Divergence of Human Capital"。
10. 1965 年，美国人 90.7%的汽车都购自这三家公司。参见 Figure B: Percent of total U.S. auto industry market share, by automaker, 1961–2014, in Joel Cutcher-Gershenfeld, Dan Brooks, and Martin Mulloy, *The Decline and Resurgence of the U.S. Auto Industry* (Washington, DC: Economic Policy Institute, 2015), accessed July 18, 2018, www.epi.org/publication/the-decline-and-resurgence-of-the-u-s-auto-industry/。1956 年，通用汽车公司的雪佛兰售价约为 3 000 美元，参见 Richard Prince, *Corvette Buyers Guide, 1953–1967* (Minneapolis: Motorbooks International, 2002), 39; "How Much Cars Cost in the 60s," *The People History,* accessed October 7, 2018, www.thepeoplehistory.com/60scars.html。
11. 参见 Sears, "Kenmore Chronology," accessed January 29, 2019, www.searsarchives.com/brands/detail/kenmore/1950s.htm; Chris Isidore, "Here's What's Killing Sears," CNN, February 12, 2018, accessed January 29, 2019, https://money.cnn.com/2018/02/12/news/companies/sears-downfall/index.html。
12. 参见 Amy Glasmeier, *Manufacturing Time: Global Competition in the Watch Industry, 1795–2000* (New York: Guilford Press, 2000), 189–192; "Corporations: Watches for an Impulse," *Time,* March 15, 1963, accessed November 19, 2018, http://content.time.com/time/magazine/article/0,9171,870225,00.html; Timex, "Every Third Watch Sold Is a Timex," advertisement, *Life,* December 7, 1959。
13. 1924 年，菲茨杰拉德在短篇小说《富家子弟》中写道："让我告诉你什么叫真正的有钱人。他们与你我不一样，他们早早地就拥有并享着了财富。这对他们产生了某种影响，使得他们在我们坚强之处柔软，在我们深信之处多疑。其言行处事，除非你天生富有，否则很难理解。他们在内心深处自认比我们优越，因为我们必须自己来寻求生命中的补偿与庇护。即使他们深入我们的世界或跌落在我们之下，他们仍然自认要优于我们。他们就是如此不同。" F. Scott Fitzgerald, "The Rich Boy," in *The Rich Boy* (London: Hesperus Press Limited, 2003), 3. 12 年后，海明威在《君子》(*Esquire*) 杂志上发表了短篇小说《乞力马扎罗的雪》。他写道："富人们很无聊，喝得太多，整天玩双陆棋。他们的生活无聊又重复。还记得可怜的斯科特·菲茨杰拉德和他对富人浪漫化的敬畏，他写过一个故事，开篇就是'富人与你我不一样'。有人对斯科特说，是的，他们拥有更多的钱。但对斯科特来说，这并不好笑。他认为他们是一群迷人又特殊的群体。但是，当他发现他们并非如此时，他崩溃了。" Ernest Hemingway, "The Snows of Kilimanjaro," *Esquire,* August 1936, 200.

14. 参见本书第四章。
15. 参见 Murray, *Coming Apart,* 62. Christine Schwartz and Robert Mare, "Trends in Educational Assortative Marriage from 1940 to 2003," *Demography* 42, no. 4 (November 2005): 629-30（报告称，在 1960 年，3.95% 的已婚夫妇双方都接受过 16 年或以上的教育；在 2000 年，这一比例为 18.02%）。
16. 参见本书第五章。
17. 参见 "Spin to Separate: Sweating on Purpose Is Becoming an Elite Phenomenon," *The Economist,* August 1, 2015, accessed July 19, 2018, www.economist.com/news/united-states/21660170-sweating-purpose-becoming-elite-phenomenon-spin-separate。
18. 参见 Caryle Murphy, "The Most and Least Educated U.S. Religious Groups," Pew Research Center, November 4, 2016, accessed July 19, 2018, www.pewresearch.org/fact-tank/2016/ 11/04/the-most-and-least-educated-u-s-religious-groups/。以下简称 Murphy, "The Most and Least Educated U.S. Religious Groups"。David Masci, "How Income Varies Among U.S. Religious Groups," Pew Research Center, October 11, 2016, accessed July 19, 2018, http://www.pewresearch.org/fact-tank/2016/10/11/how-income-varies-among-u-s-religious-groups/。以下简称 Masci, "How Income Varies Among U.S. Religious Groups"。
19. 参见 David Leonhardt, "In One America, Guns and Diet. In the Other, Cameras and 'Zoolander,'" *New York Times,* August 18, 2014, accessed July 19, 2018, www.nytimes.com/2014/08/19/ upshot/inequality-and-web-search-trends.html。
20. 2012—2016 年，帕洛阿尔托和圣克莱尔湖畔小镇的家庭收入中位数分别为 137 043 美元和 54 590 美元。参见 U.S. Census Bureau, American Community Survey 5-Year Estimates 2012 –2016, *Selected Economic Characteristics,* St. Clair Shores city, Michigan, and Palo Alto city, California, accessed July 19, 2018, https://factfinder.census.gov/faces/tableservices/jsf/pages/productview.xhtml?src=CF. 根据美国人口普查局的数据，2012—2016 年，帕洛阿尔托和圣克莱尔湖畔小镇的房价中位数分别为 1 702 100 美元和 102 400 美元。U.S. Census Bureau, American Community Survey 5-Year Estimates 2012–2016, *Selected Housing Characteristics,* St. Clair Shores city, Michigan, and Palo Alto city, California, accessed July 19, 2018, https://factfinder.census.gov/faces/tableservices/ jsf/pages/productview.xhtml?src=CF. 根据美国房地产网站 Zillow 的数据，2018 年 7 月帕洛阿尔托和圣克莱尔湖畔小镇的平均房价分别为 2 709 700 美元和 132 000 美元。参见 "Palo Alto Real Estate," Zillow, accessed July 19, 2018, www.zillow.com/homes/for_sale/ Palo-Alto-CA/26374_rid/37.375477,-121.949273,37.053944,-122.191315_rect/11_zm/, and "St. Clair Shores Real Estate," Zillow, accessed July 19, 2018, www.zillow.com/homes/ for_sale/Palo-Alto-CA/26374_rid/37.375477,-121.949273,37.053944,-122.191315_rect/11_zm/。根据 Realtor 的数据，2018 年 7 月帕洛阿尔托和圣克莱尔湖畔小镇待售房屋的价格中位数分别为 240 万美元和 15 万美元。参见 "Palo Alto, CA Real Estate & Homes for Sale," Realtor.com,

accessed July 19, 2018, www.realtor.com/realestateandhomes-search/ Palo-Alto_CA, and "St. Clair Shores, MI Real Estate & Homes for Sale," Realtor.com, accessed July 19, 2018, www.realtor.com/realestateandhomes-search/Saint-Clair-Shores_MI。

21. 参见U.S. Census Bureau, American Community Survey 5-Year Estimates 2012–2016, *Educational Attainment,* St. Clair Shores city, Michigan, and Palo Alto city, California, accessed July 19, 2018, https://factfinder.census.gov/faces/tableservices/jsf/pages/productview.xhtml ?src=CF。

22. Bishop, *The Big Sort,* 132.

23. 参见Dora L. Costa and Matthew E. Kahn, "Power Couples: Changes in the Locational Choice of the College Educated, 1940–1990," *Quarterly Journal of Economics* 115, no. 4 (November 2000): 1287–1315, accessed July 19, 2018, http://econ2.econ.iastate.edu/classes/econ321/ orazem/costa_dual-career.pdf。以下简称Costa and Kahn, "Power Couples"。这是一个全球性的趋势。在全世界范围内，接受过2年以上大学教育的人大约1/4居住在世界上最大的100个城市。这些城市居住的接受过高等教育的居民占比是该群体在全球人口中占比的2倍，并且在2005—2014年这短短10年内增长了1/6（从18%增长至21%）。参见Emily Badger, "A Quarter of the World's Most Educated People Live in the 100 Largest Cities," *Washington Post,* July 18, 2014, accessed July 19, 2018, www.washingtonpost.com/ news/wonk/wp/2014/07/18/a-quarter-of-the-worlds-most-educated-people-live-in-the-100-largest-cities /?utm_term=.2e8e2e0ce30c, and Ugne Saltenyte, "One Quarter of the World's Educated Population Resides in Just 100 Cities," *Euromonitor International,* July 15, 2014, accessed July 19, 2018, https://blog.euromonitor.com/2014/07/one-quarter-of-the-worlds-educated-population-resides-in-just-100-cities.html。

24. 参见Murray, *Coming Apart,* 78, 82, 87, and Appendix B; Charles Murray, "Charles Murray, Author of *Coming Apart,* Examines Demographic Shifts in This New Decade," Debate This Book, April 25, 2013, accessed July 19, 2018, http://debatethisbook.com/2013/04/25/charles-murray-author-of-coming-apart-examines-demographic-shifts-in-this-new-decade/。

25. 一项长期的调查显示，在1979—1996年，仅受过高中教育的年轻人中只有19.2%的人搬到了其他州，而36.6%的大学毕业生和45.0%的受过大学以上教育的人移居至其他州谋求发展。参见Yolanda K. Kodrzycki, "Migration of Recent College Graduates: Evidence from the National Longitudinal Survey of Youth," *New England Economic Review,* January–February 2001, 15; Costa and Kahn, "Power Couples"; Bishop, *The Big Sort*。

26. 参见Costa and Kahn, "Power Couples"; Bishop, *The Big Sort,* 130–33。

27. 例如参见Janelle Jones, "The Racial Wealth Gap: How African-Americans Have Been Shortchanged out of the Materials to Build Wealth," Economic Policy Institute, February 13, 2017, accessed July 19, 2018, https://www.epi.org/blog/the-racial-wealth-gap-how-african-americans-have-been-shortchanged-out-of-the-materials-to-build-wealth/。

28. 例如，1960年，34.5%的非裔美国人拥有自己的住房；如今，34.9%的低收入家庭拥有自己的住房。参见U.S. Census Bureau, Census of Housing, "Historical Census of Housing Tables: Ownership Rates," accessed October 31, 2018, www.census.gov/hhes/www/housing/census/historic/ownrate.html; Felipe Chacon, "The Home Ownership Gap Is on the Wane,"

Trulia, August 10, 2017, www.trulia.com/research/homeownership-gap/。

1970 年，非裔美国人的失业率为 9.2%；2017 年，低收入美国人的失业率为 13%。参见 Robert W. Fairlie and William A. Sundstrom, "The Racial Unemployment Gap in Long-Run Perspective," *American Economic Review* 87, no. 2 (May 1997), www.jstor.org/stable/ 2950936?seq=1#metadata_info_tab_contents; Janet L. Yellen, "Addressing Workforce Development Challenges in Low-Income Communities," Federal Reserve, March 28, 2017, www.federalreserve.gov/newsevents /speech/yellen20170328a.htm。

29. 参见 Becky Pettit and Bruce Western, "Mass Imprisonment and the Life Course: Race and Class Inequality in U.S. Incarceration," *American Sociological Review* 69, no. 2 (April 2004): 162。

30. Benjamin Disraeli, *Sybil; or, The Two Nations* (London: Henry Colburn, 1845), 149。

31. 例如参见 Christopher Hayes, *Twilight of the Elites: America After Meritocracy* (New York: Broadway Books, 2012), 以下简称 Hayes, *Twilight of the Elites*；以及 Jacob Hacker, *The Great Risk Shift* (Oxford: Oxford University Press, 2006), 以下简称 Hacker, *The Great Risk Shift*。

32. 例如参见 Joseph E. Stiglitz, *The Price of Inequality* (New York: W. W. Norton, 2012)。

33. 参见本书第七章。

34. Andrew Carnegie, "The Gospel of Wealth," in *The Gospel of Wealth and Other Timely Essays* (Cambridge, MA: Belknap Press of Harvard University Press, 1962 [originally published by the Century Company, New York, 1900]), 14。

35. 参见 Robert Dahl, *Democracy in the United States: Promise and Performance* (Skokie, IL: Rand McNally, 1972), 309。

36. Robert Dahl, *Polyarchy: Participation and Opposition* (New Haven, CT: Yale University Press, 1971), 1。

这个一般性的表述需要进一步厘清。一方面，仅仅通过计算选票——即使所有选票都有相同的权重——并不能维持一个民主体制。民意调查可能会汇总公民的偏好，但是如果没有民主机构，例如政党、竞选活动、辩论和政治新闻媒体，那么民意调查仅仅是在权衡私人偏好，无法维持或指导集体决策。另一方面，民主所需要的集体参与过程必然使一些公民，尤其是那些自身具有优势、技能或得到信任的人对公共事务产生比其他人更大的影响力（即使所有的选票都被平等计算，选举带来相同的直接效果）。因此，支撑集体选择所必需的政治过程在破坏个体平等。几乎所有民主思想中最深层的难题最终都可以追溯到这个困境。在民主决策中，有关"影响力"（influence）和"效果"（impact）之间的区别，参见 Ronald Dworkin, "What Is Equality? Part 3: The Place of Liberty," *Iowa Law Review* 73, no. 1 (October 1987): 1–50。

37. 美国最富有的 1% 群体贡献了超过 50% 的竞选捐款（其中最富有的 1/4 群体贡献了约 1/3 的资金）。Martin Gilens, *Affluence and Influence: Economic Inequality and Political Power in America* (Princeton, NJ: Princeton University Press, 2012), 242（引自琳达·鲍威尔和国会竞选研究的数据，但没有完整的参考资料）。以下简称 Martin Gilens, *Affluence and Influence*。1990 年，美国最富有的 1/4 群体贡献了大约 3/4 的竞选捐款，最贫穷的 1/5 群体只贡献了 1/50。另参见 Sidney Verba, Kay Lehman Schlozman, and Michael Brady, *Voice and Equality: Civic Voluntarism in American Politics* (Cambridge, MA: Harvard University Press, 1995), 194; Henry E. Brady, Sidney Verba, and Kay Lehman Schlozman,

"Beyond SES: A Resource Model of Political Participation," *American Political Science Review* 89, no. 2 (June 1995): 271–84, and Larry Bartels, *Unequal Democracy: The Political Economy of the New Gilded Age* (Princeton, NJ: Princeton University Press, 2008)（以下简称Bartels, *Unequal Democracy*）。

38. 在这158个家庭中，有20个家庭支持民主党，138个家庭支持共和党。参见Nicholas Confessore, Sarah Cohen, and Karen Yourish, "The Families Funding the 2016 Presidential Election," *New York Times,* October 10, 2015, accessed July 19, 2018, www.nytimes.com/interactive/2015/10/11/us/politics/2016-presidential-election-super-pac-donors .html?_r=0。

39. 概况参见Jane Mayer, *Dark Money: The Hidden History of the Billionaires Behind the Rise of the Radical Right* (New York: Doubleday, 2016)。通过公开传播他们的意图，科赫兄弟可以早在真正出钱之前就发挥他们的金钱的影响力。参见Matea Gold, "Koch-Backed Network Aims to Spend Nearly $1 Billion on 2016 Elections," *Washington Post*, January 26, 2015, and later "Correction," accessed August 1, 2018, www.washingtonpost.com/politics/koch-backed-network-aims-to-spend-nearly-1-billion-on-2016-elections/2015/01/26/77a44654-a513-11e4-a06b-9df2002b86a0story.html。进步派亿万富翁也不惜花费重金，汤姆·施泰尔计划在2018年中期选举中花费超过1亿美元。参见Edward-Isaac Dovere, "Tom Steyer's $110 million Plan to Redefine the Democrats," *Politico*, July 31, 2018, accessed August 1, 2018, www.politico.com/story/2018/07/31/steyer-democrats-millions-midterms-751245。

40. 1981年，华盛顿特区大约有7 500名注册的政治游说者，而如今这一数字约为1.3万。参见Matthew P. Drennan, *Income Inequality: Why It Matters and Why Most Economists Didn't Notice* (New Haven, CT: Yale University Press, 2016), 31。以下简称Drennan, *Income Inequality*。德雷南的引用来源是Lee Drutman, "The Business of America Is Lobbying: The Expansion of Corporate Political Activity and the Future of American Pluralism" (PhD dissertation, University of California, Berkeley, 2010), 141, https://cloudfront.escholar ship.org/dist/prd/content/qt1mh761v2/qt1mh761v2.pdf?t=m tgaay。

41. 参见Lee Drutman, *The Business of America Is Lobbying: How Corporations Became Politicized and Politics Became More Corporate* (Oxford: Oxford University Press, 2015), 8. 以下简称Drutman, *The Business of America Is Lobbying*。

42. 参见Jeffrey Milyo, David Primo, and Timothy Groseclose, "Corporate PAC Campaign Contributions in Perspective," *Business and Politics* 2, no. 1 (2000): 83。

43. 参见Drutman, *The Business of America Is Lobbying*, 11–12。

44. 参见Marianne Bertrand et al., "Tax-Exempt Lobbying: Corporate Philanthropy as a Tool for Political Influence," NBER Working Paper No. 24451 (March 2018), accessed July 20, 2018, www.nber.org/pa pers/w24451。

45. 参见Motoko Rich, "A Walmart Fortune, Spreading Charter Schools," *New York Times,* April 25, 2014, accessed July 20, 2018, www.nytimes.com/2014/04/26 /us/a-walmart-fortune-spreading-charter-schools.html; Valerie Strauss, "The 'Walmartization' of Public Education," *Washington Post,* March 17, 2016, accessed July 20, 2018, www.washingtonpost.com/news/answer-sheet/wp/2016/03/17/the-walmartization-of-public-education/?utm_

term=.01a53a2035db。有关将慈善事业作为政治权力的一种形式的更多信息，参见 Iain Hay and Samantha Muller, "Questioning Generosity in the Golden Age of Philanthropy," *Progress in Human Geography* 38, no. 5 (2014): 635–53; Lenore Ealy, "The Intellectual Crisis in Philanthropy," *Society* 51, no. 1 (February 2014): 87–96; Kenneth Saltman, "From Carnegie to Gates: The Bill and Melinda Gates Foundation and the Venture Philanthropy Agenda for Public Education," in *The Gates Foundation and the Future of U.S. "Public" Schools,* ed. Philip Kovacs (New York: Taylor & Francis, 2011), 1–20; Robin Rogers, "Why Philanthro-Policymaking Matters," *Society* 48, no. 5 (September 2011): 376–81; Ben Williamson, "Mediators and Mobilizers of Curriculum Reform: Education Policy Experts of the Third Sector," paper presented at the University of Stirling School of Education, December 5, 2012; Georgia Levenson Keohane, *Social Entrepreneurship for the 21st Century: Innovation Across the Nonprofit, Private, and Public Sectors* (New York: McGraw Hill Education, 2013); and Amy Brown, "Philanthrocapitalism: Race, Political Spectacle, and the Marketplace of Beneficence in a New York City School," in *What's Race Got to Do with It? How Current School Reform Policy Maintains Racial and Economic Inequality* (New York: Peter Lang, 2015), 147–66。

46. 例如参见 Nicholas Confessore and Jonathan Martin, "G.O.P. Race Starts in Lavish Haunts of Rich Donors," *New York Times,* February 28, 2015, accessed July 20, 2018, www.nytimes.com/ 2015/03/01/us/politics/gop-race-starts-in-lavish-haunts-of-rich-donors.html。

47. 参见 Ezra Klein, "The Most Depressing Graphic for Members of Congress," *Washington Post,* January 14, 2013, accessed July 20, 2018, www.washingtonpost.com/news/wonk/wp/2013/01/14/the-most-depressing-graphic-for-members-of-congress/?utm_term=.072d62e69b40。以下简称 Klein, "The Most Depressing Graphic"。

48. 参见 Klein, "The Most Depressing Graphic"。

49. 参见 David Jolly, interview with Norah O'Donnell, "Dialing for Dollars," *60 Minutes,* CBS, April 24, 2016。

50. 参见 James Hohmann, "The Daily 202: Mick Mulvaney's Confession Highlights the Corrosive Influence of Money in Politics," *PowerPost* (blog), *Washington Post,* April 25, 2018, accessed July 20, 2018, www.washingtonpost .com/news/powerpost/paloma/daily-202/2018/ 04/25/daily-202-mick-mulvaney-s-confession-highlights-the-corrosive-influence-of-money-in-politics/5adfea2230fb043711926869 /?utm_term=.0bf524639cc0。

51. 参见 Richard Hall and Alan Deardorff, "Lobbying as Legislative Subsidy," *American Political Science Review* 100, no. 1 (February 2006): 69–84。更多关于游说的资料，参见 Beth Leech, "Lobbying and Interest Group Advocacy," in *The Oxford Handbook of the American Congress,* ed. Frances Lee and Eric Schickler (New York: Oxford University Press, 2011), and Beth Leech, "Lobbying and Influence," in *The Oxford Handbook of American Political Parties and Interest Groups,* ed. Jeffrey Berry and L. Sandy Maisel (New York: Oxford University Press, 2010)。另参见 Anthony Nownes, *Total Lobbying: What Lobbyists Want (and How They Try to Get It)* (New York: Cambridge University Press, 2006)。

52. Motoko Rich, "A Walmart Fortune, Spreading Charter Schools," *New York Times,*

April 25, 2014, accessed July 20, 2018, www.nytimes.com/2014/04/26/us/a-walmart-fortune-spreading-charter-schools.html. 同样，盖茨基金会认为小型学校会促进竞争，所以纽约市在 10 年内新增了 300 多所小型学校。参见 Jessica Shiller, "City Prep: A Culture of Care in an Era of Data-Driven Reform," in *Critical Small Schools: Beyond Privatization in New York City Urban Educational Reform,* ed. Maria Hantzopoulos and Alia Tyner-Mullings (Charlotte, NC: Information Age Publishing, 2012), 4。

类似的例子不胜枚举。在伊利诺伊州，一位对工会持明显反对态度的候选人成功取代了现任州长，原因是他的支持者中光是 10 个人为他捐赠的资金就已经达到了与现任州长所有竞选资金相当的金额，其中一个家庭捐赠的资金甚至超过了现任州长从 244 个工会组织获得的资金总和。于是，这位竞选成功的新任州长在上台后立即推动了一项强烈反工会的议程。参见 Nicholas Confessore, "A Wealthy Governor and His Friends Are Remaking Illinois," *New York Times,* November 29, 2015, accessed July 20, 2018, www.nytimes.com/2015/11/30/us/politics/illinois-campaign-money-bruce-rauner.html。

53. 例如参见 Edward Wyatt and Eric Lichtblau, "A Finance Overhaul Fight Draws a Swarm of Lobbyists," *New York Times,* April 19, 2010, accessed July 26, 2018, www.nytimes.com/2010/04/20/business/20derivatives.html, and Binyamin Appelbaum and Eric Lichtblau, "Banks Lobbying Against Derivatives Trading Ban," *New York Times,* May 9, 2010, accessed July 26, 2018, www.nytimes.com/2010/05/10/business/10lobby.html。这种努力取得了成果，原先提议的针对某些形式的衍生品交易的全面禁令被削弱为部分限制。参见 Edward Wyatt, "For Securities Industry, Finance Law Could Bring New Light to Derivatives," *New York Times,* July 15, 2010, accessed August 1, 2018, www.nytimes.com/2010/07/16/business/16deriv.html?action=click&contentCollection=Business%20Day&module=Related Covera&region=Marginalia&pgtype=article。

54. 参见 26 U.S.C. §§ 1441(c)(11) and 871(j)。

55. Gilens, *Affluence and Influence,* 82.（第 70 百分位数的回归系数很小，在统计意义上不具备显著性。）

56. Gilens, *Affluence and Influence,* 84–85。

57. 有关保护收入的行业和法治的更多信息，参见 Jeffrey Winters, *Oligarchy* (New York: Cambridge University Press, 2011), 18–19。以下简称 Winters, *Oligarchy*。

58. 2003 年，美国大约有 1.6 万名专门从事信托和遗产法事务的律师。参见 David Cay Johnston, *Perfectly Legal: The Covert Campaign to Rig Our Tax System to Benefit the Super Rich—and Cheat Everyone Else* (New York: Portfolio, 2003), 5。

59. 参见 Ben Seal, "The 2018 Am Law 100 by the Numbers," *American Lawyer,* April 24, 2018, accessed July 20, 2018, www.law.com/americanlawyer/2018/04/24/the-2018-am-law-100-by-the-numbers/。

60. 安永的报告称，在截至 2017 年 6 月 30 日的财年中全球总收入为 314 亿美元。"EY Reports Strong Global Revenue Growth in 2017," *EY News,* September 5, 2017, accessed July 20, 2018, www.ey.com/gl/en/newsroom/news-releases/news-ey-reports-strong-global-revenue-growth-in-2017.普华永道的报告称，在截至 2017 年 6 月 30 日的财年中总收入为 377 亿美元。*PwC's Global Annual Review 2017*, accessed July 20,2018,

www.pwc.com/ gx/en/about/global-annual-review-2017.html. 德勤报告称，在截至 2017 年 5 月 31 日 的 财 年 中 盈 利 388 亿 美 元 。"Deloitte Announces Record Revenue of US$38.8 Billion," press release, Deloitte, September 14, 2017, accessed July 20, 2018, www2.deloitte.com/ global/ en/pages/about-deloitte/articles/global-revenue-announcement.html.毕马威报告称，在截至 2017 年 9 月 30 日的财年中盈利 264 亿美元。KPMG International Cooperative, *2017 International Annual Review*, accessed July 20, 2018, https://assets.kpmg.com/content/dam/ kpmg/ xx/pdf/2017/12/international-annual-review-2017.pdf.

61. 有关成长型对冲基金和资产管理行业以及收入保护的更多信息，参见 Robin Greenwood and David Sharfstein, "The Growth of Finance," *Journal of Economic Perspectives* 27, no. 2 (Spring 2013): 3–28, www.people.hbs.edu/dscharfstein/Growth_of_ Finance_ JEP.pdf。以下简称 Greenwood and Sharfstein, "The Growth of Finance"。

62. 参见 Winters, *Oligarchy*, 24。

63. "膨胀的财富"这个词以及财产的规模大小确实会产生影响的说法，让人想起泰迪·罗斯福著名的《新民族主义》演讲。

64. 例如，英国、美国和挪威的精英公务员在 20 世纪初的工资分别是全国平均工资的 17.8 倍、7.8 倍和 5.3 倍，在 20 世纪中叶则分别是 8.9 倍、4.1 倍和 2.1 倍。参见 Henry Phelps Brown, The Inequality of Pay (New York: Oxford University Press, 1977), Table 3.4, 84; Michael Walzer, *Spheres of Justice: A Defense of Pluralism and Equality* (New York: Basic Books, 1983), 158。

65. 1969 年，国会职员的年薪是 1 万美元，国会议员的年薪是 4.25 万美元，全职政治说客的年薪则是 1.5 万美元。参见 Norman Ornstein, "District of Corruption," *New Republic,* February 4, 2009, accessed July 21, 2018, https://newrepublic.com/article/61705/district-corruption, and "Registrations by Lobbyists," *CQ Almanac 1970,* 26th ed. (Washington, DC: Congressional Quarterly, 1971), 11-1214–1245, accessed July 21, 2018, http://library.cqpress. com /cqalmanac/cqal70-1290625。这里的 1.5 万美元是 1969 年 12 月 23 日至 1971 年 1 月 3 日期间登记的游说者年薪的大致平均值。

66. 1969 年，地区法官的年薪为 3 万美元，顶尖 13%的律师年薪则是 5 万美元。参见 "Judicial Compensation," United States Courts, accessed July 21, 2018, http://www.uscourts. gov/ judges-judgeships/judicial-compensation#fn7, and "In Search of the Average Lawyer," *ABA Journal* 56, no. 12 (December 1970): 1164。

67. 1964 年，美国政府行政部门负责人的年薪是 3.5 万美元，参见 Arthur Sackley, "Salaries of Major Federal Officials, 1789–1965," *Monthly Labor Review* 87 (October 1964): 1145。一名薪酬丰厚的金融分析师年薪可能达到 4 万美元，参见 William Norby, "Profile and Compensation of the Financial Analyst," *Financial Analysts Journal* 28, no. 2 (March–April 1972): 36; Chrystia Freeland, *Plutocrats: The Rise of the New Global Super-Rich and the Fall of Everyone Else* (New York: Penguin Press, 2012), 226。以下简称 Freeland, *Plutocrats*。1980 年，政府监管机构负责人的薪资是他们所监管企业领导人的 1/10，到了 2005 年，这个比例已降至 1/60。

68. 参见 Zouheir Jamoussi, *Primogeniture and Entail in England: A Survey of Their History and Representation in Literature* (Newcastle upon Tyne: Cambridge Scholars Publishing,

2011), 61。

69. 有时候，公共部门的非精英员工也比他们在私营部门的同行薪酬更低。"与相应的私营部门员工相比，州政府员工的总薪酬平均低 6.8%，而地方政府员工的总薪酬平均低 7.4%。"参见 Keith Bender and John Heywood, *Out of Balance? Comparing Public and Private Sector Compensation over 20 Years* (Center for State & Local Government Excellence and National Institute on Retirement Security, April 2010), 3。

70. 有关国会议员作为立法者和政治游说者分别可能获得的薪水，参见 Christopher Lee, "Daschle Moving to K Street: Dole Played a Key Role in Recruiting Former Senator," *Washington Post,* March 14, 2005, A17, accessed July 22, 2018, www.washingtonpost.com/wp-dyn /articles/A32604-2005Mar13.html［根据李的报告，"其他有影响力的国会前议员在做出这一选择后每年领取的薪酬可以高达 100 万美元甚至更高"。"据报道，（前共和党参议员）鲍勃·多尔每年的收入为 80 万~100 万美元，共和党人在周五的采访中表示，这个范围"或多或少"是准确的。］同样，国会议员比利·陶津卸任后，作为医药企业说客，每年收取 200 万美元；国会议员埃里克·坎托在竞选连任失败后，转身成为投资银行业者，每年收取大约 200 万美元，参见 Paul Blumenthal, "The Legacy of Billy Tauzin: The White House-PhRMA Deal," *Sunlight Foundation* (blog), February 12, 2010, accessed July 22, 2018, http://blog.sunlightfoundation.com/2010/02/12/the-legacy-of-billy-tauzin-the-white-house-pharma-deal, and Taylor Wofford, "Eric Cantor Lands $3.4 Million Investment Banking Job," *Newsweek,* September 2, 2014, accessed July 22, 2018, www.newsweek.com/eric-cantor-lands-34-million-investment-banking-job-267924。众议院议员目前的薪水是 17.4 万美元，参见 Ida Brudnick, *Congressional Salaries and Allow-ances: In Brief* (Washington, DC: Congressional Research Service, April 11, 2018), 9。

  国会工作人员的收入可能增加了 5 倍，从 5 万美元增加到 25 万美元。对于普通国会工作员工的工资水平，参见 Daniel Schuman, "What's the Average Salary of House Staff?," *Open House Project,* December 2, 2009, accessed July 22, 2018, www.webcitation.org/5xkbywzmS。（2009 年，国会工作人员的收入为 29 890.54~120 051.55 美元，大约 80% 的员工收入为 29 890.54 ~ 61 389.93 美元。）有关成为政治游说者的薪资，参见 Kevin Bogardus and Silla Brush, "Democratic Aides May Get Cold Shoulder from K Street After Midterms," *The Hill,* September 14, 2010, accessed July 22, 2018, http://thehill.com/business-a-lobbying/118495-democratic-party-aides-see-value-drop-on-k-street（"大约一年前，即 2009 年，离开国会加入游说团体者的薪资报酬从 25 万美元到 50 万美元不等。"）

  对于此类报告的综合表述，参见 Richard Hasen, "Lobbying, Rent-Seeking, and the Constitution," *Stanford Law Review* 64, no. 1 (February 2012): 2224–25; Robert Reich, *Supercapitalism: The Transformation of Business, Democracy, and Everyday Life* (New York: Alfred Knopf, 2007), 139。以下简称 Reich, *Supercapitalis*。到 2006 年，人际关系很强的参议院工作人员作为游说者每年可以获得 50 万美元；而曾担任国会委员会主席者的薪酬可以高达 200 万美元。

71. 2017 年，最高法院首席大法官的收入为 26.33 万美元。同年，瓦赫特尔–利普顿–罗森–卡茨律师事务所合伙人的平均薪酬为 570 万美元。参见 "Judicial Salaries: Supreme Court Justices," Federal Judicial Center, accessed July 23, 2018, www.fjc.gov/history/

judges/ judicial-salaries-supreme-court-justices, and Gina Passarella Cipriana, "The 2018 Am Law 100 Ranked by Compensation—All Partners," *American Lawyer,* April 24, 2018, accessed July 23, 2018, www.law.com/americanlawyer/2018/04/24/the-2018-am-law-100-ranked-by-compensation-all-partners/。众达、凯易、奥睿、宝维斯、世达和萨斯曼·戈弗雷等律师事务所现在都向最高法院法官助理提供40万美元的签约奖金。Staci Zaretsky, "$400K Is Now the Official Market Rate for Supreme Court Bonuses," *Above the Law,* November 15, 2018, accessed January 8, 2019, abovethelaw.com/2018/11/400k-is-now-the-official-market-rate-for-supreme-court-clerk-bonuses/。

72. 2018年，美国财政部长和其他一级行政官员的收入为21.07万美元，参见U.S. Office of Personnel Management, "Salary Table No. 2018-EX: Rates of Basic Pay for the Executive Schedule," 2018 Executive & Senior Level Employee Pay Tables, accessed July 23, 2018, www.opm.gov/policy-data-oversight/pay-leave/salaries-wages/salary-tables/18Tables/exec/html/EX.aspx。2017年，高盛、摩根大通与摩根士丹利等华尔街巨擘CEO的平均年薪为2 680万美元，参见JPMorgan Chase & Co., Schedule 14A: Preliminary Proxy Statement (filed April 4, 2018), accessed July 23, 2018, www.sec.gov/Archives/edgar/data/19617/ 000001961718000067/jpmc2018preliminaryproxy.htm; the Goldman Sachs Group, Form 8-K (filed February 15, 2018), accessed July 23, 2018, www.sec.gov/Archives/edgar/data/ 886982/000119312518047491/d518947d8k.htm; and Morgan Stanley, Schedule 14A: Definitive Proxy Statement (filed April 6, 2018), accessed July 23, 2018, www.sec.gov/ Archives/edgar/data/895421/000119312518109962/d492849ddef14a.htm; Freeland, *Plutocrats,* 226（该报告称，1980年，政府监管机构负责人的薪资是他们所监管企业负责人的1/10，到了2005年，这个比例已降至1/60）。

73. 例如参见Seth Stern, "The Dealmaker: Top M&A Attorney Faiza Saeed is Cravath's Presiding Partner," *Harvard Law Bulletin,* May 18, 2017, accessed July 23, 2018, https://today.law. harvard. edu/the-dealmaker/。

74. Thomas Ferguson and Robert Johnson, "When Wolves Cry'Wolf': Systematic Financial Crises and the Myth of the Danaid Jar," paper presented at INET Inaugural Conference, King's College, Cambridge, April 2010, accessed July 23, 2018, www.ineteconomics.org/uploads/papers/INET-C@K-Paper-Session-8-Ferguson-Rob-Johnson.pdf, 21.

75. 参见Mark Leibovich, *This Town: Two Parties and a Funeral—Plus Plenty of Valet Parking!—in America's Gilded Capital* (New York: Blue Rider Press, 2013), 148– 64. Christopher Lee, "Daschle Moving to K Street: Dole Played a Key Role in Recruiting Former Senator," *Washington Post,* March 14, 2005, A17, accessed July 23, 2018, www.washingtonpost.com/wp-dyn/articles/A32604-2005Mar13.html。

76. 相关完整报道，参见Juliet Lapidos, "Eric Cantor Cashes In, Goes to Wall Street," *New York Times,* September 2, 2014, accessed July 23, 2018, https://takingnote.blogs.nytimes.com/2014/09/02/eric-cantor-cashes-in-goes-to-wall-street/。关于《纽约时报》的预估，参见Editorial Board, "Eric Cantor's Big Payoff," *New York Times,* August 9, 2014, accessed July 23, 2018, www.nytimes.com/2014/08/10/opinion/sunday/eric-cantors-big-payoff.html；关于《华尔街日报》对事件的思考，参见Dana Cimilluca and Patrick O'Connor, "Eric Cantor to Join Wall Street Investment Bank," *Wall Street Journal,* September 2, 2014,

accessed July 23, 2018, www.wsj.com/articles/eric-cantor-to-join-wall-street-investment-bank-1409630638。

77. 参见Greg Jaffe and Jim Tankersley, "Capital Gains: Spending on Contracts and Lobbying Propels a Wave of New Wealth in D.C.," *Washington Post,* November 17, 2013, accessed July 23, 2018, www.washingtonpost.com/national/capital-gains-spending-on-contracts-and-lobbying-propels-a-wave-of-new-wealth-in-d-c/2013/11/17/6bd938aa-3c25-11e3-a94f-b58017bfee6c_story.html?utm_term=.44ae 6632d430。以下简称Jaffey and Tankersley, "Capital Gains"。

78. 参见Jaffe and Tankersley, "Capital Gains"; Richard Florida, "Venture Capital Remains Highly Concentrated in Just a Few Cities," *City Lab,* October 3, 2017, accessed July 23, 2018, www.citylab.com/life/2017/10 /venture-capital-concentration/539775/。

79. 参见Jaffe and Tankersley, "Capital Gains"。

80. 参见Jaffe and Tankersley, "Capital Gains"。有关华盛顿特区的餐馆，参见Maura Judkis, "One of the Most Expensive Restaurants in Washington Is Going to Increase Its Prices," *Washington Post,* January 23, 2017, accessed July 23, 2018, www.washingtonpost.com/ news/going-out-guide/wp/2017/01/23/one-of-the-most-expensive-restaurants-in-washington-is-about-to-increase-its-prices/?utm_term =.3884ea4ce2ca。

81. Ajay Kapur, Niall Macleod, and Narendra Singh, "Equity Strategy: Plutonomy: Buying Luxury, Explaining Global Imbalances," Citigroup, Industry Note, October 16, 2005, accessed July 23, 2018, https://delong.type pad.com/plutonomy-1.pdf。"保护收入"这个词借用自Winters, *Oligarchy,* 18–19。

82. 参见Julie Hirschfeld Davis and Kate Kelly, "Two Bankers Are Selling Trump's Tax Plan. Is Congress Buying?," *New York Times,* August 28, 2017, accessed July 23, 2018, www.nytimes.com/2017/08/28/us/politics /trump-tax-plan-cohn-mnuchin.html。

83. 参见Brian O'Connor, "Heirs Inherit Uncertainty with New Estate Tax," *New York Times,* February 23, 2018, accessed July 23, 2018, www.nytimes.com/2018/02/23/business/estate-tax-uncertainty.html。

　　精英游说和律师行业现在正在密谋对信托法进行修改，这可能实际上会完全消除遗产税，甚至对超级富豪也是如此。一种被称为"禁止永久权规则"的法律原则多年以来一直阻止人们建立永久信托。这种信托允许死者在死后无限期地控制资产，包括为了他们的后代受益。最近，两位富有的兄弟——一位是纽约律师，另一位是阿拉斯加银行业者——制订了一项计划，通过法律手段在阿拉斯加废除了这一规则，以便为该州带来更多的信托和遗产业务。在他们获得成功之后，其他州现在也开始效仿。参见Ray Madoff, Immortality and the Law: The Rising Power of the American Dead (New Haven, CT: Yale University Press, 2010), 81。

84. 这一数字分别占北美洲、欧洲和拉丁美洲富人拥有的总资产的10%、20%~30%和50%。参见Winters, *Oligarchy,* 233。由于显而易见的原因，那些避税天堂的财富很难被发现和衡量，关于其中的一些难点，参见Annette Alstadsaeter, Niels Johannesen, and Gabriel Zucman, "Who Owns Wealth in Tax Havens: Macro Evidence and Implications for Global Inequality," NBER Working Paper No. 23805 (September 2017), 8, www.nber.org/papers/

w238 05.pdf。

85. 有关收入最高的 1% 群体的收入在国民总收入中所占的份额，参见 Michael Greenstone and Adam Looney, *Just How Progressive Is the US Tax Code?* (Washington, DC: The Hamilton Project, April 13, 2012), 3, accessed July 23, 2018, www.hamiltonproject.org/assets/legacy/ files /downloads_and_links/0413_tax.pdf。针对这 1% 群体的税率，参见 Emmanuel Saez, "Reported Incomes and Marginal Tax Rates, 1960–2000: Evidence and Policy Implications," *Tax Policy and the Economy* 18 (2004): 117–73。以下简称 Saez, "Reported Incomes and Marginal Tax Rates"。

86. 参见 Warren Buffett, "Stop Coddling the SuperRich," *New York Times,* August 14, 2011, accessed July 23, 2018, www.nytimes.com/2011/08/15/opinion /stop-coddling-the-super-rich. html?_r=0, and Chris Isidore, "Buffett Says He's Still Paying Lower Tax Rate Than His Secretary," CNN Money, March 4, 2013, accessed July 23, 2018, https://money.cnn.com/ 2013/03/04/news/economy/buffett-secretary-taxes/index.html。

87. 考虑到作为社会保障和医疗保险资金来源的工资税以及州和地方税，如今美国的平均总体税率几乎是扁平化的。在最近的典型年份中，收入最低的 1/5 群体获得 3% 的收入，缴纳 2% 的税款；中等收入的 1/5 群体获得 11% 的收入，缴纳 10% 的税款；而收入最高的 1% 群体获得 21% 的收入，缴纳 22% 的税款。参见 D.R., "Taxes and the Rich: Looking at All the Taxes," *The Economist,* July 19, 2012, accessed December 29, 2018, www.economist.com/blogs/democracyinamerica/2012/07 /taxes-and-rich-0。

88. 参见 Jesse Eisinger, "Why the S.E.C. Didn't Hit Goldman Sachs Harder," New Yorker, April 21, 2016, accessed July 23, 2018, www.newyorker.com/business/curren/why-the-s-e-c-didnt-hit-goldman-sachsharder。

89. Martin Luther King Jr., *Strength to Love* (New York: Simon & Schuster, 1964), 47.

90. 这句话来自德莱顿翻译的维吉尔的《农事诗》第四卷。Virgil, *The Georgics, with John Dryden's Translation* (Ashington: Mid Northumberland Arts Group, 1981), 147.

91. 参见 Kevin Williamson, "Chaos in the Family, Chaos in the State: The White Working Class's Dysfunction," *National Review,* March 17, 2016, accessed July 23, 2018, www.nationalreview.com/ article/432876/donald-trump-white-working-class-dysfunction-real-opportunity-needed-not-trump；另参见 Edward Luce, "The New Class Warfare in America," *Financial Times,* March 20, 2016, accessed July 23, 2018, www.ft.com/content/63b061be-ecfc-11e5-bb79-2303682345c8。

92. 参见 Bret Stephens, "Only Mass Deportation Can Save America," *New York Times,* June 16, 2017, accessed July 23, 2018, www.nytimes.com/2017/06/16/opinion /only-mass-deportation-can-save-america.html。

93. 参见 Ezra Klein, "Romney's Theory of the 'Taker Class,' and Why It Matters," *Wonkblog, Washington Post,* September 17, 2012, accessed July 23, 2018, www.washingtonpost.com/news/wonk/wp/2012/09/17/romneys-theory-of-the-taker-class-and-why-it-matters/?utm_term=.ad5165f 4407f。瑞安后来表示对自己的这一说法感到抱歉。参见 "Speaker Ryan on the State of American Politics," press release, Speaker.gov, March 23, 2016, accessed July 23, 2018, www.speaker.gov/press-release/full-text-speaker-ryan-state-american-politics。

94. 参见 Amy Davidson Sorkin, "Mitt's Forty-Seven-Per-Cent Problem," *New Yorker,* September

18, 2012, accessed July 23, 2018, www.newyorker.com/news/amy-davidson/mitts-forty-seven-per-cent-problem。罗姆尼随后也对自己的这一言论表示抱歉，参见 Ashley Parker, "Romney, Buoyed by Debate, Shows Off His Softer Side," *New York Times,* October 6, 2012, accessed July 23, 2018, www.nytimes.com/2012/10/07/us/politics/mitt-romney-after-debate-success-shows-softer-side.html?pagewanted=all。

95. 参见 Jeff Zeleny, "Opponents Call Obama Remarks 'Out of Touch,'" *New York Times,* April 12, 2008, accessed July 23, 2018, www.nytimes.com/2008/04/12/us/politics/12campaign.html?action=click&contentCollection=Politics&module=RelatedCoverage&region=EndOfArticle&pgtype=article。奥巴马后来表示他的这个表达很糟糕，参见 Katharine Seelye and Jeff Zeleny, "On the Defensive, Obama Calls His Words Ill-Chosen," *New York Times,* April 13, 2008, accessed July 23, 2018, www.nytimes.com/2008/04/13/us/politics/13campaign.html。

96. 参见 Amy Chozick, "Hillary Clinton Calls Many Trump Backers 'Deplorables,' and G.O.P. Pounces," *New York Times,* September 10, 2016, accessed July 23, 2018, www.nytimes.com/2016/09/11/us/politics/hillary-clinton-basket-of-deplorables.html。希拉里后来也对自己的这一言论表示抱歉，参见 Dan Merica and Sophie Tatum, "Clinton Expresses Regret for Saying 'Half' of Trump Supporters are 'Deplorables,'" CNN, September 12, 2016, accessed July 23, 2018, www.cnn.com/2016/09/09/politics/hillary-clinton-donald-trump-basket-of-deplorables/。

97. 这句话让人想起阿莉·拉塞尔·霍克希尔德的作品《故土的陌生人：美国保守派的愤怒与哀痛》。霍克希尔德用她所谓的"深层故事"叙述了美国白人的本土主义。她描述了美国的白人劳动者和中产阶层如何通过构建一个故事来解释他们的生活境遇：他们长时间地等待着成功的机会，但是其他的群体——黑人、妇女和移民也加入了等待的队伍，社会精英们挥舞着民权、女权、多元文化和精英主义的旗帜，利用政府救济帮助这些"其他人"插队。参见 Arlie Russell Hochschild, *Strangers in Their Own Land: Anger and Mourning on the American Right* (New York: New Press, 2016),136-37。早期有关白人劳工阶层不满情绪的研究也证实了这一解释。1985 年，斯坦利·格林伯格对密歇根州马科姆县美国汽车工人联合会的白人工人和退休人员进行了调查。他发现几乎所有的调查对象都将个人生活的停滞不前归因于"对白人的歧视"和"黑人的特权"。参见 Stanley Greenberg, *Middle Class Dreams: The Politics and Power of the New American Majority* (New Haven, CT: Yale University Press, 1995), 40, 47。此外，由市场营销和民意调查公司 CRG 在 1985 年针对白人劳工阶层开展的另外一项研究也得到了同样的结论。许多白人工人认为民主党更倾向于帮助黑人和西班牙语裔，而忽略了他们，这让他们感到"被背叛"。由于民主党的领导人担心这项研究会揭示出"自由正统观点中有争议的异议来源"，所以 CRG 的这一研究从未正式发表。但是，托马斯·埃德索尔和玛丽·埃德索尔在 1991 年发表的一篇文章中引用这一观点，参见 Thomas Edsall and Mary Edsal, "When the Official Subject Is Presidential Politics, Taxes, Welfare, Crime, Rights, or Values, the Real Subject Is Race," *Atlantic,* May 1991, accessed July 23, 2018, www.theatlantic.com/past/docs/politics/race/edsall。这个"深层故事"将白人工人和中产阶层描绘成了"留在家乡的移民"，尽管周围的世界已经发生变化，他们的价值观却仍然保持不变，参见 Hochschild, *Strangers in Their Own Land,* 49。

98. Friedrich Nietzsche, *On the Genealogy of Morality,* trans. Carol Diethe, ed. Keith Ansell-

Pearson (New York: Cambridge University Press, 2014), III:15, 93. 尼采说，对于奴隶道德的支持者而言，"情感的释放是痛苦的人试图缓解痛苦的最大尝试，或者我应该说，是痛苦的人不由自主地渴望对抗各种痛苦的麻醉剂"。

99. 参见 Aziz Rana, *The Two Faces of American Freedom* (Cambridge, MA: Harvard University Press, 2014)。

100. Hochschild, *Strangers in Their Own Land,* 131.

101. Jamie Walsh，见引于 Gary Younge and Laurence Mathieu-Léger, "The View from Middletown: 'Trump Speaks to Us in a Way Other People Don't,'" *Guardian,* October 2, 2016,accessed October 23, 2018, www.theguardian.com/membership/2016/oct/27/ middletown-trump-muncie-clinton。以下简称 Younge and Mathieu-Léger, "The View from Middletown"。

102. Jamie Walsh, 见引于 Younge and Mathieu-Léger, "The View from Middletown"。

103. 这里也有更加隐晦微妙的优绩主义逻辑在发挥作用。优绩主义将学习与精英联系起来，导致了一个观点，那就是非精英者追求知识就是在背叛自己的社会地位。因此，对于那些具有智慧但又属于中产阶层的人们来说，宗教成了他们表达自身智慧的一个可以被接受的途径。一位出身中产阶层家庭的知识分子回忆说，在她童年时期，"有学识本身就是可疑的，而过于展现学识在社会上是不被接受的；无论是在学校还是其他地方，一个人性格上的最大失败就是变得自大。但是，如果你换一个名称，譬如以宗教为名，那么你对知识的追求就变得可以被接受了"。Suzanne Lebsock, "Snow Falling on Magnolias," in *Shapers of Southern History: Autobiographical Reflections,* ed. John Boles (Athens: University of Georgia Press, 2004), 291.

104. 参见 Joan Williams, interview with Curt Nickisch, "Why the White Working Class Voted for Trump," *Harvard Business Review*, November 18, 2016, accessed July 23, 2018, https://hbr.org/ideacast/2016/11/why-the-white-working-class-voted-for-trump。以下简称 "Why the White Working Class Voted for Trump," interview with Joan C. Williams。另参见 Michèle Lamont, T*he Dignity of Working Men: Morality and the Boundaries of Race, Class, and Immigration* (Cambridge, MA: Harvard University Press, 2000)。

105. Joan Williams, *White Working Class: Over-coming Class Cluelessness in America* (Boston: Harvard Business Review Press, 2017), 26. 以下简称 Williams, *White Working Class*。

106. 参见 Case and Angus, "Rising Morbidity," Table 1。

107. David Mendell, *Obama: From Promise to Power* (New York: Harper Collins, 2007), 59–63,83–92.

108. 2009 年，奥巴马的内阁与司法部提名人中有近一半拥有来自常春藤盟校的学位，而他们所拥有的所有学位中有 1/3 是来常春藤盟校。能源部长朱棣文在 1997 年曾获诺贝尔物理学奖，还有多位曾是罗德奖学金或马歇尔奖学金得主。参见 "Obama Cabinet Nominations," United States Senate, accessed July 28, 2018, www.senate.gov/reference/Obama_cabinet.htm#1; "About the Governor," Governor Gary Locke, accessed July 28, 2018, www.digitalarchives.wa.gov/governorlocke/bios/bio.htm; "Attorney General: Eric H. Holder, Jr.," United States Department of Justice, accessed July 28, 2018, www.justice.gov/ ag/bio/attorney-general-eric-h-holder-jr; "Secretary Tom Vilsack," Feeding America, accessed July 28, 2018, http://www.feedingamerica.org/about-us/leadership/Secretary-Tom-Vilsack.

html; "Dr. Robert M. Gates," Department of Defense, accessed July 28, 2018, www.defense.gov/About/Biographies/Biography-View/Article/602797/; "Arne Duncan, U.S. Secretary of Education—Biography," U.S. Department of Education, accessed July 28, 2018, www2.ed.gov/news/staff/bios/duncan.html; "Dr. Steven Chu," Energy.gov, accessed July 28, 2018, www.energy.gov/contributors/dr-steven-chu; "Bio," Sebelius Resources, accessed July 28, 2018, www.sebeliusresources.com/welcome-1/; "Janet Napolitano, Secretary of Homeland Security 2009–2013," Homeland Security, accessed July 28, 2018, www.dhs.gov/ janet-napolitano; "Shaun Donovan," White House blog, accessed July 28, 2018, https://obamawhitehouse.archives.gov/blog/author/Shaun-Donovan; "Ken Salazar," WilmerHale, accessed July 28, 2018, www.wilmerhale.com/en /people/ken-salazar; "Biography," Supervisor Hilda L. Solis, accessed July 28, 2018, http://hildalsolis.org/biography/; "About Hillary," Office of Hillary Rodham Clinton, accessed July 28, 2018, www.hillaryclinton.com/about/; "Ray LaHood," DLA Piper, accessed July 28, 2018, www.dlapiper.com/en/us/ people /l/lahood-ray/?tab=credentials; "Timothy F. Geithner," Warburg Pincus, accessed July 28, 2018, www.warburgpincus.com/people/timothy-f-geithner/; and "Class of 1951 Leadership Chair," West Point, accessed July 28, 2018, www.usma.edu/bsl /sitepages/ the%20 honorable%20eric%20k%20shinseki.aspx。

109. 参见Governor Bobby Jindal on Fox News, *America's Newsroom,* "Rove Predicts GOP Race Will Be 'Unsettled for a Long Time,'" August 31, 2015, accessed November 18, 2018, http://video.foxnews.com/v/4454547303001/?#sp=show-clips。

110. Sam Wang, "Sound Bites and Bug Bites," Princeton Election Consortium, November 4, 2016, accessed July 23, 2018, http://election.princeton.edu/2016/11/04/sound-bites-and-bug-bites/.

111. 参见Team Trump, "Donald Trump's Argument for America," advertisement, November 4, 2016, accessed July 24, 2018, www.youtube .com/watch?v=vST61W4bGm8。

112. 有关美国的贫困问题，参见本书第四章。有关美国失业率的信息，参见Bureau of Labor Statistics, Unemployment Rate, https://data.bls.gov/timeseries/LNS14000000。有关美国的消费信息，参见本书第八章。有关美国的犯罪问题，参见Matthew Friedman, Ames Grawert, and James Cullen, *Crime Trends: 1990–2016* (New York: Brennan Center for Justice, 2017), accessed July 24, 2018, www.brennancenter.org/sites/default/files/ publications/Crime%20Trends%201990-2016.pdf。

113. 特朗普在其就职演说中说道："我们资助了其他国家的军队建设，却允许自己的军力可悲地耗损。我们致力于保卫其他国家的国界，却忽略了保护我们自己的疆土……我们帮助其他国家繁荣起来，而我们自己的财富、实力和信心却逐渐消失在地平线上。""今天，美国中产阶层的财富已经从他们的家门口被夺走，然后重新分配给全世界。""在我们国家各个内城居住的孩子和母亲一贫如洗；衰败荒凉的厂区犹如一座座墓碑散布在祖国大地；教育体系耗资巨大，但我们风华正茂的学生却被剥夺了学习全部知识的机会。此外，犯罪活动、帮派和毒品夺走了多少人的生命，使我们的国家失去了多少尚未开发的潜力。"

114. 参见Nate Cohn, "The Obama-Trump Voters Are Real. Here's What They Think," *New York Times,* August 15, 2017, accessed July 24, 2018, www.nytimes.com/2017/08/15/upshot/

the-obama-trump-voters-are-real-heres-what-they-think.html?_r=0, and "Democrats Will Struggle to Win Back Obama-Trump Voters," *The Economist,* November 2, 2017, accessed July 24, 2018, www.economist.com/united-states/2017/11/02/democrats-will-struggle-to-win-back-obama-trump-voters。

115. Yashar Ali, "What George W. Bush Really Thought of Donald Trump's Inauguration," *New York Magazine,* March 29, 2017, accessed July 24, 2018, http://nymag.com/daily/intelligencer/2017/03/what-george-w-bush-really-thought-of-trumps-inauguration.html.

116. Sharon Galicia quoted by Arlie Russell Hochschild, "I Spent 5 Years with Some of Trump's Biggest Fans. Here's What They Won't Tell You," *Mother Jones,* September/October 2016, accessed July 24, 2018, www.motherjones.com/politics/2016/08/trump-white-blue-collar-supporters/, adapted from Hochschild, *Strangers in Their Own Land.*

117. 参见Edward Luce, "The End of American Meritocracy," *Financial Times,* May 8, 2016, accessed July 24, 2018, www.ft.com/content/c17d402a-12cf-11e6-839f-2922947098f0? mhq5j=e1。

118. 参见"Why the White Working Class Voted for Trump," interview with Joan C. Williams。

119. 参见J. D. Vance, *Hillbilly Elegy* (New York: Harper, 2016), 191。

120. 参见Chris Cillizza, "Donald Trump's Appeal Was Just Perfectly Summed Up by Chris Matthews," *Washington Post,* September 30, 2016, accessed July 24, 2018, www.washingtonpost.com/news/the-fix/wp/2016/09/30/chris-matthews-just-nailed-donald-trumps-appeal/?utm_term=.24ba2184ad30。

121. 该调查由《赫芬顿邮报》与舆观（YouGov）调查公司联合展开，参见Michael Tesler, "Trump Voters Think African Americans Are Much Less Deserving Than 'Average Americans,'" *Huffington Post,* December 19, 2016, accessed July 24, 2018, www.huffingtonpost.com/michael-tesler/trump-voters-think-africa_b_13732500.html; Victor Tan Chen, "The Spiritual Crisis of the Modern Economy," *Atlantic,* December 21, 2016, accessed July 24, 2018, www.theatlantic.com/business/archive/2016/12/spiritual-crisis-modern-economy/ 511067/。以下简称Tan Chen, "The Spiritual Crisis of the Modern Economy"。

122. 参见Alec MacGillis, "Revenge of the Forgotten Class," ProPublica, November 10, 2016, accessed July 23, 2018, www.propublica.org/article/revenge-of-the-forgotten-class。

123. 参见Thomas Edsall, "The Not-So-Silent White Majority," *New York Times,* November 17, 2016, accessed July 24, 2018, www.nytimes.com/2016/11/17/opinion/the-not-so-silent-white-majority.html。

124. Jon Huang et al., "Election 2016: Exit Polls," *New York Times,* November 8, 2016, accessed July 24, 2018, www.nytimes.com/interactive/2016/11/08/us /politics/election-exit-polls.html. 一项基于选举前盖洛普调查的大规模数据集对特朗普的支持来源进行的基本一致的分析，参见Jonathan Rothwell and Pablo Diego-Rosell, "Explaining Nationalist Political Views: The Case of Donald Trump," SSRN working paper (November 2, 2016), https://papers.ssrn.com/sol3/papers.cfm?abstract_id= 2822059。

125. 参见Nate Silver, "Education, Not Income, Predicted Who Would Vote for Trump," FiveThirtyEight, November 22, 2016, accessed July 24, 2018, http://fivethirtyeight.com/features/ education-not-income-predicted-who-would-vote-for-trump/。一项相似的分析，参见Neera Tanden et al., "Towards a Marshall Plan for America," Center for American Progress, May 16, 2017, accessed

July 24, 2018, www.americanprogress.org/issues/economy/reports/ 2017/05/16/432499/toward-marshall-plan-america/。

126. 信息来自不愿意透露姓名的圣克莱尔湖畔小镇居民于 2018 年 5 月 2 日与作者的谈话。
127. 参见 Jed Kolko, "Trump Was Stronger Where the Economy Is Weaker," FiveThirtyEight, November 10, 2016, accessed July 24, 2018, https://fivethirtyeight.com/features/trump-was-stronger-where-the-economy-is-weaker/。此外，在常规体力工作最为普遍的地方，从支持奥巴马到支持特朗普的转变最为明显，参见 Neera Tanden et al., "Towards a Marshall Plan for America," Center for American Progress, May 16, 2017, accessed July 24, 2018, www.americanprogress.org/issues/economy/reports/2017/05/16/432499/toward-marshall-plan-america/。
128. 参见 Michèle Lamont, *The Dignity of Working Men: Morality and the Boundaries of Race, Class, and Immigration* (Cambridge, MA: Harvard University Press, 2000), 19–20; Williams, *White Working Class*, 16–17, 20, 31, 37。
129. 参见 Timothy Snyder, *The Road to Unfreedom: Russia, Europe, America* (New York: Tim Duggan, 2018), 263–66。
130. 参见 Board of County Canvassers, Canvass of Votes Cast at the General Election Held on Tuesday, the 8th Day of November, A.D. 1960, November 8, 1960, accessed July 24, 2018, http://clerk.macombgov.org/sites/default/files/content/government/clerk/pdfs/electionresults/1960-11-08-GENERAL-ELECTION.pdf. St. Clair Shores voted about 62 percent Kennedy-Johnson and 37 percent Nixon-Lodge。
131. Michigan Department of State, Michigan Election Precinct Results, 2016 General Election, President of the United States, St. Clair Shores City, accessed July 24, 2018, http://miboecfr.nictusa.com/cgi-bin/cfr /precinct_srch_res.cgi. 圣克莱尔湖畔小镇的居民中有 53% 的人投票给了特朗普和彭斯，42% 的人投票给克林顿和凯恩。
132. 参见 Kevin Williamson, "Chaos in the Family, Chaos in the State: The White Working Class's Dysfunction," *National Review,* March 17, 2016, accessed July 23, 2018, www.nationalreview.com/article/432876/donald-trump-white-working-class-dysfunction-real-opportunity-needed-not-trump. Edward Luce, "The New Class Warfare in America," *Financial Times,* March 20, 2016, accessed July 24, 2018, www.ft.com/content/63b061be-ecfc-11e5-bb79-230368 2345c8。
133. 参见 American National Election Studies, "Time Series Cumulative Data File" (2012), www.electionstudies.org/studypages/anes_timeseries_cdf /anes_timeseries_cdf.htm; American National Election Studies, "2016 Time Series Study" (2016), www.electionstudies. org/studypages/anes_timeseries_2016/anes_timeseries_2016.htm。
134. 参见 Past Election Results," Santa Clara County Registrar of Voters, www.sccgov.org/sites/rov/Resources/Pages/PastEResults.aspx ("Statement of Vote" for the November 8, 2016, Presidential General Election)。
135. 参见 "The Virginia Constitution: First Draft by Jeffrson," *The Papers of Thomas Jefferson,* volume 1, *1760–1776,* ed. Julian Boyd, Lyman Butterfield, and Mina Bryan (Princeton, NJ: Princeton University Press, 1950), 337。当然，杰斐逊当年的理想仅适用于自由的白人男

性。对杰斐逊理想的现代诠释则试图包含所有人。

136. 目前尚不清楚布兰代斯是否说过这句话。路易斯维尔大学布兰代斯法学院的图书管理员斯科特·坎贝尔称，研究布兰代斯的学者和传记作者并未找到这句话的出处。参见 Ronald Smith, *Thomas Ewing, Jr., Frontier Lawyer and Civil War Gen-eral* (Columbia: University of Missouri Press, 2008), 307 n.59.

[第四章]

1. 准确的台词来自斯蒂芬·弗莱和休·劳瑞根据伍德豪斯的小说《万能管家吉夫斯》改编成的电视剧。该小说最初发表于1916年11月的《星期六晚邮报》上。参见 *Jeeves and Wooster*, "In Court After the Boat Race," ITV, April 22, 1990, written by Clive Exton, directed by Robert Young。

2. 该口号通常被认为是由赫伯特·胡佛在1928年竞选总统时提出的，但胡佛本人似乎从未使用过。事实上，它最早由16世纪的法国国王亨利四世使用，后来在1928年成了美国共和党竞选传单的标题。不过，后来民主党对此大加揶揄，因为美国迎来了经济大萧条。1960年，美国总统约翰·肯尼迪在田纳西州布里斯托发表演说时再次使用这句口号来取笑共和党。他说："我发现上一回有总统候选人在大选之际来此拜访的还是1928年的胡佛。胡佛总统当时高喊'每家锅里都要有两只鸡'，难怪自此之后就再也没有总统候选人敢来这里。"参见 "chicken in every pot," William Safire, *Safire's Political Dictionary* (Oxford: Oxford University Press, 2008), 115。

3. 有关近代美国贫困数据的统计并没有大萧条时期的资料，但是根据最可靠的估计，1914年美国的贫困率是66%，到1932年高达78%。参见 Robert Plotnick et al., "The Twentieth Century Record of Inequality and Poverty in the United States," Institute for Research on Poverty, Discussion Paper no. 1166-98 (July 1998), University of Wisconsin–Madison, 58, accessed August 7, 2018, www.irp.wisc.edu/publications/dps/pdfs/dp116698.pdf. Robert Plotnick et al., "The Twentieth-Century Record of Inequality and Poverty in the United States," in *The Cambridge Economic History of the United States,* vol. 3, ed. S. L. Engerman and R. E. Gallman (Cambridge: Cambridge University Press, 2000), 249–99, Figure 4.4; G. Fisher, "Estimates of the Poverty Population Under the Current Official Definition for Years Before 1959," mimeograph, Office of the Assistant Secretary for Planning and Evaluation, U.S. Department of Health and Human Services, 1986。

4. 参见 Christine Ross, Sheldon Danziger, and Eugene Smolensky, "The Level and Trend of Poverty in the United States, 1939–1979," *Demography* 24, no. 4 (November 1987): 589。

5. 例如参见 "Johnson State of Union Address Provides Budget $97.9 Billion, War on Poverty, Atomic Cutback," *New York Times,* January 9, 1964, accessed August 11, 2018, www.nytimes.com/ 1964/01/09/archives/johnson-state-of-union-address-provides-budget-of-979-billion-war.html。

6. John Patrick Diggins, *Thorstein Veblen: Theorist of the Leisure Class* (Princeton, NJ: Princeton University Press, 1999), 33, 135.

7. Veblen, *Theory of the Leisure Class,* 1.

注释 399

8. Veblen, *Theory of the Leisure Class,* 8.
9. 参见 Benjamin Franklin, *The Autobiography of Benjamin Franklin,* ed. Frank Woodworth Pine (New York: Henry Holt, 1916), 69。
10. Veblen, *Theory of the Leisure Class*, 43.
11. Veblen, *Theory of the Leisure Class*, 10.
12. Veblen, *Theory of the Leisure Class*, 43.
13. Veblen, *Theory of the Leisure Class*, 1.
14. Veblen, *Theory of the Leisure Class*, 8.
15. Veblen, *Theory of the Leisure Class*, 8–15.
16. Veblen, *Theory of the Leisure Class*, 394–400.
17. Veblen, *Theory of the Leisure Class,* 171.凡勃伦在《有闲阶级论》中写道："整洁无瑕的服饰所产生的愉悦效果，主要（如果不是完全）是因为它们暗示着休闲，即免于与任何形式的劳动过程有个人接触。高档皮鞋、无瑕的亚麻布、有光泽的圆筒形帽子以及手杖给予绅士的尊贵之感中，有很大一部分魅力都来自它们明确地暗示着穿着者在如此打扮下不能参与任何直接或立马对人类有用的工作。精致的服装之所以能带来优雅的效果，不仅仅是因为它昂贵，还因为它是休闲的标志。它不仅展示了穿着者能够消费价值较大之物，同时也暗示着他是在不事生产的情况下消费的。"
18. "Destruction of the Leisure Class, Says Morgan, Would Cause Whole Civilization to Perish," Associated Press via *Reading (PA) Times,* February 5, 1936, accessed August 8, 2018, www.newspapers.com/image/47578199/.
19. Steve Fraser, *Every Man a Speculator: A History of Wall Street in American Life* (New York: HarperCollins, 2005), 542. 以下简称 Fraser, *Every Man a Speculator*。
20. Martin Mayer, *Wall Street: Men and Money,* rev. ed. (New York: Collier, 1962), 39–40. 以下简称 Mayer, *Wall Street*。
21. Mayer, *Wall Street,* 39–40.
22. Fraser, *Every Man a Speculator*, 487.
23. Fraser, *Every Man a Speculator*, 487.
24. Fraser, *Every Man a Speculator*, 487–90.
25. Fraser, *Every Man a Speculator*, 488.
26. 参见 Michael Young, *The Rise of the Meritocracy* (New Brunswick, NJ: Transaction Publishers, 1994), 18。以下简称 Young, *The Rise of the Meritocracy*。
27. Young, *The Rise of the Meritocracy*, 18.
28. American Bar Association Committee on Economics of Law Practice, *The Lawyer's Handbook* (St. Paul, MN: West Publishing Company, 1962), 287. 威廉·罗斯同样引用了1965年美国律师协会的一项调查。该调查称，律师事务所员工每年的工作时间通常仅为1 400~1 600小时，而合伙人的工作时间仅为1 200~1 400小时。参见 William G. Ross, *The Honest Hour: The Ethics of Time-Based Billing by Attorneys* (Durham, NC: Carolina Academic Press, 1996), 2–3，引自 Clark Sloat and Richard Fitzgerald, *Administrative and Financial Management in a Law Firm* (Standing Committee on Economics of Law Practice of the American Bar Association, Economics of Law Practice Series, Pamphlet 10, 1965), 2。以下简

称 Sloat and Fitzgerald, *Administrative and Financial Management in a Law Firm*。

29. 参见 Peter Giuliani, "Financial Planning and Control for Lawyers," *ABA Journal* 63 (January 1977): 60–70, accessed January 31, 2019, https://books.google.com/books?id=MMPODtsVjGIC&pg=PA3&lpg=PA3&dq=%22financial+planning+and+control+for+lawyers%22&source=bl&ots=TGFj64ggsb&sig=6r8Uyltb2dxjlihoOjw3UVlkphM&hl=en&sa=X&ved=2ahUKEwj7_9GM7d3cAhWKAXwKHUwuDbUQ6AEwAXoECAMQAQ#v=onepage&q=%22financial%20planning%20and%20control%20for%20lawyers%22&f=false。

30. 例如参见 Sloat and Fitzgerald, *Administrative and Financial Management in a Law Firm*, 2–3 ("许多律师事务所的经验表明，每年每位员工的计费时数在 1 400~1 600 小时、每位合伙人的计费时数在 1 200~1 400 小时是常态。当然，也会存在个体差异"); Deborah Rhode, "Institutionalizing Ethics," *Case Western Reserve Law Review* 44, no. 2 (1994): 711, accessed August 8, 2018, https://scholarlycommons.law.case.edu/cgi/viewcontent.cgi?article=1977&context=caselrev ("几十年前的传统观念是，律师每年的计费时数不能超过 1 200~1 500 小时"); Carl Bogus, "The Death of an Honorable Profession," *Indiana Law Journal* 71, no. 4 (Fall 1996): 924, accessed August 8, 2018, www.repository.law.indiana.edu/cgi/viewcontent.cgi?article=1802&context=ilj (报告称，合伙人级别的律师的计费时数中位数为 1 500 小时)。事实上，就在 1984 年，奥尔特曼·韦尔公司的经济调查报告显示，其调查的律师事务所合伙人的平均计费时间为每年 1 531 小时。参见 Marci Krufka, *Mining the Surveys: Law Firm Partners Working Harder Than Ever* (Newtown Square, PA: Altman Weil, Inc., 2003), 1。

31. 参见 Leslie Kwoh, "Hazard of the Trade: Bankers' Health," *Wall Street Journal,* February 15, 2012, accessed August 8, 2018, www.wsj.com/articles/SB10001424052970204062704577223623824944472。

32. Ho, *Liquidated*, 88.

33. Ho, *Liquidated*, 88.

34. Brian Dumaine and Lynn Fleary, "A Hot New Star in the Merger Game," *Fortune,* February 17, 1986, accessed July 18, 2018, http://archive.fortune.com/magazines/fortune/fortune_archive/1986/02/17/67133/index.htm.

35. Kevin Roose, *Young Money: Inside the Hidden World of Wall Street's Post-Crash Recruits* (New York: Grand Central Publishing, 2014), 114.

36. Kantor and Streitfeld, "Inside Amazon."

37. Kantor and Streitfeld, "Inside Amazon."

38. Kantor and Streitfeld, "Inside Amazon."

39. 亚马逊"由数据驱动"，只有"当数据表明必须停止这么做时"，才会停止这么做。Kantor and Streitfeld, "Inside Amazon."

40. Kantor and Streitfeld, "Inside Amazon."

41. 参见 Ben Lovejoy, "Former Apple Managers Talk of the 24/7 Work Culture: 'These People Are Nuts,'" 9to-5Mac, October 1, 2014, accessed August 11, 2018, http://9to5mac.com/2014/10/01/former-apple-managers-talk-of-the-247-work-culture-these-people-are-nuts/。同时回想一下前面提及的实时更新计费时数的那家律师事务所。该事务所的数据每 20 分钟更

新一次，每位合伙人都可以随时随地通过电脑或智能手机进行访问。此信息由该事务所的合作伙伴于 2016 年 12 月 7 日通过邮件向作者匿名透露。

42. 企业重组与管理层工作压力增大之间的关系，有可靠的数据支撑。例如，20 世纪 90 年代中期针对电信业的调查显示，有 93% 的中层管理者都表示企业重组使他们的工作负担加重。参见 Rosemary Batt, "From Bureaucracy to Enterprise? The Changing Jobs and Careers of Managers in Telecommunications Service," in Paul Osterman, ed., *Broken Ladders: Managerial Careers in the New Economy* (Oxford: Oxford University Press, 1996), 73. Peter Cappelli, *The New Deal at Work: Managing the Market-Driven Workforce* (Boston: Harvard Business School Press, 1999), 129–30。以下简称 Cappelli, *The New Deal at Work*。

43. Daniel Feldman, "Managers' Propensity to Work Long Hours: A Multilevel Analysis," *Human Resource Management Review* 12 (2002): 339.

44. Juliet Schor, *The Overworked American: The Unexpected Decline of Leisure* (New York: HarperCollins, 1991), 181，引用了光辉国际咨询公司的一项跨国调查。以下简称 Schor, *The Overworked American*。

45. Schor, *The Overworked American,* 181，引用了海德思哲公司的一项调查，另见引于 Ford S. Worthy, "You're Probably Working Too Hard," *Fortune,* April 27, 1987, 136。

46. Schor, *The Overworked American,* 181，引自 Sally Solo, "Stop Whining and Get Back to Work," *Fortune,* March 12, 1990, 49。

    在此之后，增长速度很可能有所放缓，因为一开始设定的工作效率目标大部分已实现。参见 Peter Kuhn and Fernando Lozano, "The Expanding Workweek? Understanding Trends in Long Work Hours Among U.S. Men, 1979–2006," *Journal of Labor Economics* 26, no. 2 (2008): 311–43。以下简称 Kuhn and Lozano, "The Expanding Workweek?"。这篇文章采用的是 1979—2006 年的人口调查数据。数据表明，管理类的工作时间在 20 世纪 80 年代增长速度最快。不过，这种增长趋势并没有逆转，也没有停止，《财富》杂志报道称，如今的高管"比以往任何时候都要更加努力地工作"。Patricia Sellers, "You're Working Too Hard!" *Fortune* (blog), August 20, 2009, accessed August 11, 2018, http://postcards.blogs.fortune.cnn.com/2009/08/20/youre-working-too-hard/.

    20 世纪 90 年代对 1 344 名中层管理人员进行的民意调查同样显示，33% 的管理人员每周工作 40~49 小时，57% 的管理人员每周工作 51~60 小时，6% 的管理人员每周工作超过 60 小时。参见 Anne Fisher, "Welcome to the Age of Overwork," *Fortune*, November 30, 1992, 64–71, and Jeanne Brett and Linda Stroh, "Working 61 Plus Hours a Week: Why Do Managers Do It?," *Journal of Applied Psychology* 88, no. 1 (2003)。

    其他有关管理者工作时间的报告包括阿莉·霍克希尔德的研究结论，即高层管理人员每周工作 50~70 小时。参见 Hochschild, *The Time Bind*, 57。另见 20 世纪 80 年代中期的一项民意调查研究（Ford S. Worthy, "You're Probably Working Too Hard," *Fortune*, April 27, 1987, 136），该研究表明，高级管理人员每周平均工作 56 小时。

47. Hochschild, *The Time Bind,* 56–57. 这位高管补充道："在这样一个竞争激烈的环境下，一个人要想一边声称'我工作生活非常平衡'，一边还能够晋升成为公司的 CEO，恐怕还要很久。因为有太多人并不这么认为。"

48. Hochschild, *The Time Bind,* 70.

对小企业主的要求呈现出同样的增长趋势。例如，一项对达拉斯企业的详细研究发现，虽然在 1970 年只有 6.8% 的企业倒闭，但到了 20 世纪 80 年代中期，每年都有超过 20% 的企业倒闭。参见 Louis Richman, "How Jobs Die—and Are Born," *Fortune*, July 26, 1993。

49. Hewlett and Luce, "Extreme Jobs."
50. Hewlett and Luce, "Extreme Jobs."
51. 参见 Julia Szymczack et al., "To Leave or to Lie? Are Concerns About a Shift-Work Mentality and Eroding Professionalism as a Result of Duty-Hour Rules Justified?," *Milbank Quarterly* 88, no. 3 (September 2010): 350–81。
52. Renée M. Landers, James B. Rebitzer, and Lowell J. Taylor, "Rat Race Redux: Adverse Selection in the Determination of Work Hours in Law Firms," *American Economic Review* 86, no. 3 (June 1996): 329–48, 330，引自 American Bar Association, Young Lawyers Division, *The State of the Legal Profession* (American Bar Association, 1991), 22, Table 19。根据美国律师协会的研究报告，在 1984 年，4% 的律师每月工作超过 240 小时，31% 的律师每月工作 200–239 小时。到了 1990 年，13% 的律师每月工作超过 240 小时，37% 的律师每月工作 200~239 小时。以下简称 Landers, Rebitzer, and Taylor, "Rat Race Redux"。
53. 参见 Landers, Rebitzer, and Taylor, "Rat Race Redux," 337。其他的调查报告显示出了类似的结果。例如，密歇根大学法学院对其毕业生进行的一项调查研究显示，70% 的毕业生平均每周工作超过 50 小时，超过 1/4 的毕业生平均每周工作超过 60 小时。University of Michigan Law School, "Class of 1995 Five Year Report" (2002), accessed August 11, 2018, http://repository.law.umich.edu/cgi/viewcontent.cgi?article=1145&context=alumni_survey_re ports; Patrick Schiltz, "On Being a Happy, Healthy, and Ethical Member of an Unhappy, Unhealthy, and Unethical Profession," *Vanderbilt Law Review* 52, no. 4 (May 1999): 870–951. 以下简称 Schiltz, "An Unhappy, Unhealthy, and Unethical Profession"。
54. 参见 Rhode, *Balanced Lives,* 14; Deborah L. Rhode, *In the Interests of Justice: Reforming the Legal Profession* (Oxford: Oxford University Press, 2000); Cameron Stracher, "Show Me the Misery," *Wall Street Journal*, March 6, 2000, A31; Carl Bogus, "The Death of an Honorable Profession," *Indiana Law Journal* 71, no. 4 (Fall 1996): 924, accessed August 8, 2018, www.repository.law.indiana.edu/cgi/viewcontent.cgi?article=1802&context=ilj; and Sheila Wellington, "Women in Law: Making the Case," *Women Lawyers Journal* 88, no. 2 (Winter 2003): 11–15。
55. 出自某大型律师事务所的一名不愿意透露姓名的中高级律师。"My Typical Day Shows Why Lawyers Are Miserable and Lonely," *Business Insider,* November 12, 2013, accessed August 12, 2018。最初匿名发表于 "Why are so many lawyers unhappy with their jobs?," Quora, accessed August 12, 2018, www.quora.com/Attorneys/ Why-are-so-many-lawyers-unhappy-with-their-jobs。
56. Blake Edwards, "Big Firm Burnout and the New Virtual Lawyers," Bloomberg Law, August 27, 2015, accessed August 12, 2018, https://bol.bna.com/big-firm-burnout-and-the-new-virtual-lawyers/（故事主人公叫帕特里克·默多克，曾在谢尔曼·斯特灵律师事务所担任律师）。

57. 参见 Casey Sullivan, "Law Firm Leaders Weigh In on Partner Dismissals," Reuters Legal, October 22, 2013, accessed November 18, 2018, https://content.next.westlaw.com/ Document/ I4d4fcbf03b0411e389b0e1bebc789156/View/FullText.html?contextData=(sc.Default)&transit ionType=Default&firstPage=true&bhcp=1。

58. 概况参见 C. B. Fry, *Life Worth Living: Some Phases of an Englishman* (London: Eyre & Spottiswoode, 1939)。

59. Dave McKibben, "Fleming Has Classic Memories of Partnership with McEnroe," *Los Angeles Times,* October 1, 1992, accessed September 2, 2018, http://articles.latimes.com/ 1992-10-01/ sports/sp-145_1_tennis-classic.

60. Dominic Bliss, "Service Charged," *GQ* (UK), March 29, 2012, accessed August 12, 2018, www.gq-magazine.co.uk/article/gq-sport-rafael-nadal-tennis-fitness-training-tips-workout.

61. 例如参见 Lynette Pinchess, "How This Nottinghamshire Lad Went from Shippo's Pub Kitchens to Cooking for Hollywood Stars," *Nottingham Post,* October 13, 2017, accessed August 12, 2018, www.nottingham post.com/whats-on/food-drink/how-nottinghamshire-lad-went-shippos-623239; *Guardian* readers, "What It's Like to Work in the Restaurant Industry—Our Readers' Stories," *Guardian,* March 25, 2017, accessed August 12, 2018, www.theguardian. com/lifeandstyle/2017/ mar/25/what-its-like-to-work-in-the-restaurant-industry-our-readers-stories。

62. Brooke Shunatona, "10 Victoria's Secret Models Reveal How They Really Feel About Their Bodies," *Cosmopolitan,* December 15, 2014, accessed August 12, 2018, www.cosmopolitan. com/style-beauty/fashion/a34249/victorias-secret-models-body-image/ (attributing the quoted text to Elsa Hosk). Deni Kirkova, "'I Thought, Oh My God, They Don't Want Me Here!': Naomi Campbell on Her Nerves About Her Emotional Return to the Versace Catwalk," *Daily Mail,* October 7, 2013, accessed August 12, 2018, www.dailymail.co.uk/femail/ article-2443934/I-want-people-know-hard-models-work-Naomi-Campbell-reveals-drank-just-juice-days-Versace-catwalk.html; Radar Staff, "Kendall Jenner: 'In Reality, I Worked Pretty Hard' for Modeling Success, 'Not Trying to Use a Family Name' to Get Ahead," Radar Online, November 17, 2014, accessed November 18, 2018, http://radaronline.com/exclusives /2014/11/kendall-jenner-model-career-hard-work-nightline-kim-kardashian/。

63. 金·卡戴珊睡觉时都会带着黑莓手机和苹果手机，早上6点起床后几乎立即投入工作。参见 Kim Kardashian, interview with Charlotte Cowles, "Exclusive: 24 Hours with Kim Kardashian," Harper's Bazaar, April 14, 2005, accessed August 12, 2018, www.harpers bazaar.com/culture/features/a10567/kim-kardashian-0515/。

64. 参见 Jacobs and Gerson, *The Time Divide*。

65. Kuhn and Lozano, "The Expanding Work Week?," 311. 根据美国人口普查局的数据，工作时长超过48小时的比例已经从15.4%上升至23.3%。

66. Kuhn and Lozano, "The Expanding Work Week?," 312. 根据来自美国人口普查局和美国社区调查的数据，工作时长超过48小时的比例从16.6%上升至24.3%。

67. 参见 Jacobs and Gerson, *The Time Divide,* 50。对于有孩子的夫妻来说，这一占比从8.2%增长到了12.2%。对于没有孩子的夫妻，这一占比几乎翻了一番，从9.5%增长到了17.5%。雅各布斯和格尔森的研究还指出，1970—2000年，工作时长达到或超过100小时的家庭的百分比增长了 2 倍，从 3.1%增长到了 9.3%（见第 43 页），而夫妻双方工作时长达到或超过 100 小时的百分比从 8.7%增长到了 14.5%（见第 45 页）。

68. 在这里引用的数据中，"休闲"这个词不仅指直接的娱乐活动，还包括睡眠、饮食和个人护理等相对轻松并间接增加幸福感的活动。因此，市场工作和休闲并没有涵盖人们参与的所有活动或他们投入的时间。还有第三种类别，即非市场工作，它指的是那些非休闲性质且不为工资进行的活动。家务和（某些）育儿工作是非市场工作中最显著的部分。尽管文中偶尔会提及非市场工作的趋势，但主要的论点集中在出售给市场并获得报酬的劳动。

    更多关于休闲概念的内容，参见 Mark Aguiar and Erik Hurst, "Measuring Trends in Leisure: The Allocation of Time over Five Decades," *Quarterly Journal of Economics* 122, no. 3 (August 2007): 969–1006. 以下简称 Aguiar and Hurst, "Measuring Trends in Leisure"。Lonnie Golden, "A Brief History of Long Work Time and the Contemporary Sources of Overwork," *Journal of Business Ethics* 84 (Supp. 2) (January 2009): 217–27. 以下简称 Golden, "A Brief History of Long Work Time"。Orazio P. Attanasio and Luigi Pistaferri, "Consumption Inequality," *Journal of Economic Perspectives* 30, no. 2 (April 2016): 3. 以下简称 Attanasio and Pistaferri, "Consumption Inequality"。

69. Aguiar and Hurst, "Measuring Trends in Leisure," 971.

70. 这些数据所显示的结果是否仅仅反映了在个体劳动者之间，而非整体劳动者之间的工作和薪资模式的变化？更确切地说，它们是否仅展示了一种情况，即典型的工人在更长的时间内总的工作量基本相同，但这些工作更集中在较短的、工作强度较高的时段，然后被较长时间的失业期打断？实际数据清晰地驳斥了这一可能性。在所研究的年份里，那些随着时间的推移工资越来越高、工作时间越来越长的劳动者，变得越来越不容易失业。

71. 参见 Kuhn and Lozano, "The Expanding Work Week?," 312. *Fighting for Time: Shifting Boundaries of Work and Social Life,* ed. Cynthia Fuchs Epstein and Arne L. Kalleberg (New York: Russell Sage Foundation, 2004)。

    按教育水平而非时薪来划分人口，所得出的结果与文中的论述类似。1980—2000 年，无论是工作时间和收入之间的绝对关联程度，还是这种关联程度的增幅，通常受教育程度更高的工薪劳动者都比那些按小时结算、通常教育程度较低的工人要高。参见 Kuhn and Lozano, "The Expanding Work Week?," 331, Figure 5。教育不仅与时薪相关，更与一个人的终身收入有关。因此，教育与工作时长之间的关联强化了前文中提到的观点，即高收入和长工时的新关联是产生于整个工人群体中、贯穿他们的整个生活中的，而不是在那些在高收入和长工时与低收入和闲暇时期之间交替的工人中产生的。

72. 参见 Kuhn and Lozano, "The Expanding Work Week?," 331, Figure 5。

73. 参见 Kuhn and Lozano, "The Expanding Work Week?," 317, Table 1, and 318, Figure 3。

74. 参见 Kuhn and Lozano, "The Expanding Work Week?," 317, Table 1。

75. Aguiar and Hurst, "Measuring Trends in Leisure," 992, Table V, 995, Table VII.

76. 例如，1993 年，大约 25%的女性管理人员每周工作 49 小时以上，相比之下女性劳动者的这一占比约为 9%。自 20 世纪 60 年代以来，女性大学毕业生的休闲时间略有增加。（尽管这一增幅远小于未受过教育的女性的休闲时间的增长，也远远小于家用设备所节省的时间。）参见 Philip L. Rones, Randy E. Ilg, and Jennifer M. Gardner, "Trends in Hours

of Work Since the Mid-1970s," *Monthly Labor Review* (April 1997): 9。有关女性休闲时间的论述，参见 Aguiar and Hurst, "Measuring Trends in Leisure," 992, Table V。

77. 参见 Stuart Butler, "Can the American Dream Be Saved?," *National Affairs* 14 (Winter 2013): 40–57, 42。确切的数字是：收入最高的 1/5 家庭中这一比例为 74.1%，收入最低的 1/5 家庭中这一比例为 4.5%。巴特勒的数据来源于 U.S. Census Bureau, Current Population Survey (CPS) Annual Social and Economic (ASEC) Supplement, at U.S. Census Bureau, "HINC-01. Selected Characteristics of Households by Total Money Income," accessed August 12, 2018, www.census.gov/data/tables/time-series/demo/income-poverty/cps-hinc / hinc-01.2016.html。以 2010 年的家庭收入为标准，将收入最高的 1/5 家庭的收入设定为 10 万美元及以上（在 119 927 户家庭中有 24 421 户达到这个标准，其中有 18 111 户，即 74.1% 的家庭中有两名或更多的有收入者。如果将收入最低的 1/5 家庭的收入设定为 19 999 美元或更少（在 119 927 户家庭中有 23 892 户家庭符合这一标准），其中 1 085 户，即 4.5% 的家长有两名或更多的有收入者。

78. 参见 Chinhui Juhn and Simon Potter, "Changes in Labor Force Participation in the United States," *Journal of Economic Perspectives* 20, no. 3 (Summer 2003): 27–46, 33, Table 2。其数据来源于 3 月的《当前人口调查》。

79. Veblen, *Theory of the Leisure Class*, 81.

80. 美联储银行在消费者金融调查（Survey on Consumer Finance）中进行的密集且高度可靠的面对面访谈，证实了精英阶层工作强度的爆炸性增长。这些访谈是结构性的、严肃的且深入的。该调查对最富有的家庭进行了过采样调查。基于这两点，该调查提供了对精英工作的非常权威的衡量标准。调查显示，1983—2010 年，收入最高的 1% 家庭的平均总工作时间每周增加了 9.5 个小时。同一时期，在这一精英群体中，有一名家庭成员每周工作时间超过 50 小时的家庭占比增加了 16%，从 46% 上升至 62%。（因此，到 2010 年，收入最高的 1% 家庭中，收入处于中位数水平的家庭就有一名成员每周工作 50 小时。）与此同时，沿着收入阶梯往下，有一名家庭成员每周工作 50 小时以上的家庭占比开始下降。在收入最低的 1/5 家庭中，这一比例只有 4%。参见 Board of Governors of the Federal Reserve System, "Survey of Consumer Finances," www. federalreserve.gov/ econres/scfindex.htm。

81. 2014 年，收入处于前 1% 的纳税单位的最低收入是 477 514 美元。那一年，美国共提交了 148 646 000 份纳税申报表。参见 Facundo Alvaredo et al., World Inequality Database, distributed by WID.world, accessed August 23, 2018, https://wid.world/data/ ("Pre-Tax National Income Threshold," wid.world code tptinc992j, and "Number of Tax Returns," wid. world code ntaxre999t)。

82. 2018 年 10 月，在邓白氏的商业专业人士数据库中进行搜索，发现在标普 1500 企业中有 241 113 名员工属于董事会成员、董事、执行副总裁、高级管理人员、高级副总裁和副总裁等类别。［邓白氏是一个常用于销售指导和市场营销的数据库，其中包含超过 1.25 亿（125 533 312）名员工的联系方式，这些联系方式涵盖了从非管理层到董事会的所有层级，代表着超过 1.4 亿（141 266 092）家公司。该公司在回应作者的查询时确认其数据库中每位员工的联系方式只出现一次，因此搜索数据不会被重复计数。］此外，还搜索到了 398 087 名经理或主管。该搜索从 Compustat 数据库下载了 2017 年标普

1500 企业构成要素。通过向 Mergent 资料库提供库斯普号码（CUSIP）来匹配邓白氏编码（DUNS），生成相应的邓白氏编码。标普 1500 企业的邓白氏编码列表被上传到邓白氏数据库，并使用"Contact Type"搜索类别下的"Contact Level"作为搜索条件进行搜索。由于一年中注册名单的组成发生了变化，所以"标普 1500 企业"的数据集里有 1 511 家公司。

83. 2017 年，美国金融业监管局记录了超过 630 132 名注册金融代表。参见 Financial Industry Regulatory Authority, "Statistics," accessed August 15, 2018, www.finra.org/newsroom/ statistics#currentmonth。而美国劳工统计局报告称，截至 2018 年 5 月，有超过 25 万人在广泛的"证券、商品契约及其他金融投资相关活动"产业中担任管理者。参见 Bureau of Labor Statistics, "Industries at a Glance: Securities, Commodity Contracts, and Other Financial Investments and Related Activities," accessed August 15, 2018, www.bls.gov/iag/tgs/iag523.htm#about。这一数字是通过从全职就业人数中减去生产和非管理岗位的就业人数得到的。根据美国劳工统计局的数据，这个行业的平均时薪是 54 美元，年收入约为 10 万美元。可以合理地认为，管理人员的收入远高于平均工资，而且考虑到他们只占员工总数的 1/3 左右，我们有理由假设他们的收入水平接近最高 1% 的门槛。

84. 根据全球知名职业发展机构 Vault 发布的"2018 年咨询公司 50 强"名单，排名前五位的咨询公司是：麦肯锡公司、波士顿咨询公司、贝恩公司、德勤咨询公司和奥纬咨询公司。参见 Phil Stott, "Vault's Top 50 Consulting Firms for 2018," Vault, August 22, 2017, accessed August 15, 2018, www.vault.com/blog/consult-this-consulting-careers-news-and-views/2018-vault-consulting-rankings。2017 年，麦肯锡有 2.3 万名员工，参见 "McKinsey & Company: Overview," Vault, accessed August 15, 2018, www.vault.com /company-profiles/management-strategy/mckinsey-company /company-overview.aspx。波士顿咨询公司有 1.4 万名员工，参见 "The Boston Consulting Group: Overview," Vault, accessed August 15, 2018. www.vault.com/company-profiles/management-strategy/ the-boston-consulting-group,-inc/company-overview.aspx。贝恩公司有 7 000 名员工，参见 "Bain & Company: Overview," Vault, accessed August 15, 2018, www.vault.com/company-profiles/management-strategy/bain-company/company-overview.aspx。德勤咨询公司有 40 513 名员工。参见 "Deloitte Consulting LLP: Overview," Vault, accessed August 15, 2018, www.vault.com/company-profiles/management-strategy/deloitte-consulting-llp/company-overview.aspx。奥纬咨询公司有 4 500 名员工，参见 Oliver Wyman: Overview," Vault, accessed August 15, 2018, www.vault.com/company-profiles/management-strategy/oliver-wyman/company-overview.aspx。如果其中 2/3 是专业人士，那么一共有 6 万名专业人士。

85. 2018 年，在 AmLaw 200 强律所中，除了 12 家以外，其余所有律所平均每位合伙人的利润都超过了 47.5 万美元，这大约是收入前 1% 的分界线。参见 Ben Seal, "The 2018 Am Law Second Hundred: A to Z," *American Lawyer,* May 22, 2018, accessed August 23, 2018, www.law.com/americanlawyer/2018/05/22 /the-2018-am-law-second-hundred-at-a-glance/, and Gina Passarella Cipriani, "The 2018 Am Law 100 Ranked by: Profits per Equity Partner," *American Lawyer,* April 24, 2018, accessed August 23, 2018, www.law.com/ americanlawyer/2018/04/24/the-2018-am-law-100-ranked-by-profits-per-equity-partner/。根据《美国律师》发布的"2012 全球百强律所"排名中的"合伙人人

均盈利"指标，75家上榜的美国律所平均合伙人数量为209。"The 2012 Global 100: Profits Per Partner," *American Lawyer,* September 28, 2012, accessed August 23, 2018, www.americanlawyer.com/PubArticleTAL.jsp?id=1202 571229443&The_2012_Global_100_Profits_Per_Partner& slreturn=20130225100009.

如果其余45家公司规模相同，那么2012年合伙人人均盈利超过40万美元的律所有2.5万名权益合伙人。

86. 根据Redi-Direct的数据，截至2018年3月，美国专科医生的数量为501 296人。参见"Professionally Active Physicians," Henry J. Kaiser Family Foundation, March 2018, accessed August 15, 2018, www.kff.org/other/state-indicator/total-active-physicians/?currentTimeframe=0&sortModel=%7B%22colId%22: %22Location%22,%22sort%22:%22asc%22%7D。

87. 更深入、更精确的研究同样将范围更有限的精英阶层的构成缩小到已知且具名的工作。例如，史蒂文·卡普兰和乔舒亚·劳（使用他们一再承认包容性严重不足的方法）估计，美国最大公司的五位薪酬最高的高管、金融界的总经理以及上层级、百大律师事务所的合伙人、职业运动员和顶级名人加在一起，在纳税单位的前0.1%、0.01%、0.001%和0.0001%中均大约占到20%（上下浮动几个百分点）。参见Kaplan and Rauh, "Wall Street and Main Street," Table 14。

88. 例如参见Josh Bivens and Lawrence Mishel, "Understanding the Historic Divergence Between Productivity and a Typical Worker's Pay: Why It Matters and Why It's Real," Economic Policy Institute Briefing Paper no. 406 (September 2, 2015), accessed August 23, 2018, www.epi.org/publication/understanding-the-historic-divergence-between-productivity-and-a-typical-workers-pay-why-it-matters-and-why-its-real/; Angelo Young, "CBO Reports Suggests [*sic*] Growth in US Income Inequality Will Continue Through 2035 (but, Hey, as Long as Capital Markets Are Doing Great, Right?)," *International Business Times,* June 5, 2013, accessed August 23, 2018, www.ibtimes.com/graphic-cbo-reports-suggests-growth-us-income-inequality-will-continue-through-2035-1292085。

89. 例如参见Louis Uchitelle, "How the Loss of Union Power Has Hurt American Manufacturing," *New York Times,* April 20, 2018, accessed August 15, 2018, www.nytimes.com/2018/04/20/business/unions-american-manufacturing.html。

90. 例如参见Alan B. Krueger and Eric A. Posner, "A Proposal for Protecting Low-Income Workers from Monopsony and Collusion," The Hamilton Project, Policy Proposal no. 2018-05 (February 2018), accessed October 24, 2018, www.brookings.edu/wp-content/uploads/2018/02/es_ 2272018_protecting_low_income _workers_from_monopsony_collusion_krueger_posner _pp.pdf; Eric Posner and Glen Weyl, "The Real Villain Behind Our New Gilded Age," *New York Times,* May 1, 2018, accessed August 15, 2018, www.nytimes.com/2018/05/01/opinion/monopoly-power-new-gilded-age.html。

91. 参见Chrystia Freeland, "For U.S. Workers, Global Capitalism Fails to Deliver," *New York Times,* April 14, 2011, accessed August 18, 2018, www.nytimes.com/2011/04/15/us/15iht-letter15.html。

92. 例如参见Robert J. Gordon and Ian Dew-Becker, "Controversies About the Rise of American

Inequality: A Survey," NBER Working Paper No. 13982 (April 21, 2008), http://economics. weinberg.northwestern.edu/robert-gordon/files/RescPapers/ControversiesRiseAmerican Inequality.pdf; Paul Gomme and Peter Rupert, "Measuring Labor's Share of Income," Federal Reserve Bank of Cleveland Policy Discussion Paper No. 7 (November 2004), accessed August 23, 2018, https://papers.ssrn.com/sol3/papers.cfm?abstract_id=1024847; Brian I. Baker, "The Laboring Labor Share of Income: The 'Miracle' Ends," *Monthly Labor Review,* January 2016, accessed August 26, 2018, www.bls.gov/opub/mlr/2016 /beyond-bls/the-laboring-labor-share-of-income-the-miracle-ends.htm; Loukas Karabarbounis and Brent Neiman, "The Global Decline of the Labor Share," *Quarterly Journal of Economics* 129, no. 1 (February 2014): 61–103; International Labour Organization, Global Wage Report 2012/12: Wages and Equitable Growth (Geneva: International Labour Organization, 2013), 41–53。请注意，通过对政治体系和国内政策体系截然不同的国家的观察，全球趋势有力地说明，劳动力的下降源于经济基本面，而不是肤浅的政治或政策选择。

93. 根据《福布斯》杂志的数据，美国的十大富豪分别是：比尔·盖茨、杰夫·贝佐斯、沃伦·巴菲特、马克·扎克伯格、拉里·埃里森、查尔斯·科赫、大卫·科赫、迈克尔·布隆伯格、拉里·佩奇和谢尔盖·布林。参见"Forbes 400," *Forbes,* accessed August 26, 2018, www. forbes.com/forbes-400/list/。其中，除了科赫兄弟之外，所有人都是白手起家，科赫兄弟从其创业者父亲那里继承了一家小企业，并将其打造为一家规模大得多的企业，其成长速度体现出白手起家的创业精神。将调查范围扩大到美国最富有的50人，结果显示，其中33人的财富主要来自创始人股票、合伙企业股份、附带权益或高管薪酬，即来自他们自己的劳动，另外还有8人的财富来自仅仅一代人之前的劳动。类似的观点还出现在维克多·弗莱舍的《阿尔法：劳动是新资本》（Alpha: Labor Is the New Capital，作者存档的未出版手稿）附录的表格中。以下简称Fleischer, "Alpha"。另参见Dan Primack, "Are Entrepreneurs Exploiting a Tax Loophole? (Part II)," *Fortune,* December 30, 2010, accessed August 26, 2018, http://fortune.com/2010/12/29/are-entrepreneurs-exploiting-a-tax-loophole-part-ii/。

94. 参见Steven Kaplan and Joshua Rauh, "Family, Education, and Sources of Wealth Among the Richest Americans, 1982–2012," *American Economic Review* 103, no. 3 (May 2013): 158–62, 159。以下简称Kaplan and Rauh, "Family, Education, and Sources of Wealth"。1982—2011年，《福布斯》美国400强富豪榜中非白手起家者的占比从60%下降到32%，另参见James Pethokoukis, "How Super-Rich Americans Get That Way Is Changing," *AEIdeas,* American Enterprise Institute, March 23, 2016, www.aei.org/publication/ how-super-rich-americans-get-that-way-is-changing/。

95. 参见James Pethokoukis, "More and More of America's Superrich May Be Getting That Way Through Entrepreneurship," *AEIdeas,* American Enterprise Institute, December 22, 2014, accessed August 26, 2018, www.aei.org/publication/americas-superrich-getting-way-entrepreneurship/。

96. 参见Winters, *Oligarchy,* 247, Table 5.4。这一占比分别为：1961年占22.3%，1992年占47.4%，2007年占34.4%。尽管《福布斯》排行榜始于1982年，但由于1961年有398名纳税人的收入足以进入最高纳税等级，所以被税务局统计在内。David Cay Johnston, "Is Our Tax System Helping Us Create Wealth?," *Tax Notes,* December 21, 2009, www.

taxnotes.com/tax-notes/budgets/our-tax-system-helping-us-create-wealth/2009/12/21/qjq2.
97. 从 1982 年的 17% 下降到 2011 年的 5%。参见 Kaplan and Rauh, "Family, Education, and Sources of Wealth," 158–62, 160。
98. 参见 Les Leopold, "Five Obscene Reasons the Rich Grow Richer," *Salon,* October 1, 2012, accessed August 26, 2018, www.salon.com/2012/10/01/five_obscene_reasons_the_rich_grow_richer/。2017 年，在全美最富有的 400 人中，有 92 人（约占 23%）从事金融或金融投资工作，而 15 人（约占 3.75%）从事制造业工作。参见 "Forbes 400," *Forbes,* accessed August 26, 2018, www.forbes.com/forbes-400/list/。
99. 参见 Nathan Vardi, "The 25 Highest-Earning Hedge Fund Managers & Traders," *Forbes,* March 14, 2017, accessed August 26, 2018, www.forbes.com/sites/nathanvardi/2017/03/14/hedge-fund-managers/#3402d78d6e79。
100. 参见 Will Wainewright and Lindsay Fortado, "Hedge Fund Manager Compensation Rises 8% to \$2.4 Million," Bloomberg, November 6, 2014, accessed August 26, 2018, www.bloomberg.com/news/articles/2014-11-06/hedge-fund-manager-compensation-rises-8-to-2-4-million。
101. 参见 "The Securities Industry in New York City," Office of the New York State Comptroller, September 2018, accessed October 24, 2018, www.osc.state.ny.us/osdc/rpt6-2019.pdf。令人难以置信的是，在 2007—2008 年金融危机之前，奖金甚至更高，达到了 19 万美元以上。参见 "New York City Securities Industry Bonuses," Office of the New York State Deputy Comptroller, January 28, 2009, accessed August 20, 2018, www.osc.state.ny.us/osdc/wallst_bonuses/2009/bonus2009.pdf, and "New York City Securities Industry Bonus Pool," Office of the New York State Comptroller, March 26, 2018, accessed August 20, 2018, www.osc.state.ny.us/press/releases/mar18/wall-st-bonuses-2018-sec-industry-bonus-pool.pdf。

难怪根据一项计算，自 20 世纪 70 年代以来，金融部门在顶层财富中的总体代表性增加了 10 倍。参见 Eric Posner and E. Glen Weyl, "Against Casino Finance," *National Affairs* 14 (Winter 2013): 58–77, 62, accessed November 18, 2018, www.nationalaffairs.com/publications/detail/against-casino-finance。以下简称 Posner and Weyl, "Against Casino Finance"。两人引用了卡普兰和劳的"Wall Street and Main Street"中的数据，其中探究了按就业部门划分的收入前 0.1%、0.01%、0.001% 和 0.0001% 群体的构成。
102. 例如参见 "Going Overboard," *The Economist,* July 16, 2009, accessed August 21, 2018, www.econ omist.com/node/14034875/print?story_id=14034875。
103. "Executive Paywatch," AFL-CIO, accessed August 21, 2018, https://aflcio.org/paywatch.

2013 年薪酬最高的 CEO 的年薪为 1.419 亿美元，而薪酬排名第 200 位的 CEO 的年薪为 1 240 万美元。参见 Karl Russell, "The Pay at the Top," *New York Times,* June 7, 2014, accessed August 26, 2018, www.nytimes.com/interactive/2014/06/08/business/the-pay-at-the-top.html。

2014 年，薪酬最高的 CEO 的年薪为 1.561 亿美元，而薪酬排名第 200 位的 CEO 的年薪为 1 260 万美元。参见 "Highest-Paid Chiefs in 2014," *New York Times,* May 16, 2015, accessed August 26, 2018, www.nytimes.com/interactive/2015/05/14/business/executive-compensation.html。

2015 年，薪酬最高的 CEO 的年薪为 9 460 万美元，而薪酬排名第 200 位的 CEO

的年薪为1 220万美元。参见Karl Russell and Josh Williams, "Meet the Highest-Paid C.E.O.s in 2015," *New York Times,* May 27, 2016, accessed August 26, 2018, www.aflcio.org/Corporate-Watch/Paywatch-2014/100-Highest-Paid-CEOs。

2016年，薪酬最高的CEO的年薪为9 800万美元，而薪酬排名第200位的CEO的年薪为1 300万美元。参见Jon Huang and Karl Russell, "The Highest-Paid C.E.O.s in 2016," *New York Times,* May 26, 2017, accessed August 21, 2018, www.nytimes.com/interactive/2017/05/26/business/highest-paid-ceos.html。

2017年，薪酬最高的CEO的薪酬为1.032亿美元，薪酬排名第200位的CEO的薪酬为1 380万美元。参见"The Highest-Paid C.E.O.s in 2017," *New York Times,* May 25, 2018, accessed August 21, 2018, www.nytimes.com/interactive/2018/05/25/business/ceo-pay-2017.html。

104. 2005年对ExecuComp数据库（该数据库包括"所有的标普500、标普中型400和标普小型600企业……也被称为标普1500"）中五名薪酬最高的高管的薪酬进行分析发现，在2001—2003年，"五名高管总薪酬与（标普1500）总盈利的比例"为9.8%。参见Lucian Bebchuk and Yaniv Grinstein, "The Growth of Executive Pay," *Oxford Review of Economic Policy* 21, no. 2 (2005): 283–303, 284, 297, accessed August 26, 2018, www.law.harvard.edu/faculty/bebchuk/pdfs/Bebchuk-Grinstein.Growth-of-Pay.pdf。

105. 参见Roger L. Martin and Mihnea C. Moldoveanu, "Capital Versus Talent: The Battle That's Reshaping Business," *Harvard Business Review,* July 2003, accessed August 26, 2018, https://hbr.org/2003/07/capital-versus-talent-the-battle-thats-reshaping-business（得出的结论是人才"开始从资本中获取更多利润"）。

106. Thomas Piketty, Emmanuel Saez, and Gabriel Zucman, "Distributional National Accounts: Methods and Estimates for the United States," NBER Working Paper No. 22945 (2016), 26, 49, Figure 8, http://gabriel-zucman.eu/files/PSZ2016.pdf. 以下简称Piketty, Saez, and Zucman, "Distributional National Accounts"。

107. Piketty, Saez, and Zucman, "Distributional National Accounts," 26, 49, Figure 8.

108. Thomas Piketty, Emmanuel Saez, and Gabriel Zucman, "Distributional National Accounts: Methods and Estimates for the United States," *Quarterly Journal of Economics* 133, no. 2 (May 2018): 553–609, Figure viii.

109. Piketty, Saez, and Zucman, "Distributional National Accounts," 26, 49, Figure 8. 在计算这些占比时，作者将非公司企业所有者的收入来源的70%归于劳动，30%归于资本。Piketty, Saez, and Zucman, "Distributional National Accounts," 42n.

其他资料来源也得出了类似的结论。例如，2015年的税收数据表明，最富有的1%群体平均将其总收入的56.4%归于劳动。Facundo Alvaredo et al., World Inequality Database, distributed by WID.world, accessed July 3, 2018, https://wid.world/data/ ("Average Fiscal Labour Income," wid.world code afilin992t, and "Average Fiscal Income," wid.world code afiinc992t).

110. 可以直接授予限制性股票，也可以通过行使股票期权。

111. 雇主为员工的养老金提供资金，预期在缴费和提取之间养老金会逐渐积累。因此，从经济和道义层面来看，所有积累下来的养老金都代表了延后到退休时获得的薪酬，也就是劳动所得。当一个员工用其薪资购买房屋时（通常是通过长期的按揭），房屋产生的任何经济利益最终可以再次追溯至劳动。

112. Luisa Kroll and Kerry A. Dolan, eds., "Forbes 400: The Definitive Ranking of the Wealthiest Americans," *Forbes,* October 3, 2018, www.forbes.com/forbes-400/#7de6813e 7e2f. 以下简称 Kroll and Dolan, "Forbes 400"。持有这些股票的创始人包括：杰夫·贝佐斯（1）、比尔·盖茨（2）、沃伦·巴菲特（3）、马克·扎克伯格（4）、拉里·埃里森（5）、拉里·佩奇（6）和谢尔盖·布林（9）。富豪榜前100名中的其他人，例如乔治·索罗斯（60）和卡尔·伊坎（31），他们的财富被归于附带权益。

113. Victor Fleischer, "How a Carried Interest Tax Could Raise $180 Billion," *New York Times,* June 5, 2015, http://nytimes.com/2015/06/06/business/dealbook/how-a-carried-interest-tax-could-raise-180-billion.html. 弗莱舍基于投资基金通常采用的法律结构做出了这一推断。具体来说，投资基金大多以合伙企业形式组织，投资基金的基金管理人本身也采取合伙制组织形式。向美国税务局报告的收入归"合伙制普通合伙人"（即一个合伙企业中的普通合伙人，他们本身组成了另一个合伙企业组织）计算，因此绝大多数都流向了投资基金的基金经理。这种收入被称为享受资本利得待遇的"附带权益"，但实际上，它只是投资基金经理的劳动回报。由于税务局的数据分类存在重叠，所以很难准确计算这一比例，存在重复计算的可能。Fleischer, "Alpha"; Internal Revenue Service, "SOI Tax Stats—Partnership Statistics by Sector or Industry," last modified June 20, 2018, www.irs.gov/statistics/soi-tax-stats-partnership-statistics-by-sector-or-industry; www.treasury.gov/resource-center/tax-policy/Documents/OTP-CG-Taxes-Paid-Pos-CG-1954-2009-6-2012.pdf; "SOI Tax Stats—Individual Statistical Tables by Size of Adjusted Gross Income," last modified November 5, 2018, www.irs.gov/statistics/soi-tax-stats-individual-statistical-tables-by-size-of-adjusted-gross-income; Victor Fleischer, email correspondence with au-thor, October 30, 2018. 维克多·弗莱舍于2018年10月30日通过邮件与作者进行了交流。

此外，对黑石集团部署的投资结构的模拟表明，通过这些结构向个人纳税者（而非公司、基金会或投资基金）征税的资本利得收入的大约3/4实际上是属于劳动所得。黑石集团管理着超过2 500亿美元的资产，其中包括美国一半以上退休人员的部分退休金（通过投资公共养老基金）。Fleischer, "Alpha," 15–17.

114. K. J. Martijn Cremers, Saura Masconale, and Simone N. Sepe, "CEO Pay Redux," *Texas Law Review* 96 (2017): 242, Figure 2. 以下简称 Cremers, Masconale, and Sepe, "CEO Pay Redux"。当然，这些收入并非所有都作为资本利得来征税。

115. 近年来，养老金回报和自有住房的估算租金共同构成了最富有的1%群体收入的约12%，以及最富有的0.1%群体收入的约6%，而在20世纪60年代这两个占比分别约为6%和3%。对于收入最高的1%群体来说，这些比例自20世纪80年代末以来基本保持稳定；而对于收入最高的0.1%群体来说，这些比例在20世纪90年代达到较高水平，然后在21世纪的第一个10年有所下降。这些数字的计算是基于以下来源：Piketty, Saez, and Zucman, "Distributional National Accounts," Appendix II, http://gabriel-zucman.eu/files/PSZ2016DataAppendix.pdf. 其中针对最富有的1%群体的数据计算基于文中的表B2b（也标记为TA2b），用第20列和第22列的总和除以第17列。针对最富有的0.1%群体的数据计算基于文中的表B2c（也标记为TA2c），用第12列和第14列的总和除以第

9列。

116. 这种现象是如此显著，以至于它甚至适用于"退休"阶段。如今，65岁以上人口中，收入最高的1/5群体有超过4/5（83.3%）的收入来自工资、社会保障或养老金——也就是说，来自他们自己当前或以前的劳动。Ke Bin Wu, *Sources of Income for Older Americans* (Washington, DC: AARP Public Policy Institute, 2013), 3, Figure 1, www.aarp.org/money/ low-income-assistance/info-12-2013/sources-of-income-for-older-americans-2012-AARP-ppi-econ-sec.html.

117. 近期，一篇详尽且深入的论文为此观点提供了有力证据，其特别强调了与"转手"企业利润相关的非工资劳动收入。参见Matthew Smith, Danny Yagan, Owen Zidar, and Eric Zwick, "Capitalists in the Twenty-First Century" (working paper, May 15, 2019), 51–52, Figures 7 and 8。

118. 一个粗略但可行的计算支持了这一说法。首先，需要衡量收入从劳动到资本的整体转移。对于劳动收入在全美总收入中占比的估计结果不尽相同：一种结果显示这一占比自1950年以来有所增加，大约从65%增至70%；另一种结果则显示这一占比稍有下降，从1950年的62%下降到今天的大约56%。Robert J. Gordon and Ian Dew-Becker, "Controversies About the Rise of American Inequality: A Survey," NBER Working Paper No. 13982 (May 2008), 5; Paul Gomme and Peter Rupert, *Measuring Labor's Share of Income,* Policy Discussion Paper (Cleveland: Federal Reserve Bank of Cleveland, November 2004), 8, 9, Figure 6; Brian I. Baker, *The Laboring Labor Share of Income: The "Miracle" Ends* (Washington, DC: U.S. Bureau of Labor Statistics, January 2016), 1, www.bls.gov/opub /mlr/2016/beyond-bls/the-laboring-labor-share-of-income-the-miracle-ends.htm; Loukas Karabarbounis and Brent Neiman, "The Global Decline of the Labor Share," *Quarterly Journal of Economics* 129, no. 1 (February 2014): 61, https://doi.org /10.1093/qje/qjt032; International Labor Organization, *Global Wage Report 2012/13: Wages and Equitable Growth* (Geneva: International Labour Organization, 2013), 43, Figure 31.

更好的做法是要考虑到整体的评估范围，而不是任何单一的具体估算，因为测量这些份额需要进行判断，人们可能有不同的合理意见。例如，在将自住房屋的租金价值纳入国民收入时，是将业主作为将房屋租给自己的资本家，还是作为管理自己住宅的劳动者？自营业主的收入应该如何处理？政府资本存量的回报应如何计算，以平衡公共雇员的劳动收入？需要注意的是，通过对政治制度和国内政策体系截然不同的国家的观察，全球趋势有力地说明，劳动力的下降源于经济基本面，而不是肤浅的政治或政策选择。

然后，我们来看最富有的群体拥有的资本份额。关于美国最富有的1%群体持有的总财富份额，严肃的估算结果从20%到42%不等。按收入排名的美国最富有的1%群体所持有的资本份额不会超过这个范围。其中20%的估算结果是基于个人数据而非家庭数据，引自Wojciech Kopczuk and Emmanuel Saez, "Top Wealth Shares in the United States, 1916–2000: Evidence from Estate Tax Returns," *National Tax Journal* 57, no. 2 (June 2004): 453。42%的估算结果是基于家庭数据，引自Emmanuel Saez and Gabriel Zucman, "Wealth Inequality in the United States Since 1913: Evidence from Capitalized Income Tax Data," *Quarterly Journal of Economics* 131, no. 2 (May 2016): 520。以下简称

Saez and Zucman, "Wealth Inequality in the United States"。

最后，综合这些事实。收入从劳动到资本的整体转移最多占总收入的6%，并且按收入衡量的最富有的1%家庭最多拥有大约2/5的资本。这意味着劳动向资本的转移可能使最富有的1%群体的收入在国民总收入中所占份额增加约2.5%（略高于2/5乘以6%）。（这种分析是基于一个假设：富裕阶层的财富回报率并不明显高于普通大众。现有的最佳证据证实了这一点，表明富人和普通美国人的投资回报率之间的差异不大。）Saez and Zucman, "Wealth Inequality in the United States Since 1913," Appendix, Figures B29–B31, B33, Tables B30–B31, http://gabriel-zucman.eu/files/SaezZucman2016QJEAppendix.pdf.）

119. 参见 World Top Incomes Database, United States/Pre-tax national income / P99-P100 / Share, October 29, 2018, https://wid.world/country/usa/。

120. 一些研究似乎表明劳动在加剧整体不平等的过程中作用更小。例如参见 Congressional Budget Office, Trends in the Distribution of Household Income Between 1979 and 2007 (Washington, DC: U.S. Government Printing Office, October 2011), www.cbo.gov/publication/42729。以下简称 Congressional Budget Office, "Trends in the Distribution of Household Income"。但这些研究之所以得出这样的结论，是因为它们没有将任何商业收入或资本收益归因于劳动。即便如此，这些研究仍然认为劳动是导致顶层收入上升的主要原因。

121. Saez, "Reported Incomes and Marginal Tax Rates," 155–56, Figure 6 [top 10 percent], 156, Figure 7 [top 1 percent], 158, Figure 8 [top 0.01 percent]. 另一项相关研究因此得出结论："过去30年中高收入群体收入占比的上升是顶层工资飙升的直接后果。" Thomas Piketty and Emmanuel Saez, "Income Inequality in the United States, 1913–1998," *Quarterly Journal of Economics* 118, no. 1 (February 2003): 3.

122. Saez, "Reported Incomes and Marginal Tax Rates," 158, Figure 8.（从该图进行计算，根据前面提到的做法，将S型企业、合伙企业和独资企业利润的70%视为劳动所得。）

123. Mark Zuckerberg, "A Letter to Our Daughter," Facebook, December 1, 2015, www.facebook.com/notes/mark-zuckerberg/a-letter-to-our-daughter/10153375081581634/. 扎克伯格写这封信时，在全球富豪榜上排第6位。Kerry A. Dolan and Luisa Kroll, "Forbes 2016 World's Billionaires: Meet the Richest People on the Planet," *Forbes,* March 1, 2016, www.forbes.com/sites/luisakroll/2016/03/01/forbes-2016-worlds-billionaires-meet-the-richest-people-on-the-planet/#5d8c660277dc.

124. Zuckerberg, "A Letter to Our Daughter."

125. 有关类似的观点，参见 John Langbein, "The Twentieth-Century Revolution in Family Wealth Transmission," *Michigan Law Review* 86 (February 1988): 722–51。

126. 当财产被给予他及其直系后裔时，"父亲处置其财产的权利首先取决于他是否有一个能够继承财产的儿子。" Charles Neate, *The History and Uses of the Law of Entail and Settlement* 7 (London: W. Ridgway, 1865).

127. 之所以选择这个例子，是因为公爵领地是个例外，它可以通过家族中的女性来传承，而目前这个领地的继承者的确是基于这种特殊情况得到的。Noel Cox, "Property Law, Imperial and British Titles: The Duke of Marlborough and the Principality of Mindelheim," *Legal History Review* 77, no. 1–2 (2009): 193, https://doi.org/10.1163/004075809X403433.

128. 这甚至有可能最终导致家族头衔的丧失。而且，即使出现这种情况，也只有在当时的法律体系允许这样的财产变动的情况下才会发生，而不是硬性规定资产必须保留在家族中。参见 Langbein, "Twentieth-Century Revolution," 725–26。

129. "History of the Pledge," The Giving Pledge, accessed October 12, 2018, https://giving pledge.org. 签名者包括比尔·盖茨、沃伦·巴菲特、马克·扎克伯格、拉里·埃里森和迈克尔·彭博，他们都进入了 2018 年《福布斯》400 强富豪榜的前 10 名。Kroll and Dolan, "Forbes 400."

130. "People who don't have time make time to read the *Wall Street Journal*," *Wall Street Journal*, accessed October 12, 2018, www.wsj.com/maketime.

131. 希瑟·卡普斯（Heather Kappes）等人在未发表的早期草稿中曾提及，"'你是谁'比'你做了什么'更能增强权利"（手稿由作者存档）。

132. Stephanie Addenbrooke and Emma Platoff, "2019 by the Numbers: First Impressions," *Yale Daily News*, August 28, 2018, accessed November 18, 2018, http://features.yaledailynews.com/blog/2015/08/28/2019-by-the-numbers-first-impressions/.

　　2016 年，耶鲁大学健康工作委员会的调查显示，一般耶鲁大学的学生在工作日的平均日睡眠时间是 6.7 小时，有 10% 以上的学生平均日睡眠时间不到 5 小时。Paddy Gavin, "UP CLOSE: Unhealthy Sleep Culture at Yale," *Yale Daily News*, September 9, 2016, accessed November 18, 2018, http://features.yaledailynews.com/blog/2016/09/09/up-close-unhealthy-sleep-culture-at-yale/. 同样，2014 年哈佛大学的一项健康服务评估调查显示，在接受调查的 2 000 位本科生中，有 10% 的学生平均每晚睡眠时间不到 6 小时，有 2/3 的学生平均每晚睡眠时间在 6~7 小时。Quynh-Nhu Le and Zara Zhang, "The State of the Student Body," *Harvard Crimson*, November 11, 2014, accessed November 18, 2018, www.thecrimson.com/article/2014/11/11/state-of-the-student-body/.

133. Golden, "A Brief History of Long Work Time," 223 (citing Daniel S. Hamermesh and Joel Slemrod, "The Economics of Workaholism: We Should Not Have Worked on This Paper," NBER Working Paper No. 11566 [2005], www.nber.org/papers/w11566).

134. Ho, *Liquidated*, 103.

135. Hewlett and Luce, "Extreme Jobs."

136. Ho, *Liquidated*, 73.

137. Gershuny, "Busyness as the Badge of Honor," 296. 该作者将这一观点归功于 Pierre Bourdieu, *Distinction: A Social Critique of the Judgment of Taste* (London: Routledge & Kegan Paul, 1984)。

138. 例如，金·卡戴珊曾表示："对我和我的家人最大的误解是我们很懒……我努力工作；真人秀是一份全职工作。有时我认为人们没有意识到这一点——我们从早上 7 点一直工作到晚上 7 点。" Ella Alexander, "How Alaïa and Valentino Inspired the Kardashians' Lipsy Collection," *Vogue UK*, October 21, 2013, accessed November 18, 2018, www.vogue.co.uk/gallery/kardashians-lipsy-collection-launches-kim-kardashian-interview.

139. Elaine K. Yakura, "Billables: The Valorization of Time in Consulting," *American Behavioral Scientist* 44, no. 7 (March 1, 2001): 1090, https://doi.org/10.1177/00027 64201044007003.

140. Schiltz, "An Unhappy, Unhealthy, and Unethical Profession," 942.

141. Schor, *The Overworked American*, 140.

142. Jeanne M. Brett and Linda K. Stroh, "Working 61 Plus Hours a Week: Why Do Managers Do It?," *Journal of Applied Psychology* 88, no. 1 (February 2003): 76, https://doi.org/10. 1037/0021-9010.88.1.67.

143. Hewlett and Luce, "Extreme Jobs."

144. N. Gregory Mankiw, "Spreading the Wealth Around: Reflections Inspired by Joe the Plumber," *Eastern Economic Journal* 36, no. 3 (2010): 295, https://doi.org/10.3386/w15846; N. Gregory Mankiw, "Defending the One Percent," *Journal of Economic Perspectives* 27, no. 3 (Summer 2013): 32–33, https://doi.org/10.1257 /jep.27.3.21; N. Gregory Mankiw, "Yes, the Wealthy Can Be Deserving," *New York Times,* February 15, 2014, accessed November 18, 2018, www.nytimes.com/2014/02/16/business/yes-the-wealthy-can-be-deserving.html.

145. Ho, *Liquidated,* 103. 该作者进一步指出，银行的后勤工作人员由于工作时间短而受到蔑视。她说："往好了说，华尔街并不将这些后勤员工放在眼里。尽管没有人公然侮辱他们，但他们常被冠以'朝九晚五者'之名；人们怀疑他们的职业道德及工作能力、工作动机和创新能力。" Ho, *Liquidated*, 17.

146. Jordan Weissmann, "The Head of Goldman Sachs Wants to Raise Your Retirement Age," *Atlantic,* November 20, 2012, www.theatlantic.com/business/archive/2012/11/the-head-of-goldman-sachs-wants-to-raise-your-retirement-age/265475/.

147. Gershuny, "Busyness as the Badge of Honor." ; Golden, "A Brief History of Long Work Time," 222 (citing Fredrik Carlsson, Olof Johansson-Stenman, and Peter Martinsson, "Do You Enjoy Having More Than Others? Survey Evidence of Positional Goods," *Economica* 84, no. 296 (November 2007), https://doi.org/10.1111/j.1468-0335.2006. 00571.x).

148. 在一场"显著的历史反转"中，凡勃伦所描述的社会变得与之前截然相反，"'忙碌'取代了休闲，成为社会地位的标志"。Jacobs and Gerson, *The Time Divide,* 120; Gershuny, "Busyness as the Badge of Honor," 306–7.

149. Gershuny, "Busyness as the Badge of Honor," 290–91 (emphasis removed).

150. Fraser, *Every Man a Speculator,* 476.

151. 以名义美元价值计算，1947年美国男性的个人收入为2 230美元，1967年为5 553美元。U.S. Census Bureau, "Historical Income Tables: People," Current Population Survey, last modified August 28, 2018, accessed October 11, 2018, Table P-2, www.census.gov/data /tables/time-series/demo/income-poverty/historical-income-people.html.

152. 美国1940年的住房拥有率为43.6%，1960年为61.9%。U.S. Census Bureau, Census of Housing, "Historical Census of Housing Tables: Homeownership," last modified October 31, 2011, www.census.gov/hhes/www/housing/census/historic/owner.html.

153. 参见Galbraith, *The Affluent Society*, 79。

154. Maurice Isserman, *The Other American: The Life of Michael Harrington* (New York: Perseus, 2000), 154. 以下简称Isserman, *The Other American*。

155. Isserman, *The Other American*, 219.

156. Isserman, *The Other American,* 175–220.

157. Herbert Mitgang, "Books of the Times," *New York Times,* March 21, 1962, accessed November 18, 2018, https://timesmachine.nytimes.com/timesmachine/1962/03/21/ 83217578.pdf.
158. Michael Harrington, *The Other America: Poverty in the United States* (New York: Simon & Schuster, 1997 [originally published in 1962 by Macmillan]), 179. 以下简称 Harrington, *The Other America*。
159. A. H. Raskin, "The Unknown and Unseen," *New York Times,* April 8, 1962, accessed November 18, 2018, https://timesmachine.nytimes.com/timesmachine/1962/04 /08/1134 24067.pdf.
160. Harrington, *The Other America*, 190.
161. Robert D. Plotnick et. al, "The Twentieth Century Record of Inequality and Poverty in the United States," Institute for Research on Poverty, Discussion Paper no. 1166– 98 (July 1998), University of Wisconsin–Madison, 57, www.irp .wisc.edu/publications/dps/pdfs/dp116698.pdf.虽然1960年之前没有官方统计数据来衡量美国的贫困率，但据估计，1955年美国的贫困率为26.2%。1959年是美国人口普查局进行官方贫困测量的最早年份，官方贫困率为22.4%。有关美国官方贫困衡量标准的完整历史数据，参见U.S. Census Bureau, "Historical Poverty Tables: People and Families—1959 to 2017," Current Population Survey, last modified August 28, 2018, Table 3, www.census.gov/data/tables /time-series/ demo/income-poverty/historical-poverty-people.html。
162. Harringon, *The Other America*, 191.
163. Harrington, *The Other America*, 17.
164. Gabriel Kolko, *Wealth and Power in America: An Analysis of Social Class and Income Distribution* (New York: Frederick A. Praeger, 1962), 98.
165. Isserman, *The Other American,* 198–208.
166. Isserman, *The Other American,* 198–208.
167. Dwight Macdonald, "Our Invisible Poor," *New Yorker,* January 19, 1963, accessed November 18, 2018, www.newyorker.com/magazine/1963/01/19/our-invisible-poor.
168. Isserman, *The Other American*, 208.
169. Carl M. Brauer, "Kennedy, Johnson, and the War on Poverty," *Journal of American History* 69, no. 1 (June 1982): 103, https://doi.org/10.2307/1887754. 以下简称 Brauer, "Kennedy"。
170. Peter Dreier, "How Rachel Carson and Michael Harrington Changed the World," *Contexts* 11, no. 2 (Spring 2012): 44, https://doi.org/10.1177/153650421244 6459. 很难确定肯尼迪总统是否看过这本书或这篇评论，历史学家有两个不同版本的观点。
171. Arthur M. Schlesinger Jr., *A Thousand Days: John F. Kennedy in the White House* (Boston: Houghton Mifflin, 1965), 1010.
172. Isserman, *The Other American*, 208.
173. Annual Message to the Congress on the State of the Union, 1 Pub. Papers 13 (January 14, 1963).
174. Letter to the President of the Senate and to the Speaker of the House Proposing the Establishment of a National Service Corps, 1 Pub. Papers 320 (April 10, 1963).

175. 这一表述大致遵循了约翰·罗尔斯在《正义论》中的主要论点。参见 John Rawls, *A Theory of Justice* (Cambridge, MA: Belknap Press of Harvard University Press, 1971)。

176. Byron G. Lander, "Group Theory and Individuals: The Origin of Poverty as a Political Issue in 1964," *Western Political Quarterly* 24, no. 3 (September 1971): 524, https://doi.org/10.2307/446920. 以下简称 Lander, "Group Theory"。

177. Lander, "Group Theory," 524.

178. Brauer, "Kennedy," 114. 约翰逊急于消除肯尼迪顾问们的错误想法,即认为他是财政保守派。

179. Address Before a Joint Session of the Congress, 1 Pub. Papers 9 (November 27, 1963).

180. Lander, "Group Theory," 524,引自 James Reston, "Washington: On Exploring the Moon and Attacking the Slums," *New York Times,* December 20, 1963, accessed November 18, 2018, https://timesmachine.nytimes.com/timesmachine/1963/12/20/89995256.pdf; Editorial, "Assault on Poverty," *New York Times,* December 30, 1963, accessed November 18, 2018, https://timesmachine.nytimes.com/timesmachine/1963/12/30/81832524.pdf; Editorial, "Price of Poverty," *New York Times,* January 3, 1964, accessed November 18, 2018, https://timesmachine.nytimes.com/timesmachine/1964/01/03/118649586.pdf; 以及 James Reston, "A Modified New Deal," *New York Times,* January 9, 1964, accessed November 18, 2018, https://timesmachine.nytimes.com/timesmachine/1964/01/09/106931619.pdf。

181. Annual Message to the Congress on the State of the Union, 1 Pub. Papers 114 (January 8, 1964). 关于这一事件的另一版本,参见 Brauer, "Kennedy"。

182. 其中有许多原因,但一个重要的原因是美国政府的转移支付计划缩减,美国政府对贫困的关注度大不如前。1979 年,收入最低的 1/5 家庭获得了美国联邦政府转移支付的 54%,但到了 2007 年,这一比例已经降到 36%。参见国会预算办公室的"家庭收入分配趋势"(Trends in the Distribution of Household Income)报告。尽管如此,经济增长使相对减少的再分配与稳定或下降的绝对贫困水平相一致。

183. U.S. Census Bureau, "Historical Poverty Tables: People and Families—1959 to 2017," Current Population Survey, last modified August 28, 2018, Table 3, www.census.gov/data/tables/time-series/demo/income-poverty/historical-poverty-people.html.

184. U.S. Census Bureau, "Historical Poverty Tables: People and Families—1959 to 2017," Current Population Survey, last modified August 28, 2018, Table 3, www.census.gov/data/tables/time-series/demo/income-poverty/historical-poverty-people.html. 美国的贫困率在 20 世纪 80 年代初略高于 15%,在 80 年代结束之际稍有降低。20 世纪 90 年代初,美国的贫困率再次超过了 15%,但到 2000 年降至略高于 11%。随后在布什执政时期和大衰退期间,贫困率再次上升,但到 2017 年又稍微减少至 12.3%。

附加的统计数据作为一种现实核查,进一步印证了这一有关收入贫困的印象。根据 2007 年美国国会预算办公室的研究,1979—2005 年,收入最低的 1/5 群体的税后年收入增长了 6%。参见 David A. Zalewski and Charles J. Whalen, "Financialization and Income Inequality: A Post Keynesian Institutional Analysis," *Journal of Economic Issues* 44, no. 3 (2010): 757, https://doi.org/10.2753/JEI0021-3624440309。另一项研究考虑到政府转移支付、由他人支付的医疗保险以及家庭规模的下降,对穷人的收入进行了调整。该

研究发现,1979—2007 年,收入最低的1/5 群体的实际收入增长了26.4 %。参见 Richard Burkhauser, Jeff Larrimore, and Kosali I. Simon, "A 'Second Opinion' on the Economic Health of the American Middle Class," *National Tax Journal* 65, no. 1 (March 2012): 23, https://dx.doi.org/10.17 310/ntj.2012.1.01。

185. Trudi Renwick, "What Is the Supplemental Poverty Measure and How Does It Differ from the Official Measure?," U.S. Census Bureau, Census Blogs, November 8, 2012, www.census.gov/newsroom/blogs/random-samplings/2012/11/what-is-the-supplemental-poverty-measure-and-how-does-it-differ-from-the-official-measure.html.与官方贫困衡量标准相比,贫困衡量补充标准提高了贫困门槛和贫困人口的资源衡量标准。简而言之,这个新标准适当地调整了家庭单位的定义,将贫困线定为两个孩子家庭在食物、衣服、住宿和公用事业上支出的第 33 百分位的 1.2 倍。它还针对不同地区的生活成本进行了相应的调整,改变了对通货膨胀的调整公式,并调整了资源衡量标准,包括了实物福利(如食品援助、住房补助和能源援助),并排除了税费、工作相关费用和医疗开销。

186. 根据贫困衡量补充标准,美国的贫困率从 1967 年的 25.8%降到 2015 年的 14.3%,下降了 11.5 个百分点。而在这些年里,官方贫困率实际上没有显著下降(根据官方的贫困衡量标准,贫困率的实际下降发生在 1959—1967 年)。参见 Trudi Renwick and Liana Fox, *The Supplemental Poverty Measure: 2015,* U.S. Census Bureau, Current Population Reports no. P60-258 (September 2016), accessed October 24, 2018, www.census.gov/content/dam/ Census/library/publications/2016/demo/p60-258.pdf; Christopher Wimer et al., "Trends in Poverty with an Anchored Supplemental Poverty Measure," Columbia Population Center Working Paper no. 13-01 (December 5, 2013), Columbia Population Research Center, New York, NY, Figure 2, https://doi.org/10.7916/D8RN3853。

187. 这些衡量方法都侧重于绝对贫困而不是相对贫困,因此它们更强调物质的匮乏而非社会排斥。尽管如此,即使是考虑到相对贫困的指标也显示,贫困率正在下降。例如,经合组织计算的贫困率(将贫困线设定为收入中位数的一半),在 2013 年为 17.2%,仍低于 1947 年"大压缩时代"的 18.9%。参见 OECD, "OECD Data: Poverty Rate," accessed October 10, 2016, https://data.oecd.org/inequality/poverty-rate.htm; Victor Fuchs, "Redefining Poverty and Redistributing Income," *The Public Interest* 8 (Summer 1967): 90。

188. Christopher Jencks, "The War on Poverty: Was It Lost?," *New York Review of Books,* April 2, 2015, accessed November 18, 2018, www.nybooks.com/articles/2015/04/02 /war-poverty-was-it-lost/. 社会科学家詹克斯基于官方贫困率做了调整,将其降低了近 10 个百分点,主要考虑到食物和住房福利的扩增、收入所得税抵免、子女税务抵免,以及他采用了不同的通货膨胀指标。

189. Bruce D. Meyer and James X. Sullivan, "Winning the War: Poverty from the Great Society to the Great Recession," NBER Working Paper No. 18718 (January 2013), Table 1, www.nber.org/papers/w18718.pdf. 以下简称 Meyer and Sullivan, "Winning the War"。

190. U.S. Census Bureau, *2010 Annual Social and Economic Supplement,* Current Population Survey (2010), ftp://ftp.census.gov/programs-surveys/cps/techdocs/cp smar10.pdf. 2009 年,有 19 028 000 个美国人生活在低于贫困线 50%的水平,即处于极度贫困状态,他们占美国总人口的 6.26%。

191. Meyer and Sullivan, "Winning the War," Figure 6.
192. Bernadette D. Proctor, Jessica L. Semega, and Melissa A. Kollar, *Income and Poverty in the United States: 2015*, U.S. Census Bureau, Current Population Reports no. P60-256 (September 2016), accessed December 30, 2018, 31, Table A-2, www.census.gov/content/dam/Census/library/pub lications/2016/demo/p60-256.pdf. 1967—2015 年，收入最低的 1/5 家庭的平均实际收入增长了 25.4%。
193. Liana Fox et al., "Trends in Deep Poverty from 1968 to 2011: The Influence of Family Structure, Employment Patterns, and the Safety Net," *Russell Sage Foundation Journal of the Social Sciences* 1, no. 1 (November 2015): 16, https://doi.org/10.7758/RSF.2015.1.1.02. 以下简称 Fox et al., "Trends in Deep Poverty," citing Nathan Hutto et al., "Improving the Measurement of Poverty," *Social Service Review* 85, no. 1 (March 2011): 47, https://doi.org/ 10.1086/659129。一个典型的美国贫困家庭现在将其收入的 1/6 花在食物上，而不是 1/3。
194. 1960 年，美国 21.7% 的人口收入低于 3 000 美元。参见 *Consumer Income*, U.S. Census Bureau, Current Population Reports no. P60-36 (June 9, 1961), accessed December 30, 2018, 2, Table 1, www2.census.gov/library/publications/1961/demographics/p60-36.pdf. U.S. Census Bureau, Statistical Abstract of the United States 1971, 321 (1971)。文中提到的份额是通过结合这一事实与人口普查局按收入划分的耐用消费品所有权数据相结合得出的。参见 U.S. Census Bureau, Statistical Abstract of the United States 1971, 321 (1971)。
195. Bruce D. Meyer and James X. Sullivan, "The Material Well-Being of the Poor and the Middle Class Since 1980," American Enterprise Institute for Public Policy Research Working Paper 2011-04, October 25, 2011, 44, Table 2, www.aei.org/wp-content/uploads/ 2011/10/Material-Well-Being-Poor-Middle-Class.pdf. 以下简称 Meyer and Sullivan, "Material Well-Being of the Poor"。另参见 U.S. Census Bureau, American Housing Survey (2013); Attanasio and Pistaferri, "Consumption Inequality," 19。这些统计结果显示出了稳定的增长趋势。在 20 世纪 80 年代末（大约在 1960—2009 年的中间时期），美国收入最低的 1/5 家庭中，54% 的家庭拥有空调，48% 的家庭有烘干机，22% 的家庭有洗碗机，而超过 70% 的家庭拥有汽车。参见 Meyer and Sullivan, "Material Well-Being of the Poor," Table 2。
196. Attanasio and Pistaferri, "Consumption Inequality," 21. Aguiar and Hurst, "Measuring Trends in Leisure," 993–94.
197. Aguiar and Hurst, "Measuring Trends in Leisure," 969–1006. 富人和穷人之间休闲时间的差距扩大不完全是因为收入或开支的变化，还有可能是低收入群体被迫退出劳动力市场导致的。
198. Alan Barreca et al., "Adapting to Climate Change: The Remarkable Decline in the US Temperature-Mortality Relationship over the Twentieth Century," *Journal of Political Economy* 124, no. 1 (January 5, 2016): 152, https://doi.org/10.1086/684582. "1960—2004 年，由于高温导致的早逝人数每年约为 5 900 人……在此期间，家用空调的普及使早逝人数减少了约 18 000 人。" 18 000 / (18 000 + 5 900) = 0.753。
199. "Mortality Rate, Under-5 (per 1,000 Live Births)," World Bank Open Data, World Bank, accessed October 12, 2018, https://data.worldbank.org/indicator/SH.DYN.MORT? Locations

=US. 此外，自 1957 年以来，青少年生育率下降了大约 75%。15~19 岁人口的生育率从 1957 年的 96‰ 下降到 2014 年的 24.2‰。Centers for Disease Control and Prevention, National Vital Statistics Reports 49, no. 10 (September 25, 2001): 2, accessed November 18, 2018, www.cdc.gov/nchs/data/nvsr/nvsr49/nvsr49_10.pdf; "Trends in Teen Pregnancy and Childbearing," Department of Health and Human Services, accessed October 12, 2018, www.hhs.gov/ash/oah/adolescent-development/reproductive-health-and-teen-pregnancy/teen-pregnancy-and-childbearing/trends/index.html.

200. "Human Development Data," United Nations Development Programme, accessed October 12, 2018, www.hdr.undp.org/en/indicators/137506. 联合国的人类发展指数是从三个基本面向来评估人类发展的，分别是健康、教育和生活水平。美国在 1980 年的人类发展指数是 0.826，到了 2014 年升至 0.915。

201. 参见 Social Security Administration, Office of Retirement and Disability Policy, "Trends in Mortality Differentials and Life Expectancy for Male Social Security–Covered Workers, by Socioeconomic Status," *Social Security Bulletin* 67, no. 3 (2007): Table 4, www.ssa.gov/policy/docs/ssb/v67n3/v67n3p1.html; Lawrence Summers, "The Rich Have Advantages That Money Cannot Buy," *Financial Times,* June 8, 2014, accessed November 18, 2018, www.ft.com/content/36d0831a-eca2-11e3-8963-00144feabdc0。以下简称 Summers, "The Rich Have Advantages"。

202. 有关这段时间内的收入贫困情况，参见 U.S. Census Bureau, "Historical Poverty Tables: People and Families—1959 to 2017," Current Population Survey, last modified August 28, 2018, Tables 2–3, www.census.gov/data/tables/time-series/demo/income-poverty/historical-poverty-people.html。有关这段时间内的消费贫困情况，参见 Meyer and Sullivan, "Winning the War," Table 1; Meyer and Sullivan, "Material Well-Being of the Poor," 19–20。

203. 然而，我们在评估贫困问题时，往往会忽视一个历史趋势：尽管贫困率有所下降，但监狱中的囚犯数量呈现爆炸性增长。官方贫困率的衡量并未将这部分囚犯包含在内，因为统计数据通常不包括居住在监狱或"团体宿舍"中的人。参见 Fox et al., "Trends in Deep Poverty," 30（荒谬的是，住在大学宿舍的大学生也没有被统计在内，参见 Fox et al., "Trends in Deep Poverty," 17）。

不过，即使政府为囚犯提供食物、住所和医疗照顾，囚犯也几乎没有收入，并且（尤其在更为严酷的州立监狱系统中）他们的消费水平，如果按照自由公民的标准来看，可以被视为极度贫困。鉴于这一情况，我们自然要思考如何恰当地解释囚犯的贫困状态。对贫困与监禁之间关系的研究发现，有关美国的贫困程度可能被官方低估了大约 1/6。参见 Ian Irvine and Kuan Xu, "Crime, Punishment and the Measurement of Poverty in the United States, 1979–1997," 22, Dalhousie University Economics Working Paper (July 29, 2003), Dalhousie University, Halifax, NS. 然而，这种影响并没有削弱贫困率的总体下降趋势，因为整体贫困率下降的幅度更大——根据所使用的计量方法，贫困率的下降幅度在 1/2~5/6。

204. "Income Inequality, USA, 1970–2014," World Inequality Database, accessed October 12, 2018, https://wid.world/country/usa/.

构建消费占比前 1% 的序列将是有益的，但现有数据不允许这样做。消费者支出调查按照税前收入的五分位数追踪支出份额，并且（最近开始）按照税前收入的十分位数追踪。例如参见 Bureau of Labor Statistics, Consumer Expenditure Survey (2015), Table 1101, www.bls .gov/cex/2015/combined/quintile.pdf, and Bureau of Labor Statistics, Consumer Expenditure Survey (2015), Table 1110, www.bls.gov/cex/2015/combined/decile.pdf。该调查目前还按收入分类跟踪消费，范围从"低于 1.5 万美元"到"20 万美元及以上"（大致代表 2015 年收入最高的 5%）。参见 Bureau of Labor Statistics, Consumer Expenditure Survey (2015), Table 1203, www.bls.gov/cex/2015/combined/income.pdf。不过，按税前收入的十分位数追踪支出份额的调查是近期才开始的，而且随时间的推移，调查所用的收入分类发生了变化。因此，基于这些分类，我们无法建立一个完善的关于顶部与底部消费比例的时间序列。更重要的是，该调查至今还未涉及那些更为小众的经济精英群体的消费。凯文·A. 哈西特和阿帕纳·马瑟在他们的研究中总结了 1984—2010 年间按税前收入五分位数追踪的消费的时间趋势，他们发现在研究期间，顶部 1/5 与底部 1/5 的消费比例仅有轻微的上升。参见 Kevin A. Hassett and Aparna Mathur, *A New Measure of Consumption Inequality,* American Enterprise Institute (June 2012), 5, www.aei. org/wp-content/uploads/2012/06/-a-new-measure-of-consumption-inequality_142931647663.pdf。

205. 2014 年，收入最低的 1/5 群体的平均收入是 13 132 美元，全美收入中位数是 43 955 美元，收入最高的 1% 群体的平均收入是 1 012 549 美元（均以 2014 年的名义美元价值计算）。World Top Incomes Database / United States, Post-tax national income/Average income/Equal-split adults/P0-P20, P49-P51, P99-P100, https://wid.world/country/usa/.

在 1964 年，上述三项指标分别为 990 美元、4 185 美元、54 530 美元（均以 1964 年名义美元价值计算）。参见 World Top Incomes Database / United States, Post-tax national income / Average income / Equal-split adults / P0-P20, P49-P51, P99-P100, https://wid.world/country/usa/。

206. "The American Middle Class Is Losing Ground," Pew Research Center, December 9, 2015, accessed October 14, 2018, www.pewsocialtrends.org/2015/12/09/the-american-middle-class-is-losing-ground/. 以下简称 Pew Research Center, "The American Middle Class Is Losing Ground。

207. David Leonhardt and Kevin Quealy, "The American Middle Class Is No Longer the World's Richest," *New York Times,* April 22, 2014, accessed November 18, 2018, www.ny times.com/2014/04/23/upshot/the-american-middle-class-is-no-longer-the-worlds-richest.html ?_r=0. 伦哈特和奎利使用的是来自卢森堡收入研究的数据。他们的研究表明，在 2010 年左右，加拿大和挪威的国民收入中位数超过了美国，并且在过去的 30 年中，几乎所有其他富裕国家的收入中位数都在迅速赶上美国。

208. 这些数字是基于"世界最高收入数据库"的数据计算的，参见 World Top Incomes Database/United States/Post-tax national income/Gini (P0—P100) / Equal-split adults, October 29, 2018, https://wid .world/country/usa/。这个计算采用了税后和转移后的收入，以准确捕捉基尼系数所描述的各经济阶层的实际状况。此外，每年的计算都采用了 100 个数据点，这对应于收入分配的每个百分位数。这不仅提高了准确性，而且允许我们针对收入分配的某些部分计算基尼系数，就如同正文中所做的。相比之下，许多其他的美国基尼数据序列仅使用少数几个数据点——通常只有 5 个，与每个五分位数的收入相对应（并在每个五分位数之内采用不同的插值方法）。这种差异影响了计算出的基尼系数的绝对值，而这里提到的数据序列与其他主要序列有所不同。但值得注意的是，尽管各序列之间存在差异，它们显示的趋势是相互一致的，同步上升和下降。

209. Congressional Budget Office, "Trends in the Distribution of Household Income," 16.
210. 这些基尼系数是基于"世界最高收入数据库"的数据计算的，参见 World Top Incomes Database, Post-tax national income / equal-split adults / Average / Adults / constant 2015 local currency, https://wid.world/country/usa/。
211. 有一些研究甚至进一步质疑，自 1993 年以来，在收入最低的 99% 群体中，经济不平等是否有任何稳定或显著的增加。有关这方面的研究回顾，参见 Robert J. Gordon, "Misperceptions About the Magnitude and Timing of Changes in American Income Inequality," NBER Working Paper No. 15351 (September 2009), 1, www.nber.org/ papers/w15351.pdf。
212. Aaron Blake, "Obama's 'You Didn't Build That' Problem," *Washington Post,* July 18, 2012, accessed November 18, 2018, www.washingtonpost.com/blogs/the-fix/post/obamas-you-didnt-build-that-problem/2012/07/18 /gJQAJxyotW_blog.html; Lucy Madison, "Elizabeth Warren: 'There Is Nobody in This Country Who Got Rich on His Own,'" CBS News, September 22, 2011, accessed October 14, 2018, www.cbsnews.com/news/elizabeth-warren-there-is-nobody-in-this-country-who-got-rich-on-his-own/.
213. 许多思想家和社会活动家都有力地表达了这种观点。参见 Matthew Desmond, *Evicted: Poverty and Profit in the American City* (New York: Crown, 2016); Donald S. Shepard, Elizabeth Setren, and Donna Cooper, "Hunger in America: Suffering We All Pay For," Center for American Progress, October 2011, www.americanprogress.org/wp-content/ uploads/issues/2011/10/pdf/hunger_ paper.pdf; H. Luke Shaefer and Kathryn Edin, "Extreme Poverty in the United States, 1996 to 2011," Policy Brief 28 (February 2012), National Poverty Center, http://npc.umich.edu/publications /policy_briefs/brief28/policybrief28.pdf; H. Luke Shaefer and Marci Ybarra, "The Welfare Reforms of the 1990s and the Stratification of Material Well-Being Among Low-Income Households with Children," National Poverty Center Working Paper Series 12-12, National Poverty Center, Ann Arbor, MI, May 2012, http://npc.umich. edu/publications/u/2012-12-npc-work ing-paper.pdf; Yonatan Ben-Shalom, Robert Moffitt, and John Karl Scholz, "An Assessment of the Effectiveness of Anti-Poverty Programs in the United States," National Poverty Center Working Paper Series 11-19, National Poverty Center, Ann Arbor, MI, June 2011, http://npc.umich.edu/publications/u/2011-19_NPC_Working_Paper.pdf。

记录当今贫困人群苦难生活的官方统计数据，参见 U. S. Department of Agriculture, Economic Research Service, *Food Security in the United States,* accessed October 3, 2016, www.ers.usda.gov/topics/food-nutrition-assistance/food-security-in-the-us.aspx; *Key Statistics and Graphics,* accessed October 3, 2016, www.ers.usda.gov/topics /food-nutrition-assistance/food-security-in-the-us/key-statis tics-graphics.aspx; *Food Security in the United States,* accessed October 3, 2016, www.ers.usda.gov/data-products/food-security-in-the-united-states. aspx; Current Population Survey Food Security Supplement, accessed October 3, 2016, www.ers.usda .gov/data-products/food-security-in-the-united-states.aspx #26502。

214. 参见Aristotle, *Aristotle's Politics,* Book IV; James Madison, *Federalist* No. 10, in *The Federalist Papers,* ed. Clinton Rossiter (New York: New American Library, 1961), 77–84。

215. 例如参见Internal Revenue Code (I.R.C.) § 1 (1954); I.R.C. § 1 (1971); I.R.C. § 1 (1976); I.R.C. § 1 (1981); I.R.C. § 1 (1986); I.R.C. § 1 (1991) ; I.R.C. § 1 (1996); I.R.C. § 1 (2001); I.R.C. § 1 (2006); I.R.C. § 1 (2011); I.R.C. § 1 (2016)。另参见"Historical Highest Marginal Income Tax Rates," Tax Policy Center, accessed October 14, 2018, www.taxpolicycenter.org/statistics/ historical-highest-marginal-income-tax-rates。最高边际税率在1951年升至91%，在1952年和1953年升至92%。然后又回落到91%，并一直保持到1963年。参见Internal Revenue Service, "Historical Table 23: U.S. Individual Income Tax: Personal Exemptions and Lowest and Highest Bracket Tax Rates, and Tax Base for Regular Tax, Tax Years 1913–2015" (2018), www.irs.gov/statistics/soi-tax-stats-historical-table-23。

216. Winters, *Oligarchy,* 4.

217. 这个谜团是如此令人困惑，以至于美国政治科学协会不平等与美国民主工作组将其作为2001年研究的中心目标。"Task Force on Inequality and American Democracy," American Political Science Association, accessed October 14, 2018, www.apsanet.org/PUBLICATIONS/Reports/Task-Force-on-Inequality-and-American-Democracy.

218. Ran Kivetz and Yuhuang Zheng, "Determinants of Justification and Self-Control," *Journal of Experimental Psychology: General* 135, no. 4 (2006): 572–87, https://doi.org/10.1037/ 0096-3445.135 .4.572.

219. Alberto Alesina and George-Marios Angeletos, "Corruption, Inequality, and Fairness," *Journal of Monetary Economics* 52, no. 7 (October 2005): 1227–44, https://doi.org/doi:10. 1016/j.jmoneco.2005.05.003.

220. N. Gregory Mankiw, "Yes, the Wealthy Can Be Deserving," *New York Times,* February 15, 2014, accessed November 18, 2019, www.nytimes.com/2014 /02/16/business/yes-the-wealthy-can-be-deserving.html.这种效应同样适用于收入处于最顶端的群体，目的是阻挡针对超级富翁的累进税。一个罕见的情况是，收入仅次于前1%的19%群体，在一场关于税收的政治争端中击败了收入前1%的群体。这种情况代表了证明这一规则的例外。在最近的遗产税改革中，普通富豪群体试图增加免税额，而超级富翁则试图降低税率或完全取消遗产税。（这是可以理解的：普通富豪留下的遗产将主要落在较高的免税额范围内，这使得相对于免税额，税率变得不那么重要；超级富翁留下的遗产将远远超过几乎所有的免税额，使得相对于税率，免税额变得不那么重要。实际上，在2015年，只有不到5 000份遗产需要缴税，而在2013年，需缴税遗产的平均规模为2 270万美元。Brian J. O'Connor, "Once Again, the Estate Tax May Die," *New York Times,* February 18, 2017, accessed October 24, 2018, www.nytimes.com/2017/02/18/your-money/taxes/once-again-the-estate-tax-may-die.html.）除了2010年曾短暂免征遗产税外，普通富豪在最近的政治斗争中获得了胜利：超出免税额的税率没有下降，但遗产税的免税额增加了。关于遗产税的政治问题，更多的讨论参见Michael J. Graetz and Ian Shapiro, *Death by a Thousand Cuts: The Fight over Taxing Inherited Wealth* (Princeton, NJ: Princeton University Press, 2006)。

221. 相关观察参见Skidelsky and Skidelsky, How Much Is Enough?, 191–92。

林登·约翰逊曾经形容"伟大社会"是一个"每个孩子都能找到丰富其思想和扩大其才能的知识的地方……在那里,城市……致力于满足人们对美的渴望和对共同体的渴求……在那里,人们更看重生活目标的质量,而非物品的数量"。LBJ Presidential Library, "Social Justice Gallery," accessed October 15, 2018, www.lbjlibrary.org /exhibits/social-justice-gallery. 如今,保罗·瑞安将社会成员分为"创造者"和"索取者",前者的职业道德致力于服务于公共利益,后者则致力于从约翰逊建立的项目中获得最大好处。Nick Baumann and Brett Brownell, "VIDEO: Paul Ryan's Version of '47 Percent'—the 'Takers' vs. the 'Makers,'" *Mother Jones,* October 5, 2012, accessed October 15, 2018, www.mother jones.com/politics/2012/10/paul-ryans-47-percent-takers-vs-makers-video/.(瑞安后来对这一表述表示抱歉,参见 Paul Ryan, "Speaker Ryan on the State of American Politics," March 23, 2016, www.speaker.gov/press-release/full-text-speaker-ryan-state-american-politics。但是,这种抱歉更多的是形式上的,而非针对实质内容的。瑞安依旧认为应该废除国家的福利制度。)

经济不平等的优绩主义转向解释了这种修辞性对比的两个方面。在 20 世纪中叶的经济环境下,约翰逊能够清晰地区分"目标的质量"与"物品的数量",因为当时的经济将收入与不劳而获的租金联系在一起。而优绩主义下的不平等则将收入与努力以及与之相关的美德联系在一起。这消除了约翰逊所依赖的对比,并形成了瑞安所描述的对比。

222. 保守派尤其鄙视那些收入与受教育程度不相符的进步派知识分子,如作家和教授。这些知识分子从道德层面强烈谴责商业阶层的财富,同时又不乏嫉妒。他们还守着旧时贵族的价值观,将商业阶层视作低人一等。例如参见 David Brooks, "Bitter at the Top," *New York Times,* June 15, 2004, accessed November 18, 2018, www.nytimes.com/2004/06/15/opinion/bitter-at-the-top.html。前风险投资家、保守主义作家爱德华·康拉德将这类人称为"艺术史专业学生",他用这个称呼来"嘲讽那些生来就有幸可以选择充满冒险和创新的生活,但却选择了较为安逸的路径的人"。Adam Davidson, "The Purpose of Spectacular Wealth, According to a Spectacularly Wealthy Guy," *New York Times,* May 1, 2012, accessed November 18, 2018, www.nytimes.com/2012/05/06/magazine/romneys-former-bain-partner-makes-a-case-for-inequality.html. 这种嘲讽暗示,工作的富人会像知识分子嫉妒别人的收入一样,嫉妒知识分子仍然享受的未被征税的自由和闲暇。

223. 例如参见 U.S. Congress, House, Committee on International Relations, *Russian Foreign Policy: Proliferation to Rogue Regimes: Hearings Before the Committee on International Relations,* 106th Cong., 1st sess., 1999, 35 (statement of Representative James Woolsey)。

224. Arthur C. Brooks, *The Road to Freedom: How to Win the Fight for Free Enterprise* (New York: Basic Books, 2012).

225. 温和的平等主义者尤其容易受到这种担忧的影响。例如,前财政部长拉里·萨默斯最近就表示担忧:"除非人们将嫉妒视为一种美德,否则对不平等的关心主要源自低收入和中等收入的劳动者得到的太少,而不是富人得到的太多。" Summers, "The Rich Have Advantages."

226. 这个表达借用自 Bernard Williams, *Ethics and the Limit of Philosophy* (London: Routledge, 2011), 56。

227. 引用于 Freeland, *Plutocrats,* 53。

[第五章]

1. Nicholas Lehman, *The Big Test: The Secret History of American Meritocracy* (New York: Farrar, Straus & Giroux, 1999), 141. 以下简称 Lehman, *The Big Test*。
2. Geoffrey Kabaservice, "The Birth of a New Institution: How Two Yale Presidents and Their Admissions Directors Tore Up the 'Old Blueprint' to Create a Modern Yale," *Yale Alumni Magazine,* December 1999, accessed November 18, 2018, http://archives.yalealumni magazine.com/issues/99_12/admissions.html. 以下简称 Kabaservice, "The Birth of a New Institution"。
3. Brooks Mather Kelley, *Yale: A History* (New Haven, CT: Yale University Press, 1999), 407; Kabaservice, "The Birth of a New Institution."
4. Kabaservice, "The Birth of a New Institution."
5. Kabaservice, "The Birth of a New Institution."
6. 卡巴瑟维斯指出："事实上，在1957届耶鲁大学毕业生中，虽然来自私立高中的学生占比超过60%，但他们在优等生荣誉协会中的占比不到一半，在美国国家工程荣誉学会中的占比不到1/6。被格里斯沃德视为学术卓越人才主要来源的学校（菲利普斯安多弗中学、埃克塞特学院、劳伦斯威尔高中、霍奇基斯中学和圣保罗中学），共计向耶鲁大学输送了约200名学生（占该届学生人数的20%左右）。对于优等生荣誉协会的64名会员，每所学校仅贡献了一位。而耶鲁大学其他传统的生源学校，如格罗顿中学、希尔中学、肯特中学、圣马克中学、圣乔治中学和塔夫特中学，则没有贡献一位会员。" Kabaservice, "The Birth of a New Institution."
7. 以20世纪30年代为例，当时哈佛大学的本科精英"居住在私人公寓，有管家和女仆伺候，他们生活在一个被称为黄金海岸的地区，参加波士顿的社交舞会，通常不上课，往往在每学期末短暂地参加特殊辅导班，以便能够通过考试"。同样，在二战后，旧时精英在哈佛大学成绩为C的情况很常见。Lehman, *The Big Test,* 27.
8. Kabaservice, "The Birth of a New Institution."
9. Jacques Steinberg, *The Gatekeepers: Inside the Admissions Process of a Premier College* (New York: Penguin Books, 2002), xii.
10. Jerome Karabel, *The Chosen: The Hidden History of Admission and Exclusion at Harvard, Yale, and Princton* (Boston: Mariner Books, 2014), 177.
11. Kabaservice, "The Birth of a New Institution."
12. 有关哈佛大学在20世纪中叶进行的SAT考试改革，参见 Murray, *Coming Apart,* 54–55。请注意，尽管默里对这位招生主任的称呼时而为威廉，时而为威尔伯，但他真正的名字是威尔伯。有关哈佛大学招生主任的言论，参见 W. J. Bender, *Final Report of W.J. Bender, Chairman of the Admissions and Scholarship Committee and Dean of Admissions and Financial Aids, 1952–1960* (Cambridge, MA: Harvard University, 1960), 4。
13. Kabaservice, "The Birth of a New Institution."
14. Kabaservice, "The Birth of a New Institution."
15. Kabaservice, "The Birth of a New Institution."

16. Kabaservice, "The Birth of a New Institution."
17. 克拉克离开耶鲁大学后曾担任霍勒斯·曼高中的校长，其间学校曝出广泛存在学生性虐待事件。有关各项指控以及克拉克在相关事件中的角色等背景信息，参见 Amos Kamil, "Prep School Predators," *New York Times*, June 6, 2012, accessed November 18, 2018, www.nytimes.com/2012/06/10/magazine/the-horace-mann-schools-secret-history-of-sexual-abuse.html。
18. Kabaservice, "The Birth of a New Institution."
19. Kabaservice, "The Birth of a New Institution."
20. Kabaservice, "The Birth of a New Institution."
21. Kabaservice, "The Birth of a New Institution." 卡巴瑟维斯引用了发表在《耶鲁每日新闻》上的一篇文章，参见 Tom Herman, "New Concept of Yale Admissions," *Yale Daily News*, December 16, 1965. 不过，在这篇文章中并没有出现"向内生长"这个词。
22. Kabaservice, "The Birth of a New Institution."
23. Daniel Golden, *The Price of Admission: How America's Ruling Class Buys Its Way into Elite Colleges— and Who Gets Left Outside the Gates* (New York: Three Rivers Press, 2007), 129.
24. Kabaservice, "The Birth of a New Institution." 有关耶鲁大学 SAT 改革的另一份报告，参见 Murray, *Coming Apart*, 54。
25. Kabaservice, "The Birth of a New Institution."
26. Kabaservice, "The Birth of a New Institution"; 信息出自 1993 年 5 月 13 日克拉克与卡巴瑟维斯在耶鲁大学手稿和档案图书馆的访谈。
27. Kabaservice, "The Birth of a New Institution"; William F. Buckley Jr., "What Makes Bill Buckley Run," *Atlantic Monthly*, April 1968, 68.
28. Kabaservice, "The Birth of a New Institution."
29. Kabaservice, "The Birth of a New Institution."
30. U.S. Department of Education College Scorecard Database, last updated September 28, 2018, https://collegescorecard.ed.gov/data; Richard Pérez-Peña, "Best, Brightest and Rejected: Elite Colleges Turn Away up to 95%," *New York Times*, April 18, 2014, https://www.nytimes.com/2014/04/09/us/led-by-stanfords-5-top-colleges-acceptance-rates-hit-new-lows.html. 这里所说的排名前 10 的本科院校是指在《美国新闻与世界报道》的大学排名中稳定占据前列的 11 所大学，它们分别是：普林斯顿大学、哈佛大学、耶鲁大学、哥伦比亚大学、斯坦福大学、芝加哥大学、杜克大学、麻省理工学院、宾夕法尼亚大学、加州理工学院以及达特茅斯学院。
31. Kabaservice, "The Birth of a New Institution." 卡巴瑟维斯指出，耶鲁大学的老师，尤其是理工科的教授们，对学生的素质印象深刻。化学系主任写信给布鲁斯特校长表示："所有与今年新生有过接触的教职员工都一致认为，有人在招生方面做得非常出色。我们习惯于在入门课程中遇到优秀的学生，但从未见过如此多的优秀学生。"
32. 这些数值必定是估算，因为这些大学并不全都公开报告学生成绩中位数或综合分数，而只是报告了测试中各部分的分数。有关耶鲁大学学生的成绩，参见 "What Yale Looks For," Yale University, https://admissions.yale.edu/what-yale-looks-for. 有关哈佛大学学生的成绩，参见 "Applying to Harvard," Harvard University, https://college.harvard.edu/

frequently-asked-questions。有关普林斯顿大学学生的成绩，参见 "Admission Statistics," Princeton University, updated July 15, 2018, https://admission.princeton.edu/how-apply/admission-statistics。有关斯坦福大学学生的成绩，参见 "Our Selection Process," Stanford University, updated July 2018, http://admission.stanford.edu/basics/selection/profile.html。

33. OECD, *OECD Skills Outlook 2013, 3: First Results from the Survey of Adult Skills*, OECD Publishing (2013), http://dx.doi.org/10.1787/9789264204256-en, 118. 以下简称OECD, *OECD Skills Outlook 2013*。

34. OECD, *OECD Skills Outlook 2013*, 118.

35. 在美国，拥有本科或以上学历的公民与拥有高中以下学历的公民之间的技能差距，比经合组织成员的平均差距水平高出1/4，比澳大利亚、奥地利、爱沙尼亚、芬兰、意大利、日本、挪威和斯洛伐克共和国高出1/3。OECD, *OECD Skills Outlook 2013*, 117.

36. Holy Bible, King James Version, Matthew 13:12. 请留意，福音书在这一点上明确提到了知识和智慧，以及对耶稣教导的理解和接受。

37. "马太效应"这个表述来自：Robert Merton, "The Matthew Effect in Science," *Science* 159 (January 5, 1968): 56–63; Annie Murphy Paul, "Educational Technology Isn't Leveling the Playing Field," *Slate,* June 25, 2014, accessed November 18, 2018, https://slate.com/technology/2014/06/neuman-celano-library-study-educational-technology-worsens-achievement-gaps.html。

38. Langbein, "Twentieth-Century Revolution," 722.

39. 参见Robert D. Mare, "Educational Homogamy in Two Gilded Ages: Evidence from Intergenerational Social Mobility Data," *Annals of American Academy of Political and Social Science* 663 (January 2016): 117–39, and Robert D. Mare, "Educational Assortative Mating in Two Generations: Trends and Patterns Across Two Gilded Ages," California Center for Population Research On-Line Working Paper Series, January 12, 2013, http://papers.ccpr.ucla.edu/papers/PWP-CCPR-2014-015/PWP-CCPR-2014-015.pdf。

40. 参见Murray, *Coming Apart,* 62。更多信息，参见Christine Schwartz and Robert Mare, "Trends in Educational Assortative Marriage from 1940 to 2003," *Demography* 42 (2005): 621–46。该报告显示，在1960年，已婚夫妻双方均接受过16年及以上时间教育的比例为3.95%，2000年的这一比例为27.7%。

41. Jeremy Greenwood et al., "Marry Your Like: Assortative Mating and Income Inequality," *American Economic Review (Papers and Proceedings)* 104 (May 2014): 348, 350. 以下简称Greenwood et al., "Marry Your Like." 在更普遍的层面，一项回归分析评估了丈夫的受教育程度对妻子的受教育程度的额外影响。结果显示，相对于基准年份1960年，影响一项的系数呈稳步且大幅增加趋势；拥有相同受教育程度的夫妇中双方均拥有本科及以上学历的比例，与夫妻的受教育程度随机匹配时双方均拥有本科及以上学历的比例，这两者的比值也在急剧增加。

42. 普林斯顿大学和耶鲁大学首次接受女性学生是在1969年。Judith Schiff, "Resources on Yale History: A Brief History of Yale," Yale University Library, http://guides.library.yale.edu/yalehistory; "Yale Will Admit Women in 1969; May Have Coeducational Housing," *Harvard Crimson,* November 15, 1968, www.thecrimson.com/article/1968/11/15/yale-will-

admit-women-in-1969/.哈佛大学何时开始准许女性入学则难以确定,因为该校在1879年成立了一所专收女性的附属学院——拉德克利夫学院。直到1963年,哈佛大学才首次向拉德克利夫学院的学生授予学位。1975年,哈佛大学本科生院和拉德克利夫学院开始合并招生。1977年,哈佛大学结束了4∶1的男女招生比例,开始不以性别作为招生选拔标准。1999年,拉德克利夫学院正式并入哈佛大学,并创建了拉德克利夫高级研究所。Colleen Walsh, "Hard-Earned Gains for Women at Harvard," *Harvard Gazette,* April 26, 2012.

在此之前,这些大学可以说根本没有女性毕业生。如今,在哈佛大学、耶鲁大学与普林斯顿大学的本科学生中,女性几乎占到50%。在美国排名前10的大学中,男性与女性所占的比例分别是54%与46%(如果不将西点军校计算在内,男性与女性所占的比例分别是51%和49%)。具体而言,2015年,耶鲁大学的男女比例为51∶49;2014年,该校的男女比例为48∶52。David Burt and Emily Wanger, "Gender Ratio Flips for 2015," *Yale News,* September 5, 2015; "Yale University Undergraduate Information—Student Life," *U.S. News & World Report,* http://colleges.usnews.rankingsandreviews.com/best-colleges /yale-university-1426.

研究生院的情况也表现出类似的趋势,尽管相对来说略微不明显。例如,在1951—1965年,哈佛大学法学院每届学生中的女性仅占约3%。如今,排名前10的法学院的学生群体中男女各占50%;排名前10的商学院的学生群体中男性占58%,女性占42%;排名前10的医学院的学生群体中男性占49%,女性占51%。这些数据源自:*U.S. News & World Report* 2019 rankings: "Best Law Schools," www.usnews.com/best-graduate-schools/top-law-schools; "Best Business Schools," www.usnews.com/best-graduate-schools/ top-business-schools; "Best Medical Schools," www.usnews.com/best-graduate-schools/top-medical-schools /research-rankings。

43. Greenwood et al., "Marry Your Like," 352.这一趋势主要是由于女性劳动力参与率的上升,特别是受教育程度较高的女性。随着受教育程度较高的女性越来越多地加入工作,选择性婚配会逐渐加剧家庭收入不平等,而随机婚配则会逐渐减少家庭收入不平等。

44. 这些女性生育孩子的时间也比较晚:没有学士学位的女性首次生育的平均年龄大约是23岁,仅拥有学士学位的女性是29.5岁,拥有一些研究生教育背景的女性则至少是31.1岁。Murray, *Coming Apart,* 40.另一项分类较为粗略的研究证实了这些数字所描述的基本情况。2010年,大学毕业的女性首次生育的平均年龄大约为30岁,高中毕业或上过大学但没有获得学位的女性为24岁左右,而没有高中学历的女性则大约为20岁。Kay Hymowitz et al., *Knot Yet: The Benefits and Costs of Delayed Marriage in America,* National Marriage Project (2013), 8, http://nationalmarriageproject.org/wp-content/uploads/ 2013/03/KnotYet-FinalForWeb.pdf.以下简称Hymowitz et al, *Knot Yet*。

45. 1970年,非婚生育的数量占总生育数量的10.7%,参见Stephanie J. Ventura and Christine A. Bachrach, Nonmarital Childbearing in the United States, 1940–99, National Center for Health Statistics, Division of Vital Statistics (October 18, 2000), 17, www.cdc.gov/nchs/data/nvsr/nvsr48/nvs48_16.pdf。另一份报告认为这一比例更高,接近15%,而非10%。Hymowitz et al., *Knot Yet,* 7; Murray, *Coming Apart,* 161.还有一项研究认为,这一比例为1/20,参见Sara McLanahan and Christine Percheski, "Family Structure and the

Reproduction of Inequalities," *Annual Review of Sociology* 34 (2008): 257–76。

46. 此外，只有大约10%的受过大学教育的女性和5%的受过大学以上教育的女性会在婚前生育。希莫威茨等人报告称，截至2010年人口普查，拥有大学学历的女性中有12%在首次生育时未婚；截至2000年人口普查，这一比例为8%。Hymowitz et al., *Knot Yet,* 8. 这里所引用的拥有大学以上学历的母亲的数量是根据美国疾病控制与预防中心的2010年出生人口动态统计数据计算得出的。更多信息，参见Jennifer Silva, "The 1 Percent Ruined Love: Marriage Is for the Rich," *Salon,* July 27, 2013, accessed November 18, 2018, www.salon.com/2013/07/27/the_1_percent_ruined_love_marriage_is_for_the_rich/（以下简称Silva, "The 1 Percent Ruined Love"）; Galena K. Rhoades and Scott M. Stanley, "Before I Do: What Do Premarital Experiences Have to Do with Marital Quality Among Today's Young Adults?," National Marriage Project at the University of Virginia, 11, http://nationalmarriageproject.org /wordpress/wp-content/uploads/2014/08/NMP-BeforeIDoReport-Final.pdf; Murray, *Coming Apart,* 161；Jason DeParle, "Two Classes Divided by 'I Do,'" *New York Times,* July 14, 2012, accessed November 18, 2018, www.nytimes.com /2012/07/ 15/us/two-classes-in-america-divided-by-i-do.html（以下简称DeParle, "Two Classes"）; Robert D. Putnam, Carl B. Frederick, and Kaisa Snellman, "Growing Class Gaps in Social Connectedness Among American Youth," Harvard Kennedy School of Government, The Saguaro Seminar: Civic Engagement in America, July 12, 2012, Figure 1, accessed January 12, 2019, https://hceconomics.uchicago.edu/sites/default/files/file_uploads/Putnam-etal_ 2012_Growing-Class-Gaps.pdf（以下简称Putnam, Frederick, and Snellman, "Growing Class Gaps"）。

　　这种差异反过来影响了收入不平等。根据不同的衡量方法，近年来家庭收入不平等程度总体增幅中的14%~40%可能要归因于中下阶层和中上阶层家庭中单亲家庭占比的不同。参见DeParle, "Two Classes."; Bruce Western, Deirdre Bloom, and Christine Percheski, "Inequality Among American Families with Children, 1975–2005," *American Sociological Review* 73, no. 6 (2008): 903–20（以下简称Western, Bloom, and Percheski, "Inequality Among American Families"）; Gary Burtless, "Effects of Growing Wage Disparities and Changing Family Composition on the U.S. Income Distribution," Center on Social and Economic Dynamics, Working Paper No. 4 (July 1999), 12（以下简称Burtless, "Effects of Growing Wage Disparities"）; Robert I. Lerman, "The Impact of the Changing U.S. Family Structure on Child Poverty and Income Inequality," *Economica* 63, no. 250 (1996): S122（以下简称Lerman, "The Impact of the Changing U.S. Family Structure"）。

47. 此外，这些母亲中有40%的人在婚前就已经有孩子。参见"Vital Stats Data," Centers for Disease Control (2010), www.cdc.gov/nchs/data_access/vitalstats/VitalStats_Births.htm。詹妮弗·席尔瓦在《被毁掉的1%的爱情》(The 1 Percent Ruined Love)一文中指出："受过大学教育的女性有9/10会等到结婚后再生育，但仅拥有高中学历的女性只有6/10会等到结婚后再生育。"参见DeParle, "Two Classes"; Western, Bloom, and Percheski, "Inequality Among American Families"; Burtless, "Effects of Growing Wage Disparities"; Lerman, "The Impact of the Changing U.S. Family Structure"。

　　有些新手母亲上过大学但没有获得学位，她们非婚生育的可能性是完成大学教育的新手母亲的5倍。根据2010年美国社区调查的数据，那些在调查前一年内生育孩子的女性中，上过大学但未获得学位的未婚女性占 31%，而拥有本科或以上学历的未婚女性只占 6%。参见 De Parle, "Two Classes"; Jank and Owens, "Inequality in the United States," slide 24。根据 2008 年 6 月"当前人口调查"的数据，在调查前一年内生育孩子的 15~29 岁的母亲群体中，上过大学但未获得学位的女性婚外生育的占比为 47.6%，而拥有本科或以上学历的女性的这一占比仅为 18.2%；在 30~44 岁的母亲群体中，这两个数字分别为 20.8% 和 7.1%。

48. 参见 Hymowitz et al., *Knot Yet*。该报告显示，仅有高中学历或上过大学但未获得学位的女性首次生育的平均年龄是 24 岁，首次结婚的年龄中位数是 26 岁。而拥有本科及以上学历的女性首次生育的平均年龄是 30 岁，首次结婚的年龄中位数是 28 岁。完整的报告参见 http://nationalmarriageproject.org/wordpress/wp-content/uploads/2013/04/KnotYet-FinalForWeb-041413.pdf, 18, Figures 10A–10C。

49. Murray, *Coming Apart,* 353.

50. Jank and Owens, "Inequality in the United States," slide 25. Steven P. Martin, "Trends in Marital Dissolution by Women's Education in the United States," *Demographic Research* 15 (2006): 537, 546, Table 1. 根据《收入和计划参与调查》（SIPP）的数据，在 1990—1994 年首次结婚的女性群体中，没有高中学历的人有 46.3% 在婚后 10 年内离婚，有高中学历的人这一占比为 37.9%，上过大学但未获得学位的人这一占比为 36%，拥有四年制本科学历的人这一占比为 16.5%，拥有硕士或以上学历的人这一占比为 14.4%。詹妮弗·席尔瓦同样写道："拥有四年制本科学历的女性在婚姻头十年经历婚姻破裂的可能性是其他女性的一半。"参见 Silva, "The 1 Percent Ruined Love"。

离婚率通常以结婚后一定年数内离婚的概率来表示，因此离婚率的计算取决于选择的年数。另一种计算方法得出的结论是：1960—1980 年，全体美国人的离婚率增加了约 2 倍；接着在 1980—2010 年，没有大学学历的人（即仅拥有高中学历的人以及上过大学但未获得学位的人）离婚率再次增加了 1 倍，但拥有本科以上学历的美国人离婚率基本保持不变。Ben Casselman, "Marriage Isn't Dead—Yet," FiveThirtyEight, September 29, 2014, accessed November 18, 2018, https://fivethirtyeight.com/features/marriage-isnt-dead-yet/。卡斯尔曼使用美国人口普查的数据对年龄为 35~44 岁的美国人中结过婚但后来离婚者的比例进行了计算。在 1960—1980 年，不同人群的离婚率几乎以相同的速度增长，从约 3.5% 上升至约 11.5%，无论是只有高中学历的群体、上过大学但未获得学位的群体，还是拥有本科学历的群体。在 1980—2010 年，前两个群体的离婚率再次大致同步上升，达到了约 20%，而拥有本科学历的群体的离婚率则保持在 10%~12%。Bottom of Form

51. D'Vera Cohn et al., "Barely Half of U.S. Adults Are Married—a Record Low," Pew Research Center, December 14, 2011, http://www.pewsocialtrends.org/2011/12/14/barely-half-of-u-s-adults-are-married-a-record-low/; Jank and Owens, "Inequality in the United States," slide 23.

52. 这一点的确如此。持久的婚姻与收入增长和高收入密切相关：单身户（包括男性和女性）的收入中位数在 1950—1970 年稳步增长，此后基本保持不变；相比之下，已婚夫妇的家庭收入中位数一直增长到现在，几乎没有间断。参见 Jank and Owens, "Inequality in the United States," slide 26。这里使用 www.recessiontrends.org 中更新的 2010 年人口普查数据和人口普查历史收入表中的数据。有关原始数据，参见 U.S. Census Bureau,

"Historical Income Tables: Families," last revised August 28, 2018, www.census.gov/data/tables/time-series/demo/income-poverty/historical-income-families .html。

53. 在收入处于上层 1/3 的家庭中，没有双亲共同抚养大的孩子占比从 5% 增长到 12%，收入处于中间 1/3 的家庭，这一占比从 5% 增长到 29%。参见 DeParle, "Two Classes"。出生于 1964—1994 年的非西班牙语裔白人群体中，出身社会经济最底层 1/4 家庭的高中二年级学生与单亲父母一起生活的比例几乎翻了一番，而出身社会经济顶层 1/4 家庭的高中生的这一比例则略有下降。参见 Putnam, Frederick, and Snellman, "Growing Class Gaps," Figure 2。

54. 这些比例是根据美国人口普查局 2018 年 "当前人口调查" 搜集的数据计算得出的。参见 U.S. Census Bureau, "Current Population Survey (CPS)," www.census.gov/ programs-surveys/cps/data-detail.html。

55. Murray, *Coming Apart,* 269. 默里使用了美国针对成熟女性、年轻女性和青少年的国家纵向调查数据，这些数据涵盖的是那些在 1997—2004 年母亲年满 40 岁的孩子。为了确定最富裕和受教育程度最高的地区，默里使用了成年人拥有大学学历的比例和家庭收入中位数这两个指标，然后对其进行了标准化排名。参见 Murray, *Coming Apart,* Appendix C。

56. Sarah Stuchell and Ruth Houston Barrett, "Clinical Update: Financial Strain on Families," *American Association for Marriage and Family Therapy Magazine* (May 2010).

57. Karen C. Holden and Pamela J. Smock, "The Economic Costs of Marital Dissolution: Why Do Women Bear a Disproportionate Cost?," *Annual Review of Sociology* 17 (August 1991): 51–78.

58. Tom Hertz, *Understanding Mobility in America,* Center for American Progress (April 26, 2006), 29, https://cdn.americanprogress.org/wp-content/uploads/issues/2006/04/Hertz_MobilityAnalysis.pdf. 赫兹发现："对于收入最高的 1/10 家庭来说，收入的保障程度正在提高。然而，对于中产阶层来说，收入波动的加剧导致了大规模负面收入冲击的频率增加。" 如果要以可视化图表来表现这一事实，参见 Peter Gosselin and Seth Zimmerman, "Trends in Income Volatility and Risk, 1970– 2004," Urban Institute Working Paper (2008), 27, Figure 3; Peter Gottschalk and Robert Moffitt, "The Rising Instability of US Earnings," *Journal of Economic Perspectives* 23, no. 4 (Fall 2019): Figure 2. 其中的图显示收入处于底层 1/4、中间 1/2 和顶层 1/4 家庭的收入波动都在加剧，但底层 1/4 家庭的收入波动幅度要高出很多。

59. 有关普通人收入下降 50% 或更多的概率，参见 Karen Dynan, Douglas Elmendorf, and Daniel Sichel, "The Evolution of Household Income Volatility," *B.E. Journal of Economic Analysis & Policy* 12, no. 2 (2012): 17, Figure 3。该图显示，收入下降超过 50% 的概率从 1971 年的 7% 上升至 2005 年的 13%，然后又在 2008 年下降到 10% 左右。关于家庭收入普遍下降 50% 或以上的可能性，参见 Jacob S. Hacker and Elisabeth Jacobs, "The Rising Instability of American Family Incomes, 1969–2004: Evidence from the Panel Study of Income Dynamics," Economic Policy Institute, EPI Briefing Paper No. 213 (2008), Figure C。关于来自收入动态研究小组的数据的分析，参见 Hacker, *The Great Risk Shift,* 31–32, Figure 1.4。哈克认为，普通人遭遇收入下降 50% 或更多的概率从 1970 年的约 7% 上升到了 2002 年

的 17%。

60. W. Jean Yeung, Miriam R. Linver, and Jeanne Brooks-Gunn, "How Money Matters for Young Children's Development: Parental Investment and Family Processes," *Child Development*, 73, no. 6 (December 2002): 1872, Figure 2. 三位作者的研究表明，家庭收入的减少会通过众多不同的途径影响儿童的认知能力，包括经济压力增大、家庭物理环境变化、认知刺激材料可获得性下降以及托儿成本无法负担。关于家庭成员失业或收入下降对儿童心理健康的影响的讨论，参见 Vonnie C. McLoyd, "Socialization and Development in a Changing Economy: The Effects of Paternal Job and Income Loss on Children," *American Psychologist* 44, no. 2 (1989): 298–99。麦克劳埃德的研究结论是，尽管这些因素可能对儿童的心理健康以及儿童正常与同龄人互动的能力产生负面影响，但这些影响并不一定是长期的。

61. Anna Aizer, Laura Stroud, and Stephen Buka, "Maternal Stress and Child Outcomes: Evidence from Siblings," *Journal of Human Resources* 51, no. 3 (August 2016): 353. 以下简称 Aizer, Stroud, and Buka, "Maternal Stress"。这些儿童患慢性疾病的概率也增加了 48%。这篇文章进行了稳健性检验以排除其他解释，其涉及与子宫内压力相关但不通过产前发育起作用的原因。在研究中加入了以下控制变量：母亲的种族、母亲的受教育水平、孩子出生时母亲的婚姻状况、孩子出生时母亲的年龄、怀孕期间的家庭收入、子女性别、7 岁时兄弟姐妹的数量、出生顺序、母亲是否与其丈夫一起居住在家中，以及孩子出生后到 7 岁之间家庭搬迁的次数（衡量不稳定性的指标），还有测量皮质醇的孕周。还有一个指标，用于表示母亲在怀孕期间是否工作（潜在的压力来源），以及是否存在任何妊娠并发症，以排除所观察到的母亲皮质醇增加仅仅是因为对胎儿健康的担忧的可能性。

　　另一项研究则对曾遭遇大地震等极端危险的情况但最终没有受伤的孕妇进行了调查，以分离出压力本身的独立影响。研究再次发现，胎儿时期曾暴露于母体孕期压力的儿童的认知能力水平比未暴露于母体孕期压力的对照组要低得多。Florencia Torche, "Prenatal Exposure to an Acute Stressor and Children's Cognitive Outcomes," *Demography* 55, no. 5 (October 2018): 1617–18.

　　随着研究的积累，有关女性孕期压力的担忧正在进入更广泛的公众讨论领域。参见 Annie Murphy Paul, *Origins: How the Nine Months Before Birth Shape the Rest of Our Lives* (New York: Free Press, 2011). 最近上映的一部电影《子宫里》（*In Utero*）也探讨了我们在母体内的时光以及它对人类健康和社会的影响，参见 Kathleen Man Gyllenhaal, In Utero, filmstrip, 85 mins. (2015)。

62. 参见 Aizer, Stroud, and Buka, "Maternal Stress," Table 8; Torche, "Prenatal Exposure"。

63. 在一项针对 2003—2010 年育有孩子的母亲的研究中，那些拥有高中及以下学历的母亲（收入水平大致处于底层 2/3）每天大约花费 45 分钟在儿童的发展性照管上，而拥有本科及以上学历的母亲（收入水平大致处于顶层 1/3）则花费超过 1 个小时。Putnam, Frederick, and Snellman, "Growing Class Gaps," 10–11.

64. 当时，仅有高中学历的母亲每天投入在子女身上的时间比受过大学教育的母亲多几分钟，而仅有高中学历的父亲花费在子女身上的时间少于拥有大学学历的父亲，因此总体来说，受过教育的父母和未受教育的父母在子女身上的投入大致相等。June Carbone

and Naomi Cahn, *Marriage Markets: How Inequality Is Remaking the American Family* (New York: Oxford University Press, 2014), 85–86.

65. Carbone and Cahn, *Marriage Markets,* 85–86。

66. Reardon, "No Rich Child Left Behind." 里尔登参考了 Meredith Phillips, "Parenting, Time Use, and Disparities in Academic Outcomes," in *Whither Opportunity? Rising Inequality, Schools, and Children's Life Chances,* ed. Greg J. Duncan and Richard J. Munane (New York: Russell Sage Foundation, 2011), 210–11。

67. Garey Ramey and Valerie A. Ramey, "The Rug Rat Race," *Brookings Papers on Economic Activity* (Spring 2010): 134–37。受过大学教育的母亲会比受教育程度较低的母亲每周多花费大约6个小时与孩子在一起。此外，受过大学教育的父亲每周还会额外花费3个小时来教育自己的孩子。这两位作者将研究重点限定为年龄在25~34岁的父母，将育儿定义为"照顾婴儿，照顾年长的孩子、生病的孩子，与孩子一起玩耍，督促孩子完成家庭作业，给孩子读书，与孩子交谈，与育儿保姆或育儿机构打交道以及与育儿相关的出行活动"（第133页）。这一定义强调了与孩子的直接互动，排除了其他诸如购物、清洁、做饭、照看孩子和维护安全等活动——这些活动也可能被视为更广义的育儿活动。因此，这个狭义上的育儿活动侧重于那些直接促进儿童情感发展和智力教育的活动。

68. "Life and Leadership After HBS: Findings from Harvard Business School's Alumni Survey on the Experiences of Its Alumni Across Career, Family, and Life Paths," Harvard Business School (2015), 8, www.hbs.edu /women50/docs/L_and_L_Survey_2Findings_13final.pdf. 在年龄介于31~66岁、育有两个或以上子女的哈佛大学商学院女毕业生中，有20%选择全职在家照顾子女，另有20%选择兼职工作。关于芝加哥大学MBA女毕业生的数据，参见 Marianne Bertrand, Claudia Goldin, and Lawrence F. Katz, "Dynamics of the Gender Gap for Young Professionals in the Corporate and Financial Sectors," NBER Working Paper 14681 (January 2009), www.nber.org/papers/ w14681.pdf. 育有两个或以上子女的芝加哥大学MBA女毕业生中，有50%的人在获得学位后的10年内不再从事全职工作。（至少育有一个子女的芝加哥大学MBA女毕业生中，这一比例为48%。）对此，安妮·阿尔斯托特和艾米丽·巴泽隆的研究提供了相关的讨论和参考资料。

69. Williams, *White Working Class,* 55.另参见 Lauren Rivera and Andreas Tilcsik, "Research: How Subtle Class Cues Can Backfire on Your Resume," *Harvard Business Review,* December 21, 2016。

70. 这一表达来自安妮特·拉罗。她说道："遵循当前专业标准并采用协同培养模式的中产阶层父母有意识地试图激发孩子的成长……而劳工阶层和贫困家庭的付出仅限于提供舒适条件、食物、住所和其他的基本支持，没有像中产阶层家庭那样有意识地培养孩子，并参与他们的课外休闲活动。" Annette Lareau, *Unequal Childhoods: Class, Race, and Family Life* (Los Angeles: University of California Press, 2011), 5.

71. 参见 Pew Research Center, "Parenting in America," December 17, 2015, http://www.pew socialtrends.org/2015/12/17/parenting-in-america. 以下简称 Pew Research Center, "Parenting in America"。更多相关信息，参见 Claire Cain Miller, "Class Differences in Child-Rearing are on the Rise," *New York Times,* December 17, 2015, accessed November 18, 2018, www.

nytimes.com/2015/12/18/upshot/rich-children-and-poor-ones-are-raised-very-differently.html。

72. 当被问及他们在过去一个月是否带孩子去过艺术画廊、博物馆或历史遗址时，只有高中学历的家长中有15%给出了肯定回答，拥有大学学历的家长中有25%给出了肯定回答，而拥有研究生学历的家长中有30%给出了肯定回答。Amber Noel, Patrick Stark, Jeremy Redford, and Andrew Zukerberg, *Parent and Family Involvement in Education, from the National Household Education Surveys Program of 2012,* U.S. Department of Education, National Center for Education Statistics (June 2016), Table 6, https://nces.ed.gov/pubs2013/2013028 rev.pdf.

73. Miller, "Class Differences in Child-Rearing"; Pew Research Center, "Parenting in America," 11.

74. Betty Hart and Todd R. Risley, "The Early Catastrophe: The Thirty Million Word Gap," *Education Review* 17, no. 1 (2003): 116. 以下简称Hart and Risley, "The Early Catastrophe"。这两位作者分析了通过在持续30个月内对42个家庭每月观察1小时所搜集的数据，并得出结论：接受福利救济的家庭的孩子平均每小时听到616个单词，劳工阶层家庭的孩子平均每小时听到1 251个单词，父母为专业人士的家庭的孩子平均每小时听到2 153个单词。假设这种情况持续4年，这些孩子每天清醒的时间为14小时，他们由此估算出，接受福利救济的家庭的孩子平均听到1 300万个单词，劳工阶层家庭的孩子平均听到2 600万个单词，父母为专业人士的家庭中的孩子平均听到4 500万个单词。有关早期语言接触与家庭财富之间的联系，参见Kirp, *The Sandbox Investment,* 127–28。

75. Kathy Hirsh-Pasek et al., "The Contribution of Early Communication Quality to Low-Income Children's Language Success," *Psychological Science* 26 (June 25, 2015); Douglas Quenqua, "Quality of Words, Not Quantity, Is Crucial to Language Skills, Study Finds," *New York Times,* October 16, 2014, accessed November 18, 2018, www.nytimes.com/2014/10/17/us/quality-of-words-not-quantity-is-crucial-to-language-skills-study-finds.html?_r=2.

76. Hart and Risley, "The Early Catastrophe," 113. 根据这两位作者的调查，就3岁孩童平均拥有的词汇量而言，父母为专业人士的家庭的孩子是1 116个单词，劳工阶层家庭的孩子是749个单词，接受福利救济的家庭的孩子是525个单词。另一项调查也显示，在一岁半的孩子身上就已经能够看出家庭的社会经济地位与其词汇量的相关性：社会经济地位低的家庭的孩子平均掌握114个单词，社会经济地位较高的家庭的孩子是174单词。在2岁孩子拥有的词汇量上，社会经济地位较低与较高的家庭的孩子分别掌握288个单词与442个单词。参见Anne Fernald, Virginia A. Marchman, and Adriana Weisleder, "SES Differences in Language Processing Skill and Vocabulary Are Evident at 18 Months," *Developmental Science* 16 (December 8, 2012): 240, Table 3。

77. John K. Niparko et al., "Spoken Language Development in Children Following Cochlear Implantation," *Journal of the American Medical Association* 303 (April 21, 2010): 1505, Table 2; Ann E. Geers, "Predictors of Reading Skill Development in Children with Early Cochlear Implantation," *Ear and Hearing* 24 (2003): 64S, Table 6; Sara Neufeld, "Baby Talk Bonanza," *Slate,* September 27, 2013, accessed November 18, 2018, https://slate.com/technology/2013/09/childrens-language-development-talk-and-listen-to-them-from-birth.html.

78. Pew Research Center, "Parenting in America"; Miller, "Class Differences in Child-Rearing."

79. P. Lindsay Chase-Landsdale and Laura D. Pittman, "Welfare Reform and Parenting: Reasonable Expectations," *The Future of Children* 12 (2002): 168–71.这篇文章通过分析研究结果，提出有6个"育儿维度"会影响育儿成果：（1）情感温暖与回应；（2）管控与纪律；（3）认知刺激；（4）态度、价值观和行为塑造；（5）交友甄别；（6）家庭常规和传统。文章总结指出："低收入家庭的父母往往采用低效的育儿策略，包括给予孩子较少的温暖、更严厉的纪律和缺乏认知刺激的家庭环境。"有关进一步的讨论和分析，参见Stacey Aronson and Aletha Houston, "The Mother-Infant Relation-ship in Single, Cohabiting, and Married Families: A Case for Marriage?" *Journal of Family Psychology* 18 (2004): 5–18; Vonie McLoyd, "Socioeconomic Disadvantage and Child Development," *American Psychologist* 53 (1998): 185–204; Toby Parcel and Elizabeth Menaghan, "Determining Children's Home Environments: The Impact of Maternal Characteristics and Current Occupational and Family Conditions," *Journal of Marriage and Family* 53, no. 2 (1991); Julia B. Isaacs, *Starting School at a Disadvantage: The School Readiness of Poor Children,* Center on Children and Families (Brookings Institution, 2012), www.brookings.edu/wp-content/uploads/2016/06/0319_school_disadvantage_isaacs.pdf。

80. 参见Paul Tough, *How Children Succeed: Grit, Curiosity, and the Hidden Power of Character* (Boston: Houghton Mifflin Harcourt, 2012), xviii. 此处介绍了赫克曼的研究结果，即获得普通教育文凭（GED）的学生在收入、失业率、离婚率、成瘾药物使用和低大学入学率等方面与高中辍学者表现相似。对赫克曼研究的详细分析，参见James J. Heckman, "The Economic and Social Benefits of GED Certification," in *The Myth of Achievements: The GED and the Role of Character in American Life,* ed. James J. Heckman, John Eric Humphries, and Tim Kautz (Chicago: University of Chicago Press, 2014)。其他研究人员发现，母亲与其8个月大的婴儿之间较深的情感水平与孩子在30年后较少出现抑郁症状之间存在关联。J. Maselko et al., "Mother's Affection at 8 Months Predicts Emotional Distress in Adulthood," *Journal of Epidemiology and Community Health* 65 (2001): 625–26. 不过，这是一项新的研究领域，目前"社会经济地位与情感幸福之间的联系并不像它与认知成就之间的联系那样一致"。Robert H. Bradley and Robert F. Corwyn, "Socioeconomic Status and Child Development," *Annual Review of Psychology* 53 (2002): 371, 377.

81. W. Steven Barnett and Donald J. Yarosz, "Who Goes to Preschool and Why Does It Matter?," *National Institute for Early Education Research* 15 (2007): 7, Figure 6.美国2005年的数据如下：对于3岁的儿童来说，收入低于6万美元的家庭约有35%的儿童入读学前班，收入在6万~7.5万美元的家庭约有44%的儿童入读学前班，收入在7.5万~10万美元的家庭约有52%的儿童入读学前班，收入达到10万美元及以上的家庭约有71%的儿童入读学前班。对于4岁的儿童来说，收入低于6万美元的家庭约有60%的儿童入读学前班，收入在6万~7.5万美元之间的家庭约有77%的儿童入读学前班，收入在7.5万~10万美元之间的家庭约有84%的儿童入读学前班，收入达到10万美元及以上的家庭约有89%的儿童入读学前班。可与以下文献比较：Robert J. Gordon, "The Great Stagnation of American Education," *New York Times,* September 7, 2013, accessed November 18, 2018, http://opinionator.blogs.nytimes.com/2013/09/07/the-great-stagnation-of-american-education,

and Timothy Noah, "The 1 Percent Are Only Half the Problem," *New York Times,* May 18, 2013, accessed November 18, 2018, https:// opinionator.blogs.nytimes.com/2013/05/18/the-1-percent-are-only-half-the-problem。

82. Ethical Culture Fieldston School, "Tuition and Financial Aid," October 30, 2018, https://www.ecfs.org /en/tuition-and-financial-aid/.

83. Michael Hwang and Taisha Thompson, "Financial Aid Task Force Report," Ethical Culture Fieldston School (2015)（来源于作者存档的未发表的手稿），6。以下简称 Hwang and Thompson, "Financial Aid Task Force Report"。

84. Hwang and Thompson, "Financial Aid Task Force Report," 8. 学校报告称，有21%的学生获得经济援助，其中有35%的学生来自家庭年收入低于7.5万美元的家庭。假设所有家庭收入较低的学生都获得了经济援助，这意味着在菲尔德斯通幼儿园，只有大约7%的学生来自年收入低于7.5万美元的家庭，尽管这一收入水平已经接近全美家庭年收入中位数的1.5倍。

　　相比于其他精英私立学校，这所学校收取的学费并没有更昂贵或更特殊。事实上，该校声称，"在纽约的同类学校中，我们在获得经济援助的学生比例以及用于经济援助的金额占学费总额的比例方面排名第二"。参见 Hwang and Thompson, "Financial Aid Task Force Report," 6。2018—2019年，银行街学校的学前班学费为48 444美元，超过60%的学生支付了全额学费，参见 "Tuition & Financial Aid," Bank Street School, https://school.bankstreet.edu/admissions/tui tion-financial-aid/。同时期，河谷乡村学校的学前班费用为54 150美元，大约80%的学生支付了全额学费，参见 "Fast Facts: Financial Aid," Riverdale Country School, www.riverdale.edu/page.cfm?p=521。爱文世界学校的学前班费用为5.4万美元，且不提供任何经济援助，参见 "Tuition and Financial Aid," Avenues World School, www.avenues.org/en/nyc/tuition-and-financial-aid。

85. 有关精英学前班入学率的报告，参见 LearnVest, "Confessions of a Preschool Admissions Coach," *Huffington Post,* June, 24, 2013, accessed November 18, 2018, www.huffingtonpost.com/learnvest/confessions-of-a-preschool-admissions-coach_b_3461110.html, and Emily Jane Fox, "How New York's 1% Get Kids into Preschool," CNN Money, June 19, 2014, accessed November 18, 2018, http://money.cnn.com/2014/ 06/10/luxury /preschool-new-york-city。哈佛大学和耶鲁大学的录取率分别为5.4%和6.3%，参见 "Admissions Statistics," Harvard College, https://college.harvard.edu/admis sions/admissions-statistics; Jon Victor, "Yale Admits 6.27 Percent of Applicants," *Yale Daily News,* March 31, 2016。

86. 这是曼哈顿私立学校顾问收取的费用。Andrew Marks, "Cracking the Kindergarten Code," *New York Magazine,* accessed November 18, 2018, http://nymag.com/nymetro/urban/education/features/15141/.

87. 有关教育咨询过程的描述，参见 "An Hereditary Meritocracy," *The Economist,* January 22, 2015, www.economist.com /briefing/2015/01/22/an-hereditary-meritocracy。更多相关信息，另参见 Kirp, *The Sandbox Investment,* and Liz Moyer, "The Most Expensive Preschools," *Forbes,* September 17, 2007, accessed November 18, 2018, www.forbes. com/2007/09/18/education-preschool-kindergarden-biz-cx_lm_0919pre school.html# 43c4e100763d。

88. James Heckman, "Schools, Skills, and Synapses," *Economic Inquiry* 46, no. 3 (2008): 305–7.

赫克曼总结的研究表明，一个人的智商在10岁时变得稳定，处于不同社会经济水平的群体之间的能力差距在小时候就出现了，而纠正这些差距的干预措施在早期更为有效。有关智商稳定的进一步分析，参见James Heckman, "Lessons from the Bell Curve," *Journal of Political Economy* 103, no. 5 (October 1995)。赫克曼写道："现有证据表明，能力或智商对年轻人来说不是一个固定的特质。对年幼儿童教育的持续高强度的关注和投资，包括家长积极参与，比如阅读与与孩子互动，可以促进学习和教育，尽管它们不一定会显著提高智商。现有证据表明，即使这些干预措施不能提高智商，它们也可以在早期的年龄段刺激孩子的驱动力和社会表现。"（第1112页）

89. Sean F. Reardon, "The Widening Income Achievement Gap," *Educational Leadership* 70, no. 8 (May 2013): 10–16. 里尔登同样写道："当富裕家庭和贫穷家庭的孩子进入幼儿园时，他们在入校测试中的得分差异很大，但这个差距从幼儿园到高中的增长幅度不到10%。" Reardon, "No Rich Child Left Behind."

90. 例如参见 "Fast Facts: Most Frequently Attended College/Universities by Recent Alumni," Riverdale Country School, www.riverdale.edu /page.cfm?p=521。

91. 这个说法通常被认为出自橄榄球教练文斯·隆巴迪，例如参见David A. Sousa, *How the Brain Learns* (Thousand Oaks, CA: Corwin, 2011), 105。

92. 在数学、阅读和科学素养方面，最顶尖的1/10儿童与垫底的1/10儿童的测试成绩中位数差距分别为125、116和132分，最顶尖的儿童和处于中层的儿童的测试成绩中位数差距分别为69、63和76分。OECD, *PISA Codebook,* PISA 2015 Database, www.oecd.org/pisa/data/2015database/Codebook _CMB.xlsx.测试分数相差20分，相当于受教育时间相差半年，参见Niall Ferguson, "The End of the American Dream? How Rising Inequality and Social Stagnation Are Reshaping Us for the Worse," *Newsweek,* June 28, 2013, accessed November 18, 2018, www.newsweek.com/2013/06/26/niall-ferguson-end-american-dream-237614.html。

93. Julia B. Isaacs, "Starting School at a Disadvantage: The School Readiness of Poor Children," Center on Children and Families at Brookings (March 2012), 3, Figures 1, 2. 艾萨克斯的报告指出，52%的贫困家庭儿童在入学准备的5项衡量指标中的至少一项上得分非常低，而仅有25%的中等收入家庭或高收入家庭儿童如此；其中包括26%的贫困家庭儿童数学技能得分非常低，30%的贫困家庭儿童阅读技能得分非常低，而只有7%的中等收入家庭或高收入家庭儿童在这两个领域中有一项得分非常低。她还表示，母亲的支持度低对入学准备有明显的负面影响（见图7）。

94. Richard V. Reeves, *Dream Hoarders: How the American Upper Middle Class Is Leaving Everyone Else in the Dust, Why That Is a Problem, and What to Do About It* (Washington, DC: Brookings Institution, 2017), 42.以下简称Reeves, *Dream* Hoarder。里夫斯引用了Phillips, "Parenting, Time Use, and Disparities in Academic Outcomes"。

95. 富裕家庭的孩子从出生到6岁之间，比贫困家庭的孩子多花近1 300小时在新奇的地方，他们在学龄期间比贫困家庭的孩子多花大约1 800小时在这样的地方，他们与父母交流的总时间也比贫困家庭的孩子多出约1 800个小时。当然，富裕家庭的孩子还会参加更多的艺术和音乐课程，接受更多的体育训练等。参见Phillips, "Parenting, Time Use, and Disparities in Academic Outcomes," 217–21。

96. 在0~8岁的孩子中，富裕家庭的孩子每周看电视、玩游戏的时间要比贫穷家庭的孩子少 2.5 个小时，比中产阶层家庭的孩子少 1.5 个小时。同样是在 0~8 岁的孩子中，父母年收入低于 3 万美元的孩子，平均每天在电视机前面的时间是 1 小时 7 分钟；父母年收入在 3 万~7.5 万美元的孩子，平均每天在电视机前面的时间是 58 分钟；父母年收入超过 7.5 万美元的孩子，平均每天在电视机前面的时间是 46 分钟。"Zero to Eight: Children's Media Use in America 2013," Common Sense Media (October 2013), Table 8, www.commonsensemedia.org/research/zero-to-eight-childrens-media-use-in-america-2013.

这些差距随着孩子年龄增长而扩大：在 8~12 岁的孩子中，富裕家庭的孩子每周在屏幕前的时间比贫困家庭的孩子少大约 12.5 个小时，比中产阶层家庭的孩子少大约 7 个小时；在 13~18 岁的孩子中，富裕家庭的孩子与贫困家庭的孩子的这一差距为 17 小时，与中产阶层家庭的孩子的这一差距为 11 小时。在 8~12 岁的孩子中，那些父母年收入低于 3.5 万美元的孩子，每天在屏幕前的时间为 5 小时 32 分钟，那些父母年收入在 3.5 万~9.999 9 万美元的孩子，每天在屏幕前的时间为 4 小时 32 分钟，而那些父母年收入超过 10 万美元的孩子，每天在屏幕前的时间为 3 小时 46 分钟。在 13~18 岁的学生，每天在屏幕前的时间分别增加到 8 小时 7 分钟、6 小时 31 分钟和 5 小时 42 分钟。"Fact Sheet: Digital Equity Gaps—The Common Sense Census: Media Use by Tweens and Teens," Common Sense Media (2015), Table 2, www.commonsense media.org/research/the-common-sense-census-media-use-by-tweens-and-teens.

这一结果并不令人感到意外，因为富裕的成年人每周看电视的时间几乎比贫困的成年人少了 4 小时。在成年人中，处于中等社会经济地位的人每天看电视的时间为 170~200 分钟，而处于最高社会经济地位的人每天看电视的时间为 140~160 分钟。E. Stamatakis et al., "Television Viewing and Other Screen-Based Entertainment in Relation to Multiple Socioeconomic Status Indicators and Area Deprivation: The Scottish Health Survey 2003," *Journal of Epidemiology and Community Health* 60 (2009): 737, Figure 2. 默里引用了尼尔森公司的调查数据，报告称普通美国人每周看电视的时间是 35 小时，而精英阶层几乎不看电视。Murray, *Coming Apart*, 27; "State of the Media TV Usage Trends, Q2 2010," Nielsen, November 18, 2010, www.nielsen.com/us/en/insights/news/ 2010/state-of-the-media-tv-usage-trends-q2-2010.html, and Trish Gorely, Simon Marshall, and Stuart Biddle, "Couch Kids: Correlates of Television Viewing Among Youth," *International Journal of Behavioral Medicine* 11, no. 3 (2004): 152–56.

97. 参见 Katy McLaughlin, "Haute Home Schools Designed to Give Kids a Bespoke Education," *Wall Street Journal*, February 18, 2016, accessed November 18, 2018, www.wsj.com/ articles/haute-home-schools-designed-to-give-kids-a-bespoke-education-1455807796。

98. McLaughlin, "Haute Home Schools Designed to Give Kids a Bespoke Education."

99. Allan C. Ornstein, "The Growing Popularity of Private Schools," *The Clearing House* 63, no. 5 (January 1990): 210.

100. "Private School Enrollment," National Center for Education Statistics (May 2016), https://nces.ed.gov /programs/coe/indicator_cgc.asp. 而且，上升趋势在一直持续。仅在 1995—1996 学年和 2011—2012 学年之间，入学率就增加了 15% 以上。2011—2012 学年的入学统计数据，参见 "Private School Universe Survey 2011–2012," National Center for Education Statistics (2012), https://nces.ed.gov/surveys/pss/tables/table_2011_02. asp。1995—1996 学年的入学

统计数据，参见"Private School Universe Survey 1995–1996," National Center for Education Statistics (1998), https://nces.ed.gov/ pubsearch/pub sinfo.asp?pubid=98229。

相比之下，美国的总人口仅增长了 1.66 倍，从 1965 年的 1.943 亿增加到 2016 年的 3.23 亿。"Annual Estimates of the Resident Population: April 1, 2010 to July 1, 2016," American Fact Finder: United States Census Bureau (2016), https://factfinder.census.gov/ faces/tableservices/jsf/pages/productview.xhtml; "Population in the U.S.," Google: Public Data, www.google .com/publicdata/explore?ds=kf7tgg1uo9ude_&met_y=population&idim=country:US.

101. 甚至在 2000 年，富裕家庭的学生中还几乎没有人在家上学，以至于教育部甚至没有搜集有关这方面的数据。到了 2012 年，在家上学的学生中有 1.6% 来自年收入超过 10 万美元的家庭。McLaughlin, "Haute Home Schools Designed to Give Kids a Bespoke Education."

102. 准确的比例分别为 26% 和 6%。Jed Kolko, "Where Private School Enrollment Is Highest and Lowest Across the U.S.," City Lab, August 13, 2014, www.citylab.com/housing/2014 /08/where-private-school-enrollment-is-highest-and-lowest-across-the-us /375993/.另一项研究报告称，来自最富裕的 1/5 家庭的儿童中，有 18% 就读于私立学校；来自收入仅次于他们的两个 1/5 家庭的儿童中，只有 9% 就读于私立学校；来自最底部的两个 1/5 家庭的儿童中，只有 4% 就读于私立学校。Reeves, *Dream Hoarders,* 47.在这项研究中，私立学校包括宗教学校，数据来源于美国国家教育统计中心 2002 年实施的针对 2004 届毕业生进行追踪调查的教育长期研究。

103. 相关的数据整合，参见 Michael T. Owyang and E. Katarina Vermann, "Measuring the Effect of School Choice on Economic Outcomes," Regional Economist, Federal Reserve Bank of St. Louis (October 2012)。此项研究的计算基于美国国家教育统计中心的数据。

104. Ruben A. Gaztambide-Fernandez, *The Best of the Best: Becoming Elite at an American Boarding School* (Cambridge, MA: Harvard University Press, 2009), 35. Patrick F. Bassett, "Bassett Blog: Affordability and the Family Ford," *NAIS eBulletin,* April 2006, www.nais.org/about/article.cfm?ItemNumber=148304& sn.ItemNumber =4181&tn.ItemNumber=147271. 以下简称Bassett, "Affordability and the Family Ford"。

在通常被视为"精英寄宿学校"（由 28 所学校组成，总共招收超过 1.5 万名学生）的学校学生中，只有 30% 的学生获得了经济援助。Ruben Gaztambide-Fernandez, "What Is an Elite Boarding School?," *Review of Educational Re-search* 79, no. 3 (September 2009): 1098–99, Table 1.但即使是那些接受经济援助的学生也大多来自富有之家。全美私立学校协会发布的《趋势手册》称："2015—2016 年，收入最高的 20% 家庭中接受基于需求的援助的家庭数量几乎是收入最低的 20% 家庭的 5 倍。" Mark Mitchell, "Are Low-Income Families Being Squeezed Out of Independent Schools?," *The Independent School Magazine Blog,* September 28, 2015, accessed November 18, 2018, www.nais.org/learn/in dependent-ideas/september-2015/are-low-income-families-being-squeezed-out-of-inde/.该协会估计，一个家庭需要年收入超过 20 万美元才能在没有任何援助的情况下负担学校费用。Bassett, "Affordability and the Family Ford." 事实上，经济援助有时甚至会提供给家庭收入高达 30 万美元的学生。Paul Sullivan, "For Boarding Schools, an Evolving Financial

Aid Philosophy," *New York Times,* March 14, 2014, accessed November 18, 2018, www.nytimes. com/2014/03/15 /your-money/for-boarding-schools-an-evolving-financial-aid-philosophy.html. "Who Gets Financial Aid," Groton School, www.groton.org/page/admission/who-gets-financial-aid.以一所私立学校为例，根据收入、资产、债务和其他支出的综合衡量，收入超过30万美元的家庭有资格获得经济援助。

105. 尽管非宗教私立学校的入学人数增加，但在1995—2012年，这些学校的学生与教师的配比从9∶1下降到了7∶1。参见"Private School Universe Survey 1995–96," and "Private School Universe Survey 2011–2012"。

106. 相比之下，全美公立学校的学生与教师配比平均是16∶1，小学的班级平均规模为21人，中学为27人。学生与教师配比数据来自2013年，班级规模数据来自2011—2012学年。"Fast Facts," National Center for Education Statistics, https://nces.ed.gov/ fastfacts/ display.asp ?id=28.

107. 信息来自与作者的直接交流。

108. "About," Phillips Exeter Academy, www.exeter.edu/academics/library/about; "An Open Book," *The Exeter Bulletin,* Winter 2006, www.exeter.edu/documents/Exeter_Bulletin/ An_ Open_Book.pdf.

109. 学校排名参见"America's Best Prep Schools," *Forbes,* April 29, 2010, accessed November 18, 2018, http://www.forbes.com/2010/04/29/best-prep-schools-2010-opinions-private-education.html。包含学费的学校排名参见 "2019 Best Schools in America," *Niche*, accessed November 18, 2018, http://k12.niche.com。即使是不太顶尖的私立学校，收费也很昂贵，东北地区和新英格兰地区的所有私立走读学校的年均学费几乎达到了3.5万美元。不同地区学校的学费也有差异。其他地区的学校尽管学费仍然昂贵，但相对较低。东南地区私立走读学校的年均学费相对较便宜，略低于2万美元。Alia Wong, "When Private School Tuition Costs More Than College," *Atlantic,* November 21, 2014, accessed November 18, www.theatlantic.com/education/archive/ 2014/11/when-private-school-tuition-costs-more-than-college/383003/.

110. 整个榜单的平均捐赠额超过2.5亿美元，平摊到每名学生身上超过35万美元。而私立走读学校的平均捐赠额接近1亿美元，平摊到每名学生身上超过10万美元。这些数据来自学校的官方网站，在网站未提供数据时，从这些学校作为免税501（c）(3)组织所提交的2014年度税务申报表中获得。有关这些数据的详细总结，参见"Largest Endowments," Boarding School Review, www.boardingschoolreview.com/ top-twenty-schools-listing /largest-endowments。

在范围更广的一批私立精英学校中，捐赠基金规模也很庞大：前面提到的28所寄宿学校的平均捐赠约为2.25亿美元。Gaztambide-Fernandez, "What Is an Elite Boarding School?," Table 1.

111. 例如，罗克斯伯里拉丁学校在其网站上表示："事实上，在2018—2019学年，学费大约占学校预算的41%，其余的部分来自年度基金（22%）和捐赠资金（37%）。今年，每名学生的总预算成本……几乎比学校的学费高出了2.5万美元……；因此，基本上相当于这所学校的每一位学生都获得了奖学金。" "Annual Fund," Roxbury Latin School, www.roxburylatin.org/page/sup porting-rl/annual-fund.

112. 这个数字的构成是，每年的学费 3.5 万~5.5 万美元，每年的补贴 1.5 万~2.5 万美元。一些学校报告了在每名学生身上的支出，因而确认了这个计算结果。罗克斯伯里拉丁学校表示，其每名学生每年的支出为 55 264 美元，参见"Annual Fund"。美国联合学校表示，其每名学生每年的支出约 5.6 万美元，参见 "Why Give?," The Collegiate School, https:// www.collegiateschool.org/page/support/why-give。劳伦斯威尔学校称，其每名学生每年的支出接近 9 万美元，参见 "The Lawrenceville Fund," Lawrenceville School, www.lawrenceville.org/page/giving/the-lawrenceville-fund。迪尔菲尔德学院称，其每名学生每年的支出大约为 8.4 万美元，参见 "Support," Deerfield Academy, https://deerfield.edu/dpn/parent-support/。这些数字是通过使用学费在总支出中所占百分比来计算的，该百分比一般出现在每所学校的相关"捐赠"页面上，用于计算每名学生的总支出。

113. 根据美国教育部下属的国家教育统计中心的数据，2012—2013 学年，全美公立学校平均每名学生的支出为 12 296 美元。"Public School Expenditures," National Center for Education Statistics, May 2016, https://nces.ed.gov/programs/coe/pdf/Indicator _CMB/coe_cmb_2016_05.pdf.

114. Stephen Q. Cornman, *Revenues and Expenditures for Public Elementary and Secondary School Districts: School Year 2011–2012 (Fiscal Year 2012)*, U.S. Department of Education, National Center for Education Statistics (2015), https://nces.ed.gov/pubs2014 /2014303.pdf. 州政府出资 45.1%，地方政府出资 44.8%，联邦政府出资 10.1%。

115. U.S. Census Bureau, "Per Pupil Amounts for Current Spending of Public Elementary-Secondary School Systems by State: Fiscal Year 2014," Annual Survey of School System Finances, June 10, 2016, https://factfinder.census.gov/faces/tableservices/jsf/pages/productview.xhtml?pid=SSF_2014_00A08&prodType=table.康涅狄格州最近的支出依旧更多，为 18 512 美元；密西西比州的支出则仍然相对较少，为 7 928 美元。Reid Wilson, "Best State in America: Connecticut, for Its Teachers," *Washington Post,* September 5, 2015, accessed November 18, 2018, www.washingtonpost.com/opinions/best-state-in-america-connecticut-for-its-teachers/2014/09/05/8e11ac88-3457-11e4-8f02-03c644b2d7d0 _story.html?utm_term=.5cd4ba377ed5; Lyndsey Layton, "Study: Poor Children Are Now the Majority in American Public Schools in South, West," *Washington Post,* October 16, 2013, accessed November 18, 2018, www.washingtonpost.com/local/education/2013/10/16/34eb4984-35bb-11e3-8a0e-4e2cf80831fc_story.html?utm_term=.a7ff 5647e08a.

如今，美国最富裕的五个州（康涅狄格州、马里兰州、马萨诸塞州、新泽西州和新罕布什尔州）的公立学校学生平均每人每年支出 15 815 美元，而中等水平的六个州（内布拉斯加州、堪萨斯州、俄勒冈州、缅因州、得克萨斯州和俄亥俄州）的这一支出为 10 716 美元，最贫穷的五个州（新墨西哥州、西弗吉尼亚州、爱达荷州、阿肯色和密西西比州）的这一支出仅为 9 099 美元。U.S. Census Bureau, "Per Capita Income in the Past 12 Months (in 2015 Inflation-Adjusted Dollars)," 2011–2015 American Community Survey 5-Year Estimates, https://factfinder.census.gov/faces/tableservices/ jsf/pages/productview.xhtml?pid=ACS_15_5YR_B19301&prodType=table.为了确定最贫穷的州，我没有将波多黎各和哥伦比亚特区包含在内。

随着时间的推移，富裕州、中等水平的州和贫穷州的公立学校学生平均每人每年的支出差距在不断扩大。顺便说一句，富裕州、中等水平的州和贫穷州的收入差距也随之扩大。

116. 例如，在宾夕法尼亚州贫困程度较低的地区，平均每位学生的公共支出比贫困程度较高地区高出近33%（分别为12 529美元和9 387美元）。U.S. Department of Education, National Center for Education Statistics, Education Finance Statistics Center, "School District Current Expenditures Per Pupil with and Without Adjustments for Federal Revenues by Poverty and Race/Ethnicity Characteristics," 2015, Table A-1.

尽管康涅狄格州进行了一场旨在实现学校财政均等的激烈诉讼活动，但是差距仍然接近10%。U.S. Department of Education, National Center for Education Statistics, Education Finance Statistics Center, "School District Current Expenditures Per Pupil with and Without Adjustments for Federal Revenues by Poverty and Race/Ethnicity Characteristics," 2015, Table A-1.康涅狄格州的一家法院最近裁定，不同学区之间的学校资金不平等侵犯了该州宪法所保障的公共教育权利。法院命令该州建立一种资金体系，该体系只受学校需求和良好惯例的影响。*Connecticut Coal. for Justice in Educ., Inc. v. Rell,* No. X07HHDCV145037565S, 2016 WL 4922730, at *33 (Conn. Super. Ct. Sept. 7, 2016), *aff'd in part, rev'd in part and remanded sub nom. Connecticut Coal. for Justice in Educ. Funding, Inc. v. Rell,* 327 Conn. 650, 176 A.3d 28 (2018).

117. 斯卡斯代尔联合自由学区和巴伯维尔独立学区的数据来自：Michael B. Sauter et al., "The 10 Richest—and Poorest—School Districts in America," Alternet, June 11 2012, accessed November 18, 2018, www.alternet.org/story/155824/the_10_richest_—_and_ poorest_—_school_districts_in _america, and Douglas A. McIntyre, "America's Richest School Districts," *24/7 Wall Street,* June 6, 2012, accessed November 18, 2018, http:// 247wallst.com/special-report/2012/06/06 /americas-richest-school-districts/。索特等人选择了这两个学区，并从2006—2010年美国人口普查和美国社区调查的数据中得出他们的数字。他们只研究了在相关学年内学生人数达到或超过250人的9 627个学区，而人口普查报告了超过1.3万个学区的数据。

还要注意的是，各个学区的家庭收入差距也加强了学校之间的经济隔离。斯卡斯代尔联合自由学区有64%的家庭年收入超过20万美元，没有年收入低于1万美元的家庭。相比之下，巴伯维尔独立学区没有年收入超过20万美元的家庭，7%的家庭年收入低于1万美元。

自索特等人提供数据以来，这些具体数字自然已经发生了一些变化。在2012—2013学年，斯卡斯代尔联合自由学区的学生平均每人每年支出为28 204美元，而巴伯维尔独立学区的这一支出为8 993美元。斯卡斯代尔联合自由学区的家庭收入中位数已增至238 478美元。（2012—2013年的数据报告中还有一个更富裕的学区——北加利福尼亚的希尔斯伯勒学区，该学区内家庭收入中位数超过25万美元，但这个学区只提供从幼儿园到8年级的教育，因此不适合在此处进行比较。）巴伯维尔独立学区的家庭收入中位数已增至19 760美元。2014年的人口普查数据显示，许多（可能是小型的）学区的家庭收入中位数在1.4万~1.6万美元。

118. 例如，位于旧金山伯纳尔高地附近的尤尼佩罗塞拉高中最近一年为每位学生筹集的资金仅为25美元。Jeremy Adam Smith, "How Budget Cuts and PTA Fundraising Undermined

Equity in San Francisco Public Schools," *San Francisco Public Press,* February 3, 2014, accessed November 18, 2018, https://sfpublicpress.org/news/2014-02/ how-budget-cuts-and-PTA-fundraising-undermined-equity-in-san-francisco-public-schools. 以下简称"How Budget Cuts and PTA Fundraising Under mined Equity in San Francisco Public Schools"。

119. 1995 年，在全美范围内，大约有 3 500 个私人团体为 12%的学区筹集了 2.71 亿美元的资金，用于支持全国各地的公立学校；到了 2010 年，大约有 11 500 个这样的团体为 29%的学区筹集了 9.57 亿美元。Ashlyn Aiko Nelson and Beth Gazley, "The Rise of School-Supporting Nonprofits," *Education and Finance Policy* 9, no. 4 (February 2014): Table 4.这些数字是根据这些组织向美国税务局提交的年度税收报告计算得出的，以 2015 年的不变美元为基准更新的，1995 年的具体数字是 1.97 亿美元，2010 年为 8.8 亿美元。参见 Bureau of Labor Statistics, "CPI Inflation Calculator," https://data .bls.gov/ cgi-bin/cpicalc.pl。鉴于各地发起的争取在一州内富裕地区和贫困地区之间更均匀地分配税收收入的诉讼活动，这种增加是一种自然且几乎不可避免的反应。这些私下筹集的资金不属于必须按此方式分配的基金池。

120. Robert Reich, "Not Very Giving," *New York Times,* September 4, 2013, accessed November 18, 2018, www.nytimes.com/2013/09/05/opinion/not-very-giving .html; Laura McKenna, "How Rich Parents Can Exacerbate School Inequality," *Atlantic,* January 28, 2016, accessed November 18, 2018, www.theatlantic.com/education/archive/2016 /01/ rich-parents-school-inequality/431640/.

121. McKenna, "How Rich Parents Can Exacerbate School Inequality."

122. 在 2005—2011 年，旧金山的小学家长教师联谊会的总预算增加了约 800%。截至 2011 年，有 10 所富裕学校筹集的资金超过了其余 61 所学校的总和。Smith, "How Budget Cuts and PTA Fundraising Undermined Equity in San Francisco Public Schools."

123. Kyle Spencer, "Way Beyond Bake Sales: The $1 Million PTA," *New York Times,* June 1, 2012, accessed on November 18, 2018, www.nytimes.com/2012/06/03/nyregion/at-wealthy-schools-ptas-help-fill-budget-holes.html.

124. Smith, "How Budget Cuts and PTA Fund-raising Undermined Equity in San Francisco Public Schools." 普遍而言，我们回想一下，相比于学生家庭较贫困的学校，在那些学生家庭较富裕的学校，校长拥有的工作经验平均要长一年，教师拥有的工作经验平均要长两年多，而且拥有硕士学位的老师要多 25%，而教学技能较为生疏的初任教师则要少一半。Tara Béteille, Demetra Kalogrides, and Susanna Loeb, "Stepping Stones: Principal Career Paths and School Outcomes," *Social Science Re-search* 41 (2012): 904–19.

125. Reich, "Back to School"; Motoko Rich, "Nation's Wealthy Places Pour Private Money into Public Schools, Study Finds," *New York Times,* October 21, 2014, accessed November 18, 2018, www.nytimes.com/2014/10/22 /us/nations-wealthy-places-pour-private-money-into-public-schools-study-finds.html.

126. "District Directory Information: Barbourville Independent," National Center for Education Statistics, 2018, https://nces.ed.gov/ccd/districtsearch/district_detail.asp? Search=2&ID 2=2100240&DistrictID=21 00240&details=4. 非本地资源包括 11%的联邦收入和 70%的州收入。

127. 斯卡斯代尔学区的房屋价格中位数为 1 059 700 美元，参见 "Scarsdale Home Prices & Values," Zillow, October 2018, www.zillow.com/scarsdale-ny/home-values/。在当前的利率下，贷款金额 120 万美元（用于购买 150 万美元的房产，首付款 20%），每年的还款额约为 7 万美元。斯卡斯代尔学区的房地产税中位数为 20 813 美元。基于 1 059 000 美元的估值，使用的计算方式来自："New York Property Tax Calculator," SmartAsset, https://smartasset.com/taxes/new-york-property-tax-calculator。

    美国各地类似斯卡斯代尔的富裕学区的居民坚持实施区域规划法规，以确保他们社区的土地和住房保持宽敞，同时拒绝在社区内建造经济适用房，从而保持社区的独特性。斯卡斯代尔学区本身也因这些做法而卷入了诉讼和丑闻中。如需了解更多相关信息，参见 Kate Stone Lombardi, "Home Sweet Affordable Home?," *Westchester Magazine,* April 1, 2016, accessed November 18, 2018, www.westchestermagazine.com/ Westchester-Magazine/April-2016/Home-Sweet-Affordable-Home/。

128. OECD, *Education at a Glance 2013: OECD Indicators,* OECD Publishing (2013), http://dx.doi.org/10.1787/eag-2013-en; Reich, "Back to School"; Eduardo Porter, "In Public Education, Edge Still Goes to Rich," *New York Times,* November 5, 2013, accessed November 18, 2018, www.nytimes.com/2013/11/06/business/a-rich-childs-edge-in-public-education.html.

    几乎肯定的是，这种不平等的支出模式是顺带导致美国公立教育非常低效的原因之一。美国平均在每名学生身上的经费支出要高于除卢森堡、挪威、瑞士和奥地利以外的所有经合组织国家，但是学生的学业水平却仅仅处于经合组织国家的中间水平。OECD, *Country Note: Key Findings from PISA 2015 for the United States,* OECD Publishing (2016), 7, 9, www.oecd.org/pisa/PISA-2015-United-States.pdf.

129. Patrick Clark, "The Test Prep Industry Is Booming," Bloomberg, October 8, 2014, accessed November 18, 2018, www.bloomberg.com/news/articles/2014-10-08/ sats-the-test-prep-business-is-booming.

130. *2013 College-Bound Seniors: Total Group Profile Report,* College Board, 4, http:// media.collegeboard.com/digitalServices/pdf/research/2013/TotalGroup-2013.pdf; Ezra Klein, "Wall Street Steps In When Ivy League Fails," *Washington Post,* February 16, 2012, accessed November 18, 2018, www.washingtonpost.com/business/economy/wall-street-steps-in-when-ivy-league-fails/2012/02/16 /gIQAX2weIR_story.html; Daniel Pink, "How to Predict a Student's SAT Score: Look at the Parents' Tax Return," *Dan Pink,* www. danpink.com/archives/2012/02/how-to-predict-a-students-sat-score-look-at-the-parents-tax-return.

131. Emma Jacobs, "The $600-an-Hour Private Tutor," *Financial Times,* December 12, 2013, accessed November 18, 2018, www.ft.com/content/080d6cce-61aa-11e3-aa02-00144fea bdc0.

132. Caroline Moss, "Meet the Guy Who Makes $1,000 an Hour Tutoring Kids of Fortune 500 CEOs over Skype," *Business Insider,* August 26, 2014, accessed November 18, 2018, www.businessinsider.com/anthony-green-tutoring-2014-8. 以下简称 Moss, "Meet the Guy Who Makes $1,000 an Hour Tutoring Kids of Fortune 500 CEOs over Skype." Robert Frank, "Meet the $1,250-an-Hour Tutor," CNBC, December 12, 2013, accessed November 18, 2018, www.cnbc.com/2013/12/12/meet-the-400000-a-year-tutor.html.

133. 信息来自与作者的邮件沟通。

134. 信息来自与作者的邮件沟通。
135. Frank, "Meet the $1,250-an-Hour Tutor."
136. Moss, "Meet the Guy Who Makes $1,000 an Hour Tutoring Kids of Fortune 500 CEOs over Skype."
137. Jacobs, "The $600-an-Hour Private Tutor."
138. Simon Mundy, "South Korea's Millionaire Tutors," *Financial Times,* June 16, 2014, accessed November 18, 2018, www.ft.com/content/c0b611fc-dab5-11e3-9a27-00144 feabdc0.
139. "Private Tutoring," Global Industry Analysts, Inc., September 2016, www.strategyr.com / Private_Home_Tutor_Services_Market_Report.asp; James Marshall Crotty, "Global Private Tutoring Market Will Surpass $102.8 Billion By 2018," *Forbes,* November 12, 2012, accessed November 18, 2018, www.forbes.com/sites/jamesmarshallcrotty/2012/10/ 30/global-private-tutoring-market-will-surpass-102-billion-by-2018/#3820c5cd2ee0.
140. Drew Gilpin Faust, "Financial Report, Fiscal Year 2017," Harvard University, October 26, 2017, 6, https:// finance.harvard.edu/files/fad/files/final_harvard_university _financial_ report_2017.pdf.
141. 母亲所受的教育会明显影响孩子对课外活动的参与，尤其是那些需要家长投入大量时间的活动，相关研究参见 Elliot Weininger, Annette Lareau, and Dalton Conley, "What Money Doesn't Buy: Class Resources and Children's Participation in Organized Extracurricular Activities," *Social Forces* 94, no. 2 (December 2015): 479。
142. 例如，美国高收入家庭的子女有 84% 会参与运动或体育活动，中等收入家庭的子女有 69%，低收入家庭的子女有 59%。同样，高收入家庭的子女有 64% 会参与志愿活动，中等收入家庭的子女有 49%，低收入家庭的子女有 37%。富裕家庭的孩子还更有可能获得工作经验，参加像童子军这样的同龄人组织，以及音乐、舞蹈或艺术类的课程。Pew Research Center, "Parenting in America"; Miller, "Class Differences in Child-Rearing."
143. Kaisa Snellman et al., "The Engagement Gap: Social Mobility and Extracurricular Participation Among American Youth," *Annals of the American Academy of Political and Social Science* 657 (January 2015): 194–207; Robert Putnam, *Our Kids: The American Dream in Crisis* (New York: Simon & Schuster, 2015), 177. 以下简称 Putnam, *Our Kids: The American Dream in Crisis.*
144. Greg J. Duncan and Richard J. Murnane, "Introduction: The American Dream, Then and Now," in *Whither Opportunity? Rising Inequality, Schools, and Children's Life Chances,* ed. Greg Duncan and Richard Murnane (New York: Russell Sage Foundation, 2011), 11.

（这些数值基于美国劳工统计局的消费者支出调查，并以 2008 年的美元价值为基准进行计算得出。2008 年的 7.5 万美元相当于 2018 年的 87 834.12 美元的购买力。）进一步的讨论，参见 Miles Corak, "Income Inequality, Equality of Opportunity, and Intergenerational Mobility," *Journal of Economic Perspectives* 27, no. 3 (Summer 2013): 79–102; Miller, "Class Differences in Child-Rearing"; and Pew Research Center, "Parenting in America"。

支出比例也大致增加了 2 倍，从 20 世纪 70 年代的 3∶1 增加到如今的近 8∶1，因此富裕家庭的支出显著增加，每个孩子每年增加了近 4 000 美元，而贫困家庭和中产阶层家庭的支出则基本保持不变。参见 Carbone and Cahn, *Marriage Markets,* 85–86。根据另一项研究（同样以不变美元计算），1972 年，最富有的 10% 家庭在每个孩子身上的支出为 2 832 美元，中等水平的 10% 家庭的这一支出为 1 143 美元，最贫困的 10% 家庭的这一支出为 607 美元。到 2006 年，这一差距显著增加：最富有的 10% 家庭在每个孩子身上的支出为 6 573 美元，中等水平的 10% 家庭的这一支出为 1 421 美元，最贫困的 10% 家庭的这一支出为 750 美元。Sabino Kornrich and Frank Furstenberg, "Investing in Children: Changes in Parental Spending on Children, 1972–2007," *Demography* 50, no. 1 (February 2013).

145. Abby Abrams, "Raising a Ballerina Will Cost You $100,000," FiveThirtyEight, August 20, 2015, accessed November 18, 2018, https://fivethirtyeight.com/features/high-price-of-ballet-diversity-misty-copeland/.

146. 虽然小提琴课的价格多有不同，但一位经验丰富、资质良好的老师，其私教课每节课的费用约为 100 美元。有关课程费用的讨论，参见 "How Much Are Violin Lessons for Kids?" Take Lessons, January 25, 2015, https://takelessons.com/blog/violin-lesson-prices。课程每周三次，每次半小时，每次 100 美元，一年下来需要 15 600 美元，这还不包括与乐器、乐谱和书籍相关的其他费用。

147. Chris Taylor, "How Much Does It Cost to Raise a Child Prodigy?," Reuters, September 11, 2015, accessed November 18, 2018, http://time.com/money/4031212/child-prodigy-cost/.

148. Kornrich and Furstenberg, "Investing in Children."

149. Mark Aguiar and Mark Bils, "Has Consumption Inequality Mirrored Income Inequality?," *American Economic Review* 105, no. 9 (September 2015): 2725–56, 2746, 2753. 以下简称 Aguiar and Bils, "Has Consumption Inequality Mirrored Income Inequality?"。这两位作者在研究了 1980—2010 年不断加剧的消费不平等现象后发现，消费不平等程度在这 30 年内的增幅略大于 30%，大致与同一时期内收入不平等程度的增幅相当。他们还对消费不平等进行了细分，报告指出，在 2008—2010 年，教育支出已成为收入弹性最大的支出类别。这些关于消费不平等的观察得益于与康纳·克拉克的讨论。

150. 有关学校的设备条件对教育的影响，参见 Jonathan Rothwell, "Housing Costs, Zoning, and Access to High-Scoring Schools," Brookings Institution, www.brookings.edu/research/housing-costs-zoning-and-access-to-high-scoring-schools/。以下简称 Rothwell, "Housing Costs"。罗思韦尔写道："研究显示，与成绩更高的学生和拥有更高'附加值'的教师一起上课会带来很大的好处。除了这些因素之外，教师经验与学生的学业成绩密切相关，但有经验的教师更不太可能教处于劣势地位的学生。此外，教师经验与学校的考试成绩高度相关，即使调整了其他因素，平均而言，黑人、西班牙语裔或低收入家庭学生所在的学校的教师经验也明显低于白人和亚裔学生所在的学校。"至于 3~8 年级教师的素质对学生考试成绩的影响，参见 Raj Chetty, John N. Friedman, and Jonah E. Rockoff, "The Long-Term Impacts of Teachers: Teacher Value-Added and Student Outcomes in Adulthood," NBER Working Paper No. 17699 (issued December 2011, revised January 2012)。有关教师素质和经验对数学和阅读标准化考试成绩的影响，参见 Jonah E. Rockoff, "The Impact of Individual Teachers on Student Achievement: Evidence from Panel Data," *American Economic Review* 94, no. 2 (May 2004): 247–52。另一项研究通过追溯北卡罗来纳州所有学生和教师 10 年来的数据，证明教师资质对学生成绩（尤其是

数学成绩）有很大影响。Charles Clotfelter, Helen Ladd, and Jacob Vigdor, "How and Why Do Teacher Credentials Matter for Student Achievement?," Urban Institute National Center for Longitudinal Analysis of Education Research working paper no. 2 (2007).

151. Jacobs, "The $600-an-Hour Private Tutor."
152. Karl L. Alexander, Doris R. Entwisle, and Linda S. Olson, "Schools, Achievement, and Inequality: A Seasonal Perspective," *Educational Evaluation and Policy Analysis* 23, no. 2 (Summer 2001): 171, Table 2. 这三位作者的研究表明，社会经济地位高的学生连续四个暑期在认知能力测试（CAT-V）的阅读和数学部分都表现出了进步，而社会经济地位低的学生在前两个暑期后这两项的成绩均出现退步，在第三个暑期后阅读部分的成绩略有进步，第四个暑期后两项成绩都略有进步。要了解类似的讨论，参见 Alan B. Krueger, "Inequality, Too Much of a Good Thing," in *Inequality in America: What Role for Human Capital Policies?*, ed. Alan B. Kruger and Benjamin M. Friedman (Cambridge, MA: MIT Press, 2005), 1, 15, Table 2。
153. Raghuram G. Rajan, *Fault Lines: How Hidden Fractures Still Threaten the World Economy* (Princeton, NJ: Princeton University Press, 2010), 188. 以下简称Rajan, *Fault Lines*。James J. Shields, *Japanese Schooling: Patterns of Socialization, Equality, and Political Control* (University Park: Pennsylvania State University Press, 1989), 82。计算示例参见"Mathematics Teaching and Learning Strategies in PISA," OECD (2010), Table A.1。日本学生每年的上课周数的第75百分位数是43周，乘以每周5天的上课天数，大致相当于每年215天的上课时间。
154. Putnam, *Our Kids: The American Dream in Crisis*, 175.
155. 一项研究发现，"当非低收入家庭的学生表现更好时，低收入家庭的学生表现也更好。当低收入家庭学生就读于有学生来自中高收入家庭且成绩最差的学校时，其成绩比州平均成绩低18.5个百分点；但当低收入家庭学生就读于有学生来自中高收入家庭且成绩最好的学校时，其成绩比州平均成绩高2个百分点。进一步回归分析发现，在控制了种族多样性、入学人数、低收入学生比例、师生配比以及地理位置等因素的情况下，同一所学校内中高收入家庭学生的成绩每提高1个百分点，低收入家庭学生的成绩就会提高0.7个百分点"。Rothwell, "Housing Costs," 10.
156. Reardon, "The Widening Academic Achievement Gap," 94–97.
157. Reardon, "The Widening Academic Achievement Gap," 97–99; Reardon, "No Rich Child Left Behind."
158. 这里比较的成绩是根据国际学生评估项目的学术技能测试分数来衡量的。有关比较数据的分析，参见Reich, "Back to School"。
159. 尽管使用了不同的测试来测量成就，但这些研究通过对测试可靠性得分进行调整，然后以标准差来表达测试成绩差距，从而使这些研究具有可比性。正如里尔登所指出的，这是"比较使用不同测试测量的成就差距时的标准做法"。只要真实的成就方差随时间保持稳定，这种方法就可以有效地比较不同研究中不同测试的成绩差距大小。参见Reardon, "The Widening Academic Achievement Gap," 94。这个基本的结果表明，90/50的成绩差距在不断扩大，而50/10的差距基本保持稳定，甚至在某些情况下有所下降，这个趋势在使用不同的估算技术时都得到了证实。参见Reardon, "The Widening Academic Achievement Gap," Online Appendix 5.A2, www.russell sage.org/sites/default/

files/duncan_murnane_online_appendix.pdf。

160. 这些数据的可视化图像，参见Zachary Goldfarb, "These Four Charts Show the SAT Favors Rich, Educated Families," *Washington Post,* March 5, 2014, accessed November 18, 2018, www.washington post.com/blogs/wonkblog/wp/2014/03/05/these-four-charts-show-how-the-sat-favors-the-rich-educated-families/。以下简称Goldfarb, "These Four Charts Show the SAT Favors Rich, Educated Families"。Anthony P. Carnevale and Jeff Strohl, "How Increasing College Access Is Increasing Inequality, and What to Do About It," in *Rewarding Strivers: Helping Low-Income Students Succeed in College,* ed. Richard D. Kahlenberg (New York: Century Foundation Press, 2010). 以下简称Carnevale and Strohl, "How Increasing College Access Is Increasing Inequality"。这些图是根据大学理事会自己的数据构建的，参见"2013 College-Bound Seniors: Total Group Profile Report," College Board, http://media.collegeboard.com/digitalServices/pdf/research/2013/TotalGroup-2013.pdf。

有关收入的百分位数，参见Carmen DeNavas-Walt and Bernadette D. Proctor, *Income and Poverty in the United States: 2013,* U.S. Census Bureau, Current Population Reports no. P60-249 (September 2014), 23, Table A-1, www2.census.gov/library/publications/2014/demographics/p60-249.pdf, and "Historical Income Tables: Households," U.S. Census Bureau, last revised August 28, 2018, Table H-1, www.census.gov/data/tables/time-series/demo/income-poverty/historical-income-households.html。有关教育的百分位数，参见Camille L. Ryan and Julie Siebens, *Educational Attainment in the United States: 2009,* U.S. Census Bureau, Current Population Reports no. P60-566 (February 2012), 6, Table 1, accessed December 30, 2018, www.census.gov/prod/2012pubs/p20-566.pdf。

161. 这些分数只是粗略的计算，因为精英指数综合了父母的收入和受教育程度，而且大学理事会只报告了测试中各个部分的成绩百分位数，没有整体成绩的百分位数。要得出最高和最低1/4的说法，需要获取大学理事会报告的最高类别和最低类别的收入与教育成就的平均分，并计算测试中各个部分的成绩百分位数，然后对这些百分位取平均值。

162. 大学理事会直到2008年才开始专门报告来自狭义上的精英家庭（即年收入超过20万美元的家庭）学生的SAT成绩，因此想要精确地比较现在和过去的数据变得相当复杂，但是大致的收入分类仍然具有启发性。甚至在1996年，来自年收入超过10万美元家庭的学生与来自年收入在4万~6万美元家庭的学生的SAT分数就相差104分，而来自中产家庭的学生与来自年收入低于2万美元家庭的学生的SAT分数相差高达121分。这些数据是根据大学理事会的"群体概况报告"（Total Group Profile Reports）计算的，该报告列出了1996—2016年每年按家庭收入分组的分数情况。为了使两年的分数可比，2016年的成绩差距不包括写作部分的分数，因为1996年的考试中没有包括写作部分。"1996 College-Bound Seniors: A Profile of SAT Program Test Takers," College Board, https://research.collegeboard.org/programs/sat/data/archived/cb-seniors-1996; "2016 College-Bound Seniors: Total Group Profile Report," College Board, https://secure-media.collegeboard.org/digitalServices/pdf/sat/total-group-2016.pdf。2011年的类似数据的可视化图像，参见Pink, "How to Predict"。

163. Goldfarb, "These Four Charts Show the SAT Favors Rich, Educated Families"; "2013 College-Bound Seniors: Total Group Profile Report." 中产阶层的学生来自年收入4万~6

万美元的家庭，贫困学生来自年收入 2 万美元以下的家庭，富裕学生来自年收入 20 万美元以上的家庭。

按照 1996 年的数据中使用的分类来定义富裕、中产阶层和贫困学生，2016 年富裕学生与中产阶层学生之间的分数差距增加到 116 分，而中产阶层与贫困学生之间的分数差距降到 95 分。因此，这两个差距在两个 10 年内发生了反转。

164. Goldfarb, "These Four Charts Show the SAT Favors Rich, Educated Families"；"2013 College-Bound Seniors: Total Group Profile Report."；Carnevale and Strohl, "How Increasing College Access Is Increasing Inequality."

165. Murray, *Coming Apart,* 67. 默里所引用的数据虽然未经公开发表，但是是由大学理事会提供给他的。来自更广泛意义上的精英阶层家庭的孩子在成绩优秀（但未达到顶尖）的高中毕业生中也占有相当大的比例。根据最近的一项研究，来自收入前 25% 家庭的高中毕业生中，SAT 分数位于第 90 百分位或更高且平均绩点在 A– 以上的人数占比，是来自收入最低 25% 家庭的高中毕业生中这一占比的两倍，也是来自收入处于中间两个 25% 家庭的高中毕业生中这一占比的 1.5 倍。Caroline M. Hoxby and Christopher Avery, "The Missing 'One-Offs': The Hidden Supply of High-Achieving, Low Income Students," NBER Working Paper No. 18586 (2012), www.nber.org/papers/w18586.pdf. 以下简称 Hoxby and Avery, "The Missing 'One-Offs'"。

针对高中毕业生是否有资格升入大学，大学委员会已经建立了自己的衡量标准，确定了 SAT 最低要达到多少分才能确保在大学第一年的平均成绩达到 B- 或以上的概率超过 65%。基于这一标准，大学委员会发现，父母拥有高中以下学历的学生中只有 15% 满足这一标准，父母拥有高中学历的学生中有 27% 满足这一标准，父母拥有专科学历的学生中有 33% 满足这一标准，父母拥有本科学历的学生中有 52% 满足这一标准，父母拥有研究生学历的学生中有 68% 满足这一标准。Jeffrey Wyatt et al., *SAT Benchmarks: Development of a College Readiness Benchmark and Its Relationship to Secondary and Postsecondary School Performance,* College Board (2011), 22, Table 6, https://files.eric.ed.gov/fulltext/ED521173.pdf.

166. 有关斯卡斯代尔学区的收入，参见 "QuickFacts, Scarsdale Village, New York," U.S. Census Bureau, www.census.gov/quickfacts/table/RHI105210/3665431。有关大学的入读率，参见 "Scarsdale High School, 2015–2016 Profile," Scarsdale Schools, www.scarsdaleschools.k12.ny.us/cms/lib/NY01001205/Centricity/Domain/89/2016%20-%2020 17%20Profile.pdf。

斯卡斯代尔高中在富裕学校中并不算特殊。再举一个例子，位于马里兰州克拉克斯维尔（家庭年收入中位数为 12 万美元）的里弗高中，将 98% 的毕业生送入了大学。有关克拉克斯维尔的教育统计数据，参见 Ted Mellnik and Carol Morello, "Washington: A World Apart," *Washington Post,* November 9, 2013, accessed November 18, 2018, www.washingtonpost.com/sf/local/2013/11/09/washington-a-world-apart/。以下简称 Mellnik and Morello, "Washington: A World Apart"。有关里弗高中的数据，参见 "River High School: Profile," Howard County Public School System, 2017–2018, www.hcpss.org/f/schools/profiles/prof_hs_riverhill.pdf。这样的例子不胜枚举。康涅狄格州韦斯顿高中（所在学区的家庭收入中位数为 218 152 美元），将 95% 以上的毕业生送入了大学，参见 "Weston High School: 2016 Profile for College Applications," Weston Public Schools, www.

westonps.org/uploaded/Color_print_-_WHS_2016_Profile .pdf; "QuickFacts: Weston town, Fairfield County, Connecticut," U.S. Census Bureau, 2016, www.census.gov/quickfacts/table/PST045216/0900183430,00。同样位于康涅狄格州的达里恩高中（所在学区的家庭收入中位数超过 20 万美元），将约 95% 的毕业生送入了大学，参见"Darien High School: 2018–2019 Profile," Darien Public Schools, www.darienps.org/uploaded/content/schools/dhs/guidance/Profile_2018-19.pdf?15374 44361189; "QuickFacts: Darien town, Fairfield County, Connecticut," U.S. Census Bureau, 2016, www.census.gov/quickfacts/table/PST045216/09 00118850,0900183430,00。

167. Raquel Laneri, "America's Best Prep Schools," *Forbes,* April 29, 2010, accessed November 18, 2018, www.forbes.com/2010/04/29/best-prep-schools-2010-opinions-private-education.html#4760df66 5027.

168. 例如，菲尔德斯通高中 2013 届毕业生（共 150 人）中有 40 人进入常春藤盟校，还有 104 人（即 69%）进入了《美国新闻与世界报道》发布的大学排行榜上各领域排名前 25 的大学。参见 www.ecfs.org/admissions/college-destination/index.aspx。菲尔德斯通高中 2014 届毕业生（共 150 人）中有 28 人进入常春藤盟校，还有约 100 人进入了《美国新闻与世界报道》发布的大学排行榜上各领域排名前 25 的大学。Ethical Cultural Fieldston School, "Build NYC Resource Corporation," Statement, April 30, 2015, www.nycedc.com/sites/default/files/filemanager/Official_Statements/Ethical_Cul ture_Fieldston_School_Project_Series_2015.pdf. 圣保罗中学的毕业生进入哈佛大学的概率要超过其他学校毕业生，而且它 80% 的毕业生就读于《美国新闻与世界报道》发布的大学排行榜上排名前 30 的大学。Austin Bramwell, "Top of the Class," *American Conservative,* March 13, 2012, accessed November 18, 2018, www.theamerican conservative.com/articles/top-of-the-class/.

更多讨论参见 David Chung, "Top High Schools Find Admissions Success," *Brown Daily Herald,* April 27 2011, accessed November 18, 2018, www.browndailyherald.com/2011/04/27/top-high-schools-find-admissions-success/。作者在文章中指出，2006—2010 年，哈佛西湖高中和菲利普斯学院各自向布朗大学输送了超过 45 名毕业生；位于纽约市的美国联合学校在过去 5 年中将其 39.6% 的毕业生送进了"广义常春藤盟校"——包括 8 所常春藤盟校、斯坦福大学和麻省理工学院；曼哈顿的三一学校在 2006—2010 年将其 37.3% 的毕业生送进了"广义常春藤盟校"。

169. Caroline M. Hoxby, "The Changing Selectivity of American Colleges," *Journal of Economic Perspectives* 23, no. 4 (Fall 2009). 以下简称 Hoxby,"Changing Selectivity"。

170. 参见本书第二章有关大学录取率的讨论。

171. 《哈佛深红报》指出："哈佛大学 2017 届学生的生源学校中最具代表性的有 7 所，它们分别是：波士顿拉丁学校、菲利普斯安多弗中学、斯泰弗森特高中、诺贝尔与格里诺学校、菲利普斯埃克塞特学院、纽约市的三一学校和列克星敦高中。基本上每 20 人中就有 1 人来自这 7 所高中之一。"普遍来说，6% 的学生来自最有代表性的 10 所学校，32% 的学生来自最受代表性的 11% 的学校。Meg P. Bernhard, "The Making of a Harvard Feeder School," *Harvard Crimson,* December 13, 2013, www. thecrimson.com/article/2013/12/13/making-harvard-feeder-schools/.

172. 例如，在耶鲁大学，44%的学生来自私立高中，因此也就来自有能力支持私立学校教育的家庭。Oriana Tang, "The Practical Path: Socioeconomic Class and Academics at Yale," *Yale Daily News,* April 29, 2016, https://yaledailynews.com/blog/2016/04/29/ the-practical-path-socioeconomic-class-and-academics-at-yale/.此外，在最近的一年，有 197 所高中为耶鲁大学输送了 1/3 的学生。信息来自作者与耶鲁大学招生办公室的邮件沟通。

173. Suzanne Mettler, *Degrees of Inequality: How the Politics of Higher Education Sabotaged the American Dream* (New York: Basic Books, 2014), 21. 对于收入最高的 1/4 家庭来说，在 1970 年，年满 24 岁的家庭成员中有 40%拥有大学学历；到 2011 年，这个数字上升到了 71%。对于收入最低的 1/4 家庭，这一占比上升的幅度较小，从 6%上升到 10%。其他的相关研究，参见 Pell Institute for the Study of Opportunity in Higher Education, *Indicators of Higher Education Equity in the United States: 2018 Historical Trend Report* (2018), 99, http://pellinstitute.org/downloads/publications-Indicators_of_ Higher_Education_ Equity_in_the_US_2018_Historical _Trend_Report.pdf, and in Catherine Rampell, "Data Reveal a Rise in College Degrees Among Americans," *New York Times,* June 12, 2013, www.nytimes.com/2013/06/13/education/a-sharp-rise-in-americans-with-college-degrees.html。

174. Martha J. Bailey and Susan M. Dynarski, "Gains and Gaps: Changing Inequality in U.S. College Entry and Completion," NBER Working Paper No. 17633 (2011), 7, www.nber. org/papers/w17633.pdf.

175. Raj Chetty et al., "Is the United States Still a Land of Opportunity? Recent Trends in Intergenerational Mobility," *American Economic Review Papers and Proceedings* 104, no. 5 (2014): 141–47.

176. 最显著的影响可见于苏珊娜·梅特勒的报告。根据该报告，1970 年时，来自收入最高的 1/4 家庭的入学学生中，只有 55%在 24 岁之前获得了学士学位，而如今有 97%在 24 岁之前获得了学士学位。相比之下，收入水平处于次高、次低、最低 1/4 家庭的学生，完成学士学位的比例要低得多，分别为 51%、26%和 23%。这些学生通常上大学时准备不足，在大学期间得到的家庭支持较少，学校提供的支持也不多。Mettler, *Degrees of Inequality,* 25. Pell Institute for the Study of Opportunity in Higher Education, *Indicators of Higher Education Equity in the United States: 45 Year Trend Report* (2015), 33, https://files.eric.ed.gov /fulltext/ED555865.pdf. 数据显示，2015 年，按家庭收入四分位法划分的学生，（从上到下）学位完成率分别为 99%、51%、29%和 21%。

大学将其提供的培训整合、组织成学士学位的事实，使得**完成**大学学业的价值明显高于上一些课程然后辍学的价值，由此增加了辍学的成本，进一步加剧了大学造成的教育不平等。根据美国劳工统计局的数据，获得学士学位者与上过大学但没有获得学位者之间的收入差距，是上过大学但没有获得学位者与只有高中学历者之间的收入差距的 14.5 倍。"Unemployment Rates and Earnings by Educational Attainment, 2017," Bureau of Labor Statistics, last modified March, 27, 2018, www.bls.gov/emp/chart-unemployment-earnings-education.htm.

177. Pell Institute for the Study of Opportunity in Higher Education, *Indicators of Higher Education Equity in the United States: 2018 Historical Trend Report* (2018), 99, http:// pell institute.org/downloads/publications-Indicators_of_Higher_Education_Equity_in_the_

US_2018_Historical_Trend_Report.pdf.

178. Peter Sacks, "Tearing Down the Gates: Confronting the Class Divide in American Education," *Liberal Education* 95, no. 3 (Summer 2009). 彼得·萨克斯引用了托马斯·G. 莫滕森2008年发表在电子刊物《高等教育机会》第143期上的一篇论文,该刊物现已停刊。这篇文章报告称,1970年,来自收入最高的1/4家庭的高中毕业生中有40%在24岁前获得了学士学位,而来自中间两个1/4家庭的高中毕业生的这一比例平均约为13%。到了2002年,来自收入最高的1/4家庭的高中毕业生的这一比例上升到了51%,而来自中间两个1/4家庭的高中毕业生的这一比例上升到了约20%。更多讨论参见Florencia Torche, "Is a College Degree Sill the Great Equalizer? Intergeneration Mobility Across Levels of Schooling in the United States," *American Journal of Sociology* 117, no. 3 (2011): 763–807。

179. Raj Chetty et al., "Where Is the Land of Opportunity? The Geography of Intergenerational Mobility in the United States," *Quarterly Journal of Economics* 129, no. 4 (2014): 1584.

180. Sean F. Reardon, Rachel Baker, and Daniel Klasik, *Race, Income, and Enrollment Patterns in Highly Selective Colleges: 1982–2004,* Center for Education and Policy Analysis (Stanford, CA: Stanford University, 2012), 8, Figure 3; Reardon, "No Rich Child Left Behind."

181. 这些比例适用于1979—1982年出生的大学生。Martha J. Bailey and Susan M. Dynarski, "Inequality in Postsecondary Education," in *Whither Opportunity? Rising Inequality, Schools, and Children's Life Chances,* ed. Greg J. Duncan and Richard J. Murnane (New York: Russell Sage Foundation, 2011), 120, Figure 6.2。

另见于www.russellsage. org/sites/default/files /Duncan_Murnane_Tables_Figures.pdf。贝利和戴纳斯基报告称,在这个阶段出生的群体中,80%的人来自收入最高的1/4家庭,约54%的人来自收入处于中间的1/2家庭,29%的人来自收入最低的1/4家庭。正文中的入学者比例就是按照这些数字计算得出的。

182. 在1961—1964年出生的人群中,按家庭收入四分位法划分,其大学入学率分别为58%、38%、32%和19%。Bailey and Dynarski, "Inequality in Postsecondary Education," 121. 这意味着对于较晚出生的人群,来自顶层1/4家庭和底层1/4家庭的学生在大学入学率上的差距为51%,而对于较早出生的人群,这个差距只有39%。

183. Karin Fischer, "Engine of Inequality," *Chronicle of Higher Education,* January 17, 2017, https://studentsuccess.unc.edu/files/2016/01/Engine-of-Inequality-The-Chronicle-of-Higher-Education.pdf.

184. 有关14∶1这个比值,参见Carnevale and Strohl, "How Increasing College Access Is Increasing Inequality," 137, Figure 3.7。

有关24∶1这个比值,参见Jennifer Giancola and Richard D. Kahlenberg, *True Merit: Ensuring Our Brightest Students Have Access to Our Best Colleges and Universities* (Lansdowne, VA: Jack Kent Cooke Foundation, 2016), 5, Figure 1, www.jkcf.org/assets/1/7/JKCF_True_Merit_Report.pdf。

这些比值并不是异常值,而是典型情况。针对2004年录取难度最高的5%大学的学生的另一项研究发现,69%的学生来自收入最高的1/4家庭,18.7%的学生来自收入次高的1/4家庭,8.1%的学生来自收入次低的1/4家庭,4.1%的学生来自收入最低的1/4家庭。对于录取难度稍低的7%大学的学生,从收入最高的1/4家庭到收入最低的

1/4家庭的学生占比分别为66.2%、19.5%、9.3%和5.0%。相比之下，在不具竞争性的四年制大学（录取难度最低的7%大学）中，这一占比分别为25.9%、29.1%、25.4%和19.6%。最后，按家庭收入四分位法划分，未接受高等教育的适龄人口占比分别为7.7%、19.1%、31.2%和42%。Michael N. Bastedo and Ozan Jaquette, "Running in Place: Low Income Students and the Dynamics of Higher Education Stratification," *Educational Evaluation and Policy Analysis* 33, no. 3 (September 2011): Appendix, Table 6, www.personal.umich.edu/~bast edo/papers/EEPA-Appendix.pdf. 以下简称Bastedo and Jaquette, "Running in Place"。

最后，查尔斯·默里援引约瑟夫·索尔斯的数据，在报告中得出类似的结论：在20世纪90年代，"一流"大学的学生中有79%来自社会经济地位最高的1/4家庭，只有2%来自最低的1/4家庭。Muray, *Coming Apart*, 59; Joseph Soares, *The Power of Privilege: Yale and America's Elite Colleges* (Stanford, CA: Stanford University Press, 2007), 4, Table 1.1.

185. 值得注意的是，最近几十年来，这种排斥现象变得更加明显：从20世纪70年代初到21世纪初，在公立和私立四年制大学的学生中，接受佩尔助学金的学生占比下降了约1/3。Bishop, *The Big Sort*, 31; U.S. Department of Education, National Center for Education Statistics, Thomas D. Snyder (Project Director), Alexandra G. Tan, and Charlene M. Hoffman, *Digest of Education Statistics 2003*, December 2004 (1999–2000 data), 379, Table 325, http://nces.ed.gov/pubs2005/2005025.pdf. 这一比例在2001年至今基本保持不变，参见Giancola and Kahlenberg, *True Merit*, 6, Figure 2。

186. Carnevale and Strohl, "How Increasing College Access Is Increasing Inequality," 137, Figure 3.7.

187. 从希望上大学的学生的角度来看，这些模式同样引人注目。来自富裕家庭的学生上竞争高度激烈的大学的可能性是来自中产阶级家庭的学生的3倍，几乎是来自贫困家庭的学生的8倍。Bailey and Dynarski, "Inequality in Postsecondary Education," 120, Figure 6.2; Reardon, "No Rich Child Left Behind."

188. Alexander W. Astin and Leticia Oseguera, "The Declining 'Equity' of American Higher Education," *Review of Higher Education* 27, no. 3 (Spring 2004): 329–30, Figure 1.1985年，收入最高的1/4家庭的学生占据了精英大学（即排名前1/10的大学）46%的名额，超额占比84%。到2000年，收入最高的1/4家庭的学生占据了精英大学55%的名额，超额占比为120%。另一项研究报告显示，从20世纪80年代初期至21世纪初，美国富人中获得学士学位的人口占比与穷人中获得学士学位的人口占比之间的差距几乎扩大了一倍。参见Martha J. Bailey and Susan M. Dynarski, "Gains and Gaps: Changing Inequality in U.S. College Entry and Completion," NBER Working Paper No. 17633 (December 2011), 26, Figure 3, www.nber.org/papers/w17633.pdf. 对于1961—1964年出生的人群，来自收入最高的1/4家庭的人口中有36%在24岁时完成了大学学业，而来自收入最低的1/4家庭的这一占比为5%，相差31个百分点。对于1979—1982年出生的人群，来自收入最高的1/4家庭的人口中有54%在24岁时完成了大学学业，而来自收入最低的1/4家庭的这一占比则为9%，相差45个百分点。

189. David Leonhardt, "Top Colleges That Enroll Rich, Middle Class and Poor," *New York Times,*

September 8, 2014, https://www.nytimes.com/2014/09/09/upshot/top-colleges-that-enroll-rich-middle-class-and-poor.html; David Leonhardt, "As Wealthy Fill Top Colleges, Concerns Grow over Fairness," *New York Times,* April 22, 2014, www.nytimes. com /2004/04/22/us/as-wealthy-fill-top-colleges-concerns-grow-over-fairness.html.

190. David Freed and Idrees Kahloon, "Class of 2019 by the Numbers: Makeup of the Class," *Harvard Crimson,* http://features.thecrimson.com/2015/fresh man-survey/; Laya Anasu and Michael D. Ledecky, "Freshman Survey Part II: An Uncommon App," *Harvard Crimson,* September 4, 2013, www.thecrimson.com/article/2013/9/4/freshman-survey-admissions-aid/; Stephanie Addenbrooke and Emma Platoff, "2019 by the Numbers: First Impressions," *Yale Daily News,* http://features.yaledailynews.com/blog/2015/08 /28/2019-by-the-numbers-first-impressions/.

哈佛大学的调查数据显示，在2017届学生中，有53%来自父母年收入超过12.5万美元（略高于收入最高的1/5阶层的门槛）的家庭，有29%来自父母年收入超过25万美元（大致处于收入最高的5%阶层）的家庭，只有15%来自父母年收入不到4万美元（大致处于收入最低的2/5阶层）的家庭。

耶鲁大学的调查数据则显示，班级中56%的学生来自收入最高的1/5家庭（年收入超过12.5万美元），而只有14%的学生来自收入最低的2/5家庭（年收入低于4万美元），35%的学生来自收入最高的5%家庭（年收入超过25万美元）。这两项调查的类别与收入五分位数之间存在一些不匹配，需要一定的插值，这也解释了正文中出现的"大约"一词。最后，需要指出的是，这两项调查都依赖于受访者的自我报告，因此无疑会受到选择性偏差以及学生可能错误报告父母收入的影响。尽管如此，它们所呈现出的模式是如此明显，仍然能说明问题。

191. 参见Raj Chetty et al., "Mobility Report Cards: The Role of Colleges in Intergenerational Mobility," NBER Working Paper No. 23618 (July 2017), 1, 14, Figure 1, www.nber.org/papers/w23618; Gregor Aisch et al., "Some Colleges Have More Students from the Top One Percent Than the Bottom 60," *New York Times,* January 18, 2017, www.nytimes.com/interactive/2017/01/18/upshot/some-colleges-have-more-students-from-the-top-1-percent-than-the-bottom-60.html. David Freed and Idrees Kahloon, "Class of 2019 by the Numbers: Makeup of the Class," *Harvard Crimson,* http://features.thecrimson.com/2015/freshman-survey/; Stephanie Addenbrooke and Emma Platoff, "2019 by the Numbers: First Impressions," *Yale Daily News,* http://features.yaledailynews.com/blog/2015/08/28/ 2019-by-the-numbers-first-impressions/。

其他研究也得出了一致的结果，例如，哈佛大学和普林斯顿大学录取的富裕学生与贫穷学生的比例达到25∶1。Elizabeth Stoker and Matthew Bruenig, "The 1 Percent's Ivy League Loophole," Salon, September 9, 2013. 当然，有一些精英大学录取的来自贫困家庭的学生人数会稍多一些。例如，在伯克利大学和加州大学洛杉矶分校，分别有34%和36%的学生获得佩尔助学金（这与全国所有学校的平均水平大致相同）；而在密歇根大学，只有16%的学生获得佩尔助学金。参见Richard Pérez-Peña, "Income-Based Diversity Lags at Some Universities," *New York Times,* May 30, 2013 accessed November 20, 2018, www.nytimes.com/2013/05/31/education/college-slots-for-poorer-students-still-limited.html?pagewanted=all。

192. 根据一项研究,在美国,来自社会经济地位最高的25%家庭的学生占据了耶鲁大学79%的名额。而在英国,来自社会经济地位最高的40%家庭的学生占据了牛津大学79%的名额。Joseph A. Soares, *The Power of Privilege: Yale and America's Elite Colleges* (Stanford, CA: Stanford University Press, 2007), 14. 牛津大学设立了一个专门面向来自低收入家庭的本科生的奖学金基金。参见 Chris Cook, "Oxford Sets Up £300 Million Scholarship Fund," *Financial Times*, July 11, 2012, www.ft.com/cms/s/0/c5c7835e-cb55-11e1-916f-00144 feabdc0.html#axzz4G63MSRuk。同样,随着20世纪60年代招生方式的变革,牛津大学录取的来自蓝领家庭的学生占比是哈佛大学的4倍。Joseph A. Soares, *The Decline of Privilege: The Modernization of Oxford University* (Stanford, CA: Stanford University Press, 1999), 4, Table 1.1.

193. 出身于富裕家庭是获得精英教育的必要条件,但绝非充分条件。这种情况直接源于社会分层的基本组合学原理。

    我们可以通过一个思想实验说明这一逻辑。假设一个社会的整体规模保持稳定,每一代有1万人,大家都结婚并保持婚姻关系,每个家庭都有两个孩子。如果每一代人中有不到1/3的人从大学毕业,那么该社会的大学有大约3 000个名额,竞争最激烈的1%的大学将有大约30个名额。现在,假设来自收入最高的1%家庭的孩子中有不到1/6毕业于竞争最激烈的1%大学。在这个社会中,收入最高的1%家庭总共有100名孩子,因此这些孩子中的1/6(约15名学生)占据了竞争最激烈的1%大学一半的名额。剩余的一半名额(15个名额),将分配给其他来自收入最低的99%家庭的9 900名学生。那些不属于收入最高的1%家庭的学生只有极小的机会能够进入竞争最激烈的大学。因此,出身于精英家庭几乎是获得精英学校学士学位的必要条件,但绝非充分条件。

    类似的组合模式在今天的美国同样适用。

194. 根据美国教育部教育统计中心的数据,美国平均每年在公立大学上的教育支出是3 360亿美元,在公立K–12学校的支出是6 680亿美元,336/(336 + 668) = 0.334。参见 National Center for Education Statistics, "Fast Facts: How Much Do Colleges and Universities Spend on Students?," https://nces.ed.gov/fastfacts/display.asp?id=75, and Center for Education Statistics, "Fast Facts: How Much Money Does the United States Spend on Public Elementary and Secondary Schools?," http://nces.ed.gov/fastfacts/ display.asp?id=66。

    1996—1997年,用于高等教育的总支出占比为39.8%,2008年为39.7%,2012年为43.75%。Thomas D. Snyder, Charlene M. Hoffman, and Claire M. Geddes, *Digest of Education Statistics 1997*, U.S. Department of Education, National Center for Education Statistics (December 1997), 35, Table 32, www.finaid.org/educators/educstat.pdf; Susan Aud et al., *The Condition of Education 2012*, U.S. Department of Education, National Center for Education Statistics (May 2012), 200, Table A-22-1, https://nces.ed.gov/pubs 2012/2012045.pdf; Grace Kena et al., *The Condition of Education 2016*, U.S. Department of Education, National Center for Education Statistics (May 2016), 141, Figure 3, https:// nces.ed.gov/pubs2016/2016144.pdf.

195. National Center for Education Statistics, "Expenditures of Educational Institutions Related to the Gross Domestic Product, by Level of Institution: Selected Years, 1929–30

through 2014–15," Table 106.10, https://nces.ed.gov/programs/digest/d15/tables/dt15_106.10.asp?referrer=report. 1970年，所有授予学位的高等教育机构的支出金额按现值美元计算为230亿，根据2014年CPI调整以不变美元计算后为1 420亿。U.S. Department of Education, National Center for Education Statistics, *Biennial Survey of Education in the United States,* 1929–30 through 1949–50; *Statistics of State School Systems,* 1959–60 through 1969–70; *Revenues and Expenditures for Public Elementary and Secondary Education,* 1970–71 through 1986–87; Common Core of Data (CCD), "National Public Education Financial Survey," 1987–88 through 2012–13; Higher Education General Information Survey (HEGIS), *Financial Statistics of Institutions of Higher Education,* 1965–66 through 1985–86; Integrated Postsecondary Education Data System (IPEDS), "Finance Survey" (IPEDS-F:FY87–99); and IPEDS Spring 2001 through Spring 2015, Finance component. U.S. Department of Commerce, Bureau of Economic Analysis, National Income and Product Accounts Tables, retrieved January 29, 2016, from http://www.bea.gov/iTable/index_nipa.cfm. 所有数字均以现值美元计算。表格制作于2016年1月。

196. George E. Johnson, "Investment in and Returns from Education," in *The Level and Composition of Household Saving,* ed. Patric H. Hendershott (Cambridge, MA: Ballinger, 1985)。另参见Langbein, "Twentieth-Century Revolution," 732。

197. 耶鲁大学2018年会计年度总预算是37.65亿美元，参见Yale University Office of the Provost, "Data at a Glance," https://provost.yale.edu/budget/data-glance。而1840年，美国在教育上的总投资是920万美元（相当于2015年的2.5亿美元），参见Albert Fishlow, "Levels of Nineteenth-Century American Investment in Education," *Journal of Economic History* 26 (1966): 418, 420; Langbein, "Twentieth-Century Revolution," 730。

198. Grace Kena et al., *The Condition of Education 2016,* U.S. Department of Education, National Center for Education Statistics (May 2016), 141, Figure 3, https://nces.ed.gov/pubs2016/2016144.pdf. "Direct expenditures on education as a percentage of gross domestic product (GDP) for Organization for Economic Cooperation and Development (OECD) countries with the highest percentages, by level of education: 2012," at p. 141, https://nces.ed.gov/pubs 2016/2016144.pdf。

199. 2010年，美国的教育支出（以2009—2010年不变美元计算）为4 610亿美元，而1970年为1 207亿美元，这意味着在40年间增长了3.8倍。根据美国人口普查局的数据，1970年，入学人数为8 581 000人，而在2010年为20 583 000人，这意味着入学人数增长了2.4倍。U.S. Census Bureau, "Section 4: Education," Statistical Abstract of the United States no. 131, 2012, www.census.gov/library/publications/2011/ compendia/statab/131ed/education.html [参见files 219, "School Enrollment," and 220, "School Expenditure by Type of Control and Level of Instruction in Constant (2008– 2009) Dollars"]。（请注意，文件名和文件内容中提到的不变美元是不同的。）同样，美国国家教育统计中心报告称，2007年高等教育总入学人数为20 453 000人，而1969年为8 005 000人，比例为2.56。参见 *Digest of Education Statistics 2017,* U.S. Department of Education, National Center for Education Statistics (2017), Table 105.30, https://nces.ed.gov/programs/digest/d17/tables/dt17_105.30.asp。

200. 3.8÷2.4 = 1.58。

201. 常春藤盟校秋季入学人数中位数从 2001 年的 12 230 人增加到 2015 年的 13 702 人，增长了 12.04%，而支出中位数从 944 755 880 美元增长到 1 904 823 037 美元（按 2015 年不变美元计算），增长了 101.62%。参见 U.S. Department of Education, National Center for Education Statistics, "Use the Data," https://nces.ed.gov/ipeds/Home/ UseTheData。实际美元是基于美国劳工统计局（以消费价格指数计算）的 GDP 平减指数得来。"CPI 通胀计算器使用城市消费者消费价格指数（CPI-U）所有商品项目的美国城市平均数列，未进行季节性调整。 这些数据代表了城市家庭消费所购买的所有商品和服务的价格变化。""CPI Inflation Calculator," https://data.bls.gov /cgi-bin/cpicalc.pl/。

202. Hoxby, "Changing Selectivity," Figure 2. 霍克斯比按照 1962 年的录取难度对学校进行了排名，得出了不同时期的可比较数据。由于在过去 50 年里，录取难度最高的学校没有发生变化，这种方法可以捕捉到录取难度不断变化的影响力，而不仅仅是偶然选择的指定学校的支出。另参见 Highlights from *Rewarding Strivers,* ed. Richard Kahlenberg (New York and Washington, DC: Century Foundation Press, 2010), 4, accessed November 18, 2018, www.tcf.org/assets/downloads/tcf _rewarding.pdf。以下简称 Highlights from *Rewarding Strivers*。

    竞争激烈的大学和竞争不激烈的大学在每名学生身上的支出差异，部分反映了随着竞争激烈的大学中学生群体日益趋向富人，他们对豪华生活条件的需求不断增加。玛卡莱斯特学院（一所竞争激烈的精英文理学院）的前任校长表示，要想胜任大学校长，"你必须招募一些富裕的学生，而吸引富裕学生的一种方式是拥有象征卓越的东西，比如最新的校园中心和最新的体育设施……这是你不会破产的一个明证……几年前，我们开始投资体育设施，因为有家长告诉我们，这些设施还不如孩子高中时期的或他们公司里的"。Dylan Matthews, "The Tuition Is Too Damn High, Part VIII: Is This All Rich Kids' Fault?," *Washington Post,* September 4, 2013, accessed November 18, 2018, www.washingtonpost.com/news/wonk/wp/2013/09/04/the-tuition-is-too-damn-high-part-viii-is-this-all-rich-kids-fault/.

    需要注意的是，2000—2010 年，"辅助支出"占据了公立研究型大学总增加成本的 41.2%。Matthews, "The Tuition Is Too Damn High, Part VIII." 有关大学平均每名学生的支出和收入信息，参见 Delta Cost Project, www.deltacostproject.org/。有关大学的数据来源列表参见 Stacy Berg Dale and Alan B. Kreuger, "Estimating the Payoff to Attending a More Selective College: An Estimation of Selection on Observables and Unobservables," NBER Working Paper No. 7322 (August 1999)。

203. 例如，1966 年，录取难度最高的大学平均每名学生的支出约为 1.8 万美元，而录取难度最低的大学平均每名学生的支出约为 4 000 美元。换句话说，过去半个世纪，平均每名学生每年的支出差距增长了超过 5 倍，从大约 1.4 万美元增加到大约 8 万美元。请注意，这些金额是以 2007 年不变美元计算。

    其他聚焦于较短时间内的研究也证实了这一基本趋势。根据《华盛顿邮报》的系列报道《学费实在贵得离谱》（The Tuition Is Too Damn High），2010 年私立研究型大学在每名学生身上的支出比 2000 年增加了 12 435 美元，而公立研究型大学的这一支出仅增加了 3 917 美元。Dylan Matthews, "Introducing 'The Tuition Is Too Damn High,'" *Washington*

Post, August 26, 2013, accessed November 18, 2018, www. washingtonpost.com/news/wonk/wp/2013/08/26/introducing-the-tuition-is-too-damn-high/?utmterm=.98a625a37dc1. 另一项研究报告称, 在 1999—2009 年, 社区大学的这一教育资源支出保持不变, 公立研究型大学的这一支出增加了约 1 500 美元, 私立研究型大学的这一支出增加了约 1 万美元。参见 David Leonhardt, "Though Enrolling More Poor Students, 2-Year Colleges Get Less of the Federal Pie," *New York Times,* May 22, 2013, accessed October 24, 2018, www.nytimes.com/2013/05/23/education/2-year-colleges-getting-a-falling-share-of-spending.html; Josh Freedman, "Why American Colleges Are Becoming a Force for Inequality," *Atlantic,* May 16, 2013, accessed October 2018, www.theatlantic.com/business/archive/2013/05/why-american-colleges-are-becom ing-a-force-for-inequality/275923/。

204. 随着顶层收入不断提高, 富裕家庭的父母自然比贫穷家庭的父母为他们正在上大学的孩子提供更多的经济支持。事实也的确如此: 收入最高的 1/4 家庭的父母为孩子提供学费的概率比收入最低的 1/4 家庭的父母高出 105%; 至少一方接受过大学教育的父母为孩子提供学费的概率比双方均没有接受过大学教育的父母高出 177%。此外, 所涉及的金额也很大, 收入最高的 1/4 家庭为孩子提供的经济支持与最低的 1/4 家庭之间的差距每年超过 1.6 万美元。Patrick Wightman, Robert Schoeni, and Keith Robinson, "Familial Financial Assistance to Young Adults," National Poverty Center Working Paper Series 12-10 (May 2012), http://npc.umich.edu/publications/u/2012-10%20NPC%20Working%20Paper.pdf. 以 2005 年美元价值计算, 这一差距为 13 336 美元, 以 2015 年 CPI 指数调整后的美元计算为 16 185 美元。

205. 参见 *Rewarding Strivers,* 4 的强调部分。

206. 参见 Hoxby, "Changing Selectiv ity," Figure 3。

这种转变可以通过另一种方式更明确地呈现出来。总体而言, 上大学的实际成本越来越少受到支付者家庭收入的影响。在私立大学中, 实际成本从富裕学生向贫困学生的转移尤为显著。在 1999—2000 学年, 贫困学生支付的费用相当于富裕学生的 49.5%, 而在 2011—2012 学年, 这一比例升至 55.4%。在这 12 年间, 贫困学生上大学的实际成本增加了 32%, 而富裕学生仅增加了 17.5%。参见 College Board, "Net Price by Income over Time: Private Sector" (last revised December 2013), https://trends.collegeboard.org/college-pricing/figures-tables/net-prices-income-over-time-private-sector。需要留意的是, 公立大学经历了相反的转变: 2007 年, 8 名贫困学生支付的学费相当于富裕学生的 55.7%; 1992—1993 年, 这一比例则为 67.1%。

207. Phyllis Vine, "The Social Function of Eighteenth-Century Higher Education," *History of Education Quarterly* 16, no. 4 (1976): 417. 正如瓦因所描述的: "教育者逐渐赋予毕业典礼象征性的意义, 告诉学生和社会各界, 他们'现在即将踏入真正的生活'。毕业典礼除了象征着一群精英年轻人重要的成年仪式外, 还象征着, 一如塞缪尔·约翰逊对国王学院的学生所说的, 他们将被'召唤扮演更重要的人生角色'。"

208. 美国的第一所法学院于 1784 年成立于康涅狄格州的利奇菲尔德, 是一所独立的专业学院, 参见 "Litchfield Law School History," Litchfield Historical Society (2010), http://litchfield historicalsociety.org/ledger/studies/history_school。第一所大学法学院直到 19 世纪初才正式成立, 但在成立地点上有不同的说法, 有人声称是在哈佛大学, 也有人说

是在威廉与玛丽学院。参见 Henry D. Gabriel, "America's Oldest Law School," *Journal of Legal Education* 39, no. 2 (1989): 269–74. 美国的第一所医学院于 1765 年成立于宾夕法尼亚大学，参见 www.archives.upenn.edu/histy/features/1700s/medsch.html。第一所商学院是宾夕法尼亚大学的沃顿商学院，成立于 1881 年，参见 "About Wharton," The Wharton School, www.wharton.upenn.edu/about/wharton-history.cfm。

209. 这种从职业教育向研究生教育模式的转变，部分原因是希望通过增加获得专业学位的成本（包括时间成本和金钱成本），来阻止移民和较低社会阶层的人进入专业领域，这样就只有精英阶层的子女能够负担得起。研究生教育集中于精英的培训的模式并非只是偶然的结果，而是在一定程度上有意为之。Daniel Markovits, A Modern Legal Ethics: Adversary Advocacy in a Democratic Age (Princeton, NJ: Princeton University Press, 2011).

210. Anthony J. Mayo, Nitin Nohria, and Laura G. Singleton, *Paths to Power: How Insiders and Outsiders Shaped American Business Leadership* (Boston: Harvard Business Review Press, 2007), x. 以下简称 Mayo, Nohria, and Singleton, *Paths to Power*。

211. 有关 20 世纪中叶在职培训的更多信息，参见 John W. Kendrick, *The Formation and Stocks of Total Capital* (New York: Columbia University for NBER, 1976)。

212. Cappelli, *The New Deal at Work*, 70–73.

213. Cappelli, *The New Deal at Work*, 199.

214. Cappelli, *The New Deal at Work*, 65–66, 引自 William H. Whyte, *The Organization Man* (New York: Simon & Schuster, 1956)。

215. Cappelli, *The New Deal at Work*, 70–73.

216. Cappelli, *The New Deal at Work*, 199.

217. Cappelli, *The New Deal at Work*, 200–201.

218. Cappelli, *The New Deal at Work*, 200–201. 这表明，培训从工作场所转移到学校的情况不仅适用于精英劳动者，也适用于非精英劳动者。其他证据也支持这一结论。例如，有 1/4 的社区大学学生已经获得了学士学位，他们返回学校以获取特定的职业技能，因为他们的雇主不再提供这些培训。此外，私立职业技术学校的资本投入率仅在 20 世纪 90 年代就增加了两倍以上，这些学校也提供曾经由雇主在工作场所提供的培训。

219. Anthony P. Carnevale, Stephen J. Rose, and Ban Cheah, *The College Payoff: Education, Occupations, Lifetime Earnings*, Georgetown University Center on Education and the Workforce (2011), 2. 以下简称 Carnevale, Rose, and Cheah, *The College Payoff*。

220. Reich, *Supercapitalism*, 38, 引用了《财富》杂志的书 *The Executive Life* (Garden City, NY: Doubleday, 1956), 30。

221. Carnevale, Rose, and Cheah, *The College Payoff*, 2.

222. Cappelli, *The New Deal at Work*, 26。

223. American Board of Medical Specialties, *ABMS Guide to Medical Specialties*, 2018, accessed October 24, 2018, www.abms.org/media/176512/abms-guide-to-medical-specialties-2018.pdf.

224. U.S. Census Bureau, "Section 4: Education," Statistical Abstract of the United States no. 131, 2012, www.census.gov/library/publications/2011/compendia/statab/131ed/education.html（参见 file 304, "First Professional Degrees Earned in Selected Professions"）。

225. U.S. Census Bureau, "Section 4: Education," Statistical Abstract of the United States

no. 131, 2012, www.census.gov/library/publications/2011/compendia/statab/131ed/education.html（参见 file 304, "First Professional Degrees Earned in Selected Professions"）; Jonathan P. O'Brien et al., "Does Business School Research Add Economic Value for Students?," *Academy of Management Learning and Education* 9, no. 4 (2010): 638–51, 638. 商学院教育的大规模增加恰恰反映了在职培训的下降趋势，参见 P. Friga, R. Bettis, and R. Sullivan, "Changes in Graduate Management Education and New Business School Strategies for 21st Century," *Academy of Management Learning and Education* 2 (2003): 233–49, and F. P. Morgeson and J. D. Nahrgang, "Same as It Ever Was: Recognizing Stability in the Business Week Rankings," *Academy of Management Learning and Education* 7 (2008): 26–41。

226. 参见 F. W. Taussig and C. S. Joslyn, *American Business Leaders* (Oxford: Macmillan, 1932)。

227. Mayo, Nohria, and Singleton, *Paths to Power*, x.

228. 参见 M. Useem and J. Karabel, "Pathways to Top Corporate Management," *American Sociological Review* 51 (1986): 184–200。

229. 2015年，哈佛大学商学院的支出达6.6亿美元，招生人数为1 865名，平均在每个学生身上的支出接近35.4万美元。Harvard Business School, *FY15 Financial Report* (2015), 3, www.hbs.edu/about/financialreport/2015/Docu ments/HBS-Financial-2015.pdf.

230. 美国经济中依然存在的由雇主提供的培训越来越倾向于精英劳动者。在1983年，大学毕业生接受在职培训的可能性大约是没有高中学历的劳动者的3倍。到了1991年，接受过教育的劳动者接受培训的可能性几乎是未接受过教育的劳动者的4倍。Daron Acemoglu, "Changes in Unemployment and Wage Inequality: An Alternative Theory and Some Evidence," *American Economic Review* 89, no. 5 (December 1999): 1259–78, 1275, https://doi.org/10.3386/w6658.（引用了1983年和1991年美国"当前人口调查"的附录内容，其中报告了接受某种"培训以提高当前工作技能"的劳动者比例。）以下简称 Acemoglu, "Changes in Unemployment and Wage Inequality"。

231. 斯坦福大学的医学院入学考试成绩中位数是519分，参见 Farran Powell, "10 Medical Schools with the Highest MCATS Scores," *U.S. News & World Report,* March 23, 2018, accessed November 18, 2018, www.usnews.com/education/best-graduate-schools/ top-medical-schools/slideshows/10-med-schools-with-the-highest-mcat-scores?slide=3; Association of American Medical Colleges, Percentile Ranks for the MCAT Exam, https://students-residents.aamc.org/advisors/article/percentile-ranks-for-the-mcat-exam/。

232. Helen Diagama and Alda Yuan, *2016 Class/Action Report: A Triennial Report on Socioeconomic Class as Experienced by Students at Yale Law School* (2017), 10.

233. 有关耶鲁大学法学院的信息，参见 "Cost of Attendance," Yale Law School, https://law.yale.edu/admissions/cost-financial-aid/cost-attendance。有关哈佛大学商学院的信息，参见 "Annual Cost of Attendance," Harvard Business School, www.hbs.edu/mba /financial-aid/Pages/cost-summary.aspx. 有关商学院的整体信息，参见 "2014 Ranking of the Top MBA Programs & Best Business Schools," MBAPrograms .org (2014), www.mbaprograms.org/rankings。普遍来说，扣除内部助学金、奖学金和其他折扣后，私立学校法学院一年的学费平均约为3.2万美元，公立学校的州外学生的学费平均为2.8万美元，州内学生为1.5万美元。这些数字表明学费有20%~30%的折扣空间。Michael Simkovic

and Frank Mcintyre, "The Economic Value of a Law Degree," *Journal of Legal Studies* 43, no. 2 (June 2014): 249–89, 281n.43. 另一份有关法学院 2013 年学费具体数字的报告，参见 "Law School Costs," Law School Transparency, www.lawschooltransparency.com/reform/projects/Tuition-Tracker/and "Cost Calculator: Estimate the Cost of Law School," AdmissionsDean, www.admissionsdean.com/paying_ for_law_sc hool/law-school-cost-calculator。

234. 有关耶鲁大学法学院的数据，参见 "Cost of Attendance," Yale Law School, https://law.yale. edu/admissions/cost-financial-aid/cost-attendance。有关哈佛大学商学院的数据，参见 "Annual Cost of Attendance," Harvard Business School, www.hbs.edu/mba/financial-aid/Pages/ cost-summary.aspx。

235. Jodi Kantor, "Class Is Seen Dividing Harvard Business School," *New York Times*, September 9, 2013, accessed November 18, 2018, www.nytimes.com/2013/09/10/ education/harvard-business-students-see-class-as-divisive-an-issue-as-gender.html。

236. 精英研究生院的学生绝大多数拥有精英大学的学士学位（毕竟，研究生院会以此作为选择标准），他们因此享有出色的第一学位所带来的就业机会。他们重返校园就意味着放弃了即时收入。这种间接成本不应被视为对专业学生的人力资本投资（那将是重复计算），但它仍然有助于将人力资本向富人集中，因为研究生院会直接选择那些拥有足够的家庭财富的学生，他们能承担得起因参加研究生教育所导致的收入延迟。

237. 与大学一样，研究生院的行政管理部门也宣传称大部分学生有资格获得基于需求的经济援助。例如，哈佛大学商学院有 50% 的学生有资格获得这类援助，耶鲁大学法学院有 73% 的学生有资格获得这类援助。参见 "Financial Aid: MBAid Journey: Fast Facts," Harvard Business School, www.hbs.edu/mba/financial-aid/Pages/fast-facts.aspx; "Cost & Financial Aid," Yale Law School, https://law.yale.edu/admissions/cost-financial-aid。然而，与本科生助学金一样，在这种情况下，名义上"基于需求"的经济援助由于申请过程中存在的激烈竞争而变成择优选拔，考虑到家庭背景与学术表现之间的相关性，这种援助最终会倾向于富裕学生。因此，广泛的援助不仅不能促进经济平等，反而构成了对家境富裕且成绩优异的群体的大规模补贴。

238. Kantor, "Class Is Seen Dividing Harvard Business School."

239. 参见 Sackett et al., *Class/Action: A Report on Socioeconomic Class as Experienced by Students at Yale Law School* (March 2013), accessed September 28, 2018, https://law.yale. edu/system/files/area/department/studentaffairs/docu ment/class_action_report.pdf。以下简称 Sackett et al., *Class/Action*。 此外，耶鲁大学法学院的研究除了列出学生父母的收入水平，还列出了他们的受教育程度（这增加了收入数据的可信度，因为孩子们可能会弄错父母的收入，但肯定知道父母的学历）：有关耶鲁大学法学院学生父母的受教育程度，中间水平是父母中至少有一方拥有硕士学位或博士学位（受教育程度排名前 3%），只有 8% 的耶鲁大学法学院学生的父母都没有学士学位。参见 Sackett et al., *Class/Action*。在之后的学生群体中，向富人倾斜的程度可能会略有缓解，来自收入最高的 1% 家庭的学生和自收入最低的 50% 家庭的学生占比可能大致相当。

240. 此外，有充分的理由相信，同大学一样，最精英的研究生院也存在向富人倾斜的现象。例如，得克萨斯州的医学和牙科学校申请服务机构负责处理该州立医学院的所有申请，并搜集有关申请和被录取学生的人口统计数据。一项针对2005年和2006年得克萨斯州医学院的申请和入学情况的研究发现，与录取难度最低的学校相比，录取难度最高的学校无论是申请人还是被录取的学生，其中精英阶层的占比都高得多。参见 Michael Kennedy, "Medical School Admissions Across Socioeconomic Groups: An Analysis Across Race Neutral and Race Sensitive Admissions Cycles" (unpublished PhD dissertation)。

241. Linda F. Wightman, *Legal Education at the Close of the Twentieth Century: Descriptions and Analyses of Students, Financing, and Professional Expectations and Attitudes* (Newtown, PA: Law School Admission Council, 1995), 30, Table 15.

242. Langbein, "Twentieth-Century Revolution."

243. 这里的消费是按照"消费者支出调查"中的类别进行衡量和分类的。参见 Aguiar and Bils, "Has Consumption Inequality Mirrored Income Inequality?," 2753。根据这两位作者研究的数据，在过去30年中，教育支出一直是20个支出类别中收入弹性最高的3个类别之一。到2008—2010年，教育支出已成为唯一一个收入弹性最高的支出类别。

244. 参见 Gordon C. Winston and Catharine B. Hill, "Access to the Most Selective Private Colleges by High-Ability, Low-Income Students: Are They Out There?," Williams Project on the Economics of Higher Education, Discussion Paper no. 69 (2005), https://files.eric.ed.gov/fulltext/ED499443.pdf; Lisa R. Pruitt, "The False Choice Between Race and Class and Other Affirmative Action Myths," *Buffalo Law Review* 63 (2015): 1030; Thomas J. Espenschade and Alexandria Walton Radford, *No Longer Separate, Not Yet Equal: Race and Class in Elite College Admission and Campus Life* (Princeton, NJ: Princeton University Press, 2009), 97–98。这些作者指出，在资质相同的情况下，来自专业精英家庭的孩子相比于来自一般家庭的白人孩子，更容易被录取难度较高的私立大学录取。不过，这一观点与本文的主要论点并不矛盾，即精英学校的学生群体向富人倾斜主要是由于他们的学业成绩较为优异，原因很简单，来自贫困家庭的孩子中学习成绩优异的非常少。

245. 精英小学和精英高中教育的兴起解释了高中成绩和大学录取之间看似矛盾的模式："尽管来自低收入家庭的学生在录取难度较高的大学所看重的指标上取得了很大的进展……但来自高收入家庭的学生在这些相同的指标上取得了更大的进展。因此，入读精英大学已经成为一场富裕学生始终处于领先位置的竞赛。这导致的结果是，尽管来自低收入家庭的学生在学业成绩上有大幅提升，但他们在被大学录取方面未能取得实质性进展。" Bastedo and Jaquette, "Running in Place," 319.

246. 这一点可以直接从SAT考试的成绩分布中看出：2013年，家庭年收入不足2万美元的考生其SAT成绩的第95百分位数，家庭年收入在2万~4万美元的考生其SAT成绩的第95百分位数，都远低于当年耶鲁大学新生SAT成绩的第25百分位数。事实上，来自这两组家庭的考生的SAT成绩第99.7百分位数（数学除外）几乎等于耶鲁大学新生的SAT平均分数。与此同时，也不乏来自富裕家庭的成绩优异的毕业生。家庭年收入超过20万美元的高中生的SAT成绩第95百分位数，高于耶鲁大学新生的SAT成绩中位数，而成绩处于第99.7百分位的考生在考试的每个部分都获得了满分。所有这些说法都是根据由大学理事会直接发布的有关收入和成绩的数据得出的，参见College Board, "2013 College-Bound Seniors: Total Group Profile Report," http://media.collegeboard.com/digitalServices/pdf/research/2013/TotalGroup-2013.pdf。把门槛降低一些，更广泛的高中成绩标准也呈现了相同的趋势。例如，SAT 或 ACT 成绩在第 90 百分位或更高且高中平均成绩在 A– 或以上的学生中，只有 17% 来自收入最低的 1/5 家庭。参见 Hoxby and Avery, "The Missing 'One-Offs'"。

247. 这名学生叫卡肖恩·坎贝尔，在他就读的高中，所谓的"长篇"写作作业只需要写一页，只有不到 13% 的学生精通英语，不到 1% 的学生精通数学。坎贝尔在高中时的全优成绩并没有能转化为大学期间的成功，就读于伯克利大学一年级时，他为将 GPA 提高到 2.0 以上而付出了巨大的努力。参见 Kurt Streeter, "South L.A. Student Finds a Different World at Cal," *Los Angeles Times,* August 16, 2013, accessed November 18, 2018, www.latimes.com/local/la-me-c1-cal-freshmen-20130816-dto-htmlstory.html。

248. 这些结论源于一项细致且全面的历史研究，该研究结合了几个庞大的高中学生数据库，构建了一个横跨 30 年的具有代表性的全美样本（包括 1972 年、1982 年、1992 年和 2004 年的高中毕业生），并利用这些数据研究了家庭收入、高中成绩和大学录取之间的相互关系。参见 Bastedo and Jaquette, "Running in Place," 318–39。

249. 参见 "2013 College-Bound Seniors: Total Group Profile Report," College Board, http://media.collegeboard.com/digitalServices/pdf/research/2013/TotalGroup-2013.pdf。

250. 这一比例是根据学院自己报告的学生 SAT 成绩的第 25 百分位数以及其招收的学生人数计算得出的。

251. 这一比例的计算，结合了法学院招生委员会对法学院入学考试成绩的"当期汇总"（*Current Volume Summaries*，即有关每年分数达到第 99 百分位的法学院申请人数的报告）与排名前五的法学院所报告的招生数据及其学生的法学院入学考试成绩的第 25、50、75 百分位。这些具体的数字每年会有所不同。参见 www.lsac.org/data-research/data?search=&page=1。有关法学院的数据，参见 https://law.yale.edu/admissions/profiles-statistics/entering-class-profile; https://law.stanford.edu/aba-required-disclosures/; https://hls.harvard.edu/dept/jdadmissions/apply-to-harvard-law-school/hls-profile-and-facts/; www.law.uchicago.edu/files/Std509InfoReport-50-50-12-06-2017% 2013-38-43.pdf; www.law.columbia.edu/admissions/jd/experience/class-profile。

252. 美国在这方面也是一个特例。在美国，父母至少有一方受过大学教育的子女与父母双方均没有高中文凭的子女之间的技能差距，相比于经合组织国家的平均水平高出 50%，至少不低于其他任何一个经合组织国家。参见 OECD, *OECD Skills Outlook 2013*, 113, Figure 3.6(L), "Differences in literary proficiency, by socioeconomic background"。

253. 类似的结论，参见 Reeves, *Dream Hoarders,* 87. Sigal Alon, "The Evolution of Class Inequality in Higher Education: Competition, Exclusion, and Adaptation," *American Sociological Review* 74, no. 5 (2009): 731–55。

254. 这句格言的美国版本常被归于安德鲁·卡内基——19 世纪末 20 世纪初的钢铁大亨与慈善家，但它在不同国家有不同的说法。Arianna Degan and Emmanuel Thibault, "Dynastic Accumulation of Wealth," *Mathematical Social Sciences* 81 (May 2016): 66.

255. 这个类比甚至渗透至这两种体制所赖以支撑的法律原则。贵族世袭体制得到了法律惯例的支持，比如限定土地继承权。它是指通过契约或协议赋予租户的土地，租户拥有使用权，但不能出售、遗赠、抵押或以其他方式转让。相反，土地将不分割、不受负债地一代一代传承下去。这样可以防止活着的一代挥霍家族的遗产，从而确保土地将永远传承下去。

优绩主义的优势继承体制同样受到法律规则的支持，这些规则限制了个人出售其人力资本的权力，比如将自己卖为奴隶，甚至只是签订非常长期的劳动合同。这可以防止个人挥霍掉他的优绩主义遗产，从而增加了人力资本代代传承的可能性。

256. 我们可以从更一般的角度来概括这一见解。当优绩主义制度将家庭重塑为生产场所时，它就恢复了前工业时代的安排，当时非贵族家庭是生产的中心，而贵族家庭则是繁殖的中心。从工业革命开始到20世纪中叶这段时期的特点是，不以家庭生产为中心。这是优绩主义制度回归贵族体制下的社会和经济形式的另一种方式。这个表述受益于萨拉·比尔斯顿的思想。

257. 这些观点在很大程度上要归功于与约瑟夫·菲什金的对话。Joseph Fishkin, *Bottlenecks: A New Theory of Equal Opportunity* (New York: Oxford University Press, 2016).

258. Pat Barnes, "Ex-President of Yale Kingman Brewster Dies," *Washington Post,* November 9, 1988, accessed October 24, 2018, www.washingtonpost.com/archive/local/ 1988/11/09/ex-president-of-yale-kingman-brewster-dies/9edcd521-a603-4f98-b264-88c83 568e4fa/?utm_term=.11f6 fa327fd4.

259. Kabaservice, "The Birth of a New Institution."

260. Sharon Otterman, "Diversity Debate Convulses Elite High School," *New York Times,* August 4, 2010, accessed October 20, 2018, www.nytimes.com/2010/08/05/nyregion/05hunter.html. 以下简称Otterman, "Diversity Debate"。

261. 2014年，2 268名学生争取225个名额。Derrell Bradford, *In Defense of New York City's Selective High Schools,* Report, Thomas B. Fordham Institute, February 2, 2015, accessed October 20, 2018, https://edexcellence.net/articles/in-defense-of-new-york-citys-selective-high-schools.

262. Christopher Hayes, *Twilight of the Elites,* 39.

263. Hayes, *Twilight of the Elites,* 40. 这里的4.5万美元是针对一个四口之家的标准。Paula Tyner-Doyle, "2018–2019 Free and Reduced Price Income Eligibility and Policy Information," Memorandum from the State Education Department, Albany, NY, June 2018, accessed October 24, 2018, 34, www.cn.nysed.gov/common/cn/files/2018policy booklet.pdf.

264. "根据州政府的数据，1995年，七年级新生中有12%是黑人，6%是西班牙语裔。而在过去的一年，只有3%是黑人，1%是西班牙语裔。" Otterman, "Diversity Debate."

265. Otterman, "Diversity Debate."

266. Jenny Anderson, "At Elite Schools, Easing Up a Bit on Homework," *New York Times,* October 23, 2011, accessed October 20, 2018, www.nytimes.com/2011/10/24/education /24homework.html. 有关亨特学院附属高中的讨论，主要出现在文章末尾的更正中。

267. 经济学家弗雷德·赫希在其经典著作《增长的社会限制》中将具有这种特征的商品称为"地位商品"。人们从地位商品中获取幸福感，不是取决于他们的绝对拥有量，而是看他们比其他人拥有得更多还是更少。因此，当一个人的地位商品相对于他人增加，即他的拥有量排名上升时，无论他之前拥有多少，他的幸福感都会增加相同的量。在这种情况下，可以说真正的商品是排名或地位，而根据拥有量排名的名义商品只是用于生成地位的一项投入。与其他商品不同，人们不会对地位商品感到厌倦，而且随着收入的增加，对地位商品的需求会不受限制地上升。"地位商品"一词如今已经被广泛使用，用来描述一系列相关现象，而不是只用于狭义的、小众的或技术性的场景。本书对这个术语的处理方式属于常规用法，尽管它不可能与先前的使用案例完全一致。Fred Hirsch, *Social Limits to Growth* (Cambridge, MA: Harvard University Press, 1976).

268. 普通商品和地位商品之间的区别不是二元的，而是一个连续的范围，巧克力位于其中一端，而教育则位于另一端。奢侈品介于这两者之间，因为它们并不直接通过消费产生幸福感，而是通过象征财富来构建社会地位。如果人们因为衣服、手表、汽车等商品昂贵而渴望拥有它，那么当这些商品的奢华程度和价格上升时，需求可能会保持稳定，而不会像普通消费模式那样下降。哪些商品属于地位商品？这取决于具体的社会和经济因素，而不是纯粹的逻辑。罗伯特·弗兰克提出了一个思想实验来说明这一点。试想在一个世界中，其他人生活在 6 000 平方英尺的房子里，而你生活在 4 000 平方英尺的房子里；在另一个世界中，其他人生活在 2 000 平方英尺的房子里，而你生活在 3 000 平方英尺的房子里。那么你更愿意生活在哪个世界？当被问及这个问题时，人们的回答是更喜欢第二个。但是，当人们被问及是更愿意其他人有 6 周年假而自己只有 4 周年假，还是更愿意其他人只有 1 周年假而自己有 2 周年假时，他们的回答是更喜欢第一种情况。在这个实验框架下，住房被视为一种地位商品，而假期则不是。Robert H. Frank, "Positional Externalities Cause Large and Preventable Welfare Losses," *American Economic Review* 95, no. 2 (May 2005): 137, accessed October 20, 2018, doi:10.1257/00 0282805774670392.

269. Simon Mundy, "South Korea's Millionaire Tutors," *Financial Times,* June 16, 2014, accessed October 20, 2018, www.ft.com/content/c0b611fc-dab5-11e3-9a27-00144 feabdc0.

270. Jessie Agatstein et al., *Falling Through the Cracks: A Report on Mental Health at Yale Law School,* Yale Law School Mental Health Alliance, Yale Law School (2014), 14. 以下简称 Agatstein et al., *Falling Through the Cracks*。

271. Agatstein et al., Falling Through the Cracks, 15.

272. Ezra Klein, "Ivy League's Failure Is Wall Street's Gain," Bloomberg Opinion, February 15, 2012, accessed October 20, 2018, www.bloomberg.com/view/articles/2012-02-16/ harvard-liberal-arts-failure-is-wall-street-gain-commentary-by-ezra-klein.

273. William Deresiewicz, "Don't Send Your Kid to the Ivy League," *New Republic,* July 21, 2014, accessed October 20, 2018, https://newrepublic.com/article/118747/ivy-league-scho ols-are-overrated-send-your-kids-elsewhere.

274. William Deresiewicz, *Excellent Sheep: The Miseducation of the American Elite and the Way to a Meaningful Life* (New York: Free Press, 2014). 以下简称 Deresiewicz, Excellent Sheep.

275. 信息来自与作者的私人对话。

276. Deresiewicz, *Excellent Sheep.*

277. David Foster Wallace, *Consider the Lobster and Other Essays* (New York: Little, Brown, 2007).

278. Samuel Bowles and Herbert Gintis, *Schooling in Capitalist America: Educational Reform and the Contradictions of Economic Life* (New York: Basic Books, 1976).

279. 参见 Numbers 14:18。

[第六章]

1. 引文见 Ho, *Liquidated*, 59–60。
2. 数据出自 Ho, *Liquidated,* 59。
3. Reich, *Supercapitalism,* 38.
4. Reich, *Supercapitalism,* 109–10.
5. 参见 William H. Whyte, *The Organization Man* (New York: Simon & Schuster, 1956)。
6. Reich, *Supercapitalism*, 109–10.
7. 这个术语出自 Maarten Goos and Alan Manning, *Lousy and Lovely Jobs: The Rising Polarization of Work in Britain,* London School of Economics, Center for Economic Performance Discussion Paper No. DP0604 (December 2003), http://eprints.lse.ac.uk/20002/1/Lousy_ and_ Lovely_ Jobs_the_Rising_Polarization_of_Work_in_Britain .pdf, eventually published as Maarten Goos and Alan Manning, "Lousy and Lovely Jobs: The Rising Polarization of Work in Britain," *Review of Economics and Statistics* 89, no. 1 (February 2007): 118–33。其他用法参见 David H. Autor, Lawrence F. Katz, and Melissa S. Kearney, "The Polarization of the U.S. Labor Market," *AEA Papers and Proceedings* 96 (2006): 189–94，以下简称 Autor, Katz, and Kearney, "The Polarization of the U.S. Labor Market"；Christopher L. Foote and Richard W. Ryan, "Labor-Market Polarization over the Business Cycle," *NBER Macroeconomics Annual* 29 (2015): 371–413。
8. David Card and John E. Di-Nardo, "Skill-Biased Technological Change and Rising Wage Inequality: Some Problems and Puzzles," *Journal of Labor Eco-nomics* 20, no. 4 (October 2002): 734［"这个假设，即新技术的迅速涌现导致对高技能工人需求的增加，进而导致收入不平等的上升，已经被称为偏向技能的技术变革（SBTC）假设"］；Eli Berman, John Bound, and Stephen Machin, "Implications of Skill-Biased Technological Change: International Evidence," *Quarterly Journal of Economics* 113, no. 4 (November 1998): 1245–79。
9. Goos and Manning, "Lousy and Lovely Jobs."
10. Lydia DePillis, "Minimum-Wage Offensive Could Speed Arrival of Robot-Powered Restau-rants," *Washington Post,* August 16, 2015, accessed November 18, 2018, www.washingtonpost.com/business/capitalbusiness/mini mum-wage-offensive-could-speed-arrival-of-robot-powered-restaurants/2015/08/16/35f284ea-3f6f-11e5-8d45-d815146 f81fa_story.html?utm_term=.5e63a0f1d21e.以下简称 DePillis, "Minimum-Wage Offensive"。
11. Jessica Wohl, "Hamburger University Grills Students on McDonald's Operations," *Chicago Tribune,* April 18, 2015, accessed November 18, 2018, www. chicagotribune.com/business/ct-mcdonalds-hamburger-university-0419-biz-20150407-story.html; John F. Love, *McDonald's: Behind the Arches* (New York: Bantam, 1986), 148–50.
12. "Executive Profile: Edward H. Rensi," Bloomberg, accessed October 22, 2018, www.bloomberg.com /research/stocks/private/person.asp?personId=630964&priv capId=1598870; Bio, "Ed Rensi," Premiere Speakers Bureau, https://premierespeakers.com/ed_rensi/bio.
13. 弗雷德·特纳是汉堡大学的创始人，曾在 1974—1987 年担任麦当劳的 CEO。他也是通过公司内部的晋升途径逐步崭露头角的，许多其他早期的麦当劳高管都是从公司的基层工作开始他们的职业生涯。参见Laurence Arnold and Leslie Patton, "Fred Turner, McDonald's 'Hamburger U.' Founder, Dies at 80," Bloomberg, January 8, 2013, accessed November 18, 2018, www.bloomberg.com/news/articles/2013-01-08/fred-l-turner-mcdonalds-hamburger-u-founder-dies-at-80。

14. DePillis, "Minimum-Wage Offensive."
15. "争取15美元时薪"以提高基层员工收入的斗争，让这个问题尖锐化。参见Julia Limitone, "Fmr. McDonald's USA CEO: $35K Robots Cheaper Than Hiring at $15 Per Hour," Fox Business, May 24, 2016, accessed November 18, 2018, www.foxbusiness.com/features/fmr-mcdonalds-usa-ceo-35k-robots-cheaper-than-hiring-at-15-per-hour。
16. Geoff Williams, "Hamburger U: Behind the Arches," *Entrepreneur,* January 2006, accessed November 18, 2018, www.entrepreneur.com/article/81692.
17. "McDonald's Celebrates 50 Years of Training and Developing Employees at Hamburger University," *Market Wired,* April 5, 2011, accessed November 18, 2018, www.marketwired.com/press-release/mc donalds-celebrates-50-years-training-developing-employees-hamburger-university-nyse-mcd-1422879.htm. 以下简称"McDonald's Celebrates 50 Years"。
18. "McDonald's Celebrates 50 Years."
19. DePillis, "Minimum-Wage Offensive."
20. Mona Chalabi, "What Do McDonald's Workers Really Make Per Hour?," FiveThirtyEight, May 22, 2014, accessed November 18, 2018, http://fivethirtyeight .com/datalab/what-do-mcdonalds-workers-really-make-per-hour/。
21. 这种变革甚至要求员工通过购买特许经营权，而不是逐级晋升来成为管理层。这更加阻止了基层劳动者成为管理者。20世纪中叶的劳动者可以通过贷款来开一家特许经营店，然而现在麦当劳要求特许经营的申请人必须能够证明拥有至少75万美元的流动资产。其他快餐连锁店则要求更高的财务实力，例如，塔可钟要求新的特许经营者必须拥有至少150万美元的净资产。参见National Employment Law Project, *Going Nowhere Fast: Limited Occupational Mobility in the Fast Food Industry* (July 2013), Figure 5, www.nelp.org/wp-content/uploads/2015/03/NELP-Fast-Food-Mobility-Report-Going-Nowhere-Fast.pdf。
22. Lara O'Reilly, "The New McDonald's CEO Is British—Here's Everything We Know About Him," *Business Insider,* January 29, 2015, accessed November 18, 2018, www .businessinsider.com/everything-you-need-to-know-about-mcdonalds-new-ceo-steve-easterbrook-2015-1.
23. 参见McDonald's Corpo-ration, "Notice of Annual Meeting of Stockholders," April 8, 1969。
24. 1965年美国联邦最低工资为每小时1.25美元，按1965年的美元价值计算，年收入（基于一年52周，每周工作40小时）为2 600美元。"History of Federal Minimum Wage Rates Under the Fair Labor Standards Act, 1938–2009," Wage and Hours Division, U.S. Department of Labor, accessed October 22, 2018, www.dol.gov/whd/minwage/chart.htm.
25. McDonald's Corporation, Form 14A: Proxy Statement (April 12, 1996), 26, accessed October 22, 2018, http://d1lge852tjjqow.cloudfront.net/CIK-000 0063908/805ecc39-014d-49f9-

a69b-febfa96a6ab5.pdf.

26. 1993—1995 年美国联邦最低工资为每小时 4.25 美元，按 20 世纪 90 年代中期的美元价值计算，年收入（基于一年 52 周，每周工作 40 小时）为 8 840 美元。"History of Federal Minimum Wage Rates Under the Fair Labor Standards Act, 1938–2009," Wage and Hours Division, U.S. Department of Labor, accessed October 22, 2018, www.dol.gov/whd/minwage/chart.htm.

27. McDonald's Corporation, Form 14A: Information Required in Proxy Statement (April 15, 2016), 33, accessed October 22, 2018, http://d1lge852tjjqow .cloudfront.net/CIK-0000063908/3fb68a12-ebe5-47c5-bd39-2f6e0b5fe9c0.pdf.

28. 美国联邦最低工资为每小时 7.25 美元，年收入（基于一年 52 周，每周工作 40 小时）为 15 080 美元。参见 U.S. Department of Labor, "History of Federal Minimum Wage Rates Under the Fair Labor Standards Act, 1938–2009," Wage and Hours Division, accessed October 22, 2018, www.dol.gov/whd/minwage/chart.htm。有关 CEO 的收入与全职最低工资工人的收入比例的报告，参见 Leslie Patton, "McDonald's $8.25 Man and $8.75 Million CEO Shows Pay Gap," Bloomberg, December 12, 2012, accessed November 18, 2018, www.bloom berg.com/news/articles/2012-12-12/mcdonald-s-8-25-man-and-8-75-million-ceo-shows-pay-gap。

29. 参见下文对管理的讨论。

30. 根据一项估计，1950—1993 年，美国工人生产力上升的 49% 可以归因于研发活动的增强。参见 Charles I. Jones, "Sources of U.S. Growth in a World of Ideas," American Economic Review 92, no. 1 (March 2002): 230。另参见 Claudia Goldin and Lawrence Katz, The Race Between Education and Technology (Cambridge, MA: Harvard University Press, 2008), 41。以下简称 Goldin and Katz, The Race Between Education and Technology。

31. 新技术实际上可能会提高技能最低的工人的工资，这一效应可能会与"伟大社会"中启动的社会福利计划一起，有助于降低早期观察到的贫困率。（然而需要注意的是，创新给低技能工资带来的上升压力，其主要部分可能是间接的，因为新富裕起来的上层劳动者增加了对最低技能的工人所提供服务的需求，比如家政服务或个人护理。）参见 David H. Autor and David Dorn, "The Growth of Low-Skill Service Jobs and the Polarization of the US Labor Market," American Economic Review 103, no. 5 (August 2013): 1559 ["如果消费者的偏好无法容忍服务行业有形产出——比如餐饮、家政清洁、安全服务和家庭卫生援助等——的近似替代品，那么集中在商品生产领域的非中性的技术进步（我们指的是非服务行业的活动）有可能提高对服务产出的总需求，最终促使服务行业的就业和工资水平上升"]。

32. "Has Banking a Future?," The Economist, January 26, 1963, 331. 这篇文章的完整引述如下："银行业者们长期以来一直依赖通货膨胀满怀信心地扩大他们的存款，最近却对一些倡议没有充分跟进感到疲倦。现在，在这个关键时刻，他们是否能够站出来？要相信他们会这样做，需要一些信念，即使其中一些人已经看到，领导世界上最体面的衰退产业是有危险的。" 2013 年《经济学人》关于银行业的报道——《诸神的黄昏》——引用了 1963 年的这个描述。参见 "Twilight of the Gods," The Economist, September 2, 2013, accessed November 18, 2018, www.economist.com/news/special-report/21577189-investme

注释 469

nt-banking-faces-leaner-humbler-future-says-jonathan-rosenthal-though。以下简称"Twilight of the Gods"。

33. Fraser, *Every Man a Speculator,* 473. 大萧条严重损害了金融业的声誉,有闲阶级的银行业者们几乎一致反对新政,他们最终的惨败决定了华尔街一代人的命运。正如一位评论家所指出的,"穿白鞋的华尔街"突然间似乎和一伙普通罪犯、两面派以及骗子毫无区别。Fraser, Every Man a Speculator, 431. 金融家们似乎"不仅狭隘自私,而且愚蠢、虚弱和无能",因此"他们被嘲笑,被剥夺了他们曾经声称拥有的每一点道德权威和英雄气概"。Fraser, Every Man a Speculator, 439 (first quotation), 431 (second quotation), xix–xx, 415, 439, 441, 474.

34. 直到 1980 年,美国金融业拥有大学学历的从业人员数量可能只比其他私营部门多出 2.5%。这些百分比是通过计算每个部门受过大学教育的劳动者提供的工作时间份额得出的。参见 Thomas Philippon and Ariell Reshef, "Skill Biased Financial Development: Education, Wages and Occupations in the U.S. Financial Sector," NBER Working Paper No. 13437 (2007), 7–8, www.nber.org/papers/w13437。1960—1980 年,金融精英的收入大致与制造业精英相当,比卫生部门精英高出 25% 到 50%,比法律部门精英低 20% 左右。到了 2000 年和 2010 年,他们的收入比制造业精英高出约 60%,比卫生部门精英高出一倍多,与法律部门精英的收入大致相当。另参见 Thomas Philippon and Ariell Reshef, "Wages and Human Capital in the U.S. Finance Industry: 1909–2006," Quart*erly Journal of Economics* 127, no. 4 (November 2012): 1563–64, Figure III。以下简称 Philippon and Reshef, "Wages and Human Capital"。

35. 总体而言,相比于 1970 年,2005 年拥有学士学位以上的金融从业人员的实际收入增长了 130%。这些数据是经过截尾处理的,因此忽略了最高收入,并低估了小范围的精英群体中收入真实增长的情况。私营部门员工的截尾率一般为 1%,银行业工作者为 2%,保险业工作者为 2.5%,其他金融从业人员为 13%。参见 Philippon and Reshef, "Skill Biased Financial Development," 12, Figure 6。

36. 参见 Posner and Weyl, "Against Casino Finance"。另参见 David A. Zalewski and Charles J. Whalen, "Financialization and Income Inequality," Journal of Economic Issues 44, no. 3 (2010): 757–77。这两篇文章着重关注了薪酬排名前 25 位的对冲基金经理以及标普 500 公司的 CEO。两篇文章都引用了史蒂芬·N. 卡普兰和乔舒亚·劳进行的一项研究,该研究涉及了收入分配前 0.01%、0.001% 和 0.0001% 的构成。参见 Kaplan and Rauh, "Wall Street and Main Street"。

37. 据《福布斯》报道,2013 年最富有的 50 个美国人中有 12 人是金融家、资产管理者或投资者。2018 年最富有的 50 个美国人中有 13 人是金融家、资产管理者或投资者。参见 Kroll and Dolan, "Forbes 400"。

38. 2012 年,福布斯亿万富翁榜上有 1 226 人,其中 77 人是金融家,143 人是投资者。引用自 Freeland, *Plutocrats*。

39. 本段落所引用的许多数字来自 Freeland, *Plutocrats,* 120。

40. Ho, *Liquidated,* 262–63,引自 Erica Copulsky, "Ka-Ching!," *New York Post,* December 11, 2006,其中列出的董事的薪酬范围为 60 万至 130 万美元,副总裁的薪酬范围为 50 万至 92.5 万美元,工作 3 年的律师薪酬范围为 32.5 万至 52.5 万美元。

41. Duff McDonald, "Please, Sir, I Want Some More. How Goldman Sachs Is Carv-ing Up Its $11 Billion Money Pie," *New York Magazine,* Decem-ber 5, 2005, accessed November 18, 2018, http://nymag.com/ nymetro/news/bizfinance/biz/features/15197/.以下简称McDonald, "Please, Sir, I Want Some More".

42. McDonald, "Please, Sir, I Want Some More."

43. Philippon and Reshef, "Wages and Human Capital," 1605.

44. Philippon and Reshef, "Wages and Human Capital," 1552.

45. 参见 Nelson D. Schwartz, "Gap Widening as Top Workers Reap the Raises," *New York Times,* July 24, 2015, accessed November 18, 2018, www.nytimes .com/2015/07/25/business/economy/salary-gap-widens-as-top-workers-in-specialized-fields-reap-rewards.html（薪资公司ADP收集的2015年第一季度报告数据）。

46. Rajan, *Fault Lines,* 128.（"这些评估除了一些硬性事实之外，还包括个人判断，例如借款人看起来是否有礼貌，穿着是否整洁，是否值得信赖，是否能够保住一份工作，等等。"）

47. North Carolina Housing Finance Agency, *Loan Originator's Guide* (1977), section 502.

48. North Carolina Housing Finance Agency, *Loan Originator's Guide* (1977), section 502.

49. Joseph Nocera, *A Piece of the Action: How the Middle Class Joined the Money Class* (New York: Simon & Schuster, 1994), 22（"每次一位男士走进入分行申请贷款……他都必须坐下来与贷款员一起填写他的家庭史，即使他几个月前才刚来过。贷款员也必须重新评估这个男人是否适合获得贷款。该男士必须与妻子一起返回分行签署借款申请。在那之后，贷款员才会将款项转入该名男子的账户"）。Norman J. Collins, "Credit Analysis: Concepts and Objectives," in *The Bankers' Handbook,* ed. William H. Baughn and Charles E. Walker (Homewood, IL: Dow Jones-Irwin, 1966), 279–89（强调了贷款员必须向潜在借款人提出的众多问题，从对"信用五要素"，即品行、偿债能力、资本、抵押品以及其他情况"的考察，到可能影响借款人企业是否成功的政府法规）。Edward J. Palkot, "Personnel Administration," in *The Bankers' Handbook,* 81–97（强调了与高中和大学建立"牢固关系"对于员工内推的重要性。如今在高中招聘金融员工的情况已十分罕见）。另参见 Robert A. W. Brauns, Jr. and Sarah Slater, *Bank-ers' Desk Reference* (Boston: Warren, Gorham & Lamont, 1978), 161–73, 278–87（不仅描述了贷款员在评估借款人信用价值时应遵循的复杂流程，还强调了"可靠的财务数据"的重要性）。

50. 有关贷款员的数量，参见 *Occupational Outlook Handbook,* 2016–17 edition, "Loan Officers," Bureau of Labor Statistics, December 17, 2015; Deniz O. Igan, IMF, Report on the United States, June 17, 2015。美国劳工统计局要计算贷款员的数量并不容易，因为用于分类工人的类别会随着时间而改变。一个合理的估计是，1990年大约有17万名贷款员，1997年有21.3万名，2003年有23.7万名，2013年有30.2万名。1997年，平均每名贷款员发放了380万美元的贷款。这个数字在2003年飙升到每名贷款员1 600万美元，然后在2013年又下降到每名贷款员660万美元。

    用一种粗略的方法，即只根据每笔住宅贷款来计算（各种）银行员工的数量，也验证了这一结论。在1987年，每笔住宅贷款涉及7名银行员工；而在最近的10年里，这个数字仅为1名。参见 Federal Deposit Insurance Corporation, *Balance Sheet,* Aggregate

Time Series Data 1984–2017 (2017), www5 .fdic.gov/idasp/advSearch_warp_download_all. asp?intTab=4。由于这些数据不够精细，所以不具有任何独立参考的意义，但是它们仍然对先前的计算结果有现实层面的确认作用。

51. Rajan, *Fault Lines,* 128.（"投资银行和评级机构唯一关心的，似乎就是借款人的信用评分和贷款金额与房屋价值的比例。这些是可以轻松处理的硬性信息，表面上概括了信用质量。"）

52. Second Amended Complaint at 4, *U.S. ex rel. Edward O'Donnell v. Countrywide Finan-cial Corp.* (S.D.N.Y. 2012)（"为了进一步确保贷款能够尽快完成，美国乡村地产公司重新调整了与贷款发起相关的工作人员的薪酬结构，使绩效奖金完全基于业务量"）。

53. Rajan, *Fault Lines,* 128.（"但随着投资银行组建了庞大的抵押贷款包，判断性裁定在信用评估中变得越来越不重要：毕竟，没有办法以客观的、机器可读的方式编码借款人保住饭碗的能力。事实上，以一种无法用硬性事实支持的方式记录判断性裁定，可能会使抵押贷款机构面临贷款申请人提起的歧视诉讼。投资银行和评级机构唯一关心的，似乎就是借款人的信用评分和贷款金额与房屋价值的比例。这些是可以轻松处理的硬性信息，表面上概括了信用质量。因此，贷款员唯一关注的是这些信息。"）

54. Second Amended Complaint at 3, *U.S. ex rel. Edward O'Donnell v. Countrywide Financial Corp.,* 83 F.Supp.3d 528 (S.D.N.Y. 2015).

55. Linda Fiorella, "Secrets of a Mortgage Loan Officer," *Forbes,* July 17, 2013, accessed November 18, 2018, www.forbes.com/sites/learnvest/2013/07/17/secrets-of-a-mortgage-loan-officer/.

56. 参见Complaint-in-Intervention, U.S. ex rel. O'Donnell v. Countrywide Financial Corp., 83 F.Supp. 3d 528 (S.D.N.Y. 2015); *U.S. ex rel. O'Don-nell v. Countrywide Financial Corp.,* 83 F.Supp.3d 528, 535 (S.D.N.Y. 2015), *rev'd,* 822 F.3d 650 (2d Cir. 2016)（描述了美国乡村地产公司在2008年与美国银行合并后是如何"用初级'贷款专家'取代受过培训的核批员"的）。

57. 也许最重要的是，美国在20世纪60年代引入了一系列监管创新，例如一开始削弱、后来在1990年废除的《格拉斯–斯蒂格尔法案》（Glass-Steagall Act），该法案自1933年以来限制了商业银行和投资银行之间的合作。例如，参见David H. Capenter, Edward V. Murphy, and M. Maureen Murphy, *The Glass-Steagall Act: A Legal Analysis* (Washington, DC: Congressional Research Service, January 19, 2016), https://fas.org /sgp/crs/misc/R44349.pdf。

58. 20世纪50年代和60年代见证了金融工具在构建和定价方面取得的基础理论进展，其中包括基于哈里·马科维茨（Harry Markowitz）在投资组合分配方面的研究而产生的资本资产定价模型，以及用于定价期权和其他衍生品的布莱克–斯科尔斯（Black-Scholes）模型。参见Mark Rubenstein, A History of the Theory of Investments (Hoboken, NJ: John Wiley & Sons, 2006), 167–75; Fischer Black and Myron Scholes, "The Pricing of Options and Corporate Liabilities," Journal of Political Economy 81, no. 3 (May–June 1973): 637–54。

59. 众所周知，计算机和信息技术方面的创新使得收集、存储、分析和迅速传递抵押证券所依赖的大量数据成为可能。还有一些创新不太为人熟知，但同样重要。人们不太了解的是，现代金融如果没有这些创新将无法实现。事实上，有充分的理由认为电子表格程序是金融革命的一个必不可少的推动因素。

60. 当然，这些是构建优绩主义精英阶层的核心创新。
61. 保险公司在风险中为投保人进行协调，就像银行在储蓄者和借款人之间进行协调一样。所有的投保人支付保费，为保险公司提供资金，保险公司将这些资金用于投资，以便向那些发生风险的投保人支付赔款。在20世纪中叶的模式下，保险索赔由理赔代表审核，确认保险范围，然后将索赔提交给调查员。调查员将通过面谈和现场检查来确定索赔的有效性，然后将有效的索赔提交给理赔员进行结算。理赔员、调查员甚至理赔代表都是具备中等技能的劳动者，他们（类似信贷员）展开独立并负责任的判断，以决定投保人是否有权获得赔偿。然而，传统的理赔员越来越多地被较低技能的替代者取代，这些替代者将运用被行业称为"管理信息系统"的算法，使用统计方法确认保险范围甚至检测欺诈行为。参见Cappelli, *The New Deal at Work*, 90–91, 253n.52–53（关于"沃顿商学院保险业绩效研究"的报告）。这些电子系统完全替代了理赔代表，并大大减少了调查员的数量。当然，拥有超高技能的员工负责设计新的系统。因此，保险索赔审查与房屋抵押贷款的办理一样呈现出技能两极化的特征。
62. 参见Philippon and Reshef, "Wages and Human Capital," 1571, Figure VI。
63. 参见Philippon and Reshef, "Wages and Human Capital," 1571, Figure VI。
64. 参见Philippon and Reshef, "Skill Biased Financial Development," Figure 5。使用《职业职称词典》中的数据对工作场所任务强度进行的分析同样表明，从20世纪70年代开始，金融行业受教育程度不断提高的员工执行了相对更加复杂和非常规的任务。参见Philippon and Reshef, "Wages and Human Capital," 1571。
65. 1980年，金融部门劳动力受大学教育的可能性仅比非农业私营部门劳动力高2.5%，而到2005年，这一差距已扩大到17.5%。这些百分比是通过计算每个部门受过大学教育的劳动者提供的工作时间比例得出的。参见Philippon and Reshef, "Skill Biased Financial Development," 8。请注意，草稿中的数字和文本中的精确数字并不相符，因为新数据导致了文本中的一些修改。参见2017年2月23日与作者存档的电子邮件通信。
66. 参见Philippon and Reshef, "Skill Biased Financial Development," Figure 5。
67. Ho, *Liquidated,* 11–12.
68. Ho, *Liquidated,* 第50页（前三个引用），第39页（最后一个引用）。
69. Ho, *Liquidated,* 43–66.

《哈佛深红报》的调查显示，哈佛2016届毕业生中有39%表示他们会从事咨询或金融工作，而在耶鲁大学，这一比例为28.2%。参见Cordelia F. Mendez, "The Graduating Class of 2016 by the Numbers," *Harvard Crimson,* accessed November 18, 2018, http://features.thecrimson.com /2016/senior-survey/post-harvard/; Office of Career Strategy, *First Destination Report: Class of 2016* (2016), http://ocs.yale .edu/sites/default/files/files/OCS%20Stats%20 pages/Public %20-%20Final%20Class%20of%202016%20Report%20(6 %20months).pdf。普林斯顿大学2015届毕业生的最新数据显示，32.6%的毕业生将进入金融、保险和"专业、科学和技术服务"领域，这一类别也包括咨询集团。参见Career Services at Princeton University, *Annual Report: 2014–2015* (2015), https://careerservices.princeton.edu/sites/career/files/Career%20Services%20Annual%20Report%202014-15.pdf。另参见Catherine Rampell, "Out of Harvard, and into Finance," *New York Times,* December 21, 2011, ac-cessed November 18, 2018, https://economix.blogs.nytimes .com/2011/12/21/out-of-harvard-and-into-finance/?_r=1（引用普林斯顿职业服务办公室的数据，2010 年为 35.9%，2006 年为 46%）。

令人惊讶的是，在金融危机之前，这些比例甚至更高。2007 年，普林斯顿大学 43% 的毕业生进入了金融行业。参见 Posner and Weyl, "Against Casino Finance"。

70. 参见 Fraser, *Every Man a Speculator,* 552; Harvard Business School, "Recruiting: Data & Statistics," accessed October 22, 2018, www.hbs.edu /recruiting/data/Pages/detailed-charts.aspx。

71. 1947—1977 年，金融业的 GDP 份额和总就业率一同增长，从 2.32%（GDP 份额）和 2.25%（就业份额）增加到 4.55%（GDP 份额）和 4.12%（就业份额）。然后，从 20 世纪 80 年代开始，金融业在 GDP 中的份额加速增长，到 2005 年达到 7.69%，尽管金融业的就业份额趋于稳定甚至开始稍有下降，1987 年达到 4.64%，到 2005 年下降至 4.32%。这些数字包括保险业在内，但不包括房地产业。GDP 份额是指金融部门名义增加值与美国名义 GDP 的比值。这些数据来自美国经济分析局发布的年度产业统计数据。相对教育是指金融部门员工工作时间中，拥有学士以上学位的员工所占份额减去私营部门其他员工所占的份额。这些数据来自美国人口普查局（CPS）的 3 月份当前人口调查（每月发布 1 次）。

参见 Philippon and Reshef, "Skill Biased Financial Development," 3–6（文章指出他们记录的变化是由金融部门各个子领域的重新平衡所推动的，因此相对于金融的其他方面，特别是投资领域，传统银行业已经有所下降）。有关不同的角度，参见 Thomas I. Palley, "Financialization: What It Is and Why It Matters," Levy Economics Institute Working Paper no. 525, December 2007, http://www.levyinstitute.org/pubs /wp_525.pdf（文章使用的是 2007 年总统经济报告中的数据）。有关金融在员工薪酬中所占的份额，参见 David A. Zalewski and Charles J. Whalen, "Financialization and Income Inequality," *Journal of Economic Issues* 44, no. 3 (2010), 767–77, reporting on Philippon and Reshef, "Skill Biased Financial Development"。

72. Harvard Business School, "Recruiting: Data & Statistics," accessed on October 22, 2018, www.hbs.edu/recruiting/data/Pages/detailed-charts.aspx.

73. Dierdre Bolton, "Hedge Fund Billionaires: Who's Making the Most?," Bloomberg via YouTube, April 15, 2013, accessed November 18, 2018, www.youtube.com/watch?v=gP5JU9ZKt-M.

74. Cappelli, *The New Deal at Work,* 57，引自 Sumner H. Slichter, *The Turnover of Factory Labor* (New York: D. Appleton & Co., 1919), 375。

75. 对这些观点的支持，参见 Cappelli, *The New Deal at Work,* 51–53。

76. Cappelli, *The New Deal at Work,* 51.

77. Alfred D. Chandler, Jr., *The Visi-ble Hand: The Managerial Revolution in American Business* (Cambridge, MA: Belknap Press of Harvard University Press, 1977). 以下简称 Chandler, *The Visible Hand*。

78. 这一说法大致遵循的是 Cappelli, *The New Deal at Work,* 51–57 中的说法。

79. Cappelli, *The New Deal at Work,* 51–53, quoting Chandler, *The Visible Hand,* 3.

80. 电话发明于 1876 年，立式文件柜发明于 1895 年，现代计算机则直到 20 世纪中叶才被发明。

81. Cappelli, *The New Deal at Work,* 56.
82. Cappelli, *The New Deal at Work,* 56, 引用自 Daniel Nelson, *Managers and Workers: Origins of the New Factory System in the United States, 1880–1920* (Madison: University of Wisconsin Press, 1975), 35。
83. Andrew Hill, "What Is a Manager's Role in a Human-Robot World?," *Financial Times,* May 5, 2016, accessed November 18, 2018, www.ft.com/con tent/f619036a-0612-11e6-9b51-0fb5e65703ce.
84. James T. Bennett and Bruce E. Kaufmann, *The Future of Private Sector Unionism in the United States* (London: Routledge, 2015), 4–5. 如今只有 1/10 的工人加入工会（2016 年的数据）。2016 年，私营部门的工人在工会中的份额甚至更低，仅为 6.4%。参见 Bureau of Labor Statistics, "Union Membership Rate 10.7 Percent in 2016," February 9, 2017, accessed October 22, 2018, www.bls.gov/opub/ted/2017/union-membership-rate-10-point-7-percent-in-2016.htm。
85. *United Steelworkers of Am. v. Warrior & Gulf Navigation Co.,* 363 U.S. 574, 581 (1960).
86. 1947 年，35%的美国私营部门工人是工会成员；到 2006 年，只有 7.4%的人属于工会，参见 Barry Hirsch, "Sluggish Institutions in a Dynamic World: Can Unions and Industrial Competition Coexist?," *Journal of Economic Perspectives* 22, no. 1 (2008): 155。
87. 威尔逊由德怀特·艾森豪威尔总统提名担任国防部长，并在他的确认听证会上回应有关他是否能够将美国利益置于通用汽车公司利益之前的问题时发表了上述言论。参见 "Charles E. Wilson," Department of Defense Historical Office, accessed October 22, 2018, https://history.defense.gov/Multimedia/Biographies/Article-View/Article/571268/charles-e-wilson/。
88. 这个海报系列始于 1950—1951 年，一直延续到 1975 年。参与的艺术家包括本·沙恩（Ben Shahn）、奥尔文·勒斯蒂格（Alvin Lustig）、勒内·马格利特（René Magritte）、莱斯特·比尔（Lester Beall）和索尔·巴斯（Saul Bass），他们创作了代表源自亚里士多德、康德、卢梭、弗洛伊德等人思想的原创作品。参见 Neil Harris and Martina Roudabush Norelli, *Art, Design, and the Modern Corporation: The Collection of Container Corporation of America, a Gift to the National Museum of American Art* (Washington, DC: Smithsonian Institution Press, 1985)。
89. Tom Wolfe, "Advertising's Se-cret Messages," *New York Magazine,* July 17, 1972, 23.
90. Douglas MacMillan and Telis Demos, "Uber Valued at More Than $50 Billion," *Wall Street Journal,* July 31, 2015, accessed November 18, 2018, www.wsj.com/articles/uber-valued-at-more-than-50-billion-1438367457; "Uber Newsroom, Company Info," Uber, accessed October 22, 2018, www.uber.com/newsroom/company-info/.
91. Min Kying Lee et al., "Work-ing with Machines: The Impact of Algorithmic and Data-Driven Management on Human Workers," *Proceedings of the 33rd Annual ACM Conference on Human Factors in Computing Systems* (April 2015): 1603, www.cs.cmu.edu/~mklee/materials/Publication/2015-CHI_algorithmic_management.pdf.
92. 要了解现代供应链管理的一般概念，参见 Martin Christopher, *Logistics and Supply Chain Management,* 5th ed. (Harlow: Pearson, 2016), 第 35 页（讨论"准时制"策略如何实现

最小库存），第 194 页（使用事件管理软件来管理库存水平），第 225~226 页（讨论六西格玛管理技术的优点），第 289 页（拥抱变革的企业文化）。对于沃尔玛和亚马逊供应链的深入案例研究，参见 Colby Ronald Chiles and Marguerette Thi Dau, "An Analysis of Current Supply Chain Best Practices in the Retail Industry with Case Studies of WalMart and Amazon.com" (master's thesis, Georgia Institute of Technology, 2005), 66, 70, 103–4（讨论两家公司的创新文化，包括沃尔玛的"天天低价"思想、管理者的自主权和保持低成本的激励措施）。

93. Cappelli, *The New Deal at Work*, 115–16. 请注意，卡佩利将"技术发展导致的人工减少"或"业务急剧下降"排除在了该规则之外。

94. 根据"美国 100 家最适宜工作的公司"，1993 年有 10 家公司实行"不裁员"政策；到 1997 年，只有两家公司这么做，而且两家公司中只有一家是上市公司。参见 Cappelli, *The New Deal at Work*, 115。

95. 参见 Carl Icahn, "Leveraged Buyouts: America Pays the Price; The Case for Takeovers," *New York Times Magazine*, January 29, 1989（见引于 Adam Goldstein, "Revenge of the Managers: Labor Cost-Cutting and the Paradoxical Resurgence of Managerialism in the Shareholder Value Era, 1984 to 2001," *American Sociolog-ical Review* 77, no. 2 (2012): 273，以下简称 Goldstein, "Revenge of the Managers"）。戈尔丁补充说，伊坎将当时日本制造业生产率的大幅增长归因于"美国缺乏管理人才，而且大多数美国企业都存在令人窒息的官僚主义"。

96. 参见 Rosemary Batt, "From Bureaucracy to Enterprise? The Changing Jobs and Careers of Managers in Telecommunications Service," in *Broken Ladders: Managerial Careers in the New Economy*, ed. Paul Osterman (New York: Oxford University Press, 1996), 55–80; Goldstein, "Revenge of the Managers," 273。

97. 在这几十年里，管理人员的离职率大约翻了一番（而非管理人员的离职率有所下降）。参见 Jennifer Gardner, "Worker Displacement: A Decade of Change," *Monthly Labor Review* 118 (1995): 45–57; Goldstein, "Revenge of the Managers," 273。白领和管理人员承担了不成比例的失业压力，他们的工作占所有工作的比例仅为 40%，但失业人数占削减的工作岗位的 60% 至 75%。参见 Cappelli, *The New Deal at Work*, 117–19, Figure 4-2; Goldstein, "Revenge of the Managers," 273。另参见 American Management Association, *1998 AMA Survey on Job Creation, Job Elimination, and Downsizing* (New York: American Management Association, 1998) and American Management Association, *1994 AMA Survey on Downsizing: Summary of Key Findings* (New York: American Management Association, 1994), 2。研究发现，自 1978 年以来，美国最大的 100 家公司已经裁掉了 22% 的员工，其中 77% 的裁员针对白领岗位。

98. Paul Osterman, *The Truth About Middle Managers: Who They Are, How They Work, Why They Matter* (Cambridge, MA: Harvard Business Press, 2009), 54, Table 3-3.

99. Sarah O'Connor, "When Your Boss Is an Algorithm," *Financial Times*, September 8, 2016, accessed No-vember 18, 2018, www.ft.com/content/88fdc58e-754f-11e6-b60a-de4532d5ea35. 以下简称 O'Connor, "When Your Boss Is an Algorithm"。

100. 参见 Dirk Zorn et al., "Managing Investors: How Financial Markets Reshaped the American

Firm," in *The Sociology of Financial Markets,* ed. Karin Knorr Cetina and Alex Preda (New York: Oxford University Press, 2005), 269–89; Goldstein, "Revenge of the Managers," 271。

在工会程度较高的公司中,管理人员更有可能被裁员(管理职能更深入地渗透到名义上的生产劳动力中)。参见 William Bau-mol, Alan Blinder, and Edward Wolf, *Downsizing in America: Reality, Causes, and Consequences* (New York: Russell Sage Foundation, 2003); Goldstein, "Revenge of the Managers," 271。

101. Bureau of Labor Statistics, "Industrial Production Managers," Occupation Outlook Handbook, 2016– 17 Edition, December 17, 2015. 美国劳工统计局的统计数据显示,工业生产管理者的数量或多或少地持续下降,从1997年的20.8万人下降到2001年的18.305万人,再到2010年的14.331万人。虽然此后略有回升,到2016年为16.84万人,但美国劳工统计局预计,工业生产的管理者数量在未来10年内将下降4%。

102. Lori Kletzer, "Job Displacement," *Journal of Eco-nomic Perspectives* 12, no. 1 (Winter 1998): 118; Peter Cappelli, "Examining the Incidence of Downsizing and Its Effect on Or-ganizational Performance," in *On the Job: Is Long-Term Employ-ment a Thing of the Past?,* ed. David Neumark (New York: Russell Sage Foundation, 2000), 463–516; Goldstein, "Revenge of the Managers," 271.

与经济损失相比,企业重组造成的裁员比例几乎增加了2倍。参见 Osterman, *The Truth About Middle Managers,* 45,引自 Kevin Hallock, "A Descriptive Analysis of Layoffs in Large U.S. Firms Using Archival Data over Three Decades and Interviews with Senior Managers," working paper, Cornell Industrial and Labor Relations School, Ithaca, NY, August 2005, https://digitalcommons.ilr.cornell.edu/cgi/viewcontent.cgi?referer=&httpsredir=1&article=1238&context=articles。根据美国管理协会1994年的AMA裁员调查,66%的裁员是由于重组造成的(相比之下,只有23%的裁员是由于外包造成的),参见 American Management Association, *1994 AMA Survey on Downsizing: Summary of Key Findings* (New York: American Management Association, 1994), 2。另参见 Cappelli, *The New Deal at Work,* 116–17。

103. 参见 Bureau of Labor Statistics, "Union Membership Rate 10.7 Percent in 2016," February 9, 2017, accessed October 22, 2018, www.bls.gov/opub/ted/2017/union-membership-rate-10-point-7-percent-in-2016.htm。

104. Cappelli, *The New Deal at Work,* 140; Aaron Bernstein, "At UPS, Part-Time Work Is a Full-Time Issue," *Business Week,* June 16, 1997, 88–90.

105. 短期合同使工作岗位受到市场力量的影响,这些市场力量从公司外部制定并修改就业条款。Cappelli, *The New Deal at Work,* 28, 33, 41.

106. Cappelli, *The New Deal at Work,* 28.

107. Cappelli, *The New Deal at Work,* 74 (citing Dean Minderman, "Big Blues," *Credit Union Management* (February 1995): 15–17). 此外,IBM的做法是典型而非特例。根据美国劳工部的数据,17%的临时工曾与他们目前的雇主建立了"先前的与现在不同的关系",而美国管理协会的一项调查发现,30%的受访雇主曾将裁减的员工重新聘用为外包工或其他临时工。参见 Cappelli, *The New Deal at Work,* 137。

临时或合同工不一定比他们所替代的永久员工成本更低。平均而言,临时工的工资比永久员工低14%，并且获得医疗保险福利的可能性仅为永久员工的一半。但这些成本节省必须与提供临时工的中介机构所收取的费用相权衡，这些费用大约占临时工工资的40%。实际上，只有20%的雇主报告称，临时、兼职或合同工的总小时成本低于永久员工。公司从用临时工替换永久工获得的主要好处不在于直接成本，而在于灵活性。与永久员工不同，临时工可以被雇用和解雇。Cappelli, *The New Deal at Work,* 140. 另参见 Susan N. Houseman, "Temporary, Part-Time, and Contract Employment in the United States," Depart-ment of Labor, November 1996, http://citeseerx.ist.psu.edu /viewdoc/download?doi=10.1.1.210.2922&rep=rep1&type =pdf。

放弃永久员工转而启用外包是一个巨大的结构性变化，它更多地受到管理效率的推动，与正文中所详述的平级管理和精英权力的上升有关，而不是为了直接节省人力成本。

108. O'Connor, "When Your Boss Is an Algorithm."
109. Cappelli, *The New Deal at Work,* 103.
110. Cappelli, *The New Deal at Work,* 51, 101.
111. Cappelli, *The New Deal at Work,* 104.
112. 亚马逊启用高技能的生产流程工程师来做到这一点，其中包括一些从丰田等工业公司聘请的顾问。参见 Simon Head, *Mindless: Why Smarter Machines Are Making Dumber Humans* (New York: Basic Books, 2014), 29–46；Niv Dror, "A Fireside Chat with Jeff Bezos: Innovation & All Things Amazon," *Data Fox,* accessed October 22, 2018, https://blog.datafox.com/jeff-bezos-fireside-chat/; Marc Onetto, "When Toyota Met E-commerce: Lean at Amazon," *McKinsey Quarterly* (February 2014), www.mckinsey.com/busi ness-functions/operations/our-insights/when-toyota-met-e-co mmerce-lean-at-amazon。
113. 参见 Head, *Mindless,* 29–46; Simon Head, "Worse Than Walmart: Amazon's Sick Brutality and Secret History of Ruthlessly Intimidating Workers," *Salon,* February 23, 2014, accessed November 18, 2018, www.salon .com/2014/02/23/worse_than_wal_mart_amazons_sick_bru tality_and_secret_history_of_ruthlessly_intimidating_work ers/。
114. Nick Wingfield, "As Amazon Pushes Forward with Robots, Workers Find New Roles," *New York Times,* September 10, 2017, accessed November 18, 2018, www.nytimes.com/2017/09/10/technology/amazon-robots-workers .html.
115. Danielle Paquette, "He's One of the Only Humans at Work—and He Loves It," *Washington Post,* September 10, 2018, accessed October 24, 2018, www.washing tonpost.com/world/asia_pacific/hes-one-of-the-only-humans-at-work—and-he-loves-it/2018/09/09/71392542-9541-11 e8-8ffb-5de6d5e49ada_story.html?utm_term=.9be 29f5cc435.
116. 公司减少了CEO与部门负责人之间的职位数量，增加了直接向CEO报告的管理者数量，并扩大了执行团队的规模。参见 Raghuram G. Rajan and Julie Wulf, "The Flattening Firm: Evidence from Panel Data on the Changing Nature of Corporate Hierarchies," *Review of Economics and Statistics* 88, no. 4 (November 2006): 759; Julie Wulf, "The Flattened Firm: Not as Advertised," *California Management Review* 55, no. 1 (Fall 2012): 5。
117. "Steve Easterbrook: President and Chief Executive Officer," McDonald's, accessed October 22, 2018, http://news.mcdonalds.com/executive-team/steve-easterbrook.

118. 参见Joe O'Mahoney, *Management Consultancy* (Oxford: Oxford University Press, (2010), 277。以下简称O'Mahoney, *Management Consultancy*。
119. 管理咨询业始于工业化时期，旨在为新建的大型精细工厂厂主提供咨询建议。参见O'Mahoney, *Management Consultancy*, 16。但直到1947年，当时领先的博思艾伦咨询公司的收入才达到200万美元。José de la Torre, Yves L. Doz, and Timothy Michael Devinney, *Managing the Global Corporation: Case Studies in Strategy and Management* (New York: McGraw-Hill, 2001). 在此期间，几乎没有顶尖大学或商学院的毕业生加入咨询公司。就在最近的1980年，管理咨询对于沃顿商学院等顶尖商学院的MBA来说仍然是一个不同寻常甚至罕见的选择。参见Cappelli, *The New Deal at Work*, 143。

    然而，在接下来的几十年里，随着中层管理人员的衰落，咨询业迅速发展。1972—1997年，包括战略咨询在内的"商业服务"的就业增长速度是其他经济领域的2倍多。该行业平均年增长率为6.9%。Cappelli, *The New Deal at Work*, 143，引自Angela Clinton, "Flexible Labor: Restructuring and the American Work Force," *Monthly Labor Review* (August 1997): 3–17。近年来，咨询业的增长速度更加迅猛，尤其是头部公司：例如，如今的三大战略咨询公司（麦肯锡公司、贝恩公司和波士顿咨询集团）经常宣称自己实现了两位数的营收增长。如今它们每年的营收已超过100亿美元，员工总数也超过3万人。2018年，贝恩公司的年营收达到了34亿美元，拥有8 000名员工；波士顿咨询集团的年营收达到了63亿美元，拥有1.6万名员工；麦肯锡公司的年营收则达到了100亿美元，员工总数为2.7万人。参见"America's Largest Private Companies 2016," *Forbes*, accessed October 22, 2018, www .forbes.com/largest-private-companies/list。另参见"Manage-ment Consulting: To the Brainy, the Spoils," *The Economist*, May 11, 2013, accessed November 18, 2018, www.economist .com/business/2013/05/11/to-the-brainy-the-spoils。以下简称"To the Brainy, the Spoils"。

    与顶级银行一样，这些公司自觉地将他们的顾问塑造成不仅仅是精英，而且是超级精英。贝恩公司的鲍勃·贝切克（Bob Bechek）坚称，不那么出色的商业顾问可能擅长"繁重的、具有重复性的工作"，但不可能胜任管理咨询师的工作，因为后者要"为独特的问题编织新颖的解决方案。这很困难"。参见"To the Brainy, the Spoils"（此处的引用来自《经济学人》对贝切克想法的转述）。截至20世纪90年代初，大约1/4的MBA精英毕业生加入了咨询公司，到2000年，这一比例接近一半。Cappelli, *The New Deal at Work*, 143，文章称1990年26%的沃顿商学院毕业生进入咨询行业，1996年这一比例为46%。

120. "To the Brainy, the Spoils."
121. 这些数字来自研究公司Equilar与《纽约时报》合作编制的数据，基于对所有在美国上市、年收入超过10亿美元的公司的系统调查。参见"Equilar 200: Ranking the LargestCEO Pay Packages," *Equilar*, May 25, 2017, accessed October 22, 2018, www.equilar.com/reports/49-equilar-200-ranking-the-largest-ceo-pay-packages-2017.html; "200 Highest-Paid CEOs 2016," *Equilar*, May 27, 2016, accessed October 22, 2018, www.equilar .com/reports/38-new-york-times-200-highest-paid-ceos-2016 .html。
122. Lawrence Mishel and Alyssa Davis, "CEO Pay Has Grown 90 Times Faster than Typical Worker Pay Since 1978," Economic Policy Institute, July 1, 2015, accessed October 22, 2018,

www.epi.org /publication/ceo-pay-has-grown-90-times-faster-than-typical-worker-pay-since-1978/; Lawrence Mishel and Alyssa Davis, "Top CEOs Make 300 Times More Than Typical Workers: Pay Growth Surpasses Stock Gains and Wage Growth of Top 0.1 Percent," Economic Policy Institute, June 21, 2015, accessed October 22, 2018, www.epi.org/publication/top-ceos-make-300-times-more-than-workers-pay-growth-surpasses-market-gains-and-the-rest-of-the-0-1-percent/.

123. 2005年对ExecuComp数据库中薪酬排名前五的高管收入的分析（该数据库包括"所有标普500公司、中等市值的400家公司和小市值的600家公司……也被称为标普1500指数"）发现，2001—2003年，"高管薪酬的总和与标普1500的总收益的比值"为9.8%。参见Lucian Bebchuk and Yaniv Grinstein, "The Growth of Executive Pay," *Oxford Review of Economic Policy* 21, no. 2 (2005): 283, 284, 297。

124. 这个形容出自David Gordon, *Fat and Mean: The Corporate Squeeze of Working Americans and the Myth of Managerial Downsizing* (New York: Free Press, 1996)。一项更近期的、经过仔细研究的调查验证了戈登的论点。这项研究表明尽管管理者的地位不断提高，管理者的收入增长速度要快于非管理者，但管理工作也占据了整体私营部门劳动力市场日益增加的份额。参见Goldstein, "Revenge of the Managers"。

125. Cappelli, *The New Deal at Work,* 159–60. 卡佩利补充说，在20世纪中叶的模式中，工作场所中的高低地位分界限位于根据《公平劳动标准法》区分的免税工人和未免税工人之间。如今，这个分界线位于高级管理人员和其他所有人之间。Capelli, The New Deal at Work, 236–37.

126. 概况参见Cappelli, *The New Deal at Work,* 163。另参见Stephen R. Barley, "The Turn to a Horizontal Division of Labor: On the Occupationalization of Educational Research and Improvement, ES,"为美国教育部准备的论文，1994年1月。

127. 即使是那些光鲜亮丽的职位也越来越少，同时它们的吸引力也增加了。例如，尽管经济规模几乎比10年前增长了40%，但2005年财富500强公司的企业高管职位减少了近400个。Hewlett and Luce, "Extreme Jobs," 52. The World Bank, "World Development Indicators," http://databank.worldbank.org/data/source /world-development-indicators.

128. 1948年，只有一家门店的公司（有些已经注册，有些没有）仍占所有零售销售额的70.4%，而大型连锁店仅占12.3%。根据这些份额的计算，大型连锁店是指拥有100个以上零售点的公司。Ronald S. Jarmin et al., "The Role of Retail Chains: National, Regional, and Industry Results," in *Producer Dynamics: New Evidence from the Micro Data,* ed. Timothy Dunne, J. Bradford Jensen, and Mark J. Roberts (Chicago: University of Chicago Press, 2009), 237–38.

129. Koshetz, "Merchant's View."

130. Herbert Koshetz, "The Merchant's View: An Examination of Retailing Discovers Few in Field Receive Proper Training," *New York Times,* March 18, 1962, accessed November 18, 2018, https://timesmachine .nytimes.com/timesmachine/1962/03/18/89502586.html?ac tion=click&contentCollection=Archives&module=LedeAs set&region=ArchiveBody&pgtype=article&pageNumber =155. 以下简称Koshetz, "Merchant's View"。

131. Koshetz, "Merchant's View."

132. 参见National Retail Federation, "Top 100 Retailers," *Stores,* June 26, 2017, https://stores.org/

2017/06/26/top-100-retailers/。

这些和其他庞大的连锁店——总计超过 40 家——都拥有 100 家以上的门店，而且现在主导了市场。例如，到 2010 年，规模前十的杂货连锁店占据了 70% 的销售额。这种新情况是惊人的。就拿最近的 2000 年为例，当时规模前十的杂货连锁店仅占市场的 30%。参见 Niraj Dawar and Jason Stornelli, "Rebuilding the Relationship Between Manufacturers and Retailers," MIT Sloan Management Review (Winter 2013)。连锁店现在也占零售业就业总数的 2/3 以上。1980 年，连锁店在整个零售业就业中所占的份额已经超过了单家门店的企业。参见 Ronald S. Jarmin et al., "The Role of Retail Chains: National, Regional, and Industry Results," in *Producer Dynamics: New Evidence from the Micro Data*, ed. Timothy Dunne, J. Bradford Jensen, and Mark J. Roberts (Chicago: University of Chicago Press, 2009), 240。

随着亚马逊和其他在线零售商的蓬勃发展，商店（现在是虚拟的）只会变得越来越大。例如，2007—2012 年，线上总销售额的增长速度几乎是线上商店数量的 3 倍。不幸的是，线上零售业的就业人数略有下降。在此期间，实体店数量和实体店总就业人数均下降了 5% 多一点。参见 Robin Harding, "Technology Shakes Up US Economy," *Financial Times,* March 26, 2014, www.ft.com/cms/s/0/f8a95502-b502-11e3-af92-00144feabdc0.html#axzz4JxZMpgp9. U.S. Census Bureau, "Economic Census: Tables: 2012," www.census.gov/programs-surveys/economic-census/data/tables.2012.html.html。

133. 参见 Reich, *Supercapitalism,* 89–90; Sarah Nassauer, "At Walmart, the CEO Makes 1,188 Times as Much as the Median Worker," *Wall Street Journal,* April 20, 2018, accessed October 24 2018, www.wsj.com/articles/at-wal mart-the-ceo-makes-1-188-times-as-much-as-the-median-worker-1524261608。请留意，沃尔玛的销售利润约为销售额的 3.5%，即每位员工约 6 000 美元（2005 年报告数据）。这意味着，尽管沃尔玛可以支付给员工更多的薪酬并为其股东创造利润，但它无法支付任何接近通用汽车公司以往薪酬水平的薪酬。再次强调，不断增加的经济不平等更显著地反映了生产技术和技能回报方面的深层结构性转变，而不是资本对劳动的新型剥削或资本占劳动的便宜。

134. 2017 年，美国四口之家（有两个小孩）的贫困线是 24 339 美元。U.S. Census Bureau, "Poverty Thresholds," 2017, www.census.gov /data/tables/time-series/demo/income-poverty/historical-poverty-thresholds.html. 关于沃尔玛的食物慈善活动，参见 Hayley Peterson, "Wal-Mart Asks Workers to Donate Food to Its Needy Employees," *Business Insider,* November 20, 2014, accessed November 18, 2018, www.businessinsider.com/walmart-employee-food-drive-2014-11。

135. Krystina Gustafson, "WalMart Defends Employee Food Drive," CNBC, November 20, 2014, accessed October 26 2018, www.cnbc.com/2014/11/20/wal-mart-defends-employee-food-drive.html。

136. Nassauer, "At Walmart, the CEO Makes 1,188 Times as Much."

137. 贝深科技衡量交通、财富、在线浏览以及许多其他因素对客户行为的影响，并在商店内安装传感器来监测客流、员工活动以及他们之间的互动，以此衡量一线员工的"真实生产力"或"购物者产出"，即每个人产生多少营收，并对其排名。然后，该公司确定在什么情况下以及以什么组合中哪些员工最具有生产力，并以 15 分钟的间隔调整工作时间表，以优化销售效率，据称可以最高提升 30%。参见 O'Connor, "When Your Boss Is an Algorithm"。

138. Tim Adams, "Surge Pricing Comes to the Supermarket," *Guardian,* June 4, 2017, www .theguardian.com/technology/2017/jun/04/surge-pricing-comes-to-the-supermarket-dynamic-personal-data.

139. 1968—1989 年，制造商的商标申请几乎增加了 2 倍。David W. Boyd, "From 'Mom and Pop' to WalMart: The Impact of the Consumer Goods Pricing Act of 1975 on the Retail Sector in the United States," *Journal of Economic Issues* 31, no. 1 (1997): 226. 在"大压缩时代"，广告在 GDP 中的份额一直下降，但从 1975 年开始稳步攀升。Douglas A. Galbi, "Some Economics of Personal Activity and Implications for the Digital Economy," August 6, 2001, 7, https://papers.ssrn.com/sol3/papers.cfm?abstract_id=275346.

140. 参见 Robert Frank, "Jeff Bezos Is Now the Richest Man in Modern History," CNBC, July 18, 2018, accessed November 18, 2018, www.cnbc.com/2018/07/16/jeff-bezos-is-now-the-richest-man-in-modern-history.html。

141. Tom Robinson, *Jeff Bezos: Amazon.com Architect* (Minneapolis: ABDO Publishing, 2010), 26. Jillian D'Onfro, "What Happened to 7 of the Earliest Employees Who Launched Amazon," *Business Insider,* April 18, 2014, accessed November 18, 2018, www.businessinsider.com /amazons-earliest-employees-2014-4.

142. 根据美国劳工部的资料，在千禧年的头十年，美国共有 110 万多个秘书工作消失，同时电话接线员、打字员与文字处理员、旅行代办人、记账员的工作也分别减少 64%、63%、46% 和 26%。 参 见 Andrew Leonard, "The Internet's Greatest Disruptive Innovation: Inequality," *Salon,* July 19, 2013, accessed November 18, 2018, www.salon.com/2013/07/19/the_inter nets_greatest_disruptive_innovation_inequality/。把这些数据加起来的结果是，自 2007 年以来，美国已有 200 万个文书工作岗位消失，引自 Robin Harding, "US Has Lost 2m Clerical Jobs Since 2007," *Financial Times,* April 1, 2013, accessed November 18, 2018, www .ft.com/content/37666e6c-9ae5-11e2-b982-00144feabdc0。

143. 参见 Michael Simkovic, "In Law Firms, Lawyers and Paralegals Prosper While Secretarial Jobs Disappear," *Brian Leiter's Law School Reports,* April 1, 2016, accessed November 18, 2018, http://taxprof.typepad.com/tax prof_blog/2016/04/simkovicin-law-firms-lawyers-and-para legals-prosper-while-secretarial-jobs-disappear.html。随着自动化技术提升了技能等级，受过最少培训的律师也将越来越多地感受到压力。

144. 参见 Richard Sennett, *The Corrosion of Character: The Personal Consequences of Work in the New Capitalism* (New York: W. W. Norton, 2011), 73。另参见 Stanley Aronowitz and Willia DiFaxio, *The Jobless Future: Sci-Tech and the Dogma of Work* (Minneapolis: University of Minnesota Press, 1995), 110。

145. 参见 Sherwin Rosen, "The Economics of Superstars," *American Economic Review* 71, no. 5 (December 1981): 845–58; and Frank and Cook, *The Winner-Take-All Society*。

146. 参见 "The World's Highest Paid Celebrities 2017," *Forbes,* June 12, 2017, accessed November 18, 2018, www.forbes.com/celebrities/list/#tab:overall。

147. 例如，棒球手米奇·曼托在 20 世纪中叶的年收入还不到 100 万美元（以 2015 年的美元价值计算）。Michael Haupert, "MLB's Annual Salary Leaders Since 1874," Society for American Baseball Research, December 1, 2016.

148. Pam McCallum, "The Average Salary of a Back-Up Singer," *Sapling,* June 17, 2011.

149. Michael McCann, "The G-League: 12 Takeaways on NBA's New Deal," *Sports Illus-trated,* February 14, 2017, accessed November 18, 2018, www .si.com/nba/2017/02/14/nba-gatorade-g-league-deal-adam-silver-takeaways.

150. "How Much Does a Television Writer Make in the United States?," Sokanu, accessed October 10, 2018, www.sokanu.com/careers/television-writer/salary/.

151. 普遍而言，1982—2003 年，排名前 1%的流行歌星在行业总收入中所占的份额增加了一倍多。参见 Victor Ginsburgh and David Throsby, eds., *Handbook of the Economics of Art and Culture, Volume 1* (Amsterdam: Elsevier, 2006), 684。公司 CEO 的薪酬与报酬第二高的员工的薪酬之比，以及薪酬前 10%的 CEO 与 CEO 收入中位数的比值也同样有所增加。参见 Carola Frydman and Raven E. Saks, "Executive Compensation: A New View from a Long-Term Perspective, 1936–2005," *Review of Financial Studies* 23, no. 5 (February 2010), http://web.mit.edu/frydman/www/trends _rfs2010.pdf.

152. 参见 Reich, *Supercapitalism,* 89–90。请留意，沃尔玛的销售利润约为销售额的 3.5%，或约为每名员工 6 000 美元（2005 年的报告数据）。这意味着，尽管沃尔玛可以支付其工人更多的薪酬并为其股东创造利润，但它无法支付任何接近通用汽车公司以往薪酬水平的薪酬。再次强调，不断增加的经济不平等更显著地反映了生产技术和技能回报方面的深层结构性转变，而不是资本对劳动的新型剥削或资本占劳动的便宜。

153. 2014—2015 年，美国对机器人技术的投资翻了一番多。参见 Richard Waters and Kana Inagaki, "Investment Surge Gives US the Early Lead in Rise of the Robots," Financial Times, May 3, 2016, accessed November 18, 2018, www.ft.com/ content/87f44872-1080-11e6-91da-096d89bd2173；报告了风险投资研究集团 CB Insights 的研究。以下简称 Waters and Inagaki, "Investment Surge"。另参见 Research Brief, "Robots R'Us: Funding and Deal Activity to Robotics See New Highs in 2015," CB Insights, March 23, 2016, accessed November 18, 2018, www.cbinsights.com/research/robotics-start ups-funding/。仅生产机器人的全球市场就以每年 17%的复合增长率增长，与机器人相关的专利申请在过去的 10 年中增加了 2 倍。Richard Waters and Tim Bradshaw, "Rise of the Robots Is Sparking an Investment Boom," *Financial Times,* May 3, 2016, accessed November 18, 2018, www.ft.com/content/5a 352264-0e26-11e6-ad80-67655613c2d6.另参见 Waters and Inagaki, "Investment Surge," reporting study by economic research group IDC。

154. 参见 International Federation of Robotics, *World Robotics Report 2016,* September 29, 2016, Figure 2.9, https://ifr.org/ifr-press-releases/news/world-robotics-report-2016, and James Carroll, "Industrial Robots in the United States on the Rise," Vision Systems Design, September 6, 2016, www.vision-systems.com/articles/2016/12/industrial-robots-in-the-united-states-on-the-rise.html。

155. 美国的制造业人口在 20 世纪 70 年代末期达到顶峰，为 1 950 万人。例如，参见 Martin Neil Baily and Barry P. Bosworth, "U.S. Manufacturing: Understanding Its Past and Its Potential Future," *Journal of Economic Perspectives* 28, no. 1 (Winter 2004): 3–26, 12, Figure 2。

此后，美国国内的制造业就业人数稳步下降。到了 1992 年，美国国内制造业就业人口降至仅 1 650 万人，在 2012 年更是一度跌破 1 200 万人。另参见 Bureau of Labor Statistics, "Employment, Hours, and Earnings from the Current Employment Statistics Survey (National)," extracted June 22, 2017, https://data.bls.gov/timeseries/CES3000000001。

156. 20 世纪 60 年代末，制造业占美国就业总量的近 25%，参见 Baily and Bosworth, "U.S. Manufacturing," 4, Figure 1。如今，美国国民劳动力约有 1.6 亿人，其中就业人口约 1.5 亿。参见 Bureau of Labor Statistics, *The Employment Situation—May 2017*, Summary Table A, https://www.bls.gov/news.release/archives/emp sit_06022017.pdf。1.5 亿人的 25% 是 3 750 万。另一方面，今天的制造业总共雇用了大约 1 200 万人。参见 Baily and Bosworth, "U.S. Manufacturing," 12, Figure 2。

157. 这意味着，制造业就业水平总体下降的 100% 以上都来自产业劳动力中中等技能、未受过大学教育的那部分劳动力。参见 Robert Shapiro, "Robotic Technologies Could Aggravate the U.S. Problem of Slow Jobs Growth," *Daily Beast*, July 19, 2013, accessed November 18, 2018, www.thedailybeast.com/articles/2013/07/19/robotic-technologies-could-aggravate-the-u-s-problem-of-slow-jobs-growth.html。另参见 Manufacturing Institute, "Percent of Manufacturing Workforce by Education Level," April 2014, www.themanufacturinginstitute.org/Research/Facts-About-Manufacturing /Workforce-and-Compensation/Workforce-by-Education /Workforce-by-Education.aspx, and Elka Torpey, "Got Skills? Think Manufacturing," Bureau of Labor Statistics, June 2014, www.bls.gov/careeroutlook/2014/article/manufacturing.htm。

在这方面，美国并不是例外。在 20 世纪 80 年代和 90 年代，七个最大的发达经济体——加拿大、法国、德国、意大利、日本、英国和美国——都是白领工人而非蓝领工人占制造业工作岗位的比例增加了。参见 Mariacristina Piva, Enrico Santarelli, and Marco Vivarelli, "The Skill Bias Effect of Technological and Organizational Change: Evidence and Policy Implications," *Research Policy* 34 (2005): 141–57, 143。

158. Baily and Bosworth, "U.S. Manufacturing," 4, Figure 1。另参见 YiLi Chien and Paul Morris, "Is U.S. Manufacturing Really Declining?," Federal Reserve Bank of St. Louis On the Economy Blog, April 11, 2017, accessed January 28, 2019, www.stlouisfed.org/on-the-economy/2017/april/us-manufacturing-really-declining; Peter Wehner and Robert Beschel Jr., "How to Think About Inequality," *National Affairs* 11 (Spring 2012), accessed November 18, 2018, www.nationalaffairs.com/publications/detail/how-to-think-about-inequality; Rex Nutting, "Think Nothing Is Made in America? Output Has Doubled in Three Decades," Market-Watch, March 28, 2016, www.marketwatch.com/story/us-manufacturing-dead-output-has-doubled-in-three-decades-2016-03-28; Harding, "Technology Shakes Up US Economy"。

制造业几乎完全依靠计算机和电子工业的生产效率和产量大幅增长来维持其产出份额。该领域雇用了高技能工人，越来越多地将其用于设计和实施机器人生产。参见 Baily and Bosworth, "U.S. Manufacturing," 3–26。例如，计算机最有价值的部件是主板，今天主要是由机器人制造的。参见 Catherine Rampell, "When Cheap Foreign Labor Gets Less Cheap," *New York Times*, December 7, 2012, accessed November 18, 2018, https://economix.blogs.nytimes.com/2012/12/07/when-cheap-foreign-labor-gets-less-cheap/?partner=rss&emc=rss&_r=0。

159. 参见 Harding, "Technology Shakes Up US Economy"。
160. 有关柯达，参见 Susan Christopherson and Jennifer Clark, *Remaking Regional Economies: Power, Labor, and Firm Strategies in the Knowledge Economy* (New York: Routledge, 2007), 57–84。

    有关 Instagram，参见 Scott Timberg, "Jaron Lanier: The Internet Destroyed the Middle Class," *Salon,* May 12, 2013, accessed November 18, 2018, www.salon.com/2013/05/12/jaron_lanier_the_internet_destroyed_the_middle_class/. Instagram。

    超级熟练的迷你团队之所以能够满足公司需求，是因为他们与使用其技术进行制作、拍摄、处理和打印图像的大众在一起工作，后者因此从结构上构成了低技能的劳动力，尽管他们自认为不是生产者，而是消费者。因此，杰伦·拉尼尔指出，在某种程度上许多人是在 Instagram 上"工作"，他们作为该网站的用户贡献了内容甚至格式。参见 Timberg, "Internet Destroyed"。

    顺便说，这种模式并不罕见，以前也曾出现过，包括与图像制作有关的东西：正如杰伦·拉尼尔所指出的，摄影本身使大量技能低下的快照拍摄者取代了掌握中等技能的画家和插画家。参见 Timberg, "Internet Destroyed"。同样的模式也出现在其他行业中：以宜家为例，从结构上讲，它的顾客也充当了一大批无技能的进行家具组装的劳动力。

161. 脸书本身雇用的员工远比柯达曾经雇用的员工少，其中一些员工的财富也远远超过了柯达创始人乔治·伊士曼曾经拥有的财富。

162. 非常规的认知工作在整个劳动力市场中的份额，1982—1992 年增长了 8.2%，1992—2002 年增长了 10.6%，2002—2017 年增长了 14.9%。而非常规的体力工作在这些年中分别增长了 0.8%、1.3% 和 9.4%。而常规工作的份额则分别下降了 4.5%、6.7% 和 13.7%。这些数据来自 Nir Jaimovich and Henry E. Siu, "Job Polarization and Jobless Recoveries," 8, Figure 3, forthcoming in *Review of Economics and Statistics,* accessed November 18, 2018, http://faculty.arts.ubc.ca/hsiu/pubs/polar20180903.pdf。以下简称 Jaimovich and Siu, "Job Polarization and Jobless Recoveries"。

163. 非常规的认知工作在所有工作中的份额已从 29% 增加到 40%，常规工作已从 56% 下降到 42%，非常规的体力工作已从 15% 增加到 18%。这一结论是对前一个注释中所报告的 10 年变化的总结。

164. Cappelli, *The New Deal at Work,* 159–60. 卡佩利补充说，在 20 世纪中叶的模式中，工作场所中的高低地位分界限于根据《公平劳动标准法》区分的免税员工和未免税员工之间，参见 Cappelli, *The New Deal at Work,* 236–37。如今，职场的分界线在于高管与其他人之间。

165. 参见 Jeffrey P. Thompson and Elias Leight, "Do Rising Top Income Shares Affect the Incomes or Earnings of Low and Middle-Income Families," *B.E. Journal of Economic Analysis & Policy* 12, no. 1 (2012): 26。汤普森和莱特进行了跨州比较，发现收入上升更快的州经历了中等收入的更快下降。他们指出，具体到 1979—2005 年，最富有的 1% 的收入份额增加了 3.5%，总体分配中 35% 至 70% 之间的家庭的收入在同一时期减少了 3.5%，这一关联具有统计学上的显著性。（这项研究还耐人寻味地表明，与现在已经熟知的模式一致，最富有群体的收入增长对分配底部的家庭，即在第 5 至 30 百分位之间的家庭的收入影响较小，统计学上的显著性较低。）

166. 一项研究发现，欧洲国家除葡萄牙外都出现中等技能的工作被掏空的情况。另一项由经合组织发起的调查发现，1998—2009 年，在平均技能分数的四分位数中，最高与最低的四分位数的就业人口分别增长 25% 和 2%，在中间 2 个四分位数的就业人口则告下降，次高的四分位数减少 1%，次低的减少了 15%。事实上，根据经合组织的数据："在有数据的经合组织国家中，一半的国家其与中等教育水平相关的失业比与低教育水平相关的失业更多。"参见 Marten Goos et al., "Explaining Job Polarization in Europe: The Roles of Technology, Globalization and Institutions," Centre for Economic Performance Discussion Paper No. 1026 (November 2010); Daniel Oesch and Jorge Rodriguez Menes, "Upgrading or Polarization? Occupational Change in Britain, Germany, Spain, and Switzerland, 1990–2008," MPRA Paper No. 21040 (January 2010); 但参见 Enrique Fernandez-Macias, "Job Polarization in Europe? Changes in the Employment Structure and Job Quality, 1995–2007," *Work and Occupations* 39, no. 2 (2012); Rachel E. Dwyer and Erik Olin Wright, "Job Growth and Job Polarization in the United States and Europe, 1995–2007," in *Transformation of the Employment Structures in the EU and USA,* ed. Enrique Fernandez-Macias, Donald Storrie, and John Hurley (Basingstoke: Palgrave Macmillan, 2012), 49, Appendix B, Table B1.6; Alexandra Spitz-Oener, "Technical Change, Job Tasks, and Rising Educational Demands: Looking Outside the Wage Structure," *Journal of Labor Economics* 24, no. 2 (April 2006): 235–70; Goos and Manning, "Lousy and Lovely Jobs"。

167. 参见 NELP, National Employment Law Project, *The Low-Wage Recovery and Growing Inequality* (New York: NELP, 2012)。

168. 在经济衰退时期，低薪岗位占到了失业人数的 21%，而在经济复苏阶段，低薪岗位则占到了新增就业的 58%；高薪岗位在失业人数中占 19%，在就业增长中占 20%；中等薪资的岗位在失业人数中占足足 60%，但在就业增长中只占 22%。参见 National Employment Law Project, *The Low-Wage Recovery,* 1。另参见 Robert Reich, "The Hidden Price of Your Amazon Shopping Spree: Skyrocketing Unemployment," *Salon,* December 4, 2013, accessed November 18, 2018, www.salon .com/2013/12/04/robert_reich_ healthcare_gov_is_not_the_website_we_should_be_worrying_about_partner/。

169. 缩减最快的工作类别包括中等技能的工作，如服装、皮革和相关制造业、烟草制造业、邮政服务，其他联邦政府的工作岗位，磁性和光学介质的制造和复制。增长最快的工作类别包括低技能的工作，如家庭保健，门诊医疗，医疗办公工作，设备支持，以及流动护理。还包括高技能工作，如管理、科学和技术咨询，软件出版，计算机系统设计，以及证券、商品合同和金融投资。唯一增长较快的中技能工作类别是护理和医学及诊断实验室的工作。另参见 Max Nisen, "Ten American Industries That Are Going to Boom in the Next Decade," *Slate,* December 28, 2013, accessed November 18, 2018, https:// slate.com/business /2013/12/booming-industries-for-the-next-decade.html。

学术观察员同样预测，在未来 20 年内，近一半的工作可能会变得多余。最有可能被取代的工作是常规工作或可常规化的工作，因此也就是中等技能的工作，如贷款员、接待员、法律助理、零售员和出租车司机。最不可能被取代的工作则是所有需要社交感知能力和创造性智力的灵活性工作，如记者、医师、律师、教师。Carl Benedikt Frey and Michael A. Osborne, "Job Automation May Threaten Half of U.S. Workforce,"

Bloomberg, March 12, 2014, accessed November 18, 2018, www.bloomberg.com/graphics/infographics/job-automation-threatens-workforce.html.

170. James Manyika et al., "Jobs Lost, Jobs Gained: What the Future of Work Will Mean for Jobs, Skills, and Wages," McKinsey Global Institute, November 2017, accessed October 26 2018, www.mckinsey.com/featured-insights/future-of-work/jobs-lost-jobs-gained-what-the-future-of-work-will-mean-for-jobs-skills-and-wages.

171. 其他解释劳动力市场两极化的方式当然也存在，它们强调除了技术创新之外，可能的原因还包括全球化、工会会员减少和税收政策变化。所有这些原因肯定对中产阶层的消亡有影响。但是，没有任何一个原因像生产自动化那样影响重大，其中一些（尤其是全球化）本身就是由生产自动化引起的，而所有这些原因对未来中产阶层就业的影响将远远小于生产自动化造成的影响。

172. 在20世纪中叶的模式中，工作场所的高/低地位分界线位于根据《公平劳动标准法》区分的免税员工和非免税员工之间。而今天，这个分界线位于高管和其他人之间。
Cappelli, *The New Deal at Work,* 236–37.

173. 职场培训在可以短时段、定期提供且贯穿员工整个职业生涯的情况下才有意义。20世纪中叶的劳动力市场支持这种模式，因为它提供了多层次的工作岗位，每一个职业阶梯都与其下和其上的职位密切相关。相比之下，由大学教授的和基于学位的职业教育必须长时段、不规则地提供，因为工人需要中断工作，接受较长时间的全日制教育。职业学校在劳动力市场提供的职位层次较少，且职位层级之间有较大差距的情况下才有意义。从以工作场所为中心的职业培训转向以大学为基础的职业培训表明，劳动力市场已经发生了一种类似且深刻的变化：多层次的工作已经丧失了中间层，只剩下了底层工作和上层工作，而两者之间存在着巨大的鸿沟。

174. 教育回报的增加主要是因为教育确实教授了真正的技能，劳动力市场的变革使教育所提供的技能变得越来越有生产力。换句话说，上层劳动者主要是通过提供巨大的经济价值来获得他们的巨额报酬，而不是通过偷窃、欺诈或其他非优绩主义的手段。

　　这是一个有争议的主张。经济不平等的批评者通常将顶层收入的增加归因于个人的恶而不是经济结构，认为造成这种局面是因为优绩主义执行得不够而非太多。他们指出高层精英是在通过裙带关系和阶层特权，利用手中的经济权力甚至是彻头彻尾的欺诈来寻租获利。这些论点类似于之前讨论的观点，即顶层的收入一定来自资本而非劳动。

　　与这些观点一样，这样的指控也有它的道理。优绩主义保留了人们熟悉的所有恶，自命不凡、寻租获利和欺诈为他们所享有的优势做出了（令人愤慨的）贡献。但是，道德之恶的规模与精英收入增长的规模并不匹配（甚至都不接近）。我们需要结构性的论据来解释日益加剧的不平等，而优绩主义提供了所需的论据。

175. Reeves, *Dream Hoarders,* 61– 64, using data from R. Chetty et al., "Where Is the Land of Opportunity? The Geography of Intergenerational Mobility in the United States," *Quarterly Journal of Economics* 129, no. 4 (November 2014): 1553–1623; Fabian T. Pfeffer and Alexandra Achen Killewald, "How Rigid Is the Wealth Structure and Why? Inter- and Multigenerational Associations in Family Wealth," PSC Research Report No. 15-845 (September 2015), 30; PSID data tabulated in Richard V. Reeves and Joanna Venator, "The

注释　487

Inheritance of Education," Brookings Institution, October 27, 2014, www.brookings.edu/blog/social-mobility-memos/2014 /10/27/the-inheritance-of-education/.

收入分配前 1% 家庭的孩子中，足有 1/3 在 30 岁时年收入至少达到 10 万美元，而收入分配最底层家庭的孩子只有 1/20 达到这一水平。参见 Raj Chetty, John Friedman, and Nathaniel Hedren, "The Equality of Opportunity Project," www.equality-of-op portunity.org/documents/. 另参见 David Leonhardt, "In Climbing Income Ladder, Location Matters," *New York Times,* July 22, 2013, accessed November 18, 2018, www.nytimes.com /2013/07/22/business/in-climbing-income-ladder-location-matters.html?pagewanted=all。

176. 失业率加剧了工资水平的分化，因为大学毕业生（尤其是研究生和专业学位持有者）失业的可能性只有高中毕业生的一半左右，以及只是无高中学历者的 1/3 左右。在 2016 年，年龄在 25 岁及以上、没有高中学历的劳动者的平均失业率为 7.5%，只有高中学历者的平均失业率为 5.2%，只有学士学位者的平均失业率为 2.7%，而拥有研究生或专业学位者的平均失业率为 2.1%，参见 Bureau of Labor Statistics, *Labor Force Statistics from the Current Population Survey,* Series LNU04027659Q, LNU04027660Q, LNU04-092221Q, LNU04091113Q, accessed April 10, 2017. 自 2014 年以来，美国劳工统计局已经将拥有高等学位和仅有学士学位的劳动者分开统计，以及尚未发布季节性调整的数据。然而，将 2016 年的季度数据取平均值产生的数字，与劳工统计局针对其更传统类别（高中以下、仅高中、学士学位及以上）的季节性调整数据大致相符。参见 Bureau of Labor Statistics, Labor Force Statistics from the Current Population Survey, Series LNU04027659Q, LNU04027660Q, LNU04092221Q, LNU04091113Q, accessed April 10, 2017。参见 Bureau of Labor Statistics, "Household Data: Annual Averages," last modified January 18, 2019, www.bls.gov/cps/cpsaat07.htm。

此外，失业率没有充分考虑到教育对就业的影响，因为劳动参与率的趋势表明，除了面临更高的失业率之外，受教育程度较低的劳动者越来越多地放弃了劳动力市场。因为他们不再寻找工作，所以也就不被计入失业率。受教育程度较低和受教育程度较高的人生活在几乎完全分离的世界中，事实上它们永远不会重叠。受教育程度最低的人不断地陷入寻找工作的沮丧和挣扎中，而受教育程度最高的人则享受全面就业（与大学毕业生住在父母的地下室的普遍说法相反）。劳动参与率的变化有许多原因，包括人口老龄化、性别规范的变化以及经济周期中的周期性模式的影响。然而，数据清楚地显示，即使在壮年男性中，甚至近年来在经过数十年上升后的壮年女性中，劳动参与率也在下降。这种下降在受教育程度较低、薪水较低的工人中尤为明显，这进一步强化了教育的影响。2016 年美国社区调查报告显示，从未上过大学的壮年男性（大致位于教育分布的底部 2/3）中仅有 78% 在就业，而至少上了一年大学的人中有 90%。在 20 世纪 50 年代，这两个比例几乎相同。参见 U.S. Census Bureau, "American Community Survey (ACS)," www.census.gov/programs-surveys/acs/。

这两种趋势预计将持续下去。参见 Bureau of Labor Statistics, "Labor Force Projections to 2022: The Labor Force Participation Rate Continues to Fall," *Monthly Labor Review* (December 2013), www.bls.gov/opub/mlr/2013/article /labor-force-projections-to-2022-the-labor-force-participation-rate-continues-to-fall.htm; Bureau of Labor Statistics, *The Recession of 2007–2009* (February 2012), www.bls.gov/spotlight /2012/recession/; and Executive Office of the President of the United States, *The Labor Force Participation Rate Since 2007: Causes and Policy Implications* (July 2014), https://scholar.har vard.edu/files/stock/files/labor_force_participation.pdf。

177. Carnevale, Rose, and Cheah, "The College Pay-off," 6. 琼·威廉斯使用较不全面的数据，报告了略有不同的比例：男性大学毕业生中有 19.4%，女性大学毕业生中有 14%，其收入低于普通高中毕业生的平均水平。参见 Williams, *White Working Class*, 49。几页之后，威廉斯报告称："1/4 的大学毕业生和持有高级学位者的收入中位数，将低于持有副学士学位者的收入中位数。"参见 Williams, *White Working Class*, 86。另参见 Rework America, *America's Moment: Creating Opportunity in a Connected Age* (New York: W. W. Norton, 2015), 200; John Schmitt and Heather Boushey, *The College Conundrum: Why the Benefits of a College Education May Not Be So Clear, Especially to Men* (Washington, DC: Center for American Progress, 2010), 3, 8, 9。

178. 美国 25 岁以上的人口中，有略少于一半的人除了高中学历以外没有其他的教育经历（大约 70% 的人没有学士学位），略超过 10% 的人持有学士以上的学位。参见 Camille L. Ryan and Kurt Bauman, *Educational Attainment in the United States: 2015*, U.S. Census Bureau, Current Population Reports no. P20-578 (March 2016), www.census.gov/content/dam/Census/library /publications/2016/demo/p20-578.pdf。另参见 Carnevale, Rose, and Cheah, "The College Payoff," 6 (citing 2007–9 American Community Survey, U.S. Census Bureau, "American Community Survey (ACS)," www.census.gov/programs-surveys /acs/)。

179. 参见 Carnevale, Rose, and Cheah, "The College Payoff," 10, Figure 5。略有不同的统计数值参见 Christopher R. Tamborini, Chang Hwan Kim, and Arthur Sakamoto, "Education and Lifetime Earnings in the United States," *Demography* 52, no. 4 (2015): 1383–1407。

180. 参见 R. G. Valletta, "Recent Flattening in the Higher Education Wage Premium: Polarization, Skill Downgrading, or Both?," NBER Working Paper No. 22935 (2016), www.nber.org/papers/w22935（使用当前人口调查数据，估计 1980—2015 年大学毕业生的回报。1980 年，大学毕业生的收入比高中毕业生高出 34%。到了 1990 年，这一溢价增至 57%，到 2000 年增至 71%。2000 年后，这一溢价增长放缓，2010—2015 年基本保持在 78% 左右）；另参见 Goldin and Katz, *The Race Between Education and Technology*（这篇文章指出："从 20 世纪 80 年代初开始，劳动力市场对技能的溢价急剧上升，到 2005 年，大学工资溢价回到了 1915 年的水平。"作者还使用了人口普查数据估计 1980 年的大学工资溢价为 36%，而 2005 年则为 60%。）；Philippon and Reshef, "Wages and Human Capital"（这项研究发现，大学的溢价从 1970 年的 38% 上升到 2005 年的 58%）；David H. Autor, "Skills, Education, and the Rise of Earnings Inequality Among the 'Other 99 Percent,'" *Science* 344, no. 6186 (May 2014): 843–51（这项研究指出，大学毕业生和非大学毕业生之间的工资溢价从 1980 年的约 46% 上升到 2012 年的约 96%）。

181. 参见 Christopher Avery and Sarah Turner, "Student Loans: Do College Students Borrow Too Much—or Not Enough?," *Journal of Economic Perspectives* 26, no. 1 (2012): 175, www.jstor.org/stable/41348811。埃弗里和特纳的研究使用了劳工统计局的 3 月份人口普查数据，针对"全年全职工作者，使用样本权重，假设每人工作经验为 42 年。有大学学历的劳动者所得到的结果是减去了公立大学教育 4 年的学杂费的，后者和公立大学特定年的

价值有关"。尽管从拥有学士学位的人的整体收入中减去了公立教育的花费，但这些收入反映了所有这些人的平均收入，无论他们是在公立还是私立学院受教育的。

182. 估算大学教育的经济回报需要判断，因此估算结果有所不同，这并不令人意外。参见 "Is College Worth It?," *The Economist,* April 5, 2014, accessed November 18, 2018, www.economist.com /news/united-states/21600131-too-many-degrees-are-waste-money-return-higher-education-would-be-much-better。这些报告的数字反映了在扣除财政援助的情况下，根据PayScale的数据计算的学费的20年隐性回报率。按照隐性回报率对学院所做的排名与学术声誉密切相关（还包括一些专业技术学院和学费异常便宜的州立学校）。另参见Highlights from *Rewarding Strivers*. A more conservative estimate appears in Hoxby, "Changing Selectivity," 115。即使是这一估算也得出结论，教育的回报率与股票市场的回报率相当。

请留意，大多数估算没有充分考虑到最顶尖学校所提供的真实收入提升，这主要是因为它们对择优录取的广泛应用会削弱超级精英大学所提供的收入提升，以及因为它们掩盖了精英学校的毕业率（88%）和非竞争性学校的毕业率（35%）之间的显著差异。参见Stephanie Owen and Isabel Sawhill, *Should Everyone Go to College?,* Brookings Institution, CCF Brief no. 50 (May 2013): 1–9, 6, www.brookings.edu/wp-content/uploads/2016/06/08-should-everyone-go-to-college-owen-sawhill.pdf。

过去几十年来，多元化股票投资组合的平均回报率不到7%。例如，美国先锋平衡综合指数（Vanguard Balanced Composite Index）过去10年的年均回报率为6.83%。参见 "Benchmark Returns," Vanguard, last modified September 30, 2018, https://personal.vanguard.com/us/funds/tools/benchmarkreturns。参见Goldin and Katz, *The Race Between Education and Technology,* 336。另参见David Card, "The Causal Effect of Education on Earnings," in *Handbook of Labor Economics,* vol. 3A, ed. Orley C. Ashenfelter and David Card (Amsterdam: Elsevier, 1999): 1801–63; David Card, "Estimating the Return to Schooling: Progress on Some Persistent Econometric Problems," *Economet-rica* 69 (September 2001): 1127–60。

183. 美国大学毕业生的收入比仅有高中学历的劳动者高出68%；相比之下，英国是48%，法国是41%，瑞典是23%。参见OECD, "Education and Earnings, OECD Dataset," https://stats.oecd.org/Index.aspx?Data SetCode=EAG_EARNINGS（数据范围为2012—2014年，包含截至2017年4月的最新数据）。另参见 "Wealth by Degrees," *The Economist,* June 28, 2014, www.econ omist.com/finance-and-economics/2014/06/28/wealth-by-degrees，引自OECD的数据。另参见 "Healthy, Wealthy and Wise," *The Economist,* September 11, 2012, accessed November 18, 2018, www.economist.com/graphic-detail/2012/09/11 /healthy-wealthy-and-wise。

184. 相比之下，最普通的大学根本不会提高学生的收入，一揽子并非择优录取的大学的毕业生，其终身薪资的增长只是一揽子严格筛选生源的大学的毕业生的1/3。参见Owen and Sawhill, *Should Everyone Go to College?* Study and statistic cited in Walter Hamilton, "College Is a Bad Financial Bet for Some, Study Says," *Los Angeles Times,* May 8, 2013, accessed November 18, 2018, http://articles.latimes.com/2013/may/08/business/la-fi-mo-college-is-a-bad-financial-bet-for-some-study-says-20130508。通过略有不同的计算方式获得的基本相同的结果，参见Mark Schneider, *How Much Is That Bachelor's Degree Really*

Worth? The Million Dollar Misunderstanding (Washington, DC: American Enterprise Institute, 2009), Figure 1, www.aei.org/publication/how-much-is-that-bachelors-degree-really-worth/。福吉谷基督学院学位的 30 年回报率为 –14.8 万美元，参见 "Wealth by Degrees," *The Economist,* June 28, 2014, www.econ omist.com/finance-and-economics/2014/06/28/wealth-by-de grees, reporting on data collected by PayScale.com。

185. 例如，参见 Jere R. Behrman, Mark R. Rosenzweig, and Paul Taubman, "College Choice and Wages: Estimates Using Data on Female Twins," *Review of Economics and Statistics* 78 (1996): 672–85。研究表明，就读于授予博士学位、招生规模较小、教师工资较高的私立大学可以使收入提高 10%~25%。"[统计上偏好的] BRT 对学校特征效应的估计表明，在控制家庭和个人捐赠的情况下，就读于授予博士学位、招生人数较少且拥有高薪教授的私立大学的人在以后的生活中会赚取更高的工资。" Jere R. Behrman, Mark R. Rosenzweig, and Paul Taubman, "College Choice and Wages: Estimates Using Data on Female Twins," *Review of Economics and Statistics* 78 (1996), 681, 682, Table 4; Dominic Brewer, Eric Eide, and Ronald Ehrenberg, "Does It Pay to Attend an Elite Private College? Cross-Cohort Evidence on the Effects of College Type on Earnings," *Journal of Human Resources* 34, no. 1 (Winter 1999): 114（对于 1982 届毕业生，精英学校的学生与排名靠后的公立学校的学生相比，毕业后的 10 年内收入高出 39%；而对于 1972 届毕业生，毕业后 14 年内精英学校的学生收入相对于排名靠后的公立学校的学生高出 19%。此外，该研究还比较了 1980 届和 1972 届的毕业生，在高中毕业后的 6 年内，精英学校的学生收入相对于其他学校的学生分别高出 20% 和 9%，请注意，1982 届毕业生的收入溢价大于 1972 届毕业生的。）

186. 严格筛选生源的私立和公立学院能带来 11% 和 13% 的学费回报率，而不严格筛选的私立和公立学院分别产生 6% 和 9% 的回报率。参见 Owen and Sawhill, *Should Everyone Go to College?*。该研究引用了另一项使用 PayScale 投资回报数据和巴伦学校筛选指数的研究。尽管计算方法略有不同，但它得出了相同的基本结论，见 Mark Schneider, *How Much Is That Bachelor's Degree Really Worth? The Million Dollar Misunderstanding* (Washington, DC: American Enterprise Institute, 2009), 1–7, 4, Figures 2 and 3, www.aei.org/publication/how-much-is-that-bachelors-degree-really-worth/。

187. 例如，麻省理工学院或加州理工学院的学位将使毕业生的年收入增加 200 万美元。参见 "Wealth by Degrees," *The Economist,* June 28, 2014, www.economist.com/finance-and-economics/2014/06 /28/wealth-by-degrees，其中的研究数据来自 PayScale.com。

188. 进入大学 10 年后，10 所大学里那些薪酬前 10% 的毕业生，薪水中位数为 22 万美元，而在所有大学的毕业生中，薪酬前 10% 的薪水中位数为 6.8 万美元。此外，请注意，接下来的 30 所薪酬最高的大学中，薪酬前 10% 的毕业生薪水中位数为 15.7 万美元。参见 Matthew Stewart, "The 9.9 Percent Is the New American Aristocracy," *Atlantic,* June 2018 accessed November 18, 2018, www.theatlantic.com/magazine/archive/2018/06/the-birth-of-a-new-american-aristocracy/559130/. Stewart cites data from the U.S. Department of Education, *College Scorecard Data,* last updated September 28, 2018, https://collegescorecard.ed.gov/data/。

189. 参见 Stewart, "The 9.9 Percent"。

190. 参见 Thomas R. Dye, *Who's Running America? The Obama Reign,* 8th ed. (New York:

Routledge, 2014), 180（48.5%"企业", 60.6%"金融", 50%"政府", 以及66%"其他", 包括媒体、法律和公民组织）; Thomas R. Dye and John W. Pickering, "Governmental and Corporate Elites: Convergence and Differentiation," *Journal of Politics* 36, no. 4 (November 1974), 914, Table 4（55%"企业", 43.9%"政府", 78.8%"公益事业"）; 以下简称Dye and Pickering, "Governmental and Corporate Elites"。一段摘自Thomas R. Dye, *Who's Running America? The Bush Restoration,* 7th ed. (New York: Pearson, 2002)的文字简要介绍了数据的来源："该在管理美国？"没有得到任何机构（无论公立还是私立）的拨款或合同支持。该项目源于佛罗里达州立大学的一个研究生研讨会，名为"关于权力和精英的研究"（Research on Power and Elites）。最初，学生们收集并编码了各类机构中超过5 000名精英的资历数据。这些电子化的传记构成了持续进行的项目"该在管理美国？"的原始数据库。数据库定期更新、修订，已经收集、编码了超过7 000名机构精英的数据。另参见Thomas R. Dye, Eugene R. DeGlercq, and John W. Pickering, "Concentration, Specialization and Interlocking Among Institutional Elites," *Social Science Quarterly* 54, no. 1 (June 1973), 8–28; Dye and Pickering, "Governmental and Corporate Elites," 900–925. A report of the study appears also in Elizabeth Stoker and Matthew Bruenig, "The 1 Percent's Ivy League Loophole," *Salon,* September 9, 2013, accessed November 18, 2018, www.salon.com/2013/09/09/the_1_percents_ivy_league_loophole/.

这种模式同样适用于学术界：在一项分析商学、计算机科学和历史系的研究中，仅1/4的大学负责产生多达86%的终身教职教员；在某些学科中，不到十个系产生了超过一半的终身教职教员。参见Joel Warner and Aaron Clauset, "The Academy's Dirty Secret: An Astonishingly Small Number of Elite Universities Produce an Overwhelming Number of America's Professors," *Slate,* February 23, 2015, accessed November 18, 2018, www.slate.com/articles/life/education/2015/02/university_hiring_if_you_didn_t_get_your_ph_d_at_an_elite_university_good.html，引自Aaron Clauset et al., "Systematic Inequality and Hierarchy in Faculty Hiring Networks," *Science Advances* 1, no. 1 (2015), http://advances.sciencemag.org/content/1/1/e14 00005/tab-pdf。另参见Robert L. Oprisko, "Superpowers: The American Academic Elite," *Georgetown Policy Review,* December 3, 2012, gppreview.com/2012/12/03/superpowers-the-american-academic-elite/。

191. 1965年，即使是长期以来在律师薪水方面领先市场的柯史莫律所，也只支付给一年级律师7 500美元（约合2015年的5.5万美元）。参见Tamar Lewin, "At Cravath, $65,000 to Start," *New York Times,* April 18, 1986, accessed November 18, 2018, www.nytimes.com/1986/04/18/business/at-cravath-65000-to-start.html（"在薪酬方面设定标杆是柯史莫的传统。1968年，当柯史莫将公司起薪几乎翻了一番，达到1.5万美元时，它开启了一轮加薪浪潮，使最贵的华尔街公司的薪酬标准提高到了5万美元以上"）。同样，哈佛大学商学院毕业生第一年薪水的中位数，实际算下来比1977年的中位数高50%。参见Harvard Business School, "Recruiting: Data & Statistics," accessed October 13, 2018, www.hbs.edu/recruiting/data/pages/detailed-charts.aspx。而且，就在1991年，精英MBA 4年后的平均工资仅为6 000美元（大约相当于2015年的11万美元），而一项有关MBA工资的研究排除了一位年薪45万美元（大约相当于2015年的80万美元）的个案，因为它远远偏离了平均水平，如果包括在内，将会对平均值产生误导性影响。参见Charles

A. O'Reilly III and Jennifer A. Chatman, "Working Smarter and Harder: A Longitudinal Study of Managerial Success," *Administrative Science Quarterly* 39, no. 4 (December 1994): 614。

想要了解更详细的关于20世纪中叶末期专业学校工资溢价的报告，参见Michael Simkovic, "The Knowledge Tax," *University of Chicago Law Review* 82 (2015)。

192. 研究生学历相对于仅有高中学历的收入溢价仍然更大，对于男性来说现在比1970年的溢价高出70%，女性则高出90%。参见Simkovic, "The Knowledge Tax," 2036–37, Tables 1 and 2。西姆科维奇使用了明尼苏达人口中心的数据。Integrated Public Use Microdata Series, Current Population Survey, "Current Population Survey Data for Social, Economic and Health Research," https://cps.ipums .org/cps/。

这一增长主要发生在2000年以后，参见"Wealth by Degrees," *The Economist,* June 28, 2014, www.economist .com/finance-and-economics/2014/06/28/wealth-by-degrees; David H. Autor, "Skills, Education, and the Rise of Earnings Inequality Among the 'Other 99 Percent,'" *Science* 344, no. 6186 (May 2014): 843–51, 849, Figure 6A。另参见David H. Autor, Lawrence F. Katz, and Melissa Schettini Kearney, "Trends in U.S. Wage Inequality: Revising the Revisionists," *Review of Eco-nomics and Statistics* 90, no. 2 (May 2008): 305, Table 1。以下简称Autor, Katz, and Kearney, "Trends in U.S. Wage Inequality"。

193. Carnevale, Rose, and Cheah, "The College Payoff," 3, 7. 这些数据是以2009年的美元价值计算的。同样，到2010年，拥有研究生或专业学位的男性劳动者平均每年比仅具有高中学历的男性多赚8.67万美元，而拥有研究生或专业学位的女性平均每年比仅具有高中学历的女性多赚5.06万美元。参见Simkovic, "The Knowl-edge Tax," 2036–37, Tables 1 and 2。

194. 顶尖法学院的毕业生中有40%到60%会选择在大型知名律所担任律师。"The Top 50 Go-To Law Schools," *National Law Journal,* March 6, 2017, accessed November 18, 2018, www.nationallaw journal.com/id=1202780534815?slreturn=20170312154418. 这些律所在2017年支付给一年级律师的年薪为18万美元，而一些律所在2018年将这个数额提高到了19万美元。年终奖金还会进一步增加他们的收入。

这些数字还没有充分考虑到从顶级法学院到顶级律所的长期流动规模，因为最负盛名的学校的众多毕业生在毕业后的第一年或前两年里会担任明显是短期职务的法官助理，因此在数据中被记录为在大型律所之外工作。然而，这些法官助理职务被广泛认为是进入大型律所的预备阶段；事实上，对于前法官助理的高额签约奖金意味着这些助理的薪水甚至是——以间接方式——由这些律所支付的。

195. 参见David Wilkins, Bryon Fong, and Ronit Dinovitzer, *The Women and Men of Harvard Law School: Preliminary Results from the HLS Career Study* (Cambridge, MA: Harvard Law School Center on the Legal Profession, 2015)。以2007年的美元价值计算，这个中位数为37万美元。女性毕业生的收入中位数为14万美元，她们丈夫的收入中位数为20万美元，这使得他们的家庭综合收入为34万美元，差一点就到最富有的1%家庭。（请留意，该研究还调查了几十年前和几十年后的毕业生，他们的中位数收入较低。这并不令人意外，因为早期的毕业生将在最高收入大幅上升之前毕业，而后期的毕业生仍然担任较初级的职位。）

196. "Attorney Search," Wachtell, Lipton, Rosen & Katz, accessed July 25, 2018, www.wlrk.com /

Attorneys/List.aspx?LastName=.

197. 关于排名前 10 的法学院毕业生的起薪的论断，参见 Susan Adams, "Law Schools Whose Grads Make the Highest Starting Salaries," *Forbes*, March 28, 2014, accessed November 18, 2018, www.forbes.com/sites/susanadams/2014/03/28/law-schools-whose-grads-make-the-highest-starting-salaries /#73a6c3389ec7, and Staci Zaretsky, "Salary Wars Scorecard: Which Firms Have Announced Raises?," *Above the Law*, June 13, 2016, accessed November 18, 2018, http://abovethelaw.com /2016/06/salary-wars-scorecard-which-firms-have-announced-raises/。（这一数字没有反映法官助理的薪资，法官助理的工作被视为非永久性的工作。）关于毕业于排名前 10、11~20 和 21~100 学校的学生早期职业生涯（第 2 年和第 7 年）工资的比较，参见 Paul Oyer and Scott Schaefer, "Welcome to the Club: The Returns to an Elite Degree for American Lawyers," Stanford GBS Working Paper no. 3044 (December 11, 2012)。以下简称 Oyer andSchaefer, "Welcome to the Club"。

　　这些收入差异直接源于超级顶尖的法学院和不那么顶尖的法学院的毕业生所获得的工作类型。前十大法学院的毕业生以接近排名前 20 法学院的毕业生两倍的速度加入了美国最大和最赚钱的律师事务所（46% 对 27%），最终晋升为合伙人的比例约为前者的 1.5 倍，是排名前 100 法学院的毕业生的 4 倍〔截至 2007 年夏季，1970 年至 2005 年间的毕业生，毕业于排名前 10 法学院的有 13.4% 成了美国最大的 285 家律师事务所（共有 300 家）的合伙人，毕业于排名前 20 法学院的有 8.9% 成了合伙人，而毕业于排名前 100 法学院的只有 3.5% 成了合伙人〕。参见 Oyer and Schaefer, "Welcome to the Club," 9, 19。

198. 内部回报率的波动范围如下：每年支付 6 万美元学费的人大约有 13.5%，每年支付 3 万美元学费的人大约有 19%，获得全额奖学金的人大约有 32%。参见 Michael Simkovic and Frank McIntyre, "The Economic Value of a Law Degree," HLS Program on the Legal Profession Research Paper No. 2013-6 (last modified November 26, 2014), Table 10, https://papers.ssrn.com/sol3/papers.cfm?abstract_id=225 0585。西姆科维奇和麦金太尔按照性别对数据进行了分开处理，这些回报率反映了两性的回报率的粗略平均值。回报率不仅反映了学费，还反映了上法学院的其他成本，包括放弃的收入。这就是为什么那些不支付学费的人的回报率"只有"大约 30%。

199. 参见 "The Best Business Schools," *Forbes*, accessed October 13, 2018, www.forbes.com/business-schools/list/; Louis Lavelle, "MBA Pay: The Devil's in the Details," Bloomberg, November 19, 2012, www.bloomberg.com/news/articles/2012-11-19/mba-pay-the-devils-in-the-details。另参见 Jonathan Rodkin and Francesca Levy, "Best Business Schools 2015," Bloomberg, accessed November 18, 2018, www.bloomberg.com/features/2015-best-business-schools。

200. 根据 PayScale 收集的 2013 年数据，哈佛大学的 20 年回报率是得克萨斯 A&M 大学的 2 倍。参见 Anne VanderMey, "MBA Pay: Riches for Some, Not All," Bloomberg, September 28, 2009, accessed November 18, 2018, www.bloomberg.com /news/articles/2009-09-28/mba-pay-riches-for-some-not-all。《福布斯》的数据显示，斯坦福大学的 5 年收益是排名第 50 的项目的 3 倍。参见 "The Best Business Schools," *Forbes*, accessed October 13, 2018, www.forbes.com/business-schools/list/。薪资下降远在排名第 50 的项目之前就已经开始，哈佛大学的 25 万美元收入，比排名第 10 的康奈尔大学的 15 万美元收入高出近 66%。

201. "Recruiting: MBA Students, Career Industry Statistics, Class of 2016," Harvard Business School, accessed October 13, 2018, www.hbs.edu/recruiting/data/Pages/industry.aspx?tab=career&year=2016.
202. 参见 "The Best Business Schools," *Forbes,* accessed October 13, 2018, www.forbes.com/business-schools/list/。另参见 Peter Arcidiacono, Jane Cooley, and Andrew Hussey, "The Economic Returns to an MBA," *International Economic Review* 49, no. 3 (2008): 873–99。另参见 Jonathan P. O'Brien et al., "Does Business School Research Add Economic Value for Students?," *Academy of Management, Learning, and Education* 9, no. 4 (2010): 638–51。
203. 见引于 Nelson D. Schwartz, "Gap Widening as Top Workers Reap the Raises," *New York Times,* July 24, 2015, accessed November 18, 2018, www.nytimes.com/2015/07/25/business/economy/salary-gap-widens-as-top-workers-in-specialized-fields-reap-rewards.html。
204. Paul Lafargue, *The Right to Be Lazy, and Other Studies,* trans. Charles H. Kerr (Chicago: C. H. Kerr & Company, 1907).
205. 布莱克-康纳里法案（Black-Connery Bill）差一点就将每周工作30小时写进了美国的法律。该法案于1932年由参议员雨果·布莱克（Hugo Black）提出，受到工会与新上台的罗斯福政府的支持，并在1933年初以53∶30获得参议院通过，而且新的劳工部长弗朗西丝·珀金斯在众议院面前宣布支持这一法案。但是产业界愈发反对，工会方面也改变心意，迫使罗斯福在其新政中不再支持该法案，最终代之以《公平劳动标准法》，将每周工作40小时写进联邦法律。参见 Benjamin Hunnicut, *Free Time: The Forgotten American Dream* (Philadelphia: Temple University Press, 2013), 117–19。
206. 参见 Nathan Schneider, "Who Stole the Four-Hour Workday," Vice News, December 30, 2014, accessed November 18, 2018, www.vice.com/read/who-stole-the-four-hour-workday-0000406-v21n8。另参见 Jon Bekken, "Arguments for a Four-Hour Day," *Libertarian Labor Review* 1 (1986)。
207. 参见 John Maynard Keynes, "Economic Possibilities for Our Grandchildren" (1930), in *Essays in Persuasion* (New York: W. W. Norton, 1963)。凯恩斯认为，技术进步与复利所带来的迅速增长，意味着"经济问题可以得到解决，或者至少在百年之内有望解决"。值得注意的是，凯恩斯对这个问题的思考不仅仅是乌托邦式的：他担心人类有对于工作的内在驱动力，并认为人们面对大量的闲暇时间会感到"恐惧"。凯恩斯将这些想法表现为人类本性的一部分，但它们很可能反映了早期对凡勃伦社会世界的终结以及地位与过度勤奋即将融合的内在认知。对这篇文章的精彩论述，参见 Elizabeth Kolbert, "No Time: How Did We Get So Busy," *New Yorker,* May 26, 2014, accessed November 18, 2018, www.newyorker.com/magazine/2014/05/26/no-time。对占有欲的危险所展开的更广泛的哲学反思，参见 Skidelsky and Skidelsky, *How Much Is Enough?*。
208. 对这一思路的精彩介绍，参见 Thomas Frank, "David Graber: 'Spotlight on the Financial Sector Did Make Apparent Just How Bizarrely Skewed Our Economy Is in Terms Who Gets Rewarded,'" *Salon,* June 1, 2014, accessed November 18, 2018, www.salon.com/2014/06/01/help_us_thomas_piketty_the_1s_sick_and_twisted_new_scheme/。
209. 2012年，处于壮年的男性有11%、女性有26%没有在找工作。1992年，男性和女性的这一比例分别为7%和26%。而在1970年，这一比例分别为男性4%、女性

50%。美国劳工统计局预测这一下降趋势将会持续。参见Bureau of Labor Statistics, "Labor Force Projections to 2022: The Labor Force Participation Rate Continues to Fall," *Monthly Labor Review* (December 2013), www.bls.gov/opub/mlr/2013/article /labor-force-projections-to-2022-the-labor-force-participation-rate-continues-to-fall.htm. Melinda Pitts, John Robertson, and Ellyn Terry, "Reasons for the Decline in Prime-Age Labor Force Participation," Federal Reserve Bank of Atlanta Macroblog, April 10, 2014, http://macroblog.typepad.com/macroblog/2014/04 /reasons-for-the-decline-in-prime-age-labor-force-part icipation-.html。另参见Martin Wolf, "America's Labor Market Is Not Working," *Financial Times,* November 3, 2015。与其他发达经济体相比，美国壮年成人退出劳动力市场的比例较高。对于男性而言，今天英国的比例为8%，德国和法国为7%，日本为4%；而对于女性而言，在G7国家中只有意大利的劳动参与率较低。预计美国的劳动参与率将继续下降。

210. 美国职业安全与健康管理局（OSHA）制定了有关重物搬运的指南，并提供了详细的说明，阐述了如何正确搬运重物同时避免工伤。"Materials Handling: Heavy Lifting," Occupational Safety and Health Administration, accessed October 13, 2018, www.osha.gov/SLTC /etools/electricalcontractors/materials/heavy.html. 与此同时，在2016年的财政年度，美国劳工统计局记录了5 090起工作场所的死亡事故，而在1913年，仅工业领域就有大约2.3万人死亡。参见"Number of Fatal Work Injuries by Employee Status," Bureau of Labor Statistics, accessed October 13, 2018, www.bls.gov/charts/census-of-fatal-occupational-injuries/number-of-fatal-work-injuries-by-employee-status-self-employed-wage-salary.htm, and Centers for Disease Control and Prevention, "Achievements in Public Health, 1900–1999," *Morbidity and Mortality Weekly Report* 48, no. 22 (1999): 1。

211. 诚然，工资中位数停滞不前，但并未下降，消费中位数继续上升。Carmen DeNavas-Walt, Bernadette Proctor, and Jessica C. Smith, *Income, Poverty, and Health Insurance Coverage in the United States: 2012*, U.S. Census Bureau, Current Population Reports no. P60-245 (September 2013), 5, www .census.gov/prod/2013pubs/p60-245.pdf. 与此同时，近几十年来劳动力市场底层的工资实际上略有上涨，社会安全网（尽管不够完善）仍然能够满足基本物质需求，并保护大多数家庭免受最严重的绝对贫困之苦。Autor, Katz, and Kearney, "Trends in U.S. Wage Inequality," 319. 要再次说明，今天的贫困率是1930年的1/10~1/4，是1960年的1/4~1/2。详见本书第四章。

212. 壮年男性的劳动参与率大幅下降，从1970年的约96%降至如今的约88%（在所有发达的工业化国家中，美国排名第2，仅次于意大利）。参见Melinda Pitts, John Robertson, and Ellyn Terry, "Reasons for the Decline in Prime-Age Labor Force Participation," Federal Reserve Bank of Atlanta Macroblog, April 10, 2014, http://macroblog.typepad.com/macroblog/2014 /04/reasons-for-the-decline-in-prime-age-labor-force-part icipation-.html; Nicholas Eberstadt, "Where Did All the Men Go?," *Milken Institute Review,* April 28, 2017, www.milkenre view.org/articles/where-did-all-the-men-go.http://www.milk enreview.org/articles/where-did-all-the-men-go。相比之下，1970—2000年，壮年女性的劳动参与率几乎以同样的幅度上升（尽管基线较低），此后略有下降。参见Melinda Pitts, John Robertson, and Ellyn Terry, "Reasons for the Decline in Prime-Age Labor Force

Participation," Federal Reserve Bank of Atlanta Macroblog, April 10, 2014, http://macroblog. typepad .com/macroblog/2014/04/reasons-for-the-decline-in-prime-age-labor-force-participation-.html。

此外，失业问题越来越集中在长期失业者身上：1979 年，那些努力寻找工作但超过 6 个月未能找到工作的人占失业人口的 8.6%，而今天这一比例为 26.1%。参见 Peter Schuck, *One Nation Undecided: Clear Thinking About Five Hard Issues That Divide Us* (Princeton, NJ: Princeton University Press, 2017), 50，引自 Bureau of Labor Statistics, "Economic News Release," Table A12, last modified October 5, 2018, www .bls.gov/news.release/empsit.t12.htm。

综合考虑这些影响，今天受薪工作的壮年男性所占比例比大萧条初期低了近 10 个百分点。自 1965 年以来工作率的下降，相当于约 1 000 万个主要是中等技能的工作岗位消失了。事实上，2015 年，壮年男性的工作强度略低于 1940 年的水平，而 1940 年的失业率为 14.6%，2015 年的失业率则降至 5%。参见 Eberstadt, "Where Did All the Men Go?"。

美国劳工统计局预测，到 2050 年，男性劳动参与率将比 1950 年的峰值低近 20 个百分点，女性劳动参与率将比 2010 年的峰值低近 6 个百分点。参见 Mitra Toossi, "A Century of Change: The U.S. Labor Force, 1950–2050," *Monthly Labor Review* (May 2002): 22, Table 4. 相比之下，男女劳动参与率之间的差距在 1970 年约为 36 个百分点，在 1980 年为 26 个百分点。前面报告的数据显示，收入分配在底部那一半的壮年男性，每周的工作小时比 1940 年减少了约 20%。在所有工薪和中产阶层男性中，将上述两种对平均工作时间的影响加在一起，造成的差异超过了 1980 年劳动参与率的男女差异，并接近 1970 年男女劳动参与率的差异。

213. Ceylan Yeginsu, "If Workers Slack Off, the Wristband Will Know. (And Amazon Has a Patent for It.)," *New York Times,* February 1, 2018, accessed October 26, 2018, www.nytimes. com/2018/02/01/technology /amazon-wristband-tracking-privacy.html.另参见 U.S. Patent and Trademark Office, "Ultrasonic Bracelet and Receiver for Detecting Position in 2D Plan," Amazon Technologies, Inc., Applicant, Appl. No.: 15/083,083, March 28, 2016。

214. 例如，参见 O'Connor, "When Your Boss Is an Algorithm"。

215. 1998—2015 年，受过高中及以下教育的中年白人自杀、服用药物过量以及和酒精相关的死亡的增长速度，是受过大学本科及以上教育的中年白人的 3 倍多；未受教育的女性的死亡率增长速度是受过教育的中年白人女性的 5 倍多。参见 Case and Deaton, "Mortality and Morbidity," 415，使用来自美国疾病控制与预防中心的数据：*National Vital Statistics System,* 2018。这些数据收集了年龄在 50~54 岁之间的非西班牙语裔白人男性和女性数据，按照他们的教育水平，计算每 10 万人中的自杀、服用药物过量以及与酒精相关的死亡的人数。对于拥有高中及以下学历的男性，这一比例在 1998—2015 年增长了 130%；对于拥有本科及以上更高学历的男性，这一比例增长了 44%。对于拥有高中及以下学历的女性，这一比例增长了 381%；对于拥有本科及以上学历的女性，这一比例增长了 70%。参见 Case and Deaton, "Mortality and Morbidity"。另参见 Joel Achenbach and Dan Keating, "New Research Identifies a 'Sea of Despair' Among White, Working-Class Americans," *Washington Post,* March 23, 2017, accessed November 18, 2018, www.washingtonpost.com/national/health-science/new-research-identifies-a-sea-of-

despair-among-white-working-class-americans/2017/03/22/c777ab6e-0da6-11e7-9b0d-d27c98455440_story.html?utm_term=.3b4d0390d167。

唐纳德·特朗普的核心支持者就来自拥有中产阶层收入但没有大学学历的选民。参见Thomas Edsall, "The Not-So-Silent White Majority," *New York Times,* November 17, 2016, accessed November 18, 2018, www .nytimes.com/2016/11/17/opinion/the-not-so-silent-white-majority.html; Jon Huang, Samuel Jacoby, Michael Strickland, and K. K. Rebecca Lai, "Election 2016: Exit Polls," *New York Times,* November 8, 2016, accessed November 18, 2018, www .nytimes.com/interactive/2016/11/08/us/politics/election-exit-polls.html。关于使用大规模的选前盖洛普调查数据集进行的一项对特朗普支持来源的相当一致的分析，参见Jonathan Rothwell and Pablo Diego-Rosell, "Explaining Nationalist Political Views: The Case of Donald Trump," SSRN working paper (November 2, 2016), https://papers.ssrn.com/sol3/papers.cfm?abstract_id=2822059。

216. June Carbone and Naomi Cahn, "Unequal Terms: Gender, Power, and the Recreation of Hierarchy," *Studies in Law, Politics, and Society* 69 (2016): 15199. 以下简称Carbone and Cahn, "Unequal Terms"。
217. Claudia Goldin, "A Grand Gender Convergence: Its Last Chapter," *American Economic Review* 104, no. 4 (2014): 1117.
218. Frank and Cook, *The Winner-Take-All Society*.
219. 在被称为"大压缩时代"的时期，即从1946年到1980年的35年间，年均收入增长最快的是收入分配的底层，随着收入的增加，增速逐渐放缓，这种情况一直延续到收入在第99百分位的人群。中等收入的劳动者几乎正好享受到了平均水平的收入增长。以上数据来自Facundo Alvaredo et al., *World Inequality Report 2018* (World Inequality Lab, 2017), https://wir2018.wid.world/。它们由大卫·伦哈特以简洁的方式组织起来（使用杰西卡·马和斯图尔特·A. 汤普森的数据），参见David Leonhardt, "Our Broken Economy, in One Simple Chart," *New York Times,* August 7, 2017, accessed November 18, 2018, www.nytimes.com/interactive/2017/08/07/opinion/leonhardt-income-inequality.html。
220. 自1980年以来，收入增长已经向上转移。1979—2007年，唯一一个在全美总收入中占比增加的收入群体是最富有的1%群体（甚至是接下来最富有的19%的人群，也经历了份额下降）。参见Congressional Budget Office, "Trends in the Distribution of Household Income," Figure 2. 大约到1990年，收入增长最快的是收入分配前1%的人群。到2000年左右，随着收入增加，该群体的收入增长速度越来越快，完全颠倒了20世纪中叶的模式。（如今，直至接近收入分配中的第90百分位，平均收入才有所增长。）最后，在1980年到2014年的35年间，收入在第99.999百分位的人群收入增长速度几乎是处于第99百分位人群的3倍，只有最富有的0.05%的人群享受到了与最穷美国人在"大萧条"时期相同的收入增长。

以上所有数据来自Facundo Alvaredo et al., *World Inequality Report 2018* (World Inequality Lab, 2017), https:// wir2018.wid.world/。另参见Leonhardt, "Our Broken Economy"。
221. 这一观点来自杰玛·莫滕森（Gemma Mortensen）。
222. George Akerlof, "The Economics of Caste and of the Rat Race and Other Woeful Tales,"

Quarterly Journal of Economics 90, no. 4 (November 1976). 另参见 Alan Day Haight, "Padded Prowess: A Veblenian Interpretation of the Long Hours of Salaried Workers," *Journal of Economic Issues* 31, no. 1 (March 1997): 33–34。

223. Haight, "Padded Prowess," 33–34.

224. 参见 Golden, "A Brief History of Long Work Time," 221，引自 James Rebitzer and Lowell J. Taylor, "The Consequences of Minimum Wage Laws: Some New Theoretical Ideas," *Journal of Public Economics* 56, no. 2 (1995); Linda Bell and Richard Freeman, "Why Do Americans and Germans Work Different Hours?," in *Institutional Frameworks and Labor Market Performance,* ed. Friedrich Buttler et al. (London: Routledge, 1995; Samuel Bowles and Yongjin Park, "Emulation, Inequality, and Work Hours: Was Thorsten Veblen Right?," University of Massachusetts Economics Department Working Paper no. 62 (2004); Robert Drago, Mark Wooden, and David Black, "Who Wants and Gets Flexibility? Changing Work Hours Preferences and Life Events," *ILR Review* 62, no. 3 (April 2009)。

225. Golden, "A Brief History of Long Work Time," 221.

226. 参见 Jessica Stillman, "This U.K. Company Offered Its Employees Unlimited Vacation Time. It Was a Total Failure," *Slate,* June 14, 2015, accessed November 18, 2018, https://slate.com/business/2015/07/unlimited-vacation-time-this-company-tried-it-and-it-was-a-total-failure.html。

227. 例如，参见 Bowles and Park, "Emulation, Inequality, and Work Hours," 10–13。

228. 例如，参见 Bowles and Park, "Emulation, Inequality, and Work Hours," 12–13。在这个分析中，这两个国家的不平等程度是通过收入分配中第 90 百分位和第 50 百分位之间的比例来衡量的。

229. Kuhn and Lozano, "The Expanding Workweek?," 336。另参见 Daniel Hecker, "How Hours of Work Affect Occupational Earnings," *Monthly Labor Review* (October 1998); Linda Bell and Richard Freeman, "Why Do Americans and Germans Work Different Hours?," NBER Working Paper No. 4808 (July 1994), www.nber.org/papers/w4808。同样的论点见 Bowles and Park, "Emulation, Inequality, and Work Hours"。

230. 精确估计为 44.5%。Landers, Rebitzer, and Taylor, "Rat Race Redux."
    长时间工作也不仅与行业内的工资不平等有关，还与行业间的工资不平等有关。这表明竞争性地追求社会地位对工作努力产生了直接影响。Bowles and Park, "Emulation, Inequality, and Work Hours," 16。

231. Hewlett and Luce, "Extreme Jobs," 52.

232. 参见 Laura Noonan, "Gold-man Sachs Attempts to Woo Junior Bankers with Swift Promotions," *Financial Times,* November 5, 2015, accessed November 18, 2018, www.ft.com/content/7af51792-83e4-11e5-8e80-1574112844fd。

233. Rhode, *Balanced Lives,* 17，引自 Meredith Wadman, "Family and Work," *Washington Lawyer,* November/December 1998, 33; Deborah L. Rhode, "Gender and Professional Roles," *Fordham Law Review* 63 (1994); 以及 Keith Cunningham, "Father Time: Flexible Work Arrangements and the Law Firm's Failure of the Family," *Stanford Law Review* 53 (2001): 987。近 3/4 的律师表示，他们无法成功平衡工作与个人生活的需求。Rhode, *Balanced Lives,* 11，引自

Deborah L. Rhode, *In the Interests of Justice: Reforming the Legal Profession* (Oxford: Oxford University Press, 2000), 10；Cameron Stracher, "Show Me the Misery," *Wall Street Journal,* March 6, 2000, A31；Carl T. Bogus, "The Death of an Honorable Profession," *Indiana Law Review* 71 (1996): 926；以及 Catalyst, Women in Law: Making the Case (2001), 9, executive summary available at http:// womenlaw.stanford.edu/pdf/law.inside.fixed.pdf。

234. Hewlett and Luce, "Extreme Jobs," 49–50.

在一次有关精英过劳的焦点小组中，一名金融服务行业的经理表示，由于说好了周末探望却失约太多次，他失去了坐轮椅的父亲的信任。同一研究的另一个焦点小组中，一位大型会计事务所合伙人的十几岁女儿也有类似的经历。她说，她的父亲曾经承诺一旦成为合伙人，就会多花时间在家。但实际上，他的工作时间有增无减。她说，他"在我起床之前就走了，夜里上床睡觉的时候还没回来"。这位女儿认为这种情况很正常，因为她所有朋友的父亲都是这样长时间工作的。Hewlett and Luce, "Extreme Jobs," 53, 58. 一名摩根大通的高级银行职员同样拒绝一位副总裁请几个小时的假去参加女儿的第一次舞蹈表演，他仅仅说道："别担心，我从来没有去过我孩子的任何一场棒球比赛。" Kevin Roose, *Young Money: Inside the Hidden World of Wall Street's Post-Crash Recruits* (New York: Grand Central Publishing, 2014), Chapter 14.

父母似乎试图通过把他们的收入花在孩子身上来弥补这种行为。但甚至孩子是否想要所有收到的礼物，都并不清楚。例如，根据一位儿童心理学家的研究，学龄前儿童想要在圣诞节平均收到 3.4 件玩具，但实际收到了 11.6 件。这项研究为玛丽莲·布拉德福德（Marilyn Bradford）所做，并被引用在霍克希尔德的《时间困境》一书中，参见 Hochschild, *The Time Bind,* 217。

235. Ho, *Liquidated,* 89–90.

236. Leslie Kwoh, "Hazard of the Trade: Bankers' Health," *Wall Street Journal,* February 15, 2012, ac-cessed November 18, 2018, www.wsj.com/articles/SB10001424052970204062704577223623824944472，引自 Alexandra Michel, *Transcending Socialization: A Nine-Year Ethnography of the Body's Role in Organizational Control and Knowledge Worker Transformation* (2011), http:// alexandramichel.com /ASQ%2011-11.pdf. 另一项研究报告称，过度劳累的专业人士中有超过 2/3 的人睡眠不足。Hewlett and Luce, "Extreme Jobs," 54.

237. Schor, *The Overworked American,* 11.

238. Jeffrey M. O'Brien, "Is Silicon Valley Bad for Your Health?," *Fortune,* October 23, 2015, accessed November 18, 2018, http://fortune.com/2015/10/23/is-silicon-valley-bad-for-your-health/.

239. 参见 Laura Noonan, "Morgan Stanley to Offer Paid Sabbaticals to Retain VPs," *Financial Times,* June 2, 2016, accessed November 18, 2018, www.ft.com/content /d316dc38-28d2-11e6-8ba3-cdd781d02d89。

240. 参见 Olivia Oran, "Goldman to Summer Interns: Don't Stay in the Office Over-night," Reuters, June 17, 2015 accessed November 18, 2018, www.reuters.com/article/us-goldmansachs-interns/goldman-to-summer-interns-dont-stay-in-the-office-overnight-idUSK BN0OX1LA20150617, and Andrew Ross Sorkin, "Reflections on Stress and Long Hours on Wall Street," *New York Times,* June 17, 2015, accessed November 18, 2018, www.nytimes.com /2015/06/02/

business/dealbook/reflections-on-stress-and-long-hours-on-wall-street.html。

241. 参见 Noonan, "Paid Sabbaticals to Retain VPs"。

242. 当额外的收入被用于在相互伤害的地位竞争中购买不必要的奢侈品时，这一点尤为明显。在某些情况下，例如，精英城市社区的住房、艺术品或古董家具等领域，富人不断增加的收入和财富主要推高了一定数量的商品价格。随着顶层收入的增加，他们实际上只是消费了他们本来会购买的相同商品，但是以更高的价格。如今，排名前 1% 的家庭的收入（以不变美元计算）大致是 1970 年的 2 倍，排名前 0.1% 的家庭则大致是 1970 年的 4 倍。参见 "Income Inequality, USA, 1970–2014," World Inequality Database, accessed October 16, 2018, http: //wid.world/country/usa/。然而，我们不能确定地说，他们因此享受到整体上 2 倍或者 4 倍的物质幸福，或者他们的收入增加会使他们在物质上有所改善。

243. 这些报告并没有因为草率关注工时而忽略更长工时会带来更高收入的这个事实。当实验者假定精英律师事务所的律师可以选择，即要么减少工时但保持当前的收入，要么保持当前的工时但增加收入，或者同时增加工时和收入，有将近 2/3 的人选择减少工时，只有 1/10 的人愿意增加工时和收入。参见 Landers, Rebitzer, and Taylor, "Rat Race Redux," 338–39。也许这些偏好仅仅反映了这些律师事务所的律师正以最佳状态在工作，因此他们的工时和收入已经达到了边际效用递减的点，这使他们更愿意选择休闲而不是追求更高的薪酬和更多的工作。但是，这种减少工时的偏好并没有随着这些律师的收入增加而增加。这表明，研究中的律师们工作过度，陷入了激烈竞争的困境，而不是在严格按照他们个人偏好的工时在工作。参见 Landers, Rebitzer, and Taylor, "Rat Race Redux," 339。尽管他们更倾向于选择边际的休闲而不是边际的薪酬，但律师们的薪酬和工时仍然在稳步上升。还有一个导致这种趋势的原因值得一提。1970—2000 年，"大型律师事务所的律师薪酬增长了 1 000%，而计费率仅增长了 400%"。律所似乎是通过增加可计费工时而不是提高费率来支付更高薪酬的。然而，尽管律师们更倾向于减少工时、牺牲薪酬，但这些偏好并没有反映在律所的行为中。参见 Schiltz, "An Unhappy, Unhealthy, and Unethical Profession," 900，引自 William G. Ross, *The Honest Hour: The Ethics of Time-Based Billing by Attorneys* (Durham, NC: Carolina Aca-demic Press, 1996), 2，以及 North Carolina Bar Association, *Re-port of the Quality of Life Task Force and Recommendations* (1991), 11–12。

其他调查也再现了这些结果。美国律师协会表示："在最近的调查中，大多数男性和女性都表示愿意接受较低的薪水，以换取更多与家人相处的时间。" Deborah L. Rhode, "Balanced Lives for Lawyers," *Fordham Law Review* 70 (2002): 2212，引自 Family and Work Institute, *National Study of the Changing Workplace*。一项涉及约 2 800 名员工的研究发现，工作场所的灵活性和家庭支持是工作满意度的第二重要因素，仅次于工作质量。近 2/3 的人愿意每周平均工作时间减少 10 个小时。Steven Ginsberg, "Raising Corporate Profits by Reaching Out to Families," *Washington Post,* April 19, 1998, H7; Sue Shellenbarger, "Study of U.S. Workers Finds Sharp Rise Since 1992 in Desire to Reduce Hours," *Wall Street Journal,* April 15, 1998, A10. 在有关法律和会计师事务所内部优先事项的代际转变的讨论中，年轻的男性和女性都表达了更渴望拥有与家人在一起的时间，参见 Douglas McCracken, "Winning the Talent War for Women: Sometimes It Takes a Revolution," *Harvard Business Review* (November–December 2000): 159, 161; Bruce Balestier, "'Mommy Track' No Career Derailment," *New York Law Journal,* June 9, 2000, 24; Terry Carter, "Your Time or Your Money," *ABA Journal* (February 2001): 26。一项由哈里斯互动公司和拉德克利夫公共政策中心进行的调查发现，35岁左右的男性有将近3/4愿意拿较低的工资换取更多时间来陪伴家人，而相比之下，65岁以上的男性中只有1/4愿意这样做。Kirsten Downey Grimsley, "Family a Priority for Young Workers: Survey Finds Changes in Men's Thinking," *Washington Post,* May 3, 2000, E1. 概括参见Bruce Tulgan, *The Manager's Pocket Guide to Generation X* (Amherst, MA: HRD Press, 1997)。

244. Jacobs and Gerson, *The Time Divide,* 65–66.
245. Jacobs and Gerson, *The Time Divide,* 68.
246. Jacobs and Gerson, *The Time Divide,* 68.
247. Jacobs and Gerson, *The Time Divide,* 68.
248. Will Meyerhofer, "Not Worth It," The People's Therapist, April 13, 2011, accessed November 18, 2018, https://thepeoplestherapist.com/2011/04/13/not-worth-it /#more-3292（作者本人曾在苏利文-克伦威尔律师事务所工作）。
249. Ho, *Liquidated,* 115.
250. Cynthia Fuchs Epstein et al., "Glass Ceilings and Open Doors: Women's Advancement in the Legal Profession," *Fordham Law Review* 46 (1995): 385.
251. Rhode, *Balanced Lives,* 14.
252. 参见Ho, *Liquidated*。
253. Ho, *Liquidated,* 44, 56.

[第七章]

1. "Timeline Guide to the U.S. Presidents," Scholastic, accessed October 1, 2018, www.scholastic.com/teachers/articles /teaching-content/timeline-guide-us-presidents/.
2. Bill Clinton, *My Life* (New York: Vintage, 2005), 4, 8–18.
3. Kitty Kelley, *The Family: The Real Story of the Bush Dynasty* (New York: Doubleday, 2004), 42, 80.
4. Russell L. Riley, "Bill Clinton: Life Before the Presidency," Miller Center at the University of Virginia, accessed October 6, 2018, https://millercenter.org /president/clinton/life-before-the-presidency.
5. "About the Project," George W. Bush Childhood Home, Inc., accessed October 1, 2018, www.bushchildhoodhome.org/about.
6. Laura Bush, *Spoken from the Heart* (New York: Scribner, 2010), 94–96.
7. 超过20%的受访退伍军人表示，如果没有《退伍军人法案》，他们要么不会上大学，要么不可能上大学。该法案提供了一张"通往中产阶层的入场券，迅速使退伍军人资格成为向上流动的重要经济杠杆"。William G. Bowen, Martin A. Kurzweil, and Eugene M. Tobin, *Equity and Excellence in Amer ican Higher Education* (Charlottesville: University of Virginia Press, 2006), 31–32.

8. 参见第一章。
9. Thomas Piketty and Emmanuel Saez, "How Progressive Is the U.S. Federal Tax System? A Historical and International Perspective," *Journal of Economic Perspectives* 21, no. 1 (Winter 2007): 3.
10. Bishop, *The Big Sort,* 130. 更多相关讨论，参见 Berry and Glaeser, "The Divergence of Human Capital"。
11. Murray, *Coming Apart,* 27–28. 另参见 Kathleen Leonard Turner, "Commercial Food Venues," in *Material Culture in America: Understanding Everyday Life,* ed. Helen Sheumaker and Shirley Teresa Wajda (Santa Barbara, CA: ABC-CLIO), 112–13; "How Much Cars Cost in the 60s," The People History, accessed October 7, 2018, www.thepeoplehistory.com/60scars.html。
12. Murray, *Coming Apart*, 26.
13. Kristina Wilson, *Livable Modernism: Interior Decorating and Design During the Great Depression* (New Haven, CT: Yale University Art Gallery, 2004), 14–17.
14. Bishop, *The Big Sort,* 225. 这些会员制组织曾经在公民社会中占据的地位，如今大都被专业运作的游说团体所占据，这些团体的支持者通常按阶层分隔开，无论如何，他们之间的互动不多（特别是与管理他们的人互动不多）。更进一步的讨论，参见 Theda Skocpol, *Diminished Democracy: From Membership to Management* (Norman: University of Oklahoma Press, 2004), 291。
15. Duncan Norton-Taylor, "How Top Executives Live (Fortune 1955)," *Fortune,* last modified May 6, 2012, accessed November 19, 2018, http://fortune.com/2012/05/06/how-top-executives-live-fortune-1955/#.
16. Norton-Taylor, "How Top Executives Live."
17. Norton-Taylor, "How Top Executives Live."
18. Norton-Taylor, "How Top Executives Live."
19. Norton-Taylor, "How Top Executives Live."
20. Norton-Taylor, "How Top Executives Live."
21. William J. Wilson, *When Work Disappears* (New York: Vintage, 1997), 195.
22. 白人至上主义仍然是美国生活中的主导意识形态，对这一观点的有力陈述包括 Ta-Nehisi Coates, *Between the World and Me* (New York: Spiegel & Grau, 2015), and Charles Mills, *The Racial Contract* (Ithaca, NY: Cornell University Press, 1997)。
23. 例如，威尔逊指出，在大萧条末期，即 20 世纪 60 年代中期，"阶层开始影响黑人的职业和世代流动，就像对白人的影响一样"。Wilson, *When Work Disappears,* 195.
24. 例如，根据美国人口普查局的住房普查数据，在 1950 年，约有 35% 的非裔美国人拥有自己的住房；而如今，收入位于后 25% 的美国人大约有 39% 拥有自己的住房。Census Bureau, Census of Housing, "Historical Census of Housing Tables: Ownership Rates," last modified October 31, 2011, www.census.gov/hhes/www/housing/census/historic/ownrate.html; "Data by Issue: Homeownership and Housing," Prosperity Now Scorecard, https://scorecard.prosperitynow.org/data-by-issue#housing/outcome/homeownership-by-income (2016 data). 同样，在 1954 年，非裔美国人的失业率大约为 10%；而在 2009 年，收

入分配在后40%的人群中，失业率大约为12%、15%、19%和31%。Drew Desilver, "Black Unemployment Rate Is Consistently Twice That of Whites," Pew Research Center, August 21, 2013, www.pewresearch.org/fact-tank/2013/08/21/through-good-times-and-bad-black-unemployment-is-consistently-double-that-of-whites/.

当阶层和种族因素交叉时，它们的积累效应变得巨大。例如，1960年出生的黑人男性中，高中辍学者有59%的机会在一生中的某个时刻入狱，而大学毕业生只有5%的机会。参见James Forman Jr., "Racial Critiques of Mass Incarceration: Beyond the New Jim Crow," 25 (on file with author)。另参见Bruce Western and Christopher Wildeman, "The Black Family and Mass Incarceration," *Annals of the American Academy of Political and Social Sciences* 621 (2009): 221–42。

25. 家庭比例从61%下降到略低于50%，收入比例从62%下降到43%。Pew Research Center, "The American Middle Class Is Losing Ground."

26. Pew Research Center, "The American Middle Class Is Losing Ground." 进一步的讨论，参见Marilyn Geewax, "The Tipping Point: Most Americans No Longer Are Middle Class," National Public Radio, last modified December 9, 2015, www.npr.org/sections/thetwo-way/2015/12/09/459087477/the-tipping-point-most-americans-no-longer-are-middle-class。

27. 这里参见David Leonhardt and Kevin Quealy, "The American Middle Class Is No Longer the World's Richest," *New York Times,* April 22, 2014, accessed November 19, 2018, www.nytimes.com/2014/04/23/upshot/the-american-middle-class-is-no-longer-the-worlds-richest.html?_r=0。伦哈特和奎利使用来自卢森堡的收入研究的数据，显示大约在2010年，加拿大和挪威收入的中位数超过了美国，而几乎所有其他富裕国家的收入中位数都在过去30年里迅速赶上美国。

28. Marianne Cooper, "Being the 'Go-To Guy': Fatherhood, Masculinity, and the Organization of Work in Silicon Valley," in *Families at Work: Expanding the Bounds,* ed. Naomi Gerstel, Dan Clawson, and Robert Zussman (Nashville: Vanderbilt University Press, 2002), 26; Williams, *White Working Class,* 37–38.

29. Richard J. Murnane and Frank Levy, *Teaching the New Basic Skills: Principles for Educating Children to Thrive in a Changing Economy* (New York: Free Press, 1996), 19. 另参见Daron Acemoglu, "Technical Change, Inequality, and the Labor Market," *Journal of Economic Literature* 40, no. 1 (March 2002): 41, https://doi.org/10.1257/0022051026976。

30. 参见第六章。

31. Berry and Glaeser, "The Divergence of Human Capital," 415–16.

32. 此外，在支付高薪水的技术密集型雇主中，这样的增长最多。最近，对近3 000家公司进行的一项研究发现，应聘者筛选的强度与公司员工的正式教育水平、自我报告的技能水平以及计算机使用程度之间存在显著相关性。Steffanie L. Wilk and Peter Cappelli, "Understanding the Determinants of Employer Use of Selection Methods," *Personnel Psychology* 56, no. 1 (Spring 2003): 117–19, https://doi.org/10.1111/j.1744-6570.2003.tb00145.x. 另参见Acemoglu, "Technical Change," 41。

33. 例如，在20世纪90年代，Sports Plus给装配工的时薪为5.50美元至7.00美元，仍然采用与福特相同的非正式招聘方式。Richard J. Murnane and Frank Levy, *Teaching the New*

Basic Skills: Principles for Educating Children to Thrive in a Changing Economy (New York: Free Press, 1996), 47. 另参见 Acemoglu, "Changes in Unemployment and Wage Inequality," 1270。

34. 这些人才筛选方面的创新，是在 20 世纪 80 年代中期由诸如美国本田和星钻汽车（Diamond Star Motors）这样的公司引入的。如今它们被广泛用于寻找中等技能工人。阿西莫格鲁在他的研究中进一步讨论了这一点，他指出："这些雇主薪酬高，实际工资水平略高于 20 世纪 60 年代的福特，前两家公司与福特所在的行业相同。这三家公司都投入了大量资源用于招聘，只录用了少数申请者。前两家公司使用正式的认知测试，包括数学、能力和英语测试，以及一系列长时间的面试环节。第三家公司采用更加深入的面试，但没有正式的测试。这三家公司的面试程序成本相当高，因为它涉及大量员工和经理，但他们认为这是值得的。" Acemoglu, "Changes in Unemployment and Wage Inequality," 1270。

35. Rivera, *Pedigree*, 31–34.

36. 举例来说，1976—1985 年，拥有与其工作要求精确匹配的教育水平的劳动者比例增加了，而不匹配的劳动者之间的教育差距（接受过度教育的劳动者平均多出的学年）也减少了。Acemoglu, "Changes in Unemployment and Wage Inequality," 1271–72, Table 1. 德隆·阿西莫格鲁的研究测试了这一结果的稳健性，其中考虑到了劳动力组成的变化因素，例如年轻劳动者的增加，而年轻人往往接受了过多的教育。

37. Acemoglu, "Technical Change," 7–72, 48–49.

38. Bishop, *The Big Sort*, 135.

39. 这种模式愈演愈烈，使美国军方担心如今入伍者的教育水平。五角大楼因此对"高素质青年、父母受过良好教育的青年和计划上大学的青年"较低的入伍意愿表示遗憾。John T. Warner, Curtis J. Simon, and Deborah M. Payne, *Enlistment Supply in the 1990's: A Study of the Navy College Fund and Other Enlistment Incentive Program*Ft. Belvoir, VA: Defense Technical Information Center, 2001), 21–22. 另参见 Bishop, *The Big Sort*, 137。

40. 参见 John Nordheimer, "Son of Privilege, Son of Pain: Random Death at Yale's Gates," *New York Times*, June 28, 1992, accessed November 19, 2018, www.nytimes.com/1992/06/28/nyregion/son-of-privilege-son-of-pain-random-death-at-yale-s-gates.html; Paul Gunther, "The End of Shared Sacrifice Set in Stone: Yale as Metaphor," *Huffington Post*, December 6, 2017, accessed November 19, 2018, www.huffington post.com/paul-gunther/the-end-of-shared-sacrifi_b_6124098.html。

41. Hochschild, *Strangers in Their Own Land*, 121. 关于进一步的讨论，另参见 James B. Steward, "Looking for a Lesson in Google's Perks," *New York Times*, March 15, 2013, accessed November 19, 2018, www.nytimes.com/2013/03/16/business/at-google-a-place-to-work-and-play.html。

42. Tan Chen, "The Spiritual Crisis of the Modern Economy."

43. Eberstadt, "Where Did All the Men Go?" 根据一位研究人员的统计，过去 40 年里监禁人数增加了 3 倍。Sarah Shannon et al., "The Growth, Scope, and Spatial Distribution of People with Felony Records in the United States, 1948–2010," *Demography* 54, no. 5 (October 2017): 1804–5, Table 1.

44. Michelle Alexander, *The New Jim Crow: Mass Incarceration in the Age of Colorblindness* (New York: New Press, 2010).
45. 18世纪末，贵族社会开始排斥清教主义。参见Faramerz Dabhoiwala, *The Origins of Sex: A History of the First Sexual Revolution* (Oxford: Oxford University Press, 2012)。
46. Veblen, *Theory of the Leisure Class*, 34.
47. 参见本书第五章。
48. 参见本书第五章。
49. Annette Lareau, *Unequal Childhoods: Class, Race, and Life* (Berkeley: University of California Press, 2011), 45, 55–57, 76–77.
50. 在1970年，美国70%受过高等教育的白人和67%的劳工阶层白人表示婚姻生活非常美满。现今受过高等教育的专业人士表示婚姻美满的比例与1970年差不多，但是劳工阶层的满意比例降到了50%左右。"Men Adrift: Badly Educated Men in Rich Countries Have Not Adapted Well to Trade, Technology or Feminism," *The Economist,* May 28, 2015, accessed November 19, 2018, www.economist.com/news/essays/21649050-badly-educated-men-rich-countries-have-not-adapted-well-trade-technology-or-feminism.
51. 这个问题是从全国家庭增长调查中得出的。2002年，有42%的受过大学教育的女性回答"是"，而在2012年，这一比例下降到只有31%。Helaine Olen, "Think Divorce Is Miserable? Look How Bad Life Can Get When Divorcees Try to Retire. Especially When They're Women," *Slate,* March 18, 2016, accessed November 19, 2018, www.slate.com/articles/business/the_bills/2016/03/how_divorce_exacerbates_the_retirement_crisis_especially_if_you_re_a_woman.html.
52. "The Tissue Trade: Dislike of Abortion and Support for Planned Parenthood Should Go Together," *The Economist,* August 1, 2015, accessed November 19, 2018, www.economist.com/united-states/2015/08/01/the-tissue-trade. 另参见Peter Schuck, *One Nation Undecided: Clear Thinking About Five Hard Issues That Divide Us* (Princeton, NJ: Princeton University Press, 2017), 110。
53. Putnam, Frederick, and Snellman, "Growing Class Gaps," 22.
54. Putnam, Frederick, and Snellman, "Growing Class Gaps," 16–17, Tables 6–8.
55. Putnam, Frederick, and Snellman, "Growing Class Gaps," 17–18.
56. Putnam, Frederick, and Snell-man, "Growing Class Gaps," 19.
57. Putnam, Frederick, and Snellman, "Growing Class Gaps," 20.
58. Tan Chen, "The Spiritual Crisis of the Modern Economy."
59. Carbone and Cahn, "Unequal Terms." 另参见Rachel Soares et al., "2012 Catalyst Census: Fortune 500 Women Executive Officers and Top Earners," Catalyst, December 11, 2012, www.catalyst.org/knowledge/2012-catalyst-census-fortune-500-women-executive-officers-and-top-earners。
60. Alexander Eichler, "Gender Wage Gap Is Higher on Wall Street Than Anywhere Else," *Huffington Post,* March 19, 2012, accessed November 19, 2018, www.huffingtonpost.com/2012/03/19/gender-wage-gap-wall-street_n_1362878.html; William Alden, "Wall Street's Young Bankers Are Still Mostly White and Male, Report Says," *New York Times,*

September 30, 2014, accessed November 19, 2018, https://dealbook.nytimes.com/2014/09/30/wall-streets-young-bankers-are-still-mostly-white-and-male；以及 Andy Kiersz and Portia Crowe, "These Charts Show Just How White and Male Wall Street Really Is," *Business Insider,* August 25, 2015, accessed November 19, 2018, www.businessinsider.com /wall-street-bank-diversity-2015-8。

61. American Bar Association Commission on Women in the Profession, *A Current Glance at Women in the Law: January 2017* (2017), www.amer icanbar.org/content/dam/aba/marketing/women/current _glance_statistics_january2017.authcheckdam.pdf.

62. A. T. Lo Sasso et al., "The $16,819 Pay Gap for Newly Trained Physicians: The Unexplained Trend of Men Earning More Than Women," *Health Affairs* 30, no. 2 (February 2018): 193–201.

63. Claudia Goldin, "A Grand Gender Convergence: Its Last Chapter," *American Economic Review* 104, no. 4 (2014): 1–30; and Carbone and Cahn, "Unequal Terms."

64. Clare Cain Miller, "Freezing Eggs as Part of Employee Benefits: Some Women 参见 Darker Message," *New York Times,* October 14, 2014, accessed November 19, 2018, www.nytimes.com/2014 /10/15/upshot/egg-freezing-as-a-work-benefit-some-women-see-darker-message.html.

65. Carbone and Cahn, "Unequal Terms"; and Michelle Rendall, "The Service Sector and Female Market Work: Europe vs. U.S.," working paper, University of Zurich, January 22, 2013, www.economicdy namics.org/meetpapers/2013/paper_1202.pdf.

66. Carbone and Cahn, "Unequal Terms," 191.

67. 根据美国教育部国家教育统计中心针对1995—1996、1999—2000、2003—2004年全国大学生的资助研究。所有收入以1996年的美元价值计算。与此形成对比的是，在来自年收入超过7万美元家庭的大学生中，男性占了49%。Carbone and Cahn, "Unequal Terms"；以及 Mary Beth Marklein, "College Gender Gap Widens: 57% Are Women," *USA Today,* October 19, 2005。

68. Williams, *White Working Class,* 76.

69. Carbone and Cahn, "Unequal Terms."

70. Carbone and Cahn, "Unequal Terms"；以及 Sarah Jane Glynn, "Breadwinning Mothers Are Increasingly the U.S. Norm," Center for American Progress, December 19, 2016, www.americanprogress.org/issues/women /reports/2016/12/19/295203/breadwinning-mothers-are-increasingly-the-u-s-norm。

71. Claire Cain Miller and Quoctrung Bui, "Equality in Marriages Grows, and So Does Class Divide," *New York Times,* February 27, 2016, accessed November 19, 2018, www.nytimes.com/2016/02/23/upshot /rise-in-marriages-of-equals-and-in-division-by-class.html; and Marianne Bertrand, Jessica Pan, and Emir Kamenica, "Gender Identity and Relative Income Within Households," NBER Working Paper No. 19023 (May 2013), www.nber.org/papers /w19023.

72. 约翰·莫利（John Morley）让我注意到了这一差异。

73. 这句话是不是弗洛伊德说过的还存有争议。首次公开将这句话归于弗洛伊德的记载出现在 1950 年德裔美国精神分析学家埃里克·艾里克森出版的心理分析书籍《童年与社会》中。即使如此，这也已经是二手的引用，因为书中写道："有人曾经问过弗洛伊德，他认为一个正常的人应该擅长做什么……据报道，弗洛伊德以他年轻时的直率方式回答说：'爱和工作。'"后来在 1982 年的一次采访中，当被问及这个引语时，艾里克森说："我在维也纳听到过这句话，当时给我留下了深刻的印象。我从未在出版物上见过它。有些人现在说是我编造的。如果是我编造的，我为此感到自豪。"Alan C. Elms, "Apocryphal Freud: Sigmund Freud's Most Famous 'Quotations' and Their Actual Sources," in *Annual of Psychoanalysis*, vol. 29: *Sigmund Freud and His Impact on the Modern World*, ed. Jerome A. Winer and James W. Anderson (Hillsdale, NJ: Analytic Press 2001).

74. Murphy, "The Most and Least Educated U.S. Religious Groups"；Masci, "How Income Varies Among U.S. Religious Groups."

75. Murphy, "The Most and Least Educated U.S. Religious Groups"；Masci, "How Income Varies Among U.S. Religious Groups."

76. Murphy, "The Most and Least Educated U.S. Religious Groups"；Masci, "How Income Varies Among U.S. Religious Groups."

77. Thomas Edsall, "How the Other Fifth Lives," *New York Times,* April 27, 2016, accessed November 19, 2018, www.nytimes.com/2016/04/27/opinion/cam paign-stops/how-the-other-fifth-lives.html.

78. Andrew Gelman, *Red State, Blue State, Rich State, Poor State* (Princeton, NJ: Princeton University Press, 2008), 106; Benjamin Page, Larry Bartels, and Jason Seawright, "Democracy and the Policy Preferences of Wealthy Americans," *Perspectives on Politics* 1, no. 1 (March 2013): 52. 另参见 Benjamin Page and Cari Hennessy, "What Affluent Americans Want from Politics," APSA annual meeting, Washington, DC, September 2–5, 2010 (Working Paper 11-08, Institute for Policy Research, Northwestern University)。

79. Page, Bartels, and Seawright, "Democracy and the Policy Preferences of Wealthy Americans," 52，引用了 Martin Gilens, "Preference Gaps and Inequality in Representation," *PS: Political Science and Politics* 42, no. 2 (April 2009): 335–41。以下简称 Gilens, "Preference Gaps and Inequality in Representation"。吉伦斯进行了测试，发现这两组人在以下政策立场上存在明显的差异：是否支持批准堕胎药 RU-486，是否支持联邦资助低收入妇女的堕胎，是否要求通知生物父亲堕胎/要求其同意堕胎，是否支持同性婚姻合法化，是否支持在公立学校教授神创论，以及是否支持资助利用新形成的胚胎进行干细胞研究。

80. "A Wider Ideological Gap Between More and Less Educated Adults," Pew Research Center, April 26, 2016, www.people-press.org/2016/04/26/a-wider-ideological-gap-between-more-and-less-educated-adults; Neil Gross, "Why Are the Highly Educated So Liberal?," *New York Times,* May 13, 2016, accessed November 19, 2018, www .nytimes.com/2016/05/15/opinion/why-are-the-highly-educated-so-liberal.html.

81. Edsall, "How the Other Fifth Lives."

82. Page, Bartels, and Seawright, "Democracy and the Policy Preferences of Wealthy Americans," 53. 在样本中，32.4%的人收入超过100万美元，财富的中位数为750万

美元。

还有一项仔细的研究（Gilens, *Affluence and Influence,* 5）调查了收入分配前10%的美国人，证实他们"（和没那么富有的美国人相比）在堕胎、同性恋权利和海外援助等问题上持更加自由主义的立场"。更具体地说，与美国中层居民相比，富裕的美国人更有可能支持批准紧急避孕和反对堕胎禁令，更非常有可能支持干细胞研究，更有可能支持同性婚姻以及允许公开的同性恋者在军队中服役，而且更不太可能支持允许学校祈祷或（在20世纪80年代）要求所有公民进行强制性艾滋病检测的宪法修正案。另一项研究利用了普通社会调查中某些特定调查时间的偶然性差异，以识别在美国收入分配前4%的人群中同样明显的社会自由主义倾向。根据这项研究，前4%的人更有可能支持堕胎，允许无神论者和共产主义者"公开演讲"以及教学写书，有趣的是，他们也更有可能支持资助太空探索。Page and Hennessy, "What Affluent Americans Want from Politics," 16.

83. 例如，美国的富人比较支持对社会福利金的发放给予时间限制，也比较支持削减最高边际税率、资本利得税和房产税。他们比较不支持全民健保计划。Page, Bartels, and Seawright, "Democracy and the Policy Preferences of Wealthy Americans," 52, quoting Gilens, "Preference Gaps and Inequality in Representation."

84. Gilens, *Affluence and Influence,* 114.

85. Edsall, "How the Other Fifth Lives."

86. Page, Bartels, and Seawright, "Democracy and the Policy Preferences of Wealthy Americans," 55–56, 59–60, 64.

87. Page, Bartels, and Seawright, "Democracy and the Policy Preferences of Wealthy Americans," 65.

88. 参见本书第六章。

89. Ray Fisman, Shachar Kariv, and Daniel Markovits, "The Distributional Preferences of an Elite," *Science* 349, no. 6254 (September 2015).

90. 唯一的例外是，和就读于贫困学校的学生相比，非裔美国人的身份更强烈地预测这个人将拒绝经济保守主义。Tali Mendelberg et al., "College Socialization and the Economic Views of Affluent Americans," *American Journal of Political Science* 61, no. 3 (July 2017): 606–23.

91. 经典的研究是Theodore M. Newcomb, *Personality and Social Change: Attitude Formation in a Student Community* (New York: Dryden, 1943)。

92. Gilens, Affluence and Influence, 116.

93. Andy Reinhardt, "How It Really Works," *Business Week,* August 25, 1997. 这篇文章接着引用乔布斯的话说："穿什么并不重要。多大年纪并不重要。重要的是你有多聪明。"

94. Charles D. Ellis, "Goldman Sachs' Secret to Success Under Siege," *Institutional Investor,* August 8, 2013, accessed November 19, 2018, www.institutionalin vestor.com/article/b14zb9rlghm8l7/goldman-sachs-secret-to-success-under-siege. 埃利斯描述了20世纪80年代文化中的一种"急切"转变，这种转变使高盛成为全球金融的首要领导者："过去的一切都是关于客户的；现在则是关于账户和交易对手的，术语变得粗鄙起来……证券业务正在迅速变化，高盛也在更快地变化。由此，它的那些技术娴熟、积极进取的工

作人员得以走在变革曲线的前沿，赚得盆满钵满。"

95. Peter Salovey, *Promoting Diversity and Equal Opportunity at Yale University: 2016–2017*, Yale University, 2, https://student-dhr .yale.edu/sites/default/files/files/YEO.pdf; Yuki Noguchi, "At Yale, Protests Mark a Fight to Recognize Union for Grad Students," National Public Radio, June 16, 2017, www.npr.org/sec tions/ed/2017/06/16/532774267/at-yale-protests-mark-a-fight-to-recognize-union-for-grad-students; and Markeshia Ricks, "Yale Cops Threaten Strike," *New Haven Independent,* Septem-ber 6, 2018, accessed November 19, 2018, https://www.ne whavenindependent.org/index.php/archives/entry/yale_ po lice_union_ threatens_strike.

96. "Nice Work If You Can Get Out," *The Economist,* April 19, 2014, accessed November 19, 2018, www.economist.com/news/finance-and-economics /21600989-why-rich-now-have-less-leisure-poor-nice-work-if-you-can-get-out?fsrc=scn/tw/te/bl/ed/nicework.

97. Mark Aguiar and Erik Hurst, *The Increase in Leisure Inequality: 1965–2005* (Washington, DC: AEI Press, 2009), 46, www.aei.org/wp-content/uploads/2014/03/-increase-in-leisure-inequality_095714451042.pdf.

98. "Spin to Separate," *The Economist,* August 1, 2015, accessed November 19, 2018, www.economist.com/news/united-states/21660170-sweating-purpose-becoming-elite-phenomenon-spin-separate.

99. Emily C. Bianchi and Kathleen D. Vohs, "Social Class and Social Worlds: Income Predicts the Frequency and Nature of Social Contact," *Social Psychology and Personality Science* 7, no. 5 (2016): 479–86; and Christopher Ingraham, "The Social Lives of Rich People, Explained," *Washington Post,* May 12, 2016, accessed November 19, 2018, www.washingtonpost.com /news/wonk/wp/2016/05/12/how-money-changes-everything-even-your-friendships/?utm_ term=.5475a807dc28.

100. 引自 Hochschild, *Strangers in Their Own Land,* 166。同时参见 "Why the White Working Class Voted for Trump" 这一集节目对琼·C.威廉斯的采访。

101. 参见 Joan C. Williams, *Reshaping the Work-Family Debate: Why Men and Class Matter* (Cambridge, MA: Harvard University Press, 2012), 171–73. Williams cites Marjorie L. Devault, Feeding the Family: The Social Organization of Caring as Gendered Work (Chicago: University of Chicago Press, 1991), 208–12。另参见 Williams, *White Working Class*。

102. 参见对琼·C.威廉斯的采访节目："Why the White Working Class Voted for Trump"。

103. 参见 David Leonhardt, "In One America, Guns and Diet. In the Other, Cameras and 'Zoolander,'" *New York Times,* August 18, 2014, accessed July 19, 2018, www.nytimes.com/2014/08/19/upshot/inequality-and-web-search-trends.html。

104. Hochschild, *Strangers in Their Own Land,* 19.

105. 这些类别密切依照《消费者报告》(*Consumer Reports*) 所用的组织其产品评论的分类，参见 "Products A–Z," *Consumer Reports,* accessed October 7, 2018, www.consumerreports.org/cro/a-to-z-index /products/index.htm。

106. Maggie C. Woodward, "The U.S. Economy to 2022: Settling into a New Normal," *Monthly Labor Review,* December 2013, https://doi.org/10.21916/mlr.2013.43.

107. Marianne Bertrand and Emir Kamenica, "Coming Apart? Cultural Distances in the United States over Time," NBER Working Paper No. 24771 (2018), www.nber.org/papers/w24771. 另参见 Andrew Van Dam, "What We Buy Can Be Used to Predict Our Politics, Race or Education—Sometimes with More Than 90 Percent Accuracy," *Washington Post,* July 9, 2018, accessed November 19, 2018, www.washingtonpost.com/business/2018/07/10/rich-people-prefer-grey-poupon-white-people-own-pets-data-behind-cultural-divide/?utm_term=.75e85beb6d56。

   如何解读这项研究是一件复杂的事情。作者得出结论说："我们的主要发现是，在其他所有的人口分类和文化维度（除开政治意识形态）上，文化距离随着时间的推移基本保持不变。" Bertrand and Kamenica, "Coming Apart? Cultural Distances in the United States over Time." 但是，这篇论文的数据和方法实际上都不支持这个结论，至少是在使结论有吸引力的层面上。首先，数据的历史不够久远。例如，消费数据始于20世纪90年代中期。然而，有吸引力的比较应该是现在与20世纪50年代之间的比较。其次，这篇论文的分析方法并不允许对文化距离进行标度化的测量。作者只是询问了机器学习是否能够利用消费者数据来预测收入，但并没有询问消费模式之间的差异有多大，甚至也没有提出衡量这些差异的方法。

108. 其他人并非直接拥有土地，而是通过"土地权"的法律概念来持有土地。这种权利赋予了他们占有、使用土地以及从土地获利的权益，尽管土地本身形式上仍然在主权者的最终控制之下。这个法律概念一直延续至今，而政府征用土地的权力也可以正式表述为主权者有权重新占有土地，同时对土地的所有者进行补偿，补偿的金额通常等于政府剥夺土地所有者的"土地权"所对应的价值。S. F. C. Milson, "Proprietary Ideas," in *The Legal Framework of English Feudalism* (Cambridge: Cambridge University Press, 1976), 36–64.

109. N. B. Harte, "State Control of Dress and Social Change in Pre-Industrial England," in *Trade, Government, and Economy in Pre-industrial England,* ed. D. C. Coleman and A. H. John (London: Weidenfeld & Nicolson, 1976), 132–65. 216.

110. Herman Freudenberger, "Fashion, Sumptuary Laws, and Business," *Business History Review* 37, no. 1–2 (1963): 39–41.

111. U.S. Census Bureau, Census of Housing, "Historical Census of Housing Tables: Homeownership," last modified October 31, 2011, www.census.gov/hhes/www/housing/census/historic/owner.html.

112. U.S. Census Bureau, Census of Housing, "Historical Census of Housing Tables: Homeownership," last modified October 31, 2011, www.census.gov/hhes/www/housing/census/historic/owner.html.

113. 参见本书第一章。

114. "Sears, Roebuck & Co.," *AdAge Encyclopedia,* September 15, 2003, accessed November 19, 2018, https://adage.com/article/adage-encyclopedia/sears-roebuck /98873; and Gordon L. Weil, *Sears, Roebuck, U.S.A.* (New York: Stein & Day, 1977), 146.

115. Henry Ford, *Today and Tomorrow* (London: William Heinemann 1926), 152.

116. Aguiar and Bils, "Has Consumption Inequality Mirrored Income Inequality?"

117. 参见 Dollar General Corporation, "DG's Revenue Growth by Quarter and Year," CSIMarket

.com, accessed November 19, 2018, http://csimarket.com/stocks /single_growth_rates.php?code=DG&rev, and Family Dollar Stores, Inc., "FDO's Revenue Growth by Quarter and Year," CSIMarket.com, accessed November 19, 2018, http://csimarket .com/stocks/single_growth_rates.php?code=FDO&rev。

118. 这些关系是根据家庭一元店、达乐、沃尔玛和目标百货公司购物者的收入数据计算得出的，参见Hayley Petersen, "Meet the Average Walmart Shopper," *Business Insider*, September 18, 2004, accessed November 19, 2018, www .businessinsider.com/meet-the-average-wal-mart-shopper-2014-9。

119. 福特明确将工人的工资与这一逻辑挂钩。他说："工资更多是企业的问题，而不是劳动力的问题。它对企业比对劳动力更重要。低工资对企业的破坏速度远快于对劳动力的破坏速度。"Ford, *Today and Tomorrow*, 151.关于亨利·福特二世和自动化的传说也传达了同样的信息。据说在20世纪60年代，福特带着工会领袖沃尔特·鲁瑟参观一家自动化工厂时开玩笑说："沃尔特，你打算怎么让那些机器人交工会会费呢？"据说，鲁瑟回答："亨利，你打算怎么让它们购买你们的汽车呢？" Rutger Bregman, "Free Money Might Be the Best Way to End Poverty," *Washington Post*, December 29, 2013, accessed November 19, 2018, www.washingtonpost.com/opinions/free-mo ney-might-be-the-best-way-to-end-poverty/2013/12/29/679c 8344-5ec8-11e3-95c2-13623eb2b0e1_story.html?utm_term =.065017746030.

120. 发薪日借款人的平均家庭年收入仅为3万美元。该数字是使用皮尤慈善信托基金的数据计算的，参见T Pew Charitable Trusts, *Payday Lending in America: Who Borrows, Where They Borrow, and Why* (July 2012), 35, www.pewtrusts.org/~/media/legacy/%20uploadedfiles/pcs_assets/2012/pewpaydaylendingreportpdf.pdf。

121. 参见Federal Deposit Insurance Corporation, "For Your Information: An Update on Emerging Issues in Banking, Payday Lending," January 29, 2003, www.fdic.gov/bank/analytical/fyi/2003/012903fyi .html; Stephen J. Dubner, "Are Payday Loans Really as Evil as People Say?," *Freakonomics,* April 6, 2016, accessed November 19, 2018, http://freakonomics.com/podcast/payday-loans。

122. Bethany McLean, "Payday Lending: Will Anything Better Replace It?," *Atlantic,* May 2016, accessed November 19, 2018, www.theat lantic.com/magazine/archive/2016/05/payday-lending /476403.麦克莱恩将有关麦当劳和星巴克的说法归功于达特茅斯经济学家乔纳森·津曼（Jonathan Zinman）。

123. Pew Charitable Trusts, *Payday Lending in America: Who Borrows, Where They Borrow, and Why* (July 2012), 35, www.pewtrusts.org/~/media/legacy /%20uploadedfiles/pcs_assets/2012/pewpaydaylendingreport pdf.pdf。

124. 参见Saez and Zucman, "Wealth Inequality in the United States," 563。

125. 详细数据和相关讨论，参见本书第八章。

126. Drennan, *Income Inequality,* 41; Bricker et al., "Changes in U.S. Family Finances from 2007 to 2010: Evidence from the Survey of Consumer Finances," *Federal Reserve Bulletin* 98, no. 2 (June 2012): 55, http://federalreserve.gov/pubs/bulletin/2012/PDF/scf12.pdf. 另参见Robert Hockett and Daniel Dillon, "Income Inequality and Market Fragility: Some Empirics

in the Political Economy of Finance" (unpublished manuscript, January 21, 2013), https://papers.ssrn.com/sol3/papers.cfm?abstract_id =2204710. 以下简称Hockett and Dillon, "Income Inequality and Market Fragility"。

不出所料，中产阶层的债务偿还额随之增加。到2010年，债务支付额达到底层90%人群收入的约1/5。Jank and Owens, "Inequality in the United States"；Nicolas P. Retsinas and Eric S. Belsky, eds., *Borrowing to Live: Consumer and Mortgage Credit Revisited* (Washington, DC: Brookings Institution, 2008); Hockett and Dillon, "Income Inequality and Market Fragility," Figure 11.

这些趋势仍在继续。自世纪之交以来，底层90%的人实际上根本没有储蓄，而底层80%的人自20世纪80年代中期以来净储蓄为负。Saez and Zucman, "Wealth Inequality in the United States"；David Bunting, "The Saving Decline: Macro-Facts, Micro-Behavior," *Journal of Economic Behavior and Organization* 70, no. 1–2 (2009): 293; Drennan, *Income Inequality*.

127. Elizabeth Warren and Amelia Warren Tyagi, *The Two Income Trap* (New York: Basic Books, 2003), 15–54.

128. Center for Responsible Lending, *The Plastic Safety Net: The Reality Behind Debt in America* (October 2005), 4–5, www.responsiblelend ing.org/credit-cards/research-analysis/DEMOS-101205.pdf. 另参见Anika Singh Lemar, *Debt Weight: The Consumer Credit Crisis in New York City and Its Impact on the Working Poor,* Urban Justice Center (2007), 3, https://papers.ssrn.com /sol3/papers.cfm?abstract_id=3160600. Christian E. Weller, *Pushing the Limit: Credit Card Debt Burdens American Families*, Center for American Progress (2006), https://cdn.americanprogress.org /wp-content/uploads/kf/CREDITCARDDEBTREPORT _ PDF.PDF; Brian K. Bucks, Arthur B. Kennickell, and Kevin B. Moore, "Recent Changes in U.S. Family Finances: Evidence from the 2001 and 2004 Survey of Consumer Finances," *Federal Reserve Bulletin* (2006): 92。

129. 根据调查，美国中产阶层家庭收入减少2万美元以上的概率在1990—2003年间增加了1/4，而收入损失50%以上的概率在1970—2000年间增加了1倍。Tom Hertz, *Understanding Mobility in America,* Center for American Progress (April 26, 2006), 22,www .americanprogress.org/issues/economy/news/2006/04/26 /1917/understanding-mobility-in-america; and Hacker, *The Great Risk Shift,* 31–32, Figure 1.4. 更普遍而言，1991—2009年间，中等收入1/5人口的经济不安全综合指数增幅是收入最高和最低1/5人口的2.5倍。最富有的1/5人口的不安全感增加了14%，最贫穷的1/5人口的不安全感增加了12%，但中间1/3的人的不安全感平均增加了30%。Drennan, *Income Inequality,* 53. Drennan bases his calculations on Jacob Hacker's Economic Security Index, www.economicsecurityindex.org/?p=home.

130. Charles Dickens, *David Copperfield* (Oxford: Oxford University Press, 1973 [1850]), 141.

131. Jerry White, Mansions of Misery: A Biography of the Marshalsea Debtors' Prison (London: Penguin Random House, 2016), 179–219.

132. Warren and Warren Tyagi, *The Two Income Trap,* 20.

133. Lemar, *Debt Weight*, 3.

134. Guy Standing, *The Precariat: The New Dangerous Class* (London: Bloomsbury, 2011).
135. 相关论点，参见 Bowles and Park, "Emulation, Inequality, and Work Hours"。
136. 梅赛德斯–奔驰S级和宝马7系等"超豪华"汽车的价格从9万美元到25万美元不等。"Best Super Luxury Cars," *U.S. News & World Report,* accessed October 7, 2018, https://cars.usnews.com/cars-trucks/rankings/super-luxury-cars. 极其高端的家用电器也很常见，例如《纽约时报》旗下的产品评论网站推荐的顶级高端系列 Wolf 和 Thermador 双燃料系列，起售价分别为9 200美元和14 700美元。Tyler Wells Lynch, "The Best High-End Ranges," *Wirecutter,* January 24, 2017, accessed No-vember 19, 2018, https://thewirecutter.com/reviews/best-high-end-ranges.
137. "That's Two Million Dollars, Please," *The Economist,* January 20, 2015, accessed November 19, 2018, www.economist.com/news/business-and-finance/21640081-carmakers-are-targeting-wealthier-motorists-boost-sales-and-profits-thats-two-million.
138. Jerry Garrett, "Echoes of the '30s, Inflation-Adjusted," *New York Times,* March 8, 2013, accessed November 19, 2018 www.nytimes.com/2013/03/10 /automobiles/autoshow/echoes-of-the-30s-inflation-adjusted .html.
139. "银行业者的典型手表"是劳力士迪通拿系列，零售价在12 500美元左右，不过较高层的银行业者例如执行董事，可能比较更偏爱售价在4万美元以上的百达翡丽手表。Leslie Albrecht, "Wear This to Feel Dominant During Business Nego-tiations," MarketWatch, August 31, 2017, accessed November 19, 2018, www.marketwatch.com/story/this-accessory-makes-people-feel-dominant-in-business-negotiations-2017-08-30.
140. 参见 "About/Restaurant," The French Laundry, accessed January 27, 2019, www.thomaskeller.com/yountville-california/french-laundry/restaurant。另参见 "What Is the Price Range for a Meal at the French Laundry?," *Forbes Travel Guide,* May 21, 2017, accessed November 19, 2018, https://sto ries.forbestravelguide.com/what-is-the-price-range-for-a-meal-at-the-french-laundry。法式洗衣坊出售数十瓶价值数万美元的葡萄酒，其中包括一瓶2009年的罗曼尼·康帝葡萄酒，售价为2.5万美元。"Wine Selection," The French Laundry, accessed October 7, 2018, https://hub.binwise.com/winelists/french-laundry-wine-list.html.
141. Naomi Barr, "Treasure, What's Your Pleasure?," *Slate,* November 19, 2013, accessed November 19, 2018, www.slate.com/articles/business /billion_to_one/2013/11/the_next_fashion_billionaire_mi chael_kors_marc_jacobs_and_others_on_the.html. 以下简称 Barr, "Treasure, What's Your Pleasure?"。另参见 Bartels, *Unequal Democracy,* 14. Bartels cites Anna Bernasek, "The Rich Spend Just Like You and Me," *New York Times,* August 6, 2006, accessed November 19, 2018, www.nytimes.com/2006/08/06/business/yourmoney/06view.html, and Yacine Ait-Sahalia, Jonathan A. Parker, and Motohiro Yogo, "Luxury Goods and the Equity Premium," *Journal of Finance* 59, no. 6 (2004)。

  1990—2016年，整体经济的年均增长率略低于2.5%，预计未来10年年均经济增长率仅为2%。Kevin Dubina, "Projections of the U.S. Economy, 2016–26: Slow Growth Continues," *Career Outlook,* U.S. Bureau of Labor Statistics, November 2017, www.bls.gov/careeroutlook/2017/data-on-display/economic-growth.htm?view_full; and "GDP Growth

(Annual %): United States," World Bank Open Data, World Bank, https://data.worldbank.org/in dicator/NY.GDP.MKTP.KD.ZG?locations=US.

142. Dominique Muret, "Luxury Goods: Goldman Sachs Forecasts 4% Average Growth for Next 10 Years," *Fashion Network,* September 30, 2016, accessed No-vember 19, 2018, https://us.fashionnetwork.com/news/Lux ury-goods-Goldman-Sachs-forecasts-4-average-growth-for-next-10-years,737938.html. 对于一个更大的增长预测，参见 Barr, "Treasure, What's Your Pleasure?"。

143. Billy Joel, "Movin' Out," *The Stranger* (Columbia Records, 1977).

144. Emma Gaedeke, "Beyonce Extends the Formation World Tour 2016; Tickets Most Expensive in Recent History," *Music Times,* February 19 2016, accessed November 19, 2018, www.musictimes.com/articles/65535/20160219/beyonce-extends-formation-world-tour-tickets-expensive-recent-history .htm.

145. 参见 "Los Angeles Lakers: 2018–19 Regu-lar Season (All Times Pacific)," NBA.com (2019), www.nba .com/lakers/tickets/individual; "Dallas Cowboys Tickets," Ticketmaster, www.ticketmaster.com/artist/805931; "New York Yankees Tickets," MLB.com (2019), https://www.mlb.com /yankees/tickets。

146. Nelson D. Schwartz, "In an Age of Privilege, Not Everyone Is in the Same Boat," *New York Times,* April 23, 2016, accessed November 19, 2018, www.nytimes.com/2016/04/24/business/economy/vel vet-rope-economy.html.

147. Schwartz, "In an Age of Privilege."

148. Schwartz, "In an Age of Privilege."

149. Andrew Leonard, "The 1 Percent's Loathsome Libertarian Scheme," *Salon,* July 11, 2014, accessed November 19, 2018, www.salon.com/2014/07/11/the_1_per cents_loathsome_libertarian_scheme_why_we_despise_the _new_scalping_economy.

150. Katherine A. DeCelles and Michael I. Norton, "Physical and Situational Inequality on Airplanes Predicts Air Rage," *Proceedings of the National Academy of Sciences* 113, no. 20 (2016): 5588–91; Deborah Netburn, "First-Class Cabin Fuels 'Air Rage' Among Passengers Flying Coach," *Los Angeles Times,* May 3, 2016, accessed November 19, 2018, www.latimes.com/science/sciencenow/la-sci-sn-air-rage-first-class-20160502-story.html.

151. Julie Connelly, "Doctors Are Opting Out of Medicare," *New York Times,* April 1, 2009, accessed November 19, 2018, www.nytimes.com/2009/04/02 /business/retirementspecial/02health.html. 这些非传统的奢侈品业务确实在扩张。最近的一项研究报告显示，仅一年内会有 30% 的医生成为门诊医生（这一变化导致了近 250 万依赖保险的患者失去了他们的医生）。另一项研究发现，每 15 名传统医生中就有 1 位计划在未来 3 年内放弃接待医保患者，改做特约医生。A. C. Shilton, "The Doctor Won't See You Now," *Slate,* May 4, 2015, accessed November 19, 2018, www .slate.com/articles/health_and_science/medical_examiner /2015/05/concierge_medicine_only_rich_people_can_find _a_doctor_in_naples_florida.html. 要得出 250 万这个数字，可以将研究中报告的大约 1 015 名新成为的特约医生乘以平均每个普通家庭医生负责的 2 303 名患者。G. Caleb Alexander, Jacob Krulander, and Matthew K. Wynia, "Physicians in Retainer ('Concierge') Practice," *Journal*

of General Internal Medicine 20, no. 12 (2005): 1079–83；以及 The Physicians Foundation by Merritt Hawkins, *2016 Survey of America's Physicians: Practice Patterns & Perspectives* (September 2016), www.merritthawkins.com /uploadedFiles/Physicians%20Foundation%20 2016%20Sur vey%20of%20Americas%20Physicians.pdf。

152. Ming Tai-Seale, Thomas G. Mc-Guire, and Weimin Zhang, "Time Allocation in Primary Care Office Visits," *Health Services Research* 42, no. 5 (2007): 1871–94, www.ncbi.nlm.nih.gov/pmc/articles/PMC2254573 /pdf/hesr0042-1871.pdf.

153. Robert M. Portman, "Concierge Care: Back to the Future of Medicine?," *The Health Lawyer* 15, no. 1 (2002); Shilton, "The Doctor Won't See You Now"；Pauline W. Chen, "Can Concierge Medicine for the Few Benefit the Many?," *New York Times,* August 26, 2010, accessed November 19, 2018, www.nytimes.com/2010/08/26/health/26pauline-chen.html.

154. Nina Bernstein, "Chefs, Butlers, Marble Baths: Hospitals Vie for the Affluent," *New York Times,* January 21, 2012, accessed November 19, 2018, www.nytimes .com/2012/01/22/nyregion/chefs-butlers-and-marble-baths-not-your-average-hospital-room.html.

155. Freeland, *Plutocrats,* 107; Joan Juliet Buck, "Drill Bébé Drill," *T Magazine,* August 10, 2011, accessed November 19, 2018, http://tmagazine.blogs.ny times.com/2011/08/10/drill-bebe-drill; Hilary Rose, "Meet the Super-Dentists," *Times of London Magazine,* November 26, 2011, accessed November 19, 2018, www.thetimes.co.uk/tto /magazine/article3233551.ece.

156. 这些领域主要采用的是会员制计费方式（与公共供给或私人律师或金融保险不同），以至于即使缺乏大规模面向中产阶层的服务，也几乎没有引起注意。

157. "收入保护"这个说法来自 Winters, *Oligarchy,* 217。

158. 而且，阶级差距远远超过种族差距；事实上，一旦对阶级进行调整，种族似乎几乎没有独立的影响。Dong D. Wang et al., "Trends in Dietary Quality Among Adults in the United States, 1999 Through 2010," *JAMA Internal Medicine* 174, no. 10 (2014): 1587–95; and Tom Philpott, "The Rich Are Eating Richer, the Poor Are Eating Poorer," *Mother Jones,* September 11, 2014, accessed November 19, 2018, www.motherjones.com/food/2014/09/food-inequality.

159. 尽管美国餐饮业整体支出基本持平，但在行业内被称为"休闲餐饮"企业的公众控股中档连锁餐厅出现了销售额下滑。Elizabeth G. Dunn, "As Goes the Middle Class, So Goes TGI Fridays," *Eater,* October 3, 2017, accessed November 19, 2018, www.eater.com/2017/10/3/16395490/tgi-fridays-death-of-middle-class; James F. Peltz, "Americans Still Love Eating Out. So Why Are Restaurants Like Chili's, BJ's and Cheesecake Factory Struggling?," *Los Angeles Times,* September 18, 2017, accessed November 19, 2018, www.latimes.com/business/la-fi-agenda-casual-dining-20170918-story.html; and Kate Taylor, "Applebee's, TGI Fridays, and Chili's Are Trying to Claw Their Way Out of a Restaurant Death Trap," *Business Insider,* March 7, 2017, accessed November 19, 2018, www.busines-sinsider.sg/can-chains-survive-death-of-casual-dining-2017-2/.

160. Nelson D. Schwartz, "The Middle Class Is Steadily Eroding. Just Ask the Business World," *New York Times,* February 2, 2014, accessed November 19, 2018, www.nytimes.com/2014/02/03/business/the-middle-class-is-steadily-eroding-just-ask-the-business-world.

html.
161. Saez and Zucman, "Wealth Inequality in the United States." 收入最高的1%人群将其收入的20%~25%存起来。Saez and Zucman, "Wealth Inequality in the United States," 563.
162. 家庭一元店只销售Pro Player和Modessa制作的服装，这些并不在由尼曼百货公司的设计师所设计的服装之列。凯西·格雷茨给丹尼尔·马科维茨的备忘录，作者存档的文档；"Designers by Category: Women's Clothing," Neiman Marcus, accessed October 9, 2018, www.neimanmarcus.com/Womens-Clothing/All-Designers/cat000009_cat000001_cat000000/c.cat。
163. 法式洗衣坊专门从圣殿公司（Le Sanctuaire）获得食盐。圣殿公司"面向对厨艺充满热情、追求卓越烹饪水准的家庭厨师创立，旨在为其提供最珍贵的优质食材和工具……如今，'圣殿'已经成为高级餐厅和专业厨师的供应商"。参见Le Sanctuaire, "About Us," accessed October 26, 2018, www.le-sanctuaire.mybigcommerce.com/about-us。
164. Susanna Kim, "Taco Bell Reveals Its Mystery Beef Ingredients," ABC News, April 29, 2014, https://abcnews.go.com/Business/taco-bell-reveals-mystery-beef-ingredients/story?id=23514878; and "Ingredient State-ments," Taco Bell, accessed October 9, 2018, www.tacobell.com/food/nutrition/ingredients.
165. The French Laundry, Farmers and Foragers. 另参见Tanya Gold, "A Goose in a Dress," Harper's Magazine, September 2015, 75, accessed November 19, 2018, https://harpers.org/archive/2015/09/a-goose-in-a-dress/3/。
166. 概况参见Richard Sennett, *Building and Dwelling* (London: Penguin Press, 2018)。
167. 参见Mellnik and Morello, "Washington: A World Apart"。
168. Peter Ganong and Daniel Shoag, "Why Has Regional Income Convergence in the U.S. Declined," *Journal of Urban Economics* 102 (November 2017): 79; and Phillip Longman, "Bloom and Bust: Regional Inequality Is Out of Control. Here's How to Reverse It," *Washington Monthly,* November/ December 2015, accessed November 19, 2018, http://washingtonmonthly.com/magazine/novdec-2015/bloom-and-bust。
169. Longman, "Bloom and Bust."
170. Longman, "Bloom and Bust."
171. Bishop, *The Big Sort,* 130.
172. Longman, "Bloom and Bust."
173. 参见Enrico Moretti, The New Geography of Jobs (New York: Houghton Mifflin Harcourt, 2012), 138–44. Edward Glaeser, The Triumph of the City: How Our Greatest Invention Makes Us Richer, Smarter, Greener, Healthier, and Happier (New York: Penguin, 2012)。
174. 参见Matthew P. Drennan, Jose Lobo, and Deborah Strumsky, "Unit Root Tests of Sigma Income Con-vergence Across US Metropolitan Areas," *Journal of Economic Geography* 4, no. 5 (2004): 583–95。
175. 在1980—1999年间，几乎有一半（45%）的年轻大学毕业生在美国各州之间流动，其中绝大多数（20世纪90年代为80%）迁往科技和专利生产水平最高的21个城市。相比之下，那些只有高中学历的年轻人，仅有19%在各州间流动。Bishop, *The Big Sort,* 130-33. 更多的相关讨论，参见Costa and Kahn, "Power Couples," 1287–1315。
176. U.S. Agriculture Economic Research Service, *Rural Education at a Glance: 2017*

Edition, Economic Information Bulletin 171, April 2017, 2, www.ers.usda.gov /webdocs/ publications/83078/eib-171.pdf?v=0.

177. U.S. Agriculture Economic Research Service, *Rural Education at a Glance: 2017 Edition,* Economic In-formation Bulletin 171, April 2017, 2, www.ers.usda.gov /webdocs/ publications/83078/eib-171.pdf?v=0.

178. 有关人才流失影响经济的更多信息，参见Jagdish Bhagwati's work exploring brain drain in various developing countries. Jagdish Bhagwati and Carlos Rodriguez, "Welfare-Theoretical Analyses of the Brain Drain," *Journal of Development Economics* 2, no. 3 (1975): 195– 221。

179. 根据皮尤研究中心的调查，在2000—2014年间，美国229个大都会区中有203个区的中产阶层家庭比例都告减少，即使172座城市中有160座城市的低收入和高收入家庭的比例都告增加。参见"America's Shrinking Middle Class: A Close Look at Changes Within Metropolitan Areas," Pew Research Center, May 11, 2016, www.pewsocialtrends.org/2016/05/11/americas-shrinking-middle-class-a-close-look-at-changes-within-metro politan-areas/。

180. Bishop, *The Big Sort,* 131.更多信息参见Berry and Glaeser, "The Divergence of Human Capital," 417。

181. "Educational Attainment of Population Ages 25 to 34," Kids Count Data Center, last modified October 2017, https://datacenter.kidscount.org/data/tables/6294-edu cational-attainment-of-population-ages-25-to-34#detailed/3 /10,55-56,58-61,64-77,79-84,86,88-94,96-109,9428-9429/ false/870,573,869,36,868,867,133,38,35,18/5924,1265,1309, 1304,1311/13091,13090.

182. 参见Paul A. Jargowsky, "Take the Money and Run: Economic Segregation in U.S. Metropo-litan Areas," *American Sociology Review* 61, no. 6 (1996): 984–98.以下简称Jargowsky, "Take the Money and Run"。Bishop, *The Big Sort,* 131. Richard Florida, "More Losers Than Winners in America's New Economic Geography," CityLab, January 30, 2013, accessed November 19, 2018, http://www .citylab.com/work/2013/01/more-losers-winners-americas-new-economic-geograpy/4465/。

183. 参见Catherine Rampell, "Who Says New York Is Not Affordable?," *New York Times Magazine,* April 23, 2013, accessed November 19, 2018, www.nytimes.com/2013 /04/28/magazine/who-says-new-york-is-not-affordable.html。

184. 参见Bishop, *The Big Sort,* 132。另参见Costa and Kahn, "Power Couples," 1287–1315。国际上也有类似的趋势。在全球范围内，拥有两年制大学或更高学历的人大约有1/4生活在世界上最大的100个城市中。而这些城市的居民中拥有这么高学历的比例是全球人口的两倍，仅在2005年到2014年的10年间就增长了1/6（从18%增长到21%）。参见Emily Badger, "A Quarter of the World's Most Educated People Live in the 100 Largest Cities," *Washington Post,* July 18, 2014, accessed November 19, 2018, www.washingtonpost.com/news/wonk/wp/2014/07/18 /a-quarter-of-the-worlds-most-educated-people-live-in-the-100-largest-cities/?utm_term=.2e8e2e0ce30c。

185. Bishop, *The Big Sort,* 134.另参见Michael Porter, "The Economic Performance of Regions," *Regional Studies* 37, no. 6 (2003): 549–78, 550, 551。

186. 参见Longman, "Bloom and Bust," Figure 2。

187. Bishop, *The Big Sort,* 131–32.
188. 参见 Moretti, *The New Geography of Jobs,* 107–11。另参见 Enrico Moretti, "America's Great Divergence: The New Innovation Economy Is Making Some Cities Richer, Many Cities Poorer—and It's Transforming Our Country," *Salon,* May 12, 2012。
189. 事实上，第十昂贵的房市和第九十昂贵的房市，其人均收入之比曾一度降至 1.36 这个低点，但自那以后迅速上升，到 2013 年达到 1.61。1976 年的相关城市是旧金山和埃尔帕索；而在 2013 年，这些城市分别变成了波士顿和辛辛那提。参见 Anjli Raval, "Record Income Gap Fuels U.S. Housing Weakness," *Financial Times,* August 12, 2014, accessed November 19, 2018, www.ft.com/content/1b294ed0-222b-11e4-9d4a-00144feabdc0。
190. 这些数字结合了两项研究的数据。参见 Laura Kusisto, "Renters Spent a Record-High Share of Income on Rent This Spring," *Wall Street Journal,* August 13, 2015, accessed November 19, 2018, https://blogs.wsj.com/economics/2015/08/13/renters-spent-a-record-high-share-of-income-on-rent-this-spring/。另参见 Shaila Dewan, "In Many Cities, Rent Is Rising Out of Reach of Middle Class," *New York Times,* April 14, 2014, accessed November 19, 2018, www.ny times.com/2014/04/15/business/more-renters-find-30-affordability-ratio-unattainable.html。与库西斯托的研究相比，德万的研究发现当代租金占收入的份额略低，可能是因为它大约早一年进行。
191. 参见 Emily Badger, "A 'Nationwide Gentrification Effect' Is Segregating Us by Education," *Washington Post,* July 11, 2014, accessed November 19, 2018, www.washingtonpost.com/news/wonk/wp/2014/07/11/col lege-graduates-are-sorting-themselves-into-cities-increasingly-out-of-reach-of-everyone-else/?utm_term=.4629fe194009。巴杰引用了经济学家丽贝卡·戴蒙德（Rebecca Diamond）的著作。
192. 参见 Mellnik and Morello, "Washing-ton: A World Apart"。另参见 Sean Reardon and Kendra Fischoff, "Income Segregation in the United States' Largest Metropolitan Areas: The Disappearance of Middle Class Neighborhoods," Stanford Center on Poverty and Inequality, http://inequality .stanford.edu/income-segregation-maps。
193. 参见 Mellnik and Morello, "Washington: A World Apart"。另参见 Reardon and Fischoff, "Income Segregation"；Richard Fry and Paul Taylor, "The Rise of Residential Segregation by Income," Pew Research Center, August 1, 2012, www.pewsocialtrends.org/20 12/08/01/the-rise-of-residential-segregation-by-income/; Carol Morello, "Study: Rich, Poor Americans Increasingly Likely to Live in Separate Neighborhoods," *Washington Post,* August 1, 2012, accessed November 19, 2018, www.washingtonpost.com /local/rich-and-poor-grow-more-isolated-from-each-other-study-finds/2012/08/01/gJQABC5QPX_story.html?utm_term =.54b f100b47a6。
194. 1970—2000 年，按县计算的高中/大学不相似指数从 0.16 上升到 0.24，按人口普查区划计算的从 0.21 上升到 0.34。参见 Douglas S. Massey, Jonathan Rothwell, and Thurston Domina, "The Changing Bases of Segregation in the U.S.," *Annals of the American Academy of Political and Social Science* 626, no. 1 (2009): 74–90, Figures 5 and 8。
195. 1970 年，贫困家庭所居住的人口普查区中有 14% 是贫困人口，而在 1990 年这一比例上升到 28%。相比之下，富裕家庭所居住的区域在 1970 年有 31% 的富裕人口，而在 1990 年这一比例上升到 36%。社会阶层隔离的邻里分配指数（neigborhood sorting index）在 1970—1990 年间大约增长了 25%（从 0.34 上升到 0.42）；大学毕业生的地理隔离指数在 1970—2000 年间翻了一番（县一级的水平从 0.13 上升到 0.28，人口普查区一级的水平从 0.19 上升到 0.36）。参见 Murray, *Coming Apart,* 69。另参见 Massey, Rothwell, and Domina, "The Changing Bases of Segregation," Figures 5 and 8。马西还报告，高中/大学不相似指数在 1970—2000 年间在县一级上上升了 50%（从 0.16 上升到 0.24），在人口普查区一级上从 0.21 上升到 0.34。另一个突出的衡量邻里经济隔离的指标在 20 世纪 70 年代和 80 年代也经历了类似的 20% 的上升。有关更多讨论，参见 Jargowsky, "Take the Money and Run"。

196. 1970 年，一般贫困家庭所居住的人口普查区贫困比例为 14%，在 1990 年则为 28%；而 1970 年一般富裕家庭居住的区域富裕比例为 31%，在 1990 年则为 36%。参见 Massey, Rothwell, and Domina, "The Changing Bases of Segregation," Figures 5 and 8。

197. 参见 New York City Department of Mental Health and Hygiene, *Upper East Side Community Health Profile 2006,* www.nyc.gov/html/doh/downloads/pdf/data /2006chp-305.pdf。

198. 参见 Murray, *Coming Apart,* 72–73。

199. 参见本书第三章。

200. 参见 Murray, *Coming Apart,* 78, 82, 8, 315–20。另参见 Charles Murray, "Charles Murray, Author of *Coming Apart,* Examines Demographic Shifts in This New Decade," Debate This Book, April 25, 2013, http://debatethisbook.com/2013/04/25/charles-murray-author-of-coming-apart-examines-demographic-shifts-in-this-new-decade/。

201. 参见 Moretti, *The New Geography of Jobs*。另参见 Moretti, "America's Great Divergence"。

202. 参见 Rebecca Diamond, "The Determinants and Welfare-Implications of U.S. Workers' Divergent Location Choices by Skill: 1980–2000," *American Economic Review* 106, no. 3 (2016): 479–524。

203. 参见 Bishop, *The Big Sort,* 130。另参见 Arlie Russel Hochschild, "I Spent 5 Years with Some of Trump's Biggest Fans. Here's What They Won't Tell You," *Mother Jones,* October 2016, accessed November 19, 2018, www.motherjones .com/politics/2016/08/trump-white-blue-collar-supporters/, adapted from Hochschild, *Strangers in Their Own Land*。

204. 一项实验性研究给予一些家庭优惠券，帮助他们从十分贫困的地区搬往不那么贫困的地区，该研究发现那些在 13 岁之前搬迁的孩子，其 20 多岁时的年收入比对照组高出 31%。参见 Raj Chetty, Nathaniel Hendren, and Lawrence F. Katz, "The Effects of Exposure to Better Neighborhoods on Children: New Evidence from the Moving to Opportunity Experiment," NBER Working Paper No. 21156 (May 2015)。另参见 David Leonhardt, "In Climbing the Income Ladder, Location Matters," *New York Times,* July 22, 2013, accessed November 19, 2018, www.ny times.com/2013/07/22/business/in-climbing-income-ladder-location-matters.html?pagewanted=all&_r=0。还参见 Raj Chetty, John Friedman, and Nathaniel Hendren, "The Equality of Opportunity Project," accessed October 17, 2018, https://opportunityinsights.org/。

205. 参见 Mellnik and Morello, "Washington: A World Apart"。

206. Alia Wong, "A Public-School Paradox," *Atlantic,* August 10, 2016, accessed November

19, 2018, www.theatlantic.com/education/archive /2016/08/a-public-school-paradox/495227/. 另参见 Michelle Cottle, "Being Chelsea Clinton," *Atlantic,* July 2016, accessed November 19, 2018, www.theatlantic.com/magazine/archive /2016/07/being-chelsea-clinton/485627/。

207. "Avenue Capital and the Clintons: A Two-Way Street," *New York Times,* November 3, 2006, accessed November 19, 2018, https://dealbook.nytimes.com/2006/11 /03/avenue-capital-and-the-clintons-a-two-way-street/.

208. "Hedge Fund Rising Stars: Mark Mezvin-sky," *Institutional Investor*, accessed October 28, 2018, www .institutionalinvestor.com/article/b14zb9g44397wg/hedge-fund-rising-stars-marc-mezvinsky; Matthew Goldstein and Steve Eder, "For Clintons, a Hedge Fund in the Family," *New York Times,* March 22, 2015, accessed November 19, 2018, www.nytimes.com/2015/03/23/business/dealbook/for-clintons-a-hedge-fund-in-the-family.html?_r=1; Sheryl Gay Stolberg and Nate Schweber, "State Secret: Chelsea Clinton's Wedding Plans," *New York Times,* July 16, 2010, accessed November 19, 2018, www.nytimes.com/2010/07/18/fashion/ 18CHELSEA.html.

209. Stolberg and Schweber, "Chelsea Clinton's Wedding"; Michael W. Savage, "Chelsea Clinton Marries Marc Mezvinsky in Rhinebeck, N.Y.," *Washington Post*, August 1, 2010, accessed November 19, 2018, www.washington post.com/wp-dyn/content/article/2010/07/31/ AR 2010073103041.html; Cathy Horyn, "Chelsea Clinton's Gown Spoke Beyond the Silence," *New York Times,* August 1, 2010, accessed November 19, 2018, www.nytimes. com/2010 /08/02/fashion/02dress.html; "Chelsea Clinton Is Buying a $10.5M 4BR in NoMad," Curbed New York, accessed October 28, 2018, https://ny.curbed.com/2013/3/14/ 10264238/chel sea-clinton-is-buying-a-10-5m-4br-in-nomad.

210. "Jenna Bush Wedding Kept Low-Key," *Denver Post* via Associated Press, May 9, 2008, accessed November 19, 2018, www.denverpost.com /2008/05/09/jenna-bush-wedding-kept-low-key/.

211. 即使是跟随总统子女的保安，也只是私人安保这一更广泛趋势的极端案例，后者包括大厦门卫、办公室保安、大学安保系统和封闭社区等形式，都是用来保护社会上层的。私人安保行业正在迅速增长，其中以安全系统整合和咨询增长最快。"Gains in Security Service Demand Will Be Supported by the Real and Perceived Risk of Crime and by Accelerating Economic Activity," Freedonia Group, accessed October 20, 2018, www.freedoniagroup.com/industry-study/private-security-services-3268.htm

212. 参见 OECD, *OECD Skills Outlook 2013,* 235, Figure 6.9; 238, Figure 6.10; 240, Figure 6.12; 241, Figure 6.13。例如，就悲观主义而言，大学毕业生认为未来5年内机器人和计算机会取代他们工作的可能性不到非大学毕业生的1/3。参见 Frank Newport, "One in Four U.S. Workers Say Technology Will Eliminate Job," Gallup, May 17, 2017, www .gallup.com/ poll/210728/one-four-workers-say-technology-eliminate-job.aspx。

213. 参见 Kevin Carey, "The Ivy League Students Least Likely to Get Married," *New York Times,* March 29, 2018, accessed November 19, 2018, www .nytimes.com/interactive/2018/03/29/ upshot/college-marriage-class-differences.html。

214. 参见本书第五章。

215. Jon Victor, "New Website Bolsters Financial Aid Protests," *Yale Daily News,* March 8, 2016, ac-cessed November 19, 2018, http://yaledailynews.com/blog /2016/03/08/new-website-bolsters-financial-aid-protests/.

216. 越来越多的非营利组织致力于支持第一代大学生和低收入学生完成大学学业，不仅应对经济上的困难，还应对影响大学毕业的文化因素。例如，波赛基金会创建了"波赛团体"，或者说同龄人的小组，在顶尖大学中相互提供社会/情感上的支持。KIPP特许学校网络现在也运营着一个"KIPP通关大学"（KIPP Through College）项目，以应对其发现的许多成绩优秀的毕业生由于文化原因而辍学的问题。参见Posse Foundation, "About Posse," www.possefoundation.org/about-posse; "KIPP Through College," Knowledge Is Power Program, www.kipp.org/approach /kipp-through-college/。

217. 拉尼·吉尼尔在讨论这些问题时详细阐述了"资助性流动"（在优绩主义体系内提升一些低收入学生的机会）、"竞争性流动"（没有特殊机会提升的典型精英选拔）以及"结构性流动"（以你可能提出的方式更严重地干扰招生体系）之间的紧张关系。参见 Lani Guinier, "Admissions Rituals as Political Acts: Guardians at the Gates of Our Democratic Ideals," *Harvard Law Review* 117 (2003): 113–224。

218. John Somes, "Working It Out," in *This Fine Place So Far from Home: Voices of Academics from the Working Class,* ed. Barney Drews and Carolyn Leste Law (Philadelphia: Temple University Press, 1995), 304.

219. Reeves, *Dream Hoarders*, 33.

220. 参见Lindsay Owens, "Inequality in the United States: Understanding Inequality with Data," presentation at Stanford Center on Poverty and Inequality, https: //inequality.stanford.edu/sites/default/files/Inequality_Slide Deck.pdf。另参见Centers for Disease Control and Prevention, *Health, United States, 2010;* Centers for Disease Control and Prevention, "Inadequate and Unhealthy Housing, 2007 and 2009," *Morbidity and Mortality Weekly Report* 60 (Suppl.) (2011): 21–27; J. S. Schiller et al., "Summary Health Statistics for U.S. Adults: National Health Interview Survey, 2010," *Vital and Health Statistics* 10, no. 252 (2012)。

221. 在有大学学历的美国人中，只有14.5%吸烟，而高中毕业的美国人中有26.1%吸烟，高中辍学者中有25.1%吸烟。参见J. S. Schiller et al., "Summary Health Statistics for U.S. Adults: National Health Interview Survey, 2010," *Vital and Health Statistics* 10, no. 252 (2012)。

222. 参见本书第四章。

223. 参见Mary Jordan and Kevin Sullivan, "The Painful Truth About Teeth: You Can Work Full Time but Not Have the Money to Fix Your Teeth—Visible Re-minders of the Divide Between Rich and Poor," *Washington Post,* May 13, 2017, accessed November 19, 2018, www .washingtonpost.com/sf/national/2017/05/13/the-painful-truth-about-teeth/?utm_term=.912ae5db0e89。

224. 参见Case and Deaton, "Rising Morbidity," 15078, 15080, Table 1。

225. 参见Case and Deaton, "Rising Morbidity," 15078, 15080, Table 1。

226. Alan Smith and Federica Cocco, "The Huge Disparities in U.S. Life Expectancy in Five Charts," *Financial Times,* January 27, 2017, accessed November 19, 2018, www.ft.com/

content/80a76f38-e3be-11e6-8405-9e5580d6e5fb.

227. Smith and Cocco, "The Huge Disparities."
228. 对于男性，25岁时的预期寿命为：拥有学士学位或更高学位者——54.7岁；拥有一些大专学历但没有学士学位者——52.2岁；仅有高中文凭者——50.6岁；没有高中文凭者——47.9岁。对于女性，25岁时的预期寿命为：拥有学士学位或更高学位者——58.5岁；拥有一些大专学历但没有学士学位者——57.4岁；仅有高中文凭者——56.4岁；没有高中文凭者——53.4岁。*More Education, Longer Life* (Princeton, NJ: Robert Wood Johnson Foundation: Commission to Build a Healthier America, 2008).
229. 参见Saez and Zucman, "Wealth Inequality in the United States," Appendix, Figures C11, C12。
230. 参见Saez and Zucman, "Wealth Inequality in the United States," Appendix, Figures C11, C12。
231. *The Measure of America: HD Index and Supplemental Indicators by State,* 2013–14 Dataset (Brooklyn, NY: Measure of America, 2014).
232. 参见Sarah Jones and J. D. Vance, "The False Prophet of Blue America," *New Republic,* November 17, 2016, accessed November 19, 2018, https://newrepublic.com/article/138717/jd-vance-false-prophet-blue-america。
233. Hochschild, Strangers in Their Own Land, 8.
234. 参见Summers, "The Rich Have Advantages"。
235. Philip Larkin, "Ignorance," in *The Whitsun Weddings* (London: Faber & Faber, 1964).

[第八章]

1. 富人永远无法通过足够的消费来维持社会的需求，无论他们多么富有。正如凯恩斯早就认识到的那样，随着收入的增加，一个人的消费倾向会下降，因为消费的边际效用递减。概述参见John Maynard Keynes, *The General Theory of Employment, Interest, and Money* (London: Macmillan, 1936)。

2. 经济模式将这些直觉感受到的联系正式化。经济模型显示，不平等加剧了对信贷的需求，而宽松的信贷政策可以在激发总需求、支持就业和促进经济增长方面替代重新分配的作用。参见Christopher Brown, "Does Income Distribution Matter for Effective Demand? Evidence from the United States," *Review of Political Economy* 163 (2004): 291–307, https://doi.org/10.1080/095382504200022 5607。

    中产阶层家庭收入的波动性增加（请记住，即使收入的中位数停滞不前，中产阶层家庭面临重大财务倒退的可能性也翻了一番；参见第五章）进一步刺激了借贷。参见Tom Hertz, *Understanding Mobility in America,* Center for American Progress (April 26, 2006), 29, https://cdn.americanprogress.org/wpcontent/uploads/issues/2006/04/Hertz_MobilityAnalysis.pdf（"对于收入位于前10%的家庭，收入安全正在增加。然而，对于中产阶层来说，收入波动的增加导致其更有可能面临收入锐减的冲击"）。

    随着家庭长期平均收入的变动逐年增加，家庭将越来越倾向于借债。一方面，借款提供了缓和收入波动和消费的理性机制；另一方面，与收入波动和财务倒退相关的金融压力会导致非理性借贷，正如许多关于稀缺和自毁式借贷的实验研究所揭示的那样。参见Benedict Carey, "Life in the Red," *New York Times,* January 14, 2013, accessed

November 19, 2018, www.nytimes.com/2013/01/15/science/in-debt-and-digging-deeper-to-find-relief.html; and Sendhil Mullainathan and Eldar Shafir, *Scarcity: Why Having Too Little Means So Much* (London: Allen Lane, 2013)。

3. 参见Rajan, *Fault Lines*。这种现象还具有国际和宏观经济层面的影响。有关全球储蓄过剩的情况，参见Martin Wolf, *The Shifts and the Shocks: What We've Learned—and Have Still to Learn—from the Financial Crisis* (London: Allen Lane, 2014)。

4. 这些观察将债务和金融化归因于社会和经济安排的深层结构性特征，但偶然性也起到了一定作用。例如，通过个别房屋的空头交易来从房价下跌中获利是不切实际的，虽然这点事关房地产泡沫的膨胀。信用评级机构未能明显识别和公开披露抵押贷款违约风险也是一个重要方面。在抵押贷款发放和证券化繁荣时期，大约有2/3的资产担保证券被评为AAA级别，而通常情况下，只有少于1%的公司债券能够获得这一最高评级。参见Rajan, *Fault Lines*, 134。

5. 其他一些因素包括美国公司为新项目融资的方式发生了变化（从依靠留存收益转向寻求外部资本），以及一系列地缘政治的发展（例如，1973年的OPEC石油禁运以及其对通货膨胀和利率的影响。）

相比之下，20世纪中叶的公司超过90%的商业投资都来自内部资源，而不是在资本市场上筹集的新的资金。今天，上市公司仅保留约12%的收益，仅有60%的新支出和仅27%的"重大"支出通过过往的利润来资助，如果考虑到收购，这一份额降至仅15%。留存收益数据反映了净收入中的留存收益部分。这些数据适用于2005—2014年的标普500指数。有关资本结构决策的信息，请参阅Ralf Elsas, Mark J. Flannery, and Jon A. Garfinkel, "Financing Major Investments: Information About Capital Structure Decisions," *Review of Finance* 18, no. 4 (July 2014): 1341–86。在过去的密集金融化时期，产生了类似的模式，例如，1929年美国公司仅将其利润的30%用于再投资。参见Fraser, *Every Man a Speculator*, 488。

6. 这就是著名的由前联邦储备委员会主席艾伦·格林斯潘提出的"格林斯潘对策"（Greenspan put）的要点。这一政策首次在20世纪90年代末的互联网泡沫背景下发布，然后在21世纪初针对房地产泡沫时实际恢复，之后由新任美联储主席本·伯南克在经济大衰退期间再次实施。参见Rajan, *Fault Lines*, 112–15。

即使非常保守的评论家也对这种模式提出了异议，例如，称其为"救市套利"，认为这构成了"由政治上有影响力的金融机构的掠夺行为所征收的隐性税"。顺带说，这个"对策"不断付出巨款，因为精明的金融机构赌对了，公众会将住房市场崩盘所带来的损失社会化，这些机构从而在住房市场复苏初期再次收割了私人收益。私人投资者已经在困顿的住房市场中投入了大量资金——例如，2013年4月，68%的贱卖房屋涉及投资者买家（例如，私募股权公司黑石集团在9个州拥有2.6万套住房），而仅有19%的买家是寻求购买自住房的首次购房者。有关保守派对救市行为的谴责，参见概述Posner and Weyl, "Against Casino Finance," 68 (bailout arbitrage), 76 (implicit tax), and John O. McGinnis, "Innovation and Inequality," *National Affairs*, no. 14 (Winter 2003): 135–48, 147（"金融部门的'过大而不能倒'制度不正当地增加了一些美国人的收入，因为它允许他们依靠联邦担保迅速致富"）。有关投资者购买贱卖住房的信息，参见Nathaniel Popper, "Behind the Rise in House Prices, Wall Street Buyers,"

New York Times, June 3, 2013, accessed November 19, 2018, https://dealbook.nytimes.com/2013/06/03/behind-the-rise-in-house-prices-wall-street-buyers/。

7. 参见 Rajan, *Fault Lines,* 36。文中的引语来自 U.S. Department of Housing and Urban Development, *The National Homeownership Strategy: Partners in the American Dream* (May 1995), www.globalur ban.org/National_Homeownership_Strategy.pdf。

8. 参见 Rajan, *Fault Lines,* 36。文中的引语来自 U.S. Department of Housing and Urban Development, *The National Homeowner-ship Strategy: Partners in the American Dream* (May 1995), www.globalurban.org/National_Homeownership_Strategy.pdf。

9. 参见 Rajan, *Fault Lines,* 3。文中的引语来自 U.S. Department of Housing and Urban Development, *The National Homeownership Strategy: Partners in the American Dream* (May 1995), https://www.globalurban.org /National_Homeownership_Strategy.pdf。

10. 参见 Atif Mian and Amir Sufi, "House Prices, Home Equity-Based Borrowing, and the United States Household Leverage Crisis," NBER Working Paper No. 15283 (August 2009), 1–2。另参见 Drennan, *Income Inequality,* 56。

11. 参见 Michael Kumhof and Romain Rancière, "Inequality, Leverage and Crises," IMF Working Paper no. 10/268 (2011); Robert Hockett and Daniel Dillon, "Income Inequality and Market Fragility: Some Empirics in the Political Economy of Finance," *North Carolina Banking Law Journal* 18 (2013); Anant Thaker and Elizabeth Williamson, "Unequal and Unstable: The Relationship between Inequality and Financial Crises," New America Foundation, Next Social Contract Initiative Policy Brief, January 2012; Fadhel Kaboub, Zdravka Todorova, and Luisa Fernandez, "Inequality-Led Financial Instability," *International Journal of Political Economy* 39, no. 1 (2010): 3; Photis Lysandrou, "Global Inequality as One of the Root Causes of the Financial Crisis: A Suggested Explanation," *Economy and Society* 40, no. 3 (2011): 323–44; and James Galbraith, *Inequality and Instability: A Study of the World Economy Just Before the Great Crisis* (Oxford: Oxford University Press, 2012)。

    这种影响力如此强大，甚至在一些州之间也同样有效。统计分析显示，一个州里位于底层80%的人，其收入份额每下降1%，该州每户人均债务将在3年后增加0.2%。参见 Drennan, *Income Inequality,* 47。

12. 参见 Joseph Stiglitz, *The Stiglitz Report: Reforming the International Monetary and Financial Systems in the Wake of the Global Crisis* (New York: New Press, 2010), 24。

13. 1950年，金融部门占GDP的2.8%，2006年达到顶峰时为8.3%。参见 Philippon and Reshef, "Skill Biased Financial Development"; Greenwood and Sharfstein, "The Growth of Finance," 3。

14. 制造业目前约占GDP的12%。参见 Yi Li Chien and Paul Morris, "Is U.S. Manufacturing Really Declining?," *On the Economy* (blog), St. Louis Fed, April 11, 2017。

15. 参见 *Gross Domestic Product by Industry: First Quarter 2018,* Bureau of Economic Analy-sis (2018), www.bea.gov/system/files/2018-07/gdpind118_3 .pdf。

16. 参见 Steven Davidoff Solomon, "Profits in G.M.A.C. Bailout to Benefit Financiers, Not U.S.," *New York Times,* August 21, 2012, accessed November 19, 2018. https://dealbook.nytimes.com/2012/08/21/profits-in-g-m-a-c-bailout-to-benefit-financiers-not-u-s/?_r=0. In 2010,

GMAC rebranded itself as Ally Financial。参见 Ally, "History," accessed January 27, 2019, www.ally.com/about/history/。

17. 同样，通用电气金融几乎控制了通用电气资产的3/4。由于发展规模如此之大，它被认定为对系统十分重要的金融机构，并于2015年被分拆出来。参见 Ted Mann, "How Big Is GE Capital? It Depends," *Wall Street Journal,* June 9, 2015, accessed November 19, 2018, www.wsj .com/articles/ge-uses-own-metric-to-value-its-finance-arms-assets-1433842205。
18. 参见 Greenwood and Sharfstein, "The Growth of Finance," 17。
19. 参见 Greenwood and Sharfstein, "The Growth of Finance," 7。
20. 由于房贷证券化获利颇丰，华尔街银行纷纷收购信贷机构，以确保能获得新的房贷资源供应来进行证券化和交易。参见 Michael A. Santoro and Ronald J. Strauss, *Wall Street Values: Business Ethics and the Global Financial Crisis* (Cambridge: Cambridge University Press, 2012), 109–10。
21. 参见 Greenwood and Sharfstein, "The Growth of Finance," 12。
22. 参见 Greenwood and Sharfstein, "The Growth of Finance," 7。
23. 参加 Rajan, *Fault Lines,* 6。拉詹继续表示："新住房的建设和现有住房的销售为建筑业、房地产经纪和金融业提供了就业机会，而房价上涨则提供了房屋净值，为旧贷款再融资和新消费提供了资金。"
24. 与其他国家的比较支持了对美国国内的这种描述。遭受严重经济不平等的经济体也表现出更大程度的金融化。参见 David A. Zalewski and Charles J. Whalen, "Financialization and Economic Inequality," *Journal of Economic Issues* 44, no. 3 (2010): 764–75。
25. 参见 David Kaiser, *American Physics and the Cold War Bubble* (Chicago: University of Chicago Press, in preparation)。更多信息参见 http://web.mit.edu /dikaiser/www/CWB.html#CWBChapters。
26. Emanuel Derman, *My Life as a Quant: Reflections on Physics and Finance* (Hoboken, NJ: John Wiley & Sons, 2004), 4.以下简称 Derman, *My Life as a Quant*。
27. Derman, *My Life as a Quant*, 4.
28. 在美国大学获得物理学博士学位的人数在20世纪50年代和60年代激增，70年代达到峰值，然后急剧下降，到80年代初期下降超过40%。直到大约2010年才恢复到1970年的水平。参见 Patrick Mulvey and Star Nicholson, "Trends in Physics PhDs," American Institute of Physics, Focus On, February 2014, www.aip.org/sites/default/files/statistics/graduate/trendsphds-p-12.2.pdf。博士生减少意味着物理系的规模缩小，也意味着新教授的职位减少。
29. Derman, *My Life as a Quant*, 92.
30. Derman, *My Life as a Quant*, 119.
31. Derman, *My Life as a Quant*, 123.
32. Derman, *My Life as a Quant*, 5.
33. 参见 William F. Sharpe, "Capital Asset Prices: A Theory of Market Equilibrium Under Condi-tions of Risk," *Journal of Finance* 19, no. 3 (September 1964): 425–42 以及 Fischer Black and Myron Scholes, "The Pricing of Options and Corporate Liabilities," *Journal of Political Economy* 81, no. 3 (1973): 637–54。
34. F. N. David, *Games, Gods and Gambling* (Mineola, NY: Dover, 1998).

35. 概述参见 Dan Awrey, "Toward a Supply-Side Theory of Financial Innovation," *Journal of Comparative Economics* 41, no. 2 (2013): 401 以及 Donald MacKenzie, "Is Economics Performative? Option Theory and the Construction of Derivatives Markets," paper presented in Tacoma, WA, June 25, 2005。麦肯齐认为，金融模型，特别是布莱克－斯科尔斯期权定价模型，塑造了金融市场。

36. 相关列表，参见 William L. Silber, "The Process of Financial Innovation," *American Economic Review* 73, no. 2 (1983): 89（列出了 1970—1982 年开发的 38 种创新金融产品，从"借记卡"、ATM 机到"利率期货"）。

    有关这一时期金融创新的更多信息，参阅 Merton Miller, "Financial Innovation: The Last Twenty Years and the Next," *Journal of Financial and Quantitative Analysis* 21, no. 4 (December 1986): 459（将过去 20 年的金融"革命"描述为主要是对监管和税收的反应），以及 Peter Tufano, "Financial Innovation," in The Handbook of Economics of Finance, ed. George Constantinides, Milton Harris, and René Stulz (Amsterdam: North Holland, 2003), 307（探究了金融创新的历史，并解释了过去和现在出现的大量创新）。自 20 世纪中叶以来，每年授予的金融专利数量也急剧增加，尽管专利法的变化使得从专利数量上直接推断创新变得更加复杂。金融专利在 1998 年的道富银行案判决之前没怎么被使用过。*State Street Bank & Trust Co. v. Signature Financial Group, Inc.*, 149 F.3d 1368 (Fed. Cir. 1998). 例如，鲍勃·默顿和保罗·萨缪尔森在 20 世纪 60 年代没有为他们关于无限期期权的研究申请专利。此后，金融专利数量有了显著增长，直到 2014 年，最高法院在 Alice 公司诉 CLS 银行一案的判决中限制了金融产品专利的可获得性。*Alice Corp. v. CLS Bank International*, 134 S.Ct. 2347 (2014). 参见 Adam B. Jaffe and Josh Lerner, *Innovation and Its Discontents: How Our Broken Patent System Is Endangering Innovation and Progress, and What to Do About It* (Princeton, NJ: Princeton University Press, 2011), 147。

37. "Twilight of the Gods," *The Economist*.

38. 参见 Michael Lewis, *Flash Boys* (New York: W. W. Norton, 2014)。

39. Gerald F. Davis, *Managed by the Markets: How Finance Reshaped America* (New York: Oxford University Press, 2009), 37–38, and Greta Krippner, *Capitalizing on Crisis: The Political Origins of the Rise of Finance* (Cambridge, MA: Harvard University Press, 2011). 克里普纳记录了从原产和持有模式到原产和分销模式的转变。另参见 Mark S. Mizruchi, "The American Corporate Elite and the Historical Roots of the Financial Crisis of 2008," in *Markets on Trial: The Economic Sociology of the U.S. Financial Crisis: Part B,* ed. Michael Lounsbury and Paul M. Hirsch (Bingley: Emerald Group Publishing, 2010), 103–39, 122–23; and Andrew Leyshon and Nigel Thrift, "The Capitalization of Almost Everything," *Theory, Culture, and Society* 24 (2007): 100。第一个这样做的是房利美。Guy Stuart, *Discriminating Risk: The U.S. Mortgage Lending Industry in the Twentieth Century* (Ithaca, NY: Cornell University Press, 2003), 21–22, 68.

40. 参见 Greenwood and Sharfstein, "The Growth of Finance," 7。

41. 高盛固定收益部门的金融策略小组就是一个典型的例子。参见 Derman, *My Life as a Quant,* 123.

42. Duff McDonald, "Please, Sir, I Want Some More. How Goldman Sachs Is Carving Up Its $11 Billion Money Pie," *New York Magazine,* December 5, 2005。

43. "在华尔街公司中，净收入（总收入减去利息支出）中用于薪酬的标准份额高达惊人的50%。" Ho, *Liquidated,* 255 (quoting Duff McDonald, "Please, Sir, I Want Some More. How Goldman Sachs Is Carving Up Its $11 Billion Money Pie," *New York Magazine,* December 5, 2005). 2011年，高盛公司收入的42%用于支付员工薪酬（平均为367 057美元）；2010年，薪酬占摩根士丹利收入的51%，巴克莱银行是34%，瑞士信贷是44%。参见Freeland, *Plutocrats,* 122。

44. 参见Philippon and Reshef, "Wages and Human Capital"。在另一篇论文中，菲利蓬和雷谢夫估计溢价接近50%。参见Philippon and Reshef, "Skill Biased Financial Development"。尽管某些技术领域的大学毕业生享有与金融领域的大学毕业生相似的工资溢价，但金融领域内研究生毕业的从业者的收入越来越超过这些技术领域内的研究生。参见Rajan, *Fault Lines,* 142。

45. 关于精英教育回报与精英家长教育投资之间的反馈循环，参见Frank and Cook, *The Winner-Take-All Society,* 148。

46. 参见Goldin and Katz, *The Race Between Education and Technology,* 40（"最后，教育对创新和技术进步产生了重要影响，因为科学家、工程师以及其他受过高等教育的劳动者在研发部门以及新思想的创造和应用方面发挥了关键作用"）。当精英教育达到一定规模时，其影响变得尤为显著，因为创新者们不再孤立地工作，而是汇聚在一起相互支持。参见Oded Galor and Omer Moav, "Ability-Biased Technological Transition, Wage Inequality, and Economic Growth," *Quarterly Journal of Economics* 115, no. 2 (May 2000): 469–97, https://doi.org/10.1162/003355300554827。

47. 参见Safeway Stores, Incorporated, *1975 Annual Report,* 2。

48. 参见Safeway Stores, Incorporated, *1970 Annual Report,* 9。

49. 参见Olive Gray, "Seelig's Chain Is Now Safeway," *Los Angeles Times,* March 15, 1925, B8（"这个历久弥新的组织采用的口号是告诫也是邀请，'安稳开店，安心购物'"）。

50. 参见Susan Faludi, "The Reckoning: Safeway LBO Yields Vast Profits but Exacts a Heavy Human Toll," *Wall Street Journal,* May 16, 1990。该公司还提出过其他口号。其年度报告表明，至少从1929年到1932年，它的口号是"无浪费地分发"。参见Safeway Stores, Incorporated, *1929 Annual Report,* 1; Safeway Stores, Incorporated, *1930 Annual Report,* 1; Safeway Stores, Incorporated, *1931 Annual Report,* 1; Safeway Stores, Incorporated, *1932 Annual Report,* 1。

51. "Safeway Stores, Inc.," *Fortune,* vol. 26, October 1940, 60。

52. 参见Safeway Stores, Incorporated, *1939 Annual Report,* "Personnel," 5; Safeway Stores, Incorporated, *1940 Annual Report,* "Personnel," 5; Safeway Stores, Incorporated, *1941 Annual Report,* "Personnel," 5。这是西夫韦公司一直以来的态度。例如，西夫韦1955年的年度报告宣称，西夫韦"希望成为其开展业务的每个社区的一部分。它努力承担社区慈善和福利成本的份额，并支付其应支付的地方和州税款"。Safeway Stores, Incorporated, *1955 Annual Report,* 9。

53. 参见Safeway Stores, Incorporated, *1975 Annual Report,* 13 以及Safeway Stores, Incorporated,

1968 Annual Report, 16–17。当被问及为什么一家企业应该对帮助解决社会问题感兴趣时，西夫韦公司在 1968 年的年度报告中指出："我们的回答是，在我们看来，这不仅是良好的公民行为，而且对于良好的商业环境甚至对于私营企业自身的生存也是必要的。" Safeway Stores, Incorporated, *1968 Annual Report*, 17.

54. 参见 "How Consumer Organizations Rate Corporations," *Business and Society Review*, no. 3 (September 1972): 94。
55. Safeway Stores, Incorporated, *1975 Annual Report*, 13。
56. 参见 Safeway Stores, Incorporated, *1965 Annual Report*, 8。
57. 参见 Safeway Stores, Incorporated, *1972 Annual Report*, "Young Managers Move Up," 4。
58. 参见 "Safeway Stores, Inc.," *Fortune*, 128。
59. 参见 "Safeway Stores, Inc.," *Fortune*, 128。
60. 参见 Safeway Stores, Incorporated, 1965 Proxy Statement (Form DEF 14A), 9。
61. 参见 "Safeway Stores, Inc.," *Fortune*, 134。
62. 参见 Goldin and Katz, *The Race Between Education and Technology*, 19–22。
63. 大约是 70%。参见 Fraser, *Every Man a Speculator*, 488。
64. 超过 90%。参见 Fraser, *Every Man a Speculator*, 488。
65. 事实上，自 1980 年以来，美国非金融公司总体上发行的股权净额为负数，用发行新债务筹集的部分资金来购回旧股权。股权净额不仅在较长时期内为负数，几乎在每一年都是如此，只有在 20 世纪 90 年代初有少数几个例外。参见 Board of Governors of the Federal Reserve System, "Flow of Funds Accounts of the United States, Annual Flows and Outstanding," Tables F2 and F4, 1985–1994, 1995–2004, 2005–2010. 另参见 Thomas I. Palley, "Financialization: What It Is and Why It Matters," Levy Economics Institute Working Paper no. 525, December 2007, 19–20, Figure 4, "Nonfinancial corporation net equity issuance and new borrowing, 1959–2006"。

    有关股票回购的公司报告清楚展示了回购行为与新借款之间的关联。举例来说，一份 1994—2012 年的样本资料显示，几乎 40% 的公司明确表示他们计划使用某种形式的债务来为股票回购提供资金。参见 Zicheng Lei and Chendi Zhang, "Leveraged Buybacks," *Journal of Corporate Finance* 39 (2016): 244。

66. 今天的上市公司仅保留了大约 12% 的收益，仅有 60% 的新支出和仅 27% 的"重大"支出是通过过往的利润，考虑到收购，支出来过往利润的比例降至仅 15%。

    留存收益数据反映了净收入中的留存收益。这些数据适用于 2005—2014 年的标普 500 指数。William Lazonick, "How Stock Buybacks Make Americans Vulnerable to Globalization," Institute for New Economic Thinking, Working Paper 8 (March 1, 2016). 在过去的密集金融化时期，产生了类似的模式，例如，1929 年美国公司仅将其利润的 30% 用于再投资。参见 Fraser, *Every Man a Speculator*, 488。

    新投资的融资数据来自 Ralf Elsas, Mark J. Flannery, and Jon A. Garfinkel, "Financing Major Investments: Information About Capital Structure Decisions," *Review of Finance* 18, no. 4 (2014)。

67. 参见 Michael C. Jensen, "Agency Cost of Free Cash Flow, Corporate Finance and Takeovers," *American Economic Review* 76, no. 2 (May 1986): 323–29。一份综合性的回顾研究考察了

众多促成债务融资回购的互补因素（包括与股东激进主义的关联以及限制管理层服务其他利益相关方的倾向），参见 Joan Farre-Mensa, Roni Michaely, and Martin C. Schmalz, "Financing Payouts," Ross School of Business Paper No. 1263 (December 2016), 31–37.

68. 参见 Adolph Berle and Gardiner Means, *The Modern Corporation and Private Property* (New York: Macmillan, 1932).

69. "股东价值"一词由律师兼经济学家亨利·曼尼（Henry Manne）在一篇经典文章中提出，参见 Henry Manne, "Mergers and the Market for Corporate Control," *Journal of Political Economy* 73, no. 2 (April 1965): 110。需要留意的是，这篇文章发表之际已是美国"大压缩"时代的尾声。

70. 与前面讨论的纯粹金融创新一样，杠杆收购在20世纪50年代就已经被构想出来，但直到20世纪80年代才实际上具有了重要意义，因为那时足够多的超级技能劳动力出现，使得大规模使用这一创新成为可能。第一次杠杆收购可能是在1955年进行的麦克莱恩公司（McLean Industries, Inc.）买下沃特曼船业公司（Waterman Steamship Corporation）。麦克莱恩公司发行了700万美元的优先股，并向银行借了4 200万美元来购买沃特曼公司。Marc Levinson, *The Box: How the Shipping Container Made the World Smaller and the World Economy Bigger* (Princeton, NJ: Princeton University Press, 2016), 49.

71. 参见 Robert Teitelman, *Bloodsport: When Ruthless Dealmakers, Shrewd Ideologues, and Brawling Lawyers Toppled the Corporate Establishment* (New York: Perseus, 2016), 66–72; Moira Johnston, *Takeover: The New Wall Street Warriors; The Men, the Money, the Impact* (New York: Arbor House, 1986), 34. and Bruce Wasserstein, *Big Deal: Mergers and Acquisitions in the Digital Age* (New York: Warner Business Books, 2001), 548. 以下简称 Wasserstein, *Big Deal*。瓦赫特尔还因帮助公司抵制收购而闻名，包括发明了"毒丸防御"。参见 Johnston, *Takeover*, 36; Wasserstein, *Big Deal,* 552。

72. 参见 IDD Enterprises, *M&A Almanac* (May–June 1992); Houlihan Lokey Howard & Zukin, *Mergerstat Review* (Los Angeles: Mergerstat, 1988), 1。

73. 参见 W. T. Grimm & Co., *Mergerstat Review* (Schaumburg, IL: Merrill Lynch Business Brokerage and Valuation, 1988), 3; Houlihan Lokey Howard & Zukin, *Mergerstat Review* (Los Angeles: Mergerstat, 1999), 1。

74. 参见 Ho, *Liquidated*, 133; Marina Whitman, *New World, New Rules: The Changing Role of the American Corporation* (Boston: Harvard Business School Press, 1999), 9 及 Michael Useem, *Investor Capitalism: How Money Managers Are Changing the Face of Corporate America* (New York: Basic Books, 1996), 2。

与此同时，私募股权公司今天拥有超过2.4万亿美元的资本，随时准备将目标对准他们认为管理不善的公司，替换掉其效率低下的管理层。即使没有发生实际的收购，这也会对管理层带来威胁和管束。参见 Preqin, *2016 Preqin Global Private Equity & Venture Capital Report*, www.preqin.com/docs/samples/2016-Preqin-Global-Private-Equity-and-Venture-Capital-Report-Sample_Pages.pdf。

75. 新的意识形态还带来了其他与公司相关的变化。20世纪中叶的管理者为许多利益相关者服务，包括公司所在地的社区、公司的客户以及尤为重要的公司雇员。此外，20世纪中叶的管理者通常与公司的员工住在一起，这使他们有动力支持当地就业和市民生活，并支付给自己的邻居们不错的工资。

76. 高级管理人员可以监督低层级员工，但这些员工所执行的任务与公司股价之间的距离很难直接激励他们提升股东价值。

77. CEO 的薪酬方案已由固定薪资转向与股票表现相关的报酬。1990—2015 年，标普 1500 指数公司的 CEO 们的薪酬方案中，非股票的部分仅小幅增长，由平均约 120 万美元增长到约 150 万美元，但是与股票相关的部分增长到原来的 3 倍，由平均 80 万美元增长到 250 万美元。参见 Cremers, Masconale, and Sepe, "CEO Pay Redux," 240. 作者从他们的数据中排除了拥有双重股权的公司和受监管行业的公司的 CEO 的薪酬。这些公司在标普 1500 指数所有公司中的占比略低于 10%。

78. 在 20 世纪与 21 世纪交替之际，股市分析师在投资建议里将某只股票降级的行为，例如将"买进"降为"持有"，或将"持有"降为"卖出"，会导致该公司 CEO 在 6 个月内遭到开除的可能性增加 50%。在 1995—2005 年，全球 2 500 家大公司中因为股票表现不佳而下台的 CEO 增加了 4 倍。参见 Reich, *Supercapitalism,* 76，引自 Chuck Lucier, Paul Kocourek, and Rolf Habbel, *The Crest of the Wave* (New York: Booz Allen Hamilton, 2006)。

79. 参见 Charles J. Whalen, "Money-Manager Capitalism and the End of Shared Prosperity," *Journal of Economic Issues* 31, no. 2 (June 1997): 522; and David A. Zalewski and Charles J. Whalen, "Financialization and Income Inequality," *Journal of Economic Issues* 44, no. 3 (2010): 762。此外，雇主越来越反对工会组织，并且持续力度愈发强烈：1962—1977 年，获得雇主同意的工会选举的比例减少了 4/5。根据国家劳工关系委员会的数据，20 世纪 50 年代初至 90 年代，雇主为了阻止工会组织而进行非法解雇的比例增加了 4 倍。Reich, *Supercapitalism,* 80–81.

80. 此外，由于管理者不仅与社区和员工在社会关系上隔离，而且与股东隔离，因此他们有能力坚决从股东那里争取他们的技能所能支撑的任何收入。

81. 参见 David Carey and John E. Morris, *King of Capital: The Remarkable Rise, Fall, and Rise Again of Steve Schwarzman and Blackstone* (New York: Random House, 2012), 100。另参见 Gerald Davis, *Managed by the Markets: How Finance Reshaped America* (Oxford: Oxford University Press, 2009)。

82. 优绩主义与并购业务之间的联系非常深刻。20 世纪中叶，在法律行业占据主导地位的新教"白鞋律所"大都回避诉讼、破产和收购法，因为这些都是易遭到非议的业务领域，只有当律师未能履行其主要职责时才变得有必要。瓦赫特尔-利普顿与世达都向那些被新教公司排除在外的犹太人开放职位（事实上，这两家律师事务所的创办人都是犹太裔），从事新教律所所不愿碰触的业务。瓦赫特尔-利普顿的成功以及老牌律所试图进行的对它们的模仿，都见证了优绩主义在律界逐渐成为主导力量的过程。参见 Eli Wald, "The Rise and Fall of the WASP and Jewish Law Firms," *Stanford Law Review* 60 (April 2008): 1803–66。

83. 关于哪些算顶尖名校的界限选择，是基于常常出现在《美国新闻与世界报道》大学排名的前 10 和前 5 的学校数量。

84. 2016 年，除了瓦赫特尔和世达之外，从事并购的头部公司还包括柯史莫、瑞生、凯易、宝维斯、盛信、苏利文-克伦威尔、威嘉。每家公司聘用的人员主要甚至绝大多数来自最精英的法学院。参见"The Legal 500 Rankings of M&A Litigation," The Legal 500, www.legal500.com/c/united-states/dispute-resolution/manda-litigation-defense。

85. 参见 Dirk Zorn, "Here a Chief, There a Chief: The Rise of the CFO in the American Firm," *American Sociological Review* 69 (June 2004): 345–64。

86. Matthias Kipping and Lars Engwall, *Man-agement Consulting: Emergence and Dynamics of a Knowledge Industry* (New York: Oxford University Press, 2002), 71.

87. 而且，这一时期的咨询行业将更多的精力投入生产过程中的技术问题，而不是管理方面，以提高"组织结构底层流水线工人"的效率。第一位"管理顾问"是弗雷德里克·泰勒。参见 Duff McDonald, *The Firm: The Story of McKinsey and Its Secret Influence on American Business* (New York: Simon & Schuster, 2013), 26–28。概况亦参见 Walter Kiechel, *The Lords of Strategy: The Secret Intellectual History of the New Corporate World* (Cambridge, MA: Harvard Business Press, 2010), 3–4。另参见 Terrence Deal and Allan A. Kennedy, *The New Corporate Cultures: Revitalizing the Workplace After Downsizing, Mergers, and Reengineering* (Reading, MA: Perseus, 1999), 64。

88. 参见 David Burkus, *Under New Management: How Leading Organizations Are Upending Business as Usual* (New York: Houghton Mifflin Harcourt, 2016), 194。

89. McDonald, *The Firm,* 94.

90. McDonald, *The Firm,* 113.

91. Kiechel, *The Lords of Strategy,* 9.

92. 例如，参见 Harvard Business School, "Recruiting: Data & Statistics," www.hbs.edu/recruiting/data/Pages/detailed-charts.aspx。

93. 参见 Ho, *Liquidated,* 332–33。

94. Kiechel, *The Lords of Strategy,* 9.

95. Kiechel, *The Lords of Strategy,* 9.

96. John Micklethwait and Adrian Wooldridge, *The Witch Doctors: Making Sense of the Management Gurus* (New York: Random House, 1996), 26.

97. 参见 Micklethwait and Wooldridge, *The Witch Doctors,* 29–31; Thomas Davenport, "The Fad That Forgot People," *Fast Company,* October 31, 1995, accessed November 19, 2018, www.fastcompany.com/26310/fad-forgot-people。

98. Terrence Deal and Allan A. Kennedy, *The New Corporate Cultures* (New York: Perseus, 1999), 64.

99. 麦肯锡认为，20世纪中叶的方法使得制造业（以此为例）中非生产员工数量的增长速度是生产工人的6倍（1950—1970年）。参见 John L. Neuman, "Make Overhead Cuts That Last," *Harvard Business Review,* May 1975, https://hbr.org/1975/05/make-overhead-cuts-that-last。

100. 然而，麦肯锡坚称，它的方法可以迅速（4个月内）将管理成本削减15%至30%。参见 Neuman, "Make Overhead Cuts That Last"。

　　通常，这些咨询顾问会将这些"痛苦的"决策交给管理人员自己，后者"被期望……找出办法，以此淘汰自己和低层管理人员，从而净化公司，消除'管理层的臃肿'"。Randy Hodson, "3 Reviews: The Many Faces of Organizational Control," *Administrative*

Science Quarterly 36, no. 3 (1991): 490, reviewing Vicki Smith, *Managing in the Corporate Interest: Control and Resistance in an American Bank (*Berkeley: University of California Press, 1990), http://ark.cdlib.org/ark: /13030/ft267nb1gt/.

101. Kiechel, *The Lords of Strategy,* 9.
102. Kiechel, *The Lords of Strategy,* 9.
103. 评论者有时试图直接从生产复杂性的变化中推导出管理风格的变化，但并不会有所帮助。的确，20世纪的企业，就拿胜家缝纫机公司来说，将生产带入公司内部是为了确保越来越复杂的机器零部件之间的一致性和兼容性。但要解释为什么是管理模式而不是合同更能实现这些目标，则需要进一步的论证，这个论证必须深入调查各种协调方式所采用的技术的相对成本和效率。

    20世纪到21世纪的管理风格的转变更加明确了这一点。尽管今天的生产肯定比20世纪中叶的更加复杂，但管理层次结构却变得更加扁平，而不是更加复杂。因此，生产复杂性在20世纪中叶偏好更加复杂的管理方式，而今天偏好简化的管理方式。这种差异归结到了管理技术的变化，最终归结到了管理阶层的工作伦理和技能的变化。
104. 现今美国公司CEO的收入是全美收入中位数的300倍。参见Lawrence Mishel and Alyssa Davis, "Top CEOs Make 300 Times More Than Typical Workers," Economic Policy Institute, June 2015, www .epi.org/publication/top-ceos-make-300-times-more-than-workers-pay-growth-surpasses-market-gains-and-the-rest-of-the-0-1-percent/。2010年，美国收入分配前1%群体的收入约占了美国全部收入的20%，其所拥有的上市股票约占美国家庭所拥有全部股票的35%，而在所得分配底部90%的阶层则仅拥有全部股票的19.2%。Edward N. Wolff, "The Asset Price Meltdown and the Wealth of the Middle Class," NBER Working Paper No. 18559 (November 2012), www.nber.org/papers/w18559.
105. 参见Faludi, "The Reckoning"。
106. 参见Faludi, "The Reckoning"（"在西夫韦连锁超市被杠杆收购之后，当时的公司首席CEO马高恩先生开始裁员。西夫韦长期以来的口号'西夫韦提供安全保障'被新的公司口号替代，其中的部分内容在公司总部大厅的一块牌匾上显示为：'现有投资的目标回报'"）。
107. 参见Faludi, "The Reckoning"。另参见Mord Bogie, *Churchill's Horses and the Myths of American Corporations* (London: Quorum Books, 1998), 168–69。
108. 参见Faludi, "The Reckoning," 2, col. 4。
109. 参见Faludi, "The Reckoning," 2, col. 4。
110. 参见Christine Wilcox, "Bob Miller Assumes Role of Chairman & CEO of Albertsons, NAI & Safeway." *Market Mixx* (blog), *Albertsons,* www .albertsons.com/bob-miller-assumes-role-of-chairman-ceo-of-albertsons-nai-safeway/以及"Executive Profile of Robert G. Miller," Bloomberg, accessed October 9, 2018, www .bloomberg.com/research/stocks/private/person.asp?personId=23462422&privcapId=25591240。
111. 参见"Steven A. Burd, 1949–," Reference for Business, www.referenceforbusiness .com/biography/A-E/Burd-Steven-A-1949.html。
112. 参见Faludi, "The Reckoning"。法吕迪报告称，该CEO的薪酬计划设定了潜力奖，并指出他在公司收购后的最初几年中每年都获得了最高的奖金。这些奖金的增加是在20世纪80年代已经上涨的工资基础上获得的。1986年，即公司被收购之前，CEO彼得·马高恩（罗伯特·马高恩的儿子）的年薪为92.5万美元，相当于2015年的200万美元。参见Jonathan Greenberg, "Sold Short," *Mother Jones,* May 1988, 39。

113. 例如，参见Safeway, Inc. U.S. SEC Fil-ings, Form DEF 14A, March 25, 1994, 8; Safeway, Inc., U.S. SEC Filings, Form DEF 14A, March 22, 1996, 11。

114. Safeway, Inc., U.S. SEC Filings, Form 10-K, January 3, 2015, 117.

115. 参见J. F. C. Harrison, *Society and Politics in England, 1780–1960* (London: Harper & Row, 1965), 70–72。另参见Paul Halsall, "Leeds Woollen Workers Petition, 1786," Fordham University, Modern History Source-book, August 1997, https://sourcebooks.fordham.edu/mod/1786machines.asp。

116. 参见Goldin and Katz, *The Race Between Education and Technology,* 122。

尚没有确凿的证据证明，工业革命使劳动力市场系统性地不利于技能。当然，并不是所有技能都受到工业创新的不利影响。例如，工程师的需求增加了，最终管理人员的需求也增加了。参见Goldin and Katz, *The Race Between Education and Technology,* 265。但是，确实存在一些证据可以一般化正文中的例子。约翰·詹姆斯和乔纳森·斯金纳利用1850年的制造业普查数据表明，在工业化鼎盛时期，资本取代技术工人的速度比取代非技术工人的速度更快，以及被取代的工人曾经享受高于非技术劳工60%的工资溢价。John A. James and Jonathan S. Skinner, "The Resolution of the Labor-Scarcity Para-dox," *Journal of Economic History* 45, no. 3 (September 1985): 513–40.

117. 参见Goldin and Katz, *The Race Between Education and Technology,* 122。

118. 参见Goldin and Katz, *The Race Between Education and Technology,* 122。

119. 1910年，福特2/3的工人都是熟练的机械师。但是到了1914年，超过一半的人是无技能的新移民，没有任何的机械经验。参见Cappelli, *The New Deal at Work,* 58; Stephen Meyer, *The Five Dollar Day: Labor Management and Social Control in the Ford Motor Company* (Albany: State University of New York Press, 1981)。另参见Goldin and Katz, *The Race Between Education and Technology,* 123; Harry Braverman, *Labor and Monopoly Capital: The Degradation of Work in the Twentieth Century* (New York: Monthly Review Press, 1974), 146 以及David Hounshell, *From the American System to Mass Production* (Baltimore: Johns Hopkins University Press, 1984)。

请注意对比后来技术对汽车制造业的影响，当时机器人装配让更熟练的机械师取代了不太熟练的流水线工人。参见Goldin and Katz, The Race Between Education and Technology, 123。戈尔丁和卡茨总结了这两个时期的对比情况："19世纪从工匠式生产向工厂生产的转变，涉及资本和非技术劳工取代了熟练的（工匠式）劳工；而20世纪采用连续工艺和单元驱动方法的转变，则涉及资本和受过教育的熟练劳工取代了非技术劳工。" Goldin and Katz, *The Race Between Education and Technology,* 125.

120. 参见Joseph J. Spengler, "Changes in Income Distribution and Social Stratification: A Note," *American Journal of Sociology* 59, no. 3 (November 1953): 247. Simon Kuznets, "Economic Growth and Income Inequality," *American Economic Review* 45, no. 1 (March 1955): 1。另参见Jeffrey Winters and Benjamin Page, "Oligarchy in the United States?," *Perspectives on Politics* 7, no. 4 (December 2009): 731。

121. 有一种常见的观点将技术的不断发展视为社会和经济生活必须适应的、无法奢求控制的现实，认为不能要求社会对其负责。关于创新与劳动力市场相互作用以及其对经济不平等的影响，最重要的比喻是将其类比为一场"教育与技术之间的竞赛"（正如一篇知名文章的标题），其中不平等的不断增加是因为生产和分配教育资源的社会机构无法跟上技术对技能需求不断增长的步伐。参见 Goldin and Katz, *The Race Between Education and Technology*。其他主流观点包括 Alan B. Krueger, "How Computers Have Changed the Wage Structure," *Quarterly Journal of Economics* 108, no. 1 (February 1993): 33; Eli Berman, John Bound, and Zvi Griliches, "Changes in Demand for Skilled Labor Within U.S. Manufacturing," *Quarterly Journal of Economics* 109, no. 2 (May 1994): 367; David H. Autor, Lawrence F. Katz, and Alan B. Krueger, "Computing Inequality: Have Computers Changed the Labor Market?," *Quarterly Journal of Economics* 113, no. 3 (November 1998): 1169。这个比喻将技术创新的技能偏见视为不可避免的，当然，也视为独立于提供教育的机构和实践之外的：为了使一场比赛有意义，参与者必须以各自的力量奔跑。这个比喻背后的假设，即技术创新必然偏向技能，是如此强大且普遍，几乎像我们呼吸的空气一样被我们忽视，即使其他所有一切都依赖于它。即使在详细描述技术创新的技能偏见及其对不断加剧的经济不平等的影响时，传统观点也从未探讨为什么技术会以这种方式产生影响，以及为什么会在此时产生这样的影响。

122. 例如，参见 Herbert Marcuse, *One Dimensional Man* (Boston: Beacon, 1964), 154（描述"'人造物'是如何从社会整体中产生并重新进入其中"的方式）; Frederick Ferré, *Philosophy of Technology* (Athens: University of Georgia Press, 1995), 38–42（对理论认知和实践认知进行了区分，同时将它们与塑造它们的社会联系起来）。

    经济学家有时候会区分一个经济体的元生产函数和实际生产函数。元生产函数包括所有从理论上可被发现的技术（或者说是"所有已知和潜在可发现的活动的极限"），而实际生产函数则仅包括创新者在考虑社会和经济因素后实际上发现并应用的技术。参见 Yujiro Hayami and V. W. Ruttan, "Agricultural Productivity Differences Among Countries," *American Economic Review* 60 no. 5 (December 1970): 898。

123. 参见 Acemoglu, "Technical Change," 37 以及 Daron Acemoglu, "Why Do New Technologies Complement Skills? Directed Technical Change and Wage Inequality," *Quarterly Journal of Economics* 113, no. 4 (November 1998): 1055。

124. 例如，参见 Aldo Schiavone, *The End of the Past* (Cambridge, MA: Harvard University Press, 2002), 136; James E. Mc-Clellan III and Harold Dorn, *Science and Technology in World History* (Baltimore: Johns Hopkins University Press, 2006), 103–4。亚里士多德曾经指出，而西塞罗也重复了这一点，即"只有在一个梭子可以自己织布的幻想世界里，奴隶制度才能被废除"。参见 Schiavone, *The End of the Past,* 135。奴隶劳动的可获得性（奴隶本身被明确看作亚里士多德所称的"有生命的工具"或人类生产机器）使工业机器在经济上变得并不必要。参见 Schiavone, *The End of the Past,* 132, 136。

    社会规范提高了理论（尤其是哲学）学习的地位，而贬低了应用和实践科学，这是另一个被广泛提到的古希腊、古罗马（以及古代中国）没有工业化的原因。参见 Schiavone, *The End of the Past,* 136–53; Justin Yifu Lin, *Demystifying the Chinese Economy* (Cambridge: Cambridge University Press, 2012), 48–51。

125. 参见 Hayami and Ruttan, "Agricultural Productivity," 898。

即使在其他条件类似的社会中，例如在美洲新世界的欧洲殖民地，作物的选择、农场的规模、劳动力的性质（是原住民还是移民，是自由劳工还是奴隶）以及其他生产技术都因土壤和气候的不同而有所差异。例如，参见 Stanley L. Engerman and Kenneth L. Sokoloff, "History Lessons: Institutions, Factor Endowments, and the Path of Development in the New World," *Journal of Economic Perspectives* 14, no. 3 (Summer 2000): 217。

类似的影响也主导了技术创新更为晚近的历史。19 世纪和 20 世纪工业生产的快速增长及其轮廓，基本上是受到易得且丰富的化石燃料来源以及方便且容量大的燃烧排放渠道的影响。21 世纪的工业技术已经显然受到资源枯竭和尤其是排放渠道过载的强烈影响。这些影响渗透到每个时代所发展的技术细节中，例如在 20 世纪内燃机相对于电力替代品的主导地位以及 21 世纪电动发动机的回归等。参见 Rebecca Matulka, "The History of the Electric Car," Department of Energy, September 2014, www.energy.gov/articles/history-electric-car。

126. 有关过去 3 个世纪里一些国家财富积累的来源，参见 Thomas Piketty and Gabriel Zucman, "Wealth-Income Ratios in Rich Countries 1700–2010," 6, Figures 9–12, Figure 15, www.parisschoolofeconomics.com/zucman-gabriel/capitalisback/PikettyZucman2013WP.pdf。皮凯蒂和祖克曼将奴隶视为资本——实际上是土地的补充——但他们明确拒绝将自由劳动者的人力资本包括在他们的计算中。然而，他们的数据支持这样一种观点：在过去的两个世纪里，人力资本占总财富的比重已经增加。人力资本实际上是未来劳动收入的折扣现值。他们报告称，在 1820—2010 年，英国和法国的国民收入都在缓慢地，虽然时而不稳定但又明显地呈现从资本到劳动的转向。

127. 文中的数据来自 www.visionofbritain.org.uk，同时也采用了由大不列颠历史 GIS 项目、汉弗莱·萨瑟尔和朴次茅斯大学拥有版权的统计材料。

伦敦的数据报告了伦敦政府办公区域目前的总人口。曼彻斯特的数据报告了大曼彻斯特的总人口。伯明翰的数据报告了西米德兰兹目前的总人口。利物浦的数据报告了默西塞德县目前的总人口。这些数据均可在 www.visionofbritain.org.uk 上找到。

128. 参见 Acemoglu, "Technical Change," 37, 39。

129. 一些新兴的高技能劳动者选择在公共部门而不是私营部门工作，担任二战后国家所采用的日益复杂的行政管理制度的监督者。政府监管日益复杂，进一步促使了私营企业寻求超级熟练劳动力，因为它们需要增强分析和管理技能，以便在法规体系中合规前行。最近，全球管理秩序的崛起，例如与世界贸易组织或欧盟有关的规则，使商业事务更加复杂，这进一步使得私营企业为取得法律范围内的商业成功而提高技能水平。

130. 法律接受甚至强制要求新规范颠覆旧秩序：尽管劳动法规限制低技能和中技能工人的每周工时，但管理人员和专业人员等精英劳动者仍然坚持让自己免受劳动法规的约束，包括以尊严为由，后者预示着现今管理上层劳动者的斯达汉诺夫式规范。例如，参见 Fair Labor Standards Act of 1938, 29 U.S.C. §§ 206, 207 & 213 (1938)（设立最低时薪标准，限制每周工作时间上限，不支付加班费，并让那些"受雇为真正的高管、行政或专业职位的员工"免受这些要求的约束）；National Labor Relations Act, 29 U.S.C. § 152(3) (1935)（广泛定义该法案所涵盖的雇员，但明确排除"受雇担任主管的任何个人"）。

131. 发明互相作用，使有技能偏向的创新的产品整体而言超过了其各个部分的总和。亚伯拉罕·威克尔格伦（Abraham Wickelgren）强调了这一点的重要性。

132. Acemoglu, "Technical Change," 37. 另参见 Anthony B. Atkinson and Joseph E. Stiglitz, "A New View of Technological Change," *Economic Journal* 79, no. 315 (September 1969): 573–78。

133. 这个过程几乎完美地遵循了马克思的无产者剥削逻辑，现在却应用于精英，这一讽刺之处让人很难忽视。甚至不断增加的精英劳动收入和精英培训投资，二者的联系都是遵循马克思主义的逻辑，即当前的工资包括了再生产下一代工人的成本。与大卫·格鲁瓦尔（David Grewal）的一次交流极大地促进我对这一点的思考。

134. 参见 David Montgomery, *Workers' Control in America: Studies in the History of Work, Technology, and Labor Struggles* (Cambridge: Cambridge University Press, 1979), 188, quoting S. H. Bunnell, "Jigs and Fixtures as Substitutes for Skill," *Iron Age* (March 1914): 610–11。

135. 对于该机制的理论解释，参见 Acemoglu, "Technical Change," 7。该理论强调，创新驱动所催生出的对超高技能的需求，（至少在中短期内）甚至可能超过超高技能工人的供给，导致精英的酬劳进一步上涨。参见 Acemoglu, "Technical Change," 7, 37–38 ["企业对供应量增加的内生反应将提高对技能的需求。实际上，供应可能不仅创造自身的需求：企业的反应可能太明显，以至于需求可能会**超过**供应。因此，在这个理论中，供应的增加可能是导致技能溢价增加的原因（参见 Acemoglu 1998，亦参见 Michael Kiley 1999）"]。

136. 这一说法背后的数据来自 Daron Acemoglu and David Autor, "Skills, Tasks, and Technologies: Implications for Employment and Earnings," in *Handbook of Labor Economic Economics,* vol. 4b, ed. David Card and Orley Ashenfelter (Amsterdam: Elsevier, 2011)。阿西莫格鲁和奥托使用了来自人口普查局3月份CPS的原始数据。另参见 Acemoglu, "Technical Change," 37。

　　另一项估计显示，20世纪70年代受过大学教育的工人的相对供应增长速度几乎是过去30年的2倍。根据这一估计，受过大学教育的工人的相对供给（以每年对数变化的100倍来衡量）在整个20世纪40年代增长了1.35倍，在20世纪50年代增长了1.91倍，在20世纪60年代增长了1.55倍，在20世纪70年代增长了3.99倍。参见 Goldin and Katz, *The Race Between Education and Technology,* 297, Table 8.1。戈尔丁和卡茨在其他地方还指出，通过美国劳动力的平均受教育年限来更广泛地衡量技术工人的供应，可以发现1960—1980年间也比之前或之后的几十年增长得更快。1940—1960年，工人平均受教育程度增加了1.52年；1960—1980年，增加了1.93年；1980—2005年，增加了1.08年。参见 Goldin and Katz, *The Race Between Education and Technology,* 39, Table 1.3。

137. 根据这一估计，受过大学教育的劳动者的相对需求（以每年对数变化的100倍来衡量）在20世纪40年代增长了–0.69倍，50年代增长了4.28倍，60年代增长了3.69倍，70年代增长了3.77倍，80年代增长了5.01倍。参见 Goldin and Katz, *The Race Between Education and Technology,* 297, Table 8.1（这些数字是基于使用了熟练劳动力和非熟练劳动力之间替代弹性的首选估算值为1.64的列）。替代弹性是一种经济概念，用于衡量两种不同生产要素（在这里是熟练劳动力和非熟练劳动力）之间的相互替代程度。在这个情境下，估算值1.64表示这两种劳动力之间的替代性较高。

138. 另一种解释认为，在此期间，对大学技能的需求或多或少地在稳定增长，而当大学技能供给的增长开始放缓时，工资溢价就会增加。例如，参见 Goldin and Katz, *The Race Between Education and Technology*。这两种解释使用相同的原始数据，但分类和解释不同。

139. 由于关于这些工人的数据相对有限，而且报道方式较为简单，因此作者只能进行一些推断，而无法进行更深入的分析或论证。

140. 参见 World Top Incomes Database, United States / Pre-tax national income / P99-P100 / Share, 29 October 2018, https://wid.world/data/#countrytimeseries/spt inc_p0p50_992_j;sptinc_p99p100_992_j/US/1970/2014/eu/k/p/yearly/s。

141. 参见 World Top Incomes Database, United States / Pre-tax national income / P99-P100 / Share, 29 October 2018, https://wid.world/data /#countrytimeseries/sptinc_p0p50_992_j;sptinc_p99p100_992_j/US/1970/2014/eu/k/p/yearly/s。同时回想一下，这些收入越来越多地来自劳动而不是资本，也就是说，它们采取的形式是对超高技能的经济回报。

142. 阿西莫格鲁有志于提出催生创新的一般理论，即对劳动力技能分布与新技术的技能偏向之间的关系给出一般性的解释。他提出，在较早的时期，这种模式也在技能分布的底部产生。因此，阿西莫格鲁提出，高中教育的回报，在20世纪早期高中教育繁荣的最初那些年，由于供应的增加而下降，然后在新的高中教育供应催生了需要更多高中技能的创新后迅速上升。劳动经济学家和后来成为参议员的保罗·道格拉斯（Paul Douglas）提出了一个类似的解释，他认为，新发明的办公设备在20世纪前几十年减少了对高中文员技能的需求（尽管他没有声称高中教育的兴起催生了这些创新）。

相比之下，戈尔丁和卡茨声称，由于供应的增加，高中教育的回报在更长的时间内下降，从1915年一直下降到1945年。对催生创新理论来说，它可能无法解释为什么发展路径的时间段如此之长。参见 Goldin and Katz, *The Race Between Education and Technology*, 288。

关于这些事实的分歧可能有一个解释，即阿西莫格鲁报告了高中文凭的回报，而戈尔丁和卡茨强调了小学后每年受教育的回报。目前尚不清楚这种差异对谁的分析更有利。参见 Goldin and Katz, *The Race Between Education and Technology*, 82, 85, Figure 2.9, 288–89。

143. 除了教育与工作之间互为反馈的循环之外，当然还有其他因素导致了美国精英在产业和收入上的异常集中。但通常来说，这些机制与这里强调的机制是互补而非替代关系。

144. 参见 World Bank, World Economic Outlook Database, October 2018 Edition, accessed March 11, 2019, www.imf.org/external/pubs/ft/weo/2018/02 /weodata/index.aspx。这些数据测量的人均GDP，不是根据购买力平价而是根据名义美元来计算的。因此，这些数据进行了汇率调整，考虑了通货膨胀的差异以及生活成本的不同，以便产生一个不同国家物质生活水平的国际度量标准。

145. 参见 World Bank, World Economic Outlook Database, October 2018 Edition, accessed March 11, 2019, www.imf.org/external/pubs/ft/weo /2018/02/weodata/index.aspx。

146. 1970—2015年，德国就读于文理中学（被称为Gymnasia）的学生比例从不到1/10增加到了超过1/3。参见 "Abitur Für Alle," *Welt am Sonntag*, June 15, 2014, www.welt.de/print/wams/article129082343/Abitur-fuer-alle.html。德国大学自然也经历了相应的大学入学率增长：虽然1970年只有大约5%的德国成年人拥有大学学历，但今天大约一半的德国

人注册入学，大约有 1/3 的德国人是大学毕业生。参见 OECD, *Education at a Glance: OECD Indicators—Germany,* www.oecd.org/edu/Germany-EAG2014-Country-Note.pdf。

147. 德国企业在德国政府的支持下，积极推行大规模的职业教育计划，超过 70%的年轻德国劳动者接受正式的工作场所培训（相比之下，美国只有 10%的劳动者接受这种培训）。参见 Daron Acemoglu and Jürn-Steffen Pischke, "The Structure of Wages and Investment in General Training," *Journal of Political Economy* 107, no. 3 (June 1999): 542（引用经合组织的一份报告，在德国，有 71.5%的年轻劳动者接受正式的培训，而在美国，只有 10.2%的劳动者在他们的头 7 年工作中接受了正式的培训。与此相比，日本和法国的比例分别为 67.1%和 23.6%）。以下简称 Acemoglu and Pischke, "The Structure of Wages"。此外，培训可能会很密集，因为德国公司通常为年轻劳动者提供学徒培训，雇主每年为每个学徒支付高达 1 万美元的费用。参见 Acemoglu and Pischke, "The Structure of Wages," 540。在职培训将劳动者与公司紧密联系在一起，因此劳动者的离职率反映了培训的程度，并清晰地显示了美国和德国之间的差距：在美国，男性劳动者在进入劳动力市场的第一个 10 年内平均换了 6 份工作，而在德国，劳动者在同一时期内平均只换 1~2 份工作。参见 Acemoglu and Pischke, "The Structure of Wages," 549。另参见 Daron Acemoglu and Jörn-Steffen Pischke, "Why Do Firms Train? Theory and Evidence," *Quarterly Journal of Economics* 113 (February 1998): 79–119（预估换 1 次）以及 Christian Dustmann and Costas Meghir, "Wages, Experience and Seniority," manuscript, London: University College London, Economics Department, 1997（预估换 2 次）。

148. 参见 "Gesetz über die Beteiligung an den Kosten der Betreuung von Kindern in Tageseinrichtungen und in Kindertagespflege sowie in außerunterrichtlichen schulischen Betreuungsangeboten (Tagesbetreuungskostenbete iligungsgesetz—TKBG) in der Fassung vom 23. April 2010, "Berliner Vorschrifteninformationssystem," http://gesetze.ber lin.de/jportal/?quelle=jlink&query=TagEinrKostBetG+BE& psml=bsbeprod.psml&max=true。另参见 Senatsverwaltung für Bildung, Jugend und Familie, "Kostenbeteiligung und Zu-zahlungen," www.berlin.de/sen/jugend/familie-und-kinder /kindertagesbetreuung/kostenbeteiligung/。

149. 美国经济中资本与劳动比例的增加普遍集中在技能密集型产业。参见 Winfried Koeniger and Marco Leonardi, "Capital Deepening and Wage Differentials: Germany Versus the U.S.," *Economic Policy* 22, no. 49 (January 2007): 74。另参见 Daron Acemoglu, "Cross-Country Inequality Trends," *Economic Journal* 113, no. 485 (February 2003): 121–49; Daron Acemoglu and Jörn-Steffen Pischke, "Worker Well-Being and Public Policy," *Research in Labor Economics* 22 (2003): 159–202; Acemoglu, "Changes in Unemployment and Wage Inequality," 1259。

即使在同一行业内也成立。例如，从 20 世纪 70 年代开始，雇用更多熟练工人的制造业公司开始更加重视设备投资，而雇用较少熟练工人的公司则相对较少注重设备投资。参见 Acemoglu, "Changes in Unemployment and Wage Inequality," 1259, 1275–76. Acemoglu cites Franceso Caselli, "Technological Revolutions," *American Economic Review* 89, no. 1 (March 1999): 78–102。

此外，对投资与高技能劳动力具体互补的资本的迅速增加，不仅包括对现有技术的投资，还包括对新技术的研发。例如，1960 年，仅有 3%的私人研发支出用于促进办公计算机的创新；到 1987 年，这一比例增加了 3 倍，达到 13%。参见 Acemoglu, "Why Do New Technologies Complement Skills?," 1083。大学毕业生在工作中使用计算机的可能性是只有高中学历的劳动者的 2 倍。参见 Acemoglu, "Why Do New Technologies Complement Skills?" Acemoglu cites to David Autor, Alan Krueger, and Lawrence Katz, "Computing Inequality: Have Computers Changed the Labor Market?," *Quarterly Journal of Economics* 113 (1998): 1169–1213。

150. Winfried Koeniger and Marco Leonardi, "Capital Deepening and Wage Differentials: Germany Versus the U.S.," *Economic Policy* 22, no. 49 (January 2007): 72–116; Daron Acemoglu, "Cross-Country Inequality Trends," *Economic Journal* 113, no. 485 (February 2003): 121–49; Daron Acemoglu and Jörn-Steffen Pischke, "Worker Well-Being and Public Policy," *Research in Labor Economics* 22 (2003): 159–202; Acemoglu, "Changes in Unemployment and Wage Inequality," 1275–76.

151. Winfried Koeniger and Marco Leonardi, "Capital Deepening and Wage Differentials: Germany Versus the U.S.," *Economic Policy* 22, no. 49 (January 2007): 72–116。请注意，柯尼格尔和伦纳迪将这一结论与强调美国和德国劳动力市场之间其他差异的解释对照进行了测试，其中包括该时期德国普遍较高的失业率以及欧洲生产中更大的技能专长性。

152. 经合组织直接衡量其成员国的技能回报。参见 OECD, *OECD Skills Outlook 2013,* Table A4.13。跨国家地衡量精英与中产阶层教育投资差距的直接方法并不存在。但是，存在很好的替代指标。其中最重要的是，经合组织衡量了父母的收入和教育水平对子女技能的影响。这些产出差异是衡量投入差异的合理替代指标，也就是父母对子女教育的投资差异。例如，参见 OECD, *OECD Skills Outlook 2013,* Table A3.1。

153. "有计划的"一词源自德隆·阿西莫格鲁，参见阿西莫格鲁的文章："Why Do New Technologies Complement Skills?," 1055, 1056。（"新技能并非天然互补，而是一种有计划的结果。"）

154. Acemoglu, "Technical Change," 7. On pp. 37–38. 阿西莫格鲁指出："这种解释不是字面意思。"

155. 例如，参见 Reeves, *Dream Hoarders*。另参见 Chrystia Freeland, "When Supercitizens Pull Up the Opportunity Ladder," *New York Times,* February 28, 2013, accessed November 19, 2018, www.nytimes.com/2013/03/01/us/when-supercitizens-pull-up-the-opportunity-ladder.html。

156. 参见 Jeffrey A. Frankel, "The Natural Resource Curse: A Survey," NBER Working Paper No. 15836 (March 2010), www.nber.org/papers/w15836.pdf。另参见 Stanley Engerman and Kenneth Sokoloff, "Factor Endowments, Institu-tions, and Differential Paths of Growth Among New World Economies: A View from Economic Historians of the United States," in *How Latin America Fell Behind,* ed. Stephen Haber (Stanford, CA: Stanford University Press, 1997), 260–304; Stanley Engerman and Kenneth Sokoloff, "Institutions, Factor Endowments, and Paths of Development in the New World." *Journal of Economic Perspectives* 14 (2000): 217–32; Stanley Engerman and Kenneth Sokoloff, "Factor Endowments, Inequality, and Paths of Development Among New World Economies," NBER Working Paper No. 9259 (October 2002); Jeffrey D. Sachs and Andrew M. Warner, "Natural Resource Abundance and Economic Growth," NBER Working Paper No. 5398 (De-

cember 1995)。

[第九章]

1. *Oxford Etymology Dictionary,* s.v., "Meritocracy," accessed October 2, 2018, www.etymonline.com /word/meritocracy#etymonline_v_31201.
2. Young, *The Rise of the Meritocracy.*
3. Michael Young, "Comment: Down with Meritocracy," *Guardian,* June 29, 2001, accessed September 28, 2018, www.theguardian.com/politics/2001/jun/29/comment.
4. 比如，大规模民主的兴起无法按照早期有关世袭制、君主对臣民的权威统治的政治原则进行评估。相反，民主要求建立一种新的政治，以敏于共和国与公民之间的新关系，而这些公民本身共同构成了主权者。同样，伴侣式婚姻的发明引入了一套关于亲密关系的新价值观，将家庭生活从集中资源和维护统治的工具转变为一个将性行为限制在沟通、理解和认可领域内的制度。甚至镇痛药的发现也从根本上改变了自我控制和自我拥有的伦理观念，将面对痛苦的坚忍从早期被视为美德的位置上拉了下来。
5. *Oxford Etymology Dictionary,* s.v., "aristo-," accessed October 2, 2018, www.etymonline.com/word/aristo-?ref=etymonline_crossreference; *Oxford Dictionaries,* s.v., "Merit," accessed September 28, 2018, https://en.oxforddiction aries.com/definition/merit.
6. 这些词语是萧伯纳借由戏剧《错姻缘》中的萨默海斯勋爵之口说出的，参见 George Bernard Shaw, *Misalliance, The Dark Lady of the Sonnets, and Fanny's First Play* (London: Constable, 1934)。
7. "Alumni," Portail Sciences Po, accessed September 28, 2018, www.sciencespo.fr/international/en/content/alumni. Nicolas Sarkozy attended but did not graduate from Sciences Po. Renaud Février, "Nicolas Sarkozy, diplômé 'avec distinction' de Sciences Po?," *L'Obs,* April 12, 2013, accessed October 19, 2018, www.nouvelobs .com/politique/20130412.OBS7758/nicolas-sarkozy-diplome-avec-distinction-de-sciences-po.html. 在戴高乐的帮助下建立起来的国家行政学院是一个培养公务员的研究生精英基地。Peter Allen, "France Demands That Its Future Leaders Must Speak English," *Telegraph,* February 15, 2015, accessed October 19, 2018, www .telegraph.co.uk/news/worldnews/europe/france/11414245 /France-demands-that-its-future-leaders-must-speak-English .html. 那些希望进入国家行政学院的学生会努力从为其输送生源的大学——巴黎政治学院毕业。Mary Elizabeth Devine and Carol Summerfield, *International Dictionary of University Histories* (Chicago: Fitzroy Dearborn Publishers, 1998), 147.
8. Emile Boutmy, *Quelques idée sur la création d'une Faculté libre d'enseignement supérieur* (Paris, 1871)，见引于 Piketty, *Capital,* 487。保罗·西格尔向我强调了这一历史背景。
9. 参见 "Famous Fabians," Fabian Society, accessed September 28, 2018, www.fabians.org.uk/about /famous-fabians。
10. "Thomas Jefferson to John Adams, 28 October 1813," *The Papers of Thomas Jefferson,* Retirement Series, vol. 6, *11 March to 27 November 1813,* ed. J. Jefferson Looney (Princeton, NJ: Princeton University Press, 2009), 562–68.

11. 土地无疑是古代欧洲政权财富的最大来源。在美洲新大陆发现之初和美国建国初期，也是如此。在美国独立革命时期，土地（在南方，则是奴隶，他们是对土地的经济补充）约占美国财富的2/3~4/5，在美国内战爆发之初，土地和奴隶仍占美国财富的1/2左右。例如，参见Piketty, Capital, 141–42, 150–51。

    在美国独立革命时期，新英格兰地区的财富中土地占81.1%，中大西洋地区占68.5%，南方占48.6%（其中奴隶占35.6%）。Alice Hanson Jones, *Wealth of a Nation to Be: The American Colonies on the Eve of the Revolution* (New York: Columbia University Press, 1980), 98, Table 4.5. 另参见 Marc Egnal, *A Mighty Empire: The Origins of the American Evolution* (Ithaca, NY: Cornell University Press, 1988), 14, Table 1.2。另参见 Thomas Piketty and Gabriel Zucman, *Capital Is Back: Wealth-Income Ratios in Rich Countries 1700–2010*, Paris School of Economics, July 26, 2013, accessed September 28, 2018, www.parisschoolofeconomics.com/zucman-gabriel/capi talisback/PikettyZucman2013WP.pdf（皮凯蒂和祖克曼估计，1770年土地和奴隶约占美国财富的2/3，1850年则占1/2）。同样，对宾夕法尼亚州巴克斯县遗产的一项研究表明，在17世纪和18世纪，房地产占遗嘱认证的财富的一半以上。参见 Carole Shammas, Marylynn Salmon, and Michel Dahlin, Inheritance in America: From Colo-nial Times to the Present (Long Beach, CA: Frontier Press, 1987), 19; Langbein, "Twentieth-Century Revolution," 722, 723n.4。

12. Roscoe Pound, *An Introduction to the Philosophy of Law* (New Haven, CT: Yale University Press, 1922), 236.

13. 这些都是新的行为，因为早期的精英没有以同样严密或有效的方式投资于人力资本。例如，19世纪初佐治亚切诺基土地抽签（Georgia Cherokee Land Lottery）的抽中者获得了一大笔财富，但并没有为子女投资教育，他们的子女在识字率、收入或财富方面与未中签者的子女没有明显的差异。参见 Hoyt Bleakley and Joseph P. Ferrie, "Shocking Behavior: Random Wealth in Antebellum Georgia and Human Capital Across Generations," NBER Working Paper No. 19348 (August 2013), www.nber.org/pa pers/w19348。而且，近年来，由于已具备优势的精英阶层没有能力和意愿去培训子女在新体制下取得成功，因此优绩主义入学制度的出现能够非常迅速地改变精英大学的学生构成。

14. 即使是遗产税也有利于优绩主义继承。因为构成优绩主义继承的教育支出中，有很大一部分是在富裕家庭的孩子还未成年时支付的，所以它们免于遗产税和赠与税。这实际上使精英继承免受有助于减少贵族财富的税收的影响。

15. 优绩主义在另一个方面也与贵族制度相似。古代的贵族制度将经济、政治和文化统一在一个组织理念下：世袭土地所有权维系了物质生产，为政治权力提供财力支持，并构成了社会的伦理道德。所有这些通过一个单一、整合的机制加以实现。

    工业革命以及知识经济的崛起打破了这种统一，产生了大约两个世纪的分离、截然不同和相互竞争（有时甚至独立）的经济、政治和文化权力来源。土地仍然是财富的重要来源，血统直到20世纪也一直是文化地位的重要来源。与此同时，工业化以物质资本为基础创造了巨额财富，这些财富逐渐在政治和文化领域中崭露头角。最后，在20世纪，一个专业阶层，包括私人和公共机构的管理者，也开始在文化和政治领域主张自身的权利。各个等级之间的竞争往往会削弱每个等级的梯度，因此，"大压缩时代"正好是在土地、机器和技能等三种等级保持一定权力的时候，这毫不奇怪。

上层劳动阶级的崛起通过培训和技能崇拜的相互机制重新统一了这些等级。这些机制正在重新创造古代制度所实现的价值和生活的形式统一，只不过现在是围绕着新的核心——技能和劳动，而不是血统和土地。具有超高技能的劳动力日益主导着收入和财富，还有政治（尤其是私人影响力的政治）和文化。

随着优绩主义战胜了竞争性的等级制度，它不可避免地加深了自身的等级差别。

16. Aristotle, *Aristotle's Politics,* trans. Benjamin Jowett (Oxford: Clarendon Press, 1905). 亚里士多德将"贵族制"这个词留给由少数富有美德者的统治。如果统治精英缺乏他们所声称的美德，亚里士多德则将其贬低为"寡头制"。Dieter Rucht, "Oligarchy and Organization," in *The Blackwell Encyclopedia of Sociology,* ed. George Ritzer (Malden, MA: Blackwell, 2008).

17. 参见 John Plender, *Capitalism: Money, Morals and Markets* (London: Biteback Publishing, 2015), 135。另参见 John Plender, "Capitalism: Morality and the Money Motive," *Financial Times,* July 17, 2015, accessed September 28, 2018, www.ft.com /content/33d82de6-2bc3-11e5-8613-e7aedbb7bdb7?mhq5j=e1。

18. 参见 Young, *The Rise of the Meritocracy,* 20。另参见 M. L. Bush, *The English Aristocracy: A Comparative Synthesis* (Manchester: Manchester University Press, 1984)。

19. 例如，这个主题出现在孟德斯鸠的《论法的精神》中。 Montesquieu's *The Spirit of the Laws*. Charles de Secondat, baron de Montesquieu, *The Spirit of the Laws,* trans. Thomas Nugent (New York: Hafn]er Publishing Company, 1949)。另参见 Jonathan Powis, *Aristocracy* (Malden: Blackwell, 1984), 80。

20. 概述参见 Baldassarre Castiglione, *The Book of the Courtier,* trans. Thomas Hoby (London: Dent, 1974)。

21. Plender, *Capitalism,* 137.

22. Plender, *Capitalism,* 137.

23. 参见本书第四章。

24. 参见本书第五章。

25. Kabaservice, "The Birth of a New Institution."

26. 然而，在这个框架内，投球仍然是一项非常有价值的技能。超过 47 名现役投手的职业生涯工资（仅指打棒球的直接报酬，不包括因广告代言而获得的其他收入）超过 5 000 万美元。参见 SPOTRAC, accessed September 28, 2018, www.spotrac.com/mlb /rankings/earnings/pitching/。

27. 也许存在一些足够广泛或通用的技能，可以避免或至少减轻对特定框架的依赖。当美国选手吉姆·索普在 1912 年斯德哥尔摩奥运会上赢得十项全能比赛时，瑞典国王古斯塔夫五世对他说："先生，您是世界上最伟大的运动员。" Juliet Macur, "Decathletes Struggle for Any Recognition," *New York Times,* September 2, 2007, accessed September 28, 2018, www.nytimes.com/2007/09/02/sports /othersports/02decathlon.html. 这个非正式的称号自此一直被认为是形容十项全能选手的合适称号，可能是因为十项全能比赛包含的十个项目具有多样性和广泛性，这个比赛的赢家通常会在几乎所有体育比赛中都表现出色。相比之下，优绩主义的发展适用于一组非常特殊的经济和社会条件。

28. 一位见过哈佛大学教授扔回旋镖的朋友曾评论说："在狩猎采集的社会里，你会成为一个采集者。"

29. 一种依赖于特定情境的美德可能会因情境本身的好而获得某种不依赖条件的正当理由。从沃尔特·惠特曼延续至约翰·罗尔斯的伟大的民间传统,宣扬棒球的内在道德价值。但即使在这种情况下,我们仍有理由将这一传统视为一种不应按表面价值来接受的比喻。无论如何,没有类似的传统宣扬经济不平等的内在道德价值。

30. 约翰·罗默提出了该措施的一个版本。参见John E. Roemer, *A General Theory of Exploitation and Class* (Cambridge, MA: Harvard University Press, 1982)。类似的想法参见Kenneth J. Arrow, "Political and Economic Evaluation of Social Effects and Externalities," in *The Analysis of Public Output,* ed. Julius Margolis (Cambridge, MA: NBER, 1970), 1–30。

31. 这种表述简化了问题,而实际情况要复杂得多,不过这些复杂性并不关乎更大的论点,可以不予考虑。复杂的根源在于,当一名劳动者撤回他的劳动力时,其他劳动者弥补这一缺口的能力因情境而异,这些差异与优绩主义或滚雪球式的不平等无关。Bottom of Form。

32. Philippon and Reshef, "Skill Biased Financial Development," Figure 11。

33. 美国20世纪中叶的人均GDP增长,甚至超过近几十年来经济不平等日益扩大时期的水平。1950—1973年,美国人均GDP平均每年增长2.5%,然而在1973—2007年,每年仅增长1.93%。参见Charles I. Jones, "The Facts of Economic Growth," in *Handbook of Macroeconomics,* vol. 2, ed. John B. Taylor and Harald Uhlig (Amsterdam: North Holland, 2016), 3–69, Table 1。

劳动的生产力也是如此。根据美国劳工统计局的资料,在1950—1969年,美国劳动生产力平均年增长2.4%,1980—2009年,劳动生产力平均每年只增长了2%。参见the Bureau of Labor Statistics, Major Sector Productivity and Costs, Nonfarm Business Labor Productivity (output per hour) series PRS85006092。 事实上,美国劳动生产力增长率在20世纪60年代达到顶峰,接近30%,自此之后再也没有达到此一水平:20世纪70年代是19%,80年代是16%,90年代是20%,21世纪初是25%(增长率的数据来自the Bureau of Labor Statistics, Major Sector Productivity and Costs, Nonfarm Business Labor Productivity (output per hour) series PRS85006092)。

最值得注意的是,总要素生产力,即不包括资本与劳动力等传统要素的生产力,在近几十年经济不平等扩大时期的增长率还不如更加平等的20世纪中叶。1980—2009年,总要素生产力平均每年增长0.9%,低于1950—1960年间的1%(在这两个时代之间的10年,即20世纪70年代,显示出了真正的增长乏力)。参见"Total Factor Productivity at Constant National Prices for the United States," St. Louis Fed FRED, accessed September 28, 2018, https://fred.stlouisfed.org/series/RTFPNAUSA632N RUG. This observation borrows from Acemoglu, "Technical Change"。

这些数据显示出精英技能尽管为上层劳动者带来高收益,但是在社会生产净值上却没有什么贡献,或者无助于带动20世纪中叶的产出增加。诺贝尔经济奖得主罗伯特·索洛就曾表示:"令人感到羞愧的是,在众人都感受到科技革命为我们的生产带来改变的同时,生产力的增长速度却不增反降。" Robert Solow, "We'd Better Watch Out," *New York Times,* July 12, 1987 (reviewing Stephen S. Cohen and John Zysman, *Manufacturing Matters: The Myth of the Post-Industrial Economy*)。

[结语]

1. 这句话出自德国民粹主义在野党领袖亚历山大·高兰之口。参见 Guy Chazan, "Germany's Increas-ingly Bold Nationalists Spark a New Culture War," *Financial Times*, July 29, 2018, accessed September 28, 2018, www.ft.com/content/348a1bce-9000-11e8-b639-7680cedcc421。
2. 参见 Tony Schwartz and Christine Porath, "Why You Hate Work," *New York Times,* May 30, 2014, accessed September 28, 2018, www.nytimes.com/2014/06/01/opinion/sunday/why-you-hate-work.html?mcubz=0&_r=0。
3. 参见 Anne Weisberg, "The Workplace Culture That Flying Nannies Won't Fix," *New York Times,* August 24, 2015, accessed September 28, 2018, www.nytimes.com/2015/08/24/opinion/the-workplace-culture-that-flying-nannies-wont-fix.html?mcubz=0。
4. 近百位择优录取型大学和文科学院的院长和校长,如今签署了反对大学排名的声明,并承诺制定(非等级制的)替代方案以减少入学压力。《美国新闻与世界报道》对大学领导者进行的年度声誉调查,参与率从 2002 年的 67% 下降到 2008 年的 46%。同样,一个由精英教育者组成的联盟(包括哈佛大学教育研究生院)最近发布了一份关于大学招生的报告《转变潮流》(Turning the Tide),旨在减轻申请者的压力。受一位观察家所称的招生"竞争狂热"以及竞争对申请人"心理健康"的威胁的驱使,报告建议进行重大改革。正如其中一位作者所说,精英大学的入学申请已经达到了一个"转折点","现在是时候说'够了',我们再不能空担忧,要想想办法采取集体行动"。具体来说,《转变潮流》鼓励招生委员不再过分强调申请者的成绩,如 AP 考试、课外活动,而更注重其他方面。它同时旨在将注意力从大学入学考试成绩和其他竞争性成就转向伦理和合作成就,譬如关心他人和社区参与。Making Caring Common, Turning the Tide: Inspiring Concern for Others and the Common Good Through College Admissions, Harvard Graduate School of Education (2016). 参见 Presidents' Letter, The Education Conservancy, May 10, 2007, www.educationconservancy.org/presidents_letter.html。参见 Frank Bruni, "Rethinking College Admissions," New York Times, January 19, 2016, accessed September 28, 2018, www.nytimes.com/2016/01/20/opinion/rethinking-college-admissions.html?mcubz=0。这句话出自理查德·韦斯伯德(Richard Weissbourd)之口,他是哈佛大学教育研究生院小组的教务主任,该小组是《转变潮流》的撰写主力。
5. 有关活在当下,参见 Eckhart Tolle, *The Power of Now* (Vancouver, BC: Namaste Publishing, 2004)。有关新年计划要减少工作,参见 Lucy Kellaway, "January Is for Cutting Down on Long Hours, Not Alcohol," *Financial Times,* January 24, 2016, accessed September 28, 2018, www.ft.com/content/916fa2b0-c059-11e5-846f-79b0e3d20eaf; John Gapper, "Resolve to Kick the Addiction to Work Email," *Financial Times,* January 4, 2017, accessed September 28, 2018, www.ft.com/content/6a4ec5c2-d1d7-11e6-b06b-680c49b4b4c0。
6. 信息来自一位不愿意透露姓名的居民在 2018 年 5 月 2 日与作者在密歇根州圣克莱尔湖畔小镇的对话。
7. 参见 "Nearly One in Five Female Clinton Voters Say Husband or Partner Didn't Vote," *PRRI/The Atlantic Post-election Survey,* December 1, 2016, accessed September 28, 2018, www.prri.org/research/prri-atlantic-poll-post-election-white-working-class。

8. 参见 Julie Coffman and Bill Neuenfeldt, "Everyday Moments of Truth: Frontline Managers Are Key to Women's Career Aspirations," Bain & Company In-sights, June 17, 2014, accessed September 28, 2018, www.bain.com/publications/articles/everyday-moments-of-truth.aspx。
9. 参见 Arthur Okun, *Equality and Efficiency: The Big Tradeoff* (Washington, DC: Brookings Insti tution, 1975), 91。
10. 参见 Okun, *Equality and Efficiency*。
11. Robert M. Solow, "Stray Thoughts on How It Might Go," in *100 Years: Leading Economists Predict the Future,* ed. Ignacio Palacios-Huerta (Cambridge, MA: MIT Press, 2013), 142.
12. Angus Deaton, "Through the Darkness to a Brighter Future," in *100 Years: Leading Econo mists Predict the Future,* ed. Ignacio Palacios-Huerta (Cambridge, MA: MIT Press, 2013), 38.
13. 这个结论来自温特斯（Winters）的《寡头统治》（*Oligarchy*）。尽管他的整本书都表明他认识到了他的研究揭示了什么，但温特斯本人是一位非常谨慎的学者，并没有直接断言这个结论。
14. 参见 Walter Scheidel, *The Great Leveler: Violence and the History of Inequality from the Stone Age to the Twenty-First Century* (Princeton, NJ: Princeton University Press, 2017), 438。文中的引语来自 Eduardo Porter, "A Dilemma for Humanity: Stark Inequality or Total War," *New York Times,* December 6, 2016, accessed September 28, 2018, www.nytimes.com/2016/12/06/business /economy/a-dilemma-for-humanity-stark-inequality-or-total-war.html。

    沙伊德尔并不是唯一一持有这种观点的人。另外至少还有两项全面的研究得出了结论：有序地纠正收入和财富的集中问题在历史上非常罕见，而解决极端分配不公的主要历史模式一直是大规模的社会暴力。参见 Kenneth Scheve and David Stasavage, *Taxing the Rich: A History of Fiscal Fairness in the United States and Europe* (Princeton, NJ: Princeton University Press, 2016); Winters, *Oligarchy*。
15. 参见 Winters, *Oligarchy,* 232。20世纪的英国可以被当作另一个例子，如果我们考虑到它在两次世界大战获胜以及将殖民化与革命区别对待的话。但这些描述都只捕捉到了表面的事实，而没有深入它们要处理的问题的根本。尽管英国在第一次世界大战中取得了名义上的胜利，但这主要是因为德国的投降。事实上，英国并没有实现主要的战略目标，并且还损失了巨大的人力物力（在战争中失去了整整一个世代）。而去殖民化的进程则让英国失去了其帝国地位，从一个全球霸权国变成了一个次要国家。所以，虽然在英国国内进行的财富再分配缓解了社会不平等，但它也导致了英国总体的财富缩水和地位下降，这种情况与内部革命或外部军事失败产生的结果是相似的。
16. 参见 William Shakespeare, *The Tempest* (Cambridge, MA: Harvard University Press, 1958), Act II, scene i。
17. "今天许多白人兄弟来到这里，表明他们已经意识到，他们的命运与我们的命运紧密相连。他们也开始明白，他们的自由与我们的自由密不可分。" Martin Luther King Jr., "I Have a Dream" (speech), March on Washington for Jobs and Freedom, Washington, DC, August 1968, accessed October 19, 2018, http://avalon.law.yale.edu/20th_century/mlk01.asp.
18. 这个表达出自 Michael Gerson, "Our Disconnected Working Class," *Washington Post,* May 15, 2014, accessed September 28, 2018, www.washington post.com/opinions/michael-gerson-our-disconnected-working-class/2014/05/15/f02fdac8-dc52-11e3-8009-71de85b9c527_story.

html?utm_term=.706543dfd8e6。

19. 这一议程代表着教育改革的一场革命。各层级的教育改革者通常将精力集中在表现最差的学校，而这些学校的学生通常来自最贫困的家庭。特许学校倾向于内城区，学校财政均等化的诉求旨在弥补最贫困学区面临的资金短缺问题。通常对教育感兴趣的全面政策的制定者也会采取相同的行动。例如，最近一次关于《对不平等和机会的看法》（Perspectives on Inequality and Opportunity）的演讲中，美联储主席珍妮特·耶伦（Janet Yellen）谈到教育，强调了为穷人提供的学前教育以及在低收入学校增加支出的重要性。参见Janet Yellen, "Perspectives on Inequality and Opportunity from the Survey of Consumer Finances," *Conference on Opportunity and Equality, Federal Reserve Bank of Boston,* October 17, 2014, accessed September 28, 2018, www .federalreserve.gov/newsevents/speech/yellen20141017a.htm。

然而，虽然受教育程度较低的穷人可能呈现出经济不平等最令人心碎的一面，但受教育程度过高的富人呈现了其后果最严重的一面。即使在教育领域内，对贫困学生和中产阶层学生的投资之间的差距，也可能只是中产阶层学生和富人投资之间的差距的1/5。而且，是受到过多教育的富人而非受教育不足的穷人推动了优绩主义不平等更广泛的系统性失败。他们集中了行业、收入和地位优势，让中产阶层的劳动者陷入绝望的闲置状态，让精英阶层处于异化自身的过劳中。精英阶层与社会上的其他人完全分隔，而且腐化了民主政治。

实现平等需要缩小中产阶层和富人之间的教育差距。这需要在顶层而非底层大规模地扩大受教育的机会。传统的教育改革方法与优绩主义不平等的独特性质并不匹配。

20. 遗产税和赠与税适用于个人超过1 120万美元和已婚夫妇超过2 240万美元的遗产，最高税率为40%。布莱恩·奥康纳（Brian J. O'Connor）在《纽约时报》的一篇文章《继承者在新遗产税下继承的不确定性》（Heirs Inherit Uncertainty with New Estate Tax）中提到了这一点，该文章发表于2018年2月23日，访问日期为2018年9月28日，网址为www.nytimes.com/2018/02/23/business/estate-tax-uncertainty.html。目前，富裕家庭的父母为子女教育花费的资金在计算税务时不包括在他们的遗产中。但这些基于优势的继承已经成为特权世袭的关键，而且涉及的金额巨大。现行的税收制度实际上相当于为那些更偏向于通过优绩机制而非贵族机制来确保其世袭地位的富裕家庭提供了巨大的税收避难所。遗产税在遏制贵族特权的改革中起到了核心作用。将富裕子女的优绩主义继承计入其父母的遗产，在今天将起到相似的遏制优绩主义的作用。

21. 公共慈善机构实际上是一个免税组织，不是私人基金会。IRC [26 U.S.C.] §§ 501(c)(3), 509(a)(1)–(a)(4).

22. 这些数字反映的是2013年的预算。当年捐赠最多的十所大学的平均隐性公共补贴为41 000美元。参见Kellie Woodhouse, "The Widening Wealth Gap," *Inside Higher Ed,* May 21, 2015, accessed September 28, 2018, www.insidehigh ered.com/news/2015/05/21/rich-universities-get-richer-are-poor-students-being-left-behind. *Rich Schools, Poor Students: Tapping Large University Endowments to Improve Student Outcomes,* 7, Table 1, Nexus Research & Policy Center, accessed September 28, 2018, http://nexusresearch.org/wp-content/uploads/2015/06/Rich_Schools_Poor_Students.pdf。

23. 例如，参见Astra Taylor, "Universities Are Becoming Billion-Dollar Hedge Funds with Schools

注释　547

Attached," *The Nation,* March 8, 2016, accessed September 28, 2018, www.thenation.com/article/universities-are-becoming-billion-dollar-hedge-funds-with-schools-at tached。

24. 7%反映的是过去20年的情况。参见NACUBO-Commonfund, "U.S. and Canadian Institutions Listed by Fiscal Year (FY) 2017 Endowment Market Value and Change in Endowment Market Value from FY2016 to FY2017," accessed September 29, 2018, www.nacubo.org/-/media/Nacubo/Documents/EndowmentFiles /2017-Endowment-Market-Values.ashx?la=en&hash=E71088CDC05C76FCA30072DA109F91BBC10B0290; IPEDS, U.S. Department of Education, National Center for Educational Statistics, Integrated Postsecondary Education Data Sys-tem (IPEDS), Table 333.90, "Endowment funds of the 120 degree-granting postsecondary institutions with the largest endowments, by rank order: Fiscal year 2015," accessed September 29, 2018, https://nces.ed.gov/programs/digest/d16/tables/dt 16_333.90.asp。需要留意的是，所有私立大学的捐赠基金总计约为5 500亿美元，但规模较小的捐赠基金的增长速度要低于规模较大的捐赠基金。Rick Seltzer, "Endowments Rebound, but Is It Enough?," *Inside Higher Ed,* January 25, 2018, accessed October 11, 2018, www.insidehighered.com /news/2018/01/25/college-endowments-rise-122-percent-2017-experts-worry-about-long-term-trends. Robert Reich, "Why the Government Spends More Per Pupil at Elite Private Universities Than at Public Universities," *Business Insider,* Oc-tober 14, 2014, accessed September 28, 2018, www.businessin sider.com/government-spends-more-per-pupil-at-private-universities-than-at-public-niversities-2014-10.

25. 信息来自耶鲁大学法务部的埃里克·温斯特拉（Eric Veenstra）和沈逸聪（George）之间的通话内容，沈逸聪于2017年9月14日通过电子邮件告知此事。

26. 参见 *Report of the Treasurer 2015–2016,* Princeton University, Princeton University Highlights (2015), accessed October 11, 2018, https://finance.princeton.edu/princeton-financial-overv/report-of-the-treasurer/2015-2016 .pdf; *U.S. News & World Report,* "National University Rankings" (top twenty private universities selected), accessed September 29, 2018, www.usnews.com/best-colleges/rankings/national-universities。

27. 政策还应适用于私立教育捐赠基金，包括那些支持富裕的但名义上是公立的学校的基金。此外，对于名义上是公立的精英学区，如斯卡斯代尔学区，可能会基于每位学生的支出与州政府支出中位数之间的差异，对其公共预算征收奢侈品税，除非它们录取更多劳工阶层和中产阶层的学生。

28. 大学可以通过优先录取那些学生群体不偏向富裕的高中毕业生来构建其经济上多样化的新学生群体。这将把学校和大学的改革联系起来，使得每一个教育层级上的变化都能支持其他层级上的变化。

    这种做法的粗略版本已经存在，尽管只在一个小范围的背景下，那就是得克萨斯大学承诺录取所有在其高中班级中排名前10%的申请人。一个更为精细的版本考虑了大学录取偏好对高中的经济背景整合的激励，这种做法参见Thomas Scott-Railton in "Shifting the Scope: How Taking School Demographics into Account in University Admissions Could Improve Education and Reduce Inequality Nationwide," *Yale Law and Policy Review* (2017)。斯科特—雷尔顿同时帮助评估了这一做法的合法性。

    如果对大学进行排名的出版物可以调整其评价标准，奖励更为包容的录取策略，这会大有帮助。目前，它们通常以高选拔性作为高排名的奖励因素。对于现在的大学校长所感受到的开放式录取和排名竞争之间的紧张关系的描述，参见 The Education Conservancy, *Financial Aid: Examining the Thinking Behind the Policy* (2015), http://education conservancy.org/PresidentialThinking.pdf。另参见 Wendy Espeland and Michael Sauder, *Engines of Anxiety: Academic Rankings, Reputation, and Accountability* (New York: Russell Sage Foundation, 2016)。

29. 有些大学正在证明，可以以低得多的成本为大量学生提供高质量的教育。例如，亚利桑那州立大学在过去的 10 年里大大地拓宽了其学生群体。其校长迈克尔·克劳（Michael Crow）甚至与星巴克的 CEO 霍华德·舒尔茨（Howard Schultz）合作，将学费支持转化为一个可广泛获得的员工福利。Joe Nocera, "A New College Model: Arizona State Matches Starbucks in Its Trailblazing Ways," *New York Times,* June 16, 2014, accessed September 28, 2018, www.nytimes.com/2014/06/17/opinion/joe-nocera-starbucks-and-arizona-state-add-an-education-to-benefit-pack age.html?mcubz=3。另参见 Starbucks, "Starbucks College Achievement Plan," accessed September 29, 2018, www.star bucks.com/careers/college-plan。

30. 参见第五章。

    新入学的学生在财富上的分布应该要比现有的学生更为均衡。例如，在普林斯顿大学，目前的班级中只有稍多于 15% 的学生来自收入分配最低的 2/3 人群。参见 Benjamin Wermund, "How U.S. News College Rankings Promote Economic Inequality on Campus," Politico, accessed September 28, 2018, www.politico.com/inter actives/2017/top-college-rankings-list-2017-us-news-investigation。如果普林斯顿大学的招生人数翻倍，既包括现在录取的所有学生，又包括从各个收入层级的家庭均匀抽取的额外学生，那么总的班级中来自收入分配底层 2/3 人群的学生将近乎占总数的一半。

31. 参见第五章。

32. 参见第五章。

33. 如果顶尖大学与精英学校同时扩大及开放学生群体，他们可能还没有一个更广泛且更开放的通道来选择学生，因此可能面临合格的申请者不足的问题。因此，从基础教育开始可能是更好的选择，也就是说，从幼儿园开始，然后逐级上升。

34. 2017 年的《减税和创造就业法案》（The Tax Cuts and Jobs Act of 2017）对每名全日制学生获捐赠超过 50 万美元并且学生人数超过 500 人的大学的捐赠收入征收 1.4% 的消费税。Richard Rubin and Andrea Fuller, "Which Colleges Will Have to Pay Taxes on Their Endowment? Your Guess Might Not Be Right," *Wall Street Journal,* accessed September 28, 2018, www.wsj.com/articles/which-colleges-will-have-to-pay-taxes-on-their-endowment-your-guess-might-not-be-right-1516271400. Roughly twenty-seven universities will be affected. Ben Myers and Brock Read, "If Republicans Get Their Way, These Colleges Would See Their Endowments Taxed," *Chronicle of Higher Education,* accessed September 28, 2018, www.chronicle.com/article/If-Republicans-Get-Their-Way /241659; "Tax Reform," National Association of Independent Colleges and Universities, accessed September 28, 2018, www.naicu.edu/policy-advocacy/issue-brief-index/tax-policy/tax-reform.

    这项新税收政策是一系列此前未成功的努力的产物。2007 年，参议院财政委员会的一名共和党成员提议，大学的捐赠基金应该每年献出其价值的 5%，这一规则与免税基金会的管理规则相同。例如，参见Janet Lorin, "Universities seek to Defend Endowments from Republican Tax Plan," Bloomberg, April 18, 2017, accessed September 28, 2018, www.bloomberg.com/news/articles/2017-04-18/univer sities-seek-to-defend-endowments-from-republican-tax-plan。更近期的情况是，一名共和党国会议员提议，要求拥有超过10亿美元捐款的大学至少将1/4的收益用于助学金。参见Stephanie Saul, "How Some Would Level the Playing Field: Free Harvard Degrees," New York Times, January 14, 2016, accessed September 28, 2018, www.nytimes.com/2016/01/15/us /a-push-to-make-harvard-free-also-questions-the-role-of-race-in-admissions.html?mcubz=3&_r=0。一些州的立法者也正在提出类似的提议。例如，康涅狄格州最近的一个提议试图对超过100亿美元的大学捐赠基金（耶鲁大学）的利润征税，除非大学将这些利润重新投资于其教育使命或当地经济中。请参见2016年2月康涅狄格州州立大会提出的第413项法案。另参见Timothy W. Martin, "One New Fix for Connecticut's Budget Crunch: Yale University," Wall Street Journal, March 24, 2016, accessed September 28, 2018, www.wsj.com/articles /one-new-fix-for-connecticuts-budget-crunch-yale-university-1458853613。

35. 参见"Sharp Partisan Divisions in Views of National Institutions," Pew Research Center, July 10, 2017, accessed September 28, 2018, www.people-press.org /2017/07/10/sharp-partisan-divisions-in-views-of-national-institutions。另参见Sofia Tesfaye, "America Hits Peak Anti-intellectualism: Majority of Republicans Now Think College Is Bad," *Salon,* July 11, 2017, accessed September 28, 2018, www .salon.com/2017/07/11/america-hits-peak-anti-intellectualism-majority-of-republicans-now-think-college-is-bad。

36. 1969年，当耶鲁学院首次招收女性时，它明确地表达了这一逻辑，令人非常不安。长久以来，耶鲁都承诺每年培养一千名美国领导者。学院强调，通过增加学生名额，而不是用女生替代男生，耶鲁既可以实现这一目标，又可以推行男女同校教育。Linda Greenhouse, "How Smart Women Got the Chance," New York Review of Books, April 6, 2017, accessed October 10, 2018, www .nybooks.com/articles/2017/04/06/coeducation-how-smart-women-got-chance/。另参见Nancy Weiss Malkiel, *Keep the Damned Women Out: The Struggle for Coeducation* (Princeton, NJ: Princeton University Press, 2016)。

37. 分层的组合原则确保了这一点。在这样的情况下，只有一小部分申请者从一开始就有竞争力，所以略微增加名额就会在这些有竞争力的申请者中显著提高录取的机会。此外，将接受率的绝对变化固定在低水平而非高水平，对录取竞争的强度影响更大：将接受率从10%提高到20%会彻底改变录取的竞争强度，而将接受率从60%提高到70%则不会产生这样的效果。

38. 例如，耶鲁大学不仅强烈反对康涅狄格州的捐赠税，还反对最近的一个提议，即建议对其部分建筑征收地方房地产税，尽管这一提议涉及的金额只具有象征性意义。参见Connecticut General Assembly SB 414 (2016)。另参见Christine Stuart, "Bill Allowing New Haven to Tax Yale Moves Forward," New Haven Register, April 7, 2016, accessed September 28, 2018, www.nhregister .com/colleges/article/Bill-allowing-New-Haven-to-tax-Yale-moves-forward-11336701.php; "Yale Decries Tax Bill as Uncon-stitutional," YaleNews, April 11, 2016, accessed September 28, 2018, https://news.yale.edu/2016/04/11/yale-decries-tax-bill-unconstitutional。

39. 参见 "Historical," Centers for Medicare & Medicaid Services, accessed September 28, 2018, www.cms.gov/Research-Statistics-Data-and-Systems/Statistics-Trends-and-Reports/ NationalHealthExpendData/ NationalHealthAccountsHistorical.html。
40. 参见第四章。
41. Assembly Bill-1810 (Cal. 2017–2018), http://leginfo.legislature .ca.gov/faces/billTextClient. xhtml?bill_id=201720 180AB1810.
42. 例如参见 Nisarg A. Patel, "Could Your Next Doctor Be Your Dentist?," *Slate,* August 28, 2017, accessed September 28, 2018, www.slate.com/articles /health_and_science/medical_ examiner/2017/08/why_your _next_doctor_could_be_your_dentist.html。
43. 参见 Washington State Bar Association, Legal Technician Program, "Become a Legal Technician," accessed September 29, 2018, www.wsba.org/for-legal-profes sionals/join-the-legal-profession-in-wa/limited-license-legal-technicians/become-a-legal-technician。实质性法律也可能被修改，以鼓励中等技能的法律劳动。例如，拉里·莱斯格（Larry Lessig）提议了一项版权注册制度，该制度将减少知识产权创造和注册的复杂性，并在知识产权法中大大减少对技能的过分迷恋。参见 Lawrence Lessig, Free Culture: How Big Media Uses Technology and the Law to Lock Down Culture and Control Creativity (New York: Penguin Press, 2004), 287–93。
44. 这一要求可以追溯到里根政府。参见 Executive Order 12291, 46 Fed. Reg. 13193 (1981)。
45. 参见 Kevin M. Stack, "The Paradox of Process in Administrative Rulemaking," University of Cambridge, Conference Panel, Faculty of Law, Public Law Conference Presentation, Cambridge, England, September 17, 2014。
46. "Policy Basics: Federal Payroll Taxes," Center on Budget and Policy Priorities, March 23, 2016, accessed October 11, 2018, www.cbpp.org/research/federal-tax/policy-basics-federal-payroll-taxes. 2018年，社会保障税仅适用于12.84万美元以下的收入，之后的收入部分只适用医疗税。2019年，该门槛为13.29万美元。这意味着对13.29万美元以下的个人收入部分征收15.3%的税，但对13.29万至20万美元之间的收入部分仅征收2.9%的税率，对超过20万美元的所有收入部分征收3.8%的税率。参见 IRS, *Tax Topics,* "Topic Number: 751— Social Security and Medicare Withholding Rates," www .irs. gov/taxtopics/tc751。对于受雇员工，这两种税都是一半由雇员支付，一半由雇主支付。但是，无论谁必须支付工资税，它都相当于劳动力这一生产要素的经济负担。

这一上限反映的是历史的偶然，而不是任何更深层次的逻辑。富兰克林·罗斯福的经济安全委员会引入社会保障作为一项反贫困措施，因此建议对高收入的非体力劳动者完全排除在该计划之外，但国会反而包括了所有劳动者，同时设定了资助该计划的税收适用的收入上限。参见 Congressional Research Service, *Social Security: Raising or Eliminating the Taxable Earnings Base,* CRS Report no. RL32896 (2017), 3, 4, https://fas.org/sgp/crs/misc/RL32896 .pdf。国会选择这种方式，很可能是为了将社会保障定位为一个养老金计划，而不是贫困救济计划：正如众议院筹款和手段委员会在推荐社会保障法时所指出的："这不是针对某个阶级的立法，而是一个将使整个公众受益的措施。" H. R. Rep. No. 74-615 (1935), 16.

无论如何，最初为社会保障工资税设限而提出的理由，如今并不能证明这一上线的合理性。首先，上限已经沿着收入阶梯下移，而今天为社会保障缴税的工资收入的份额明显低于该计划开始时的水平。在 1937 年，有 92%的工资收入需要缴纳社会保障税；而今天，这个比例只有 83%。Social Security Administration, *Fast Facts and Figures About Social Security, 2017,* SSA Publication No. 13-11785 (September 2017), accessed October 11, 2018, www.ssa.gov/policy/docs/chartbooks/fast_facts/2017 /fast_facts17.pdf.

另外，通过抑制中等技能的劳动并增加高级劳动，这个税务上限本身为社会保障赋予了一种阶级属性。纯粹的社会保险是一个幻象，工资税必然会对劳动力市场产生影响，使其偏向或反对民主化的工作模式。目前的制度并不是中立的，而是明显倾向于优绩主义下的不平等。此外，为了在政治上保持其地位，社会保障已经不再需要这个工资税的上限。原先用来资助社会保障姐妹项目的医疗工资税，最初也是受到相同的上限约束，但到了 1990 年，这个医疗收入的上限被调高，并在 1993 年完全取消。参见 Omnibus Budget Reconciliation Act of 1990, Pub. L. 101-508, 104 Stat. 1388, and Omnibus Budget Reconciliation Act of 1993, Pub. L. 103-66, 107 Stat. 312。一些立法者确实反对取消这个上限，认为这违背了纯粹社会保险的传统，但医疗保险仍然存在，甚至还在扩展。例如参见 U.S. Congress, Senate, Committee on Finance, *Administration's Tax Proposals: Hearings Before the S. Comm. on Finance,* 103rd Cong., 1st sess., 1993, 169（参议员哈维·库斯坦的声明）。

47. 例如，如今，一对联合报税的夫妇在应纳税收入的 3.69 万美元以下的部分缴纳 15%的所得税，3.69 万至 8.915 万美元的部分缴纳 28%，8.915 万至 14 万美元的部分缴纳 31%，在 14 万至 25 万美元的部分缴纳 36%，而在 25 万美元以上的部分缴纳 39.6%。参见 26 U.S.C. § 1 (2018)。

    那些年收入超过社会保障缴款上限的人只需缴纳边际所得税。而其他人则需要同时支付所得税和工资税。

    这些税率结构意味着，年收入为 100 万美元的人与年收入为 9 万美元的人相比，只需多缴纳 8.6%的边际所得税，但在工资税上却少缴纳 12.4%。

48. 自 1982 年以来，联邦政府的最高边际税率就未超过 50%。"U.S. Federal Individual Income Tax Rates History, 1862–2013 (Nominal and Inflation-Adjusted Brackets)," Tax Foundation, October 17, 2013, accessed October 19, 2018, https://files.taxfoundation.org/legacy/docs/fed_individual _rate_history_nominal.pdf. 与此同时，社会福利薪资税率则从 1982 年的 10.8%上升至 1990 年的 12.4%，此后一直维持稳定。

    这两项税率结合起来揭示了中产与中上层肩上的特殊负担。例如在 1990 年，一对联合报税的夫妇，如果每人年收入 10 万美元，会面临 45.4%的总边际税率，然而某人若是收入 100 万美元，其总边际税率却只有 28%。2000 年，中上层阶级夫妇的总边际税率是 42.9%，一位百万富豪的边际税率只有 39.1%。在 2010 年，中上层夫妇的总边际税率是 40.4%，百万富豪只有 35%。对于只有单边有收入的家庭，这种影响会更大，因为薪资税是以个人而不是家庭的收入为评估，不会因为配偶没有收入而减少，而所得税是会受其影响的。

    此外，许多高级工人的酬劳包括附带权益（如对冲基金经理人）、创始人股票（企业家）、升值股票（精英管理人员），他们能有效避开累进所得税，并且通过操作以税率相对较低的资本利得税获得收入。资本所得的边际税率要比薪资税低很多。资本利得税往往可以延后缴纳（在经济上这相当于降低税率），而且通常只面临较低的资本利得税。

特朗普的税收改革虽然有些后退，不过确实有助于减轻特定中产阶层劳动所得的相对税赋压力，因为它们提供的工资税减免实际上主要集中在中产阶层劳动上。参见 Rob Berger, "The New 2018 Federal Income Tax Brackets Rates," *Forbes,* December 17, 2017, accessed October 11, 2018, www .forbes.com/sites/robertberger/2017/12/17/the-new-2018-federal-income-tax-brackets-rates/#15ef3d52292a。

49. 参见 Tax Policy Center, Historical Capital Gains and Taxes, 1954–2014, May 4, 2017, https://www.tax policycenter.org/statistics/historical-capital-gains-and-taxes。

50. 100 000 × 15.3/100 × 20 = 306 000; (132 900 × 15.3/100) + (67 100 × 2.9/100) + (1 800 000 × 3.8/ 100) = 90 679.6.

51. 参见 "Social Security Policy Options, 2015," Congressional Budget Office, December 2015, accessed September 29, 2018, www.cbo.gov/sites/default/files/114th-congress-2015-2016/reports/51011-SSOptions_OneCol-2 .pdf; "Single-Year Tables Consistent with 2016 OASDI Trustees Report," Social Security Administration, accessed September 29, 2018, www.ssa.gov/oact/tr/2016/lrIndex.html; "Increase the Maximum Taxable Earnings for the Social Security Payroll Tax," Congressional Budget Office, December 8, 2016, accessed September 29, 2018, www.cbo.gov/budget-options/2016 /52266; Jeffrey Liebman and Emmanuel Saez, "Earnings Responses to Increases in Payroll Taxes," September 2006, accessed September 29, 2018, https://eml.berkeley.edu/~saez/liebman-saezSSA06.pdf。将税收基础扩大到包括非工资劳动收入，很可能会使新增的税收翻倍。参见 "Publication 15-B (2017), Employer's Tax Guide to Fringe Benefits," Internal Revenue Service, accessed September 29, 2018, www.irs.gov/publications/p15b/ar02.html; "Relative Standard Errors for Estimates Published in Employer Costs for Employee Compensation—News Release Tables," Bureau of Labor Statistics, June 2018, Table 1, accessed September 29, 2018, www.bls.gov/web/ecec/ececrse.pdf; "Reduce Tax Preferences for Employment-Based Health Insurance," Congressional Budget Office, December 8, 2016, accessed September 29, 2018, www.cbo.gov/budget-options/2016/52246。

52. 参见 "Fiscal Year 2018 Budget in Brief," Department of Labor, 7, accessed September 29, 2018, www.dol.gov /sites/default/files/FY2018BIB_0.pdf。

53. 参见 "Expenditures of Educational Institutions Related to the Gross Domestic Product, by Level of Institution: Selected Years, 1929–30 Through 2014–15," National Center for Education Statistics, accessed September 29, 2018, https://nces.ed.gov/programs/digest/d15/tables /dt15_106.10.asp?referrer=report. The table cites the following sources: U.S. Department of Education, National Center for Education Statistics; Biennial Survey of Education in the United States, 1929–30 Through 1949–50; Statistics of State School Systems, 1959–60 Through 1969–70; Revenues and Expenditures for Public Elementary and Secondary Education, 1970–71 Through 1986–87; Common Core of Data (CCD), "National Public Education Financial Survey," 1987–88 through 2012–13; Higher Education General Information Survey (HEGIS), Financial Statistics of Institutions of Higher Education, 1965–66 Through 1985–86; Integrated Postsecondary Education Data System (IPEDS), "Finance Survey" (IPEDS-F:FY87–99); and IPEDS Spring 2001 Through Spring 2015, Finance Component. "Selected National Income and Product Accounts Tables,"

U.S. Department of Commerce, Bureau of Economic Analysis, retrieved January 29, 2016, https: //apps.bea.gov/scb/pdf/2016/01%20January/0116_selected _nipa_tables.pdf (table prepared January 2016; all figures in current dollars)。

54. 补贴给雇主将提高税前工资，突出中产阶层产业的重要性和中等技能工作的尊严（而补贴给员工则会降低税前工资，营造出一种屈尊俯就的氛围）。扎卡里·利斯科在他的《为美国的被剥夺者制定的计划》（A Plan for America's Dispossessed，手稿，2016 年 11 月）中也提到了这一点。

55. 例如，参见 Matthew Dimick, "Should the Law Do Anything About Economic Inequality?," *Cornell Journal of Law and Public Policy* 26, no. 1 (2016); Jesse Rothstein, "Is the EITC as Good as an NIT? Conditional Cash Transfers and Incidence," *American Economic Journal: Economic Policy* 2 (2010): 177–79; David Lee and Emmanuel Saez, "Optimal Minimum Wage Policy in Competitive Labor Markets," *Journal of Public Economics* 96 (2012): 739。（"有了具有约束力的最低工资……所得税收抵免的扩张会使低技能工人的税后收入一点点增加。"）

56. "Sens. Warner, Casey, and Stabenow Introduce Proposal to Encourage Employers to Provide Job Training That Moves Workers up the Economic Ladder," Mark R. Warner, U.S. Senator from the Commonwealth of Virginia, October 31, 2017, www.warner.senate.gov/ public/ index.cfm/ pressreleases? ID=F440D3FD-3C49-4111-8C7C-61CA0B0C3D05.

57. 参见 Neera Tanden et al., "Toward a Marshall Plan for America," Center for American Progress, May 16, 2017, www.americanprogress.org/issues /economy/reports/2017/05/16/432499/toward-marshall-plan-america。

58. 参见 Peter Georgescu, *Capitalists Arise! End Economic Inequality, Grow the Middle Class, Heal the Nation* (Oakland, CA: Berrett Koehler, 2017); Peter Georgescu, "Capitalists, Arise: We Need to Deal with Income Inequality," *New York Times*, August 7, 2015, accessed September 29, 2018, www.nytimes.com/2015/08/09/opinion/sunday/cap italists-arise-we-need-to-deal-with-income-inequality.html?mcubz=3。在 2016 年的选举周期中，兰隆捐赠了 53.57 万美元，专门用于支持共和党候选人。参见 "Kenneth Lan-gone Political Campaign Contributions—2016 Election Cycle," Campaignmoney.com, www. campaignmoney.com/political /contributions/kenneth-langone.asp?cycle=16。

59. 参见 Lawrence L. Katz, "Wage Subsidies for the Disadvantaged," in *Generating Jobs,* ed. Richard B. Freeman and Peter Gottschalk (New York: Russell Sage Foundation, 1998), 21–53; Timothy J. Bartik, *Jobs for the Poor: Can Labor Demand Policies Help?* (New York: Russell Sage Foundation, 2001)。另参见 Zachary Liscow, "A Plan for America's Dispossessed" (manuscript, November 2016). 利斯科建议将工资补贴集中在地理划分上，特别是在就业人口比例较低的县。

60. 参见 "Same Bosses, Same Fight," Poster Workshop, www.posterworkshop.co.uk/students/page _14.html。

61. 对于优绩主义不平等的诊断也在另一种意义上引发了新的再分配政治。民主平等的主张适合多种现行的政治思想。进步派直接拥抱民主平等，因为民主平等能够消除优绩主义导致的巨大社会和经济分化。保守派也可以拥抱民主平等，虽然这种亲缘关系需要进一步解释：只要优绩主义不平等反映了培训和劳动力市场的扭曲，那么民主改革就可以完善而非阻碍自由市场。民主平等的目标不是通过重新分配来实现，而是在市场中实现更公平的分配（通过解除超级优绩主义对市场的扭曲）。通过将市场和平等结合起来，民主计划为自由市场的保守主义者和追求平等的进步派聚到一起。

62. 这种联盟使人们超越家族、宗教和种族的束缚，以自由和平等的眼光看待彼此，但它并不比启蒙时代的普世人性理念更具空想性。从20世纪中叶到现在，这一理念已经助推了民权运动，使我们深刻认识到种族歧视给每个受其影响的人都带来了严重的伤害，无论其种族背景如何。

    对于优绩主义下的不平等问题的诊断，为我们的经济生活提供了类似的吉兆。在人类历史上，这一诊断首次要求一个关于经济再分配的合作模式。与其在富人与穷人、资本与劳动之间展开零和竞争，不如寻求一个正和策略：为中产阶层恢复产业地位、合理的收入和应有的尊重，同时也为高级工人带来真正的自由和诚实。

63. 这些观点采纳了费边社的经典口号——"教育、鼓动、组织"。"Our History," Fabian Society, accessed September 29, 2018, https://fabians.org.uk/about-us/our-history.

64. 参见Karl Marx and Friedrich Engels, The Communist Manifesto (New York: Simon & Schuster, 1988)。

[图和表]

1. 关于最富有的1%人群的工作习惯，我们很难获得系统的数据。许多关于工资和工时的最著名的数据集都进行了截尾处理。这意味着它们拒绝将人口中最精英的部分分离出来，而是将这些（身份未经识别的）人合并成更大、更不精英的群体。此外，精英人士不愿意参与耗时且侵入性的调查（也因为他们工作时间很长）。

    图中的数据来自综合公共使用微观数据系列（Integrated Public Use Microdata Series，由美国国家儿童健康和人类发展研究所资助），其中包括来自联邦人口普查和美国社区调查的收入和正常工作时间信息。1940年、1950年、1960年、1970年、1980年、1990年和2000年的数据来自人口普查。2001年以来的年度数据来自美国社区调查。用于构建此图的样本中的所有观察对象均符合以下条件：（1）全职雇员，（2）非个体经营者，（3）男性，（4）年龄为25~64岁。

    该数据集基于调查回复，在1950年收集了34万份观测数据，并在1970年之后进行了扩展，每年包含200万到1 100万份有效观测数据。参见IPUMS-USA Table 2, "Valid Income Observations"。对于每个人，数据集报告了收入；对于上一年工作过的人，还报告了每周通常工作的平均小时数。对于1940年、1950年、1980年和1990年，数据报告"上周工作时间"（HRSWORK1）；从1980年开始，数据报告"每周通常工作时间"（UHRSWORK）。数据还包括收入变量，INCWAGE，包括工资、薪水、佣金、现金奖金、小费和从雇主处收到的其他货币收入，但不包括实物付款或业务费用报销。参见IPUMS USA, "INCWAGE: Wage and Salary Income: Description," https://usa.ipums.org/usa-action/variables/INCWAGE#description_section。收入变量采用截尾处理，但在某种程度上可以识别收入最高的人，方法是对2002年之前美国各州高于最高编码阈值的均值进行编码，并从2003年起对每个州的第99.5百分位数进行编码。参见 IPUMS USA, "INCWAGE: Wage and Salary Income: Codes," https://usa.ipums.org/usa-action/variables/INCWAGE#codes_section。因此，图中的前 1% 可能与真实的前 1% 存在偏差，但偏离幅度不大，并且在任一方向上都是如此。

这些数据使我们有可能描绘出收入和正常工作时间之间不断变化的关系，如文中图所示。该图背后的数据呈现出一种拼凑的特征，因此我们不应误以为报告的水平十分精确。不过，即使不够精确，这些足够强劲的趋势依然具有说服力。此外，该图的基本结论——精英和非精英工作时间之间的差距不断扩大——得到了许多其他研究的证实，这些研究使用各种方法收集工作时间数据，包括调查、时间日记以及由受试者佩戴的蜂鸣器，从而立即知道在一天中的随机不同时间点受试者是否在工作。

2. 该图背后的数据来自 The World Wealth and Income Database, Top 1% Income Share—Including Capital Gains; U.S. Census Bruse, "Historical Poverty Tables: People and Families—1959 to 2017," Current Population Survey, Table 2, last modified August 28, 2018, www.census.gov/data/tables/time-series/demo/income-poverty/historical-poverty-people.html; Bruce Meyer and James X. Sullivan, "Winning the War: Poverty from the Great Society to the Great Recession," *Brookings Papers on Economic Activity* (Fall 2012): 133–200, Table 1。

构建一个关于顶部 1% 人群的消费份额的系列将很能说明问题，但现有的数据还不允许这样做。消费者支出调查追踪税前收入五分位数以及（较近期开始的）十分位数的支出份额。例如，参见 Bureau of Labor Statistics, Consumer Expenditure Survey (2015), Table 1101, www.bls.gov/cex/2015/combined/quintile.pdf, and Bureau of Labor Statistics, Consumer Expenditure Survey (2015), Table 1110, www.bls.gov/cex/2015/combined/decile.pdf. The survey also currently tracks consumption by income buckets that range from "less than $15,000" to "$200,000 or more" (which represents roughly the top 5 percent in 2015)。该调查目前还按收入范围来跟踪消费，范围从"低于 1.5 万美元"到"20 万美元或以上"（大致代表 2015 年收入的前 5%）。参见 Bureau of Labor Statistics, Consumer Expenditure Survey (2015), Table 1203, www.bls.gov/cex/2015/combined/income.pdf。但是，十分位数的追踪最近才开始，而且调查中使用的收入分组随着时间的推移发生了变化，因此无法使用这些类别来构建顶部和底部比例的良好时间序列。此外，该调查仍然没有跟踪范围更窄的经济精英的消费。1984—2010 年的五分位数消费时间趋势概述如下：Kevin A. Hassett and Aparna Mathur, "A New Measure of Consumption Inequality," American Enterprise Institute Economic Studies Series, June 25, 2012, 5 and Figure 1, www.aei.org/publication/a-new-measure-of-consumption-inequality/。哈西特和马瑟发现，在他们研究期间，最高/最低的 1/5 人群的消费比例仅略有增加。

3. 数据来自 the World Top Incomes Database, Posttax national income/equal-split adults / Average/Adults / constant 2015 local currency, https://wid.world/country/usa/。

4. 该图使用税后以及转移支付后的收入，而不是市场收入，以避免重复计算官方贫困统计数据时所犯的错误。今天美国富人、中产阶层和穷人的真实状况反映在国家干预之后，即在国家进行税收和社会福利计划干预后，他们各自的情况。

5. 数据来自 World Top Incomes Database, Post-tax national income / equal-split adults / Average / Adults /constant 2015 local currency, https://wid.world/country/usa/。

6. 这些数字再次使用税后以及转移支付后的收入计算基尼系数，以反映系数所描述的各

7. 有些研究甚至更进一步质疑，在收入分配底部的99%范围内，是否存在任何持续甚至显著的经济不平等增长。研究回顾参见Robert J. Gordon, "Misperceptions About the Magnitude and Timing of Changes in American Income Inequality," NBER Working Paper No. 15351 (September 2009), www.nber.org/papers/w15351。

8. 用于构建教育支出比的数据存在两个复杂因素。首先，由劳工统计局制作的有关教育支出的最全面的数据只区分五分位数的收入，而不会做更细的区分。因此，在教育支出系列中，富人由前20%的收入代表，而不是由前1%的平均值代表（如图5所示）。其次，劳工统计局的数据独立测量了许多由学生组成的家庭的教育支出，并将这些支出分配给按收入排名的底部五分位数，这在贫困人口的教育支出系列中引入了显著而具有误导性的上升变形。因此，图5将第二个五分位数而不是最底部的五分位数作为代表贫困人群的教育支出。

　　这两个选择在第三个较短的数据系列中得到了验证，该系列也包含在图中。这个系列报告了顶层与中位数和中位数与底层在教育支出上的比值，不过它的衡量方式不是根据收入，而是根据家庭成员中持有的最高学历来划分精英地位。劳工统计局的教育类别将那些没有任何成员拥有高中学历的家庭与那些拥有学士以上学位成员的家庭区分开来。相对于劳工统计局提供的收入分类而言，这些指标更真实地反映了低社会经济地位和高社会经济地位的情况。尽管这种方式构建的系列较其他系列更短（因为劳工统计局的数据历史较短），但它们与使用较长、不太精确的收入系列报告的比值非常吻合。

9. 参见Reardon, "The Widening Academic Achievement Gap," 102, 103, Figures 5.7, 5.8。另参见Reardon, "No Rich Child Left Behind"。

　　里尔登指出，成绩差距和收入差距的发展时间不完全一致，要建立二者之间的关联并不容易，因为一个家庭的年度收入和终身收入不一定同步增长。撇开这些复杂情况不谈，我们仍然可以得出这样的结论：与过去几十年相比，今天的一美元收入似乎能购买更多的学术成就（第100—104页）。

10. 里尔登将多年来进行的许多成绩测试的结果进行了综合，这些测试以交叠的系列进行，这需要他进行调整，以使个别测试结果具有可比性，并在许多数据点上拟合一条线。尽管测量成绩的尺度不同，但通过调整测试的可靠性得分，然后以标准差的形式表达测试成绩差距，比较研究得以可能。这是里尔登所说的"比较不同测试测得的成绩差距时的标准做法"。（例如，参见Clotfelter, Ladd, and Vigdor 2006; Fryer and Levitt 2004, 2006; Grissmer, Flanagan, and Williamson 1998; Hedges and Nowell 1999; Neal 2006; Phillips et al., 1998; Reardon and Galindo 2009。）只要成绩的真实差异随着时间的推移保持不变，就可以对"使用不同测试的不同研究之间的差距大小进行有效比较"。参见Reardon, "The Widening Academic Achievement Gap," 94。基本结果是，尽管50/10的差距大致保持稳定，在某些情况下甚至有所下降，但90/50的成绩差距仍在扩大，这一结果在一系列估算技术中再次出现。参见Charles A. Nelson and Margaret A. Sheridan, "Online Appendices and Glossary" to "Lessons from Neuroscience Research for Understanding Causal Links Between Family and Neighborhood Characteristics and Educational Outcomes," in *Whither Opportunity? Rising Inequality, Schools, and Children's Life Chances*, ed. Richard

Murnane and Greg Duncan (New York: Russell Sage Foundation, 2011), section 5.A2, www.russellsage.org/sites/default/files/duncan_murnane_online _appendix.pdf。

因此，图中的精确轮廓反映了里尔登对数据的深思熟虑的判断，应该被解读为阐明趋势而不是精算精度。该图报告的基本趋势是强劲的。

11. 这张图受到菲利蓬和雷谢夫的研究启发，参见 Philippon and Reshef, "Wages and Human Capital," 1558, Figure 1, and 1561, Figure 2。金融部门包括保险业，但不包括房地产业。国民生产总值份额计算为金融部门净增值与美国名义国民生产总值之比。数据来自经济分析局的年度工业账户。相对教育是指金融部门拥有至少学士学位的雇员工作时间占比减去私营部门其他领域的相应占比。数据来自 3 月的人口普查。

12. 相对收入是指金融部门员工每年收入超过非金融部门员工的比例。相对教育是指拥有大学学历的金融部门员工比例与拥有大学学历的非金融部门员工比例的差异。相对教育系列是基于底层数值的线性变换，以便进行该系列的可视比较。虽然这种转换不会影响两个系列之间的相关性，但它们相似的水平是比例尺度的产物。

13. 参见 Philippon and Reshef, "Skill Biased Financial Development," 8。这些百分比是通过计算每个部门受过大学教育的工作者所提供的工作时间比例得出的。

14. 参见 Philippon and Reshef, "Skill Biased Financial Development"。菲利蓬和雷谢夫指出，他们记录的变化是由金融部门各个分部门的重新平衡推动的，因此传统银行业相对于金融的其他方面，特别是投资而言已经衰落（第 6 页）。其他看法参见 Thomas I. Palley, "Financialization: What It Is and Why It Matters," Levy Economics Institute Working Paper no. 525, December 2007（使用来自 2007 年总统经济报告的数据）。

有关金融在员工薪酬中所占的份额，参见 David A. Zalewski and Charles J. Whalen, "Financialization and Economic Inequality," *Journal of Economic Issues* 44, no. 3 (2010): 757–77, reporting on Philippon and Reshef, "Skill Biased Financial Development"。

15. 参见 Philippon and Reshef, "Skill Biased Financial Development," 8。这些百分比是通过计算每个部门受过大学教育的工作者所提供的工作时间比例得出的。

16. 的确，正当精英金融部门的工资开始上涨时，放松监管改变了金融行业的结构。实际上，放松监管使得金融领域能够创造和采用那些使得超级熟练的金融劳动力获得高薪的金融技术。但是，直接由这些无可争议的事实得出结论说，放松监管后的精英金融从业者的巨额收入来自剥削或寻租，则是错误的。如果放松监管后的金融技术使得超级熟练的金融从业者变得特别有生产力，那么不需要增加寻租来解释金融行业工资的上涨。这张图显示，相对较少的、相对更有技能的从业者正在从相对上升的国内生产总值份额中获得相同的比例，这种情况可以解释金融行业工资的上涨，而无须诉诸寻租的增加。

所有这些都没有表明，甚至也没有断言金融工作者不寻租。确实如此，近几十年来寻租金额甚至可能有所上涨。但金融部门收入增长的大部分既不需要，实际上也不涉及增加寻租。

菲利蓬和雷谢夫对金融部门租金进行了最仔细的研究，他们得出的结论是，从 20 世纪 70 年代到 90 年代初，非精英因素对金融部门收入的增长贡献甚微，并自 20 世纪 90 年代以来，金融业 20% 到 30% 的风险调整工资，除了技能之外还有其他的来源。参见 Philippon and Reshef, "Wages and Human Capital," 1553, 1603, 1605。最近有一份有关金融部门寻租水平大幅上升的报告引起了广泛关注，但更值得注意的是其结果的相反一面：即使在最近几十年里，金融部门工资的上涨70%到80%也是由于工作人员的技能提升所致。实际上，这个比例可能被低估了，因为这项研究主要通过计算金融从业人员在学校学习的年数来衡量他们的技能水平，这种只关注数量而不关注质量的方法忽略了精英金融从业人员教育质量和强度的显著提高。如今，精英金融从业人员几乎全部毕业于最顶尖、教育程度最高的大学和学院，而这些学校每年为每名学生投入的经费远远超过了其他对手，甚至远超过它们自身过去的水平。

17. 数据来自 Jaimovich and Siu, "Job Polarization and Jobless Recoveries"。
18. 该图数据来自 Carnevale, Rose, and Cheah, "The College Payoff"。
19. 25岁以上的美国人中，略低于一半的人没有接受过高中以上的教育（大约70%的人没有学士学位），略高于10%的人拥有学士以上学位，略低于5%的人拥有博士学位或专业学位。参见 Camille L. Ryan and Kurt Bauman, *Educational Attainment in the United States: 2015,* U.S. Census Bureau, Current Population Reports no. P20-578 (March 2016), accessed November 19, 2018, www.census.gov/content/dam/Census/library/publications/2016/demo/p20-578.pdf。另参见 Carnevale, Rose, and Cheah, "The College Payoff," 6, and Sandy Baum and Patricia Steele, "Who Goes to Graduate School and Who Succeeds?," the Urban Institute (January 2017), accessed April 9, 2019, www.urban.org/sites/default/files/publication/86981/who_goes_to_graduate_school_and_who_succeeds_1.pdf。
20. 此图受到以下文献的启发：Robert Hockett and Daniel Dillon, "Income Inequality and Market Fragility," Figure 8。事实上，霍基特和狄龙发现家庭债务的增幅甚至更大。此图背后的数据来自 Federal Reserve Board, Flow of Funds—Households and Nonprofit Organizations, Total Liabilities; Bureau of Economic Analysis, Personal Consumption Expenditures (PCE) and PCE Price Index; The World Top Incomes Database, Bottom 90% Average Income Including Capital Gains; U.S. Census Bureau Population Estimates。
21. 债务引发了一种隐蔽的再分配方式，它潜伏在美国政策的幕后，作为传统福利国家安全网之下的安全网而存在。对于负债无法偿还的个人实施破产保护，即中产阶层版本的"格林斯潘对策"，实际上相当于对所有的借款人和放贷人征收了一种隐性税，用以建立一个社会安全网，以供那些无法通过现成的信贷来维持其生活水平的借款人使用。近年来，破产案件数量急剧增加，有效地提高了这种隐性税率，尽管加强的破产法逐渐削减了哪怕这种高度稀释的经济再分配形式，减弱了哪怕这张自动保护网。关于破产及其与经济不平等和福利国家的关系，请参阅 Karen Dynan, "The Income Rollercoaster: Rising Income Volatility and Its Implications," *Pathways* (Spring 2010): 3–6。
22. 其他类似的观察包括 Drennan, *Income Inequality,* 62（"从升值住房中取出的钱并没有用于偿还债务，因为债务增加了。相反，它被用来在收入增长停滞的时候支持消费"）; Edward Wolff, "Recent Trends in Household Wealth in the United States: Rising Debt and the Middle-Class Squeeze—An Update to 2007," Levy Economics Institute, Working Paper No. 589（"借款去哪儿了？……收入增长停滞的中产阶层家庭扩大债务几乎完全是为了消费支出"）; Hockett and Dillon, "Income Inequality and Market Fragility"（"随着富人积累更多的收入，普通家庭会增加借贷以维持习惯的生活水平"）。另参见 Atif Mian and Amir Sufi, "The Consequences of Mortgage Credit Expansion: Evidence from the U.S. Mortgage Default Crisis," *Quarterly Journal of Economics* 24, no. 4

(November 2009): 1449–96; Atif Mian and Amir Sufi, "House Prices, Home Equity–Based Borrowing, and the United States Household Leverage Crisis," NBER Working Paper No. 15283 (2009); and Atif Mian and Amir Sufi, "Household Leverage and the Reces-sion of 2007 to 2009," NBER Working Paper No. 15896 (2010)。

23. 国际比较进一步突出了美国债务融资消费的惊人规模。2006年，美国人通过借贷全世界超额储蓄的约70%来为其支出提供资金（因此美国人实际上成为维持整个全球经济秩序需求的最后消费者）。Rajan, *Fault Lines,* 203. 净出口经济体，尤其是中国，产生了大量储蓄，它们的社会和政治秩序成功地抑制了普通公民的消费预期，这与美国形成鲜明对比。通过将储蓄贷给美国，这些经济体人为地压低本国货币，并进一步增加出口，从而增加储蓄。因此，只要美国刺激国内债务融资消费的政策也刺激了国外出口融资储蓄，美国的刺激措施就会支持海外就业，而不是国内就业。对于类似的观察，参见Rajan, *Fault Lines,* 106。

此外，美国人的消费比其他富裕国家的人多得多。很难构建囊括个人消费的广泛可比指标。但由于几乎所有的消费都需要能源，因此石油的使用是一个很好的替代指标。尽管美国和这些国家的人均GDP大致相当，但美国人的平均石油消耗量大约是德国、法国或日本普通公民的两倍。Rajan, *Fault Lines,* 203. 长期来看，美国人均消费超过德国人均消费的那100%必须通过债务融资。

24. 该图数据来自OECD, *OECD Skills Outlook 2013*，表A3.1："父母中至少有一位接受过高等教育的成年人与父母均没有接受过高中教育的成年人之间的差异"；表A4.13："工资和工作技能的使用方面存在的第三级差距"。

25. 参见OECD, *PISA 2012 Assessment and Analytic Framework* (2013), 60, www.oecd.org/pisa/pisap roducts/PISA%202012%20framework%20e-book_final.pdf。该图使用的是识字能力而不是数学技能，因为经合组织尚未发布报告父母收入对儿童数学技能影响的数据。然而，在经合组织的数据中，读写能力和数学技能高度相关。

26. 该图参见Raj Chetty et al., "The Fading American Dream: Trends in Absolute Income Mobility Since 1940," *Science* 356, no. 6336 (April 2017): 398–406, Figure 1。

27. Hymowitz et al., *Knot Yet,* 8, Figures IIA–IIC.

28. Raj Chetty et al., "The Association Between Income and Life Expectancy in the United States, 2001–2014," *Journal of the American Medical Association* 315, no. 16 (2016): 1750–66, 1753.

29. 参见 "Online Data Robert Shiller," Yale University Department of Economics, http://www.econ.yale.edu/~shiller/data.htm。